凹

OWN

阅读，然后拥有自己的思想

REPORT ON CHINA CLASSIFIED CORPORATE GOVERNANCE INDEX

R E P O R T

C H I

C L A S S I

C O R P O R

G O V E R N

I N D

中国上市公司治理分类指数报告

No.17

2018

O N
N A
I E D
A T E
N C E
E X

高明华
程恒森
等／著

社会科学文献出版社
SOCIAL SCIENCES ACADEMIC PRESS (CHINA)

国家社会科学基金重大项目（批准号：14ZDA025）阶段性成果
北京师范大学“双一流”建设支持项目

高明华教授简历

南开大学经济学博士，北京大学经济学博士后，现为北京师范大学公司治理与企业发展研究中心主任，经济与工商管理学院教授（二级），博导，国家社科基金重大项目首席专家，中国公司治理论坛主席。兼任教育部工商管理类专业教学指导委员会委员，上海证券交易所首届信息披露咨询委员会委员，中国投资协会民营投资专业委员会副会长，中国行为法学会企业治理分会副会长，中国产权协会董事分会主要发起人和理事，中国贸促会全国企业合规委员会专家委员，凤凰财经研究院特邀经济学家，海南仲裁委员会仲裁员，多所重点大学研究机构的学术委员或研究员，多个政府机构和企业的咨询专家。先后就职于南开大学、北京大学和中国银行总行。

2001 年初，高明华创立北师大公司治理与企业发展研究中心，这是最早的公司治理专门研究机构之一。早在 20 世纪 90 年代初期，作为最早研究中国公司治理问题的学者之一，高明华就提出了国有资产三级运营体系的设想，对国企公司治理进行了较深入的探索。其关于国有资产三级运营体系、国企分类改革和分类治理、国企董事会治理、国企负责人分类和分层、企业负责人自我约束等观点均为国家及有关政府机构所重视或采纳。28 年来，作为中国公司治理理论的探索者和先行者，高明华及其研究团队取得了丰硕的成果，奠定了其在学术界的领先地位。2007 年，在国内外率先提出“中国公司治理分类指数”概念，并创立“中国公司治理分类指数数据库”，推出“中国公司治理分类指数系列报告”，目前已出版 6 类 17 部指数报告，出版指数报告居国内首位，并建成了国内最大规模的公司治理分类指数专业性数据库。中国公司治理分类指数系列被国内外专家认为是“可以列入公司治理评级史册的重要研究成果”。2014 年 10 月，发起成立“中国公司治理论坛”。

高明华主持及参与的国内外各类重要课题有 40 余项，独立、合作出版著译作 53 部，发表论文和研究报告近 300 篇。相关成果（包括合作）曾获第十届和第十一届孙冶方经济科学奖等各种奖励，其代表性著述主要有:《关于建立国有资产运营体系的构想》1994)、《权利配置与企业效率》（1999）、《公司治理：理论演进与实证分析》（2001）、《公司治理学》（2009）、《中国国有企业公司治理分类指引》(2016)、《政府规制与国有垄断企业公司治理》(2016)、《公司治理与国有企业改革》（2017）、“中国公司治理分类指数报告系列”（2009~2018）(包括高管薪酬、自愿性信息披露、财务治理、企业家能力、董事会治理和中小投资者权益保护等 6 类 17 部），主编《治理译丛》（4 本）和《公司治理与国企改革丛书》（8 本）。

研究方向：公司治理、国资监管与国企改革、民营企业发展、资本市场。

编 委 会

目 录
CONTENTS

第一篇 总论

第二篇 中小投资者权益保护指数

第三篇 董事会治理指数

第四篇　企业家能力指数

第五篇　财务治理指数

第六篇　自愿性信息披露指数

第七篇　高管薪酬指数

第八篇　政策建议

第一篇　总论

导 论

2018 年，是全面贯彻党的十九大精神的开局之年，也是改革开放 40 周年；既是国有企业改革攻坚之年，也是金融市场继续加强监管的一年。在这样一个重要年份，全面评价中国资本市场的进程，评价上市公司的治理现状，对于国有企业改革的深化，对于资本市场的完善，对于中国企业的发展以及对于增强投资者的信心而言，无疑具有特别的意义。

自 2007 年开始，中国公司治理分类指数研究已经历经 12 个年头。截至本年度（2018 年），我们的公司治理研究创造了四个“全国之最”的成绩：一是出版公司治理指数报告种类最多，有 6 类；二是出版公司治理指数报告数量最多，有 17 部；三是被列入国家重点图书的公司治理指数报告最多，“十二五”期间的 12 部报告，全部被列入“十二五”国家重点图书，2017 年度报告也被列入国家“十三五”重点图书；四是建成了全国最大规模的、专业性的“中国公司治理分类指数数据库”。也由此，“中国公司治理分类指数报告系列”被国内外专家认为是“可以列入公司治理评级史册的重要研究成果”。

已出版的中国公司治理指数报告包括：《中国上市公司高管薪酬指数报告》（2009/2011/2013）、《中国上市公司（自愿性）信息披露指数报告》（2010/2012/2014）、《中国上市公司财务治理指数报告》（2011/2013/2015）、《中国上市公司企业家能力指数报告》（2012/2014）、《中国上市公司董事会治理指数报告》（2013/2015）、《中国上市公司中小投资者权益保护指数报告（2015）》、《中国公司治理分类指数报告 NO. 15（2016）》和《中国公司治理分类指数报告 NO. 16（2017）》。2016 年之前的公司治理指数报告都是按“类”出版的，每类指数报告不仅有大量的指数数据分析，更有对指数数据的各种有效性检验，而后者证明了指数数据的客观性和可靠性。

多年来对指数数据的有效性检验已无须重复，更加之研究资源条件（主要是研究力量）和不便言明的环境所限，使得之前按“类”出版公司治理指数报告已变得非常困难。更重要的是，作为一项探索性研究，每类隔年开发和出版一次，指数数据缺乏年度连贯性，不能完全建立起连续和平衡的面板数据，而社会对我们指数数据的需求越来越大。于是，从2016年开始，在过去9年间开展中国上市公司治理水平评价成功经验的基础上，我们集中研究资源，同时开发6类公司治理指数，以此对中国公司治理水平进行多维度、全景式评价，帮助使用者从不同维度了解中国公司治理情况，尤其为研究人员、投资者、政府和企业提供时间序列的大数据支持。有人还建议我们在6类指数基础上构造一个综合的公司治理指数，以了解国内上市公司的整体治理水平，对此我们将会继续探索。

基于这种考虑，我们把过去6类独立的指数报告合并，每年的指数报告只出版一部，这部公司治理指数报告同时涵盖6类指数。6类指数报告的合并，无疑使报告的规模大幅扩张，为此，就只能撤下部分内容，包括已无多少必要的指数数据有效性检验、每年度的文献综述（因每年增加的指数研究文献并不多），以及全部的6类指数排名。但其实，6类指数排名并非撤下，2016年和2017年制作成光盘附在报告中，自本年度开始，则采用电子版形式。由于电子版没有容量限制，6类指数的各种排名，包括按行业、按地区、按所有制、按上市板块，以及总体排名，都可以由读者自由选择。

2016年的《中国公司治理分类指数报告》第一次以“新面目”问世，即把原来按“类”单独出版的公司治理指数报告整合到一个报告中，“类”没有变，但报告整体化了，同年度的指数数据全面化了。本年度继续沿用整合化的报告。实际上，2016年以来的报告更像是一部统计年鉴，在当下的大数据时代，这样的“统计年鉴”是非常稀缺的。另外，由于我们评价的对象是上市公司，所以本年度书名更改为《中国上市公司治理分类指数报告》。

一　为什么公司治理评价要分类

公司治理研究属于多学科研究领域，包括经济学（主要是新制度经济学、微观金融学）、工商管理（主要是战略管理学、财务学）、法学（主要是民商法学、诉讼法学）、政治学（主要是政府监管）、社会学（主要是社会责任）等。在公司治理评价研究上，不同学科的研究者往往侧重点不同，如法学家侧重从国家层面来研究各国的公司治理相关法规是否健全和到位。法学家对公司治理的评价很难从微观的企业层面来研究，因为立法和执法都是国家层面的问题，不是企业所能左右的。经济学家和管理学家对公司治理评价的研究则主要着眼于微观的企业层面，但是，在如何评价公司治理上，却存在着分歧。有的学者侧重公司治理整体的评价，有的学者则侧重公司治理不同方面或类型的评价。

公司治理涉及投资者（股东）、董事会、监事会、经理层、财务治理、信息披露、利益相关者（或社会责任）、政府监管等许多方面。显然，要从整体上评价一个企业的公司治理水平，几乎是不可能的事情，即使做到了，也是不全面的。一方面，公司治理涉及面广泛，在评价中不可能考虑到所有方面；另一方面，也是更重要的，公司治理的不同方面，或者不同维度，往往没有清晰的界限，彼此存在着交叉。比如，投资者权益保护（有学者称之为股东治理）不能不涉及董事会，因为董事会是投资者的代理人；也不能不涉及财务治理，因为股东是重要的财务主体，其与其他财务主体存在财权配置问题；还不能不涉及信息披露，因为股东的一项重要权利就是知情权。再比如，董事会治理不能不涉及股东治理，因为董事是股东选举产生的，董事会的构成取决于股东不同的投票方式，有的国家则主要取决于股东持股比例（像中国）；也不能不涉及经理层，因为总经理（CEO）是董事会选聘的，其贡献是由董事会评估的，与贡献对应的报酬是由董事会决定的；还不能不涉及信息披露，因为独立董事是外在于企业的，需要充分的信息才能进行科学决策和对经理层进行有效监督。还比如，利益相关者涉及股东、董事、高管、员工、债权人、供应商、客户、社会居民（尤其是周边居民）等众多群体，他们与企业都有密切的关系，有的还贡献了专用性投资，评价利益相关者治理水平显然与股东治理、董事会治理、财务治理、社会责任等都有交叉。如此等等，不一而足。界限既不能分清，如何把这些方面或维度进行整合，一些指标到底应该放在哪个维度中，便难以有一致的意见。

顺便提到一点，有学者提出“经理层治理”这个概念，我们认为这个概念是不成立的。经理层可以参与治理，如进入董事会，但进入董事会的经理人员不能太多，英美发达国家一般是 1 ~2 名，否则，董事会对经理层的监督就失去了意义，董事会就不能独立了。反过来，董事会也不能为了独立性而拒绝任何经理人员（尤其是总经理）进入，因为经理人员是走在市场最前沿的一群人，他们最了解市场，最了解竞争对手，最了解行业发展态势，因此，董事会的战略决策离不开经理人员，经理人员是战略决策的起草者，只不过不是战略决策的最终决定者，最终决定权掌握在董事会手中。由此，1 ~2 名经理人员进入董事会足矣。经理人员是董事会战略决策的执行者，尽管拥有独立的日常经营决策权，但需要董事会的监督（不是干预）和指导。可见，总体而言，经理人员属于被治理者。在公司治理结构中，治理主体主要是股东和董事会，不是经理层，经理层是治理的客体，因此，不存在“经理层治理”的概念。

既然难以从整体上评价公司治理水平，分类评价就是必要的了。近年来，有学者专注于评价公司治理的某个方面，其中，对董事会治理水平、信息披露水平进行评价的相对较多。此外，也有对社会责任进行评价的，但由于对社会责任的界定争议太大，加之绝大部分企业没有社会责任报告，在年报中体现的社会责任内容又没有一致的格式和标准，因此，社会责任评价难以做到客观。自 2007 年开始，我们开始对公司治理进行分类评价，在国内最早使用“中国公司治理分类指数”的概念。最初，我们设计了 8 类公司治理指数，包括投资者权益保护、董事会治理、企业家能力、财务治理、信息披露、高管薪酬、社会责任、政府监管。由于各方面限制，没有一次性全部研制，而是隔年研制一个“新类”，同时继续评估已开发的“旧类”。至 2016 年，我们研制完成前 6 类，出版了 15 部公司治理指数报告。之后便开始了 6 类指数的同时开发。

分类评价公司治理水平，不需要严格分清不同类型之间的界限（因为这种严格的界限是不存在的），允许不同公司治理方面评价时存在部分指标（只是少部分）的交叉（这种交叉是必须的，原因在于公司治理的不同方面本身就有交叉）。这一点，在整体评价时是难以做到的。由于允许少部分指标的交叉，分类评价对某一方面来说，指标更全面，评价结果也更客观，这一点对于整体评价来说同样也是做不到的。因为指标过多就会出现不同方面的重复，而作为一个整体是不允许有重复指标的。更重要的是，分类评价可以使监管者、投资者、董事会、经理层等各利益相关者更容易判断公司治理的问题到底出在哪，从而给出精准的解决方案，这是公司治理分类评价的最大优点。

这里有必要提及一下目前正在兴起的 ESG 评价问题，因为它也是一种整体评价。所谓 ESG，就是环境（Environment）、社会（Society）和治理（Governance）的英文首字母简称。对于企业或公司来说，“环境”是指企业对环境或生态的保护，“社会”是指企业的社会责任，“治理”是指公司治理。其实，从严格的公司治理理论的意义上讲，ESG 是不成立的，因为它对公司治理的理解倒退了。

从 20 世纪末开始，原先狭义的公司治理逐渐被广义的公司治理替代。美国学者布莱尔（Margaret M. Blair，1995）是较早地划分狭义公司治理和广义公司治理的学者。她认为，狭义的公司治理是“有关董事会的结构和权利，或者是股东在董事会决策中的权利和天赋特权”，而广义的公司治理则可归纳为“一种法律、文化和制度性安排的有机整合”，是“关于把哪些约束和要求强加给那些管理公司的人，公司经理必须服务于谁的利益，企业不同组成人员拥有哪些影响和追索权以及他们能在什么压力之下去观察其利益是否被保护等一系列安排”。[①] 狭义的公司治理是基于对公司治理的传统的理解，即公司治理主要集中于股东所有权和经营权分离而可能导致的经营者对股东利益的损害

① 〔美〕玛格丽特·M. 布莱尔：《所有权与控制：面向 21 世纪的公司治理探索》，中国社会科学出版社，1999，第 2～3 页。

问题，因此狭义的公司治理就是一种所谓的“股东价值观”（Shareholder-value Perspective）。广义的公司治理是从一个更宽泛的思维框架来理解公司治理，即公司不仅对股东，还要对更多的利益相关者的预期做出反应，包括经理、雇员、债权人、顾客、政府和社区等。这些多元的利益必须协调，以实现公司长期价值的最大化。由于强调公司利益相关者的权利和利益，因此广义的公司治理被视为一种利益相关者价值观（Stakeholder-value Perspective）。由于公司不同利益相关者权益保护的客观存在，并且直接关系着企业的可持续发展，因此，广义的公司治理取代狭义的公司治理也就成为必然了。

从广义的公司治理理解，公司治理包括社会责任，而社会责任包括环境保护，因此，ESG 不是一个科学的概念。从我们的 6 类公司治理指数评价来看，其中就包括了企业社会责任，如企业家能力指数中专门设有“社会责任”维度，自愿性信息披露指数中也设有“利益相关者”维度（针对不同利益相关者的自愿性信息披露）。另外，独立董事也不仅代表投资者，还代表更广泛的利益相关者。因此，从实际意义上讲，我们的 6 类公司治理评价也可以说是 ESG 评价。当然，把“E”和“S”从公司治理中独立出来也有一定的意义，其有助于突出这两个方面的重要性。

二　中小投资者权益保护指数

2015 年，我们在国内首次对中国全部上市公司的中小投资者权益保护水平进行了测度。2016 年和 2017 年又进行了两次测度，本年度是第 4 次测度。4 次测度结果表明，中国上市公司中小投资者权益保护水平尽管有所提高，但仍然非常不到位。

在我们开发的 6 类公司治理指数中，按开发时间，中小投资者权益保护指数是最后一类，但本报告却把它列为首位。因为我们认为，中小投资者权益保护在公司治理中应居于核心地位。尽管严格来说，各类投资者权益应该平等地得到保护，这是各国法律尤其是市场经济发达国家的法律明确规定的。然而现实却是，中小投资者权益是最容易受到侵害的，尤其是在市场经济不成熟、法律不健全、存在“一股独大”的国家。中国无疑是在列的。即使是西方市场经济成熟的国家，之所以有专门的保护中小投资者权益的法律规定，也是因为其弱势地位。当然，在英美习惯法系国家，投资者基本上都是“中小”的，甚至都是“小”的。当前，中国国有企业改革如火如荼，国有企业发展混合所有制必须要吸引更多的中小投资者参与，包括那些看起来很“牛”而一旦参与到国企混改中便会变“小”的投资者，中小投资者参与国企混改的最大担忧就是其权益如何得到切实的和平等的保护。民营企业要发展壮大，同样需要吸引更多的中小投资者参与，单纯依赖“一股独大”来实现其增长，无异于缘木求鱼、自断双臂。因此，把中小投资者权益保护置于核心地位，不是要忽视大投资者的权益，而是为了更好地保护各类投资者权益，实现共同增长。

何为"中小投资者"？从字面上理解，中小投资者是相对于大投资者（大股东）而言的，但大投资者也是一个相对概念。在一个较小规模企业中的大投资者，置于一个规模很大的企业中，则可能就是中小投资者，甚至是小小投资者。因此，中小投资者只能是限定在某个企业内的相对概念，换言之，中小投资者是指某个企业内相对于大投资者的其他投资者。这里，还有以下两点需要进一步明晰。

（1）中小投资者的概念应该限定在什么企业内？

无疑，应该是有多个投资者或投资主体多元化的企业，但这样的企业大体有三类：一是合伙制企业；二是有限责任公司；三是股份制公司（包括非上市的股份制公司和上市的股份制公司）。

合伙制企业是指由两人或两人以上按照协议投资，共同经营、共负盈亏的企业。很显然，在合伙制企业里，由于信息共享且共同经营，企业尽管有多个投资者，但不存在中小投资者权益保护的问题。尽管也可能有部分投资者不参与经营，从而可能面临一定风险，但合伙制企业的出资人通常不会太多，而且具有参与经营的法定权力，因此这种风险在法律上是可以避免的。

有限责任公司由50个以下的股东出资设立，每个股东以其所认缴的出资额对公司承担有限责任。这类公司筹资规模小，一般适合于中小企业。这类企业不必发布年报，看似存在信息不对称，并且有些投资者因不参与决策和经营而可能面临风险，但因投资者人数有限，出资额有限，且承担有限责任，同时，投资者参与决策和监督的成本低，因此，风险总体是可控的。从中小投资者权益保护角度，这类企业似乎也难以纳入考虑范围。

股份制公司是指由3人或3人以上（至少3人）的利益主体，以集股经营的方式自愿结合的一种企业组织形式。其主要特征是发行股票、股东众多、所有权分散、风险较大、收益波动性大。尤其是其中的上市公司，由于投资者多而分散，参与决策和监督的成本较高，尽管须依法公布公司信息，但信息不对称程度仍然很高，加之投资者的知识局限性，代理问题仍然严重，投资风险仍然较大。此时，中小投资者权益保护问题就变得相当突出。

综合三类企业的特点，从中小投资者权益保护的角度出发，最应该针对的是股份制公司，尤其是其中的上市公司。

（2）与中小投资者相对的大投资者应该如何界定？

没有大投资者或大股东的界定，就谈不上中小投资者及其权益保护问题。那么，哪个或哪些投资者可以被界定为大投资者？是第一大股东，还是前几大股东，比如前五大股东，抑或前十大股东？其实，这难有一定之规，要看投资者是否对企业具有实际控制力。在现实的股份制公司尤其是上市的股份制公司中，特别是中国的上市公司中，普遍存在“一股独大”或实际控制人现象，这个“独大”的股东通常就是第一大股东或实际控制人（第一大股东和实际控制人也有不一致的），也就是一个公司中出资比例最大的投资者。对于这种公司，除了第一大股东，其余都可以列为中小投资者，他们的权益最容易受到侵害。但是，也存在“几股共大”的公司，即一个公司中共存几个持股比例相近的大股东，这几位出资者尽管也有大小之分，但由于比较接近，彼此可以互相制衡，他们的利益在公司中基本可以得到保障。而除这几位股东之外的其他投资者，就可以认为是权益易受侵害的中小投资者。从这个角度出发，中小投资者是指一个公司中除了拥有实际控制力的投资者之外的其他投资者。

总之，从权益保护角度来看，中小投资者可以界定为：股份制公司中，除对公司拥有实际控制力的大股东之外的其他投资者。

那么，如何评价中小投资者权益保护水平？

在目前存在的其他有关中小投资者权益保护的评价中，存在一些明显的缺陷，导致中小投资者权益保护的真实水平难以反映出来，主要表现在：一是评价依据的标准偏低，不能反映中国与发达国家之间的差距；二是评价指标不完整，不能完整反映中小投资者的权利以及保障中小投资者行权的制度环境；三是指标权重的确定过于主观，使得评价结果有些随意；四是数据来源缺乏可持续性，样本选择少或缺乏典型性，使得评价难以纵向比较；五是把公司治理与投资者权益保护的法律法规分割开来。

本报告借鉴国内外已有中小投资者权益保护评价研究成果，基于国内既有的相关法律法规，特别参照国际先进的中小投资者权益保护规范，提出了中小投资者权益保护四个维度的指标体系，即知情权、决策与监督权、收益权和维权环境。我们认为，信息不对称是发生大股东和经营者侵占的前提条件，中小投资者决策与监督权缺失是大股东和经营者侵占的权力基础，收益权是中小投资者权益保护的直接体现，维权环境则体现了中小投资者权益保护的救济手段，因此，知情权、决策与监督权、收益权和维权环境是中小投资者权益保护四个不可分割的组成部分。

知情权维度主要从公司定期报告披露的及时性，年报预披露时间与实际披露时间的一致性，预告业绩与实际业绩的一致性，公司是否因违规而被监管机构公开批评、谴责或行政处罚，外部审计是否出具标准无保留意见，公司是否建立与投资者沟通平台，分析师和媒体关注度，独立董事过去3年的任职经历是否详细披露，可预见的财务风险是否披露等方面来考察中小投资者对于公司经营决策关键信息的知情权落实情况。

决策与监督权维度主要从是否采用网络投票制，是否实行累积投票制，是否采用中小投资者表决单独计票，独立董事比例，有无单独或者合计持有公司10%以上股份的股东提出召开临时股东大会，独立董事是否担任本公司董事长，有无单独或者合并持有公司3%以上股份的股东提出议案，三个委员会是否设立（审计、提名、薪酬），审计委员会主席是否由独立董事担任，独立董事董事会实际出席率，董事长是否来自大股东单位等方面来考察中小投资者行使权利和监督代理人的情况。

收益权维度主要从个股收益率是否大于或等于市场收益率，现金分红，股票股利，财务绩效，增长率，是否ST，是否有中小股东收益权的制度安排（分红权）等方面来考察中小投资者的投资回报情况，包括现实的回报和可预期的回报。

维权环境维度主要从股东诉讼及赔偿情况，控制性股东是否因直接或者间接转移、侵占公司资产受到监管机构查处，是否建立违规风险准备金制度，投资者关系建设情况，董事会或股东大会是否定期评估内部控制，各专门委员会是否在内部控制中发挥作用，是否披露存在重大内部控制缺陷，风险控制委员会设置情况，股价异动等方面来考察中小投资者权益维护方面的制度建设情况。

上述四个维度中，决策权、监督权、收益权是中小投资者的天然权利，并非只有大股东才拥有这些权利，任何国家的法律也都明确规定中小投资者享有这些权利。由于大股东经常处于控制地位，这些权利是可以得到保证的，但中小投资者的这些权利却经常丧失，甚至被人为侵占和剥夺。要实现这些权利，中小投资者还必须拥有公司经营信息的知情权，没有充分的知情权，决策权、监督权、收益权将无从谈起。即使有了充分的知情权，如果维权环境偏紧，则这些权利仍然难以落实。因此，知情权、决策与监督权、收益权、维权环境四个方面应该作为一个不可分割的整体，构成完整的中小投资者权益保护系统。

评价中小投资者权益保护的目的是希望对广大中小投资者产生导向作用，促使中小投资者高度重视自身的权益维护，引导中小投资者理性投资，降低中小投资者的投资风险，帮助监管机构实现针对性监管。同时，促使中国公司按照国际规范，落实中小投资者的各项权益，实现公司的长期、有效和规范运作。具体包括以下几个方面：①帮助政府监管机构了解中小投资者遭遇的侵害类型及程度，促使政府加强中小投资者权益保护的立法和执法工作，使政府监管更加有的放矢；②帮助中小投资者降低信息不对称程度，使投资者更好地了解自己的代理人即董事会的治理情况以及由此产生的潜在风险，从而有效规避投资风险，发现有长期价值的投资对象，提升投资收益；③帮助公司了解自身对中小投资者权益保护的情况，督促自己不断提升对中小投资者权益保护的水平，避免类似内幕交易和利益输送等侵害行为，以增强中小投资者的投资信心，获得更多的融资机会；④防止股市炒作误导中小投资者，避免股市崩盘风险，促使资本市场真实反映公司信息，引导股票价格客观反映公司业绩，推动资本市场实现稳定发展并走向成熟；⑤助推国有企业发展混合所有制取得成功，国企混改是国资和民资的混合，进入国企的民资，基本上属于中小投资者，或者进入后只能做中小投资者，鉴于目前大股东和经营者侵害中小投资者的普遍性而造成的中小投资者的忧虑，如何有针对性地加强对进入国企的民资的保护，是政府和国企必须考虑的首要问题；⑥为上市公司中小投资者权益保护的实证研究提供数据支持。

三 董事会治理指数

2013~2017年，我们对中国全部上市公司的董事会治理水平进行了四次测度，本年度是第五次测度。五次测度结果表明，中国上市公司的董事会治理水平仍然偏低，董事会治理亟须改革和改进。

何谓董事会治理？我们认为，董事会治理是董事会作为治理主体，如何通过一系列正式或非正式制度安排，通过有效治理，实现委托人的利益诉求和公司的可持续发展。其主要内容包括：①董事会作为代理人如何做到对委托人尽职尽责？②董事会作为决策者如何做到科学决策？③董事会作为监督者如何做到监督到位而不会被经营者（被监督者）所干扰？④董事会作为利益主体如何做到既有动力又不被利益所“俘虏”（激励与约束）？⑤董事会作为责任主体如何对自己的决策和监督错误、失误独立承担责任？

目前理论界存在着把董事会治理泛化的现象，即把董事会治理混同于或基本等同于公司治理。这种混同在20世纪80年代之前的西方发达国家非常普遍，那时的公司治理在现今被称为“狭义的公司治理”。如前文所述，“狭义的公司治理”的核心是股东利益至上，董事会一切问题的核心就是股东利益，这就是所谓的公司治理的股东价值观。其实，那时不是把董事会治理混同于公司治理，而是干脆等同于公司治理，这体现了那个时代公司治理研究的局限性。因为，由于所有权和经营权的分离，董事会作为股东的代理人，是不可能全心全意为股东服务的，尽管理论上他们应该如此。于是，20世纪80年代之后，有了更广义的公司治理。既然董事会不可能全心全意为股东服务，就必须有单独的股东治理以及其他利益相关者参与治理。股东治理以及其他利益相关者参与治理，意味着股东和其他利益相关者不能把全部希望都寄托在其代理人董事会身上，他们必须积极参与到公司治理中来。由此，股东治理和其他利益相关者参与治理就与董事会治理成为互相补充的公司治理的重要方面。不同的主体，职责不同，从而治理的内容也就不同，需要区别对待，因此不能再回到20世纪80年代之前，把董事会治理等同于或混同于公司治理。

那么，如何评价董事会治理水平？

从根本上说，董事会治理评价是对董事会治理质量的评价，这种质量评价的实质是评估董事会在多大程度上代表投资者的利益①。也就是说，是否代表投资者、在多大程度上代表投资者，是董事会治理评价的全部内容。但在现有的董事会治理评价中，却存在严重的评价缺陷，导致董事会治理的真实水平难以反映出来，主要表现在：一是重形式评价轻实质评价；二是由于把董事会治理混同于公司治理，从而在董事会治理评价中，把一些不属于董事会治理范畴的指标纳入董事会治理评价指标体系中，如股权结构；三是把董事会治理评价等同于董事会业绩评价，或者把董事会业绩作为董事会治理评价的重要内容，这无疑是对董事会治理的误解或错误认识；四是一些指标或者无法判断董事会治理的有效性，或者不具有可操作性，主观性很强，难以对董事会治理的有效性做出判断，如“董事会规模”和“董事会会议次数”。

本报告借鉴国内外已有董事会治理评价研究成果，参照国际先进的董事会治理规范，同时也考虑国内既有的相关法律法规，提出了董事会治理四个维度的指标体系，即董事会结构、独立董事独立性、董事会行为和董事激励与约束。如此确定的指标体系和评价结果接近国际标准，高于国内既有法律和政策规定。

董事会结构维度主要从外部董事比例，有无外部非独立董事，两职是否合一，董事长是否来自大股东单位，有无小股东代表，有无职工董事，董事学历，年龄等于和超过60岁的董事比例，是否设置审计、薪酬、提名和合规委员会等方面来衡量董事会成员构成和机构设置情况，以此来评价董事会结构的有效性。

独立董事独立性维度主要从审计委员会主席是否由独立董事担任，独立董事中有无财务专家、法律专家、其他企业高管，是否存在政府背景，独立董事是否担任本公司董事长，是否同时在多家公司担任独立董事，独立董事实际出席董事会比例，独立董事津贴是否超过10万元，是否详细披露独立董事过去3年的任职经历等方面来衡量独立董事的专业素质和履职情况，以此来评价独立董事是否能够实现独立履职。

董事会行为维度主要从内部董事和外部董事是否有明确的沟通制度，投资者关系建设，是否存在董事会提交的决议事项或草案被股东大会撤销或者否决的情况，是否有规

① 从企业可持续发展角度出发，董事会尤其是其中的独立董事也应该代表除股东以外的其他利益相关者。由于能够实现企业的可持续发展，董事会代表除股东以外的其他利益相关者，本质上也代表投资者的利益，尤其是代表投资者的长期利益。

范的《董事会议事规则》、财务控制，董事会是否有明确的高管考评和激励制度，是否披露股东大会出席率等方面来衡量董事会行为相关制度的建立和执行情况，以此来评价董事会的实际履职情况。

董事激励与约束维度主要从执行董事薪酬是否与其业绩相吻合，股东诉讼及赔偿情况，董事会成员是否遭到监管机构处罚或谴责，是否有明确的董事考核或薪酬制度，是否公布董事考评/考核结果，是否披露董事薪酬情况，是否有董事会会议记录或者董事会备忘录，是否有与董事行为准则相关的规章制度，独立董事是否明确保证年报内容的真实性、准确性和完整性或不存在异议等方面来衡量董事激励与约束制度的建立和执行情况，以此来评价董事激励与约束机制的健全程度和有效性，尤其是约束机制的健全程度和有效性。

在四个维度中，前两个维度侧重从形式上来评价董事会治理制度的健全程度，后两个维度则侧重从实质上来评价董事会治理的有效性。董事会治理制度没有形式上的健全，就不可能产生实质上的有效。但反过来，董事会治理制度有了形式上的健全，却未必产生实质上的有效。董事会治理制度只有在形式上健全后充分落到实处，才能实现董事会治理的真正有效。在现实中，从监管机构的要求看，中国上市公司董事会的设置近乎健全（并不等于完善），但董事会治理却仍然不断遭到诟病。在我们对 2012 ~ 2017 年 5 个年度的董事会治理的评估中，及格公司（60 分及以上）的比例分别只有 11.32%、5.89%、6.33%、8.24%和 9.12%。如此之低的及格率恰恰反映了中国上市公司董事会治理形式和实质的高度背离及不对称。因此，要全面了解中国上市公司董事会治理的质量和效果，就不能仅仅满足于形式上的评价，更要重视实质上的评价，实现形式和实质的高度统一。

评价董事会治理的目的是希望对中国已上市公司和计划上市公司的董事会治理发挥导向作用，促使中国公司按照国际标准，不仅从形式上，更要从实质上，实现中国公司董事会的全方位规范化运作，并引导投资者的投资方向，降低投资者的投资风险，帮助监管机构实现针对性监管。具体包括以下几个方面：①帮助投资者尤其是中小投资者降低信息不对称程度，使投资者更好地了解自己的代理人即董事会的治理情况以及由此产生的潜在风险和价值，从而有效规避投资风险，发现有长期投资价值的企业，提升投资收益；②帮助政府监管机构了解上市公司董事会的运作和相关政策法规的执行情况，从而使政府监管更加有的放矢，并促使政府对公司董事会的运作施以规范化引导；③帮助公司了解自身董事会治理存在的问题，督促自己不断提高董事会治理的质量，以增强投资者的投资信心，获得更多的融资机会；④向投资者和其他利益相关者及时提供真实、完整的信息，是董事会的重要职责，市场获得可靠、及时和完整的信息，有利于保证股票价格与公司真实业绩的吻合度，而这种吻合是资本市场成熟的重要标志；⑤为上市公司董事会治理实证研究提供数据支持。

四　企业家能力指数

2012 年，我们在国内首次对中国全部上市公司的企业家（CEO）能力进行了测度，2014～2017 年又进行了三次测度，本年度是第五次测度。五次测度结果表明，中国上市公司 CEO 由于不具有独立性，以及责任机制不到位，能力的发挥受到严重制约，企业家能力处于低下水平。

何谓企业家？熊彼特在其 1934 年出版的《经济发展理论》中指出，企业家就是创新者。按照熊彼特的观点，社会任何领域都存在企业家，不仅有企业界企业家，也有政界企业家、教育界企业家、学界企业家等，这可以说是广义的企业家。本报告的企业家是指企业界企业家，可以说是狭义的企业家。

在熊彼特的创新意义上，企业内的企业家显然不是一个人，也不是几个人，而是多个人，甚至是一种集体行为。那么，我们对企业家的评价是针对一个人，还是针对几个人，或者是针对一个企业家群体？

企业的发展需要创新，创新者越多，创新越活跃，企业发展就越充满生机和活力。不过，如果因此而评价多个企业家（即创新者），或者评价一个企业家群体，那么我们的评价对于企业家市场的形成和发育就没有多少针对性意义。因此，对企业家的评价只能针对一个特定的创新者。

那么，如何选择这个特定的创新者？无疑，这个创新者只能是企业的领袖，因为企业的领袖是企业家的典型代表。在现实的企业中，企业的领袖一般有两个人选，要么是董事长，要么是总经理（或称总裁，或称 CEO）。如果两职由同一人担任，那就不存在选择的难题；如果两职由两个不同的人担任（这是绝大多数企业的情况），那么选择哪一个来评价？

其实，这个难题是人为制造的，原因在于很多人把董事长和总经理的职能误解了。在中国，董事长通常被确定为公司的“一把手”，董事长的权力要高于总经理。其实，公司治理层是通过契约来规范的，是没有“一把手”概念的，董事会是一个会议体，董事的权力是平等的，董事长仅仅是“董事会的发言人”或“董事会召集人”，并不是凌驾于其他董事和总经理之上的领导者，向总经理授权进行企业正常经营管理工作的是董事会而不是董事长。因此，应在厘清董事会职能的前提下，高度重视总经理或总裁或 CEO（为简便，以下均使用“CEO”）的独立性和能动性，应使 CEO 在法律框架和恪守董事会战略决策的前提下发挥其最大潜能。况且，在企业实践中，董事长也有很多属于兼职角色，这些董事长既不在公司领薪（一般在股东单位或自身所在单位领薪），也不负责公司经营管理工作。如果我们评价的对象是董事长，则意味着不是所有的董事长都能进入我们的评价范围，这就使评价失去了一般性。而 CEO 则是所有公司都具有的角色，况且我们评价的目的是引导政府、企业和投资者高度重视总经理的地位，尊重总经理在不违反董事会决策下的自由裁量权并且独立承担责任，就此看来，我们所选择的企业家的典型代表就只能是 CEO 了。

那么，如何评价企业家能力？

近些年，国内外相关学者对企业家能力及评价进行了深入的研究。然而，已有研究却存在三个方面的不足：一是在理论研究方面，各个理论视角对企业家的界定都仅仅停留在某一层面上，没有一个完整的、有说服力的概念，或者仅把评估对象确定为相同规模的企业，或者忽视企业家关系网络能力的评估；二是在实证研究方面，大部分学者对企业家能力的研究主要聚焦在理论分析的定性研究层面，实证研究明显不足，因为缺少连续的、可比较的、客观性强的大数据支持；三是简单地将人力资源测评方法用于企业家能力评价。人力资源测评只是基于个人背景和经历（基本上都是个人提供的成功的经历，缺少失败的经历）所做的一种比较主观的潜在能力评价，至于被评对象的实际能力，尤其是其诚信水平，是难以测评出来的。

本报告借鉴国际先进的评价标准，基于中国国情，着眼于推动职业经理人市场，提出了企业家人力资本、关系网络能力、社会责任能力和战略领导能力四个维度的指标体系，力求对中国企业家能力做出全面的、客观的评价。

企业家人力资本维度主要从学历（最高学历），工作年限，工作经历变更，是否担任其他公司的独立董事，是否有海外留学和工作经历，选聘路径等几个方面进行评价。这些方面对于一家要聘任 CEO 的公司来说，并非是现实的企业家能力，而是潜在的企业家能力。尽管如此，企业家人力资本却是企业家能力中最基础的能力。一旦存在某种或某些动力机制，这些潜在的企业家能力就会很快变成现实的企业家能力，如企业家的激励或约束机制，通过这些动力机制，能够促使 CEO 产生把潜在能力变成现实能力的欲望。当然，这些动力机制不属于企业家能力评价的范围。

企业家关系网络能力维度主要从政府官员是否到企业访问，CEO 是否陪同政府官员出国访问，是否担任党代表，是否担任人大代表，是否担任政协委员，是否在军队任过职，CEO 任职期间是否获得相关荣誉称号，是否在行业协会任职，是否曾经在政府部门任职等几个方面进行评价。从规范的市场规则角度，关系网络能力是不应该被纳入企业家能力评价范围的，因为关系网络可能存在“寻租”问题。然而，关系网络并不必然产生“寻租”，而正常的关系网络也能够为企业带来资源，进而能够促进企业发展。况且，把关系网络能力纳入评价范围，有助于我们判断中国企业家更偏重于哪个方面能力的培养，或者比较企业家哪个方面的能力更加突出。比如，人力资本与关系网络能力是否存在替代关系？关系网络能力是否更多地通过履行社会责任而获得？等等。了解这些问题对于发展和培养中国的职业经理人市场无疑是意义非凡的。

企业家社会责任能力维度主要从企业是否捐赠慈善事业，CEO 是否在非营利组织兼职（如担任理事），CEO 个人有没有被证监会谴责，有没有产品质量或安全（含环境安全）等问题的重大投诉事件，员工的收入增长率是否不低于公司利润增长率，有无现金分红，有无债权人和股东诉讼等几个方面进行评价。企业的持续发展包含着众多利益相关者的努力和投入，其中很多投入具有高度的专用性，一旦损失将难以收回，如员工投入了专用技能和劳动、社区居民可能承受了企业释放的环境污染、顾客可能承担了因产品质量低劣对身心造成的损害等，这些利益相关者的努力和投入必须从企业得到回报。把社会责任能力纳入企业家能力评价中，目的是引导企业家树立强烈的社会责任意识，承担起更多的社会责任。更重要的是，对利益相关者承担责任，是企业家诚信意识和水平的重要反映，没有这种责任担当，就不能称之为企业家。

企业家战略领导能力维度主要从 CEO 贡献，国际化程度，企业员工数，企业总资产，企业在行业中的地位，企业有无完整的 ERP 系统，企业有无制定战略目标和计划等方面进行评价。企业家战略领导能力实际上是企业家各种能力的综合体现，企业家其他方面的能力最终要落实在其战略领导能力上。在存在一个成熟的职业经理人市场的情况下，CEO 必须本着对企业利益相关者高度负责的精神，以其敏锐的市场和战略意识，恪尽职守，尽最大努力制定出科学的和可行的企业经营决策，一旦董事会批准该决策，CEO 就必须坚决贯彻和执行。不过，需要特别强调的是，CEO 绝不是被动地执行董事会批准的决策，被动接受董事会决策的 CEO 不是真正意义上的企业家。作为 CEO，他（她）的企业家能力实际上更多地体现在日常经营决策的制定和执行中，战略性决策更多的是指明方向，是框架式的，具体如何落实，需要靠 CEO 的开拓和创新。也正是这一点，体现出我们把 CEO 作为评价对象的原因所在。

评价企业家能力的目的是希望对企业家市场选择发挥导向作用，进而促进中国职业经理人市场（或称企业家市场）的发展，具体来说，就是要促使政府和社会各界认识到：①CEO的独立性和能动性以及问责机制是至关重要的，其促使 CEO 能够在恪守法律和董事会战略决策的前提下发挥自身最大潜能；②高能力的企业家只能产生于职业化的经理人市场，从而应高度重视职业经理人市场的建设；③经理人完备信息的披露是职业经理人市场建立的要件，这些信息中，不仅有潜在能力的信息，更有实际能力的信息，不仅有成功的信息，也有不成功的信息，在充分、真实的信息中，体现着企业家诚信经营、敢于创新及担当的品质和精神，经理人市场必须有惩戒机制，即必须能够让不诚信的经理人承担隐瞒信息的代价；④选聘 CEO 的权力必须回归董事会，只有在董事会独立选聘并对选错承担责任的情况下，董事会才有动力选出最有能力的企业家。

五　财务治理指数

2010 年，我们在国内首次对中国全部上市公司的财务治理水平进行了测度。2012 ~ 2017 年又进行了四次测度，本年度是第六次测度。六次测度结果表明，中国上市公司的财务治理仍然不理想，权利配置不合理，内控不力，监督不严，激励和约束不到位。中国上市公司的财务治理仍需要改进。

财务治理是关于企业财权配置、财务控制、财务监督和财务激励的一系列正式和非正式制度安排，这些制度安排通过财权配置将各个财务主体紧密联系起来，同时通过财务控制、财务监督和财务激励对财务主体形成合理的控制、监督和激励。较高的财务治理质量不仅能够合理配置各财务主体的权责利，有力控制各个财务环节，有效监督财务行为，还能适当激励财务主体，是公司正常运行的关键保障。

财权配置、财务控制、财务监督和财务激励是财务治理的四个不可分割的部分，是我们借鉴国内外已有财务治理研究成果，参照国际先进的财务治理规范，同时也考虑国内既有的相关法律法规而提出来的。其中，财权配置是指财务决策权在各个财务主体之间的配置和落实，主要的财务主体包括股东（股东大会）、董事会、总经理（CEO）、首席财务官（CFO）。当然还有其他利益相关者，如政府、员工、供应商等，但这些利益相关者的财权是可以包含在董事会中的，不过这种“包含”必须有一个前提，那就是董事会是以股东为核心的所有利益相关者的代理人。作为这种代理人，董事会与经理层是监督与被监督的关系，进一步说，董事会是必须独立于经理层的，否则，就容易发生董事会和经理层“同体”现象，其他财务主体的利益将无法得到保证。在董事会治理缺乏独立性的情况下，即使形式上反映了各财务主体的利益，各财务主体的利益也得不到切实保证。因此，公允的财权配置可以实现公司分权制衡，杜绝独裁，保障财务活动的合法性和透明度。

财务控制是指财务权力的执行过程，具体包括企业的内部控制体系和风险控制体系。健全的财务控制能够从程序上保证财务信息生成的合法、合规，提高财务信息的真实性和准确性，从而保证财务主体决策的科学性和可行性。2001 年和 2002 年，美国安然和世界通讯两家公司爆发财务丑闻，促成了《萨班斯 – 奥克斯利法案》（Sarbanes-

Oxley Act）的出台。该法案的核心就是强化财务控制，包括三个方面：一是建立公众公司会计监察委员会，对会计师事务所提供的上市审计服务进行监管；二是对上市公司高管人员造假予以重罚；三是在美上市企业必须建立内部控制体系。这被认为是美国自20世纪30年代经济大萧条以来涉及范围最广、处罚措施最严厉、影响力最大的上市公司法案。该法案的全称是《公众公司会计改革投资者保护法案》。不难看出，财务控制在投资者权益保护中具有重要作用。

财务监督是指对财务权力执行的监督。这种监督需要相应的机制设计，包括企业内部监督机制和外部监督机制。内部监督主要来自董事会，尤其是其中的审计委员会；外部监督主要来自外部审计机构和政府监管部门，当然也包括广大投资者，甚至包括公众。监督机制要有效发挥作用，有赖于信息的公开、全面和真实，有赖于董事会的独立性，有赖于外部审计机构的中立性，更有赖于政府监管部门的立法和执法的公信力。

财务激励是指对财务主体投入的回报，这种投入既包括资金资本的投入（如股东的资金投入），也包括人力资本的投入（如企业高管和员工的人力投入）。有投入就必须有相应的权力和利益，前者即财务权力，后者即财务激励。财务激励是财务治理的驱动器，适当的财务激励能够有效激发企业各利益主体的工作热情和积极性，降低经营者的道德风险。在财务激励中，核心是股东利益，如果股东合理的回报得不到保证，将会影响股东投资的信心，进而影响资本市场的稳定。

以上四个方面中，财权配置是财务治理的核心和基础，合理的、有效的财权配置能够协调各个利益相关者的利益，从而有利于形成合力；财务控制和财务监督是手段，前者重在财权执行，后者重在对财权执行的监督；财务激励是财权执行的结果，财权最终要落实在利益方面，没有财务激励，各财务主体就不可能形成合力。财务治理的四个维度不是独立发挥作用的，它们共同构成了财务治理系统，只有系统性发挥作用，才能保证企业的健康和可持续发展。

那么，如何评价财务治理水平？

基于我们提出的财务治理的四个方面（或维度），即财权配置、财务控制、财务监督和财务激励，我们设计了既具有科学性和客观性，又具有可操作性和稳定性的指标体系。由于借鉴了国际先进的财务治理规范，因此，如此确定的指标体系和评价结果接近国际标准，高于国内既有法律和政策规定。

财权配置维度主要从关联交易是否提交（临时）股东大会讨论通过，独立董事薪酬和高管股票期权是否通过（临时）股东大会，两权分离度，董事会是否提出清晰的财务目标，内部董事与外部董事是否有明确的沟通交流制度，独立董事比例，独立董事中是否有财务或会计方面的专家，董事长和总经理是否两职分离，CFO是否具有高级职称或相关资格认证等方面来衡量各财务主体的权利是否得到合理配置，以此评价财权配置的有效性。需要注意的是，如果财权配置过于形式化，尽管表面上看各个财务主体都可以在财权配置中找到自己的“位置”，但这并不能保证财权配置的有效性。

财务控制维度主要从董事会或股东大会是否定期评估内部控制，各专门委员会是否在内部控制中起作用，董事会或股东大会是否披露具体内部控制措施，风险控制委员会设置情况如何，公司财务弹性，公司对外部资金依赖程度，是否披露可预见的财务风险因素，是否ST公司等方面来衡量企业内部控制体系和风险控制体系的健全程度，以此评价财务主体决策的科学性、可行性和抗风险性。

财务监督维度主要从审计委员会设置，外部审计是否出具标准无保留意见，公司网站是否披露当年和过去连续三年财务报告，是否披露公司发展前景的相关信息，是否披露关联方交易状况，是否对会计政策的变化做出解释，公司是否因违规而被监管部门公开批评、谴责或行政处罚等方面来衡量企业内外部监督机制的到位情况，以此评价内外部监督机制的效果。

财务激励维度主要从现金分红，股票股利分配，高管薪酬支付的合理性，薪酬委员会设置情况，公司是否采用股票期权激励政策，员工报酬增长率是否不低于公司营业收入增长率等方面来衡量各财务主体的收益保障情况，以此评价财务主体的动力。

评价财务治理的目的是希望对中国已上市公司和计划上市公司的财务治理发挥导向作用，促使中国公司按照国际标准，尊重各财务主体的权益，实现中国公司财务运作的规范化，从而降低财务风险，提高抗风险能力。具体包括以下几个方面：①有助于投资者进行理性投资，塑造投资者长期投资的信心，可使投资者尤其是中小投资者认识到公司的潜在风险和价值，从而有效规避投资风险，发现有长期价值的投资对象，提升投资收益——由于中国目前中小投资者权益受到大股东和经营者的侵害比较普遍，因此，财务治理对于中国中小投资者权益保护，具有特殊的意义；②有助于监管者进行针对性监管，严防财务欺诈，可以帮助政府监管机构了解公司财务运作的规范化程度，尤其是能够洞悉国家有关财务运作的法律法规的落实情况，从而使政府监管更加有的放矢，并促使政府通过经济和法律手段对公司的财务运作施以规范化引导；③有助于企业及时发现潜在风险，防患于未然，可使公司了解自身财务治理中存在的问题，督促公司不断提高财务治理水平，不仅有助于发现本公司与其他公司财务治理的差距，也有助于发现本公司财务治理与国际水平的差距，从而及时弥补不足和缺陷，从而保证投资者的投资信心，获得更多的融资机会；④有助于资本市场反映公司真实信息，实现资本市场有序运行，可以发现信息失真——信息失真会加大投资者投资的财务风险，从而导致投资者转移投资方向，因此，财务治理评价能够引导公司披露真实信息，进而促使资本市场的股票价格反映公司真实绩效，股票价格和公司真实绩效的吻合是资本市场成熟的重要标志，也是防止股市动荡甚至“股灾”的重要因素；⑤有助于大数据平台建设，深化财务治理理论研究和实证分析——近些年国内财务治理研究总体落后于公司治理其他方面的研究，一个重要原因是缺乏财务治理的大数据支持，财务治理评价赖以支撑的数据库提供了深化财务治理理论研究和实证分析的平台，而且基于大数据的财务治理研究更加符合现实。

六 自愿性信息披露指数

2010 年和 2012 年，我们对中国全部上市公司的信息披露水平进行了测度，测度结果表明，中国“能不说就不说”的现象非常普遍。“能不说就不说”属于自愿性信息披露范畴，而强制性信息披露则不存在多大问题。于是，从 2014 年开始，我们对中国上市公司信息披露的评价改为专门对其中的自愿性信息披露的评价，2016 年和 2017 年又进行了两次评价，本年度是对自愿性信息披露水平的第四次评价（总计六次评价）。四次评价结果证明，在中国上市公司中，“能不说就不说”现象仍然非常普遍和严重。

自愿性信息披露（Voluntary Disclosures）是相对于强制性信息披露而言的。自愿性信息披露的关键词是“自愿”。“自愿”，顾名思义，就是可披露也可不披露。披露了，使用者欢迎；不披露，监管者也不会追究，因为监管者没有追究的法律依据，但并不意味着其他需求者（尤其是投资者）不追究或不计较；投资者追究与否，取决于投资者权益保护的法律是否健全（如有无集体诉讼和集体索赔法律）；更多的投资者是计较的，如何计较，这就涉及市场机制了，即投资者可以“用脚投票”。投资者是上市公司信息的最大需求者，也是上市公司的核心利益相关者，投资者不投资，公司上市就没有意义了。但投资者投资依赖于其所获取的信息，不同投资者的信息需求不同。随着市场的完善，越来越多的投资者趋于理性，他们不再满足于监管机构强制要求公司披露的信息，而是通过更多的信息来最大限度地降低自己的投资风险，即追求所谓信息的“有用性”，强制性披露难以满足许多投资者所要求的“有用性”。如果投资者难以获得他们认为“有用”的信息，他们就会认为投资有风险，从而不投、少投、转投，如果很多投资者不投、少投、转投，则这家公司就可能被并购或倒闭，这就是投资者的“用脚投票”。从这个角度讲，自愿性信息披露并不是可有可无的，是上市公司吸引投资者的不可或缺的方式。

不论是自愿性信息披露还是强制性信息披露，都没有统一的国际标准。在一个国家属于自愿性披露的信息，在另一个国家可能属于强制性披露的信息。一般来说，市场发育程度越高，相应的法律制度越完善，就越注重自愿性信息披露，通过投资者“用脚投票”来促使上市公司自愿披露更多的信息；相反，市场发育程度越低，相应的法律制度越不完善，“用脚投票”的效果就越低，通过自愿披露信息就难以满足投资者投资要求，从而就越强调强制性信息披露。但这是一种比较理想的状态，实际情况比理论推导的情况要糟糕得多。原因在于，企业都是追求最大利益的“经济人”，都有投机取巧的本性，只要不违背法律规则，对自己不利的信息就尽量不披露。因此，即使在市场经济高度发达的英美等国家，也通过大量的规则甚至法律，强制性要求上市公司披露更多的信息。我们不难看到，尽管英美等国家市场经济很发达，但其强制性披露信息的范围远远大于市场经济还不太发达的中国。

然而，由于市场千变万化，投资者的信息需求也是多种多样的，而规则和法律都是由人制定出来的，每个人的理性都是有限的，从而，再细致的强制性披露的信息也难以满足投资者理性投资对信息的需求。另外，企业外部的利益相关者绝不仅仅是单一的投资者，供应商、客户、居民（尤其是企业周边居民）都是企业的重要利益相关者，他们对企业也有各种各样的信息需求，而其中很多信息难以纳入强制性披露范畴。显然，自愿性信息披露不是可有可无的，而是必需的。比如，高管薪酬结构及额度信息。该项信息在英美等国家的披露是很完整的，即不仅要披露高管薪酬总额，还要披露薪酬结构以及各部分的额度，如固定薪金、奖金、股票、股票期权、养老金等。但这些信息在中国属于自愿性披露范畴，在上市公司披露的信息中，几乎没有几家公司披露该项信息。那么，该项信息对于投资者是否必须？回答是肯定的，因为通过该项信息，投资者可以了解高管的长期薪酬和短期薪酬构成，进而了解高管行为是满足于企业短期发展还是立足于企业长期发展。再比如，董事任职经历。英美等国家的公司对该项信息的披露也很详细，但在中国则属于自愿性披露范畴。该项信息对投资者同样至关重要。原因在于董事（会）是投资者的代理人，他们要代表投资者对经营者进行监督。通过董事任职经历的详细披露，投资者可以了解董事是否与经营者有关联，以此判断董事和经营者是否存在合谋的可能性；对于中小投资者而言，还需要了解董事是否与大股东有关联，以此判断董事是否仅代表大股东，进而可能侵害中小投资者的利益。

自愿性信息披露也是企业诚信经营的重要体现。诚信意味着企业必须向包括投资者在内的利益相关者及时披露真实、全面的信息，这不仅是为了使投资者降低投资风险，更是为了增强投资者的投资信心。因为，投资者“被骗”一次容易，第二次“被骗”就难了，多次“被骗”则几乎不可能，而且，“被骗”具有扩散效应，失去投资者意味着企业经营的失败。对于供应商、客户等利益相关者来说，也是如此。

总之，自愿性信息披露尽管是“自愿”的，但不是可有可无的。企业要想获得可持续发展，就不能仅仅满足于强制性信息披露，而必须高度重视自愿性信息披露。尽管自愿性信息披露增加了信息披露的成本，但相对于企业由此获得的投资者信心和其他利益相关者的信赖，乃至良好声誉和长期发展，显然这些成本支付是非常值得的。

那么，如何评价自愿性信息披露水平？

在既有的相关研究中，主要采取三种形式对自愿性信息披露进行评价。一是由分析师和相关实践人员评价，但不公布指标体系和计算方法。显然这种评价的结果难以验证，而难以验证就无法让使用者监督，不能监督就难以保证其客观性，会有很大程度的主观性，投资者使用的针对性很差。二是选择年报中具有代表性的指标作为衡量自愿性信息披露的指标。这种评价用个别指标来替代范围较广的自愿性信息整体，有以偏概全的倾向，投资者难以通过这种评价克服自己的投资风险，与第一种形式的评价相同，投资者使用时基本没有针对性。三是自己构建体系庞大的自愿性信息披露指标体系，但很多指标难以获得数据，尤其是难以获得连续数据，因此，操作性较差，很难连续进行跟踪和比较分析。

本报告借鉴国内外已有的自愿性信息披露评价研究成果，基于国内信息披露相关法律法规，特别参照国际先进的信息披露规范，立足于投资者权益保护，提出了自愿性信息披露四个维度的指标体系，即治理结构、治理效率、利益相关者和风险控制。

治理结构维度主要评价董事会构成，董事学历和任职经历（不含兼职、社会称号等），专门委员会构成，监事会构成和成员，高管层学历，高管层任职经历（不低于三年且不含兼职、社会称号）等方面的信息披露情况。这些信息的披露对于投资者了解代理人（董事会、监事会、经理层）有无可能代表自己作为委托人的利益，以及是否着眼于企业发展（尤其是长期发展）具有重要价值。

治理效率维度主要评价股东大会（包括临时股东大会）股东出席率，股东大会（包括临时股东大会）投票机制，董事考评制度及结果，董事会议事规则，董事会召开方式，独立董事参与决策，高管薪酬结构及额度，高管层关系网络等方面的信息披露情况。这些信息的披露重在评估治理结构的有效性，对于投资者了解代理人的实际履职效果具有重要价值。

利益相关者维度主要评价投资者关系建设情况，社会责任，债权人情况，债务人情况，供应商情况，客户情况等方面的信息披露情况。这些信息的披露对于投资者了解自己的利益是否得到尊重和保护具有重要价值。其中，投资者关系信息是企业直接针对投资者的沟通渠道和沟通方式的信息，而社会责任以及债权人、债务人、供应商、客户等方面的信息，则能让投资者详细了解企业其他利益相关者对自己利益的影响，使投资者能够以更加理性的心态来对待多元化的企业经营，这无疑也是对投资者的一种尊重。

风险控制维度主要评价企业发展战略目标，盈利能力，营运能力，偿债能力，发展能力，会计师事务所，宏观形势对企业的影响，行业地位（或市场份额），竞争对手等方面的信息披露情况。这些信息的披露对于投资者降低投资风险，获得稳定的投资回报具有重要价值。

不难看出，基于自愿性信息披露四个维度设计的指标体系，能够使投资者全方位了解企业，从而满足自己理性投资的信息需求。在这四个维度中，投资者不仅能够从形式上了解代理人是否有可能代表自己作为委托人的利益，而且能够了解到代理人的实际履职效果；不仅能够了解自己与企业的沟通渠道和方式，感觉到自己受到尊重的程度，而且能够了解自己投资的风险大小。显然，这种基于投资者保护的自愿性信息披露四维度评价，既是一种全方位的评价，也是一种更加客观的评价。

评价自愿性信息披露的目的是希望中国上市公司改变“能不说就不说”的旧观念，树立“能说的都要说”的新理念，具体包括如下几个方面：①自愿性信息披露不是可有可无的，它对投资者理性投资具有重要价值，投资者基于“有用信息”而进行投资对企业的发展尤其是长期发展具有重要影响；②在市场不成熟尤其是法律不健全的情况下，自愿性信息披露应更多地转化为强制性信息披露，单纯靠自愿是不能满足投资者理性投资对信息的需求的；③法律规则要具有很强的威慑作用，如果因信息披露不到位而使投资者和其他利益相关者遭受严重损失，即使这些信息披露属于自愿性的，企业负责人也必须要承担重大责任，并给予高成本的处罚；④自愿性信息披露对董事会的科学决策和对经理层的有效监督也具有重要影响，如独立董事是外在于企业的，拥有参与战略决策以及对经理层进行监督的权力，独立董事的科学决策和对经理层的有效监督高度依赖于充分、真实的信息披露，这其中也包括自愿披露的信息，否则，就会产生决策科学性差和监督失效的可能，而这些直接影响企业的发展。

七 高管薪酬指数

2007 年，当我们开始进行中国公司治理分类评价时，首选的便是高管薪酬指数，即高管薪酬合理性评价。然而遗憾的是，由于当时没有开发数据库系统，只是运用传统的方法采集数据，加之经验不足，导致数据丢失严重。2008 年，我们从头再来，仍是因首次开发，缺乏经验，研究工作进展缓慢，当我们于 2009 年 5 月完成首部《中国上市公司高管薪酬指数报告 2008》时，各上市公司新的年度报告已经公布，出版的价值已经降低。于是，我们再次采集新年度的数据，最终完成并出版国内首部《中国上市公司高管薪酬指数报告 2009》。2011 ~2017 年，我们又进行了四次评价，本年度是第五次评价（不包含未出版的报告）。五次评价结果表明，中国上市公司高管薪酬存在比较严重的不合理问题，包括激励过度和激励不足。

高管薪酬是一个敏感而又十分重要的问题。20 世纪 80 年代末 90 年代初，英国率先发起公司治理运动，并很快波及整个世界，起因就是公司高管薪酬大大超过公司绩效而过快增长，由此引起公众和股东的大为不满。在此背景下，1995 年 7 月 15 日英国发表了《格林伯里报告》（Greenbury Report），核心就是关于公司董事会报酬决定和相应说明的《最佳做法准则》。

二十多年后的今天，我们却仍犯着当初公司治理运动发生时的错误。不过，这种错误在中国发生了部分变种，即高管薪酬人为减少导致公司业绩的更大幅度下滑。而规范公司治理中，高管薪酬与公司业绩应该是吻合的。这说明，我们的公司治理还没有真正融入全球公司治理运动之中，公司化改革在较大程度上还是形式上的。

中国在高管薪酬上出现的问题，与市场（尤其是资本市场和经理人市场）不成熟、不完善存在着密切的关系。这种不完善主要表现在两个方面：一是对于国有企业来说，政府或大股东代理人干预或过度控制；二是对于民营企业（非国有企业）来说，则是家族或创始人干预或过度控制。

对于国有企业来说，一方面，政府仍然控制着国有企业的大部分权力；另一方面，国有企业又总是处于失控之中。这两个方面看似是一个悖论，其实二者之间具有必然的联系，前者是后者的直接原因。正是由于政府干预或控制过多，企业才会向政府隐瞒真实信息，或上报虚假信息，而政府与企业之间的代理链条过长，以及政府对企业的非现场决策又使这种隐瞒和虚报成为可能。在政府不了解企业真实信息的情况下，企业高管就可以利用其所控制的国有资产任意所为，如豪华的办公设施、过高的福利待遇和超标准的在职消费等。近几年，高管薪酬又部分走向了反面，即政府主导下的“一刀切”式的降薪。这种方式的降薪，加之强力反腐，使得高管在薪酬获取上胆战心惊，很多国有企业的高管薪酬由此偏离了其对企业的实际贡献，即出现了激励不足，由此产生的企业改革和发展不力，也严重侵害了投资者权益，其中也包括国有投资者的权益。显然，政府主导下的国有企业公司治理改革，其成本是很高的，效果则是不高的。

对于民营企业来说，尤其是家族或创始人过度控制下的上市公司，一是信息披露不充分，透明度不高；二是企业上市的目的主要（甚至是首要）是圈钱，而不是完善公司治理。这种不完善的市场会产生三个方面的负面效应：其一，高管人员（与家族大股东或创始人往往混同）不能及时地、充分地向投资者（尤其是中小投资者）报告公司的真实经营绩效；其二，高管人员可能会利用内部信息人为地操纵股价，甚至可能为了巨额套现而制造虚假信息；其三，董事会难以对高管人员进行有效监督，反而常常形成利益共同体。显然，在不成熟的市场中，试图使高管人员的未来利益与公司和投资者的利益有机结合起来，是很难实现的。

在完善的市场上，高管薪酬的高低并不是由某个政府机构或家族大股东及创始人说了算的。高管的薪酬可能很高，也可能很低，但不管高低，均是由市场决定的，也是投资者认可的。这是因为：第一，完善的市场使董事会可以在市场上选聘高管人员，并使董事会对选错人来担责任；第二，完善的市场要求高管薪酬及其相关信息必须对外公开，以接受政府、投资者和公众监督；第三，完善的市场意味着制度安排的强化，而强化的制度安排大大加大了高管的违规成本，使其远远高于违规的收益。

在涉及报酬问题时，很多国有企业还沿袭着过去的思维逻辑，即先讲贡献，再讲报酬。而市场选择恰恰相反，是先讲报酬，再讲贡献。但如果贡献达不到报酬支付的要求，则意味着经营者违反了合同，该经营者就要被解聘；如果贡献超过报酬支付要求，则会给予奖励。在这种情况下，经营者要求的薪酬与其贡献将是基本吻合的。

如何评价目前中国上市公司高管薪酬，这既是一个理论问题，又是一个技术问题。在现实中，人们总感觉高管的薪酬过高了，于是谴责声不断。其实，这种感觉正确与否，需要进行科学的分析。实际上，相对于公司绩效，高管的薪酬有偏高的，也有偏低的，当然，也有适度的。只是关注高管薪酬的绝对值是没有多少意义的，因为高管对企业的贡献不同。因此，有必要对高管薪酬的合理性进行科学评估。

如何评估高管薪酬的合理性？显然，对高管薪酬的评估难以采取前面五种指数的方法。对高管薪酬的合理性进行评估，只能基于企业绩效，或者准确地说，是基于高管对企业的实际贡献。同时，由于各行业性质不同，还需要考虑不同行业对高管实际贡献的影响。本报告所做的工作就是考虑企业绩效，运用科学的方法，计算出上市公司的高管薪酬指数，以此评价高管薪酬的合理性。通过这一研究，既希望能对国内高管激励制度研究及公司治理理论的完善有所贡献，也希望能有效服务于公司治理实践，充分发挥其信号显示作用，为股东、董事会、经营者、政府及其他利益相关者提供一个高管薪酬治理的“晴雨表”。

八 本报告内容和特色

本报告是作为第三方评价机构的北京师范大学公司治理与企业发展研究中心研制和出版的年度公司治理指数成果。报告以国际通行的公司治理规范，尤其借鉴了《G20/OECD 公司治理准则（2015）》的基本精神，同时基于中国的制度架构和现实国情，分类设计了中国公司治理评价指标体系，在此基础上，运用科学的方法，计算出了 2017

年 3147 家上市公司的中小投资者权益保护指数、董事会治理指数、企业家能力指数、财务治理指数和自愿性信息披露指数，以及 3140 家上市公司的高管薪酬指数，并进行了排序和比较分析。

本报告是对中国资本市场开放以来上市公司中小投资者权益保护、董事会治理、企业家能力、财务治理、自愿性信息披露和高管薪酬合理性的全面评估，在很多方面填补了国内外在公司治理评价研究方面的空白。报告全面评估了中国上市公司六方面治理的现状，深刻揭示了中国上市公司六方面治理存在的问题，对于全面、客观地反映中国上市公司的治理水平，了解政府在公司治理方面的立法和执法现状，具有非常重要的现实意义。同时，报告又构成了中国公司治理理论和实证研究的重要基础，是企业强化公司治理以保证企业可持续发展的重要依据，是监管机构加强公司治理立法和执法的重要参考。特别是，它对于提升投资者尤其是中小投资者的权益保护意识，引导投资者理性投资，降低投资风险，具有重要的参考价值。另外，报告对于助推国有企业深化改革，尤其是混合所有制改革，也具有重要的现实指导意义。

（一）本报告主要内容

本报告主要内容包括八篇 25 章内容。

报告的第一篇是总论，包括导论和第 1 章，第八篇只包括第 25 章，中间六篇共 23 章是对六类公司治理指数的统计分析，这六篇的结构基本相同，包括总体指数统计分析、分项指数统计分析（高管薪酬指数没有分项指数，故没有该部分分析）、所有制比较统计分析、年度比较统计分析。具体内容如下。

（1）设计了全面、客观、专业、可连续、可验证、可重复的中小投资者权益保护、董事会治理、企业家能力、财务治理、自愿性信息披露评价指标体系。根据各指标体系计算出来的五类公司治理指数具有科学性、可靠性和可比性。据此，公司可以发现公司治理五个方面的不足和潜在风险，促使其提升公司治理水平；投资者可以发现具有更大投资价值和更低投资风险的投资对象；监管机构可以发现资本市场中潜在的风险点和潜在的违规因素，并及时予以矫正，从而为投资者创造更好的投资环境。

（2）基于公司绩效计算了高管薪酬指数并进行了评价。本报告基于公司绩效，并考虑行业因素，计算出了高管薪酬指数，然后根据统计学的四分之一分位法，将高管薪酬激励划分为激励过度、激励不足和激励适中三个区间。与其他五类公司治理指数不同的是，高管薪酬指数不是越高越好，也不是越低越好，而是数值越居中越好，表明激励与绩效是匹配的，而两端的数据表明激励与绩效偏离较大，薪酬制度是低效率的。从高管薪酬绝对值与高管薪酬指数的比较看，高管薪酬绝对值高的不一定激励过度，高管薪酬绝对值低的也不一定激励不足，衡量高管薪酬合理与否要结合公司业绩，即应该考虑相对薪酬。

（3）全样本、全方位评估了中国上市公司中小投资者权益保护、董事会治理、企业家能力、财务治理、自愿性信息披露、高管薪酬六方面的治理水平。本报告涵盖了沪深两市近乎全部A股上市公司（只剔除少量退市和年报不完整的公司），从总体、地区、行业、上市板块等多角度评价了中国上市公司六方面的治理水平。研究发现，中国上市公司中小投资者权益保护指数、董事会治理指数、企业家能力指数、财务治理指数、自愿性信息披露指数都基本符合正态分布，总体指数平均值无一达到60分，及格率（60分及以上）分别是9.53%、9.12%、0%、20.53%和9.72%，总体上都处于低下水平，尤其是企业家能力。高管薪酬指数均值211.1411分，其中激励适中、激励过度和激励不足三个区间的高管薪酬指数均值分别是96.7277分、633.7090分和17.3998分，三个区间相差很大；激励适中、激励过度和激励不足三个区间的高管薪酬均值分别是85.57万元、92.52万元和90.69万元，差别不是很大。从高管薪酬指数和高管薪酬的对比中，反映了高管薪酬与高管贡献的极不吻合，尤其是激励不足和激励过度区间的高管薪酬均值更是如此。

（4）中小投资者权益保护、董事会治理、企业家能力、财务治理、自愿性信息披露都从四个维度或分项全面评估了中国上市公司五方面的治理水平。其中，中小投资者权益保护指数分解为知情权、决策与监督权、收益权和维权环境四个分项指数。四个分项指数均值只有知情权分项指数略超60分；而对于中小投资者权益保护最具有实质意义的决策与监督权以及收益权两个分项指数的均值则很低，都未达到45分。董事会治理指数分解为董事会结构、独立董事独立性、董事会行为和董事激励与约束四个分项指数。四个分项指数均值只有独立董事独立性分项指数略超60分；董事会结构分项指数均值则未超过40分，反映着董事会结构并未如人们想象中的那么健全；更具有实质性意义的董事会行为以及董事激励与约束两个分项指数均值都未超55分。企业家能力指数分解为人力资本、关系网络能力、社会责任能力和战略领导能力四个分项指数。四个分项指数中，只有社会责任能力分项指数均值略超60分，其他三项都在29分以下，这意味着CEO因不具有独立性而难以发挥最大潜能。财务治理指数分解为财权配置、财务控制、财务监督和财务激励四个分项指数。四个分项指数的均值差异较大。财务监督和财务控制两个分项指数均值都略超70分；财权配置分项指数均值略超40分；财务激励分项指数则还不到30分。自愿性信息披露指数分解为治理结构、治理效率、利益相关者、风险控制四个分项指数。四个分项指数均值无一超过60分，都在44~55分之间，都处于较低水平。

（5）从所有制角度对中国上市公司中小投资者权益保护、董事会治理、企业家能力、财务治理、自愿性信息披露、高管薪酬六方面的治理水平做了深入的比较分析。从均值上比较，在中小投资者权益保护指数、董事会治理指数、财务治理指数上，都是非国有控股公司高于国有控股公司；而企业家能力指数和自愿性信息披露指数则是国有控股公司高于非国有控股公司。在这五个指数上，都是中央企业控股公司高于地方国有企业控股公司。对于高管薪酬指数，非国有控股公司大大高于国有控股公司，中央企业控股公司高于地方国有企业控股公司；非国有控股公司薪酬激励适中和过度的比例都高于国有控股公司，而国有控股公司薪酬激励不足的比例远高于非国有控股公司，中央企业控股公司和地方国有企业控股公司在薪酬激励适中、过度和不足中的占比相差不大。需要注意的是，在比较高管薪酬指数时，没有考虑客观存在的政府赋予部分国有企业的垄断因素。

（6）对中国上市公司中小投资者权益保护、董事会治理、企业家能力、财务治理、自愿性信息披露、高管薪酬六方面的治理水平做了深入的年度比较分析。从均值上比较，对于中小投资者权益保护指数，2014～2017 年连续上升；对于董事会治理指数，2012～2015 年连续下降，近两年连续回升；对于企业家能力指数，2011～2017 年连续下降；对于财务治理指数，2014～2017 年连续上升，但仍没有达到 2012 年的最高值；对于自愿性信息披露指数，2015 年下降，2016 年上升，2017 年又下降，但仍较大幅度高于 2013 年和 2015 年的水平。高管薪酬从绝对值上看，2012～2017 年均增长 24.98%，2017 年比 2016 年上升 5.97%；从薪酬指数看，2012～2017 年从 130.49 分上升到 211.14 分，2017 年比 2016 年下降 6.81 分；相比 2016 年，2017 年薪酬绝对额上升，薪酬指数却下降，反映了高管薪酬的小幅上升并没有带来对应的绩效增长。

（7）基于本报告六类公司治理指数大数据，提出了中国企业改进公司治理的政策建议。

（二）本报告主要特色

本报告中的公司治理指数分为六类，六类公司治理指数既有共性也有各自的特色。

六类公司治理指数的共同特点表现在以下六个方面。

（1）指标体系设计借鉴国际通行的公司治理规范。全球经济一体化是世界经济发展趋势，中国也有越来越多的企业走向海外，与全球市场融为一体。同时，各国公司治理尽管有自己的特点，但趋同的方面越来越多，发达国家长期以来形成的规范的公司治理，正逐渐演化为国际通行的治理规范，像《G20/OECD 公司治理准则》，正在世界许多国家得到重视和贯彻。在指标设计时引入国际通行的标准，有助于引导中国企业尽快融入国际体系，有助于中国企业的国际化。

（2）指标评分标准清晰。评分标准模糊、难以分层是指标评分之大忌，也是产生主观评价的主要根源。为此，在确定指标体系时，一方面力求指标标准清晰可辨；另一方面，对于容易产生主观判断的部分指标，制定近乎苛刻的分层标准。由于评分标准清晰，加之对数据录入人员进行严格的培训，尽管本报告评价对象是全部 A 股上市公司，且数据量庞大，但仍能保证数据的高准确度。

（3）全样本评价。本报告的评价对象是沪深两市 A 股全部上市公司，这与既有研究只是抽样评价形成明显区别。抽样评价得出的结果不能代表全部，尤其是其中的所谓"最佳"只能是抽样中的"最佳"，而不是真正的"最佳"，无法得到上市公司的普遍认同。更有甚者，个别评价依赖于部分专家的主观推荐，指标体系只是针对推荐出来的公司，这种评价无疑是极不严肃的。

（4）数据来源公开可得，评价具有连续性。指标数据全部可以从证监会、公司年报、公司网站等公开的权威渠道取得，避免通过问卷调查等主观性很强、不能连续、调查对象不稳定的渠道获取数据，从而使公司治理指数评价具有连续性，评价对象高度稳定，评价结果更加客观，并且可以长期跟踪分析。

（5）评价标准全公开，评价结果可验证。这是本报告的最大特色。12 年来，我们一直秉持这一做法。这种做法极具挑战性和风险性，因为标准全公开意味着每个公司和研究者都可以验证评价结果的准确性和客观性，从而容不得我们犯错误。该系列指数报告曾经是唯一全面公开评价标准的研究成果，现在已经产生示范效果，近年来也有其他相近研究公开其评价标准。

（6）避免模糊指标。在既有评价研究中，存在不少模糊指标。以董事会治理评价为例，有研究者把董事会规模、会议次数等纳入评价指标。其实，董事会规模多大、董事会会议次数多少才是最佳的，难以断定，从而无法给出公认的客观标准。没有公认的客观标准，就不能得出评价结果。像这类指标，只能说，它们对董事会治理有影响，但不是董事会治理本身。在本报告中，指标体系设计均按照既有法律法规，尤其是遵从国际规范，所有指标均有公认的标准，这保证了评价结果的客观性和可比性。

六类公司治理指数各自的特色表现在如下方面。

（1）对于中小投资者权益保护指数，指标体系分为权利行使和权利行使保障两个层面。前者包括决策与监督权以及收益权两个维度，后者包括知情权和维权环境两个维度；前者对中小投资者更具有实质意义，后者则要保障中小投资者权益得到落实。这种指标体系的设计，可以全面评价中小投资者权益保护的实际水平。

（2）对于董事会治理指数，要回归"董事会"。董事会治理是公司治理的重要组成部分，甚至是核心范畴，但不是全部，因此，本报告克服了既有研究中混沌不清的缺陷，把不属于董事会治理的指标予以剔除（如股东大会、股权结构、监事会等），基于董事会作为股东的代理人和经营者的监督者以及本身作为利益主体的角度来设计指标体系，从形式上和实质上全面评价董事会治理的水平。

（3）对于企业家能力指数，指标体系设计充分考虑企业家的潜在能力和现实能力。为了反映企业家能力的全貌，在指标设计上，不仅有反映企业家潜在能力信息的指标，如教育水平、工作年限、工作经历、选聘路径等，更有反映企业家实际能力信息的指标，如关系网络、社会责任、对企业的实际贡献等；不仅有反映企业家成功信息的指标，如被聘为独立董事、担任人大代表、国际化战略等，也有反映不成功信息的指标，如贷款诉讼（未按期偿还）、投资者低回报或无回报、被监管机构谴责等。在指标体系中，强调能够体现企业家诚信经营、敢于创新和担当的品质和精神。

（4）对于财务治理指数，指标体系设计借鉴国际财务报告准则。在全球资本市场趋于一体化的情况下，采用国际财务报告准则出具的财务报告将具有透明度和可比性，从而可以大大降低公司的会计成本，提高公司运营绩效。因此，将国际财务报告准则部分纳入财务治理指标体系，有助于加快企业财务治理的规范化程度，也有利于提升其国际化水平。

（5）对于自愿性信息披露指数，从投资者权益保护角度设计指标体系。信息披露的目的是吸引投资者关注和投资，投资者理性投资的前提也是充分、真实和及时的信息披露。无疑，投资者是上市公司所披露信息的主要使用者，因此，自愿性信息披露评价指标体系的设计必须紧密围绕投资者，以投资者为核心，使投资者使用时具有很强的针对性。基于这种考虑，指标体系要全面但又不宜过多，要使投资者利用有限的知识了解他们所需要的全面信息。同时，指标体系要具有可连续的数据支持，可以使投资者进行连续的跟踪分析，以引导投资者立足于公司的长远发展，而不仅仅满足于短期回报。本报告的四个维度指标体系就是基于以上原则而设计的。其中，治理结构维度反映代理人是否可能代表投资者，治理效率维度反映代理人是否实际代表投资者，利益相关者维度反映投资者（以及其他利益相关者）是否得到尊重，风险控制维度反映投资者投资的实际结果。

（6）对于高管薪酬指数，基于绩效对高管薪酬进行客观评价。既有的高管薪酬研究大都基于高管薪酬绝对值，这种研究简单地把高薪酬等同于高激励，或者把低薪酬等同于低激励，其结果便是盲目攀比。而本报告的研究表明，考虑企业绩效因素后可以对高管的实际贡献做出客观评价，考虑到高管的实际贡献，则高薪酬未必高激励，低薪酬也未必低激励，这种评价有利于避免高管薪酬的攀比效应。

第1章　中国公司治理分类指数指标体系、计算方法和评价范围

如导论所述，公司治理涉及很多方面，如投资者权益保护、董事会治理、企业家能力、财务治理、信息披露、高管薪酬、社会责任（包括环境保护责任）、政府监管等诸多方面，本报告基于已经相对成熟的、连续出版的“中国公司治理分类指数报告系列”，只包括其中的中小投资者权益保护、董事会治理、企业家能力（含企业家的社会责任）、财务治理、自愿性信息披露、高管薪酬六个方面。

1.1　中国公司治理分类指数研究的两个关键问题

与已经出版的六类16部指数报告一样，本报告采取的方法是“指数”形式。在指数研究中，有两大关键问题，分别是指数涉及的指标体系选择和指标权重设计，这两个方面构成了指数研究的核心内容。

在指标体系选择上，考虑到公司治理是一个国际话题，以及全球经济一体化的发展，本报告各类指数在制定指标体系上，既参照国际先进的公司治理规范，包括国际组织的公司治理准则和市场经济发达国家的公司治理准则，也借鉴国内外已有的公司治理评价研究结果，同时考虑国内既有的相关法律法规。如此确定的指标体系和评价结果接近国际标准，高于国内既有法律和政策规定，是对各类公司治理水平的真实反映。本报告基本沿用已出版的六类16部公司治理指数报告的评价体系，并根据国际国内公司治理变化趋势对个别指标做了微调。

在指标权重设计上，目前常见的方法主要有专家打分法、因子分析法、层次分析法等。就技术层面而言，这些方法各有优劣，并没有一种公认的合理方法。具体而言，专家打分法是一种主观定权方法，其优势在于简单实用，容易构造指标权重，但是其不足

在于这种方法主观性太强，对专家经验的依赖程度很高；因子分析法是一种客观定权方法，其优势在于较为客观，通过提取主要因子的方法即可完成权重设计，但其劣势在于随着时间的推移和数据的变化，各指标权重将会发生变化，这将导致指数结果在年度之间不可比较，从而对跨年度分析带来困扰，而跨年度比较是本报告系列指数的一个重要内容；层次分析法是一种主观和客观相结合的方法，其优势在于将定性分析和定量分析相结合，用决策者的经验来判断和衡量目标能否实现的标准之间的相对重要程度，并给出每个决策方案的标准权重，它不仅适用于存在不确定性和主观信息的情况，还允许以合乎逻辑的方式运用经验、洞察力和直觉，由于其具有主观打分和客观定权相结合的特点，其劣势就在于同样会受到这两种因素的影响，同时其操作也相对复杂。

从近年来指数研究的情况来看，以算术平均值作为指标权重（即等权重）的处理方法得到了越来越多的青睐。例如，樊纲等在其得到广泛引用的《中国市场化指数》[①]设计中，就使用算术平均值处理方法来替代以往使用的层次分析法，并且他们的稳健性分析表明，采用算数平均值处理方法得到的结果与其他方法是非常接近的，这说明算术平均值处理方法是可行的，特别是在评价指标较多的情况下，更是如此。其他类似的研究还包括美国传统基金会（The Heritage Foundation）和加拿大弗雷泽研究所（The Fraser Institute）的"经济自由度测度"，以及香港中文大学的"亚洲银行竞争力测度"等项目。

本报告在指标权重设计方法上，对中小投资者权益保护、董事会治理、财务治理、自愿性信息披露四类指数，均采用目前国际通行的等权重方法。但企业家能力则采用了层次分析法（AHP）。这主要是因为企业家能力指数的四个维度具有明显的重要性区分。具体方法将在以下各节中说明。

1.2 中小投资者权益保护指数指标体系及计算方法

1.2.1 中小投资者权益保护指数指标体系

本报告基于国际规范的中小投资者权益保护规范，同时考虑中国中小投资者的立法和执法状况，从知情权、决策与监督权、收益权和维权环境四个维度来计算中小投资者权益保护指数，据此来评价上市公司的中小投资者权益保护质量，具体包括4个一级指标（维度），37个二级指标。其中，知情权维度包括10个二级指标；决策与监督权维度包括11个二级指标；收益权维度包括7个二级指标；维权环境维度包括9个二级指标（参见表1－1）。

① 樊纲等：《中国市场化指数：各地区市场化相对进程2011年报告》，经济科学出版社，2011。

表 1－1　中小投资者权益保护指数指标体系

一级指标	二级指标	评价标准
知情权（MIK）	1. 是否按时披露公司定期报告	包括一季度报、半年报、三季度报和年报，每项分值 0.25 分
	2. 年报预披露时间与实际披露时间是否一致	A. 基本一致（延后在 10 天之内，包括提前，1 分）； B. 差距较大（延后在 10～30 天，0.5 分）； C. 差距很大（延后在 30 天以上，0 分）
	3. 预告业绩与实际业绩是否一致	A. 实际的数据落入预测区间（1 分）； B. 没有落入预测区间（0 分）
	4. 公司是否因违规而被证监会、证交所等部门公开批评、谴责或行政处罚	A. 是（－1 分）；B. 否（0 分）
	5. 外部审计是否出具标准无保留意见	A. 是（1 分）；B. 否（0 分）
	6. 上市公司是否开通微信/微博/网站/投资者咨询电话或在线互动平台	重点关注网站、微博或微信、投资者咨询电话或在线互动平台三项，每一项分别赋分为 0.34 分、0.33 分、0.33 分
	7. 分析师关注度	用会计年度内分析师发布研究报告的次数衡量，标准化处理为 0～1 区间数值
	8. 是否详细披露独立董事过去 3 年的任职经历	A. 详细披露（1 分）； B. 笼统披露（0.5 分）； C. 未披露（0 分）
	9. 媒体关注度	用会计年度内主要财经媒体* 报道次数衡量，标准化处理为 0～1 区间数值
	10. 是否披露可预见的财务风险因素	A. 是（1 分）；B. 否（0 分）
决策与监督权（MIE）	11. 是否采用网络投票制	A. 是（1 分）；B. 否（0 分）
	12. 是否实行累积投票制	A. 是（1 分）；B. 否（0 分）
	13. 是否采用中小投资者表决单独计票	A. 是（1 分）；B. 否（0 分）
	14. 独立董事比例	A. 独立董事比例≥2/3（1 分）； B. 1/2≤独立董事比例＜2/3（0.7 分）； C. 1/3≤独立董事比例＜1/2（0.35 分）； D. 独立董事比例＜1/3（0 分）
	15. 有无单独或者合计持有公司 10% 以上股份的股东提出召开临时股东大会	A. 是（1 分）；B. 否（0 分）
	16. 独立董事是否担任本公司董事长	A. 是（1 分）；B. 否（0 分）
	17. 有无单独或者合并持有公司 3% 以上股份的股东提出议案	A. 是（1 分）；B. 否（0 分）
	18. 三个委员会是否设立（审计、提名、薪酬）	A. 0 个（0 分）； B. 1 个（0.35 分）； C. 2 个（0.7 分）； D. 3 个（1 分）
	19. 审计委员会主席是否由独立董事担任	A. 是（1 分）；B. 否（0 分）；C. 未披露（0 分）

续表

一级指标	二级指标	评价标准
决策与监督权（MIE）	20. 独立董事的董事会实际出席率	公司所有独立董事实际出席董事会次数的总和/公司所有独立董事应出席董事会次数的总和
	21. 董事长是否来自大股东单位	A. 否(1 分);B. 是(0 分)
收益权（MIR）	22. 个股收益率是否大于或等于市场收益率	A. 是(1 分);B. 否(0 分)
	23. 现金分红	现金分红占净利润的比例(过去三年平均值),标准化处理为 0～1 区间数值
	24. 股票股利	股票股利情况,标准化处理为 0～1 区间数值
	25. 财务绩效	取 ROA,标准化处理为 0～1 区间数值
	26. 增长率	取营业收入增长率,标准化处理为 0～1 区间数值
	27. 是否 ST	A. 是(-1 分);B. 否(0 分)
	28. 是否有中小股东收益权的制度安排(分红权)	A. 是(1 分);B. 否(0 分)
维权环境（MII）	29. 股东诉讼及赔偿情况	A. 无股东诉讼(0 分); B. 有股东诉讼无赔偿(-0.5 分); C. 有股东诉讼且有赔偿(-1 分)
	30. 控股股东(实际控制人)是否因直接或者间接转移、侵占上市公司资产受到监管机构查处	A. 否(0 分);B. 是(-1 分)
	31. 是否建立违规风险准备金制度	A. 是(1 分);B. 否(0 分)
	32. 投资者关系建设情况	A. 详细披露投资者关系沟通细节或接待措施(1 分); B. 只说明有《投资者关系管理制度》,但没有具体内容(0.5 分); C. 关于投资者关系建设没有任何说明或者笼统说明(0 分)
	33. 董事会或股东大会是否定期评估内部控制	A. 有《报告》且有出处或全文(1 分); B. 有《报告》但无出处或全文(0.5 分); C. 没有《报告》(0 分)
	34. 各专门委员会是否在内部控制中发挥作用	A. 是(1 分);B. 否(0 分)
	35. 是否披露存在重大内部控制缺陷	A. 重大缺陷(-1 分); B. 重要缺陷(-0.7 分); C. 一般缺陷(-0.35 分); D. 无缺陷(0 分)
	36. 风险控制委员会设置情况如何	A. 设置且独董比例不低于 2/3(1 分); B. 设置但独董比例低于 2/3(0.5 分); C. 未设置(0 分)
	37. 是否存在股价异动	A. 否(0 分);B. 是(-1 分)

注：* 主要财经媒体包括《中国证券报》《证券时报》《上海证券报》《证券日报》《中国改革报》《金融时报》《证券市场》周刊，入选标准为中国证监会指定信息披露媒体。

对于中小投资者权益保护指数指标体系，简要解释如下。

（1）知情权维度

知情权维度包括10个二级指标，主要考察中小投资者对于公司经营决策关键信息的知情权。其中，指标1、2和3从定期报告角度，评价中小投资者对公司经营定期报告知情权的掌握情况；指标4和5是从外部监管和审计角度，评价中小投资者对重大监管和审计事项知情权的掌握情况；指标6至10则是从中小投资者参与决策所需要的其他重要信息来评价中小投资者的知情权。

（2）决策与监督权维度

决策与监督权维度包括11个二级指标，主要考察中小投资者行使权利和监督代理人的情况。其中，指标11、12和13从直接角度评价中小投资者行使权利和监督代理人情况；指标14至21从间接角度评价中小投资者行使权利和监督代理人情况。

（3）收益权维度

收益权维度包括7个二级指标，主要考察上市公司为中小投资者提供的投资回报情况，是中小投资者权益保护的目标。其中，指标22、23和24从直接收益角度评价上市公司中小投资者回报情况；指标24至28从间接收益和制度角度评价上市公司中小投资者回报情况。

（4）维权环境维度

维权环境维度包括9个二级指标，主要考察中小投资者权益维护方面的制度建设情况。其中，指标29和30主要是从行政司法角度反映中小投资者的权益维护；指标31至36主要是从内部治理角度反映中小投资者的权益维护；指标37则是从股价波动角度反映中小投资者的权益维护。

1.2.2　中小投资者权益保护指数计算方法

首先要考虑计分方法。按计分方法分类，中小投资者权益保护指数指标体系中的37个二级指标可以分为三类：一是0/1（或–1/0）变量，使用该种计分方法的二级指标有19个，包括指标3、4、5、10、11、12、13、15、16、17、19、21、22、27、28、30、31、34和37；二是程度变量，按照某个指标的质量高低对指标进行分层，使用该种计分方法的二级指标有11个，包括指标1、2、6、8、14、18、29、32、33、35和36；第三类是连续变量，有的比例指标数据本身就是连续数据，在［0，1］区间，可以直接采用原始数据，这类指标有1个，即指标20；有的指标数据尽管是连续数据，但超越［0，1］区间，通过标准化[①]折算到［0，1］区间，这类指标有6个，包括指标

① 标准化的方法为：标准化数值 =（指标得分 – 样本最小值）/（样本最大值 – 样本最小值）。

7、9、23、24、25、26。

接着要考虑权重的确定。我们认为，本报告所选择的中小投资者权益保护指数的 4 个维度（一级指标）和 37 个指标（二级指标）并无孰轻孰重的区分。因此，为了避免主观性偏差，在计算中小投资者权益保护指数时，不论是四个维度还是每个维度内的单个指标，都采用算术平均值（等权重）处理方法来设定指标权重，即首先针对某个一级指标内的所有二级指标进行等权重计算，然后对 4 个一级指标进行等权重计算，以此得出中小投资者权益保护指数。具体计算方法如下。

（1）二级指标赋值：根据表 1－1 对每个二级指标 I_i（$i=1, 2, \cdots, 37$）进行打分和计算，使每个二级指标的取值均位于 0～1 的数值区间。

（2）计算四个分项指数：对隶属于同一个一级指标的二级指标的得分进行简单平均，并转化为百分制，得到 4 个一级指标得分，即中小投资者知情权分项指数、中小投资者决策与监督权分项指数、中小投资者收益权分项指数和中小投资者维权环境分项指数。具体计算公式如下：

$$MIK = \frac{1}{10}\left(\sum_{i=1}^{10} I_i + 1\right) \times 100$$

$$MIE = \frac{1}{11}\sum_{i=11}^{21} I_i \times 100$$

$$MIR = \frac{1}{7}\left(\sum_{i=22}^{28} I_i + 1\right) \times 100$$

$$MII = \frac{1}{9}\left(\sum_{i=29}^{37} I_i + 4\right) \times 100$$

其中，*MIK*、*MIE*、*MIR* 和 *MII* 分别代表知情权分项指数、决策与监督权分项指数、收益权分项指数和维权环境分项指数。

需要特别说明的是，由于知情权分项指数、收益权分项指数和维权环境分项指数中有几个二级指标（指标 4、27、29、30、35、37）有部分负分取值，为了保证所有 4 个一级指标（维度）都位于［0，100］区间，在对每个一级指标（维度）进行分项指数计算时，对负值进行简单调整，即对负分指标加上一个相应的正值，从而使每个分项指数落在［0，100］区间，具体就是对涉及的一级指标 *MIK*、*MIR* 和 *MII*，分别加上正值 1、1、4。

但是，这种方法对于获得负分（即应处罚或谴责）的企业，无异于是一种“奖励”。因此，为保证真实性和客观性，在相应的分项指数计算出来后，需要对这些企业扣减与负分相对应的分值。对于每个负分项，扣减的分值是：$\frac{1}{n} \times 100$，式中，n 是负分项所在分项指数所包含的指标数。

具体而言，在知情权分项指数（*MIK*）中，有 10 个指标，其中有 1 个负分指标（二级指标 4），对得负分的企业，需要在该分项指数中扣减$\frac{1}{10}\times 100$分。在收益权（*MIR*）中，有 7 个指标，其中有 1 个负分指标（二级指标 27），需要在该分项指数中扣减$\frac{1}{7}\times 100$分。在维权环境（*MII*）中，有 9 个指标，其中有 4 个负分指标（二级指标 29、30、35 和 37），对于得 −1 分的企业，均扣减$\frac{1}{9}\times 100$分。需要注意的是，指标 29 和 35 是程度指标，以指标 35 为例，企业有 −1、−0.7、−0.35 和 0 四个不同得分，对于得分 −0.7 的企业，扣减$\frac{0.7}{9}\times 100$分；对于得分 −0.35 的企业，则扣减$\frac{0.35}{9}\times 100$分。如果扣减后分项指数出现负分情况，则该分项指数最低为 0 分。

这种扣减分方法从 2017 年开始采用，其中“29. 股东诉讼及赔偿情况”是本次评价时由原来的正分项调整为负分项的，为了使不同年度具有可比性，对之前年度的中小投资者权益保护指数数据库也进行了同样的调整。

（3）计算总指数：将根据二级指标计算得到的一级指标进行加总并进行简单平均，便得到中国上市公司中小投资者权益保护指数，其计算公式为：

$$CCMII^{BNU} = \frac{1}{4}(MIK + MIE + MIR + MII)$$

公式中，$CCMII^{BNU}$代表中国上市公司中小投资者权益保护指数（“北京师范大学中小投资者权益保护指数”）。

1.3　董事会治理指数指标体系及计算方法

1.3.1　董事会治理指数指标体系

本报告以董事会治理质量评价为核心，以《上市公司治理准则》为基准，综合考虑《公司法》《证券法》《关于在上市公司建立独立董事制度的指导意见》等国内有关上市公司董事会治理的法律法规，以及《G20/OECD 公司治理准则》（2015）和标准普尔公司治理评级系统等国际组织和机构有关公司治理的准则指引，借鉴国内外已有的董事会评价指标体系，从董事会结构、独立董事独立性、董事会行为和董事激励与约束四个维度、38 个指标对董事会治理质量通过指数形式做出评价。其中董事会结构维度包括 12 个二级指标，独立董事独立性维度包括 10 个二级指标，董事会行为维度包括 7 个二级指标，董事会激励与约束维度包括 9 个二级指标（参见表 1－2）。

表 1－2　董事会治理指数指标体系

一级指标	二级指标	评价标准
董事会结构（BS）	1. 外部董事比例	A. 独立董事比例≥2/3(1 分)； B. 独立董事比例＜2/3，外部董事比例≥2/3(0.7 分)； C. 1/2≤外部董事比例＜2/3(0.35 分)； D. 外部董事比例＜1/2(0 分)
	2. 有无外部非独立董事	A. 有(1 分)；B. 无(0 分)
	3. 两职分离	A. 是(1 分)；B. 否(0 分)
	4. 董事长是否来自大股东单位	A. 否(1 分)；B. 是(0 分)
	5. 有无小股东代表(是否实行累积投票制)	A. 是(1 分)；B. 否(0 分)
	6. 有无职工董事	A. 有(1 分)；B. 无(0 分)
	7. 董事学历	A. 博士(1 分)； B. MBA(1 分)； C. EMBA(1 分)； D. 其他类型硕士(1 分)； E. 学术硕士(1 分)； F. 本科(0.7 分)； G. 专科(0.35 分)； H. 高中及以下(0 分)； I. 未披露(0 分)
	8. 年龄超过 60 岁(包括 60 岁)的董事比例	A. 比例≥1/3(0 分)；B. 比例＜1/3(1 分)
	9. 审计委员会设置情况	A. 设置且独立董事比例为 100%(1 分)； B. 设置但独立董事比例低于 100% 或未披露独董比例(0.5 分)； C. 未设置或未披露(0 分)
	10. 薪酬委员会设置情况	A. 设置且独立董事比例不低于 50%(1 分)； B. 设置且独立董事比例低于 50% 或未披露独董比例(0.5 分)； C. 未设置或未披露(0 分)
	11. 提名委员会设置情况	A. 设置且独立董事比例不低于 50%(1 分)； B. 设置且独立董事比例低于 50% 或未披露独董比例(0.5 分)； C. 未设置或未披露(0 分)
	12. 合规委员会设置情况	A. 在董事会下设置(1 分)； B. 在经营层下设置(0.5 分)； C. 未设置(0 分)

续表

一级指标	二级指标	评价标准
独立董事独立性(BI)	13. 审计委员会主席是否由独立董事担任	A. 是(1分); B. 否(0分); C. 未披露(0分)
	14. 独立董事中有无财务专家	A. 有(1分);B. 无(0分)
	15. 独立董事中有无法律专家	A. 有(1分);B. 无(0分)
	16. 独立董事中有无其他企业高管	A. 有(1分);B. 无(0分)
	17. 独立董事中是否有人曾就职于政府部门或人大、政协(人大、政协可以是现任)	A. 否(1分);B. 是(0分)
	18. 独立董事是否担任本公司董事长	A. 是(1分);B. 否(0分)
	19. 在多家公司担任独立董事情况(包括本公司)	A. 只有1家(1分); B. 2~3家(0.5分); C. 4家及以上(0分)
	20. 独立董事董事会实际出席率	公司所有独立董事实际出席董事会次数的总和/公司所有独立董事应出席董事会次数的总和
	21. 独立董事津贴是否超过10万元(税前,不包括10万元)	A. 是(0分);B. 否(1分)
	22. 是否详细披露独立董事过去3年的任职经历	A. 详细披露(1分); B. 笼统披露(0.5分); C. 未披露(0分)
董事会行为(BB)	23. 内部董事与外部董事是否有明确的沟通制度	A. 是(1分);B. 否(0分)
	24. 投资者关系建设情况	A. 详细披露投资者关系沟通细节或接待措施(1分); B. 只说明有《投资者关系管理制度》,但没有具体内容(0.5分); C. 关于投资者关系建设没有任何说明或者笼统说明(0分)
	25. 是否存在董事会提交的决议事项或草案被股东大会撤销或者否决的情况	A. 否(1分);B. 是(0分)
	26.《董事会议事规则》的说明	A. 详细介绍议事规则(1分); B. 只作一般性说明(0.5分); C. 未披露任何信息(0分)
	27. 财务控制	作者同期"财务治理指数"中"财务控制分项指数(FC)"①得分转化为[0,1]的得分区间,即FC/100
	28. 董事会是否有明确的高管考评和激励制度	A. 是(1分);B. 否(0分)
	29. 股东大会(包括临时股东大会)股东出席率	A. 完全披露(1分); B. 不完全披露(0.5分); C. 不披露(0分)

续表

一级指标	二级指标	评价标准
董事激励与约束（BIR）	30. 执行董事薪酬是否与其业绩相吻合	根据作者同期"高管薪酬指数"②中"激励区间"进行判断，如激励适中，则得1分；过度或不足，则得0分
	31. 股东诉讼及赔偿情况	A. 无股东诉讼（0分）； B. 有股东诉讼无赔偿（-0.5分）； C. 有股东诉讼且有赔偿（-1分）
	32. 董事会成员是否遭到监管机构处罚或谴责	A. 否（0分）；B. 是（-1分）
	33. 是否有明确的董事考核或薪酬制度	A. 是（1分）；B. 否（0分）
	34. 是否公布董事考评/考核结果	A. 是（1分）；B. 否（0分）
	35. 是否披露董事薪酬情况	A. 逐一披露（1分）； B. 笼统披露（0.5分）； C. 无披露（0分）
	36. 是否有董事会会议记录或者董事会备忘录	A. 是（1分）；B. 否（0分）
	37. 是否有董事行为准则相关的规章制度	A. 是（1分）；B. 否（0分）
	38. 独立董事是否明确保证年报内容的真实性、准确性和完整性或不存在异议	A. 是（1分）；B. 否（0分）

注：①作者同期完成的"中国上市公司财务治理指数"从财权配置、财务控制、财务监督和财务激励四个方面来评价上市公司财务治理水平，其中财务控制包括8个二级指标，主要考察企业的财务权力执行过程，包括企业是否有一个健全的内部控制体系和风险控制体系等。②作者同期完成的"中国上市公司高管薪酬指数"以调整后的高管薪酬与营业收入的比值作为高管薪酬合理性评价标准，并按照四分之一分位数法将所有上市公司分为激励不足、激励适中和激励过度三类。由于执行董事均为公司高管，高管薪酬与执行董事薪酬基本上是等价的。

对于董事会治理指数指标体系，简要解释如下。

（1）董事会结构维度

董事会结构维度衡量董事会成员构成和机构设置情况，侧重从形式上评价董事会结构的有效性，包括编号1～12的12个二级指标。其中指标1和2衡量董事会成员构成中独立董事和外部董事情况。指标3和4衡量董事长的独立性。指标5和6衡量董事会中有无小股东和职工等利益相关者代表。由于很多公司没有明确说明哪位董事是小股东代表，而累积投票制是反映小股东参与治理的重要指标，因此，可以用指标"是否实行累积投票制"来代替指标"有无小股东代表"。指标7和8衡量董事成员的学历和年龄构成。指标9～12衡量董事会下设专门委员会情况，主要包括审计、薪酬、提名和合规四个委员会，尤其是合规委员会为本年度新增的指标，以反映近年来合规管理在董事会治理中日益突出的重要性。

（2）独立董事独立性维度

独立董事独立性维度衡量独立董事专业素质和履职情况，主要从形式上来评价独立董事的独立性，包括指标编号13～22的10个二级指标。指标13“审计委员会主席是否由独立董事担任”之所以单独提出来，是因为审计委员会的设置主要是为了提高公司财务信息的可靠性和诚信度，提高审计师的独立性，防范舞弊或其他违规和错误等。对于审计委员会来说，它的独立性可以说是确保审计委员会有效性的前提，审计委员会的主席由独立董事来担任相对另外两个委员会来说更重要。指标14～17反映独立董事的背景及来源。指标18反映独立董事作用的发挥和董事长参与决策和监督的独立性。指标19反映独立董事的时间、精力投入程度，同时在多家公司担任独立董事可能会限制独立董事时间和精力的安排。指标20是反映独立董事履职情况的非常重要的指标。指标21从报酬上反映独立董事独立于公司的情况。独立董事要保证其独立性，就不应该以从公司领取报酬为目的，津贴只是对独立董事履职的一种象征性鼓励，与公司规模或利润无关。10万元津贴标准的制定是参考了纽约证券交易所10万美元的相关规定。指标22反映董事会对独立董事任职情况的披露是否详细，以使股东尤其是中小股东能够判断独立董事是否满足独立性的基本要求。

（3）董事会行为维度

董事会行为维度侧重从实质上来衡量董事会的实际履职情况，主要是相关制度的建立及其执行情况，包括编号23～29的7个二级指标。其中指标23反映外部董事信息获取及其与内部董事沟通制度的建设情况。指标24反映董事会作为投资人的代理人对投资者关系的重视和维护情况。指标25反映董事会的决策质量和违反股东意志的情况。指标26衡量董事会运作的规范性。《上市公司治理准则》对此有明确规定，其中第四十四条明确指出“上市公司应在公司章程中规定规范的董事会议事规则，确保董事会高效运作和科学决策”。指标27反映董事会对公司内部控制和风险控制的监督和执行情况。《G20/OECD公司治理指引》（2015）对此给予特别强调，该《指引》指出：董事会应“确保公司会计和财务财告系统（包括独立审计）的完整性，并确保适当的管理控制系统到位，特别是风险管理系统、财务和经营控制系统，以及合规系统”。指标28反映董事会关于高管考评制度的建立情况，因为对高管的考评是董事会的重要职能。指标29反映董事会作为股东大会的召集人，对股东大会召开效果的披露情况。

（4）董事激励与约束维度

董事激励与约束维度衡量董事激励和约束制度的建立和执行情况，主要从实质上评价董事激励与约束机制，尤其是约束机制的有效性，包括编号30～38的9个二级指标。

其中指标 30 考察执行董事薪酬激励的合理性。执行董事是公司经营者，经营者的薪酬必须与其贡献相对应，对此，标准普尔公司治理评价系统中有明确说明，即薪酬应该与绩效匹配（Performance Based Pay）。指标 31 考察董事会对股东是否尽到了受托责任，其中赔偿情况反映董事会对股东利益诉求的反馈是否到位。指标 32 是通过考察外部监管机构的介入来反映董事会的履职是否合规。指标 33、34 和 35 考察董事薪酬制度的建立和执行情况。《G20/OECD 公司治理准则》（2015）、《标准普尔公司治理评价系统》，以及中国的《上市公司治理准则》对于董事薪酬制度都有相关规定。中国《上市公司治理准则》第 72 条规定："董事会、监事会应当向股东大会报告董事、监事履行职责的情况、绩效评价结果及其薪酬情况，并予以披露。"指标 36 考察董事会的履职程序是否完备。董事会会议记录或董事会备忘录一旦经董事会通过，便对董事具有法律约束力。中国《上市公司治理准则》第 47 条规定："董事会会议记录应完整、真实，董事会秘书对会议所议事项要认真组织记录和整理，出席会议的董事、董事会秘书和记录人应在会议记录上签名，董事会会议记录应作为公司重要档案妥善保存，以作为日后明确董事责任的重要依据。"指标 37 考察董事行为准则等制度的完备和执行。《G20/OECD 公司治理准则》（2015）中指出："董事会应当适用严格的职业道德标准，应当考虑利益相关者的利益。"指标 38 考察独立董事对董事会的约束作用。《G20/OECD 公司治理准则》（2015）明确指出："董事会应当对公司风险管理系统的监督以及确保报告系统的完整性承担最终责任。"该指标对独立董事自身（涉及明晰责任问题）和董事会整体均具有约束作用。

1.3.2 董事会治理指数计算方法

首先是计分方法。董事会治理指数指标体系中的 38 个二级指标，按赋值方法可以分为三类。第一类是 0/1（或 -1/0）变量，使用该种赋值方法的指标有 23 个，包括指标 2、3、4、5、6、8、13、14、15、16、17、18、21、23、25、28、30、32、33、34、36、37、38，这类指标以董事会治理有效性作为判断依据，有利于董事会治理有效性得 1 分，否则 0 分，例如指标"3. 两职分离"，董事长和总经理两职分离有利于董事长独立性的发挥，本指标如果选"是"则赋值 1 分，否则赋值 0 分。指标"32. 董事会成员是否遭到监管机构处罚或谴责"为 -1/0 指标，即惩罚性指标，如果受到处罚或谴责，则赋值 -1 分，否则赋值 0 分。需要说明的是，有些指标，如"13. 审计委员会主席是否由独立董事担任"，对于董事会的独立性非常重要，应该向其代理人（即全体股东）披露，对于不披露者，也赋值 0 分，以促使公司向全体股东披露这些信息。第二类是程度变量，按照某个指标的质量高低对指标分层赋值，使用该种赋值方法的指标有 13 个，包括指标1、7、9、10、11、12、19、22、24、26、29、31、35。其中，指标9、10、11、26、29在2013年和2015年两次评估时为0/1变量，2016年起改为程度变量，以使评价更加严谨；此外，指标12为2018年新增指标，使得体系对董事会结构的考察更加全面。第三类是连读变量，有2个指标，即指标20和27，取值在［0，1］区间内。

其次是权重确定。我们认为，本报告所选择的董事会治理指数的四个维度（一级指标）和38个指标（二级指标）并无孰轻孰重的区分，因此，为了避免主观性偏差，在计算董事会治理指数时，不论是四个维度还是每个维度内的单个指标，都采用算术平均值（等权重）处理方法来设定指标权重，即首先针对某个一级指标内的所有二级指标进行等权重计算，然后对所有一级指标进行等权重计算，以此得出董事会治理指数。具体计算方法如下。

（1）二级指标赋值：根据赋值标准对每个上市公司的二级指标 B_i（$i=1$，2，…，38）进行打分和计算，使每个二级指标的取值均位于0～1的数值区间。其中指标 B_{27}“财务控制”调用作者同期“财务治理指数”中“财务控制分项指数（FC）”得分，指标 B_{30}“执行董事薪酬是否与其业绩相吻合”调用作者同期“高管薪酬指数”中“激励区间”数据。

（2）计算四个分项指数：对隶属于同一个一级指标的二级指标的得分进行简单平均，并转化为百分制，得到四个一级指标得分，即董事会结构分项指数、独立董事独立性分项指数、董事会行为分项指数和董事激励与约束分项指数。具体计算公式如下：

$$BS=\frac{1}{12}\sum_{i=1}^{12}B_i\times 100$$

$$BI=\frac{1}{10}\sum_{i=13}^{22}B_i\times 100$$

$$BB=\frac{1}{7}\sum_{i=23}^{29}B_i\times 100$$

$$BIR=\frac{1}{9}\left(\sum_{i=30}^{38}B_i+2\right)\times 100$$

其中，BS、BI、BB 和 BIR 分别代表董事会结构分项指数、独立董事独立性分项指数、董事会行为分项指数、董事激励与约束分项指数。

需要特别说明的是，在董事激励与约束分项指数中，指标31和32为负分取值。为保证该分项指数与其他三个分项指数一样都位于［0，100］区间，对负值进行简单调整，即对得负分的指标31和32分别加上一个相应的正值，具体而言就是对涉及负分指标的一级指标 BIR 加上正值2。

但是，这种方法对于获得负分（即应处罚或谴责）的企业，无异于是一种“奖励”。因此，为保证真实性和客观性，在董事激励与约束分项指数计算出来后，需要对这些企业扣减与负分相对应的分值$\frac{1}{9}\times 100$，式中，9 是该分项指数的指标数。对于指标 31“股东诉讼及赔偿情况”，其评分为 -1、 -0.5 和 0，对于得分为 -1 的企业需要在该分项指数扣减$\frac{1}{9}\times 100$分，对于得分 -0.5 的企业需要扣减$\frac{0.5}{9}\times 100$分。如果扣减后该分项指数出现负分情况，则该分项指数最低为 0 分。

这种扣减分方法从 2017 年开始采用，其中“31. 股东诉讼及赔偿情况”是本次评价时由原来的正分项调整为负分项的，为了使不同年度具有可比性，对之前年度的董事会治理指数数据库也进行了同样的调整。

（3）计算总指数：四个一级指标（董事会结构、独立董事独立性、董事会行为、董事激励与约束）的得分简单平均，得到中国上市公司董事会治理指数。

$$CCBI^{BNU} = \frac{1}{4}(BS + BI + BB + BIR)$$

上面公式中，$CCBI^{BNU}$代表中国上市公司董事会治理指数（“北京师范大学董事会治理指数”）。

1.4 企业家能力指数指标体系及计算方法

1.4.1 企业家能力指数指标体系

企业家能力并不是孤立的单一能力，而是多种能力的集合，即企业家能力是一种能力束。第一，企业家的人力资本是企业家能力的基础，可以通过其受教育程度、相关工作经验、在位工作时间等来测量。第二，企业家的战略领导能力对企业发展具有关键作用，尤其是在当今企业内外部环境瞬息万变的时代，企业家是否具有战略领导能力成为企业能否获得持续发展的决定性因素。第三，关系网络能力也是企业家能力的一个重要方面。人们常常发现，一个企业的成败往往与企业家是否拥有广泛的社会交往和联系紧密相关。国外许多研究发现，公司高管的社会背景作为公司的一个特征性质，如同公司的股权结构、多元化经营一样，会对公司价值产生影响。第四，企业家的社会责任能力是企业作为社会细胞对社会的贡献能力。企业发展史不断警示人们，企业想要实现可持续发展，应着眼于企业社会责任的建设，其中不仅包括对股东的经济责任，还包括对企业其他利益相关者的社会责任。

基于此，本报告从企业家的人力资本、关系网络能力、社会责任能力和战略领导能力四个方面来计算企业家能力指数，据此来评价上市公司的企业家能力，具体包括4个一级指标（维度）和31个二级指标。其中，人力资本维度包括7个二级指标，关系网络能力维度包括9个二级指标，社会责任能力维度包括8个二级指标，战略领导能力维度包括7个二级指标（参见表1－3）。

表1－3 企业家能力指数指标体系

一级指标	二级指标	评价标准
人力资本（EH）	1. 企业家（CEO）的最高学历	A. 博士（1分）； B. MBA（1分）； C. EMBA（1分）； D. 其他类型硕士（1分）； E. 学术硕士（1分）； F. 本科（0.7分）； G. 专科（0.35分）； H. 高中及以下（0分）； I. 未披露（0分）
	2. 企业家工作年限	A. 0～10年（0分）； B. 10～20年（0.35分）； C. 20～30年（0.7分）； D. 30年及以上（1分）
	3. 企业家工作经历的变更	A. 3家及以上（1分）； B. 1～2家（0.5分）； C. 0家（0分）
	4. 是否担任其他公司的独立董事	A. 是（1分）；B. 否（0分）
	5. 是否有海外留学经历（半年以上）	A. 是（1分）；B. 否（0分）
	6. 是否有海外工作经历（半年以上）	A. 是（1分）；B. 否（0分）
	7. CEO的选聘路径	A. 外部选聘（1分）； B. 内部提拔（0分）； C. 未披露（0分）
关系网络能力（EN）	8. 政府官员是否到企业访问	A. 省部级及以上（1分）； B. 地市及以下（0.5分）； C. 否（0分）
	9. CEO是否陪同政府官员出国访问	A. 省部级及以上（1分）； B. 地市及以下（0.5分）； C. 否（0分）
	10. 是否担任党代表	A. 全国及省级（1分）； B. 地市及以下（0.5分）； C. 否（0分）

续表

一级指标	二级指标	评价标准
关系网络能力（EN）	11. 是否担任人大代表	A. 全国及省级（1 分）； B. 地市及以下（0.5 分）； C. 否（0 分）
	12. 是否担任政协委员	A. 全国及省级（1 分）； B. 地市及以下（0.5 分）； C. 否（0 分）
	13. 是否在军队任过职	A. 是（1 分）；B. 否（0 分）
	14. CEO 任职期间是否获得相关荣誉称号	A. 全国及省级（1 分）； B. 地市及以下（0.5 分）； C. 否（0 分）
	15. 是否在行业协会任职	A. 全国及省级（1 分）； B. 地市及以下（0.5 分）； C. 否（0 分）
	16. 是否曾经在政府部门任职	A. 全国及省级（1 分）； B. 地市及以下（0.5 分）； C. 否（0 分）
社会责任能力（ER）	17. 企业是否在本年度捐赠慈善事业	A. 是（1 分）；B. 否（0 分）
	18. 是否在非营利组织兼职（如理事等）	A. 是（1 分）；B. 否（0 分）
	19. 本年度 CEO 个人是否被证监会谴责	A. 否（0 分）；B. 是（－1 分）
	20. 企业是否有产品质量、安全和环境投诉事件	A. 否（0 分）；B. 是（－1 分）
	21. 员工收入增长率是否不低于公司利润增长率	A. 是（1 分）；B. 否（0 分）
	22. 现金分红	标准化
	23. 是否有贷款诉讼	A. 否（0 分）；B. 是（－1 分）
	24. 股东诉讼及赔偿情况	A. 无股东诉讼（0 分）； B. 有股东诉讼无赔偿（－0.5 分）； C. 有股东诉讼且有赔偿（－1 分）
战略领导能力（ES）	25. 高管贡献	标准化
	26. 国际化程度	海外收入/总收入，标准化
	27. 企业员工数	标准化
	28. 企业总资产	标准化
	29. 企业在行业中的地位	按行业（18）标准化
	30. 企业有无完整的 ERP 系统	A. 有（1 分）；B. 无（0 分）
	31. 企业有无制定战略目标和计划	A. 有（或披露）（1 分）；B. 无（或没有披露）（0 分）

对于企业家能力指数指标体系，简要解释如下。

（1）人力资本维度

企业家人力资本维度包括7个二级指标，可以通过其受教育程度、相关工作经验、在位工作时间等来测量。其中，指标1和5从教育角度评价企业家的人力资本水平；指标2从工作年限角度评价企业家人力资本水平；指标3、4、6和7从企业家个人工作经历角度评价其人力资本水平。这里需要说明的是，指标7中，集团内或企业内的选聘，大股东派出并任命的CEO均属于内部任命。

（2）关系网络能力维度

企业家关系网络能力维度包括9个二级指标，主要包括企业家是否有完善的政府关系和社会关系等。其中，指标8、9、10、11、12、13和16评价企业家与政府的关系网络能力；指标14和15评价企业家在行业中的关系网络能力。

（3）社会责任能力维度

企业家社会责任能力维度包括8个二级指标，主要考察企业家在社会责任方面做出的贡献。其中，指标17和18从公益事业角度评价企业家的社会责任；指标19、20、21、22和23从公司主要利益相关者（政府、客户、员工、股东、债权人等）角度评价企业家的社会责任；指标24评价股东的诉讼请求及实现，该指标是2016年评价时新增加的，为了体现对股东权益保护的重视，本年度特将存在股东诉讼的公司调整为负分取值。需要注意的是，企业家对社会公益的贡献不是以绝对额来衡量的，而是以公益行为来衡量的，因为企业规模和利润不同，对社会公益的贡献额度必然有差异，但爱心无价。

（4）战略领导能力维度

企业家战略领导能力维度包括7个二级指标。其中，指标25“高管贡献”指的是剔除企业资产规模、负债比率、增长机会、第一大股东持股比例、政府补贴和行业等影响因素后，高管对企业业绩的实际贡献，反映了高管努力的实际结果。该指标利用企业业绩回归的残差（即实际企业业绩与估计企业业绩的差值）代表高管贡献，由于残差有正有负，因此我们将残差形式的高管贡献指标进一步标准化，将其转化为位于［0，1］区间的小数。指标26评价企业家在任期间公司的国际化水平；指标27和28评价企业家对企业人员和资产的控制能力；指标29评价企业家在任期间企业的行业地位，是由企业的营业收入按行业（18个[①]）进行标准化来计算；指标30评价企业家在任期间

① 按中国证监会《上市公司行业分类指引》（2012年修订），上市公司分为19个行业，2017年有上市公司的行业是18个。

企业的办公现代化程度；指标 31 评价企业家在任期间企业的战略规划，反映企业家的长远规划能力。

1.4.2 企业家能力指数计算方法

首先是计分方法。企业家能力指数指标体系中的 31 个二级指标可以分为四类：第一类是 0/1（或 -1/0）变量，使用该种计分方法的二级指标有 13 个，包括指标 4、5、6、7、13、17、18、19、20、21、23、29 和 30。第二类是程度变量，按照某个指标的质量高低对指标进行分层，使用该种计分方法的二级指标有 12 个，包括指标 1、2、3、8、9、10、11、12、14、15、16 和 24。第三类变量为连续变量，为便于分析，我们将其标准化为［0，1］区间，使用该种计分方法的二级指标有 5 个，包括指标 22、25、27、28、29。需要说明的是，第 22 个指标在 2016 年之前的评价中是 0/1 变量，2016 年评价开始改为标准化后的连续变量，这种改变更能反映公司现金分红的客观实际。第四类变量是比值，使用该变量的指标只有 1 个，即指标 26。考虑到该指标过小，为便于分析，也进行了标准化。

其次是权重确定。我们认为，企业家能力指数的四个维度具有明显的重要性区分。最重要的当属企业家的战略领导能力，这是企业家自身能力大小的最重要的现实体现；其次是企业家的社会责任能力，它关系到企业的可持续发展；再次是企业家的人力资本，它反映的是企业家的潜在能力，需要一些因素（如市场竞争、权责清晰、薪酬和声誉激励、内外部约束等）把它们激发出来；最后是企业家的关系网络能力，在中国，关系网络曾被视为企业家的重要能力，在畸形的政商关系下往往被异化，但正常的关系网络还是有必要的。总之，企业家能力指数的四个维度按重要性依次是：战略领导能力、社会责任能力、人力资本、关系网络能力。

由于能够很容易确定四个维度重要性的顺序，因此，本报告采用 AHP 方法来确定四个维度的权重，但每个维度内的二级指标是难以区分重要性的，因此，仍然采用等权重方法。

AHP 方法是国际上比较常用的一种确定权重的方法，由美国学者萨蒂（T. L. Saaty）于 20 世纪 70 年代初提出。AHP 方法是一种解决多目标复杂问题的定性与定量相结合的决策分析方法。它不仅适用于存在不确定性和主观信息的情况，还允许以合乎逻辑的方式运用经验、洞察力和直觉。使用 AHP 方法的基本步骤如下。

（1）建立层次结构模型

在深入分析的基础上，将各个因素按照不同属性自上而下地分解成若干层次，同一层的因素从属于上一层的因素或对上层因素有影响，同时又支配下一层的因素或受到下层因素的作用。最上层为目标层，通常只有 1 个因素，最下层通常为方案或对象层，中间可以有一个或几个层次，通常为准则或指标层。当准则过多时（譬如多于 9 个）应进一步分解出子准则层。

（2）构造成对比较阵

从层次结构模型的第 2 层开始，对于从属于上一层每个因素的同一层因素，用成对比较法和 1 ~ 9 比较尺度构建成对比较矩阵，直到最下层。

（3）计算权向量并做一致性检验

对每个成对比较矩阵计算最大特征根及对应特征向量，利用一致性指标、随机一致性指标和一致性比率做一致性检验。若检验通过，特征向量（归一化后）即为权向量；若不通过，需重新构建成对比较阵。

（4）计算组合权向量并作组合一致性检验

计算最下层对目标的组合权向量，并根据公式作组合一致性检验，若检验通过，则可按照组合权向量表示的结果进行决策，否则需要重新考虑模型或重新构造那些一致性比率较大的成对比较阵。

在实际应用 AHP 法时，可使用已有的计算机软件来处理相关数据。因此，大多数情况下，我们要做的工作是对相关指标之间的重要性进行排序。在本报告中，为了计算企业家能力指数，需要确定各项指标在其所属体系中的权重。由于企业家能力指数指标体系的层次关系非常明确，我们仅需要确定指标的重要性比较矩阵。二级指标数目较多，各指标之间的重要性不易排序，因此将属于同一个一级指标的二级指标视为重要性相同。而对于四个一级指标（维度）而言，其重要性排序已如前所述。

本报告企业家能力指数的具体计算方法如下。

（1）二级指标赋值：根据评价标准对每个上市公司的 31 个二级指标 E_i（$i=1, 2, \cdots, 31$）进行打分和计算，使各个二级指标的取值均位于 0 ~ 1 的数值区间。

（2）计算四个分项指数：将隶属于同一个一级指标的二级指标得分进行相加，然后将该二级指标的得分转化成百分制，得到企业家人力资本分项指数、企业家关系网络能力分项指数、企业家社会责任能力分项指数、企业家战略领导能力分项指数。具体计算公式如下：

$$EH = \frac{1}{7}\sum_{i=1}^{7} E_i \times 100$$

$$EN = \frac{1}{9}\sum_{i=8}^{16} E_i \times 100$$

$$ER = \frac{1}{8}\left(\sum_{i=17}^{24} E_i + 4\right) \times 100$$

$$ES = \frac{1}{7}\sum_{i=25}^{31} E_i \times 100$$

其中，*EH* 代表人力资本分项指数，*EN* 代表关系网络能力分项指数，*ER* 代表社会责任能力分项指数，*ES* 代表战略领导能力分项指数。

需要特别说明的是，由于企业家社会责任能力分项指数（维度）有 4 个二级指标（指标 19、20、23、24）有部分负分取值，为保证该分项指数与其他三个分项指数都位于［0，100］区间，在对企业家社会责任能力分项指数进行计算时，对负值进行简单调整，即对负分指标加上一个相应的正值。由于该分项指数有 4 个负分指标，故加上正值 4。

但是，这种方法对于获得负分（即应处罚或谴责）的企业，无异于是一种“奖励”。因此，为保证真实性和客观性，在企业家能力分项指数计算出来后，对得负分的企业，需要扣减与负分相对应的分值。对于每个负分指标，扣减的分值是：$\frac{1}{8}\times 100$，式中，8 是企业家社会责任能力分项指数（维度）的二级指标数目。对于社会责任维度的二级指标 24“股东诉讼及赔偿情况”，其取值为 -1、-0.5 和 0，因此，对于得分为 -1 的企业需要在该分项指数扣减$\frac{1}{8}\times 100$ 分，对于得分 -0.5 的企业需要扣减$\frac{0.5}{8}\times 100$ 分。如果扣减后该分项指数出现负分情况，则该分项指数最低为 0 分。

这种扣减分方法在 2017 年度开始采用，其中“24. 股东诉讼及赔偿情况”是本次评价时由原来的正分项调整为负分项的，为了使不同年度具有可比性，对之前年度的企业家能力指数数据库也进行了同样的调整。

（3）计算总指数：将四个一级指标（人力资本、关系网络能力、社会责任能力、战略领导能力）按照重要性进行排序。如前所述，我们认为，战略领导能力最为重要，其次是社会责任能力，再次是人力资本，最后是关系网络能力，我们据此构造成对比较矩阵，如表 1-4 所示。

表 1-4　企业家能力指数四个一级指标成对比较矩阵

企业家能力指数	人力资本	关系网络能力	社会责任能力	战略领导能力
人力资本	1	2	1/2	1/3
关系网络能力	1/2	1	1/3	1/4
社会责任能力	2	3	1	1/2
战略领导能力	3	4	2	1

我们通过计算权向量，并做了一致性检验，获得通过。最后，用 AHP 方法计算所得的权重依次为：人力资本 0.2207，关系网络能力 0.1804，社会责任能力 0.2695，战略领导能力 0.3294，由此得到某上市公司企业家能力指数：

$$CCEI^{BNU} = 0.2207 \times EH + 0.1804 \times EN + 0.2695 \times ER + 0.3294 \times ES$$

其中，$CCEI^{BNU}$代表中国上市公司企业家能力指数（“北京师范大学企业家能力指数”）。

1.5　财务治理指数指标体系及计算方法

1.5.1　财务治理指数指标体系

本报告基于国际财务报告准则和通行的财务治理规范，同时参考中国既有法律和规定，从财权配置、财务控制、财务监督和财务激励四个维度（一级指标）31 个二级指标来计算财务治理指数，据此来评价上市公司的财务治理质量。其中，财权配置维度包括 9 个二级指标，财务控制维度包括 8 个二级指标，财务监督维度包括 8 个二级指标，财务激励维度包括 6 个二级指标（见表 1－5）。

表 1－5　财务治理指数指标体系

一级指标	二级指标	评价标准
财权配置（FA）	1. 关联交易是否提交(临时)股东大会讨论通过	A. 是(1 分)；B. 否(0 分)
	2. 独立董事薪酬和高管股票期权是否通过(临时)股东大会	A. 两项都通过股东大会(如果没有高管股票期权，则只计独董薪酬一项)(1 分)； B. 独立董事报酬通过股东大会(0.5 分)； C. 高管股票期权通过股东大会(0.5 分)； D. 两项都没有通过股东大会(0 分)
	3. 两权分离度[①]	现金流权/控制权
	4. 董事会是否提出清晰的财务目标	A. 是(1 分)；B. 否(0 分)
	5. 内部董事与外部董事是否有明确的沟通交流制度	A. 是(1 分)；B. 否(0 分)
	6. 独立董事比例	A. 独立董事比例≥2/3(1 分)； B. 1/2≤独立董事比例＜2/3(0.7 分)； C. 1/3≤独立董事比例＜1/2(0.35 分)； D. 独立董事比例＜1/3(0 分)
	7. 独立董事中是否有财务或会计方面的专家	A. 是(1 分)；B. 否或未披露(0 分)
	8. 董事长和总经理是否两职分离	A. 是(1 分)；B. 否(0 分)
	9. CFO 是否具有高级职称或相关资格认证	A. 是(1 分)；B. 否或未披露(0 分)

续表

一级指标	二级指标	评价标准
财务控制（FC）	10. 董事会或股东大会是否定期评估内部控制	A. 有《报告》且有出处或全文(1 分)； B. 有《报告》但无出处或全文(0.5 分)； C. 没有《报告》(0 分)
	11. 各专门委员会是否在内部控制中起作用	A. 是(1 分)；B. 否(0 分)
	12. 董事会或股东大会是否披露具体内部控制措施	A. 详细说明(1 分)； B 笼统说明(0.5 分)； C. 无说明(0 分)
	13. 风险控制委员会设置情况如何	A. 设置且独立董事比例不低于 2/3(1 分)； B. 设置但独立董事比例低于 2/3(0.5 分)； C. 未设置(0 分)
	14. 公司财务弹性②	标准化
	15. 公司对外部资金依赖程度③	标准化
	16. 是否披露可预见的财务风险因素	A. 是(1 分)；B. 否(0 分)
	17. 是否 ST	A. 是(−1 分)；B. 否(0 分)
财务监督（FS）	18. 审计委员会设置情况如何	A. 设置且独立董事比例为 100%(1 分)； B. 设置但独立董事比例低于 100% 或未披露独立董事比例(0.5 分)； C. 未设置或未披露(0 分)
	19. 外部审计是否出具标准无保留意见	A. 是(1 分)；B. 否(0 分)
	20. 公司网站是否披露当年财务报告	A. 是(1 分)；B. 否(0 分)
	21. 公司网站是否披露过去连续三年财务报告	A. 是(1 分)；B. 否(0 分)
	22. 公司是否披露公司发展前景的相关信息	A. 是(1 分)；B. 否(0 分)
	23. 公司是否披露关联方交易状况	A. 是(1 分)；B. 否(0 分)
	24. 当公司会计政策发生变化时，是否做出解释	A. 未变更(1 分)； B. 变更并做出解释(0.5 分)； C. 变更但未做解释(0 分)
	25. 公司是否因违规而被证监会、证交所等监管部门公开批评、谴责或行政处罚	A. 是(−1 分)；B. 否(0 分)
财务激励（FI）	26. 现金分红	近三年现金分红占净利润的比例，标准化
	27. 股票股利分配	标准化
	28. 高管薪酬支付是否合理④	A. 是(1 分)；B. 否(0 分)
	29. 薪酬委员会设置情况如何	A. 设置且独立董事比例不低于 50%(1 分)； B. 设置但独立董事比例低于 50% 或未披露独立董事比例(0.5 分)； C. 未设置或未披露(0 分)

续表

一级指标	二级指标	评价标准
财务激励（FI）	30. 公司是否采用股票期权激励政策	A. 是(1 分);B. 否(0 分)
	31. 员工报酬增长率是否不低于公司营业收入增长率	A. 是(1 分);B. 否(0 分)

注：①本报告采用与拉 - 波塔、洛佩兹 - 德 - 西拉内斯和施莱弗（详见 La Porta, Lopez-de-Silanes & Shleifer, 1999, "Corporate Ownership around the World", *The Journal ot Finance*, Vol. 54, No. 2, pp. 471 - 517）类似的方法，通过层层追溯上市公司股权控制链（Control Chain）的方式来找出最终控制人。两权分离度是所有权与控制权的比值。其中，控制权又称投票权，用控制链条上最弱的一环表示；所有权又称现金流权，用控制链条上各所有权比例的乘积表示；②本报告采用"经营活动产生的现金流量净额/总资产"表示财务弹性；③本报告采用"（投资产生的现金流出 - 经营活动产生的现金流出）/投资产生的现金流出"表示外部资金依赖度；④根据作者同期完成的"中国高管薪酬指数"中"激励区间"进行判断，如激励适中，则视为合理，得 1 分；如过度或不足，则视为不合理，得 0 分。

对于财务治理指数指标体系，简要解释如下。

（1）财权配置维度

财权配置维度包括 9 个二级指标，主要考察上市公司的各利益相关主体是否有适当的财务决策权，是否能够行使好自己的财务决策权。其中，指标 1、2 和 3 从股东角度出发，评价上市公司的股东是否有效执行了财务决策权；指标 4、5、6 和 7 从董事会角度出发，评价上市公司的董事会是否有效执行了财务决策权；指标 8 从总经理角度出发，评价上市公司的总经理是否有效执行了财务决策权；指标 9 从首席财务官（CFO）角度出发，评价上市公司的 CFO 是否有效执行了财务决策权。需要说明的是，2016 年开始，指标 2 评价内容与之前评价相比略做调整，由关注董事薪酬是否通过股东大会聚焦到关注独立董事薪酬是否通过股东大会，并将独立董事薪酬与高管股票期权分别考虑，这种变化可以更加准确地反映股东的决策权。

（2）财务控制维度

财务控制维度包括 8 个二级指标，主要考察企业的财务权力执行过程，包括企业是否有一个健全的内部控制体系和风险控制体系等。其中，指标 10、11 和 12 评价上市公司内部控制制度及其运行的有效性；指标 13 评价上市公司风险控制委员会的建立和健全情况；指标 14、15、16 和 17 评价上市公司的财务风险状况。

（3）财务监督维度

财务监督维度包括 8 个二级指标，主要考察企业各个职能部门及其他利益相关者对财务权力执行过程的监督，包括企业的内部监督机制（审计委员会、财务信息披露）以及外部监督机制（外部审计师）。其中，指标 18 评价上市公司内部监督机制运行状况；指标 19 评价上市公司外部监督机制运行状况；指标 20、21、22、23、24 和 25 评价上市公司财务信息披露质量。这里需要说明的是“指标 24. 当公司会计政策发生变化时，是否做出解释”，我们认为，严格意义上讲，在法律、法规以及国家会计制度既定的情况下，会计政策是不允许随意变更的。上市公司会计政策变更本身就是财务治理质量较差的表现。如果上市公司变更了会计政策且未做出任何解释，情况就更加严重了。

（4）财务激励维度

财务激励维度包括 6 个二级指标，主要考察企业是否具有足够有效的财务激励机制。其中，指标 26、27 评价上市公司对股东的激励情况；指标 28、29 和 30 评价上市公司对高管的激励情况；指标 31 评价上市公司对员工的激励情况。需要说明的是，指标 30“公司是否采用股票期权激励政策”，虽然目前实施股票期权激励的上市公司还是少数，股票期权激励的效果也有待商榷，但国际经验告诉我们，随着资本市场的成熟，股权激励是一种有效的激励手段。因此，我们将股票期权激励纳入指标体系，以反映上市公司对高管人员的财务激励。

1.5.2 财务治理指数计算方法

首先是计分方法。财务治理指数指标体系中的 31 个二级指标可以分为四类：一是 0/1（或 -1/0）变量，使用该种计分方法的二级指标有 18 个，包括指标 1、4、5、7、8、9、11、16、17、19、20、21、22、23、25、28、30 和 31。需要说明的是，指标 28“高管薪酬支付是否合理”，该指标利用本年度对高管薪酬指数的评价结果，若高管薪酬激励适中，认为其高管薪酬支付合理，赋值 1；若高管薪酬激励不足或过度，则认为其高管薪酬支付不合理，赋值 0。二是程度变量，按照某个指标的质量高低对指标进行分层，使用该种计分方法的二级指标有 8 个，包括指标 2、6、10、12、13、18、24 和 29。需要说明的是，指标 6“独立董事比例”，根据中国证监会的规定要达到 1/3，由于要求很低，几乎每家上市公司的独立董事比例都达到了 1/3，这使得独立董事比例这个指标失去了可分性。为了区分不同上市公司董事会的独立性，我们按照国际规范，采用了更加严格的独立性标准。指标 10“董事会或股东大会是否定期评估内部控制”，考虑到年报对内部控制的披露程度不同，我们将原来的 0/1 变量改为程度变量，以准确反映上市公司对内部控制的重视程度。三是连续变量，为便于分析，我们将其标准化，使用该种计分方法的二级指标有 4 个，包括指标 14、15、26、27。四是实际值变量，即实际值就是得分，这类只有一个指标，即指标 3。

其次是权重确定。我们在 2011 年和 2013 年评估中国上市公司财务治理时，曾采用 AHP 方法确定权重，后经课题组讨论认为，四个维度难以区分孰重孰轻，即使区分，也难免有主观性，于是在 2015 年评价时改为等权重。具体方法如下。

（1）二级指标赋值：根据表 1－5 对各个二级指标 F_i（$i=1, 2, \cdots, 31$）进行打分和计算，使各个二级指标的取值均位于 0～1 的数值区间。

（2）计算四个分项指数：对隶属于同一个一级指标的二级指标的得分进行简单平均，并转化为百分制，得到四个一级指标得分，即财权配置分项指数、财务控制分项指数、财务监督分项指数和财务激励分项指数。具体计算公式如下：

$$FA = \frac{1}{9}\sum_{i=1}^{9} F_i \times 100$$

$$FC = \frac{1}{8}\left(\sum_{i=10}^{17} F_i + 1\right) \times 100$$

$$FS = \frac{1}{8}\left(\sum_{i=18}^{25} F_i + 1\right) \times 100$$

$$FI = \frac{1}{6}\sum_{i=26}^{31} F_i \times 100$$

其中，FA 代表财权配置分项指数，FC 代表财务控制分项指数，FS 代表财务监督分项指数，FI 代表财务激励分项指数。

需要特别说明的是，在财务控制和财务监督两个分项指数中，各有一个二级指标有负分取值（即指标 17 和 25），为了保证每个一级指标（维度）都位于［0，100］区间，在对每个一级指标（维度）进行分项指数计算时，对负值进行简单调整，即对每个负分指标各加上一个相应的正值 1，从而使每个分项指数落在［0，100］区间。

但是，这种方法对于获得负分（即应处罚或谴责）的企业，无异于是一种“奖励”。因此，为保证真实性和客观性，在财务控制和财务监督两个分项指数计算出来后，需要对这些企业扣减与负分相对应的分值 $\frac{1}{8} \times 100$，式中，8 是财务控制和财务监督两个分项指数的指标数目。如果扣减后该分项指数出现负分情况，则该分项指数最低为 0 分。

这种扣减分方法在 2017 年度开始采用，为了使不同年度具有可比性，对之前年度的财务治理指数数据库也进行了同样的调整。

（3）计算总指数：将四个一级指标（财权配置、财务控制、财务监督和财务激励）的得分简单平均，得到中国上市公司财务治理指数：

$$CCFI^{BNU} = \frac{1}{4}(FA + FC + FS + FI)$$

公式中，$CCFI^{BNU}$ 代表中国上市公司财务治理指数（“北京师范大学财务治理指数”）。

1.6 自愿性信息披露指数指标体系及计算方法

1.6.1 自愿性信息披露指标体系

本报告借鉴国内外已有的自愿性信息披露评价研究成果，基于国内信息披露相关法律法规，特别参照国际先进的信息披露规范，立足于投资者权益保护，提出了自愿性信息披露 4 个一级指标（维度）31 个二级指标的指标体系，即治理结构方面的自愿性信息披露（简称“治理结构”）、治理效率方面的自愿性信息披露（简称“治理效率”）、利益相关者方面的自愿性信息披露（简称“利益相关者”）和风险控制方面的自愿性信息披露（简称“风险控制”）。其中治理结构维度包括 8 个二级指标，治理效率维度包括 8 个二级指标，利益相关者维度包含 6 个二级指标，风险控制维度标包括 9 个二级指标，参见表 1－6。

表 1－6　自愿性信息披露指数指标体系

一级指标	二级指标	评价标准
治理结构（GS）	1. 董事会构成	A. 明确披露董事会构成(1 分)； B. 未披露或模糊披露董事会构成(0 分)
	2. 董事学历	A. 完全披露(1 分)； B. 不完全披露(0.5 分)； C. 不披露(0 分)
	3. 董事任职经历(不含兼职、社会称号等)	A. 完全披露(1 分)； B. 不完全披露(0 分)
	4. 专门委员会构成	A. 详细介绍委员会成员的情况(1 分)； B. 只作一般性说明(0.5 分)； C. 未披露任何信息(0 分)
	5. 监事会构成	A. 明确披露监事会构成(1 分)； B. 未披露或模糊披露监事会构成(0 分)
	6. 监事会成员	A. 既披露个人背景信息也披露履职情况(1 分)； B. 只披露个人背景信息或只披露履职情况(0.5 分)； C. 未披露任何信息(0 分)
	7. 高管层学历	A. 完全披露(1 分)； B. 不完全披露(0.5 分)； C. 不披露(0 分)
	8. 高管层任职经历(不低于三年)(不含兼职、社会称号)	A. 完全披露(1 分)； B. 不完全披露(0 分)

续表

一级指标	二级指标	评价标准
治理效率（GE）	9. 股东大会(包括临时股东大会)股东出席率	A. 完全披露(1 分)； B. 不完全披露(0.5 分)； C. 不披露(0 分)
	10. 股东大会(包括临时股东大会)投票机制的说明	A. 完全披露(1 分)； B. 不完全披露(0.5 分)； C. 不披露(0 分)
	11. 是否有明确的董事考核或薪酬制度	A. 未披露任何信息(0 分)； B. 只披露考评制度但没有考评结果(0.5 分)； C. 既披露考评制度也披露考评结果(1 分)
	12.《董事会议事规则》的说明	A. 详细介绍议事规则(1 分)； B. 只作一般性说明(0.5 分)； C. 未披露任何信息(0 分)
	13. 董事会召开方式的说明	A. 披露(1 分)； B. 不披露(0 分)
	14. 独立董事同意、质疑或否决董事会某项决议的说明	A. 披露(1 分)； B. 不披露(0 分)
	15. 高管薪酬结构及额度	A. 完全披露(1 分)； B. 不完全披露(0.5 分)； C. 不披露(0 分)
	16. 高管层关系网络	A. 明确披露高管层关系网络(1 分)； B. 未披露任何信息(0 分)
利益相关者（SH）	17. 投资者关系建设情况的说明	A. 详细披露投资者关系沟通细节或接待措施(1 分)； B. 只说明有《投资者关系管理制度》，但没有具体内容(0.5 分)； C. 关于投资者关系建设没有任何说明或者笼统说明(0 分)
	18. 社会责任	A. 披露社会责任报告或可持续发展报告(1 分)； B. 只披露参与社会公益或环保情况(0.5 分)； C. 未披露任何信息(0 分)
	19. 债权人情况	A. 披露(1 分)； B. 不披露(0 分)
	20. 债务人情况	A. 披露(1 分)； B. 不披露(0 分)
	21. 供应商情况	A. 披露(1 分)； B. 不披露(0 分)
	22. 客户情况	A. 披露(1 分)； B. 不披露(0 分)

续表

一级指标	二级指标	评价标准
风险控制（RC）	23. 企业发展战略目标	A. 披露(1 分)； B. 不披露(0 分)
	24. 盈利能力分析	A. 披露(1 分)； B. 不披露(0 分)
	25. 营运能力分析	A. 披露(1 分)； B. 不披露(0 分)
	26. 偿债能力分析	A. 披露(1 分)； B. 不披露(0 分)
	27. 发展能力分析	A. 披露(1 分)； B. 不披露(0 分)
	28. 关于现聘会计师事务所的说明	A. 详细披露(1 分)； B. 笼统披露(0.5 分)； C. 没有任何说明(0 分)
	29. 宏观形势对公司业绩影响的分析	A. 披露(1 分)； B. 不披露(0 分)
	30. 行业地位(或市场份额)分析	A. 披露(1 分)； B. 不披露(0 分)
	31. 竞争对手分析	A. 披露(1 分)； B. 不披露(0 分)

对于自愿性信息披露指数指标体系，简要解释如下。

（1）治理结构信息披露维度

治理结构信息披露维度衡量与公司治理结构相关的信息披露情况，包括董事会和监事会的构成及成员情况、高层管理人员学历及经历情况，以及专门委员会的构成情况，包括编号 1－8 的 8 个二级指标，这些指标所反映的信息对投资者和其他利益相关者了解代理人是否能够着眼于企业发展和满足各利益相关者的利益诉求具有重要价值。其中指标 1 衡量上市公司是否明确披露了董事会结构，包括董事类型（执行董事或内部董事、独立董事、外部非独立董事），以及相应的人数和兼职情况。指标 2 和 3 衡量关于董事个人背景相关信息的披露情况。指标 4 衡量董事会下设的各专门委员会的信息披露情况，包括专门委员会召集人信息、委员会成员构成等。指标 5 和 6 衡量有关监事类型（外部监事、内部监事，股东监事、员工监事等），以及监事会成员方面的自愿性信息披露情况。指标 7 和 8 衡量有关高层管理人员个人背景信息的披露情况。

（2）治理效率信息披露维度

治理效率信息披露维度衡量关于股东大会和董事会的召开情况、独立董事履职情况、董事考评，以及高层管理人员薪酬和关系网络等与公司治理效率相关信息的披露情况，包括编号 9~16 的 8 个指标。这些指标所反映的信息对于投资者和其他利益相关者评估公司的治理效率有着至关重要的作用。其中指标 9 和 10 考察公司股东大会召开及投票机制（包括法定投票、累积投票、举手表决、代理投票等）方面的信息披露情况。只有公司详细说明了每次股东大会（包括临时股东大会）的股东出席率以及投票机制，现有和潜在投资者，以及其他利益相关者才能判断股东大会的合法性和有效性。指标 11 衡量公司和投资者对董事的约束是否到位，反映董事的实际履职情况。指标 12 和 13 衡量公司董事会决策和监督的有效性，其中董事会召开方式包括通信会议和现场会议等。会议方式不同，董事会履职的效果就会不同。指标 14 衡量独立董事提出的意见是否能被公司记录并进行披露，也反映着独立董事的独立性情况。指标 15 衡量高层管理人员薪酬的合理性，以及高管是否着眼于公司长期发展。指标 16 衡量高层管理人员的社会影响力，该类信息也有助于判断高层管理人员是否存在不规范交易问题。

（3）利益相关者信息披露维度

利益相关者信息披露维度衡量公司对与投资者、债权人、债务人、供应商、客户等利益相关者利益保护有关的信息的披露情况，包括编号 17~22 的 6 个指标。其中，指标 17 衡量公司在投资者保护方面的措施是否到位，如公司是否披露与投资者的沟通或接待措施，或者是否建立《投资者关系管理制度》。指标 18 考察公司履行社会责任的情况，如节能环保、参与社会公益，以及是否发布社会责任报告等。指标 19、20、21 和 22 衡量公司对于排名前几位的主要债权人、债务人、供应商及客户信息的披露情况，其中对于债权人和债务人，公司还应披露他们与公司是否具有关联关系。

（4）风险控制信息披露维度

风险控制信息披露维度衡量公司经营风险及控制方面的信息分析与披露情况，包括编号 23~31 的 9 个指标。其中，指标 23 衡量公司是否明确披露至少三年的发展战略目标及经营计划。指标 24、25、26 和 27 衡量公司是否对自身的财务状况进行了分析并且进行了披露。指标 28 衡量公司对于会计师事务所聘任情况的说明。会计师事务所对公司进行独立审计，是投资人权益的重要维护者，对其聘任的相关信息进行披露，可以防止出现会计师事务所与公司存在私下交易的现象，从而有效地控制风险。指标 29、30 和 31 衡量宏观环境对企业发展的影响、行业竞争优势或劣势，以及竞争对手的竞争策略等，这些信息有助于投资者了解公司所处环境及地位，并对公司日后的发展做出预测。

1.6.2　自愿性信息披露指数计算方法

首先是计分方法。自愿性信息披露指数指标体系中的 31 个二级指标得分区间都为

[0，1]，按赋值方法可以分为两类。第一类是0/1变量，使用该种赋值方法的指标有19个，包括指标1、3、5、8、13、14、16、19、20、21、22、23、24、25、26、27、29、30、31。这类指标以企业年报中是否披露了理应披露的相关信息作为判断依据。明确披露相关信息的得1分，否则得0分。第二类是程度变量，按照某个指标的信息披露程度高低对指标分层赋值，使用该种赋值方法的指标有12个，包括指标2、4、6、7、9、10、11、12、15、17、18、28。这类指标将年报中的相关信息披露程度分为三种，并按照披露程度的高低依次进行得分高低的赋值。

其次是权重确定。我们认为，自愿性信息披露指数的四个维度具有基本同等的重要性，每个维度内的二级指标也具有基本同等的重要性，为了避免主观性偏差，本报告计算自愿性信息披露指数时所涉及的所有一级指标和二级指标都设置为等权重。首先对某个一级指标内的所有二级指标进行等权重计算，然后对4个一级指标进行等权重计算，以此得出自愿性信息披露指数。具体计算方法如下。

（1）二级指标赋值：根据赋值标准对每个上市公司的31个二级指标 V_i（$i=1$，2，…，31）进行打分和计算，使各个二级指标的取值均位于0～1的数值区间。

（2）计算四个分项指数：对隶属于同一个一级指标的二级指标的得分先进行加总，再简单平均，然后转化为百分制，得到4个一级指标得分，即治理结构分项指数、治理效率分项指数、利益相关者分项指数和风险控制分项指数。

$$GS=\frac{1}{8}\sum_{i=1}^{8}V_i\times 100$$

$$GE=\frac{1}{8}\sum_{i=9}^{16}V_i\times 100$$

$$SH=\frac{1}{6}\sum_{i=17}^{22}V_i\times 100$$

$$RC=\frac{1}{9}\sum_{i=23}^{31}V_i\times 100$$

其中，GS 代表治理结构分项指数，GE 代表治理效率分项指数，SH 代表利益相关者分项指数，RC 代表风险控制分项指数。

（3）计算总指数：对四个一级指标（治理结构、治理效率、利益相关者和风险控制）的得分进行简单平均，得到上市公司自愿性信息披露指数。

$$CCVDI^{BNU}=\frac{1}{4}(GS+GE+SH+RC)$$

$CCVDI^{BNU}$ 代表中国上市公司自愿性信息披露指数（“北京师范大学自愿性信息披露指数”）。

1.7　高管薪酬指数变量及计算方法

1.7.1　高管薪酬指数评价变量

评价高管薪酬，必须首先对公司高管做出界定。对于如何界定公司高管，理论界有不同的认识和理解，主要有五种观点：①董事长；②总经理（或 CEO）；③董事长和总经理两人；④除董事长和总经理外，还包括党委书记和工会主席；⑤所有高层管理人员，既包括董事长和总经理，也包括副职。我们认为，从研究高管薪酬的角度出发，不能把研究仅集中于某个高管，把研究扩展到高级管理层，更易于得到普遍适用的规律性结论。而且，高管的绩效是整个团队共同努力的结果。因此，我们将高管激励延伸至高管团队的激励，本报告所评价的高管是指公司执行层，包括总经理（或 CEO）、副总经理，以及执行董事（含担任执行董事的董事长）和董事会秘书。由于各公司高管人员的人数并不一致，为了保证评价的客观性和同一性，本报告在计算高管薪酬指数时，仅包括年报披露的薪酬最高的前三位高管成员。如无特别说明，本报告提及的高管薪酬均为薪酬最高的前三位高管的平均薪酬。

本报告对高管薪酬的评价不是单纯针对薪酬总额，而是在企业经营业绩的基础上对高管薪酬进行比较研究。换言之，本报告是基于经营业绩的薪酬评价，即用高管薪酬与企业营业收入之比来计算高管薪酬指数。相关变量说明如下。

（1）2017 年年报披露的薪酬最高的前三名高管的薪酬（不含股权激励）。

（2）2017 年年报披露的公司年度营业收入。

对于实施期权激励的公司，先将高管的股权收入折算成货币形式，然后将股权收入与披露的年薪相加再进行比较，最终确定前三名高管的薪酬。期权激励主要包括股票期权、虚拟股票、限定股票、股票增值权、股票奖励和业绩股票。由于目前中国公司高管期权激励基本上都是股票期权，因此，本报告只计算股票期权。需要特别指出的是，由于公开信息披露中没有直接提供针对前三名高管的股票期权激励数据，只有针对整个高管团队的股票期权激励总和，如果直接把整个高管团队的期权激励收入总和当作薪酬最高的前三名高管的期权激励收入会使得后者的期权收入偏大，从而导致前三名高管薪酬指数偏高。因此，为了保证研究的准确性，我们对股票期权激励收入根据行权人数进行调整，薪酬最高的高管赋予最高权重，对薪酬次高的高管赋予次高权重，以此类推。具体计算公式如下：

$$行权人数调整系数 = \frac{3n-3}{n(n+1)/2}$$

其中，n 为行权人数，分子代表行权的薪酬最高前三位的高管赋值，分母代表公司所有行权人的总赋值。需要强调的是，这种方法只是相对准确。我们寄希望于上市公司能够公开每位高管的具体行权额度。

期权激励按行权人数调整的方法从本年度开始采用，为了使不同年度具有可比性，对之前年度的高管薪酬指数数据库也进行了同样的调整。

此外，将股票期权折算成货币收入的方法是：

高管的期权收入 =2017 年末可以行权的股票数量 ×（年均股价 - 行权股价）

前三位高管平均薪酬的具体计算方法是：

前三位高管平均薪酬 = 薪酬最高的前三位高管薪酬之和（含股票期权）÷3

1.7.2 高管薪酬指数计算方法

本报告在高管薪酬指数设计方法上采用基准法，即首先选择每个行业的基准公司，得到每个行业的调整系数，然后计算各行业全部公司的基准值，最后以该基准值为标杆，计算出各公司高管人员薪酬指数，并按照数值大小来排序。计算步骤和公式如下。

（1）计算第 j 个行业第 i 个上市公司薪酬最高前三位高管的平均薪酬与营业收入的比值，计算公式是：

$$X_{ij} = \frac{i\text{公司薪酬最高前三位高管的薪酬平均值}}{i\text{公司营业收入}}$$

其中，高管薪酬是折算成货币形式的收入，包括基本工资、各项奖金、福利、补贴和各种津贴，以及股票期权。

（2）找出 X_{ij} 的中位值，以位居该中位值的那家公司作为第 j 个行业的基准公司，该中位值即行业调整系数，令：

$$Y_j = X_{ij}\text{的中位值}$$

（3）把 Y_j 相加，再除以行业总数，得到所有上市公司薪酬最高前三位高管的薪酬平均值与营业收入的比值（Z），计算公式是：

$$Z = \frac{\sum Y_j}{n}$$

其中，n 是行业总数，根据《上市公司行业分类指引（2012 年修订）》，上市公司分为 19 大类行业，但 2017 年样本中只有 18 个行业有上市公司，故行业数定为 18。

（4）将 X_{ij}除以 Z，得到第 j 个行业第 i 个上市公司的高管薪酬指数，计算公式是：

$$CCECI^{BNU} = \frac{X_{ij}}{Z} \times 100①$$

$CCECI^{BNU}$代表中国上市公司高管薪酬指数（“北京师范大学高管薪酬指数”）

将 $CCECI^{BNU}$值按照大小进行排名，即可得到基于经营业绩的上市公司高管薪酬指数排行榜。从理论上讲，某家上市公司的 $CCECI^{BNU}$值越接近 100，该公司的高管薪酬激励越适度。在排名中，对所有上市公司按照四分位法进行分类，即按照高管薪酬指数将 3140 家上市公司进行降序排列，排名在前四分之一的公司确定为激励过度，排名在后四分之一的公司确定为激励不足，中间的公司定为激励适中，这样的划分考虑了行业差距的影响。

1.7.3　高管薪酬指数比较方法

进一步找出不同行业、不同地区、不同控股类型、不同板块上市公司高管薪酬指数的特点，分别比较不同类别上市公司的高管薪酬指数，具体方法如下。

（1）将上市公司高管薪酬指数按行业进行排名。

①各行业中激励适中公司所占比重的行业间排名：将各行业中激励适中公司数目除以该行业所有公司的数目，得出百分比，然后按照百分比的大小对各行业进行排名。百分比越大，说明该行业激励适中的公司数量相对越多，该行业整体的薪酬激励水平越合理。

②各行业中激励过度公司所占比重的行业间排名：将各行业中激励过度公司数目除以该行业所有公司的数目，得出百分比，然后按照百分比的大小对各行业进行排名。百分比越大，说明该行业激励过度的公司数量相对越多，该行业整体的薪酬水平越趋于激励过度。

③各行业中激励不足公司所占比重的行业间排名：将各行业中激励不足公司数目除以该行业所有公司的数目，得出百分比，然后按照百分比的大小对各行业进行排名。百分比越大，说明该行业激励不足的公司数量相对越多，该行业整体的薪酬水平越趋于激励不足。

④行业间高管薪酬指数排名：用各个行业的公司高管薪酬指数排名的中位值来代表各个行业的公司高管薪酬指数，然后把各个行业的公司高管薪酬指数中位值按照由高到

---

① 此处乘以 100，是因为假设全部上市公司的高管薪酬指数为 100。

低的顺序进行排名。从理论上讲，将每个行业的中位值与100进行比较，如果越接近100，则该行业的高管薪酬越适度。

（2）将上市公司高管薪酬指数按地区进行排名。

以东部、中部、西部和东北上市公司高管薪酬指数的中位值来分别代表四个地区的公司高管薪酬指数，然后按照该中位值的大小进行排序。

（3）将上市公司高管薪酬指数按控股类型进行排名。

为了更细致地进行比较，我们将所有公司按控股类型划分为国有绝对控股公司、国有强相对控股公司、国有弱相对控股公司、国有参股公司、无国有股份公司五种类型（关于所有制的定义详见本章1.8节），分别确定出激励适中、激励过度和激励不足的公司在各类型上市公司中所占的比重，然后按照比重的大小对这五种所有制的公司进行排名。

1.8 中国公司治理分类指数评价范围及相关概念

1.8.1 评价范围

本报告的数据截止于2017年12月31日，评价样本也是截至该日期的全部A股上市公司。截至2017年12月31日，沪深两市有上市公司3485家，其中只在B股上市的公司有100家。考虑到年报的完整性，剔除2017年5月1日之后上市的232家公司，同时剔除只在B股上市的100家公司，得到初始样本3153家。需要说明的是，截至本报告撰写时，初始样本中仍然有2家公司未出2017年年报，4家公司在2018年已退市，导致相关数据难以获得，故一并予以剔除，得到最终样本3147家，占全部A股上市公司的92.97%，占全部A、B股上市公司的90.30%，可以说，基本等同于全样本评价。3147家A股上市公司中，沪市主板1232家，深市主板（不含中小企业板）458家，深市中小企业板841家，深市创业板616家。需要注意的是，高管薪酬指数样本是3140家上市公司，原因是出现了7家公司高管零薪酬或未披露高管薪酬的不正常现象，故予以剔除。

1.8.2 相关概念

中国公司治理分类指数评价，可能会受到控股类型、地区和行业等方面的影响，因此，需要对数据统计和指数计算中涉及的相关概念做出界定。

（1）控股或所有制类型

中国上市公司有不同的控股或所有制类型，不同控股类型对公司治理有不尽相同的影响。我们将所有公司按控股情况分为国有绝对控股公司、国有强相对控股公司、国有弱相对控股公司、国有参股公司和无国有股份公司五种类型。参照《股份有限公司国有股股东行使股权行为规范意见》第五条规定，并结合本报告研究的实际情况，我们对这五种所有制类型的界定如下。

A. 国有绝对控股公司：公司的国有股比例下限为50%（不含50%）；

B. 国有强相对控股公司：国有股股东为第一大股东，公司的国有股比例上限为50%（含50%），下限为30%（不含30%）；

C. 国有弱相对控股公司：国有股股东为第一大股东，持股比例小于30%（含30%）；

D. 国有参股公司：有国有股东，但国有股东不符合上述三条标准；

E. 无国有股份公司：上述四种情形以外的公司。

在上述五类公司中，最后两类其实就是典型的民营或民营控股上市公司，或称非国有控股上市公司。

（2）地区

处于不同地区的公司的市场化程度、制度完善程度、环境条件等是不同的，所以地区也是影响公司治理指数的基本因素。按照中华人民共和国行政区域划分，中国大陆有31个省、直辖市和民族自治区（不包括台湾、香港和澳门）。这些行政区域又可以划分为东部、中部、西部和东北四个地区，其中，东部地区包括北京、福建、广东、海南、河北、江苏、山东、上海、天津、浙江10个行政区域，中部地区包括安徽、河南、湖北、湖南、江西、山西6个行政区域，西部地区包括重庆、甘肃、广西、贵州、内蒙古、宁夏、青海、陕西、四川、西藏、新疆、云南12个行政区域，东北地区包括黑龙江、吉林、辽宁3个行政区域。

（3）行业

中国证监会2012年修订的《上市公司行业分类指引》将上市公司行业分为19个门类，具体分类结构与代码如下：A. 农、林、牧、渔业；B. 采矿业；C. 制造业；D. 电力、热力、燃气及水生产和供应业；E. 建筑业；F. 批发和零售业；G. 交通运输、仓储和邮政业；H. 住宿和餐饮业；I. 信息传输、软件和信息技术服务业；J. 金融业；K. 房地产业；L. 租赁和商务服务业；M. 科学研究和技术服务业；N. 水利、环境和公共设施管理业；O. 居民服务、修理和其他服务业；P. 教育；Q. 卫生和社会工作；R. 文化、体育和娱乐业；S. 综合。在本报告的3147家样本上市公司中，除了O. 居民服务、修理和其他服务业外，其他18个行业均有上市公司。

在18个大类行业中，制造业是上市公司最多的行业。本报告3147家公司样本中，制造业企业共1949家。按照中国证监会2012年修订的《上市公司行业分类指引》，制造业还可以细分为31个小类，分别是C13. 农副食品加工业；C14. 食品制造业；C15. 酒、饮料和精制茶制造业；C16. 烟草制品业；C17. 纺织业；C18. 纺织服装、服饰业；C19. 皮革、毛皮、羽毛及其制品和制鞋业；C20. 木材加工和木、竹、藤、棕、草制品业；C21. 家具制造业；C22. 造纸和纸制品业；C23. 印刷和记录媒介复制业；C24. 文教、工美、体育和娱乐用品制造业；C25. 石油加工、炼焦和核燃料加工业；C26. 化学原料和化学制品制造业；C27. 医药制造业；C28. 化学纤维制造业；C29. 橡胶和塑料制品业；C30. 非金属矿物制品业；C31. 黑色金属冶炼和压延加工业；C32. 有色金属冶炼和压延加工业；C33. 金属制品业；C34. 通用设备制造业；C35. 专用设备制造业；C36. 汽车制造业；C37. 铁路、船舶、航空航天和其他运输设备制造业；C38. 电气机械和器材制造业；C39. 计算机、通信和其他电子设备制造业；C40. 仪器仪表制造业；C41. 其他制造业；C42. 废弃资源综合利用业；C43. 金属制品、机械和设备修理业。2015年及之前我们出版的指数报告对制造业细分行业都有分析，自2016年度报告开始，限于篇幅，不再对制造业细分类型进行分析。

第二篇　中小投资者权益保护指数

第2章　中小投资者权益保护总体指数排名及比较

根据第1章确定的中小投资者权益保护指数评价方法，以及我们评估获得的2017年度3147家上市公司样本指数数据，本章对这些公司的中小投资者权益保护指数进行排名，然后分别从地区、行业、上市板块三个角度进行比较分析。

2.1　中小投资者权益保护指数总体分布及排名

基于上市公司2017年的公开数据，根据本报告构建的中小投资者权益保护指数指标体系和指数计算方法，对3147家上市公司中小投资者权益保护指数进行计算，从而得到中国上市公司中小投资者权益保护指数的整体排名情况（详见电子版*）。

2.1.1　中小投资者权益保护指数总体分布

2017年上市公司中小投资者权益保护指数的总体得分情况参见表2－1。

表2－1　2017年上市公司中小投资者权益保护指数总体情况

项目	公司数目	平均值	中位值	最大值	最小值	标准差	偏度系数	峰度系数
数值	3147	52.4006	52.9675	69.1555	19.2782	6.3688	－0.7709	1.6432

从表2－1可以看出，2017年上市公司中小投资者权益保护指数最大值69.1555分，最小值19.2782分，平均值52.4006分，中位值52.9675分，样本的均值得分未及

* 进一步获取3147家中国上市公司治理分类指数全样本排名及相关数据资料，请扫描封底二维码，或直接登录网站：https：//chassc.ssap.com.cn/ssgczl。

格（60 分为及格线），得分整体偏低。

为进一步了解中小投资者权益保护指数在各个得分区间的分布情况，我们将中小投资者权益保护指数在有分布的区域以 5 分为间隔，划分为［0，15）、［15，20）、［20，25）、［25，30）、［30，35）、［35，40）、［40，45）、［45，50）、［50，55）、［55，60）、［60，65）、［65，70）和［70，100］13 个区间（公司数目为 0 的指数区间合并），每个指数区间的企业数目和所占比重参见表 2－2 和图 2－1。

表 2－2　2017 年上市公司中小投资者权益保护指数区间分布

指数区间	公司数目	占比(%)	累计占比(%)
[0,15)	0	0.00	0.00
[15,20)	1	0.03	0.03
[20,25)	6	0.19	0.22
[25,30)	10	0.32	0.54
[30,35)	27	0.86	1.40
[35,40)	74	2.35	3.75
[40,45)	237	7.53	11.28
[45,50)	613	19.48	30.76
[50,55)	1055	33.52	64.28
[55,60)	824	26.18	90.47
[60,65)	273	8.67	99.14
[65,70)	27	0.86	100.00
[70,100]	0	0.00	100.00
总计	3147	100	

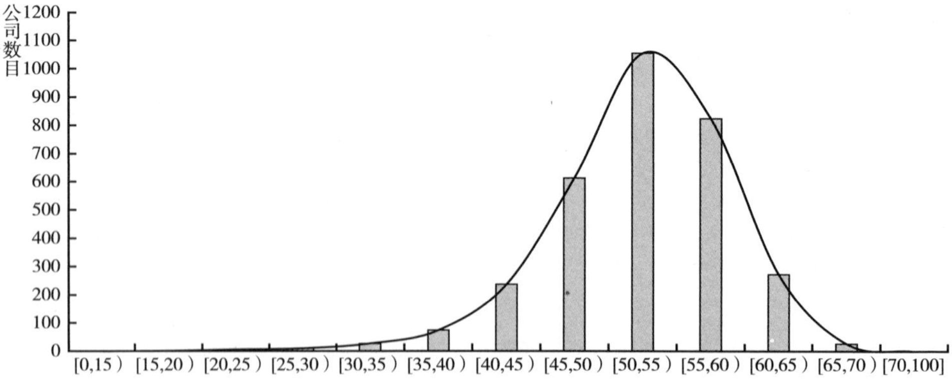

图 2－1　2017 年上市公司中小投资者权益保护指数区间分布

从表 2－2 和图 2－1 可以看出，中小投资者权益保护指数在［45，60）区间的公司数量最多，总计为 2492 家，占到总数的 79.19%。及格的公司有 300 家，及格率为 9.53%，相比于上年 1.65% 的及格率，本年度的及格率大幅度增长；但及格的分数均在［60，65）、［65，70）两个区间，没有得分超过 70 分的公司。这说明中国上市公司中小投资者权益保护水平整体依然很低。从表 2－1 反映出来的整体分布偏离正态分布的程度来看，偏度系数为－0.7709，峰度系数为 1.6432，中小投资者权益保护指数分布为负偏态分布，基本满足正态分布。

2.1.2　中小投资者权益保护指数前100名

表 2－3 列出了 3147 家上市公司中排名前 100 的公司的中小投资者权益保护指数情况。可以看出，前 100 名公司的中小投资者权益保护指数均值为 64.4573 分，比 2016 年的均值 60.4447 分提高 4.0126 分，提升幅度较大。

表 2－3　2017 年上市公司中小投资者权益保护指数前 100 名情况

	平均值	中位值	最大值	最小值	标准差
前 100 名	64.4573	63.9790	69.1555	62.7623	1.4691
总体	52.4006	52.9675	69.1555	19.2782	6.3688

我们对 3147 家上市公司的中小投资者权益保护指数进行从大到小降序排列，中小投资者权益保护指数越高，说明上市公司中小投资者权益保护水平越高。表 2－4 是中小投资者权益保护指数排名前 100 的上市公司情况。

表 2－4　2017 年上市公司中小投资者权益保护指数排名——前 100 名

排名	代码	公司简称	指数	排名	代码	公司简称	指数
1	601336	新华保险	69.1555	19	601998	中信银行	65.7161
2	600548	深高速	68.9805	20	000963	华东医药	65.6811
3	601601	中国太保	68.9156	21	600188	兖州煤业	65.5914
4	601939	建设银行	68.1324	22	300188	美亚柏科	65.5150
5	002507	涪陵榨菜	67.8039	23	300083	劲胜智能	65.4939
6	000776	广发证券	67.4452	24	600115	东方航空	65.4012
7	000063	中兴通讯	67.2548	25	002043	兔宝宝	65.3185
8	002431	棕榈股份	66.8809	26	300285	国瓷材料	65.2714
9	601166	兴业银行	66.8058	27	300461	田中精机	65.1551
10	601186	中国铁建	66.7402	28	002532	新界泵业	64.9497
11	601088	中国神华	66.4998	29	002336	人人乐	64.8157
12	600867	通化东宝	66.2851	30	600029	南方航空	64.7819
13	601211	国泰君安	66.1894	31	601288	农业银行	64.7272
14	000826	启迪桑德	66.0696	32	601766	中国中车	64.7207
15	601318	中国平安	65.9606	33	600779	水井坊	64.6990
16	600332	白云山	65.9119	34	600771	广誉远	64.5509
17	300142	沃森生物	65.9047	35	601607	上海医药	64.5288
18	601333	广深铁路	65.7287	36	002195	二三四五	64.4465

续表

排名	代码	公司简称	指数	排名	代码	公司简称	指数
37	300074	华平股份	64.4137	69	000028	国药一致	63.4756
38	300109	新开源	64.3986	70	002567	唐人神	63.4708
39	601818	光大银行	64.3878	71	300257	开山股份	63.4649
40	300296	利亚德	64.2808	72	002410	广联达	63.4592
41	601633	长城汽车	64.2800	73	002142	宁波银行	63.4441
42	002709	天赐材料	64.2177	74	002212	南洋股份	63.4395
43	601988	中国银行	64.2038	75	600703	三安光电	63.3769
44	300014	亿纬锂能	64.1738	76	002624	完美世界	63.3675
45	300310	宜通世纪	64.0919	77	000002	万科A	63.3633
46	002035	华帝股份	64.0687	78	002310	东方园林	63.3332
47	002230	科大讯飞	64.0192	79	300240	飞力达	63.3273
48	000039	中集集团	64.0171	80	300492	山鼎设计	63.3117
49	600875	东方电气	63.9831	80	300166	东方国信	63.3117
50	300527	中国应急	63.9826	82	300347	泰格医药	63.3016
51	600260	凯乐科技	63.9754	83	300383	光环新网	63.3009
52	300212	易华录	63.9747	84	002120	韵达股份	63.2473
53	002191	劲嘉股份	63.9487	85	601628	中国人寿	63.2366
54	002594	比亚迪	63.8961	86	300300	汉鼎宇佑	63.2260
55	300146	汤臣倍健	63.8527	87	300044	赛为智能	63.1500
56	300121	阳谷华泰	63.7996	88	300144	宋城演艺	63.1315
57	002078	太阳纸业	63.7671	89	002024	苏宁易购	63.1201
58	600477	杭萧钢构	63.7643	90	601881	中国银河	63.1117
59	000513	丽珠集团	63.6858	91	600704	物产中大	63.1074
60	300085	银之杰	63.6719	92	002678	珠江钢琴	63.0795
61	600585	海螺水泥	63.6692	93	300064	豫金刚石	63.0585
62	002319	乐通股份	63.6513	94	002044	美年健康	63.0348
63	002756	永兴特钢	63.6405	95	300003	乐普医疗	62.8982
64	002079	苏州固锝	63.5716	96	002615	哈尔斯	62.8644
65	000680	山推股份	63.5500	97	300124	汇川技术	62.8626
66	000157	中联重科	63.5274	98	600183	生益科技	62.8420
67	300015	爱尔眼科	63.4945	99	300357	我武生物	62.7697
68	601021	春秋航空	63.4869	100	000669	金鸿控股	62.7623

从表2－4可以看出，中小投资者权益保护指数最高的是沪市主板上市公司新华保险（69.1555），排在第二、第三位的分别是沪市主板的深高速（68.9805）和中国太保（68.9156）。有17家公司连续两年（2017年、2016年）出现在前100名中，它们是深高速、中国太保、建设银行、中国神华、中国平安、东方航空、农业银行、中国中车、上海医药、阳谷华泰、杭萧钢构、丽珠集团、银之杰、方兴特钢、万科A、东方园林、

韵达股份。有5家公司连续三年（2017年、2016年、2015年）出现在前100名中，分别为深高速、中国太保、东方航空、上海医药和银之杰。其中，中国太保已经连续四年出现在前100名中。

进一步对中小投资者权益保护指数前100家上市公司的地区、行业、控股类型和上市板块进行观察，我们发现，前100家上市公司中，从地区来看，东部、中部、西部和东北各有81家、11家、6家和2家，各占所在地区上市公司总数的3.79%、2.54%、1.39%和1.36%。从行业来看，主要分布在制造业（46家），金融业（14家），信息传输、软件和信息技术服务业（13家），各占所在行业上市公司总数的2.36%、18.18%、5.58%。从控股类型来看，国有控股公司有39家、非国有控股公司有61家，分别占两类公司总数的3.70%和2.91%。其中，在国有控股公司中，中央企业控股的公司有23家，占中央企业控股上市公司总数的6.12%，相较于2016年度的4.20%，比例有所提高；地方国企控股的公司有16家，占地方国企控股上市公司总数的2.36%。从上市板块看，深市主板（不含中小企业板）、深市中小企业板、深市创业板和沪市主板分别有11家、26家、29家和34家，分别占所在板块上市公司总数的2.40%、3.09%、4.71%和2.76%。

需要注意的是，中小投资者权益保护指数最高的前100名在地区、行业和控股类型中的分布，并不能完全说明某个地区、行业和控股类型整体表现就好，因为各地区、行业和控股类型的上市公司数量不同。比如，制造业进入前100名的公司数多于金融业，但金融业进入前100名的占比更高，无疑金融业表现更好。再如，国有控股公司进入前100名的公司数少于非国有控股公司，但前者占比却远高于后者，显然国有控股公司表现较好。

图2－2直观地反映了中小投资者权益保护指数前100名的变化。可以看出，前

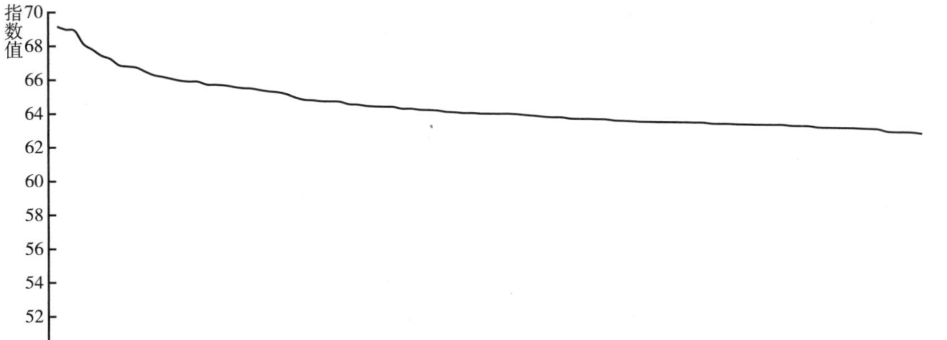

图2－2　2017年上市公司中小投资者权益保护指数分布情况——前100名

100 名上市公司的中小投资者权益保护指数的分布并不平坦，最高分 69. 1555 分，最低分 62. 7623 分，绝对差距 6. 3932 分，前 100 名中排名在前 30 的企业间的指数波动较大，但排在 30 名之后的企业间得分差距并不大。此次，中小投资者权益保护指数前 100 名均为 60 分以上，相比于 2016 年度（60 分以下有 53 家），本年度前 100 名得分有了很大的进步，绝大多数企业分数在 64 分附近浮动。

2.2 分地区中小投资者权益保护指数比较

根据东部、中部、西部和东北四大地区的划分，得出四个地区上市公司中小投资者权益保护指数总体情况（见表 2 -5）。

表 2 -5 2017 年不同地区上市公司中小投资者权益保护指数比较

排序	地区	公司数目	平均值	中位值	最大值	最小值	标准差
1	东部	2135	52. 9653	53. 5341	69. 1555	19. 2782	6. 1010
2	东北	147	51. 5016	52. 7204	66. 2851	24. 2964	6. 7549
3	中部	433	51. 2938	52. 0553	66. 0696	20. 9596	6. 7986
4	西部	432	51. 0253	51. 6800	67. 8039	22. 5345	6. 6855
	总体	3147	52. 4006	52. 9675	69. 1555	19. 2782	6. 3688

由表 2 -5 可知，各地区上市公司中小投资者权益保护指数均值最高的地区为东部（52. 9653），西部（51. 0253）排在最后一位，中小投资者权益保护指数最大值与最小值均出于东部地区。总体来看，中小投资者权益保护指数的地区间差异不是很大。

由图 2 -3 可以直观地看出四个地区上市公司中小投资者权益保护指数之间的差异。

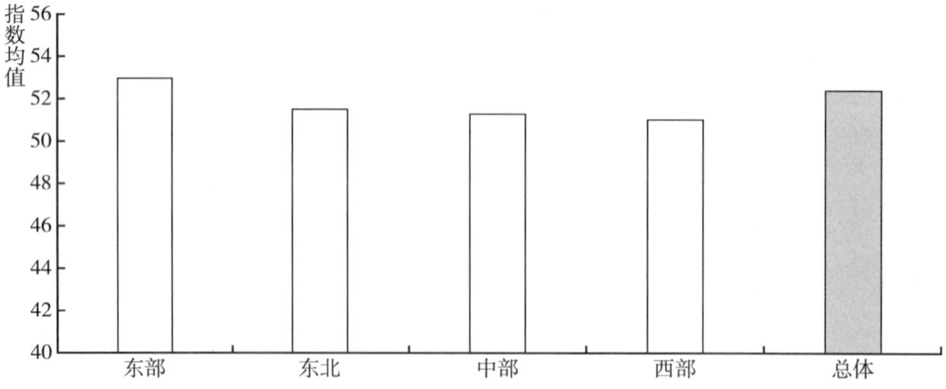

图 2 -3 2017 年不同地区上市公司中小投资者权益保护指数比较

从图 2－3 可以看出，四个地区中，除东部地区外，中部、西部和东北地区上市公司中小投资者权益保护指数均值都低于总体均值。东部地区的中小投资者权益保护指数高于其他三个地区，这说明由于东部地区经济发达，市场经济发展较其他地区相对更为成熟，对中小投资者权益保护也更好一些。

2.3 分行业中小投资者权益保护指数比较

用各个行业上市公司中小投资者权益保护指数的平均值来代表各个行业的上市公司中小投资者权益保护指数，然后将各行业的上市公司中小投资者权益保护指数平均值按照从高到低的顺序进行排名，具体排名结果参见表 2－6。

表 2－6　2017 年不同行业上市公司中小投资者权益保护指数比较

排名	行业名称	公司数目	平均值	中位值	最大值	最小值	标准差
1	金融业(J)	77	56.5470	57.7203	69.1555	38.1671	6.9382
2	卫生和社会工作(Q)	8	55.1697	56.7958	63.4945	42.4446	8.1352
3	水利、环境和公共设施管理业(N)	40	54.1087	54.1663	66.0696	36.1381	5.6033
4	教育(P)	4	54.0706	54.6816	56.9656	49.9534	2.6240
5	信息传输、软件和信息技术服务业(I)	233	53.1794	53.7209	65.5150	22.8885	6.7155
6	文化、体育和娱乐业(R)	48	53.1773	53.7805	63.1315	34.6895	5.2358
7	科学研究和技术服务业(M)	32	52.6212	52.4124	63.3117	41.1528	5.2488
8	交通运输、仓储和邮政业(G)	90	52.5764	52.8497	68.9805	39.6665	6.0534
9	制造业(C)	1949	52.3584	52.9834	67.8039	19.2782	6.2619
10	建筑业(E)	90	52.3568	52.6699	66.8809	37.2688	6.1827
11	农、林、牧、渔业(A)	42	51.9558	53.1740	62.6647	40.0019	6.1616
12	租赁和商务服务业(L)	42	51.8522	53.0902	62.4246	34.3883	6.3596
13	批发和零售业(F)	158	51.5923	52.3509	65.6811	24.2964	6.8639
14	电力、热力、燃气及水生产和供应业(D)	103	51.5463	51.5789	62.7623	25.1042	6.1291
15	住宿和餐饮业(H)	9	51.5338	54.3406	61.4064	29.5743	8.7862
16	综合(S)	23	51.2537	52.0387	58.3347	37.5253	5.5853
17	采矿业(B)	74	51.0282	51.4734	66.4998	28.9812	7.0201
18	房地产业(K)	125	50.9716	51.2253	63.3633	36.2178	5.8461
总体		3147	52.4006	52.9675	69.1555	19.2782	6.3688

从表 2－6 可以看出，在 18 个行业中，有 8 个行业的中小投资者权益保护指数均值高于总体均值（52. 4006），这 8 个行业的行业最大均值与总体均值的绝对差距为 4. 1464 分；低于总体均值的行业有 10 个，总体均值与这 10 个行业的行业最小均值之间的绝对差距为 1. 4290 分。显然，高分区行业的内部差距大于低分区行业。上市公司中小投资者权益保护指数最高的三个行业是金融业（J）（56. 5470），卫生和社会工作（Q）（55. 1697），水利、环境和公共设施管理业（N）（54. 1087），其中金融业（J）连续四年排名第一。中小投资者权益保护水平最差的三个行业是房地产业（K）（50. 9716），采矿业（B）（51. 0282）和综合（S）（51. 2537）。需要注意的是，教育行业（P）只有 4 家上市公司，较难反映该行业中小投资者权益保护的实际平均水平。

进一步，图 2－4 显示了中小投资者权益保护指数在行业间的差异。可以看出，图形整体呈现较为平缓的变动趋势，各行业上市公司的中小投资者保护水平除金融业（J）、卫生和社会工作（Q）明显高于整体水平以外，其他各行业上市公司中小投资者权益保护指数呈现平缓的变化。

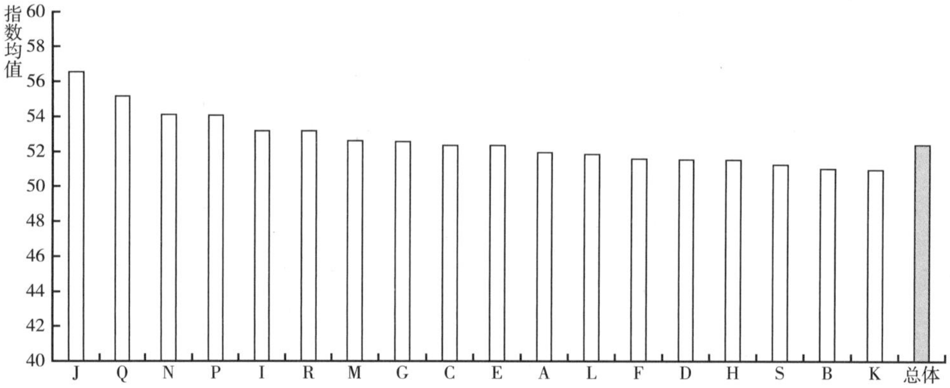

图 2－4　2017 年分行业上市公司中小投资者权益保护指数比较

2.4　分上市板块中小投资者权益保护指数比较

按照深市主板（不含中小企业板）、深市中小企业板、深市创业板和沪市主板的划分，比较不同板块上市公司的中小投资者权益保护指数，结果参见表 2－7。

从表 2－7 可以看出，3147 家上市公司中，中小投资者权益保护指数平均值从高到低排列依次为深市创业板（54. 3961）、深市中小企业板（53. 6183）、深市主板（不含中小企业板）（51. 8816）和沪市主板（50. 7647）。深市在中小投资者权益保护方面的

表 2－7　2017 年不同板块上市公司中小投资者权益保护指数比较

排序	上市板块	公司数目	平均值	中位值	最大值	最小值	标准差
1	深市创业板	616	54.3961	54.5283	65.9047	34.3317	5.1597
2	深市中小企业板	841	53.6183	54.2533	67.8039	19.2782	5.8466
3	深市主板（不含中小企业板）	458	51.8816	52.7746	67.4452	22.5345	6.8739
4	沪市主板	1232	50.7647	51.1335	69.1555	20.9596	6.6045
	总体	3147	52.4006	52.9675	69.1555	19.2782	6.3688

表现好于沪市；深市创业板和中小企业板上市公司中小投资者权益保护水平好于沪深主板上市公司（深市主板不含中小企业板）。

图 2－5 更直观地反映了不同板块的上市公司中小投资者权益保护指数的差异。可以看到，深市创业板和中小企业板上市公司的中小投资者权益保护指数均高于总体均值，其他两个板块上市公司的中小投资者权益保护指数均低于总体均值。

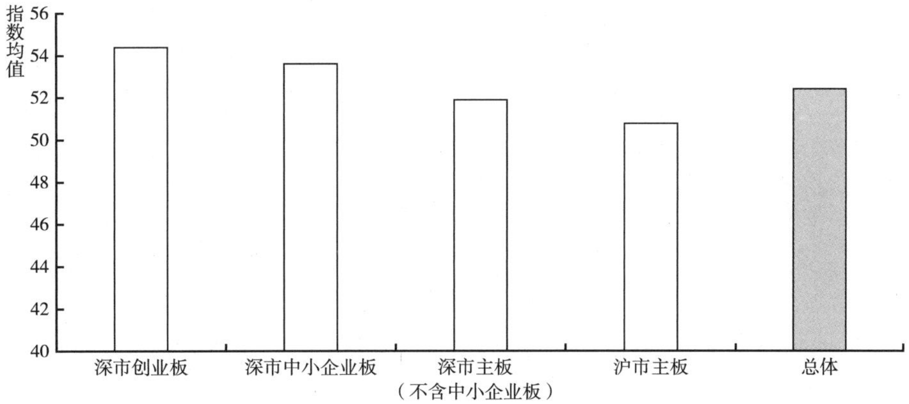

图 2－5　2017 年不同板块上市公司中小投资者权益保护指数比较

2.5　本章小结

本章分别从总体、地区、行业及上市板块等方面对 2017 年上市公司的中小投资者权益保护指数进行了比较与分析。主要结论如下。

（1）从总体看，中国上市公司中小投资者权益保护指数最大值 69.1555，最小值 19.2782，平均值 52.4006，样本的得分情况整体偏低。中小投资者权益保护指数分布较为集中，有 79.19% 的公司集中在［45，60）区间，及格率为 9.53%，相较上年的及格率有了较大幅度的增长，但依旧较低。

（2）从地区看，东部地区上市公司中小投资者权益保护指数均值最高，为 52.9653 分，明显高于其他三个地区；西部地区最低，为 51.0253 分。中小投资者权益保护指数的地区间差异不是很大。

（3）从行业看，上市公司中小投资者权益保护指数最高的三个行业是金融业（J）（56.5470），卫生和社会工作（Q）（55.1697），水利、环境和公共设施管理业（N）（54.1087），其中金融业（J）中小投资者权益保护指数连续四年排名第一；最差的三个行业是房地产业（K）（50.9716），采矿业（B）（51.0282）和综合（S）（51.2537）。

（4）从上市板块看，中小投资者权益保护指数均值从大到小依次是深市创业板（54.3961）、深市中小企业板（53.6183）、深市主板（不含中小企业板）（51.8816）和沪市主板（50.7647）。深市创业板和中小企业板上市公司中小投资者权益保护水平好于深沪主板上市公司（深市主板不含中小企业板）。

第3章　中小投资者权益保护分项指数排名及比较

第2章从总体上对中国上市公司中小投资者权益保护指数做了排名，并从地区、行业以及上市板块三个角度进行了分类汇总和分析。本章按照中小投资者权益保护指数四个维度的划分，把中小投资者权益保护指数分解为知情权、决策与监督权、收益权和维权环境四个分项指数，对这四个分项指数进行排名和比较分析。

3.1　中小投资者权益保护分项指数总体比较

本报告根据2017年沪深主板（含中小企业板）和深市创业板3147家上市公司样本，计算获得了2017年中国上市公司中小投资者权益保护的四个分项指数，其描述性统计结果参见表3－1。

表3－1　2017年上市公司中小投资者权益保护分项指数描述性统计结果

分项指数	公司数目	平均值	中位值	最大值	最小值	标准差
知情权	3147	62.1646	63.0267	86.7925	19.3141	8.8266
决策与监督权	3147	44.2825	42.7273	85.0000	12.2727	8.2316
收益权	3147	43.8235	42.6648	69.2342	0.0000	11.2643
维权环境	3147	59.3320	58.8889	88.8889	0.0000	14.5957

从表3－1中可以看出，四个分项指数中知情权分项指数的平均值最大，达到及格线（60分）以上，其余三个分项指数平均值均未达到及格线，收益权分项指数的平均值最小，知情权和维权环境两个分项指数的平均得分明显高于决策与监督权以及收益权两个分项指数的平均得分，说明上市公司在知情权和维权环境方面做得相对好一些，而在决策与监督权以及收益权方面则还须提高。从标准差看，维权环境分项指数的标准差

最大，说明各上市公司在维权环境方面的差距高于其他三个分项指数。

图 3 -1 直观地反映了中小投资者权益保护四个分项指数的平均值和中位值的差异。可以看出，四个分项指数的平均值和中位值的排序一致。

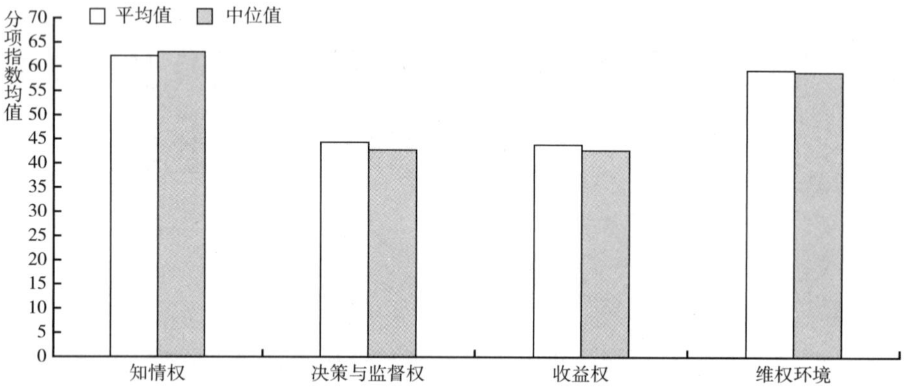

图 3 -1　2017 年上市公司中小投资者权益保护四个分项指数比较

3.2　知情权分项指数排名及比较

中小投资者知情权分项指数通过考察中小投资者对公司信息的获得，以判断其知情权落实情况。本节主要是对中小投资者知情权分项指数排名的各种情况进行比较说明和分析。

3.2.1　知情权分项指数总体分布

基于 3147 家上市公司中小投资者知情权的各项指标，我们得出了每家上市公司中小投资者知情权分项指数。以 10 分为间隔，可以将知情权分项指数划分为 10 个区间段，每个分数区间段的公司数目和所占比重参见表 3 -2。

表 3 -2　2017 年上市公司中小投资者知情权分项指数区间分布

指数组别	公司数目	占比(%)	累计占比(%)
[0,10)	0	0.00	0.00
[10,20)	2	0.06	0.06
[20,30)	11	0.35	0.41
[30,40)	76	2.41	2.83
[40,50)	178	5.66	8.48
[50,60)	552	17.54	26.02

续表

指数组别	公司数目	占比(%)	累计占比(%)
[60,70)	1868	59.36	85.38
[70,80)	421	13.38	98.76
[80,90)	39	1.24	100.00
[90,100]	0	0.00	100.00
总计	3147	100.00	—

由表3－2可见，2017年上市公司中小投资者知情权分项指数分布比较集中，主要集中在［60，70）区间内，有1868家公司，占样本总数的59.36%。

图3－2直观地描绘了中小投资者知情权分项指数的分布区间。可以看出，2017年上市公司中小投资者知情权分项指数从低分到高分，公司数目呈负偏态分布，偏度系数是－1.1274。

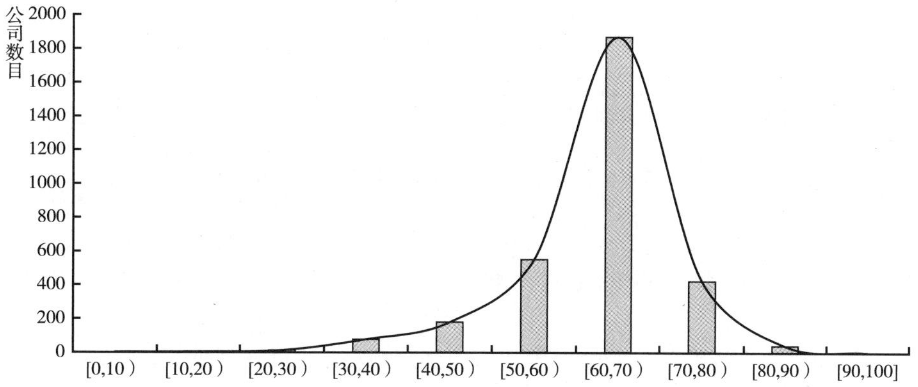

图3－2　2017年上市公司中小投资者知情权分项指数区间分布

3.2.2　分地区知情权分项指数比较

按照东部、中部、西部和东北四个地区的划分，我们进一步统计了不同地区上市公司中小投资者知情权分项指数（参见表3－3）。

表3－3　2017年不同地区上市公司中小投资者知情权分项指数比较

排序	地区	公司数目	平均值	中位值	最大值	最小值	标准差
1	东部	2135	62.8001	63.6438	86.7925	21.7594	8.5167
2	西部	432	60.8751	62.2437	85.0646	25.1887	9.1608
3	东北	147	60.8573	61.9830	81.5399	25.1887	8.5003
4	中部	433	60.7612	62.4723	84.9073	19.3141	9.7023
	总体	3147	62.1646	63.0267	86.7925	19.3141	8.8266

从表 3－3 可以看到，2017 年度，中小投资者知情权分项指数在四个地区的差别不算很大。其中，东部上市公司中小投资者知情权分项指数均值最高，中部地区的中小投资者知情权分项指数均值最低，二者绝对差距为 2.0389 分。

图 3－3 直观地反映了四个地区上市公司中小投资者知情权分项指数均值的差异。可以看到，不同地区上市公司中小投资者知情权分项指数均值相差不是很明显，除东部地区外，其他三个地区中小投资者知情权分项指数均值都低于总体均值。

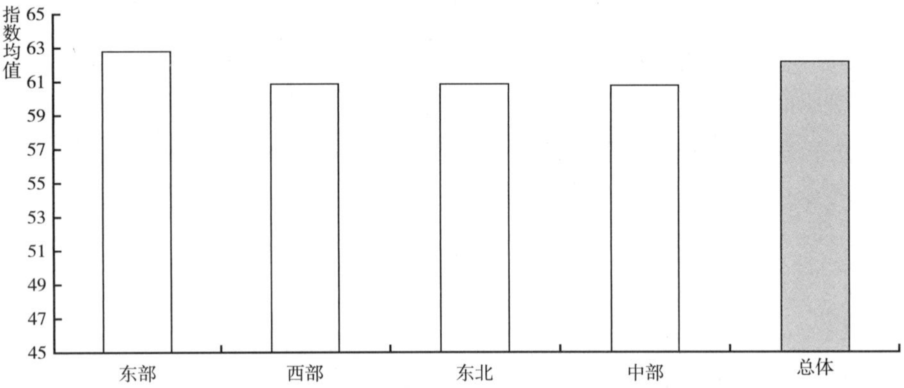

图 3－3　2017 年不同地区上市公司中小投资者知情权分项指数比较

3.2.3　分行业知情权分项指数比较

用各个行业内的上市公司中小投资者知情权分项指数的平均值来代表各个行业的上市公司中小投资者知情权分项指数，然后把各个行业的上市公司中小投资者知情权分项指数按照由高到低的顺序进行排名，具体排名结果参见表 3－4。

表 3－4　2017 年不同行业上市公司中小投资者知情权分项指数排名及比较

排名	行业	公司数目	平均值	中位值	最大值	最小值	标准差
1	卫生和社会工作（Q）	8	65.3379	66.4298	79.9714	43.8351	13.8047
2	水利、环境和公共设施管理业（N）	40	65.2039	65.4665	85.0646	34.8447	9.6201
3	教育（P）	4	64.6162	64.9540	70.0040	58.5528	4.2634
4	文化、体育和娱乐业（R）	48	63.9599	65.2254	84.9469	41.9877	8.9745
5	金融业（J）	77	63.5600	65.2574	86.5856	32.5943	11.7263
6	住宿和餐饮业（H）	9	63.1685	62.2696	79.0198	43.3981	9.9451
7	信息传输、软件和信息技术服务业（I）	233	63.0199	65.0990	81.3196	24.5774	8.8776
8	制造业（C）	1949	62.3935	63.3936	86.7925	19.5320	8.5240

续表

排名	行业	公司数目	平均值	中位值	最大值	最小值	标准差
9	交通运输、仓储和邮政业(G)	90	62.3319	62.6158	80.0818	36.9178	7.6324
10	建筑业(E)	90	62.2868	63.1868	79.1188	22.8774	8.7997
11	电力、热力、燃气及水生产和供应业(D)	103	61.7235	62.0564	79.0762	31.7000	7.8113
12	科学研究和技术服务业(M)	32	61.4582	61.9475	73.0297	38.4000	7.1022
13	批发和零售业(F)	158	60.8199	62.0934	84.2451	25.1887	9.4861
14	租赁和商务服务业(L)	42	60.7869	62.4663	72.7542	24.2000	9.5723
15	农、林、牧、渔业(A)	42	60.3654	61.9848	76.3312	32.5000	8.9432
16	房地产业(K)	125	59.8344	61.9830	79.1887	19.3141	9.2685
17	采矿业(B)	74	58.9822	61.8180	81.0084	31.8339	9.9132
18	综合(S)	23	58.2376	61.7000	71.0377	36.1830	8.4196
总体		3147	62.1646	63.0267	86.7925	19.3141	8.8266

从表3－4可以看出，18个行业中，有10个行业的中小投资者知情权分项指数均值高于总体均值（62.1646），这10个行业的行业最大均值与总体均值的绝对差距为3.1733分；其他8个行业的上市公司中小投资者知情权分项指数均值低于总体均值，总体均值与这8个行业的行业最小均值的绝对差距为3.9270分。显然，知情权分项指数的高分区行业内部差距小于低分区行业。上市公司中小投资者知情权分项指数均值排名前三位的行业分别是卫生和社会工作（Q），水利、环境和公共设施管理业（N），教育（P）。但需要注意的是，教育行业（P）只有4家上市公司，难以反映该行业知情权的实际平均水平。排名最后三位的行业分别是综合（S），采矿业（B），房地产业（K）。中小投资者知情权分项指数最大值出自制造业（C），最小值出自房地产业（K）。

图3－4直观地反映了不同行业中小投资者知情权分项指数均值的差异。可以看到，

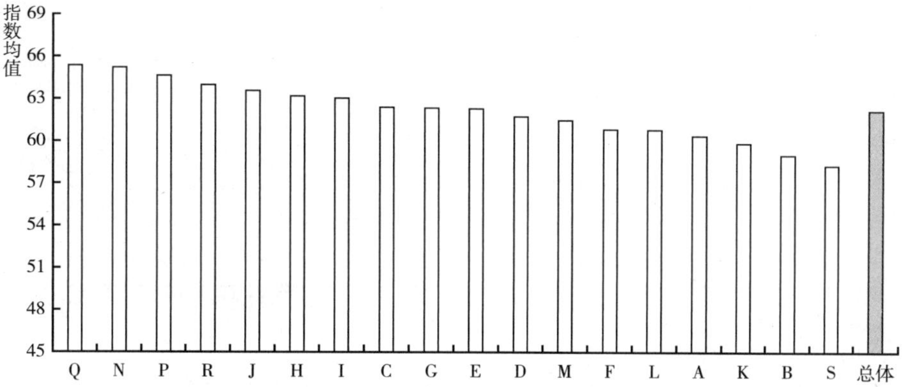

图3－4　2017年不同行业上市公司中小投资者知情权分项指数比较

排名前三个行业的中小投资者知情权分项指数均值较明显高于其他行业；排名最低的两个行业的中小投资者知情权分项指数均值则明显低于其他行业。

3.2.4 分上市板块知情权分项指数比较

考虑到中小企业板和创业板的特殊性，我们将上市公司划分为深市主板（不含中小企业板）、深市中小企业板、深市创业板和沪市主板，对不同板块上市公司的中小投资者知情权分项指数进行综合比较，结果如表 3-5 所示。

表 3-5 2017 年不同板块上市公司中小投资者知情权分项指数比较

排序	上市板块	公司数目	平均值	中位值	最大值	最小值	标准差
1	深市创业板	616	63.6305	65.0495	84.9469	19.5320	8.1563
2	深市中小企业板	841	62.4504	63.2446	81.6656	19.3141	7.9211
3	沪市主板	1232	61.8740	62.7948	86.5856	24.5774	9.2410
4	深市主板(不含中小企业板)	458	60.4497	61.9830	86.7925	21.7594	9.7323
	总　体	3147	62.1646	63.0267	86.7925	19.3141	8.8266

从表 3-5 可以看出，深市创业板上市公司中小投资者知情权分项指数均值最高，排在最后的是深市主板（不含中小企业板）。

图 3-5 可以直观地反映出四个板块上市公司中小投资者知情权的差异。可以看出，深市创业板和深市中小企业板上市公司中小投资者知情权分项指数均值高于沪、深两个主板（深市不含中小企业板）上市公司。

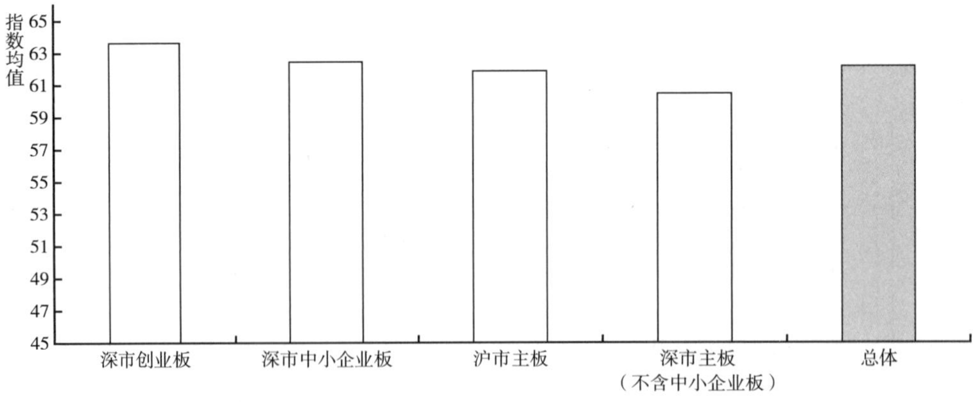

图 3-5 2017 年不同板块上市公司中小投资者知情权分项指数比较

3.3　决策与监督权分项指数排名及比较

中小投资者决策与监督权通过评价中小投资者参与公司决策和履行对董事会的监督，来判断中小投资者决策与监督权的落实情况。本节主要对决策与监督权分项指数排名的各种情况进行比较分析。

3.3.1　决策与监督权分项指数总体分布

我们将中小投资者决策与监督权分项指数整体得分情况以 10 分为间隔，划分成 10 个区间段，得到的结果参见表 3－6。

表 3－6　2017 年上市公司中小投资者决策与监督权分项指数区间分布

指数分组	公司数目	占比(%)	累计占比(%)
[0,10)	0	0.00	0.00
[10,20)	5	0.16	0.16
[20,30)	68	2.16	2.32
[30,40)	1377	43.76	46.08
[40,50)	1186	37.69	83.76
[50,60)	451	14.33	98.09
[60,70)	58	1.84	99.94
[70,80)	1	0.03	99.97
[80,90)	1	0.03	100.00
[90,100]	0	0.00	100.00
总体	3147	100.00	—

由表 3－6 可以看出，中小投资者决策与监督权分项指数非常集中，主要分布在 [30，50）区间内，总计有 2563 家公司，占样本总数的 81.45%。

图 3－6 直观地反映了上市公司中小投资者决策与监督权分项指数的区间分布。可以看出，2017 年上市公司中小投资者决策与监督权分项指数从低分到高分，公司数目呈正偏态分布，偏度系数是 0.1197。

3.3.2　分地区决策与监督权分项指数比较

从东部、中部、西部和东北四个地区的划分来看，东部上市公司中小投资者决策与监督权分项指数均值最高，中部最低，但二者之间的绝对差距仅为 0.5872 分，差别很小（参见表 3－7）。

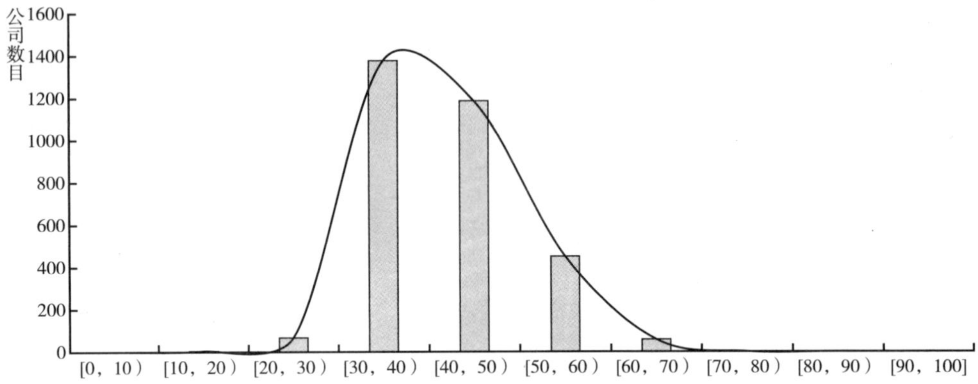

图 3－6　2017 年上市公司中小投资者决策与监督权分项指数区间分布

表 3－7　2017 年不同地区上市公司中小投资者决策与监督权分项指数比较

排序	地区	公司数目	平均值	中位值	最大值	最小值	标准差
1	东部	2135	44.4178	42.7273	85.0000	12.2727	8.1532
2	东北	147	44.2536	46.0606	66.8182	21.3636	7.6873
3	西部	432	44.0761	43.1060	70.0000	21.0606	8.5342
4	中部	433	43.8306	42.2727	66.8182	20.9307	8.4640
	总体	3147	44.2825	42.7273	85.0000	12.2727	8.2316

图 3－7 更直观地反映了四个地区上市公司中小投资者决策与监督权分项指数均值的差异。可以看出，只有东部上市公司中小投资者决策与监督权分项指数均值高于总体均值，其他三个地区都低于总体均值。在四个地区中，中小投资者决策与监督权分项指数最大值和最小值均出自东部。

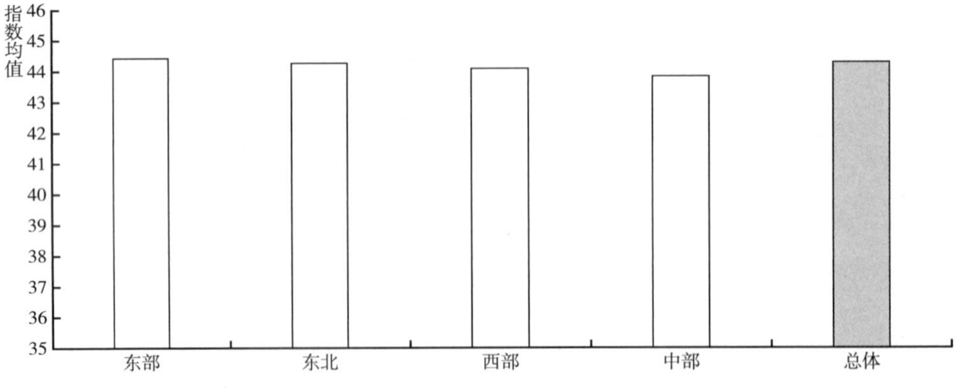

图 3－7　2017 年不同地区上市公司中小投资者决策与监督权分项指数比较

3.3.3 分行业决策与监督权分项指数比较

按照18个行业的划分，不同行业上市公司中小投资者决策与监督权分项指数均值排名参见表3－8。

表3－8 2017年不同行业上市公司中小投资者决策与监督权分项指数排名及比较

排名	行业	公司数目	平均值	中位值	最大值	最小值	标准差
1	金融业(J)	77	51.4082	51.2121	66.8182	30.1178	7.6775
2	卫生和社会工作(Q)	8	45.9659	47.0455	57.7273	39.5455	5.9545
3	水利、环境和公共设施管理业(N)	40	45.8909	45.9091	57.7273	30.4545	7.3477
4	科学研究和技术服务业(M)	32	45.8274	48.0873	57.7273	30.2020	7.2226
5	信息传输、软件和信息技术服务业(I)	233	45.4522	47.1212	66.8182	21.3636	8.3239
6	建筑业(E)	90	45.3193	47.7679	66.8182	21.3636	8.6557
7	综合(S)	23	44.8265	47.8788	60.9091	30.4545	7.1356
8	采矿业(B)	74	44.7944	47.1701	63.6364	24.5455	8.8184
9	电力、热力、燃气及水生产和供应业(D)	103	44.3705	45.4545	66.8182	12.2727	8.6471
10	交通运输、仓储和邮政业(G)	90	44.3302	45.9091	66.8182	21.3636	8.1572
11	农、林、牧、渔业(A)	42	44.0942	42.7273	66.8182	30.4545	8.3940
12	教育(P)	4	44.0909	44.0909	48.6364	39.5455	4.5455
13	房地产业(K)	125	43.9913	42.4242	85.0000	21.3636	8.8043
14	制造业(C)	1949	43.8405	42.7273	66.8182	12.2727	8.1062
15	批发和零售业(F)	158	43.7733	42.7273	70.0000	21.0606	7.6637
16	文化、体育和娱乐业(R)	48	43.5339	39.5455	63.6364	30.0413	7.3170
17	租赁和商务服务业(L)	42	42.8836	42.0563	57.7273	27.7273	7.9369
18	住宿和餐饮业(H)	9	41.6162	39.5455	51.8182	30.4545	8.3543
总体		3147	44.2825	42.7273	85.0000	12.2727	8.2316

由表3－8可知，18个行业中，有10个行业的中小投资者决策与监督权分项指数均值高于总体均值，这10个行业的最大均值与总体均值的绝对差距为7.1257分；其他8个行业的决策与监督权分项指数均值低于总体均值，总体均值与这8个行业的最小均值的绝对差距为2.6663分。显然，中小投资者决策与监督权分项指数高分区行业的内部差距远大于低分区行业。18个行业中，上市公司中小投资者决策与监督权分项指数均值排名前三的行业分别是金融业（J），卫生和社会工作（Q），水利、环境和公共设施管理业（N）；排在最后三位的分别是住宿和餐饮业（H），租赁和商务服务业（L），文化、体育和娱乐业（R）。中小投资者决策与监督权分项指数最大值出自房地产业

（K），最小值出自电力、热力、燃气及水生产和供应业（D）和制造业（C）（两个行业并列）。

图 3－8 直观地反映了不同行业上市公司中小投资者决策与监督权分项指数均值的差异。可以看到，除了排名第一的金融业（J）上市公司中小投资者决策与监督权分项指数均值远高于其他行业，最后一名的住宿和餐饮业（H）中小投资者决策与监督权分项指数均值远低于总体均值外，其他行业上市公司中小投资者决策与监督权分项指数均值从大到小差别不大，较为平缓，均在总体均值得分附近。

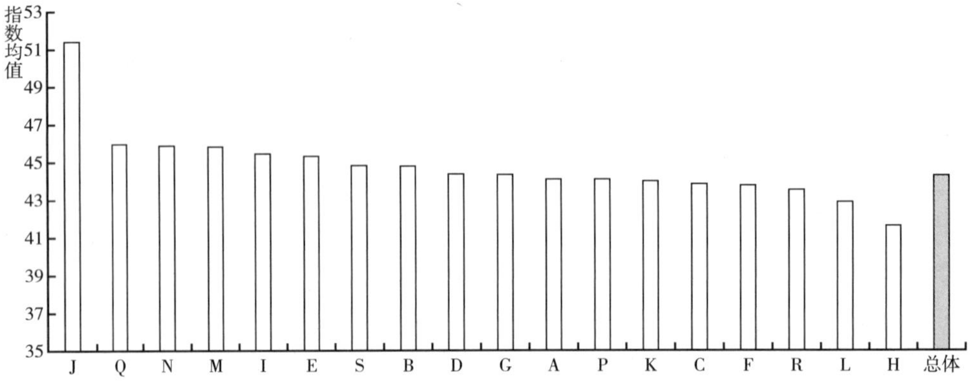

图 3－8　2017 年不同行业上市公司中小投资者决策与监督权分项指数比较

3.3.4　分上市板块决策与监督权分项指数比较

按照四个上市板块的划分，对不同板块上市公司中小投资者决策与监督权分项指数进行综合比较，结果如表 3－9 和图 3－9 所示。

表 3－9　2017 年不同板块上市公司中小投资者决策与监督权分项指数比较

排序	上市板块	公司数目	平均值	中位值	最大值	最小值	标准差
1	深市创业板	616	44.7530	43.7500	66.8182	21.3636	7.3469
2	深市中小企业板	841	44.3827	41.8182	66.8182	21.3636	7.5790
3	深市主板（不含中小企业板）	458	44.2213	45.4654	85.0000	24.5455	8.9217
4	沪市主板	1232	44.0015	44.1000	66.8182	12.2727	8.7805
总体		3147	44.2825	42.7273	85.0000	12.2727	8.2316

从表 3－9 和图 3－9 可以看出，四个板块中，深市创业板位居第一，沪市主板位居最后一位，但二者之间的绝对差距仅为 0.7515 分，差距很小。

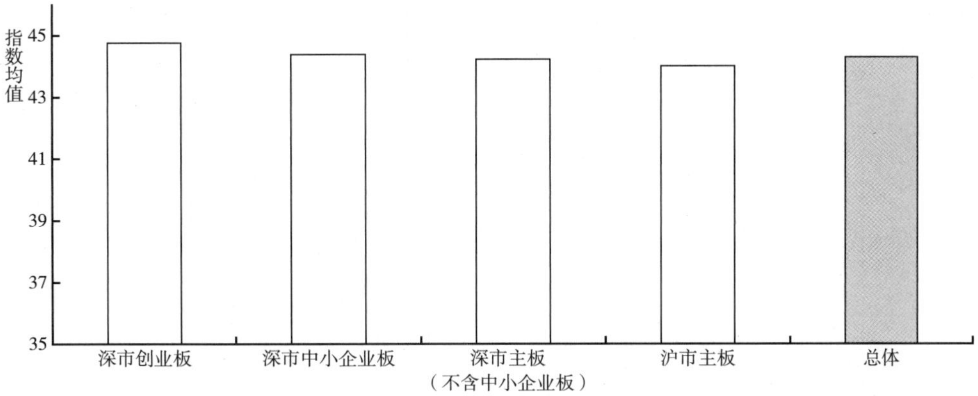

图 3－9　2017 年不同板块上市公司中小投资者决策与监督权分项指数比较

3.4　收益权分项指数排名及比较

中小投资者收益权分项指数考察中小投资者收益权的保障和落实情况。本节就中小投资者收益权分项指数从不同角度进行比较和分析。

3.4.1　收益权分项指数总体分布

本报告计算了 3147 家样本上市公司的中小投资者收益权分项指数，我们将其划分为 8 个区间段，每组以 10 分为间隔（公司数目为 0 的指数区间合并），所有上市公司的中小投资者收益权分项指数分布如表 3－10 和图 3－10 所示。

表 3－10　2017 年上市公司中小投资者收益权分项指数区间分布

指数组别	公司数目	占比(%)	累计占比(%)
[0,10)	35	1.11	1.11
[10,20)	40	1.27	2.38
[20,30)	514	16.33	18.27
[30,40)	14	0.44	19.16
[40,50)	1586	50.40	69.56
[50,60)	940	29.87	99.43
[60,70)	18	0.57	100.00
[70,100]	0	0.00	100.00
总计	3147	100.00	—

由表 3 - 10 和图 3 - 10 可知，大部分公司落在［40，60）区间内，总计有 2526 家公司，占比为 80.27%，各区间公司数呈不规则分布。

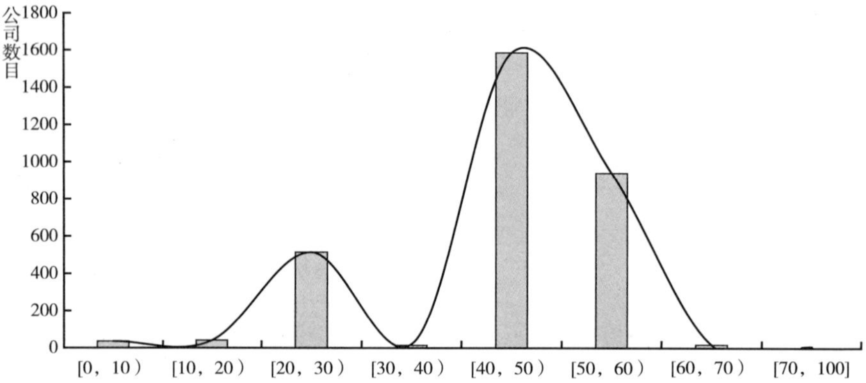

图 3 - 10　2017 年上市公司中小投资者收益权分项指数区间分布

3.4.2　分地区收益权分项指数比较

将上市公司按照东部、中部、西部和东北四个地区划分，不同地区上市公司中小投资者收益权分项指数均值参见表 3 - 11。

表 3 - 11　2017 年不同地区上市公司中小投资者收益权分项指数比较

排序	地区	公司数目	平均值	中位值	最大值	最小值	标准差
1	东部	2135	44.7009	42.6832	69.2342	0.0000	10.6635
2	中部	433	42.6928	42.6429	67.1941	0.0000	11.9035
3	东北	147	42.1351	42.6329	61.1618	0.0000	12.0385
4	西部	432	41.1949	42.5966	66.7658	0.0000	12.5713
总体		3147	43.8235	42.6648	69.2342	0.0000	11.2643

由表 3 - 11 可知，东部中小投资者收益权分项指数均值最高；西部地区中小投资者收益权分项指数均值排在最后，二者之间的绝对差距为 3.5060 分，差距不大。

图 3 - 11 更直观地反映了不同地区上市公司中小投资者收益权分项指数均值的差异。可以看出，东部地区上市公司中小投资者收益权分项指数均值明显高于总体均值，其余三个地区的中小投资者收益权分项指数差异较小，均值都低于总体均值。

3.4.3　分行业收益权分项指数比较

按照中小投资者收益权分项指数均值从大到小的顺序，将不同行业上市公司中小投资者收益权分项指数均值的排名列在表 3 - 12 中。

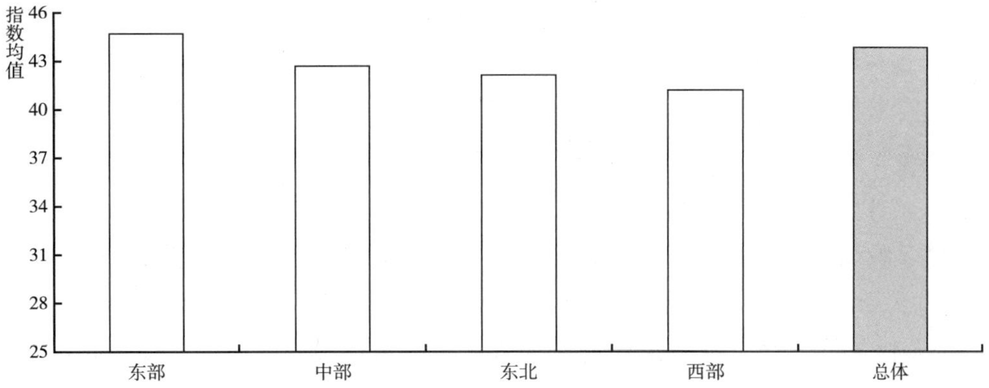

图 3-11　2017 年不同地区上市公司中小投资者收益权分项指数比较

表 3-12　2017 年不同行业上市公司中小投资者收益权分项指数排名及比较

排名	行业	公司数目	平均值	中位值	最大值	最小值	标准差
1	教育(P)	4	49.7974	49.7776	57.0790	42.5554	7.2078
2	金融业(J)	77	45.7942	42.6348	60.8780	27.9871	9.7161
3	文化、体育和娱乐业(R)	48	45.2387	42.6694	57.0397	28.1339	10.7595
4	交通运输、仓储和邮政业(G)	90	45.2116	42.7228	63.0965	28.1230	9.9389
5	建筑业(E)	90	44.9323	42.6782	63.0530	13.8181	10.9446
6	信息传输、软件和信息技术服务业(I)	233	44.9275	42.6502	60.9537	0.0000	11.2971
7	电力、热力、燃气及水生产和供应业(D)	103	44.5031	42.6842	57.3693	0.0000	11.5902
8	卫生和社会工作(Q)	8	44.3749	42.6198	57.1975	13.6407	13.4045
9	科学研究和技术服务业(M)	32	44.1715	42.6433	57.0486	28.2309	7.0626
10	制造业(C)	1949	43.6790	42.6738	69.2342	0.0000	11.2641
11	批发和零售业(F)	158	43.6607	42.6442	57.4330	0.0000	10.7982
12	采矿业(B)	74	43.2191	42.6966	57.4258	0.0000	12.5957
13	水利、环境和公共设施管理业(N)	40	43.0901	42.6719	57.1787	13.8363	12.5073
14	租赁和商务服务业(L)	42	42.9709	42.5883	57.7241	13.6710	11.4699
15	房地产业(K)	125	42.3095	42.6201	57.1040	0.0000	11.2232
16	农、林、牧、渔业(A)	42	41.2474	42.4808	57.1019	13.7249	10.7201
17	住宿和餐饮业(H)	9	41.1038	42.7985	57.3017	0.0000	17.0966
18	综合(S)	23	40.6946	42.5273	57.3061	0.0000	15.3390
总体		3147	43.8235	42.6648	69.2342	0.0000	11.2643

从表 3-12 中可以看出，18 个行业中，有 9 个行业的中小投资者收益权分项指数均值高于总体均值，这 9 个行业的最大均值与总体均值的绝对差距为 5.9739 分；其他

9 个行业的收益权分项指数均值低于总体均值，总体均值与这 9 个行业的最小均值的绝对差距为 3. 1289 分。显然，中小投资者收益权分项指数高分区行业的内部差距高于低分区行业。上市公司中小投资者收益权分项指数均值排名前三位的行业分别是教育业（P），金融业（J），以及文化、体育和娱乐业（R）；最后三位分别是综合（S），住宿和餐饮业（H），以及农、林、牧、渔业（A），需要注意的是，教育行业只有 4 家企业，难以反映该行业收益权的实际平均水平。中小投资者收益权分项指数最大值出自制造业（C），中小投资者收益权分项指数最小值为 0 分，有 8 个行业都有最小值。

图 3 - 12 更直观地反映了不同行业上市公司中小投资者收益权分项指数均值的差异。可以看出，如果剔除代表性有限的教育（P），则除了排名后三位的综合（S），住宿和餐饮业（H），以及农、林、牧、渔业（A）这三个行业中小投资者收益权分项指数均值明显低于总体均值外，其余行业间差距较低，呈现较为平缓的变动趋势。

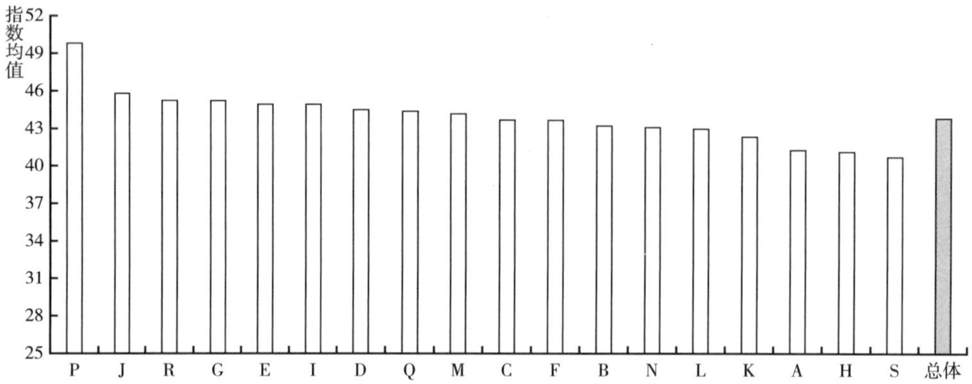

图 3 - 12　2017 年不同行业上市公司中小投资者收益权分项指数比较

3.4.4　分上市板块收益权分项指数比较

按照前述四个上市板块的划分，对不同板块上市公司中小投资者收益权分项指数进行综合比较，结果如表 3 - 13 和图 3 - 13 所示。

表 3 - 13　2017 年不同板块上市公司中小投资者收益权分项指数比较

排序	上市板块	公司数目	平均值	中位值	最大值	最小值	标准差
1	深市创业板	616	45. 9558	42. 6879	69. 2342	28. 0683	8. 6945
2	深市中小企业板	841	44. 3846	42. 7233	61. 1445	0. 0000	11. 1767
3	沪市主板	1232	43. 4052	42. 6612	64. 9973	0. 0000	11. 6783
4	深市主板（不含中小企业板）	458	41. 0503	42. 5415	66. 7658	0. 0000	12. 6122
总体		3147	43. 8235	42. 6648	69. 2342	0. 0000	11. 2643

从表3－13和图3－13可以看出，深市创业板中小投资者收益权分项指数均值最高；深市主板（不含中小企业板）中小投资者收益权分项指数均值最低，比第一位的深市创业板低4.9055分。四个板块中，深市创业板和深市中小企业板中小投资者收益权分项指数均值高于总体均值；沪市主板和深市主板（不含中小企业板）中小投资者收益权分项指数均值低于总体均值。

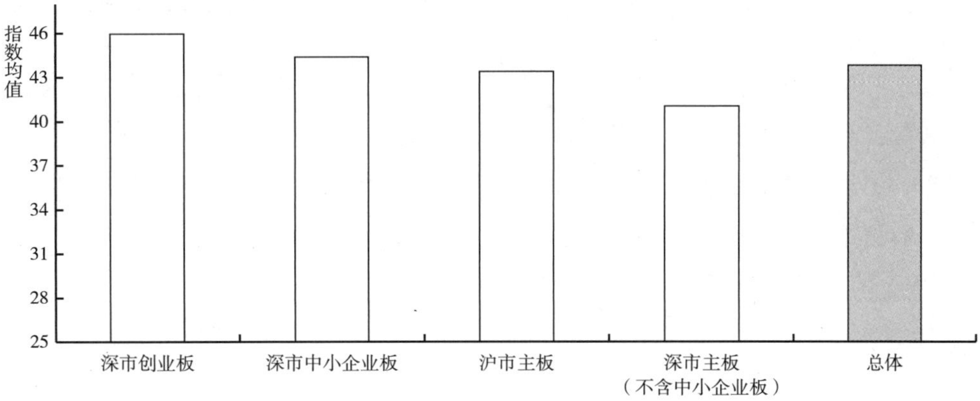

图3－13　2017年不同板块上市公司中小投资者收益权分项指数比较

3.5　维权环境分项指数排名及比较

中小投资者维权环境分项指标考察中小投资者权利受到侵害时是否可以得到充分的维权。本节就中小投资者维权环境分项指数从不同角度进行比较和分析。

3.5.1　维权环境分项指数总体分布

我们把中小投资者维权环境分项指数以10分为间隔划分为10个组，10个区间的公司分布如表3－14所示。

表3－14　2017年上市公司中小投资者维权环境分项指数区间分布

指数分组	公司数目	占比(%)	累计占比(%)
[0,10)	7	0.22	0.22
[10,20)	20	0.64	0.86
[20,30)	94	2.99	3.84
[30,40)	207	6.58	10.42
[40,50)	481	15.28	25.71

续表

指数分组	公司数目	占比(%)	累计占比(%)
[50,60)	783	24.88	50.59
[60,70)	683	21.70	72.29
[70,80)	841	26.72	99.01
[80,90)	31	0.99	100.00
[90,100]	0	0.00	100.00
总计	3147	100.00	—

由表 3－14 可知，上市公司中小投资者维权环境分项指数主要分布在［40，80）区间，共有公司 2788 家公司，占样本总数的 88.58%。

图 3－14 直观地描绘了中小投资者维权环境分项指数的分布区间。可以看出，各区间的公司数呈不规则分布。

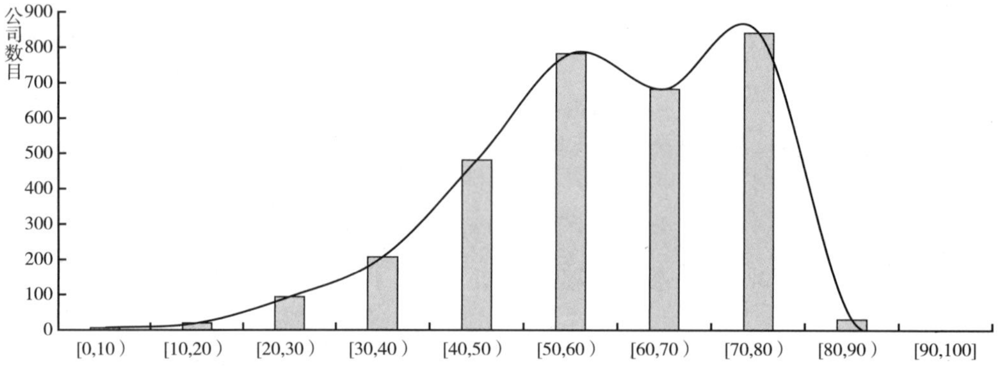

图 3－14　2017 年上市公司中小投资者维权环境分项指数区间分布

3.5.2　分地区维权环境分项指数比较

按照东部、中部、西部和东北四个地区的划分，各地区上市公司中小投资者维权环境分项指数比较参见表 3－15。

表 3－15　2017 年不同地区上市公司中小投资者维权环境分项指数比较

排序	地区	公司数目	平均值	中位值	最大值	最小值	标准差
1	东部	2135	59.9422	61.1111	88.8889	0.0000	14.6477
2	东北	147	58.7604	61.1111	83.3333	11.1111	14.8300
3	西部	432	57.9552	58.8889	88.8889	5.5556	14.6402
4	中部	433	57.8907	58.8889	77.7778	11.1111	13.9994
总体		3147	59.3320	58.8889	88.8889	0.0000	14.5957

由表 3－15 可知，东部中小投资者维权环境分项指数均值最高；中部中小投资者维权环境分项指数均值最低，二者之间的绝对差距为 2.0515 分，差距较小。

图 3－15 更直观地反映了不同地区上市公司中小投资者维权环境分项指数均值的差异。可以看到，只有东部上市公司中小投资者维权环境分项指数均值超过总体均值，其他三个地区上市公司中小投资者维权环境分项指数均值都低于总体均值。

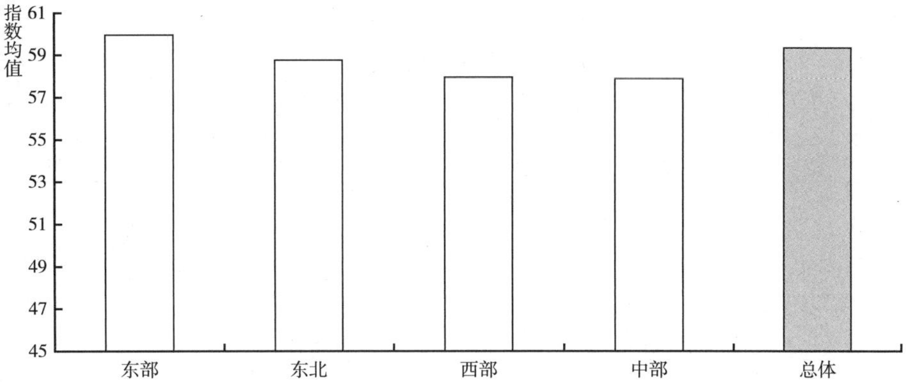

图 3－15　2017 年不同地区上市公司中小投资者维权环境分项指数比较

3.5.3　分行业维权环境分项指数比较

按照 18 个行业大类划分，各行业上市公司中小投资者维权环境分项指数排名见表 3－16。

表 3－16　2017 年不同行业上市公司中小投资者维权环境分项指数排名及比较

排名	行业	公司数目	平均值	中位值	最大值	最小值	标准差
1	金融业(J)	77	65.4257	70.0000	88.8889	25.5556	14.7231
2	卫生和社会工作(Q)	8	65.0000	69.4444	77.7778	33.3333	13.0644
3	水利、环境和公共设施管理业(N)	40	62.2500	66.6667	77.7778	22.2222	13.7784
4	农、林、牧、渔业(A)	42	62.1164	63.8889	77.7778	22.2222	14.5171
5	综合(S)	23	61.2560	58.8889	77.7778	33.3333	10.3264
6	租赁和商务服务业(L)	42	60.7672	64.4444	77.7778	33.3333	13.5379
7	住宿和餐饮业(H)	9	60.2469	66.6667	72.2222	44.4444	9.7539
8	文化、体育和娱乐业(R)	48	59.9769	60.0000	77.7778	20.0000	12.8310
9	制造业(C)	1949	59.5206	61.1111	88.8889	3.3333	14.5487
10	信息传输、软件和信息技术服务业(I)	233	59.3181	66.6667	83.3333	0.0000	16.3706
11	科学研究和技术服务业(M)	32	59.0278	58.8889	77.7778	27.7778	13.3036

续表

排名	行业	公司数目	平均值	中位值	最大值	最小值	标准差
12	交通运输、仓储和邮政业(G)	90	58.4321	58.8889	88.8889	25.5556	13.5496
13	批发和零售业(F)	158	58.1153	58.8889	88.8889	11.1111	14.8128
14	教育(P)	4	57.7778	57.2222	66.6667	50.0000	6.0349
15	房地产业(K)	125	57.7511	58.8889	83.3333	17.7778	13.6803
16	采矿业(B)	74	57.1171	58.8889	83.3333	16.6667	14.8633
17	建筑业(E)	90	56.8889	58.8889	83.3333	3.3333	14.7286
18	电力、热力、燃气及水生产和供应业(D)	103	55.5879	55.5556	83.3333	11.1111	13.4884
总体		3147	59.3320	58.8889	88.8889	0.0000	14.5957

由表 3－16 可以看出，18 个行业中，有 9 个行业的中小投资者维权环境分项指数均值高于总体均值，这 9 个行业的最大均值与总体均值的绝对差距为 6.0937 分；其他 9 个行业的维权环境分项指数均值低于总体均值，总体均值与这 9 个行业的最小均值的绝对差距为 3.7441 分。显然，中小投资者收益权分项指数高分区行业的内部差距大于低分区行业。上市公司中小投资者维权环境分项指数均值排在前三位的行业分别是金融业（J），卫生和社会工作（Q），水利、环境和公共设施管理业（N）；而电力、热力、燃气及水生产和供应业（D），建筑业（E），采矿业（B）排名最后三位。中小投资者维权环境分项指数最大值出自金融业（J）等四个行业（并列），最小值出自信息传输、软件和信息技术服务业（I）。

图 3－16 直观地反映了不同行业上市公司中小投资者维权环境分项指数均值的差异。可以看到，中小投资者维权环境分项指数最高的行业和最低的行业之间的差距还是比较大的，尤其是金融业（J），卫生和社会工作（Q）两个行业比较突出。

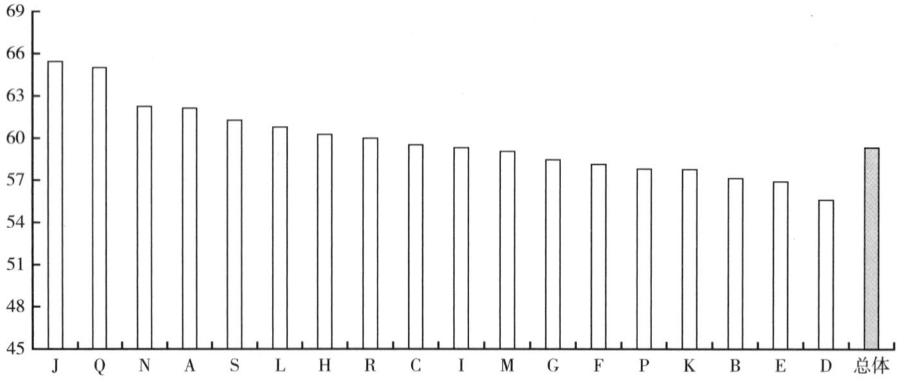

图 3－16　2017 年不同行业上市公司中小投资者维权环境分项指数比较

3.5.4　分上市板块维权环境分项指数比较

按照四个上市板块的划分，对不同板块上市公司中小投资者维权环境分项指数进行综合比较，结果如表3－17和图3－17所示。

表3－17　2017年不同板块上市公司中小投资者维权环境分项指数比较

排序	上市板块	公司数目	平均值	中位值	最大值	最小值	标准差
1	深市中小企业板	841	63.2554	66.6667	88.8889	3.3333	13.2114
2	深市创业板	616	63.2449	66.6667	83.3333	0.0000	13.4653
3	深市主板(不含中小企业板)	458	61.8049	66.6667	83.3333	3.3333	14.2134
4	沪市主板	1232	53.7780	55.5556	88.8889	5.5556	14.4217
总体		3147	59.3320	58.8889	88.8889	0.0000	14.5957

从表3－17可以看出，深市中小企业板块中小投资者维权环境分项指数均值最高；沪市主板中小投资者维权环境分项指数均值排在最后，二者之间的绝对差距为9.4774分，差距较大。

从图3－17可以更直观地看出，深市中小企业板、深市创业板和深市主板（不含中小企业板）上市公司中小投资者维权环境分项指数均值高于总体均值，三个板块差距不大；沪市主板上市公司中小投资者维权环境分项指数均值显著低于总体均值，与其他三个板块相比差距较大。

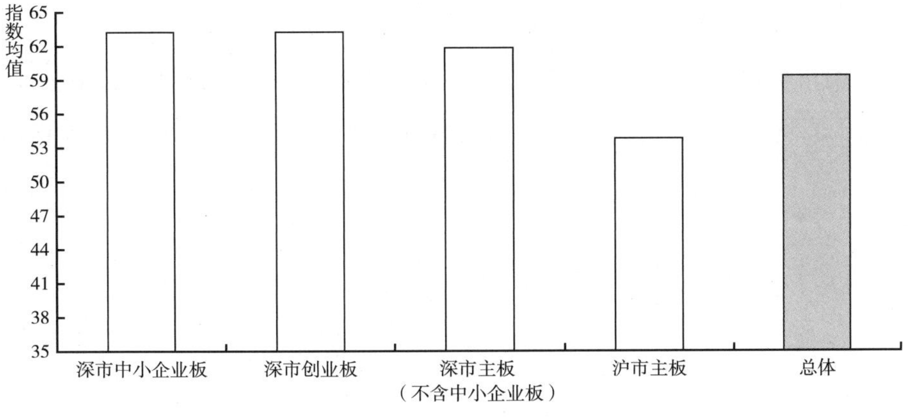

图3－17　2017年不同板块上市公司中小投资者维权环境分项指数比较

3.6 本章小结

本章从总体、地区、行业和上市板块四个方面，对中小投资者权益保护的四个分项指数，即知情权、决策与监督权、收益权、维权环境进行了全面比较分析，通过分析我们发现如下几个结论。

（1）从中小投资者权益保护四个分项指数比较来看，知情权分项指数的平均值最大，达到60分及格线以上，其余三项分项指数均未达到及格线，收益权分项指数的平均值最小。从指数分布区间来看，知情权分项指数主要集中在［60，70）区间内，占样本总数的59.36%；决策与监督权分项指数主要集中在［30，50）区间，占样本总数的81.45%；收益权分项指数主要集中在［40，60）区间，公司数占比为80.27%；维权环境分项指数主要集中在［40，80］区间，占样本总数的88.58%。

（2）从地区来看，四个分项指数中，东部都是位列第一，表现较好；中部除了收益权相对较好外，在其他三个分项指数上都位居最后。

（3）从行业来看，知情权分项指数均值最高的前三位是卫生和社会工作（Q），水利、环境和公共设施管理业（N）以及教育（P）；决策与监督权分项指数均值最高的前三位是金融业（J），卫生和社会工作（Q）以及水利、环境和公共设施管理业（N）；收益权分项指数均值最高的前三位是教育（P），金融业（J）以及文化、体育和娱乐业（R）；维权环境分项指数均值最高的前三位是金融业（J），卫生和社会工作（Q），水利、环境和公共设施管理业（N）。其中，金融业（J）在三个分项指数中都位居前三，这说明金融业（J）上市公司中小投资者权益保护相对较好。还需要注意，教育（P）只有4家上市公司，难以反映该行业实际水平。

（4）从上市板块来看，在中小投资者权益保护四个分项指数中，深市创业板和深市中小企业板表现相对较好，而沪深主板（深市主板不含中小企业板）则表现较差。

第 4 章　中小投资者权益保护指数的所有制比较

根据第 1 章的控股或所有制类型划分，中国的上市公司可以分为国有绝对控股公司、国有强相对控股公司、国有弱相对控股公司、国有参股公司和无国有股份公司五种类型，还可以进一步归类为国有控股公司和非国有控股公司两个大类。那么，国有控股上市公司和非国有控股上市公司的中小投资者权益保护是否有差别，差别有多大，本章将对此进行分析。

4.1　中小投资者权益保护指数总体的所有制比较

4.1.1　中小投资者权益保护总体指数比较

表 4－1 按照不同所有制上市公司的中小投资者权益保护指数均值进行了降序排列。

表 4－1　2017 年不同所有制上市公司中小投资者权益保护指数排名及比较

排名	所有制性质	公司数目	平均值	中位值	最大值	最小值	标准差
1	国有参股公司	745	52.9646	53.7832	67.4452	22.5345	6.4627
2	国有绝对控股公司	257	52.8579	53.4748	68.1324	28.9812	6.0127
3	国有强相对控股公司	448	52.2775	52.1253	69.1555	30.4562	6.0466
4	无国有股份公司	1348	52.2421	52.9006	66.8809	19.2782	6.3430
5	国有弱相对控股公司	349	51.6304	52.4242	68.9156	29.6900	6.7891
总体		3147	52.4006	52.9675	69.1555	19.2782	6.3688

根据表 4－1，从整体上看，五类上市公司的中小投资者权益保护指数均值没有很大的差异，也都未达到及格线，说明中小投资者权益保护水平仍普遍较低。其中，国有

参股公司的中小投资者权益保护指数均值最高，为 52. 9646，国有弱相对控股公司中小投资者权益保护指数均值最低，为 51. 6304。进一步从中位值分析，中小投资者权益保护指数中位值从高到低依次为国有参股公司、国有绝对控股公司、无国有股份公司、国有弱相对控股公司和国有强相对控股公司。从标准差看，五类公司差别不大，都略高于 6 分，最大的国有弱相对控股公司与最小的国有绝对控股公司之间只相差 0. 7764 分，说明各所有制类型上市公司的内部差距不是很大。

为了更直观地反映不同所有制上市公司中小投资者权益保护指数的差异，图 4 - 1按照第一大股东中的国有股份比例从大到小进行了排序。可以看出，随着国有股比例降低，在三种国有控股公司中，中小投资者权益保护水平略有下降，但国有参股公司却出现上升，再到无国有股份公司，又略有下降，总体呈现“S” 形状。这可能意味着，在中国目前资本市场和法律制度不健全的情况下，股权适度集中对中小投资者保护有一定益处，国有参股由于在不同投资者之间产生了一定的制衡，对于中小投资者权益保护也具有一定的作用。这个结论与我们之前出版的《中国上市公司中小投资者权益保护指数报告 2015》、《中国公司治理分类指数报告 No. 15（2016）》和《中国公司治理分类指数报告 No. 16（2017）》中的结论是完全一致的。

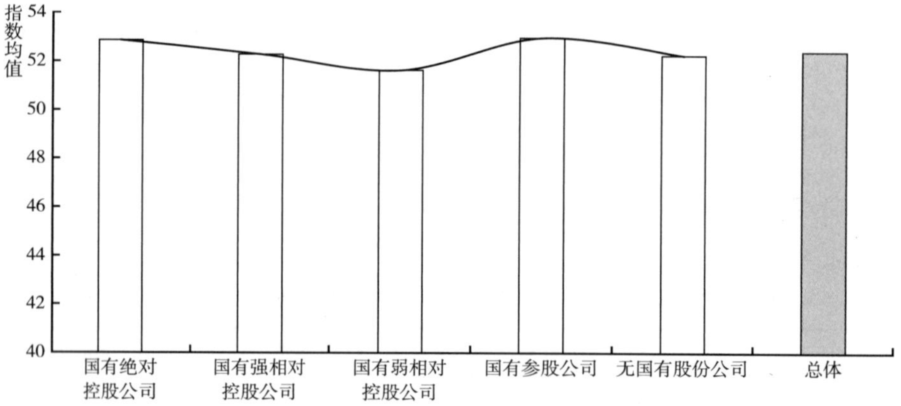

图 4 - 1 2017 年不同所有制上市公司中小投资者权益保护指数均值比较

我们进一步将五种所有制类型上市公司按国有股份比例进行归类，将国有绝对控股公司、国有强相对控股公司和国有弱相对控股公司归类为国有控股公司，将国有参股公司和无国有股份公司归类为非国有控股公司，比较两大类公司的中小投资者权益保护水平，如表 4 - 2 所示。

表 4－2　2017 年国有控股和非国有控股公司中小投资者权益保护指数排名及比较

排名	所有制性质	公司数目	平均值	中位值	最大值	最小值	标准差
1	非国有控股公司	2093	52.4993	53.2350	67.4452	19.2782	6.3953
2	国有控股公司	1054	52.2047	52.5038	69.1555	28.9812	6.3113
总体		3147	52.4006	52.9675	69.1555	19.2782	6.3688

从表 4－2 可以看出，2017 年上市公司中，非国有控股公司与国有控股公司在平均值、中位值上的差距都很小，且都未达到及格线（60 分）。不管是平均值还是中位值，非国有控股公司都高于国有控股公司。

根据实际控制人的性质，我们还可以将国有控股上市公司进一步区分为最终控制人为中央企业的国有控股公司（或称“中央企业控股公司”）和最终控制人为地方国企的国有控股公司（或称“地方国企控股公司”）。表 4－3 比较了两类国有控股公司与民资股东控股的上市公司（即非国有控股公司）的中小投资者权益保护指数。

表 4－3　2017 年不同最终控制人上市公司中小投资者权益保护指数排名及比较

排名	最终控制人	公司数目	平均值	中位值	最大值	最小值	标准差
1	中央国有企业	376	53.2423	53.9492	69.1555	32.7333	6.3436
2	民资股东	2093	52.4993	53.2350	67.4452	19.2782	6.3953
3	地方国有企业	678	51.6293	51.8979	68.9805	28.9812	6.2192
总体		3147	52.4006	52.9675	69.1555	19.2782	6.3688

从表 4－3 可以看出，中央企业控股公司的中小投资者权益保护指数均值最高，地方国企控股公司的中小投资者权益保护指数均值最低，且低于总体均值，三类公司的中小投资者权益保护指数总体差异并不明显。

4.1.2　中小投资者权益保护分项指数总体比较

中小投资者权益保护指数包括知情权、决策与监督权、收益权和维权环境四个分项指数，对五类所有制上市公司的四个分项指数进行比较，如表 4－4 所示。

表 4－4　2017 年不同所有制上市公司中小投资者权益保护分项指数均值比较

所有制类型	知情权	决策与监督权	收益权	维权环境
国有绝对控股公司	62.6613	44.8942	45.6745	58.2015
国有强相对控股公司	62.3197	44.5057	43.5494	58.7351
国有弱相对控股公司	60.5512	45.3812	41.2575	59.3314

续表

所有制类型	知情权	决策与监督权	收益权	维权环境
国有参股公司	62.5253	43.8845	43.8006	61.6480
无国有股份公司	62.2366	44.0271	44.2386	58.4660
总体	62.1646	44.2825	43.8235	59.3320

从表 4－4 可以看出，除了知情权分项指数以外，五类所有制公司中小投资者权益保护指数的其他三个分项指数绝大部分都未达到及格水平（仅有国有参股公司的维权环境分项指数及格）。图 4－2 更直观地反映了不同所有制类型上市公司中小投资者权益保护四个分项指数的差异。可以看出，五类所有制上市公司在四个分项指数中都是知情权分项指数最高，其次是维权环境分项指数，决策与监督权分项指数以及收益权分项指数则明显低于其他两个分项指数。各所有制类型上市公司在每个分项指数上差别较小。

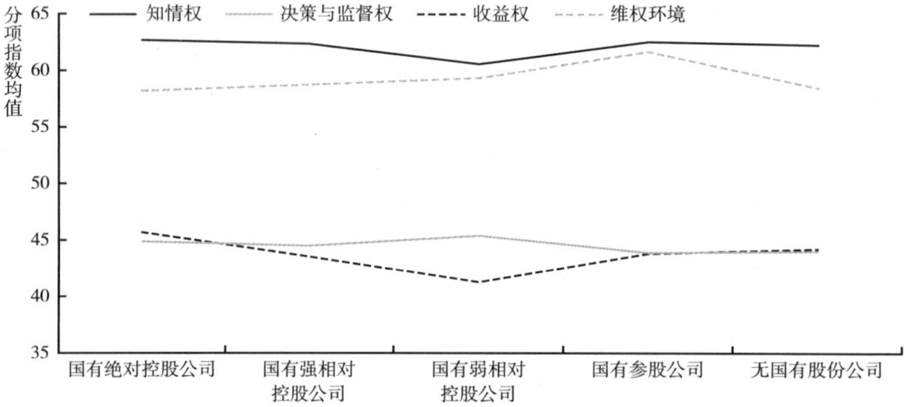

图 4－2　2017 年不同所有制上市公司中小投资者权益保护分项指数均值比较

我们进一步将国有绝对控股公司、国有强相对控股公司和国有弱相对控股公司合并，视为国有控股公司，将国有参股公司和无国有股份公司合并，视为非国有控股公司，两者的比较见表 4－5 和图 4－3。可以看出，国有控股公司在决策与监督权分项指数上略高于非国有控股公司，但在其他三个分项指数上均略低于非国有控股公司。

表 4－5　2017 年国有控股与非国有控股公司中小投资者权益保护分项指数均值比较

所有制类型	知情权	决策与监督权	收益权	维权环境
国有控股公司	61.8174	44.8903	43.3087	58.8024
非国有控股公司	62.3394	43.9763	44.0827	59.5987
总体	62.1646	44.2825	43.8235	59.3320

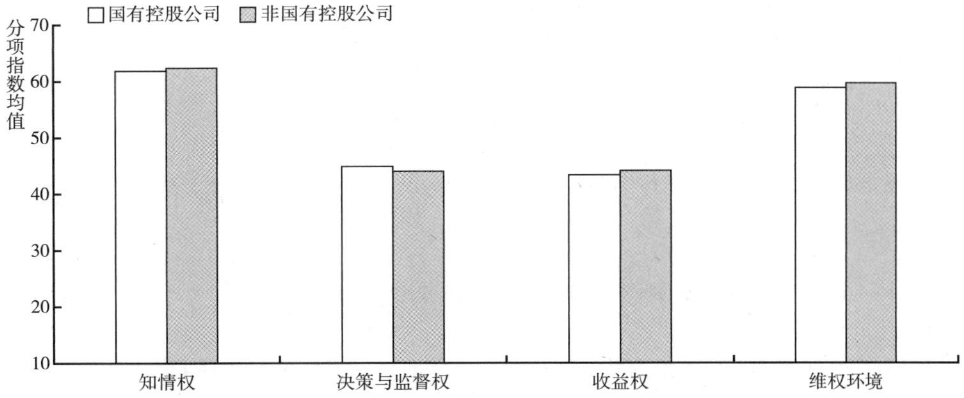

图 4－3　2017 年国有控股与非国有控股公司中小投资者权益保护分项指数均值比较

我们根据实际控制人的类型，将国有控股上市公司进一步划分为中央企业控股的国有控股公司和地方国企控股的国有控股公司，对两类国有控股公司与民资股东控股上市公司（非国有控股公司）中小投资者权益保护在四个分项指数上进行比较。参见表 4－6 和图 4－4，可以看出，中央企业控股公司在四个分项指数上均高于地方国企控股公司，也都高于民资控股公司；地方国企控股公司除了在决策与监督权分项指数上高于民

表 4－6　2017 年不同最终控制人上市公司中小投资者权益保护分项指数均值比较

最终控制人	知情权	决策与监督权	收益权	维权环境
中央国有企业	62.7455	46.0772	44.1259	60.0207
地方国有企业	61.3028	44.2321	42.8555	58.1268
民资股东	62.3394	43.9763	44.0827	59.5987
总体	62.1646	44.2825	43.8235	59.3320

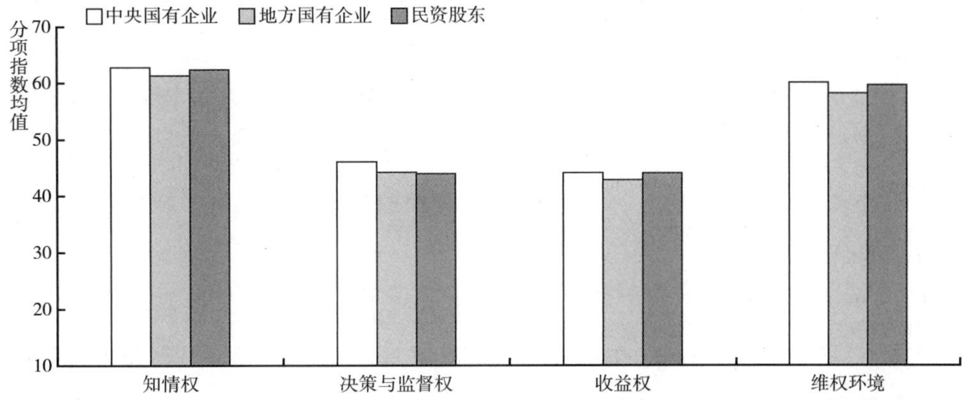

图 4－4　2017 年不同最终控制人上市公司中小投资者权益保护分项指数均值比较

资控股公司外，在其他三个分项指数上都低于民资控股公司。不同最终控制人的上市公司在四个分项指数上的均值差异不算大。

4.2 分地区中小投资者权益保护指数的所有制比较

4.2.1 分地区中小投资者权益保护总体指数比较

按照四个地区的划分标准，我们来比较四个地区上市公司的中小投资者权益保护指数的差异（参见表4－7）。

表4－7 2017年不同地区国有控股与非国有控股公司中小投资者权益保护指数比较

地区	所有制类型	公司数目	平均值	中位值	最大值	最小值	标准差
东部	国有控股公司	594	53.1291	53.2603	69.1555	31.5577	6.1169
	非国有控股公司	1541	52.9021	53.5862	67.4452	19.2782	6.0937
	总体	2135	52.9653	53.5341	69.1555	19.2782	6.1010
中部	国有控股公司	194	51.1351	51.6538	66.0696	28.9812	6.6577
	非国有控股公司	239	51.4227	52.2961	64.3986	20.9596	6.9082
	总体	433	51.2938	52.0553	66.0696	20.9596	6.7986
西部	国有控股公司	202	51.0108	51.3604	67.8039	29.6900	5.9973
	非国有控股公司	230	51.0381	52.2871	64.6990	22.5345	7.2361
	总体	432	51.0253	51.6800	67.8039	22.5345	6.6855
东北	国有控股公司	64	50.6363	51.9873	60.3132	31.6646	6.5177
	非国有控股公司	83	52.1688	52.9853	66.2851	24.2964	6.8582
	总体	147	51.5016	52.7204	66.2851	24.2964	6.7549

从表4－7可以看出，除东部地区国有控股公司中小投资者权益保护指数均值略高于非国有控股公司外，其余三个地区国有控股公司中小投资者权益保护指数均值都低于非国有控股公司。对于中位值，四个地区的国有控股公司中小投资者权益保护指数都低于非国有控股公司。

图4－5更直观地反映了四个地区中不同所有制上市公司中小投资者权益保护指数均值的差异。可以看到，东部、中部和西部三个地区的国有控股公司与非国有控股公司的中小投资者权益保护水平均值间的差异较小，东北地区两类公司的中小投资者权益保护水平均值间的差异较大。

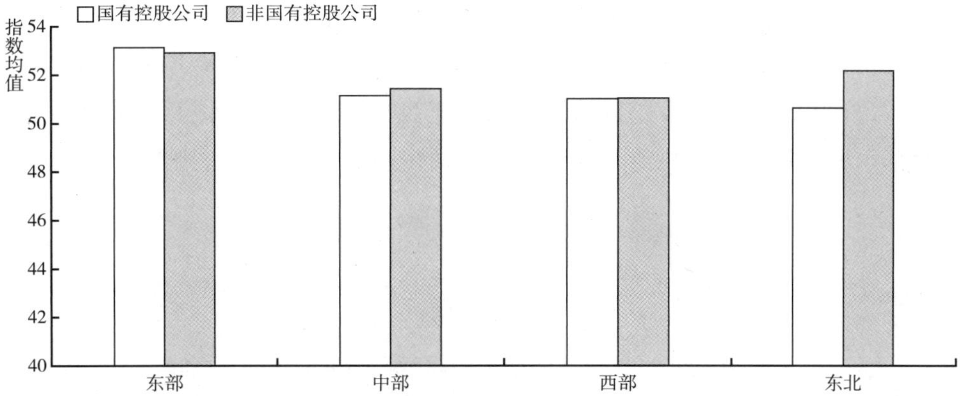

图 4-5　2017 年不同地区国有与非国有控股公司中小投资者权益保护指数均值比较

4.2.2　分地区中小投资者权益保护分项指数比较

我们继续对四个地区国有控股与非国有控股上市公司的中小投资者权益保护分项指数均值进行比较分析（参见表 4-8）。

表 4-8　2017 年分地区国有与非国有控股公司中小投资者权益保护分项指数均值比较

地区	所有制类型	知情权	决策与监督权	收益权	维权环境
东部	国有控股公司	62.9574	45.1935	44.7022	59.6633
	非国有控股公司	62.7395	44.1189	44.7004	60.0498
	总体	62.8001	44.4178	44.7009	59.9422
中部	国有控股公司	60.1117	44.8350	41.9531	57.6403
	非国有控股公司	61.2885	43.0152	43.2931	58.0939
	总体	60.7612	43.8306	42.6928	57.8907
西部	国有控股公司	60.5713	44.4571	41.3525	57.6623
	非国有控股公司	61.1419	43.7414	41.0565	58.2126
	总体	60.8751	44.0761	41.1949	57.9552
东北	国有控股公司	60.3413	43.6117	40.6582	57.9340
	非国有控股公司	61.2552	44.7486	43.2739	59.3976
	总体	60.8573	44.2536	42.1351	58.7604

由表 4-8 可知，四个地区两类所有制上市公司在中小投资者权益保护指数的四个分项指数上并没有一致的排序。为了便于比较，我们计算出四个地区非国有控股公司中小投资者权益保护四个分项指数均值与对应的国有控股公司中小投资者权益保护四个分项指数均值的差值，由此可以反映四个地区两类所有制上市公司中小投资者权益保护四个分项指数的差异，如图 4-6 所示。可以看出，东部非国有控股公司在维权环境方面

的表现好于国有控股公司；中部非国有控股公司在知情权、收益权和维权环境三个方面的表现都好于国有控股公司；西部非国有控股公司在知情权和维权环境方面的表现略好于国有控股公司；东北非国有控股公司在四个维度的表现都好于国有控股公司；东部、中部、西部国有控股公司在决策与监督权方面的表现都高于非国有控股公司。

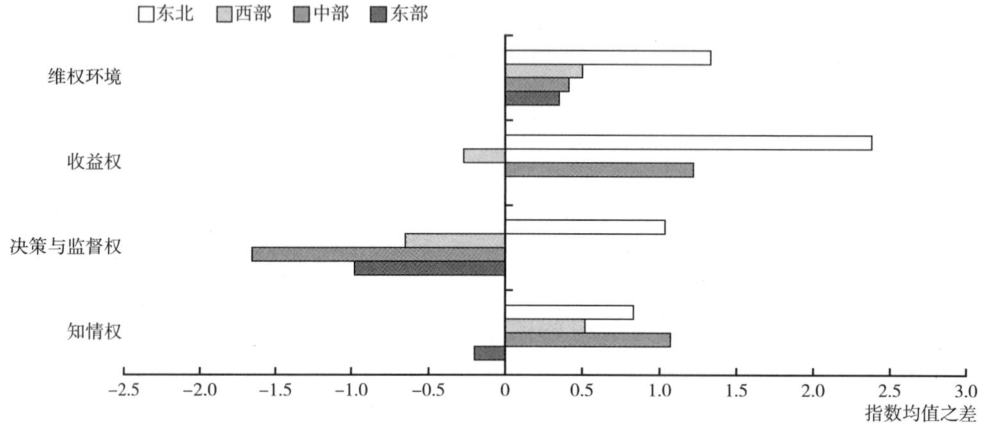

图 4-6　2017 年不同地区国有与非国有控股公司中小投资者权益保护分项指数差值比较

注：指数均值之差 = 非国有控股公司中小投资者权益保护分项指数均值 - 国有控股公司中小投资者权益保护分项指数均值。

4.3　分行业中小投资者权益保护指数的所有制比较

4.3.1　分行业中小投资者权益保护总体指数比较

我们选择制造业（C），电力、热力、燃气及水生产和供应业（D），交通运输、仓储和邮政业（G），信息传输、软件和信息技术服务业（I），金融业（J）和房地产业（K）这六个上市公司较多且具有代表性的行业，对这六个行业上市公司中小投资者权益保护指数进行比较，结果如表 4-9 所示。

表 4-9　2017 年分行业国有与非国有控股公司中小投资者权益保护指数比较

行业	所有制类型	公司数目	平均值	中位值	最大值	最小值	标准差
制造业（C）	国有控股公司	499	51.9587	52.4447	67.8039	29.6900	6.3391
	非国有控股公司	1450	52.4960	53.2015	66.2851	19.2782	6.2292
	总体	1949	52.3584	52.9834	67.8039	19.2782	6.2619

续表

行业	所有制类型	公司数目	平均值	中位值	最大值	最小值	标准差
电力、热力、燃气及水生产和供应业（D）	国有控股公司	82	51.5731	51.7914	61.2813	32.7333	5.6017
	非国有控股公司	21	51.4416	50.4128	62.7623	25.1042	7.8556
	总体	103	51.5463	51.5789	62.7623	25.1042	6.1291
交通运输、仓储和邮政业（G）	国有控股公司	70	52.5662	52.9736	68.9805	39.6665	5.9328
	非国有控股公司	20	52.6124	52.4121	63.4869	42.9072	6.4577
	总体	90	52.5764	52.8497	68.9805	39.6665	6.0534
信息传输、软件和信息技术服务业（I）	国有控股公司	37	52.8918	52.1803	64.0192	33.7405	6.4460
	非国有控股公司	196	53.2337	53.7746	65.5150	22.8885	6.7638
	总体	233	53.1794	53.7209	65.5150	22.8885	6.7155
金融业（J）	国有控股公司	52	57.1175	58.0582	69.1555	38.1671	7.4172
	非国有控股公司	25	55.3604	53.6547	67.4452	44.2994	5.6349
	总体	77	56.5470	57.7203	69.1555	38.1671	6.9382
房地产业（K）	国有控股公司	59	50.5256	50.3555	63.3633	36.2178	5.3965
	非国有控股公司	66	51.3702	52.2335	62.5523	38.4983	6.1934
	总体	125	50.9716	51.2253	63.3633	36.2178	5.8461

从表4－9可以看出，制造业（C）、交通运输、仓储和邮政业（G）、信息传输、软件和信息技术服务业（I）及房地产业（K）这四个行业的非国有控股公司中小投资者权益保护指数均值高于国有控股公司；其余两个行业则是国有控股公司中小投资者权益保护指数均值高于非国有控股公司。

图4－7更直观地反映了六个行业国有控股公司与非国有控股公司中小投资者权益保护指数的差异。六个行业中，国有控股公司和非国有控股公司中小投资者权益保护指数均值最高的都是金融业（J），而最低的都是房地产业（K）。

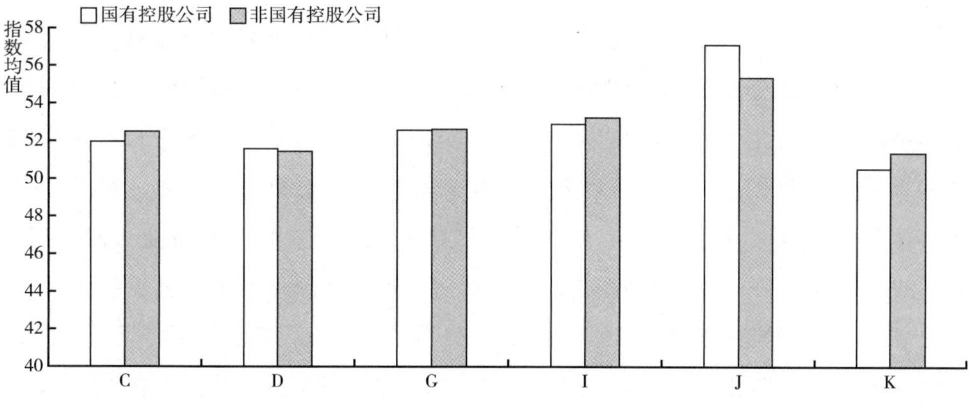

图4－7　2017年不同行业国有控股与非国有控股公司中小投资者权益保护指数均值比较

4.3.2 分行业中小投资者权益保护分项指数比较

表4－10对六个行业国有控股公司与非国有控股公司的中小投资者权益保护分项指数进行了比较。

表4－10 2017年分行业国有与非国有控股公司中小投资者权益保护分项指数比较

行业	所有制类型	知情权	决策与监督权	收益权	维权环境
制造业（C）	国有控股公司	61.8154	44.0987	42.6465	59.2741
	非国有控股公司	62.5925	43.7516	44.0343	59.6054
	总体	62.3935	43.8405	43.6790	59.5206
电力、热力、燃气及水生产和供应业（D）	国有控股公司	61.8649	44.1923	44.4627	55.7724
	非国有控股公司	61.1712	45.0663	44.6611	54.8677
	总体	61.7235	44.3705	44.5031	55.5879
交通运输、仓储和邮政业（G）	国有控股公司	62.0705	45.0911	45.5157	57.5873
	非国有控股公司	63.2468	41.6667	44.1471	61.3889
	总体	62.3319	44.3302	45.2116	58.4321
信息传输、软件和信息技术服务业（I）	国有控股公司	64.4152	47.3662	43.7799	56.0060
	非国有控股公司	62.7565	45.0909	45.1441	59.9433
	总体	63.0199	45.4522	44.9275	59.3181
金融业（J）	国有控股公司	64.1185	52.8301	46.1581	65.3632
	非国有控股公司	62.3981	48.4504	45.0373	65.5556
	总体	63.5600	51.4082	45.7942	65.4257
房地产业（K）	国有控股公司	60.2843	43.4688	42.0217	56.3277
	非国有控股公司	59.4322	44.4584	42.5667	59.0236
	总体	59.8344	43.9913	42.3095	57.7511

与地区一样，六个行业两类所有制上市公司在中小投资者权益保护指数的四个分项指数上的排序也不一致。为便于比较，我们进一步计算出六个行业非国有控股公司中小投资者权益保护四个分项指数均值与对应的国有控股公司中小投资者权益保护四个分项指数均值的差值，由此可以反映这六个行业两类所有制公司中小投资者权益保护四个分项指数的差异（参见图4－8）。可以看出，在知情权分项指数中，电力、热力、燃气及水生产和供应业（D）、信息传输、软件和信息技术服务业（I）、金融业（J）和房地产业（K）的国有控股公司高于非国有控股公司，其余两个行业为非国有控股公司高于国有控股公司；在决策与监督权分项指数上，制造业（C）、交通运输、仓储和邮政业（G）、信息传输、软件和信息技术服务业（I）以及金融业（J）的国有控股公司高于非国有控股公司，其他两个行业均为非国有控股公司高于国有控股公司；在收益权分项指数上，除了交通运输、仓储和邮政业（G）以及金融业（J）两个行业的国有控股公司

高于非国有控股公司外，其他四个行业均为非国有控股公司高于国有控股公司；在维权环境分项指数上，除了电力、热力、燃气及水生产和供应业（D）的国有控股公司高于非国有控股公司外，其他五个行业都是非国有控股公司均值高于国有控股公司。总体看，制造业（C）非国有控股公司在收益权分项指数上优势较明显；交通运输、仓储和邮政业（G）国有控股公司在决策与监督权分项指数上优势较明显，非国有控股公司在维权环境分项指数上优势较明显；信息传输、软件和信息技术服务业（I）和房地产业（K）非国有控股公司在维权环境分项指数是优势较明显；金融业（J）国有控股公司在决策与监督权上的优势较明显。

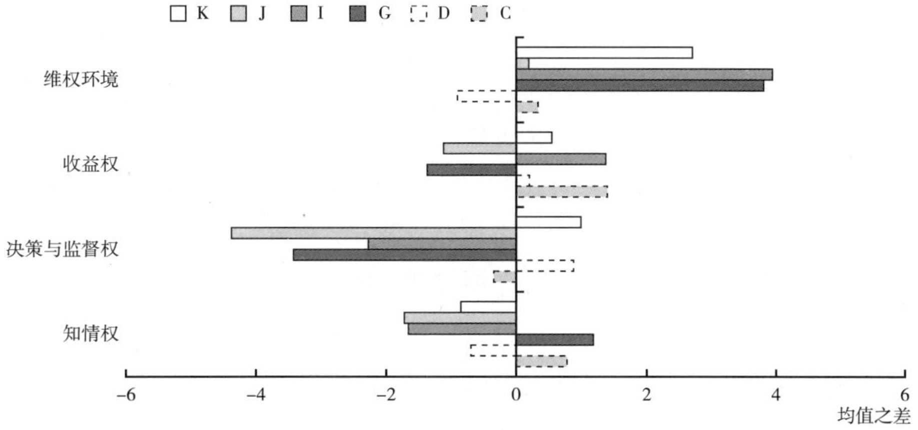

图 4－8　2017 年不同行业国有控股与非国有控股公司中小投资者权益保护分项指数差值比较

注：指数均值之差 = 非国有控股公司中小投资者权益保护分项指数均值 − 国有控股公司中小投资者权益保护分项指数均值。

4.4　本章小结

本章从所有制或控股类型角度对 2017 年沪深两市 3147 家上市公司中小投资者权益保护指数及四个分项指数进行了统计和分析，主要结论如下。

关于中小投资者权益保护总体指数：①国有控股公司和非国有控股公司的中小投资者权益保护指数均值均未达到及格水平；②随着国有股比例降低，中小投资者权益保护水平总体呈现“S”形状，这可能意味着，在中国目前资本市场和法律制度不健全的情况下，股权适度集中对中小投资者保护有一定益处，国有参股由于在不同投资者之间产生了一定的制衡，对于中小投资者权益保护也具有一定的作用；③非国有控股公司中小投资者权益保护水平总体上略好于国有控股公司；④最终控制人为中央企业的国有控股公司的中小投资者权益保护水平略好于最终控制人为地方国企的国有控股公司，也略好于非国有控股公司；⑤从地区看，除东部地区国有控股公司中小投资者权益保护指数均值略高于非国有控股公司外，其余三个地区都是国有控股公司低于非国有控股公司；⑥从行业看，六个行业中，制造业（C）、交通运输、仓储和邮政业（G）、信息传输、软件和信息技术服务业（I）及房地产业（K）四个行业的非国有控股公司中小投资者权益保护指数均值高于国有控股公司，国有控股公司和非国有控股公司中小投资者权益保护指数均值最高的都是金融业（J），而最低的都是房地产业（K）。

关于中小投资者权益保护分项指数：①五类所有制上市公司在知情权和维权环境两个分项指数上的分值较高，而决策与监督权以及收益权两个分项指数则明显低于前两个分项指数；②国有绝对控股公司除了在维权环境分项指数上居最末一位外，在其他三个分项指数中都居前两位；③从最终控制人角度，中央企业控股公司在四个分项指数上均高于地方国企控股公司，也都高于民资控股公司，地方国企控股公司除了在决策与监督权分项指数上高于民资控股公司外，在其他三个分项指数上都低于民资控股公司；④从地区看，不同地区在四个分项指数上的表现有所差异，中部、西部和东北的非国有控股公司在知情权分项指数上较突出，东部、中部和西部的国有控股公司在决策与监督权分项指数上的表现较突出，四个地区的非国有控股公司在维权环境分项指数上都高于国有控股公司；⑤从行业看，六个行业中，制造业（C）非国有控股公司在收益权分项指数上优势较明显，交通运输、仓储和邮政业（G）国有控股公司在决策与监督权分项指数上优势较明显、非国有控股公司在维权环境分项指数上优势较明显；信息传输、软件和信息技术服务业（I）以及房地产业（K）非国有控股公司在维权环境分项指数是优势较明显；金融业（J）国有控股公司在决策与监督权上的优势较明显。

第5章　中小投资者权益保护指数的年度比较（2014～2017）

2015～2017年，我们连续三年对2014年度、2015年度和2016年度中国上市公司中小投资者权益保护水平进行了测度，本次是第四次测度。本章将从总体、地区、行业、所有制和上市板块五个角度，比较分析2014年、2015年、2016年和2017年四个年度的中国上市公司中小投资者权益保护水平，以了解中小投资者权益保护水平的发展趋势，进而对完善中国中小投资者权益保护制度提供参考。

5.1　中小投资者权益保护指数总体的年度比较

对2014～2017年四个年度中国上市公司中小投资者权益保护的评价，样本公司数分别是2514家、2655家、2840家和3147家，基本上是对全部上市公司的评价。比较2014～2017年四个年度的样本上市公司中小投资者权益保护指数，以及知情权、决策与监督权、收益权和维权环境四个分项指数，结果参见表5－1和图5－1。

表5－1　2014～2017年上市公司中小投资者权益保护指数均值比较

年份	样本量	总体指数	分项指数			
			知情权	决策与监督权	收益权	维权环境
2014	2514	43.0725	54.7728	35.6674	27.7833	54.0666
2015	2655	45.6560	57.2432	40.0962	40.9259	44.3587
2016	2840	47.6505	57.9181	38.2866	38.5055	55.8920
2017	3147	52.4006	62.1646	44.2825	43.8235	59.3320

由表5－1和图5－1可知，2014～2017年，上市公司中小投资者权益保护指数均值总体呈上升趋势。2017年比2014年提高9.3281分，比上年提高4.7501分，升幅较

大。从分项指数看，2014 年和 2017 年最低的均是收益权分项指数，2015 年和 2016 年最低的都是决策与监督权分项指数。2014 ~ 2017 年，知情权分项指数均值连续上升，2017 年比 2014 年上升 7. 3918 分，比上年上升 4. 2465 分；决策与监督权以及收益权两个分项指数的均值在 2016 年曾经走低，但 2017 年出现较大幅度回升，2017 年比 2014 年分别上升 8. 6151 分和 16. 0402 分，比上年分别上升 5. 9959 分和 5. 3180 分；维权环境分项指数均值则是在 2015 年大幅下降，而在 2016 年和 2017 年连续上升，2017 年比 2014 年上升 5. 2654 分，比上年上升 3. 4400 分。

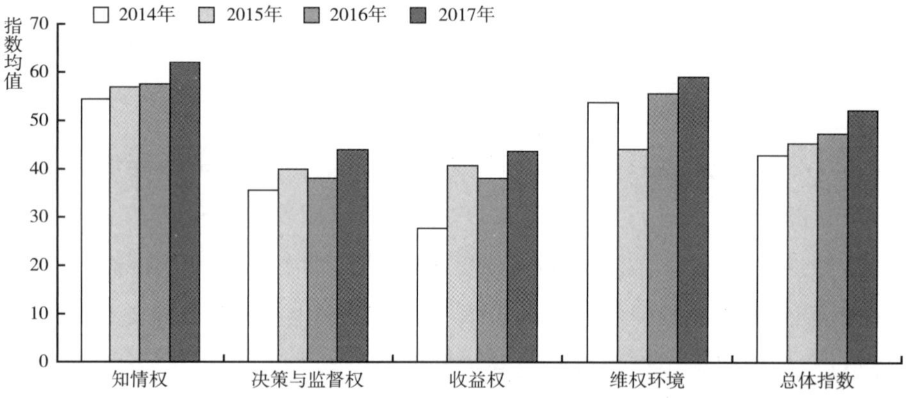

图 5 - 1　2014 ~ 2017 年上市公司中小投资者权益保护指数均值比较

5. 2　分地区中小投资者权益保护指数的年度比较

按照四个地区的划分，将 2014 ~ 2017 年四个年度不同地区的中小投资者权益保护总体指数，以及四个分项指数进行比较，从而更清晰地了解不同地区中小投资者权益保护在不同年度的变化，如表 5 - 2 和图 5 - 2 所示。

表 5 - 2　2014 ~ 2017 年不同地区上市公司中小投资者权益保护指数均值比较

地区	年份	总体指数	分项指数				总体指数排名
			知情权	决策与监督权	收益权	维权环境	
东部	2014	43. 2961	55. 2955	35. 4075	28. 3215	54. 1601	1
	2015	46. 2340	58. 3801	40. 4071	41. 4665	44. 6824	1
	2016	48. 2532	58. 8827	38. 5090	38. 8172	56. 8039	1
	2017	52. 9653	62. 8001	44. 4178	44. 7009	59. 9422	1

续表

地区	年份	总体指数	分项指数				总体指数排名
			知情权	决策与监督权	收益权	维权环境	
中部	2014	42.9013	53.5783	35.5611	27.4429	55.0227	2
	2015	44.8437	55.3368	39.2081	40.8048	44.0252	2
	2016	47.3800	57.3843	37.7459	38.9148	55.4750	2
	2017	51.2938	60.7612	43.8306	42.6928	57.8907	3
西部	2014	42.4465	54.0067	36.5027	26.3563	52.9205	4
	2015	44.4869	55.2858	39.8204	39.0671	43.7743	3
	2016	45.7351	55.3216	37.8067	37.0314	52.7805	4
	2017	51.0253	60.8751	44.0761	41.1949	57.9552	4
东北	2014	42.5138	53.7344	36.8494	26.0320	53.4395	3
	2015	43.8495	53.5918	39.3779	39.5957	42.8326	4
	2016	45.9410	54.1600	38.2276	37.4613	53.9153	3
	2017	51.5016	60.8573	44.2536	42.1351	58.7604	2

由表 5－2 和图 5－2 可知，从中小投资者权益保护总体指数看，四个地区的总体指数均值近四年都持续上升，2015 年和 2016 年的升幅较小，在 2 分左右，2017 年的升幅较大，在 5 分左右。东部地区连续四年都位居第一，表现稳定。从四个分项指数看，在知情权分项指数上，东部、中部与西部三个地区连续四年都是上升的，而东北地区 2015 年小幅下降，2016 年和 2017 年又连续上升；在决策与监督权以及收益权两个分项指数上，四个地区的指数均值在 2015 年、2016 年和 2017 年都呈现出上升、下降、上升的趋势；在维权环境分项指数上，四个地区近四年都在 2015 年下降，在 2016 年和 2017 年连续上升。

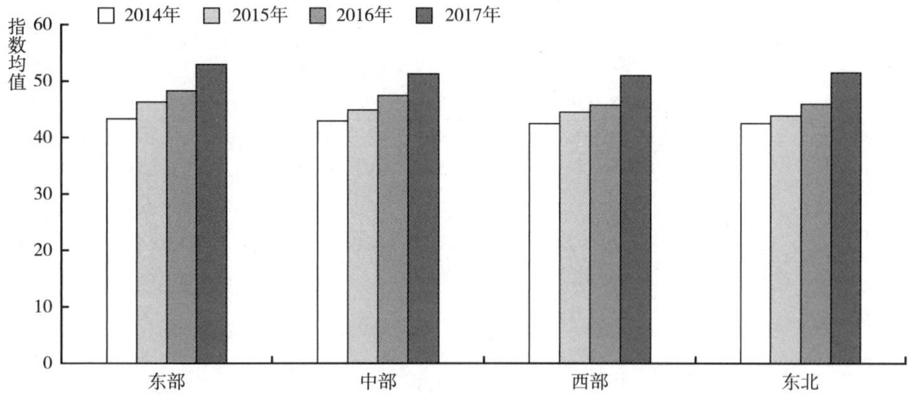

图 5－2　2014～2017 年不同地区中小投资者权益保护总体指数均值比较

5.3 分行业中小投资者权益保护指数的年度比较

将 2014 ~2017 年四个年度不同行业的中小投资者权益保护总体指数以及四个分项指数进行比较，以了解不同行业中小投资者权益保护在不同年度的变化，结果如表 5 - 3 所示。

表 5 - 3　2014 ~2017 年分行业上市公司中小投资者权益保护指数均值比较

行业	年份	总体指数	分项指数			
			知情权	决策与监督权	收益权	维权环境
农、林、牧、渔业(A)	2014	42.6878	54.2903	36.5568	24.3763	55.5278
	2015	43.9545	54.4538	38.5939	39.7808	42.9894
	2016	48.0790	56.2953	40.0940	40.5481	55.3788
	2017	51.9558	60.3654	44.0942	41.2474	62.1164
采矿业(B)	2014	43.4506	56.0581	35.7773	27.2650	54.7021
	2015	43.3604	55.6446	39.3508	35.7367	42.7093
	2016	46.9354	58.1810	38.8115	39.9273	50.8219
	2017	51.0282	58.9822	44.7944	43.2191	57.1171
制造业(C)	2014	43.0682	54.7994	35.2801	27.6051	54.5879
	2015	45.7615	57.3809	40.0348	40.8581	44.7721
	2016	47.6475	57.9955	37.9521	38.7978	55.8448
	2017	52.3584	62.3935	43.8405	43.6790	59.5206
电力、热力、燃气及水生产和供应业(D)	2014	43.9841	56.6041	36.0883	28.4067	54.8374
	2015	45.0464	56.7773	40.7022	39.4727	43.2335
	2016	47.2367	59.1396	37.4903	38.6593	53.6574
	2017	51.5463	61.7235	44.3705	44.5031	55.5879
建筑业(E)	2014	42.8735	56.4913	35.1240	27.7911	52.0875
	2015	46.2280	59.4730	40.9465	40.6584	43.8341
	2016	48.5287	60.2079	38.8874	41.0512	53.9683
	2017	52.3568	62.2868	45.3193	44.9323	56.8889
批发和零售业(F)	2014	42.9961	53.6763	37.6602	27.0239	53.6242
	2015	43.6555	54.7753	39.1890	39.4786	41.1791
	2016	46.2264	55.5094	38.5842	38.3045	52.5075
	2017	51.5923	60.8199	43.7733	43.6607	58.1153
交通运输、仓储和邮政业(G)	2014	43.3420	55.9543	35.4714	27.1274	54.8148
	2015	45.7789	56.9287	39.9482	42.0821	44.1564
	2016	49.0615	57.6401	39.5360	39.6575	59.4125
	2017	52.5764	62.3319	44.3302	45.2116	58.4321
住宿和餐饮业(H)	2014	40.7078	45.9368	40.1653	24.7090	52.0202
	2015	40.3651	50.2985	37.1610	35.0109	38.9899
	2016	43.3241	49.2260	39.0040	32.2381	52.8283
	2017	51.5338	63.1685	41.6162	41.1038	60.2469

续表

行业	年份	总体指数	分项指数			
			知情权	决策与监督权	收益权	维权环境
信息传输、软件和信息技术服务业(I)	2014	40.0978	52.3039	31.0482	30.0656	46.9735
	2015	47.3074	59.2932	39.6315	44.4273	45.8774
	2016	47.5175	58.3390	38.0992	35.2264	58.4055
	2017	53.1794	63.0199	45.4522	44.9275	59.3181
金融业(J)	2014	49.4602	58.4564	46.5328	32.4900	60.3618
	2015	52.8519	62.3184	49.4680	46.6960	52.9252
	2016	54.0216	60.2975	47.2256	41.3118	67.2515
	2017	56.5470	63.5600	51.4082	45.7942	65.4257
房地产业(K)	2014	43.5303	54.6224	38.4435	27.3010	53.7542
	2015	43.3686	53.9639	39.4199	39.7010	40.3897
	2016	46.3376	56.2299	37.2436	37.5390	54.3378
	2017	50.9716	59.8344	43.9913	42.3095	57.7511
租赁和商务服务业(L)	2014	45.5304	58.5542	33.9394	31.2484	58.3796
	2015	47.4210	59.9429	39.4378	43.6796	46.6239
	2016	47.4160	57.3663	38.7163	36.0257	57.5556
	2017	51.8522	60.7869	42.8836	42.9709	60.7672
科学研究和技术服务业(M)	2014	41.6164	56.0100	31.5702	27.8752	51.0101
	2015	46.9269	59.7685	42.1362	41.0500	44.7531
	2016	47.2647	58.7895	37.1881	36.4143	56.6667
	2017	52.6212	61.4582	45.8274	44.1715	59.0278
水利、环境和公共设施管理业(N)	2014	43.4407	51.5356	37.0280	29.2164	55.9829
	2015	48.0286	60.5654	40.3220	44.1530	47.0741
	2016	49.0338	61.6964	38.7842	36.0251	59.6296
	2017	54.1087	65.2039	45.8909	43.0901	62.2500
教育(P)	2014	40.9927	60.4084	30.4545	28.6632	44.4444
	2015	34.1289	60.9806	21.3636	23.0600	31.1111
	2016	44.7326	62.5587	39.4636	25.7970	51.1111
	2017	54.0706	64.6162	44.0909	49.7974	57.7778
卫生和社会工作(Q)	2014	43.6228	55.3054	27.5000	43.0745	48.6111
	2015	51.4727	61.9884	43.1818	52.9427	47.7778
	2016	51.4501	62.1515	41.7532	37.9273	63.9683
	2017	55.1697	65.3379	45.9659	44.3749	65.0000
文化、体育和娱乐业(R)	2014	43.3422	53.1464	38.0251	31.1627	51.0345
	2015	46.6340	60.2488	38.8541	44.5011	42.9321
	2016	47.0785	59.3870	37.0328	35.7968	56.0976
	2017	53.1773	63.9599	43.5339	45.2387	59.9769
综合(S)	2014	41.1202	54.8146	37.6894	22.6711	49.3056
	2015	43.2707	52.9961	40.2557	37.1196	42.7111
	2016	45.4401	52.3574	38.9236	38.4504	52.0290
	2017	51.2537	58.2376	44.8265	40.6946	61.2560

由表 5 -3 可知，从中小投资者权益保护总体指数看，有 12 个行业四个年度连续上升；有 4 个行业 2015 年小幅下降，2016 年和 2017 年连续上升；有 2 个行业在 2015 年上升，2016 年小幅下降，2017 年又上升。

从四个分项指数看，在知情权分项指数上，有 9 个行业连续四年上升；相对于 2016 年，2017 年所有行业的知情权分项指数均值都上升。在决策与监督权分项指数上，只有 1 个行业连续四年上升；相对 2016 年，2017 年所有行业的决策与监督权分项指数均值都上升。在收益权分项指数上，有 4 个行业四年连续上升；相比 2016 年，2017 年所有行业的收益权分项指数均值都上升。在维权环境分项指数上，没有一个行业四年连续上升；相比 2016 年，2017 年上升行业有 16 个。

图 5 -3 显示了 18 个行业四个年度的中小投资者权益保护总体指数变化，可以看出，金融业（J）在四个年度中都排名第一，反映其中小投资者权益保护相对较好且较稳定。

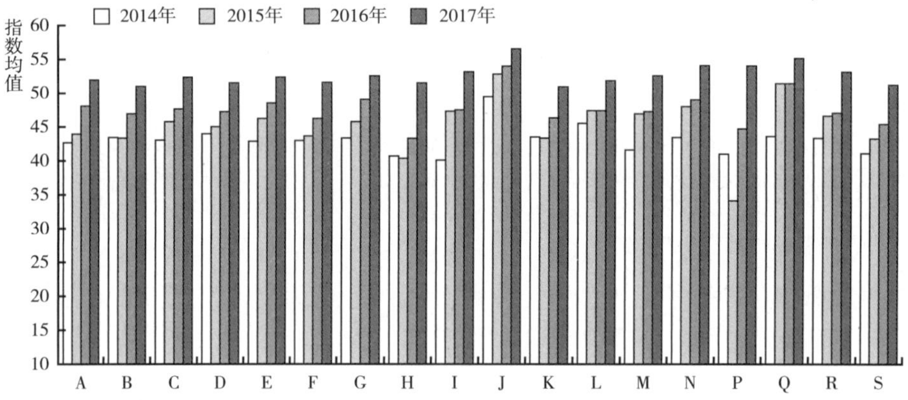

图 5 -3　2014 ~ 2017 年不同行业上市公司中小投资者权益保护总指数均值比较

5.4　分所有制中小投资者权益保护指数的年度比较

依照第 1 章的五种所有制类型划分，对 2014 ~ 2017 年四个年度中小投资者权益保护总体指数和四个分项指数进行所有制比较，结果参见表 5 -4 Panel A。另外，进一步将样本按照国有控股公司和非国有控股公司分类，统计信息见表 5 -4 Panel B。

从表 5 -4 Panel A 可知，从总体指数看，五类所有制上市公司中小投资者权益保护总体指数均值连续四个年度都是上升的，其中无国有股份公司在四个年度的升幅最大，

表 5－4　2014～2017 年不同所有制上市公司中小投资者权益保护指数均值比较

所有制类型	年份	总体指数	分项指数				总体指数排名
			知情权	决策与监督权	收益权	维权环境	
Panel A 按照五类所有制公司分类							
国有绝对控股公司	2014	44.1752	56.7246	36.7554	27.7777	55.4433	1
	2015	45.1921	57.5453	39.0220	38.9280	45.2731	3
	2016	48.3373	60.0109	38.2954	39.4784	55.5644	1
	2017	52.8579	62.6613	44.8942	45.6745	58.2015	2
国有强相对控股公司	2014	43.7867	55.5650	36.8703	26.8723	55.8393	2
	2015	44.9070	56.5195	40.2755	40.5484	42.2848	4
	2016	47.6521	57.4672	38.2481	39.5509	55.3424	3
	2017	52.2775	62.3197	44.5057	43.5494	58.7351	3
国有弱相对控股公司	2014	43.4083	55.5650	36.8703	26.8723	53.9878	4
	2015	44.6300	55.6476	40.0769	39.0277	43.7676	5
	2016	46.9666	56.1515	38.7106	37.8721	55.1323	5
	2017	51.6304	60.5512	45.3812	41.2575	59.3314	5
国有参股公司	2014	43.5952	54.4938	36.8887	27.4342	55.5642	3
	2015	46.2574	57.9186	40.1177	41.8617	45.1317	1
	2016	47.9983	58.2605	38.3502	38.3261	57.0563	2
	2017	52.9646	62.5253	43.8845	43.8006	61.6480	1
无国有股份公司	2014	42.2440	54.0019	33.9210	28.5129	52.5400	5
	2015	46.0429	57.5134	40.3196	41.6370	44.7014	2
	2016	47.4784	57.9427	38.1296	38.1728	55.6686	4
	2017	52.2421	62.2366	44.0271	44.2386	58.4660	4
Panel　B 按照国有控股公司和非国有控股公司分类							
国有控股公司	2014	43.7916	55.7356	37.1371	27.1073	55.1863	1
	2015	44.9123	56.5732	39.8589	39.6590	43.5582	2
	2016	47.5948	57.6556	38.4106	38.9851	55.3277	2
	2017	52.2047	61.8174	44.8903	43.3087	58.8024	2
非国有控股公司	2014	42.5912	54.1283	34.6836	28.2357	53.3171	2
	2015	46.1221	57.6631	40.2450	41.7200	44.8604	1
	2016	47.6822	58.0673	38.2161	38.2329	56.2127	1
	2017	52.4993	62.3394	43.9763	44.0827	59.5987	1

极差[①]为 9.9981 分；2017 年，国有参股公司中小投资者权益保护总体指数均值最高，为 52.9646 分。

从分项指数看，在知情权分项指数上，五类所有制公司连续四年均是上升，其中无国有股份公司升幅最大，极差为 8.2347 分；相比 2016 年，2017 年国有强相对控股公

① 极差是一组数据最大值和最小值之差，也称全距。

司升幅最大，为4.8525分；2017年，国有绝对控股公司中小投资者知情权分项指数均值最高，为62.6613分。在决策与监督权分项指数上，五类所有制公司都是2015年上升，2016年下降，而2017年又上升；相比2016年，2017年国有弱相对控股公司升幅最大，上升6.6706分；2017年，国有弱相对控股公司中小投资者决策与监督权分项指数均值最高，为45.3812分。在收益权分项指数上，除了国有绝对控股公司四个年度连续上升外，其他四类公司都是2015年上升，2016年下降，2017年又上升；相比2016年，2017年国有绝对控股公司升幅最大，上升6.1961分；2017年，国有绝对控股公司中小投资者收益权分项指数均值最高，为45.6745分。在维权环境分项指数上，五类所有制公司都是2015年较大幅度下降，2016年和2017年连续上升；相比2016年，2017年升幅最大的是国有参股公司，上升4.5917分；2017年，国有参股公司中小投资者维权环境分项指数均值最高，为61.6480分。

图5－4则更清晰地反映了五类所有制上市公司在2014～2017年四个年度中小投资者权益保护指数总体均值的变化。可以看到，五类所有制上市公司总体指数均值变化差别不大。

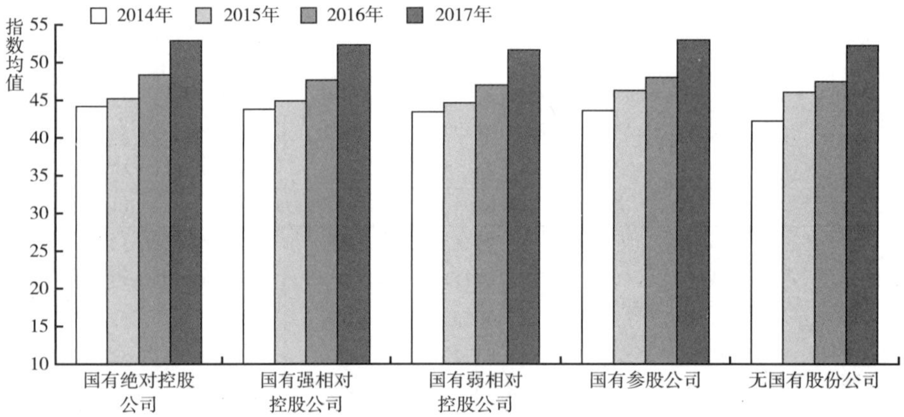

图5－4　2014～2017年不同所有制上市公司中小投资者权益保护总指数比较

从表5－4 Panel B可知，把五类所有制公司归纳为国有控股公司和非国有控股公司后，在总体指数均值上，两类公司都是连续四年上升，2014年国有控股公司高于非国有控股公司，2015年、2016年和2017年则都是非国有控股公司高于国有控股公司。

从分项指数看，在知情权分项指数上，两类公司都是连续四年上升，但非国有控股公司升幅大于国有控股公司，2015年、2016年和2017年，非国有控股公司都高于国有控股公司。在决策与监督权以及收益权两个分项指数上，两类公司都是2015年上升，2016年下降，2017年又上升；2017年，在决策与监督权分项指数上，国有控股公司略大于非国有控股公司，在收益权分项指数上，非国有控股公司略大于国有控股公司。在维权环境分项指数上，两类公司都是2015年下降，2016年和2017年连续上升；2015年、2016年和2017年，都是非国有控股公司高于国有控股公司。

5.5　分上市板块中小投资者权益保护指数的年度比较

按照深市主板（不含中小企业板）、深市中小企业板、深市创业板和沪市主板的划分，对2014～2017年不同板块上市公司中小投资者权益保护指数进行比较，结果参见表5－5。

表5－5　2014～2017年不同板块上市公司中小投资者权益保护指数均值比较

上市板块	年份	总体指数	分项指数				总体指数排名
			知情权	决策与监督权	收益权	维权环境	
深市主板（不含中小企业板）	2014	44.4340	53.6672	39.1315	26.4006	58.5368	2
	2015	44.5578	54.3768	38.9154	38.9398	45.9990	3
	2016	47.3942	56.4455	38.3352	36.3437	58.4526	3
	2017	51.8816	60.4497	44.2213	41.0503	61.8049	3
深市中小企业板	2014	45.3232	54.5416	38.6694	28.4326	59.6492	1
	2015	47.8514	59.4683	41.3580	41.6503	48.9292	1
	2016	48.9765	59.3544	38.8637	38.7055	58.9824	1
	2017	53.6183	62.4504	44.3827	44.3846	63.2554	2
深市创业板	2014	37.7138	53.4384	23.8954	32.1317	41.3896	4
	2015	47.3502	59.7012	39.1573	43.6499	46.8925	2
	2016	48.3551	60.1635	36.6357	37.8381	58.7831	2
	2017	54.3961	63.6305	44.7530	45.9558	63.2449	1
沪市主板	2014	42.8373	56.0248	36.3895	26.2351	52.6999	3
	2015	43.8401	55.8943	40.1094	40.1596	39.1970	4
	2016	46.4763	56.4710	38.6152	39.5984	51.2206	4
	2017	50.7647	61.8740	44.0015	43.4052	53.7780	4

由表5－5可见，从总体指数看，四个板块上市公司都是连续四年上升，其中深市创业板由于在2014年的指数均值过低，使其四年中的变化幅度最明显，极差达到16.6823分。

从分项指数看，在知情权分项指数上，深市主板（不含中小企业板）和深市创业板都是四年连续上升；相比2016年，2017年沪市主板知情权分项指数升幅最大，为5.4030分；2017年，深市创业板知情权分项指数均值最高，为63.6305分。在决策与监督权分项指数上，除了深市主板（不含中小企业板）在2015年和2016年连续下降，而在 2017 年上升外，其他三个板块都是 2015 年上升，2016 年下降，2017 年又上升；相比 2016 年，2017 年深市创业板决策与监督权分项指数升幅最大，为 8.1173 分；2017 年，深市创业板决策与监督权分项指数均值最高，为 44.7530 分。在收益权分项指数上，四个板块都是 2015 年较大幅度上升，2016 年都出现下降，2017 年又都回升；相比 2016 年，2017 年深市创业板收益权分项指数升幅最大，为 8.1177 分，该板块指数均值也是最高的，为 45.9558 分。在维权环境分项指数上，除了深市创业板连续四年上升外，其他三个板块都是 2015 年下降，2016 年和 2017 年连续上升；相比 2016 年，2017 年深市创业板维权环境分项指数升幅最大，为 4.4618 分；2017 年，深市中小企业板块维权环境分项指数均值最高，为 63.2554 分。

图 5－5 更直观地看出四个板块上市公司中小投资者权益保护指数在 2014－2017 年四个年度的变化。可以看到，四个板块中小投资者权益保护总体指数得分都是上升的，2017 年四个板块升幅都较大。

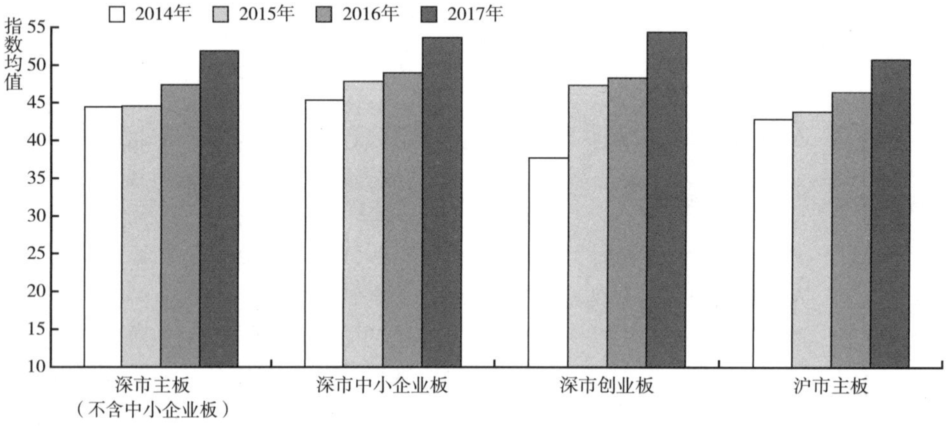

图 5－5　2014～2017 年不同板块上市公司中小投资者权益保护总指数均值比较

5.6　本章小结

本章分别从总体、地区、行业、所有制和上市板块角度，对 2014～2017 年上市公司中小投资者权益保护指数进行了比较分析，主要结论如下。

（1）从总体来看，2014～2017 年，上市公司中小投资者权益保护总体指数均值连续上升，2017 年比上年升幅较大。从四个分项指数看，知情权分项指数均值连续上升；决策与监督权以及收益权两个分项指数的均值在 2016 年曾经走低，但 2017 年出现较大幅度回升；维权环境分项指数均值则是在 2015 年大幅下降，而在 2016 年和 2017 年连续上升。

（2）从地区来看，2014～2017年，四个地区的中小投资者权益保护总体指数均值持续上升。东部地区连续四年都位居第一，表现稳定。从四个分项指数看，在知情权分项指数上，东部、中部与西部三个地区连续四年上升，而东北地区近三年连续上升；在决策与监督权以及收益权两个分项指数上，四个地区的指数均值在2015年、2016年和2017年都呈现出上升、下降、上升的趋势；在维权环境分项指数上，四个地区都在2015年下降，在2016年和2017年连续上升。

（3）从行业来看，2014～2017年，从中小投资者权益保护总体指数看，有12个行业四个年度连续上升。从四个分项指数看，在知情权分项指数上，有9个行业连续四年上升；在决策与监督权分项指数上，只有1个行业连续四年上升；在收益权分项指数上，有4个行业四年连续上升；在维权环境分项指数上，没有一个行业四年连续上升；相比2016年，2017年前三个分项指数所有行业都上升，而维权环境分项指数上升行业有16个；金融业（J）在四个年度中都排名第一，反映其中小投资者权益保护相对较好且较稳定。

（4）从所有制来看，在总体指数均值上，国有控股公司和非国有控股公司都是连续四年上升，2014年国有控股公司高于非国有控股公司，2015年、2016年和2017年则都是非国有控股公司高于国有控股公司。从分项指数看，在知情权分项指数上，两类公司都是连续四年上升，但非国有控股公司升幅大于国有控股公司；在决策与监督权以及收益权两个分项指数上，两类公司都是2015年上升，2016年下降，2017年又上升；在维权环境分项指数上，两类公司都是2015年下降，2016年和2017年连续上升；近3年，都是非国有控股公司高于国有控股公司。

（5）从上市板块来看，在总体指数均值上，四个板块上市公司都是连续四年上升。从分项指数看，在知情权分项指数上，深市主板（不含中小企业板）和深市创业板都是四年连续上升；相比2016年，2017年沪市主板知情权分项指数升幅最大。在决策与监督权以及收益权两个分项指数上，相比2016年，2017年四个板块都是上升的，升幅最大的都是深市创业板。在维权环境分项指数上，深市创业板连续四年上升，其他三个板块近3年连续上升；相比2016年，2017年升幅最大的是深市创业板。

第三篇　董事会治理指数

第6章　董事会治理总体指数排名及比较

根据第1章确定的董事会治理指数评价方法，以及我们评估获得的2017年度3147家样本上市公司指数数据，本章对这些公司的董事会治理指数进行排名，然后分别从地区、行业、上市板块三个角度进行比较分析。

6.1　董事会治理指数总体分布及排名

基于上市公司2017年的公开数据，根据本报告构建的董事会治理指数指标体系和指数计算方法，我们对3147家上市公司董事会治理指数进行计算，可以得到中国上市公司董事会治理指数的整体排名情况（详见电子版）。

6.1.1　董事会治理指数总体分布

2017年上市公司董事会治理指数的总体情况参见表6－1。

表6－1　2017年上市公司董事会治理指数总体情况

项目	公司数目	平均值	中位值	最大值	最小值	标准差	偏度系数	峰度系数
数值	3147	51.4107	51.5641	73.5453	26.3507	6.5002	－0.2042	0.1829

从表6－1可以看出，2017年上市公司董事会治理指数最大值73.5453，最小值26.3507，平均值51.4107，中位值51.5641，全部样本得分整体偏低。

为进一步了解董事会治理总体指数在各个得分区间的分布情况，我们将董事会治理指数以5分为间隔，划分为［0，25）、［25，30）、［30，35）、［35，40）、［40，45）、［45，50）、［50，55）、［55，60）、［60，65）、［65，70）、［70，75）和［75，100］12

个区间（公司数目为 0 的指数区间合并），每个得分区间的企业数目和所占比重参见表 6－2 和图 6－1。

表 6－2　2017 年上市公司董事会治理指数区间分布

指数区间	公司数目	占比(%)	累计占比(%)
[0,25)	0	0.00	0.00
[25,30)	5	0.16	0.16
[30,35)	31	0.99	1.14
[35,40)	106	3.37	4.51
[40,45)	346	10.99	15.51
[45,50)	772	24.53	40.04
[50,55)	969	30.79	70.83
[55,60)	631	20.05	90.88
[60,65)	248	7.88	98.76
[65,70)	34	1.08	99.84
[70,75)	5	0.16	100.00
[75,100]	0	0.00	100.00
总计	3147	100	—

从表 6－2 和图 6－1 可以看出，董事会治理指数在［50，55）区间的公司数最多，有 969 家，占样本总数的 30.79%。上市公司董事会治理指数主要分布在［40，60）区间，共有 2718 家公司，占比为 86.37%。值得关注的是，达到 60 分及格线的公司只有 287 家，及格率仅为 9.12%，这说明中国上市公司董事会治理水平整体偏低，还有很大的提升空间。从表 6－1 反映的整体分布偏离正态分布的程度看，偏度系数为－0.2042，峰度系数为 0.1829，董事会治理指数分布基本满足正态分布，略为负偏态，较陡峭。

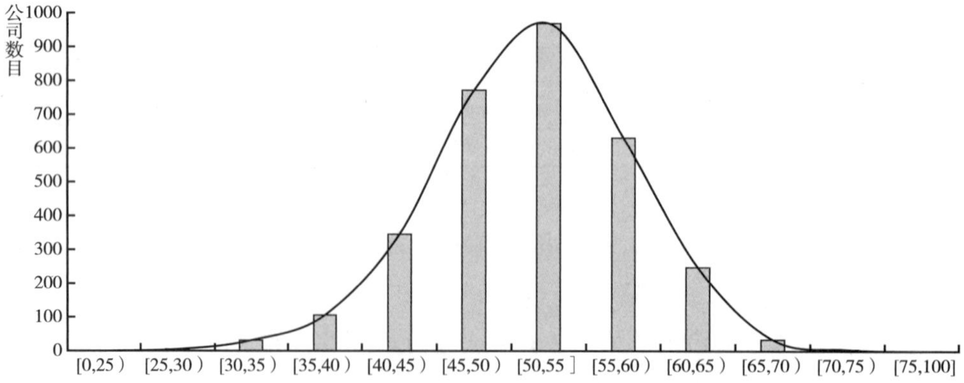

图 6－1　2017 年上市公司董事会治理指数区间分布

6.1.2　董事会治理指数前100名

表 6-3 给出了 3147 家上市公司中排名前 100 家。可以看出，前 100 家公司的董事会治理指数均值为 65.1046，比 2016 年提高 0.1495 分[①]。

表 6-3　2017 年上市公司董事会治理指数前 100 家情况

	平均值	中位值	最大值	最小值	标准差
前 100 名	65.1046	64.4031	73.5453	63.0315	2.1311
总体	51.4107	51.5641	73.5453	26.3507	6.5002

我们对 3147 家上市公司的董事会治理指数从大到小降序排列，董事会治理指数越高，说明上市公司董事会治理水平越高。表 6-4 是董事会治理指数排名前 100 的上市公司情况。

表 6-4　2017 年上市公司董事会治理指数排名——前 100 名

排名	代码	公司简称	指数	排名	代码	公司简称	指数
1	000776	广发证券	73.5453	20	000731	四川美丰	65.9478
2	601211	国泰君安	72.0933	21	002785	万里石	65.9369
3	000090	天健集团	71.9738	22	002396	星网锐捷	65.8175
4	300039	上海凯宝	70.3062	23	300627	华测导航	65.7368
5	000886	海南高速	70.1017	24	002402	和而泰	65.7249
6	002654	万润科技	69.5818	25	002060	粤水电	65.6363
7	002507	涪陵榨菜	69.5076	26	300146	汤臣倍健	65.5909
8	300254	仟源医药	69.1514	27	300375	鹏翎股份	65.5739
9	000952	广济药业	69.0081	28	002209	达意隆	65.5717
10	300085	银之杰	68.8641	29	300373	扬杰科技	65.5513
11	002839	张家港行	67.5780	30	300283	温州宏丰	65.5048
12	002163	中航三鑫	67.4973	31	000598	兴蓉环境	65.4719
13	300437	清水源	67.4865	32	000750	国海证券	65.4677
14	000023	深天地 A	67.1397	33	000978	桂林旅游	65.3766
15	002811	亚泰国际	66.8124	34	300129	泰胜风能	65.3664
16	300100	双林股份	66.6668	35	603126	中材节能	65.2810
17	002093	国脉科技	66.3945	36	000756	新华制药	65.2248
18	000070	特发信息	66.1245	37	000931	中关村	65.1926
19	300441	鲍斯股份	66.0521	38	300230	永利股份	65.1323

① 由于自本年度起，对股东诉讼指标有所调整（扣减），故 2016 年的前 100 名董事会治理指数均值由原来的 64.9737 调整为 64.9551。

续表

排名	代码	公司简称	指数	排名	代码	公司简称	指数
39	300459	金科文化	65.0611	70	300541	先进数通	63.7419
40	000544	中原环保	64.9314	71	300456	耐威科技	63.7374
41	002709	天赐材料	64.9094	72	300005	探路者	63.7118
42	002407	多氟多	64.8310	73	300534	陇神戎发	63.6943
43	000006	深振业 A	64.7711	74	002414	高德红外	63.6717
44	000551	创元科技	64.6848	75	000056	皇庭国际	63.6180
45	002646	青青稞酒	64.6549	76	000807	云铝股份	63.5858
46	601688	华泰证券	64.5783	77	600958	东方证券	63.5808
47	300064	豫金刚石	64.5667	78	300322	硕贝德	63.5563
48	300099	精准信息	64.5022	79	300463	迈克生物	63.5331
49	000806	银河生物	64.4651	80	000557	西部创业	63.5088
50	300092	科新机电	64.4225	81	000893	* ST 东凌	63.4825
51	300165	天瑞仪器	64.3837	82	002458	益生股份	63.4464
52	000560	我爱我家	64.3534	83	000955	欣龙控股	63.4286
53	002765	蓝黛传动	64.3192	84	000039	中集集团	63.4123
54	300285	国瓷材料	64.2983	85	002530	金财互联	63.4037
55	002676	顺威股份	64.2653	86	000043	中航善达	63.3308
56	300328	宜安科技	64.2564	87	000762	西藏矿业	63.3216
57	002421	达实智能	64.2385	88	002362	汉王科技	63.2962
58	002212	南洋股份	64.1665	89	002117	东港股份	63.2898
59	000633	合金投资	64.1421	90	601601	中国太保	63.2889
60	002459	天业通联	64.1308	91	300017	网宿科技	63.2650
61	002619	艾格拉斯	64.1233	92	000045	深纺织 A	63.2386
62	000933	神火股份	64.0730	93	002736	国信证券	63.2346
63	300121	阳谷华泰	64.0357	94	000702	正虹科技	63.2192
64	300047	天源迪科	63.9634	95	300142	沃森生物	63.1164
65	000547	航天发展	63.9245	96	000875	吉电股份	63.0991
66	300383	光环新网	63.8812	97	002555	三七互娱	63.0954
67	300334	津膜科技	63.8396	98	000525	红太阳	63.0939
68	000548	湖南投资	63.8362	99	300222	科大智能	63.0782
69	300015	爱尔眼科	63.7508	100	000670	盈方微	63.0315

从表 6-4 可以看出，董事会治理指数最高的前三名依次是广发证券、国泰君安和天健集团。有 27 家公司 2017 年和 2016 年连续两年出现在前 100 名中，他们是天健集团、海南高速、万润科技、涪陵榨菜、仟源医药、银之杰、深天地 A、双林股份、国脉科技、特发信息、鲍斯股份、星网锐捷、粤水电、扬杰科技、天赐材料、创元科技、银河生物、顺威股份、宜安科技、光环新网、耐威科技、皇庭国际、东方证券、西部创业、西藏矿业、三七互娱、科大智能。其中，有 11 家连续三年出现在前 100 名中，他

们是天健集团、海南高速、万润科技、涪陵榨菜、银之杰、深天地 A、国脉科技、特发信息、星网锐捷、天赐材料、光环新网。①

从地区看，在前 100 家公司中，东部、中部、西部和东北各有 69 家、13 家、17 家和 1 家，分别占四个地区上市公司总数的 3.23%、3.00%、3.94% 和 0.68%；从行业看，前 100 家公司主要分布在制造业（61 家）、信息传输、软件和信息技术服务业（10 家）、金融业（8 家）与房地产业（5 家），分别占所在行业上市公司总数的 3.13%、4.29%、10.39% 和 4.00%；从控股类型看，国有控股公司有 36 家，非国有控股公司有 64 家，分别占同类全部上市公司的 3.42% 和 3.06%；在进入前 100 名的 36 家国有控股公司中，最终控制人为中央企业的公司有 8 家，占全部央企控股公司的 2.13%；最终控制人为地方国企的公司有 28 家，占全部地方国企控股公司的 4.13%。从上市板块看，深市主板（不含中小企业板）、深市中小企业板、深市创业板和沪市主板各有 34 家、27 家、34 家和 5 家，分别占所在板块全部上市公司的 7.42%、3.21%、5.52% 和 0.41%。

需要注意的是，董事会治理指数得分最高的前 100 名在地区、行业和控股类型中的分布，并不能完全说明某个地区、行业和控股类型整体表现就好，因为各地区、行业和控股类型的上市公司数量不同。比如，制造业尽管有 61 家公司进入前 100 名，但比例却低于金融业，虽然后者只有 8 家公司进入前 100 名，但是比例更高，达到了 10.39%。从这个角度，金融业反而表现更好一些。

图 6-2 为前 100 名上市公司董事会治理指数的分布情况。可以看出，在前 100 名中，排在前几位的上市公司董事会治理指数下降较快，而后较平缓下降。最高分 73.5453 分，最低分 63.0315 分，绝对差距 10.5138 分，说明有一定的差异。

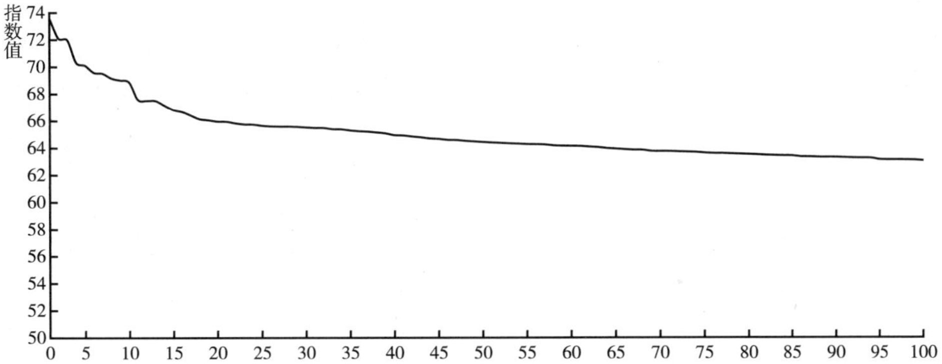

图 6-2　2017 年上市公司董事会治理指数分布情况——前 100 名

① 由于自本年度起，对股东诉讼指标有所调整（扣减），故对 2015 年和 2016 年董事会治理指数前 100 名的公司进行相应调整之后再与 2017 年前 100 名的公司进行比较。

6.2 分地区董事会治理指数比较

根据东部、中部、西部和东北四大地区的划分，来比较四个地区上市公司董事会治理指数，结果参见表 6－5。

表 6－5 2017 年不同地区上市公司董事会治理指数比较

排序	地区	公司数目	平均值	中位值	最大值	最小值	标准差
1	西部	432	51.9956	52.2001	69.5076	30.7000	6.2899
2	东部	2135	51.4961	51.5973	73.5453	26.3507	6.4804
3	中部	433	51.1395	51.3077	69.1514	32.3577	6.6323
4	东北	147	49.2499	49.3029	63.0991	29.1818	6.5412
	总体	3147	51.4107	51.5641	73.5453	26.3507	6.5002

由表 6－5 可知，各地区上市公司董事会治理指数均值由大到小分别为西部、东部、中部和东北。董事会治理指数的最大值和最小值出自东部。总体来看，除了东北地区董事会治理指数均值较低之外，其他三个地区之间的差异不是很大。

图 6－3 可以直观地看出四个地区上市公司董事会治理之间的差异。可以看出，四个地区中，西部和东部地区上市公司董事会治理指数均值高于总体均值；中部和东北地区上市公司董事会治理指数均值则低于总体均值。

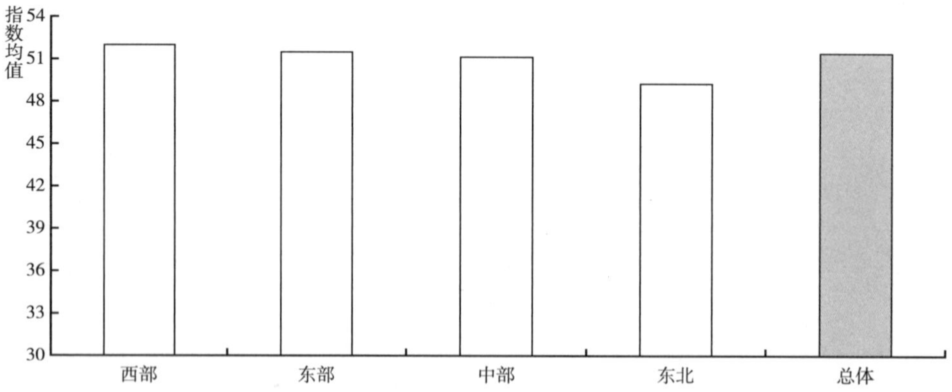

图 6－3 2017 年不同地区上市公司董事会治理指数比较

6.3 分行业董事会治理指数比较

用各个行业上市公司董事会治理指数的平均值来代表各个行业的上市公司董事会治

理指数，然后将各行业的上市公司董事会治理指数平均值按照从高到低的顺序进行排名，具体排名结果参见表 6－6。

表 6－6　2017 年不同行业上市公司董事会治理指数比较

排名	行业名称	公司数目	平均值	中位值	最大值	最小值	标准差
1	金融业(J)	77	54.2745	54.6573	73.5453	36.5911	7.7157
2	水利、环境和公共设施管理业(N)	40	53.1349	53.3594	65.3766	39.3841	6.2901
3	农、林、牧、渔业(A)	42	52.9386	53.5331	63.4464	41.2689	5.7859
4	科学研究和技术服务业(M)	32	52.6849	53.0466	65.2810	38.5341	6.4530
5	教育(P)	4	52.5554	52.0121	56.8995	49.2979	2.7519
6	信息传输、软件和信息技术服务业(I)	233	52.4564	52.0282	68.8641	35.0079	6.2126
7	交通运输、仓储和邮政业(G)	90	51.8444	52.6516	63.8362	32.0011	6.3875
8	文化、体育和娱乐业(R)	48	51.7777	52.1718	60.3230	39.3004	4.1788
9	制造业(C)	1949	51.5549	51.6492	70.3062	27.9141	6.3495
10	建筑业(E)	90	51.3453	51.1336	71.9738	32.8785	6.9976
11	卫生和社会工作(Q)	8	51.2785	51.6502	63.7508	40.8683	6.0226
12	综合(S)	23	50.9541	50.5202	65.1926	40.0029	7.4930
13	电力、热力、燃气及水生产和供应业(D)	103	50.2894	51.0052	65.4719	29.1818	6.9693
14	房地产业(K)	125	50.1663	50.2571	70.1017	26.3507	6.8424
15	租赁和商务服务业(L)	42	49.9175	50.2326	63.0268	36.8507	5.5239
16	采矿业(B)	74	49.4091	49.9857	63.3216	33.1050	6.6891
17	批发和零售业(F)	158	48.5385	49.1659	61.8256	33.0159	6.6280
18	住宿和餐饮业(H)	9	48.3821	46.6674	61.2406	42.9074	5.2479
总体		3147	51.4107	51.5641	73.5453	26.3507	6.5002

从表 6－6 可以看出，在 18 个行业中，董事会治理指数均值高于总体均值的行业有 9 个，这 9 个行业的最大均值与总体均值的绝对差距是 2.8638；董事会治理指数均值低于总体均值的行业有 9 个，总体均值与这 9 个行业的最小均值的绝对差距是 3.0286。高分区的行业间差距略小于低分区的行业间差距。上市公司董事会治理指数最高的三个行业依次是金融业（J），水利、环境和公共设施管理业（N），农、林、牧、渔业（A）；董事会治理水平最低的三个行业是住宿和餐饮业（H），批发和零售业（F），采矿业（B）。值得注意的是，批发和零售业（F）及采矿业（B）已经连续三年出现在董

事会治理水平倒数三位的行业中。①

整体来看，各行业上市公司董事会治理水平差异不大。由于近几年监管力度加强，防范金融风险意识增强，以及发展基础设施建设的需求加大，金融业（J）及水利、环境和公共设施管理业（N）等行业的董事会治理得以强化；而住宿和餐饮业（H）、批发和零售业（F）等可能由于行业不景气，间接导致董事会治理指数较差。

图 6－4 进一步显示了行业间上市公司董事会治理指数的差别。可以看出，各行业上市公司董事会治理指数中的大部分（13 个行业）集中在［50，54］这一范围内，占到总体的 88.56%，各行业上市公司董事会治理水平之间差距不大。

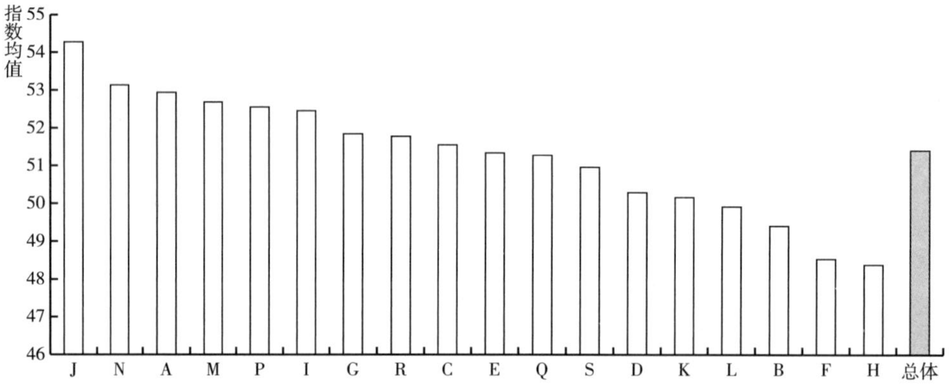

图 6－4　2017 年不同行业上市公司董事会治理指数比较

6.4　分上市板块董事会治理指数比较

按照深市主板（不含中小企业板）、深市中小企业板、深市创业板和沪市主板的上市板块划分，我们比较了不同板块上市公司的董事会治理指数，结果参见表 6－7。

表 6－7　2017 年不同板块上市公司董事会治理指数比较

排序	上市板块	公司数目	平均值	中位值	最大值	最小值	标准差
1	深市创业板	616	54.1269	53.9743	70.3062	36.8507	5.4132
2	深市中小企业板	841	53.4419	53.0667	69.5818	34.6652	5.4246
3	深市主板（不含中小企业板）	458	53.3785	53.4253	73.5453	29.6298	6.1662
4	沪市主板	1232	47.9345	48.2846	72.0933	26.3507	6.2472
	总体	3147	51.4107	51.5641	73.5453	26.3507	6.5002

① 由于自本年度起，对股东诉讼指标有所调整（扣减），故在进行分行业的年度比较时，采用的是对 2015 年、2016 年和 2017 年三年负分调整之后的数据。

从表 6 –7 可以看出，董事会治理指数平均值从高到低排列依次为深市创业板、深市中小企业板、深市主板（不含中小企业板）和沪市主板。从整体上看，深市上市公司的董事会治理水平明显好于沪市上市公司，这说明深交所对所辖公司的监管力度大于上交所。另一方面，深交所创业板的董事会治理平均水平高于深市主板（不含中小企业板），也高于中小企业板，这可能是由于近年来证监会等监管机构监管力度不断加大，尤其是针对新上市公司的 IPO 新规，对新上市公司董事会治理方面提出了更高的要求，而深市创业板又是上年深市新增上市公司最多的板块，从而导致深市创业板的董事会治理水平有较大幅度提升。

图 6 –5 更直观地反映了不同上市板块的上市公司董事会治理指数的差异。可以看到，深市创业板、深市中小企业板和深市主板（不含中小企业板）上市公司的董事会治理指数均值都高于总体均值；而沪市主板上市公司的董事会治理指数则低于总体均值。

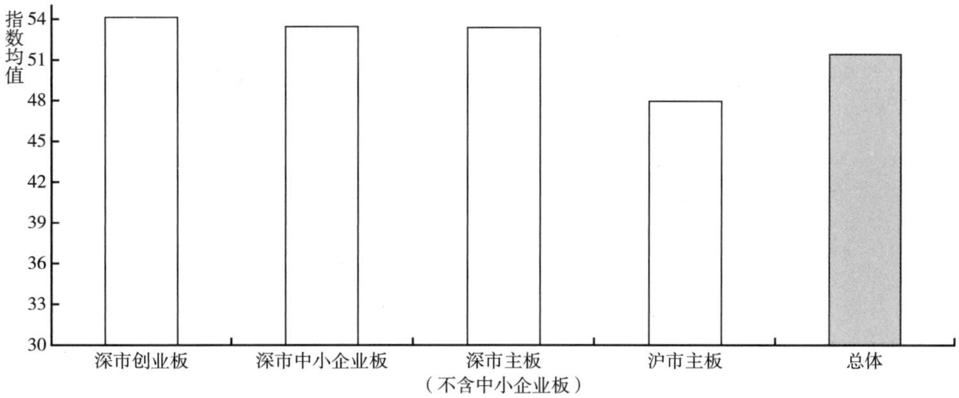

图 6 –5　2017 年不同板块上市公司董事会治理指数比较

6.5　本章小结

本章计算了沪深两市 2017 年共计 3147 家上市公司的董事会治理指数，并分别从总体、地区、行业、上市板块等四个角度全面评价了中国上市公司董事会治理水平，结论如下。

（1）2017 年上市公司董事会治理指数最大值 73.5453，最小值 26.3507，平均值 51.4107，全部样本得分整体偏低，86.37% 的上市公司董事会治理指数分布在［40，60）区间，及格率仅为 9.12%。

（2）从地区看，西部地区上市公司董事会治理指数均值较高，为51.9956；东北地区董事会治理指数均值最低，为49.2499。除了东北地区，其他三个地区上市公司董事会治理指数的地区间差异不是很大。

（3）从行业看，上市公司董事会治理均值位居前三的行业是金融业（J），水利、环境和公共设施管理业（N），农、林、牧、渔业（A）；最后三位是住宿和餐饮业（H），批发和零售业（F），采矿业（B）。值得注意的是，批发和零售业（F）、采矿业（B）已经连续三年出现在董事会治理水平倒数三位的行业中。总体来看，各行业上市公司董事会治理水平之间差距不大。

（4）从上市板块看，董事会治理指数均值从高到低依次为深市创业板、深市中小企业板、深市主板（不含中小企业板）和沪市主板。深市上市公司董事会治理水平明显好于沪市上市公司。

第 7 章　董事会治理分项指数排名及比较

第 6 章从总体上对中国上市公司董事会治理指数进行了排名，并从地区、行业、上市板块三个角度进行了分类汇总和分析。本章按照对董事会治理四个维度的划分，把董事会治理指数分解为董事会结构、独立董事独立性、董事会行为和董事激励与约束四个分项指数，根据上市公司董事会治理分项指数数据，对上市公司在不同维度下的董事会治理分项指数进行排名和比较分析。

7.1　董事会治理分项指数总体比较

依据我们评估的 3147 家上市公司董事会治理指数数据，2017 年中国上市公司董事会治理四个分项指数的描述性统计结果参见表 7－1。

表 7－1　2017 年上市公司董事会治理分项指数描述性统计结果

维度	公司数目	平均值	中位值	最大值	最小值	标准差
董事会结构	3147	37.8602	36.5530	76.5000	5.6481	9.3533
独立董事独立性	3147	60.7244	60.0000	90.0000	19.1667	11.3146
董事会行为	3147	54.8657	55.7466	90.6188	18.5968	14.5058
董事激励与约束	3147	52.1926	55.5556	77.7778	0.0000	9.8844

从表 7－1 中可以看出，董事会治理四个分项指数的平均值相差较大。其中仅有独立董事独立性分项指数均值达到 60 分的及格水平，为 60.7244 分，其他三个分项指数的平均值均未达到 60 分的及格水平。董事会结构分项指数均值最小，为 37.8602 分。董事会行为分项指数的标准差最大，说明各上市公司在董事会行为方面的差距高于其他三个分项指数。需要注意的是，独立董事独立性分项指数均值较大，这可能与独立董事

独立性衡量指标偏重于形式上的独立性有关。独立董事形式上的独立是指独立董事任职符合国家法律和政策上的规定，但未必在实质上实现了独立。董事会结构虽然是董事会建设和发展的基础，但其内部结构的不规范、下设机构的缺失、对利益相关者的忽视等，使得董事会结构分项指数在四个分项指数中最低。

图 7－1 直观地反映了董事会治理四个分项指数的均值和中位值的差异。可以看出，整体来看，四个分项指数的均值和中位值基本是一致的，独立董事独立性分项指数均值和中位值最高，董事会结构分项指数均值和中位值都是最低的。

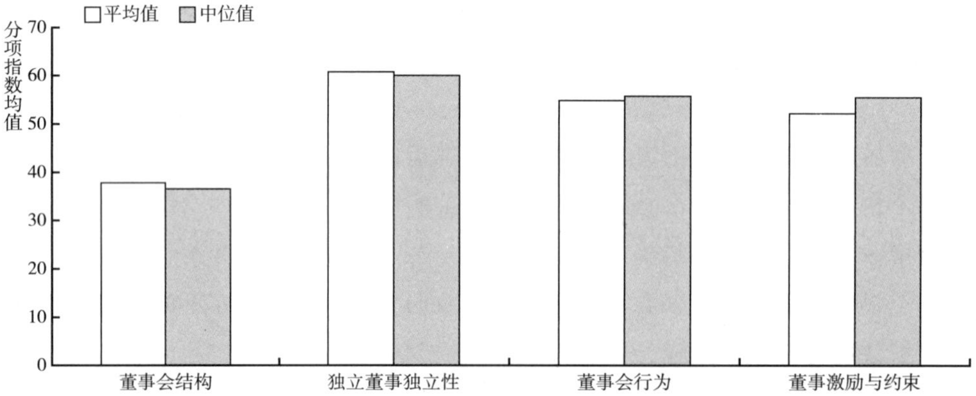

图 7－1　2017 年上市公司董事会治理四个分项指数比较

7.2　董事会结构分项指数排名及比较

董事会结构分项指数侧重从形式上考察上市公司董事会成员构成和机构设置的合理性及有效性。需要注意的是，董事会结构分项指数在之前年度为 11 个指标，本年度增加了“合规委员会设置情况”指标，共 12 个指标。由于只有 9 家公司在董事会中设立了合规委员会，这成为本年度董事会结构分项指数比上年下降的重要原因。本节主要是对董事会结构分项指数排名的各种情况进行比较说明和分析。

7.2.1　董事会结构分项指数总体分布

基于 3147 家上市公司董事会结构的各项指标，我们得出了每家上市公司董事会结构分项指数。以 10 分为间隔，可以将董事会结构分项指数划分为 9 个区间（公司数目为 0 的指数区间合并），每个分数区间段的公司数目和所占比重参见表 7－2。

表 7－2　2017 年上市公司董事会结构分项指数区间分布

指数组别	公司数目	占比(%)	累计占比(%)
[0,10)	6	0.19	0.19
[10,20)	76	2.41	2.60
[20,30)	587	18.65	21.26
[30,40)	1268	40.29	61.55
[40,50)	871	27.68	89.23
[50,60)	292	9.28	98.51
[60,70)	41	1.30	99.81
[70,80)	6	0.19	100.00
[80,100]	0	0.00	100.00
总计	3147	100	—

由表 7－2 可见，2017 年董事会结构分项指数在除［80，100］以外的各个区间都有上市公司存在，董事会结构分项指数主要分布在［20，50）区间，共计 2726 家公司，占样本总数的 86.62%。

图 7－2 可以直观地看出上市公司董事会结构分项指数的分布区间。可以看到，2017 年上市公司董事会结构分项指数从低分到高分，公司数目分布呈现正偏态分布，偏度系数是 0.2074。

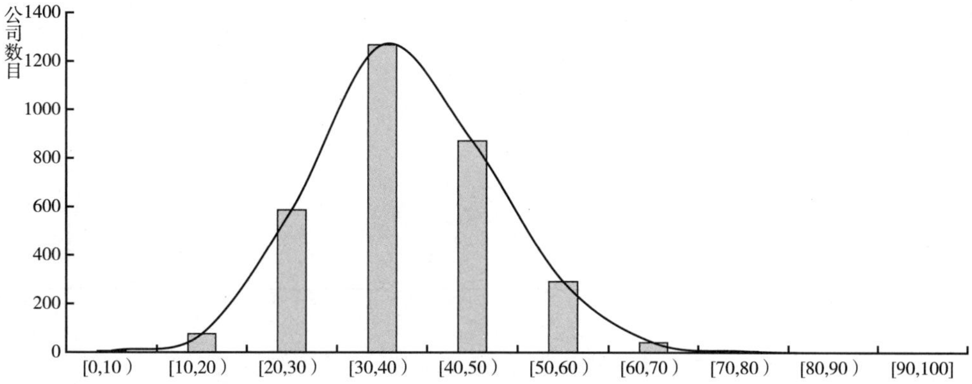

图 7－2　2017 年上市公司董事会结构分项指数区间分布

7.2.2　分地区董事会结构分项指数比较

按照四个地区的划分，我们统计了不同地区上市公司的董事会结构分项指数，参见表 7－3。

表 7－3　2017 年不同地区上市公司董事会结构分项指数比较

排序	地区	公司数目	平均值	中位值	最大值	最小值	标准差
1	西部	432	38.9828	36.9722	66.6667	11.6071	8.9086
2	中部	433	37.9105	36.5530	61.9722	14.5000	8.6420
3	东部	2135	37.6673	36.3889	76.5000	5.6481	9.6038
4	东北	147	37.2143	36.5000	60.5208	10.0926	8.6850
	总体	3147	37.8602	36.5530	76.5000	5.6481	9.3533

从表 7－3 可以看到，四个地区中，西部上市公司董事会结构分项指数均值最高，为 38.9828 分，东北上市公司董事会结构分项指数均值最低，为 37.2143 分，二者绝对差距为 1.7685 分。董事会结构分项指数的最大值和最小值都出自东部。

图 7－3 直观地反映了四个地区上市公司董事会结构分项指数均值的差异。可以看到，不同地区上市公司董事会结构分项指数均值相差不是很大，西部和中部的董事会结构分项指数均值高于总体均值，东部和东北的董事会结构分项指数低于总体均值。

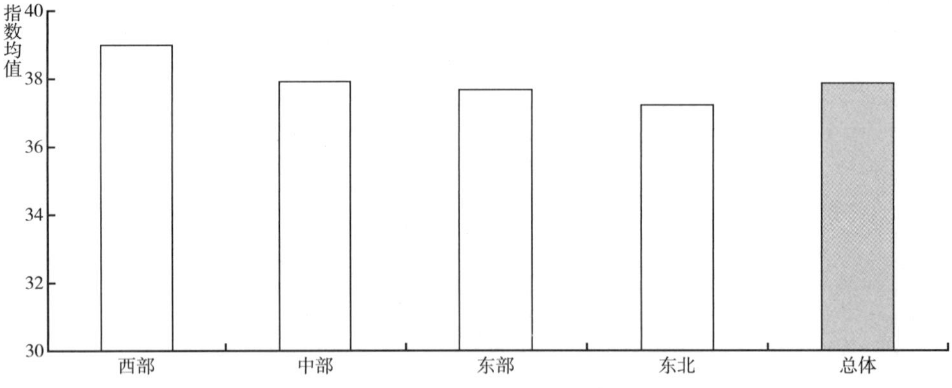

图 7－3　2017 年不同地区上市公司董事会结构分项指数比较

7.2.3　分行业董事会结构分项指数比较

我们用各个行业内的上市公司董事会结构分项指数的平均值来代表各个行业的上市公司董事会结构分项指数，然后把各个行业的上市公司董事会结构分项指数按照由高到低的顺序进行排名，具体排名结果参见表 7－4。

表 7-4　2017 年不同行业上市公司董事会结构分项指数排名及比较

排名	行业	公司数目	平均值	中位值	最大值	最小值	标准差
1	金融业(J)	77	52.7050	53.0556	76.5000	32.7778	10.3547
2	卫生和社会工作(Q)	8	42.4424	43.8790	54.1667	27.9630	9.1227
3	采矿业(B)	74	41.1089	40.5556	66.6667	24.0530	8.5268
4	科学研究和技术服务业(M)	32	40.5183	40.8102	54.1667	15.5093	8.0411
5	交通运输、仓储和邮政业(G)	90	40.3825	37.3958	74.8611	14.3452	10.4526
6	电力、热力、燃气及水生产和供应业(D)	103	40.3068	40.2500	75.7870	15.9722	9.8571
7	水利、环境和公共设施管理业(N)	40	39.6493	37.0833	53.8889	27.2396	6.9555
8	建筑业(E)	90	39.2290	40.3125	62.5000	9.8611	10.1295
9	房地产业(K)	125	38.3241	37.2222	59.5455	14.2708	7.8907
10	文化、体育和娱乐业(R)	48	38.0063	36.7708	53.6667	25.9259	7.4312
11	信息传输、软件和信息技术服务业(I)	233	37.5968	36.5909	53.8542	14.0278	7.8916
12	批发和零售业(F)	158	37.0769	36.1979	63.6111	12.9167	9.2357
13	综合(S)	23	36.9862	38.7500	47.8571	23.5985	8.1085
14	制造业(C)	1949	36.8884	36.0714	68.8636	5.6481	9.0297
15	租赁和商务服务业(L)	42	36.7750	36.5735	53.2051	19.1667	8.9010
16	农、林、牧、渔业(A)	42	36.5136	35.8218	54.6875	15.8333	8.9193
17	教育(P)	4	36.1921	36.2037	37.5000	34.8611	1.1787
18	住宿和餐饮业(H)	9	33.8777	31.6667	44.9306	23.6667	7.4882
总体		3147	37.8602	36.5530	76.5000	5.6481	9.3533

从表 7-4 可以看出，有 10 个行业的董事会结构分项指数均值高于总体均值（37.8602），这 10 个行业的董事会结构分项指数最大均值与总体均值的绝对差距为 14.8448 分；其他 8 个行业的上市公司董事会结构分项指数均值低于总体均值，总体均值与这 8 个行业的最低均值的绝对差距为 3.9825 分。显然董事会结构分项指数高分区行业的内部差距远高于低分区行业。上市公司董事会结构分项指数均值排名前三位的行业分别是金融业（J），卫生和社会工作（Q），以及采矿业（B）；排名最后三位的行业是住宿和餐饮业（H），教育（P）及农、林、牧、渔业（A）。董事会结构分项指数最大值出自金融业（J），最小值出自制造业（C）。需要注意的是，教育（P）只有 4 家上市公司，代表性有限。

图 7-4 直观地反映了不同行业上市公司董事会结构分项指数均值的差异。可以看

到，得分最高的金融业与其他行业相比，差异非常明显；其他各行业董事会结构分项指数均值相差较小。

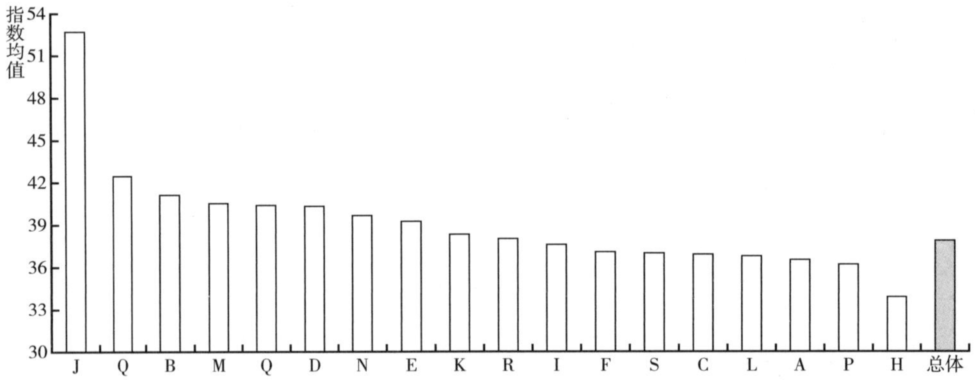

图 7－4　2017 年不同行业上市公司董事会结构分项指数比较

7.2.4　分上市板块董事会结构分项指数比较

根据公司上市的四个板块划分，对不同板块上市公司的董事会结构分项指数进行综合比较，结果如表 7－5 所示。

表 7－5　2017 年不同上市板块上市公司董事会结构分项指数比较

排序	上市板块	公司数目	平均值	中位值	最大值	最小值	标准差
1	深市主板(不含中小企业板)	458	41.2446	40.9623	69.1288	11.5104	8.7905
2	沪市主板	1232	37.6739	36.6667	76.5000	5.6481	10.6865
3	深市中小企业板	841	37.2835	36.1806	61.4286	13.9815	8.0904
4	深市创业板	616	36.5039	36.0648	60.4630	15.6482	7.8003
	总体	3147	37.8602	36.5530	76.5000	5.6481	9.3533

从表 7－5 可以看出，深市主板（不含中小企业板）上市公司董事会结构分项指数的均值最高，为 41.2446 分，深市创业板上市公司董事会结构分项指数均值最低，为 36.5039 分，位居中间的沪市主板和深市中小企业板的董事会结构分项指数均值与最后的深市创业板之间的差别不大。四个板块中，董事会结构分项指数最大值和最小值均出自沪市主板。

图 7－5 可以直观地反映出四个上市板块上市公司董事会结构分项指数的差异。可以看出，深市主板（不含中小企业板）的上市公司董事会结构分项指数均值高于总体

均值；而沪市主板、深市中小企业板、深市创业板的上市公司董事会治理指数均值则低于总体均值。

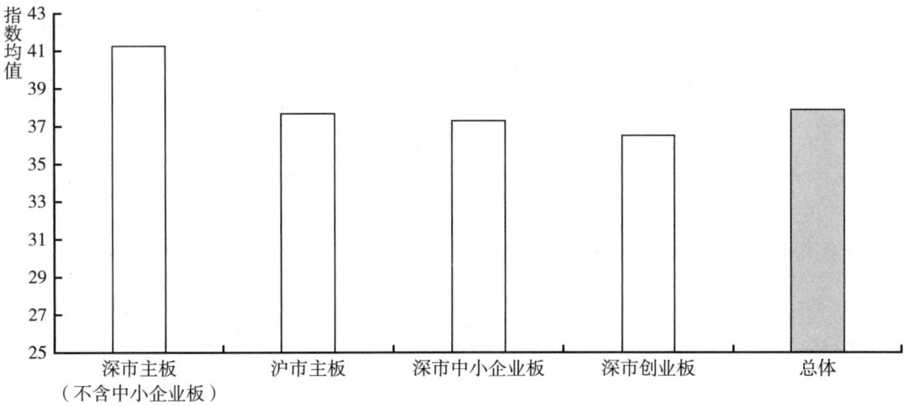

图 7-5　2017 年不同板块上市公司董事会结构分项指数比较

7.3　独立董事独立性分项指数排名及比较

独立董事独立性分项指数衡量独立董事专业素质和履职情况，主要从形式上来评价独立董事的独立性。本节主要对独立董事独立性分项指数排名的各种情况进行比较分析。

7.3.1　独立董事独立性分项指数总体分布

根据独立董事独立性分项指数的分布，我们将独立董事独立性分项指数以 10 分为间隔，划分成 10 个区间，得到的结果参见表 7-6。

表 7-6　2017 年上市公司独立董事独立性分项指数区间分布

指数分组	公司数目	占比(%)	累计占比(%)
[0,10)	0	0.00	0.00
[10,20)	2	0.06	0.06
[20,30)	20	0.64	0.70
[30,40)	95	3.02	3.72
[40,50)	322	10.23	13.95
[50,60)	750	23.83	37.78

续表

指数分组	公司数目	占比(%)	累计占比(%)
[60,70)	1088	34.57	72.35
[70,80)	738	23.45	95.81
[80,90)	128	4.07	99.87
[90,100]	4	0.13	100.00
总计	3147	100.00	—

由表 7-6 可以看出，独立董事独立性分项指数主要分布在［40，80）区间，总计有 2898 家公司，占样本总数的 92.08%。相对于其他三个分项指数，上市公司在独立董事独立性分项指数上得分较高。原因在于，中国很多上市公司设立独立董事其实是为了满足中国证监会的强制性要求，或者说，是满足于形式上的独立性要求，而是否也具有实质上的独立性，仅从该分项指数还难以得出结论，需要结合董事会行为和董事激励与约束两个分项指数来判断。

图 7-6 可以直观地反映出上市公司独立董事独立性分项指数的区间分布。可以看出，2017 年上市公司独立董事独立性分项指数从低分到高分，公司数目呈负偏态分布，偏度系数是 -0.4403。

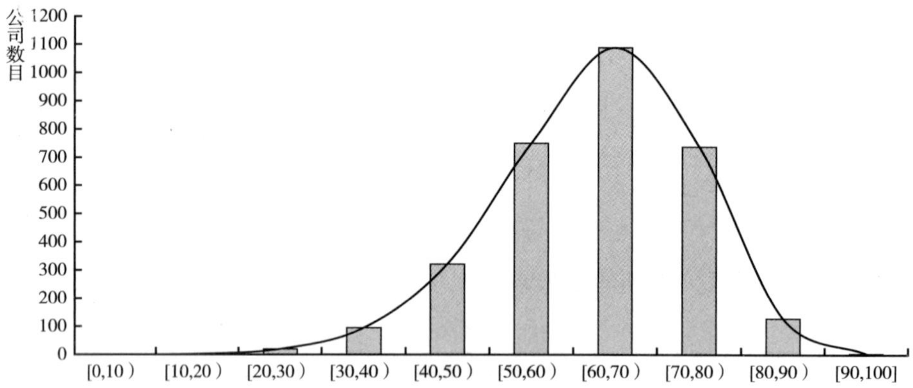

图 7-6　2017 年上市公司独立董事独立性分项指数区间分布

7.3.2　分地区独立董事独立性分项指数比较

从东部、中部、西部和东北四个地区的划分来看，西部上市公司的独立董事独立性分项指数均值最高，为 62.1469 分；东北最低，为 58.8014 分。最高的西部与最低的东北之间的绝对差距为 3.3455 分（参见表 7-7）。

表 7－7　2017 年不同地区上市公司独立董事独立性分项指数比较

排序	地区	公司数目	平均值	中位值	最大值	最小值	标准差
1	西部	432	62.1469	60.0000	90.0000	30.0000	10.6564
2	中部	433	60.6155	60.0000	90.0000	25.0000	11.4311
3	东部	2135	60.5910	60.0000	90.0000	19.1667	11.3717
4	东北	147	58.8014	60.0000	80.0000	19.5238	11.5744
	总体	3147	60.7244	60.0000	90.0000	19.1667	11.3146

图 7－7 更直观地反映了四个地区上市公司独立董事独立性分项指数均值的差异。可以看出，只有西部上市公司的独立董事独立性分项指数均值高于总体均值，其他三个地区都低于总体均值。

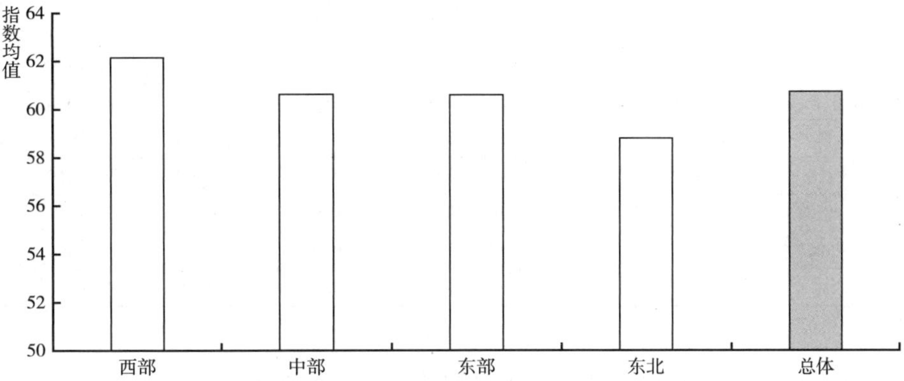

图 7－7　2017 年不同地区上市公司独立董事独立性分项指数比较

7.3.3　分行业独立董事独立性分项指数比较

用各个行业内的上市公司独立董事独立性分项指数的平均值来代表各个行业的上市公司独立董事独立性分项指数，然后把各个行业的上市公司独立董事独立性分项指数按照由高到低的顺序进行排名，具体排名结果参见表 7－8。

表 7－8　2017 年不同行业上市公司独立董事独立性分项指数排名及比较

排名	行业	公司数目	平均值	中位值	最大值	最小值	标准差
1	教育(P)	4	67.5000	65.0000	80.0000	60.0000	8.2916
2	科学研究和技术服务业(M)	32	63.3945	64.4953	89.6970	44.5238	11.0036
3	农、林、牧、渔业(A)	42	63.0869	65.0000	80.0000	39.3333	10.4006

续表

排名	行业	公司数目	平均值	中位值	最大值	最小值	标准差
4	交通运输、仓储和邮政业(G)	90	62. 7243	62. 9167	85. 0000	19. 5238	10. 6088
5	综合(S)	23	61. 9830	60. 0000	85. 0000	30. 0000	13. 9930
6	信息传输、软件和信息技术服务业(I)	233	61. 6949	60. 0000	85. 0000	29. 0000	10. 3759
7	制造业(C)	1949	61. 1907	60. 0000	90. 0000	24. 3333	11. 2203
8	建筑业(E)	90	60. 5902	60. 0000	85. 0000	34. 3333	11. 3231
9	水利、环境和公共设施管理业(N)	40	60. 5300	60. 0000	85. 0000	35. 0000	12. 4540
10	文化、体育和娱乐业(R)	48	59. 7102	60. 0000	80. 0000	40. 0000	9. 9052
11	卫生和社会工作(Q)	8	59. 3750	60. 0000	75. 0000	40. 0000	10. 4396
12	电力、热力、燃气及水生产和供应业(D)	103	59. 2347	60. 0000	80. 0000	19. 1667	11. 8604
13	批发和零售业(F)	158	58. 8595	60. 0000	90. 0000	25. 0000	11. 2068
14	租赁和商务服务业(L)	42	58. 1481	59. 6057	75. 0000	40. 0000	9. 2516
15	金融业(J)	77	58. 1334	59. 7959	83. 3333	29. 0698	11. 5502
16	采矿业(B)	74	58. 1252	60. 0000	80. 0000	29. 7619	12. 3891
17	房地产业(K)	125	56. 8705	59. 6667	85. 0000	20. 0000	12. 4812
18	住宿和餐饮业(H)	9	55. 5556	55. 0000	70. 0000	45. 0000	9. 5581
总体		3147	60. 7244	60. 0000	90. 0000	19. 1667	11. 3146

由表 7－8 可知，18 个行业中，有 7 个行业的独立董事独立性分项指数均值高于总体均值（60. 7244），这 7 个行业的行业均值最大值与总体均值的绝对差距是 6. 7756 分；其他 11 个行业的独立董事独立性分项指数均值低于总体均值，总体均值与这 11 个行业的最小均值的绝对差距是 5. 1688 分。独立董事独立性分项指数高分区行业的内部差距大于低分区行业。上市公司独立董事独立性分项指数均值排名前三位的行业分别是教育（P），科学研究和技术服务业（M），农、林、牧、渔业（A）；排在后三位的分别是住宿和餐饮业（H），房地产业（K），以及采矿业（B）。需要注意的是，教育行业（P）只有 4 家上市公司，很难反映该行业上市公司独立董事独立性的实际平均水平。独立董事独立性分项指数最大值出自制造业（C），以及批发和零售业（F）（并列），最小值出自电力、热力、燃气及水生产和供应业（D）。

图 7－8 直观地反映了不同行业上市公司独立董事独立性分项指数均值的差异。可以看到，如果排除掉代表性有限的教育（P），则除了最后两位的住宿和餐饮业（H）及房地产业（K）明显低于其他行业之外，其他各行业上市公司独立董事独立性分项指数均值从大到小差别不大，较为平缓。

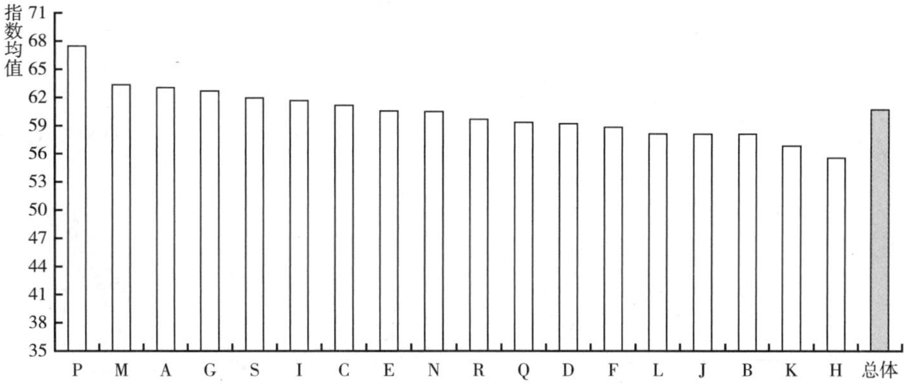

图 7－8　2017 年不同行业上市公司独立董事独立性分项指数比较

7.3.4　分上市板块独立董事独立性分项指数比较

按照四个市场板块的划分，对不同板块上市公司的独立董事独立性分项指数进行综合比较，结果如表 7－9 所示。

表 7－9　2017 年不同板块上市公司独立董事独立性分项指数比较

排序	上市板块	公司数目	平均值	中位值	最大值	最小值	标准差
1	深市创业板	616	62.5944	65.0000	90.0000	25.0000	11.3265
2	深市中小企业板	841	62.4291	64.1667	90.0000	25.0000	9.9418
3	深市主板(不含中小企业板)	458	59.9207	60.0000	90.0000	20.0000	12.2958
4	沪市主板	1232	58.9244	60.0000	85.0000	19.1667	11.4883
总体		3147	60.7244	60.0000	90.0000	19.1667	11.3146

从表 7－9 可以看出，深市创业板的上市公司独立董事独立性分项指数均值最高，为 62.5944 分；最低为沪市主板，是 58.9244 分，与深市创业板和中小企业板有较大差距，最高者与最低者之间的均值差距为 3.6700 分。

图 7－9 直观地反映了四个板块上市公司独立董事独立性分项指数的差异。可以看到，深市创业板和深市中小企业板的上市公司独立董事独立性分项指数均值高于总体均值，深市主板（不含中小企业板）和沪市主板低于总体均值。

7.4　董事会行为分项指数排名及比较

董事会行为分项指数主要衡量董事会行为相关制度的建立及其执行情况，侧重从实

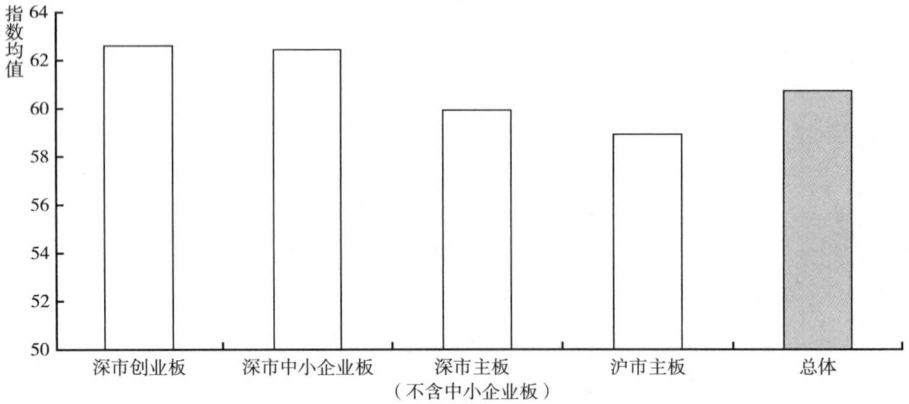

图 7－9　2017 年不同板块上市公司独立董事独立性分项指数比较

质上来衡量董事会的实际履职情况。本节就董事会行为分项指数从不同角度进行比较和分析。

7.4.1　董事会行为分项指数总体分布

根据 3147 家样本上市公司的董事会行为分项指数，我们将其划分为 10 个区间，每个区间以 10 分为间隔，所有上市公司的董事会行为分项指数分布如表 7－10 所示。

表 7－10　2017 年上市公司董事会行为分项指数区间分布

指数组别	公司数目	占比(%)	累计占比(%)
[0,10)	0	0.00	0.00
[10,20)	3	0.10	0.10
[20,30)	189	6.01	6.10
[30,40)	376	11.95	18.05
[40,50)	532	16.90	34.95
[50,60)	692	21.99	56.94
[60,70)	860	27.33	84.27
[70,80)	454	14.43	98.70
[80,90)	28	0.89	99.59
[90,100]	13	0.41	100.00
总计	3147	100.00	—

由表 7－10 可知，董事会行为分项指数主要分布在［30，80）区间，有 2914 家公司，占上市公司样本总数的 92.60%。

图 7-10 直观地反映了上市公司董事会行为分项指数的分布情况。可以看到，2017 年上市公司董事会行为分项指数从低分到高分，公司数目呈负偏态分布，偏度系数是 -0.2444。

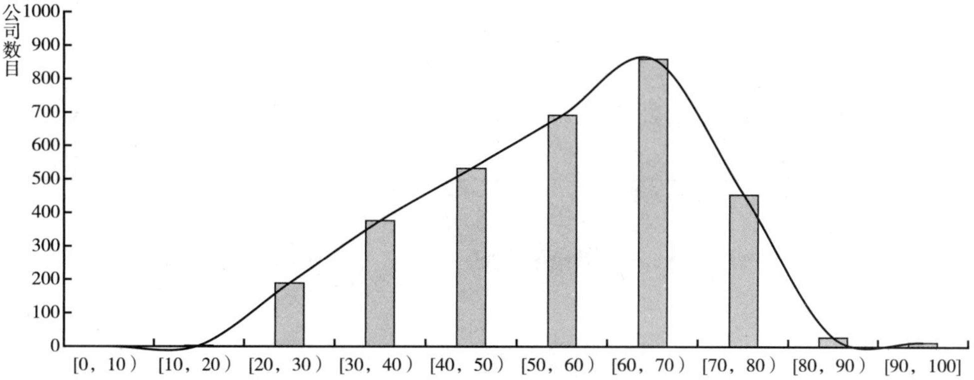

图 7-10　2017 年上市公司董事会行为分项指数区间分布

7.4.2　分地区董事会行为分项指数比较

将上市公司按照东部、中部、西部和东北四个地区划分，不同地区上市公司董事会行为分项指数均值参见表 7-11。

表 7-11　2017 年不同地区上市公司董事会行为分项指数比较

排序	地区	公司数目	平均值	中位值	最大值	最小值	标准差
1	东部	2135	55.2672	58.2688	90.6188	18.9095	14.3003
2	西部	432	55.0524	54.7885	90.4967	18.5968	14.3317
3	中部	433	54.0047	54.7151	90.4010	20.8726	15.3539
4	东北	147	51.0218	52.9756	77.9994	20.7301	14.7356
总体		3147	54.8657	55.7466	90.6188	18.5968	14.5058

由表 7-11 可知，东部上市公司的董事会行为分项指数均值最高，为 55.2672 分；东北地区董事会行为分项指数均值最低，为 51.0218 分，最高与最低地区的绝对差距为 4.2454 分。在四个地区中，董事会行为分项指数最大值出自东部，最小值出自西部。

图 7-11 更直观地反映了四个地区上市公司董事会行为分项指数均值的差异。可以看出，除东北地区明显低于其他三个地区外，东部、西部和中部地区的上市公司的董事会行为分项指数均值的差别不大。其中，东部和西部上市公司的董事会行为分项指数均值高于总体均值，其他两个地区的董事会行为分项指数均值低于总体均值。

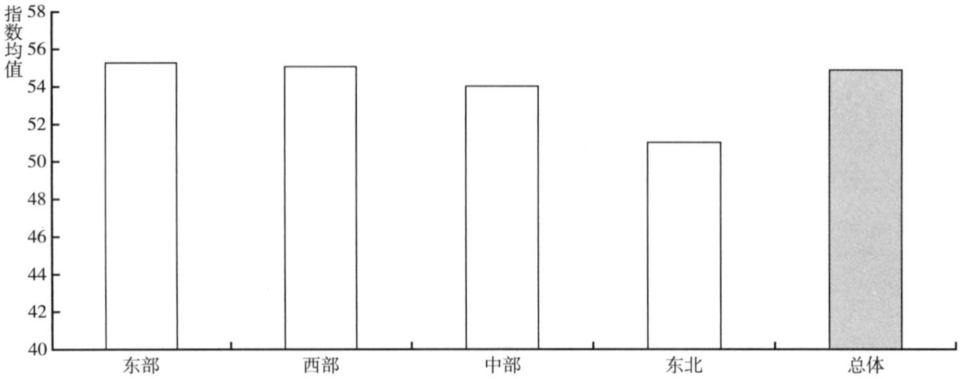

图 7－11　2017 年不同地区上市公司董事会行为分项指数比较

7.4.3　分行业董事会行为分项指数比较

按照董事会行为分项指数均值从大到小的顺序，将不同行业上市公司董事会行为分项指数均值的排名列在表 7－12 中。

表 7－12　2017 年不同行业上市公司董事会行为分项指数排名及比较

排名	行业	公司数目	平均值	中位值	最大值	最小值	标准差
1	农、林、牧、渔业(A)	42	58.7147	60.9822	90.6188	23.5635	14.9073
2	信息传输、软件和信息技术服务业(I)	233	58.1498	60.1504	88.5907	18.5968	12.7574
3	水利、环境和公共设施管理业(N)	40	56.9436	58.2811	90.3150	23.6723	15.3607
4	住宿和餐饮业(H)	9	55.9471	52.9753	74.4762	38.7128	10.3284
5	制造业(C)	1949	55.5838	58.3146	90.5319	18.9095	14.6293
6	金融业(J)	77	55.3937	56.2154	77.9994	24.4736	13.8359
7	租赁和商务服务业(L)	42	55.2759	60.0009	76.3733	23.3016	13.4351
8	文化、体育和娱乐业(R)	48	54.6490	58.7389	76.3983	30.3325	12.1658
9	科学研究和技术服务业(M)	32	54.3961	56.3764	76.2256	35.0277	11.9882
10	建筑业(E)	90	54.2656	55.9178	90.4045	22.5751	14.6810
11	卫生和社会工作(Q)	8	53.9911	57.7863	69.1698	24.3265	16.1829
12	房地产业(K)	125	53.0705	54.6128	77.0750	22.4492	14.2893
13	教育(P)	4	50.9737	49.4781	67.0919	37.8469	11.1092
14	交通运输、仓储和邮政业(G)	90	50.6906	51.6269	76.2587	23.6253	12.4059
15	批发和零售业(F)	158	50.3272	52.0857	90.5617	20.7301	15.2558

续表

排名	行业	公司数目	平均值	中位值	最大值	最小值	标准差
16	综合(S)	23	50.2580	44.9499	76.1635	25.2895	14.3403
17	采矿业(B)	74	49.6036	47.5929	83.4213	20.8726	14.4056
18	电力、热力、燃气及水生产和供应业(D)	103	49.4044	51.1699	83.3362	20.7979	13.8913
总体		3147	54.8657	55.7466	90.6188	18.5968	14.5058

从表 7－12 中可以看出，18 个行业中，有 7 个行业的董事会行为分项指数均值高于总体均值（54.8657），这 7 个行业的行业均值最大值与总体均值的绝对差距是 3.8490 分；其他 11 个行业的董事会行为分项指数均值低于总体均值，总体均值与这 11 个行业的最小均值的绝对差距是 5.4613 分。董事会行为分项指数高分区行业的内部差距低于低分区行业。上市公司董事会行为分项指数均值排名前三位的行业分别是农、林、牧、渔业（A），信息传输、软件和信息技术服务业（I），以及水利、环境和公共设施管理业（N）；最后三位分别是电力、热力、燃气及水生产和供应业（D），采矿业（B），以及综合（S）。董事会行为分项指数最大值出自农、林、牧、渔业（A），最小值出自信息传输、软件和信息技术服务业（I）。

图 7－12 更直观地反映了不同行业上市公司董事会行为分项指数均值的差异。可以看出，董事会行为分项指数行业均值逐次递减，行业均值最低的 6 个行业较总体均值差异较为明显。

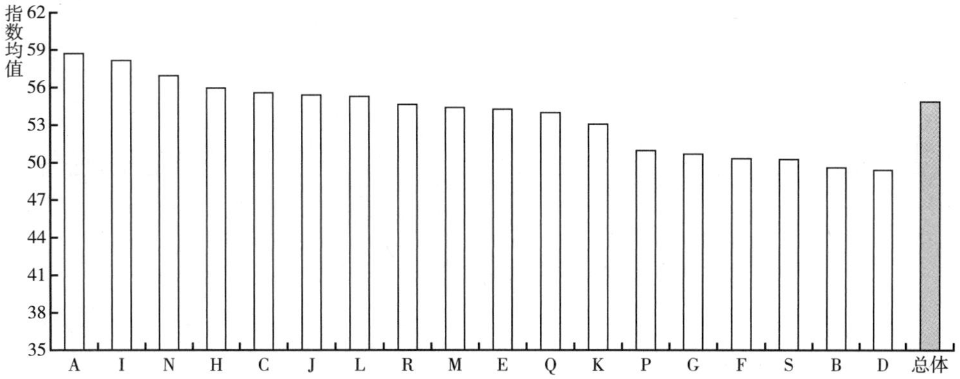

图 7－12　2017 年不同行业上市公司董事会行为分项指数比较

7.4.4　分上市板块董事会行为分项指数比较

按照四大上市板块的划分，对不同板块上市公司的董事会行为分项指数进行综合比较，结果如表 7－13 所示。

表 7－13　2017 年不同板块上市公司董事会行为分项指数比较

排序	上市板块	公司数目	平均值	中位值	最大值	最小值	标准差
1	深市创业板	616	64.2708	61.8707	90.6188	38.3771	10.1462
2	深市中小企业板	841	61.1153	61.8097	90.5096	29.7498	11.2283
3	深市主板（不含中小企业板）	458	60.3595	60.6404	84.1874	24.3265	11.2986
4	沪市主板	1232	43.8547	44.5193	87.9151	18.5968	12.2124
	总体	3147	54.8657	55.7466	90.6188	18.5968	14.5058

从表 7－13 可以看出，深市创业板上市公司的董事会行为分项指数均值最高，为 64.2708 分；沪市主板的均值最小，为 43.8547 分，低于分数最高的深市创业板 20.4161 分，差距很明显。这说明沪市主板上市公司虽然普遍上市时间较长，但其董事会履职情况在实质上并不乐观。在四个板块中，董事会行为分项指数最大值出自深市创业板，最小值出自沪市主板。

图 7－13 直观地反映了四个板块上市公司董事会行为分项指数的差异。可以看到，除了沪市主板的董事会行为分项指数远低于其他三个上市板块，并且低于总体均值外，其他三个板块相差不大，且都高于总体均值。

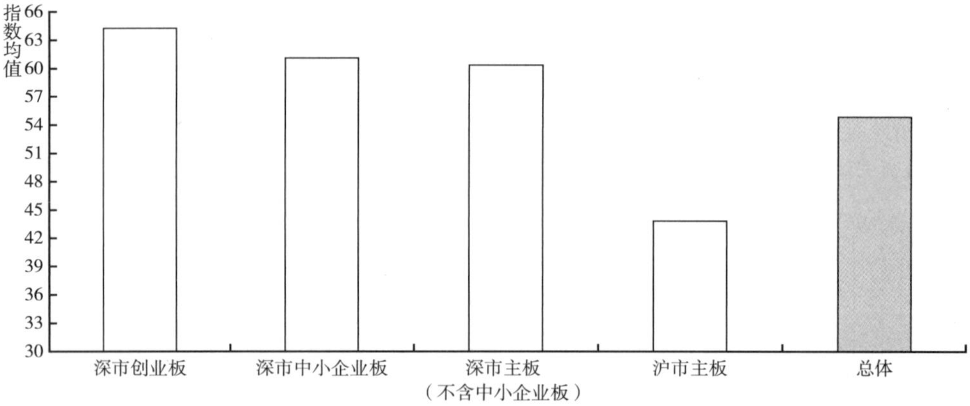

图 7－13　2017 年不同板块上市公司董事会行为分项指数比较

7.5　董事激励与约束分项指数排名及比较

董事激励与约束分项指数衡量董事激励和约束制度的建立和执行情况，主要从实质上评价董事激励与约束机制，尤其是约束机制的有效性。本节就董事激励与约束分项指数从不同角度进行比较和分析。

7.5.1 董事激励与约束分项指数总体分布

我们把董事激励与约束分项指数以 10 分为间隔划分为 9 个区间（公司数目为 0 的指数区间合并），所有上市公司的董事激励与约束分项指数如表 7－14 所示。

表 7－14 2017 年上市公司董事激励与约束分项指数区间分布

指数分组	公司数目	占比(%)	累计占比(%)
[0,10)	2	0.06	0.06
[10,20)	10	0.32	0.38
[20,30)	59	1.87	2.26
[30,40)	123	3.91	6.16
[40,50)	1028	32.67	38.83
[50,60)	1393	44.26	83.10
[60,70)	510	16.21	99.30
[70,80)	22	0.70	100.00
[80,100]	0	0.00	100.00
总计	3147	100.00	—

由表 7－14 可知，董事激励与约束分项指数主要分布在［40，70）区间范围内，共有 2931 家公司，占样本上市公司总数的 93.14%，其中在［50，60）区间的上市公司最多，共 1393 家，占上市公司样本总数的 44.26%。

从图 7－13 中可以更直观地看出，董事激励与约束分项指数分布较集中，偏度系数为－0.5683，呈负偏态分布。

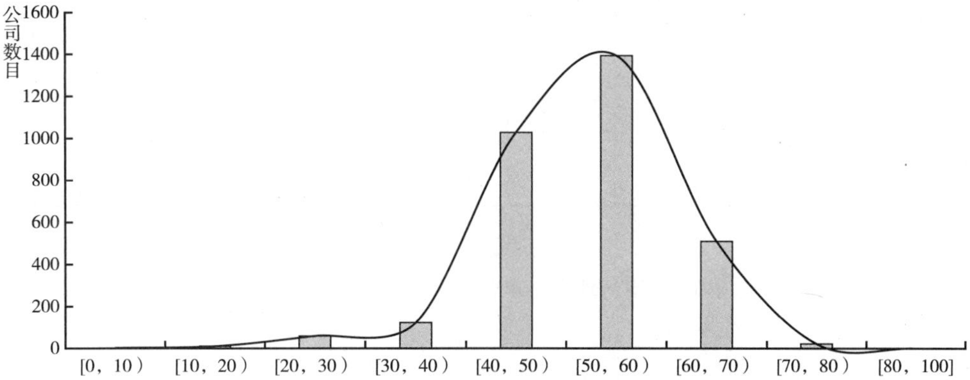

图 7－14 2017 年上市公司董事激励与约束分项指数区间分布

7.5.2 分地区董事激励与约束分项指数比较

按照东部、中部、西部和东北四个地区的划分，各地区上市公司董事激励与约束分项指数比较参见表 7－15。

表 7－15 2017 年不同地区上市公司董事激励与约束分项指数比较

排序	地区	公司数目	平均值	中位值	最大值	最小值	标准差
1	东部	2135	52.4590	55.5556	77.7778	0.0000	9.7506
2	中部	433	52.0272	55.5556	77.7778	11.1111	10.1816
3	西部	432	51.8004	55.5556	77.7778	0.0000	10.1452
4	东北	147	49.9622	50.0000	66.6667	22.2222	9.8168
总体		3147	52.1926	55.5556	77.7778	0.0000	9.8844

由表 7－15 可知，东部上市公司的董事激励与约束分项指数均值最高，为 52.4590 分；东北地区上市公司的董事激励与约束分项指数均值最低，为 49.9622 分，最高与最低之间的绝对差距为 2.4968 分，差别不大。在四个地区中，董事激励与约束分项指数最大值出自东部、中部、西部（并列），最小值出自东部和西部（并列）。

图 7－15 更直观地反映了四个地区上市公司董事激励与约束分项指数均值的差异。可以看到，东部的上市公司董事激励与约束分项指数均值高于总体均值，其他三个地区的上市公司董事激励与约束分项指数均值则低于总体均值，整体差异不大。

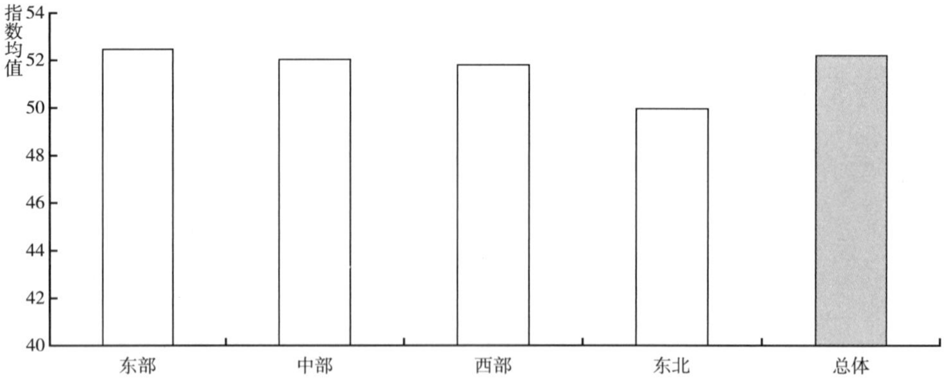

图 7－15 2017 年不同地区上市公司董事激励与约束分项指数比较

7.5.3 分行业董事激励与约束分项指数比较

按照 18 个行业大类划分，各行业上市公司董事激励与约束分项指数排名见表 7－16。

表 7－16　2017 年不同行业上市公司董事激励与约束分项指数排名及比较

排名	行业	公司数目	平均值	中位值	最大值	最小值	标准差
1	教育(P)	4	55.5556	55.5556	66.6667	44.4444	7.8567
2	水利、环境和公共设施管理业(N)	40	55.4167	55.5556	77.7778	44.4444	8.4699
3	文化、体育和娱乐业(R)	48	54.7454	55.5556	77.7778	33.3333	9.7545
4	综合(S)	23	54.5894	55.5556	66.6667	44.4444	8.6148
5	交通运输、仓储和邮政业(G)	90	53.5802	55.5556	66.6667	22.2222	9.9832
6	农、林、牧、渔业(A)	42	53.4392	55.5556	77.7778	11.1111	11.4340
7	制造业(C)	1949	52.5569	55.5556	77.7778	0.0000	9.5971
8	科学研究和技术服务业(M)	32	52.4306	55.5556	66.6667	44.4444	7.4713
9	房地产业(K)	125	52.4000	55.5556	77.7778	22.2222	10.1187
10	信息传输、软件和信息技术服务业(I)	233	52.3844	55.5556	77.7778	0.0000	10.9857
11	电力、热力、燃气及水生产和供应业(D)	103	52.2114	55.5556	77.7778	22.2222	9.3007
12	建筑业(E)	90	51.2963	55.5556	66.6667	11.1111	8.8831
13	金融业(J)	77	50.8658	55.5556	77.7778	22.2222	11.6419
14	租赁和商务服务业(L)	42	49.4709	44.4444	66.6667	22.2222	9.2176
15	卫生和社会工作(Q)	8	49.3056	50.0000	66.6667	22.2222	15.0712
16	采矿业(B)	74	48.7988	44.4444	66.6667	22.2222	8.6776
17	住宿和餐饮业(H)	9	48.1481	44.4444	55.5556	33.3333	7.4074
18	批发和零售业(F)	158	47.8903	44.4444	66.6667	11.1111	10.5448
总体		3147	52.1926	55.5556	77.7778	0.0000	9.8844

由表 7－16 可以看出，18 个行业中，董事激励与约束分项指数均值高于总体均值的行业有 11 个，这 11 个行业董事激励与约束分项指数最大均值与总体均值的绝对差距为 3.3630 分；低于总体均值的行业有 7 个，总体均值与这 7 个行业董事激励与约束分项指数最小均值的绝对差距为 4.3023 分。低分区行业的内部差距与高分区行业相差不大。董事激励与约束分项指数最大值同时出现在自水利、环境和公共设施管理业（N）等 8 个产业；最小值出自制造业（C）及信息传输、软件和信息技术服务业（I）（并列）。上市公司董事激励与约束分项指数均值排名前三位的行业分别是教育（P），水利、环境和公共设施管理业（N），以及文化、体育和娱乐业（R）；排名最后三位的行业分别是批发和零售业（F），住宿和餐饮业（H），采矿业（B）。需要注意的是，教育行业（P）只有 4 家上市公司，很难反映该行业上市公司董事激励与约束的实际平均水平。

图 7－16 直观地反映了不同行业上市公司董事激励与约束分项指数均值的差异。可以看到，董事激励与约束分项指数行业均值逐次递减，行业均值最低的 5 个行业较总体均值差异较为明显。

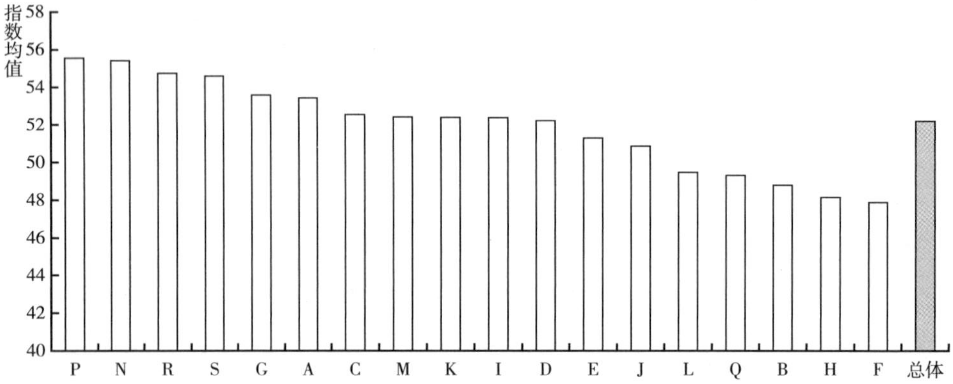

图 7－16　2017 年不同行业上市公司董事激励与约束分项指数比较

7.5.4　分上市板块董事激励与约束分项指数比较

按照四大上市板块的划分，对不同板块上市公司的董事激励与约束分项指数进行综合比较，结果如表 7－17 所示。

表 7－17　2017 年不同板块上市公司董事激励与约束分项指数比较

排序	上市板块	公司数目	平均值	中位值	最大值	最小值	标准差
1	深市创业板	616	53.1385	55.5556	77.7778	0.0000	9.8678
2	深市中小企业板	841	52.9396	55.5556	77.7778	11.1111	9.6426
3	深市主板(不含中小企业板)	458	51.9893	55.5556	77.7778	0.0000	10.7325
4	沪市主板	1232	51.2852	55.5556	77.7778	11.1111	9.6395
总体		3147	52.1926	55.5556	77.7778	0.0000	9.8844

从表 7－17 可以看出，深市创业板上市公司的董事激励与约束分项指数均值最高，为 53.1385 分；沪市主板的董事激励与约束分项指数均值最低，为 51.2852 分。

图 7－17 直观地反映了四个板块上市公司董事激励与约束分项指数均值的差异。可以看到，深市创业板和深市中小企业板上市公司董事激励与约束分项指数均值高于总体均值，深市主板（不含中小企业板）和沪市主板上市公司董事激励与约束分项指数均值低于总体均值。

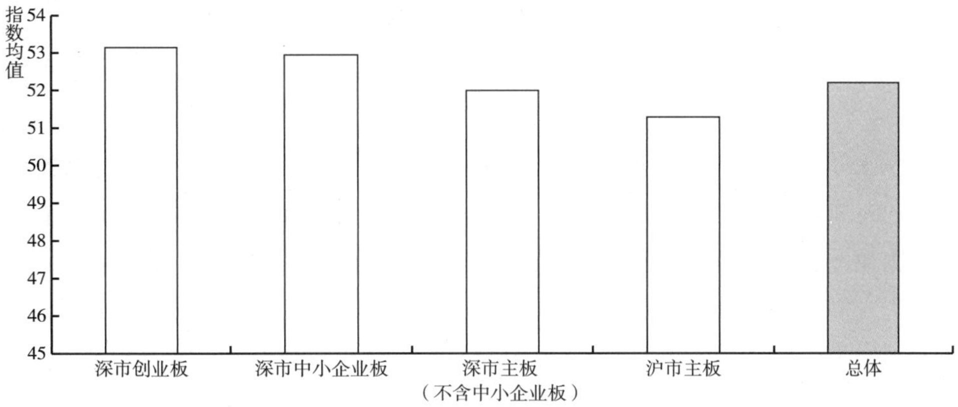

图 7-17　2017 年不同板块上市公司董事激励与约束分项指数比较

7.6　本章小结

本章从总体、地区、行业、上市板块四个方面，对董事会治理的四个分项指数，即董事会结构、独立董事独立性、董事会行为、董事激励与约束进行了全面分析，主要结论如下。

（1）比较董事会治理四个分项指数，独立董事独立性分项指数最高，董事会结构分项指数最低。从指数分布区间来看，董事会结构分项指数主要分布在［20，50）区间，占样本总数的 86.62%；独立董事独立性分项指数主要分布在［40，80）区间，占样本总数的 92.08%；董事会行为分项指数主要分布在［30，80）区间，占上市公司样本总数的 92.60%；董事激励与约束分项指数主要分布在［40，70）区间，占样本上市公司总数的 93.14%。总体上看，四个分项指数分布都比较集中。

（2）从地区来看，西部上市公司在衡量董事会治理形式的董事会结构和独立董事独立性指数表现较好，而东部上市公司在衡量董事会治理实质的董事会行为和董事激励与约束制度指数表现更好。四个分项指数中，东北上市公司表现均较差。

（3）从行业来看，董事会结构分项指数均值最高的三个行业分别是金融业（J）、卫生和社会工作（Q），以及采矿业（B）；独立董事独立性分项指数均值最高的三个行业是教育（P），科学研究和技术服务业（M），以及农、林、牧、渔业（A）；董事会行为分项指数均值最高的三个行业是农、林、牧、渔业（A），信息传输、软件和信息技术服务业（I），以及水利、环境和公共设施管理业（N）；董事激励与约束分项指数均值最高的三个行业是教育（P），水利、环境和公共设施管理业（N），以及文化、体育和娱乐业（R）。需要注意的是，教育行业（P）只有4家上市公司，难以反映四个分项指数的实际平均水平。总体来看，各行业在四个分项指数中的表现各有侧重。

（4）从上市板块来看，深市创业板和深市中小企业板在除董事会结构以外的三个分项指数上表现较好，在董事会结构上表现较差。而沪市主板和深市主板（不含中小企业板）则相反，在董事会结构上表现较好，在另外三个分项指数上表现较差。

第 8 章　董事会治理指数的所有制比较

根据第 1 章的控股或所有制类型划分，本章对 2017 年 3147 家样本上市公司的董事会治理指数及四个分项指数从所有制角度进行比较分析，以了解国有控股公司和非国有控股公司在董事会治理方面存在的异同。

8.1　董事会治理指数的所有制总体比较

8.1.1　董事会治理总体指数比较

不同的所有制会对上市公司董事会治理产生影响，表 8-1 比较了不同所有制上市公司总体的董事会治理指数，并按照均值从高到低的顺序进行了排名。

表 8-1　2017 年分所有制上市公司董事会治理指数比较

排序	所有制类型	公司数目	平均值	中位值	最大值	最小值	标准差
1	国有参股公司	745	51.9251	51.9842	73.5453	26.3507	6.4655
2	国有弱相对控股公司	349	51.7115	52.0502	72.0933	29.6298	6.9312
3	无国有股份公司	1348	51.4541	51.4970	69.5818	28.1168	6.2842
4	国有强相对控股公司	448	50.7400	51.0172	71.9738	27.9141	6.7518
5	国有绝对控股公司	257	50.4530	50.8374	65.2810	34.1059	6.4627
总体		3147	51.4107	51.5641	73.5453	26.3507	6.5002

从表 8-1 可以看出，中国上市公司董事会治理指数总体较低，平均值 51.4107 分，未达到 60 分的及格水平。五类所有制公司的董事会治理指数均值差异不大，最大值和最小值之差仅为 1.4721 分。国有参股公司的董事会治理指数的均值最高，为 51.9251

分；国有绝对控股公司的董事会治理指数的均值最低，为 50.4530 分。国有弱相对控股公司董事会治理指数的中位值最高，为 52.0502 分；国有绝对控股公司董事会治理指数的中位值最低，为 50.8374 分。董事会治理指数的最大值和最小值均来自国有参股公司。从标准差来看，五类所有制公司的离散程度较小。

图 8－1 按照第一大股东中的国有股份比例从大到小进行了排序。可以发现，随着第一大股东中的国有股比例的降低，董事会治理指数先逐渐上升，到国有参股公司达到最高，然后降低，呈现倒“U”形。这说明，适度降低国有股权集中度可能是提高公司董事会治理水平的比较有效的方式。国有参股公司由于存在着国有股东和非国有股东之间的制衡，有利于董事会治理水平的提升。这与我们之前出版的《中国上市公司董事会治理指数报告 2013》、《中国上市公司董事会治理指数报告 2015》、《中国公司治理分类指数报告 No. 15（2016）》和《中国公司治理分类指数报告 No. 16（2017）》中的结论是完全一致的。

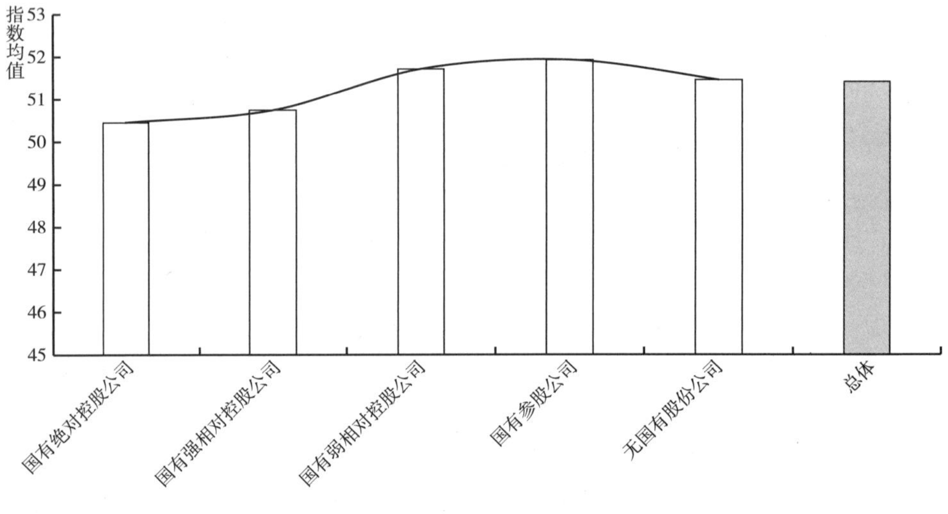

图 8－1　2017 年不同所有制上市公司董事会治理指数均值比较

我们进一步将国有绝对控股公司、国有强相对控股公司和国有弱相对控股公司归类为国有控股公司，将国有参股公司和无国有股份公司归类为非国有控股公司（民资控股公司），表 8－2 比较了国有控股公司和非国有控股公司董事会治理指数的差异。

从表 8－2 可知，国有控股公司与非国有控股公司的董事会治理指数总体均值差距不大，二者相差仅为 0.63 分。非国有控股公司董事会治理指数均值略高于国有控股公司。

表 8－2　2017 年国有控股与非国有控股上市公司董事会治理指数比较

排序	控股类型	公司数目	平均值	中位值	最大值	最小值	标准差
1	非国有控股公司	2093	51.6217	51.6716	73.5453	26.3507	6.3533
2	国有控股公司	1054	50.9917	51.1602	72.0933	27.9141	6.7629
总体		3147	51.4107	51.5641	73.5453	26.3507	6.5002

我们进一步将国有控股公司按照实际控制人划分为中央企业控股公司和地方国企控股公司，表 8－3 对两类国有控股公司与非国有控股公司进行了比较，并按照均值从高到低的顺序进行了排序。可以发现，中央企业控股公司董事会治理指数略高于地方国企控股公司，但二者均低于民资控股公司（即非国有控股公司）。

表 8－3　2017 年不同实际控制人上市公司董事会治理指数比较

排序	最终控制人	公司数目	平均值	中位值	最大值	最小值	标准差
1	民资股东	2093	51.6217	51.6716	73.5453	26.3507	6.3533
2	中央国有企业	376	51.2483	51.9598	67.4973	32.0011	6.7235
3	地方国有企业	678	50.8493	50.8447	72.0933	27.9141	6.7805
总体		3147	51.4107	51.5641	73.5453	26.3507	6.5002

8.1.2　董事会治理分项指数总体比较

董事会治理指数包括董事会结构、独立董事独立性、董事会行为和董事激励与约束四个分项指数，表 8－4 对五类所有制上市公司的四个董事会治理分项指数进行了比较。

表 8－4　2017 年分所有制上市公司董事会治理分项指数均值比较

所有制类型	董事会结构	独立董事独立性	董事会行为	董事激励与约束
国有绝对控股公司	41.3879	59.1268	50.0866	51.2105
国有强相对控股公司	40.9798	59.1147	51.2285	51.6369
国有弱相对控股公司	41.5564	59.8778	52.3871	53.0245
国有参股公司	36.8569	61.2354	57.5425	52.0656
无国有股份公司	35.7484	61.5006	56.1480	52.4192
总体	37.8602	60.7244	54.8657	52.1926

从表 8－4 可以看出，四个分项指数中，仅独立董事独立性分项指数均值刚达到 60 分的及格水平，其他三类分项指数均值均未及格。

图 8－2 更直观地反映了不同所有制上市公司董事会治理四个分项指数均值的差异。可以发现，从总体上看，独立董事独立性分项指数最高，董事会结构分项指数最低，董事会行为和董事激励与约束两个分项指数相差不大。在董事会结构分项指数上，三类国有控股公司差别不大，但明显高于两类非国有控股公司；在独立董事独立性和董事会行为两个分项指数上，三类国有控股公司也比较接近，并明显低于两类非国有控股公司，尤其是董事会行为，差异显著；在董事激励与约束方面，五类所有制公司之间的差异最小，其中国有弱相对控股公司略高于其他四类公司。

需要注意的是，董事会行为作为最能从实质上反映董事会治理有效性的指标，从指数数据不难看出，两类非国有控股公司尤其是国有参股公司，更重视董事会的实质性治理。

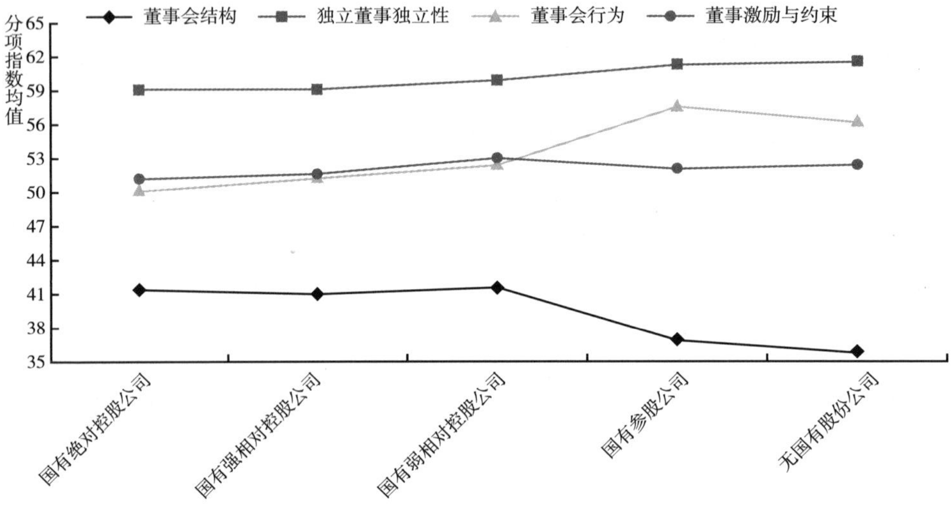

图 8－2　2017 年不同所有制上市公司董事会治理分项指数趋势图

我们进一步将国有绝对控股公司、国有强相对控股公司和国有弱相对控股公司归类为国有控股公司，将国有参股公司和无国有股份公司归类为非国有控股公司，两类所有制上市公司董事会治理分项指数均值的比较参见表 8－5 和图 8－3。可以看出，在董事

表 8－5　2017 年国有控股与非国有控股公司董事会治理分项指数均值比较

控股类型	董事会结构	独立董事独立性	董事会行为	董事激励与约束
国有控股公司	41.2702	59.3704	51.3337	51.9924
非国有控股公司	36.1430	61.4062	56.6444	52.2934
总体	37.8602	60.7244	54.8657	52.1926

会结构分项指数上，国有控股公司高于非国有控股公司；在独立董事独立性、董事会行为，以及董事激励与约束三个分项指数上，非国有控股公司都高于国有控股公司，尤其在董事会行为分项指数上高出较多，差距为5.3107分。这说明，相对于非国有控股公司，国有控股公司虽然董事会结构更健全一些，但非国有控股公司董事会治理有效性却更强一些。

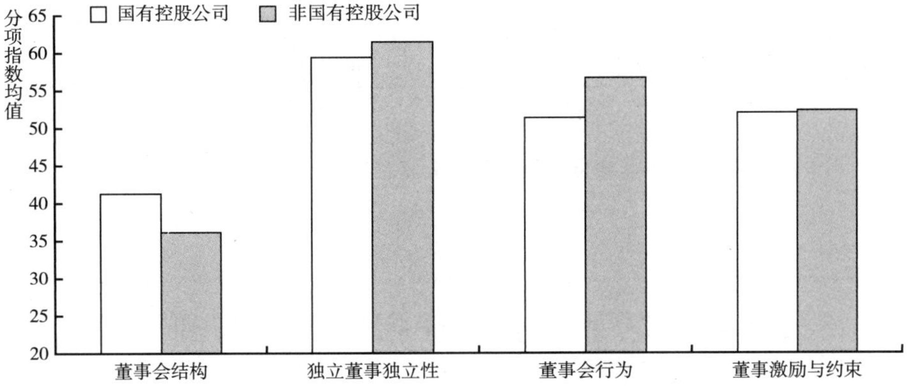

图8－3　2017年国有控股与非国有控股公司董事会治理分项指数均值比较

根据实际控制人的类型，我们将国有控股上市公司进一步划分为中央企业控股公司和地方国企控股公司，两者的比较参见表8－6和图8－4。可以看出，在董事会结构和董事会行为两个分项指数上，中央企业控股公司高于地方国企控股公司，而在独立董事独立性及董事激励与约束两个分项指数上，则是地方国企控股公司高于中央企业控股公司；在董事会结构分项指数上，两类国有控股公司都高于非国有控股公司；在独立董事独立性、董事会行为，以及董事激励与约束三个分项指数上，两类国有控股公司都低于非国有控股公司。这说明，实际控制人控制严格并非意味着董事会治理的规范性更好，因为实际控制人并不代表所有利益相关者。

表8－6　2017年不同实际控制人上市公司董事会治理分项指数均值比较

最终控制人	董事会结构	独立董事独立性	董事会行为	董事激励与约束
中央国有企业	42.5269	58.5852	52.0194	51.8617
地方国有企业	40.5733	59.8058	50.9534	52.0649
民资股东	36.1430	61.4062	56.6444	52.2934
总体	37.8602	60.7244	54.8657	52.1926

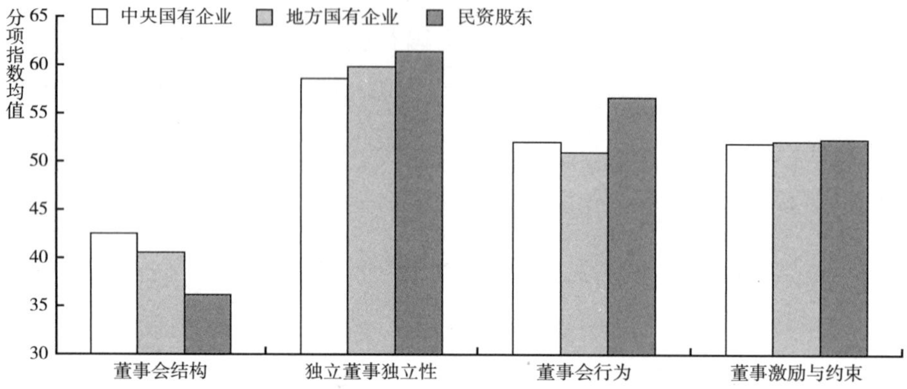

图 8－4　2017 年不同实际控制人上市公司董事会治理分项指数均值比较

8.2　分地区董事会治理指数的所有制比较

8.2.1　分地区董事会治理总体指数比较

按照四个地区的划分，我们进一步统计了不同地区国有控股和非国有控股上市公司的董事会治理指数（参见表 8－7）。

表 8－7　2017 年不同地区国有与非国有控股上市公司董事会治理指数比较

地区	所有制类型	公司数目	平均值	中位值	最大值	最小值	标准差
东部	国有控股公司	594	50.8400	51.0422	72.0933	27.9141	6.9433
	非国有控股公司	1541	51.7491	51.6902	73.5453	26.3507	6.2745
	总体	2135	51.4961	51.5973	73.5453	26.3507	6.4804
中部	国有控股公司	194	50.9669	51.1159	69.0081	32.3577	6.6197
	非国有控股公司	239	51.2795	51.4491	69.1514	33.6318	6.6392
	总体	433	51.1395	51.3077	69.1514	32.3577	6.6323
西部	国有控股公司	202	52.1507	52.3198	69.5076	30.7000	6.3038
	非国有控股公司	230	51.8594	52.1852	64.6549	32.6404	6.2746
	总体	432	51.9956	52.2001	69.5076	30.7000	6.2899
东北	国有控股公司	64	48.8165	49.1914	63.0991	33.8216	6.1928
	非国有控股公司	83	49.5841	49.4183	61.8256	29.1818	6.7787
	总体	147	49.2499	49.3029	63.0991	29.1818	6.5412

从表 8－7 可以看出，除西部地区外，其他三个地区非国有控股公司的董事会治理指数均值都高于国有控股公司，但四个地区国有控股公司和非国有控股公司的差异并不大。

图 8－5 直观地反映了四个地区国有控股公司与非国有控股公司董事会治理指数均值的差异。可以看出，在国有控股公司董事会治理上，西部最好，其后依次是中部和东部，东北最差；在非国有控股公司董事会治理上，西部依旧最好，其后依次是东部和中部，东北地区依旧最差。

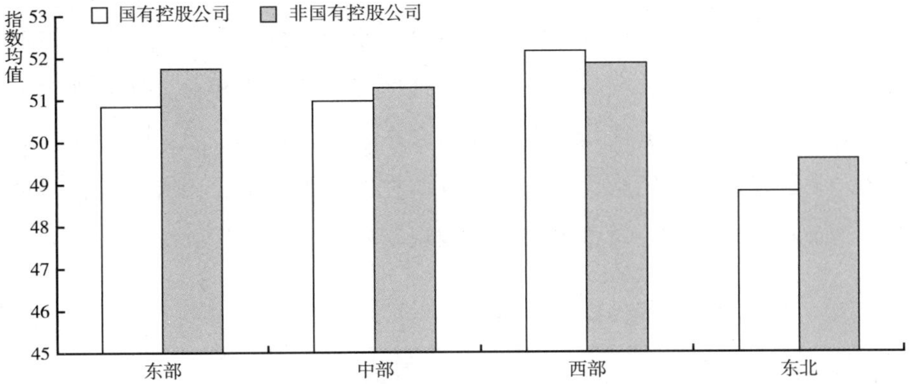

图 8－5　2017 年不同地区国有与非国有控股公司董事会治理指数均值比较

8.2.2　分地区董事会治理分项指数比较

接下来，我们对四个地区国有控股与非国有控股上市公司的董事会治理分项指数均值进行比较分析，参见表 8－8。

表 8－8　2017 年不同地区国有与非国有控股上市公司董事会治理分项指数均值比较

地区	所有制类型	董事会结构	独立董事独立性	董事会行为	董事激励与约束
东部	国有控股公司	41. 8408	58. 3568	50. 8895	52. 2727
	非国有控股公司	36. 0586	61. 4522	56. 9547	52. 5308
	总体	37. 6673	60. 5910	55. 2672	52. 4590
中部	国有控股公司	40. 4818	60. 7026	51. 5664	51. 1168
	非国有控股公司	35. 8233	60. 5447	55. 9839	52. 7662
	总体	37. 9105	60. 6155	54. 0047	52. 0272
西部	国有控股公司	41. 1807	61. 7939	53. 2080	52. 4202
	非国有控股公司	37. 0524	62. 4569	56. 6723	51. 2560
	总体	38. 9828	62. 1469	55. 0524	51. 8004
东北	国有控股公司	38. 6465	57. 0900	48. 8349	50. 6944
	非国有控股公司	36. 1099	60. 1210	52. 7081	49. 3976
	总体	37. 2143	58. 8014	51. 0218	49. 9622

由表 8－8 可以看出，四个地区上市公司董事会治理在四个分项指数上并没有一致的排序。为了便于比较，我们计算出四个地区非国有控股公司董事会治理四个分项指数均值与对应的国有控股公司董事会治理四个分项指数均值的差值，由此可以反映四个地区两类所有制上市公司董事会治理在四个分项指数上的差异，如图 8－6 所示。可以看出，在董事会结构分项指数上，四个地区均是国有控股公司优于非国有控股公司；在独立董事独立性分项指数上，除中部地区外，其余三个地区的非国有控股公司表现优于国有控股公司；在董事会行为分项指数上，四个地区均是非国有控股公司表现优于国有控股公司；在董事激励与约束分项指数上，西部和东北地区国有控股公司表现较好，而东部与中部地区非国有控股公司略优。总体来看，在四个地区中，国有控股公司董事会结构表现较好，而非国有控股公司董事会行为表现较好。

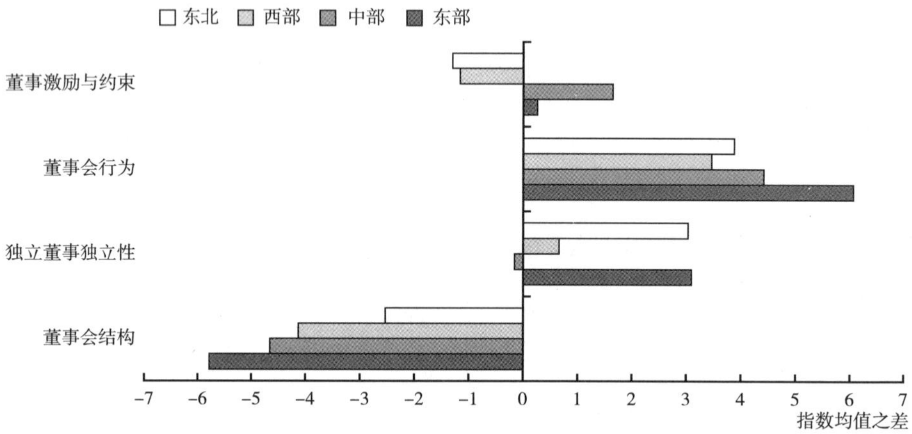

图 8－6　2017 年不同地区国有与非国有控股公司董事会治理分项指数差值比较

注：指数均值之差＝非国有控股公司董事会治理分项指数均值－国有控股公司董事会治理分项指数均值。

8.3　分行业董事会治理指数的所有制比较

8.3.1　分行业董事会治理总体指数比较

我们选择上市公司数量较多且具有代表性的六个行业，即制造业（C），电力、热力、燃气及水生产和供应业（D），交通运输、仓储和邮政业（G），信息传输、软件和信息技术服务业（I），金融业（J）和房地产业（K），对这六个行业上市公司的董事会治理指数进行比较（参见表 8－9）。

表 8－9 2017 年不同行业国有与非国有控股上市公司董事会治理指数比较

行业	所有制类型	公司数目	平均值	中位值	最大值	最小值	标准差
制造业(C)	国有控股公司	499	50.8745	51.3451	69.5076	27.9141	6.7008
	非国有控股公司	1450	51.7891	51.8185	70.3062	28.1168	6.2068
	总体	1949	51.5549	51.6492	70.3062	27.9141	6.3495
电力、热力、燃气及水生产和供应业(D)	国有控股公司	82	50.3791	50.9396	65.4719	34.1059	6.6252
	非国有控股公司	21	49.9390	52.8967	62.4918	29.1818	8.1658
	总体	103	50.2894	51.0052	65.4719	29.1818	6.9693
交通运输、仓储和邮政业(G)	国有控股公司	70	52.3320	52.6516	63.8362	32.0011	5.9764
	非国有控股公司	20	50.1380	52.4315	62.9513	32.3902	7.4056
	总体	90	51.8444	52.6516	63.8362	32.0011	6.3875
信息传输、软件和信息技术服务业(I)	国有控股公司	37	50.8847	50.3725	62.6639	38.2150	5.7091
	非国有控股公司	196	52.7532	52.3432	68.8641	35.0079	6.2590
	总体	233	52.4564	52.0282	68.8641	35.0079	6.2126
金融业(J)	国有控股公司	52	54.8980	56.0361	72.0933	36.5911	7.6561
	非国有控股公司	25	52.9776	53.9208	73.5453	39.3883	7.6777
	总体	77	54.2745	54.6573	73.5453	36.5911	7.7157
房地产业(K)	国有控股公司	59	50.0825	49.2689	70.1017	35.4199	6.9360
	非国有控股公司	66	50.2412	50.5160	64.3534	26.3507	6.7568
	总体	125	50.1663	50.2571	70.1017	26.3507	6.8424

从表 8－9 可以看出，六个行业中，制造业（C），信息传输、软件和信息技术服务业（I）和房地产业（K）三个行业的非国有控股公司董事会治理指数均值高于国有控股公司；其他三个行业的国有控股公司董事会治理指数则高于非国有控股公司。

图 8－7 更直观地反映了六个行业国有控股公司与非国有控股公司董事会治理指数的差异。可以看到，六个行业中，国有控股公司董事会治理指数均值最高的行业是金融业（J），最低的是房地产业（K）；非国有控股公司董事会治理指数均值最高的行业也是金融业（J），最低的是电力、热力、燃气及水生产和供应业（D）。总体来看，国有控股公司和非国有控股公司在金融业（J）的董事会治理水平都比较好，国有控股公司在交通运输、仓储和邮政业（G）等事关民生的基础行业的董事会治理水平也相对较好，而非国有控股公司则在信息传输、软件和信息技术服务业（I）等高科技行业的董事会治理水平较高。

8.3.2 分行业董事会治理分项指数比较

接下来，我们对六个行业国有控股与非国有控股上市公司的董事会治理分项指数进行比较（参见表 8－10）。

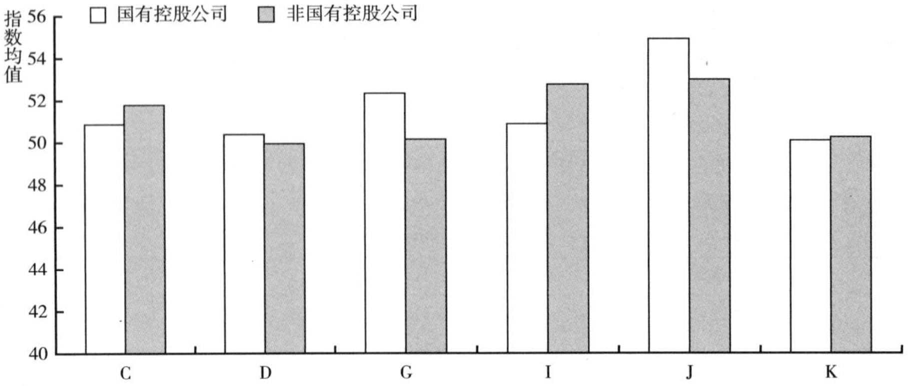

图 8－7　2017 年不同行业国有与非国有控股公司董事会治理指数均值比较

表 8－10　2017 年不同行业国有与非国有控股上市公司董事会治理分项指数比较

行业	所有制类型	董事会结构	独立董事独立性	董事会行为	董事激励与约束
制造业（C）	国有控股公司	40.3807	59.0848	51.8614	52.1710
	非国有控股公司	35.6866	61.9154	56.8648	52.6897
	总体	36.8884	61.1907	55.5838	52.5569
电力、热力、燃气及水生产和供应业（D）	国有控股公司	40.9673	59.2640	49.0493	52.2358
	非国有控股公司	37.7278	59.1205	50.7911	52.1164
	总体	40.3068	59.2347	49.4044	52.2114
交通运输、仓储和邮政业（G）	国有控股公司	42.2116	63.2503	49.6596	54.2063
	非国有控股公司	33.9806	60.8834	54.2990	51.3889
	总体	40.3825	62.7243	50.6906	53.5802
信息传输、软件和信息技术服务业（I）	国有控股公司	39.4689	59.4677	50.6982	53.9039
	非国有控股公司	37.2434	62.1153	59.5564	52.0975
	总体	37.5968	61.6949	58.1498	52.3844
金融业（J）	国有控股公司	55.1497	58.2958	54.8644	51.2821
	非国有控股公司	47.6202	57.7955	56.4947	50.0000
	总体	52.7050	58.1334	55.3937	50.8658
房地产业（K）	国有控股公司	38.9735	57.1208	51.1283	53.1073
	非国有控股公司	37.7436	56.6467	54.8066	51.7677
	总体	38.3241	56.8705	53.0705	52.4000

可以看出，与地区一样，六个行业两类所有制上市公司董事会治理分项指数排序也不一致。为了便于比较，我们计算了六个行业非国有控股公司董事会治理四个分项指数均值与对应的国有控股公司董事会治理四个分项指数均值的差值，由此可以反映这六个代表性行业两类所有制上市公司董事会治理四个分项指数的差异，如图 8－8 所示。

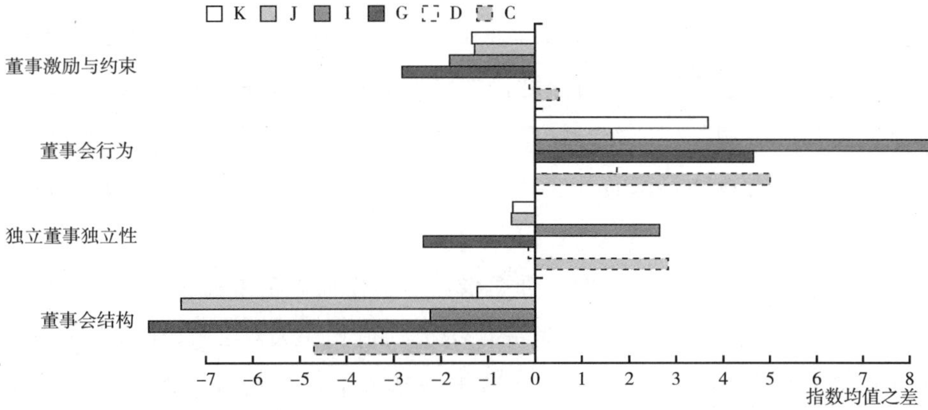

图 8－8　2017 年不同行业国有与非国有控股公司董事会治理分项指数差值比较

注：指数均值之差＝非国有控股公司董事会治理分项指数均值－国有控股公司董事会治理分项指数均值。

由图 8－8 可知，在董事会结构分项指数上，六个行业的国有控股公司都优于非国有控股公司，尤其是交通运输、仓储和邮政业（G）及金融业（J）两个行业；在独立董事独立性分项指数上，信息传输、软件和信息技术服务业（I）以及制造业（C）两个行业非国有控股公司优于国有控股公司，其他四个行业均是国有控股公司好于非国有控股公司；在董事会行为分项指数上，六个行业的非国有控股公司都优于国有控股公司，特别在信息传输、软件和信息技术服务业（I）中非国有控股公司的表现尤为突出；在董事激励与约束分项指数上，除制造业（C）以外，其他五个行业均是国有控股公司优于非国有控股公司。总体来看，在六个行业中，国有控股公司在董事会结构和董事激励与约束两个分项指数上好于或略好于非国有控股公司；在董事会行为分项指数上，非国有控股公司表现更为突出；在独立董事独立性分项指数上则各有千秋。

8.4　本章小结

本章对 2017 年沪深两市国有控股公司与非国有控股公司的董事会治理指数及四个分项指数进行了统计和比较分析，主要结论如下。

关于董事会治理总体指数：①随着第一大股东中的国有股比例的降低，董事会治理指数先逐渐上升，于国有参股公司达到高峰，然后降低，呈现倒“U”形，这说明，适度降低国有股权集中度可能是提高公司董事会治理水平的比较有效的方式；②国有控股公司与非国有控股公司的董事会治理指数总体均值差距不大，非国有控股公司董事会治理指数均值略高于国有控股公司；③中央企业控股公司董事会治理指数略高于地方国企控股公司，但二者均低于民资控股公司（非国有控股公司）；④从地区看，除西部地区国有控股公司董事会治理水平明显好于非国有控股公司外，其他三个地区的非国有控股公司都好于国有控股公司，但四个地区国有控股公司和非国有控股公司的差异并不大；⑤从行业看，在六个行业中，国有控股公司和非国有控股公司的董事会治理指数均值最高的行业都是金融业（J）。

关于董事会治理分项指数：①四个分项指数中，仅独立董事独立性的总体分项指数均值刚达到60分的及格水平，其他三类分项指数均值均未及格；②国有控股公司的董事会治理在形式上略高一筹，尤其表现在董事会结构上，但在董事会的实质治理行为上，则是非国有控股公司相对较好；③从地区看，四个地区总体而言，国有控股公司在董事会结构上表现较好，而非国有控股公司在董事会行为上表现较好；④从行业看，六个行业中，国有控股公司在董事会结构和董事激励与约束两个分项指数上好于或略好于非国有控股公司；在董事会行为分项指数上，则是非国有控股公司表现更为突出；在独立董事独立性分项指数上则各有千秋。

第9章　董事会治理指数的年度比较（2012～2017）

2013～2017年，我们对2012年、2014年、2015年和2016年的中国上市公司董事会治理水平进行了四次测度，本次是第五次测度。本章将从总体、地区、行业、所有制和上市板块五个角度，比较分析五个年度中国上市公司董事会治理水平，以便了解董事会治理质量是否有所改进以及改进程度，以期对董事会治理的完善有所启示。

9.1　董事会治理指数总体的年度比较

我们对2012年、2014年、2015年、2016年和2017年五个年度董事会治理进行了评价，样本公司数分别是2314家、2514家、2655家、2840家和3147家，基本上涵盖了全部上市公司。比较2012年、2014年、2015年、2016年和2017年样本上市公司的董事会治理指数，以及董事会结构、独立董事独立性、董事会行为和董事激励与约束四个分项指数，结果参见表9－1和图9－1。

表9－1　2012～2017年上市公司董事会治理指数的比较

年份	样本量	总体指数	分项指数			
			董事会结构	独立董事独立性	董事会行为	董事激励与约束
2012	2314	51.8220	49.6966	58.81[illegible]	47.4252	51.3541
2014	2514	50.1722	49.0601	57.0[illegible]	42.6572	51.8740
2015	2655	50.1344	40.2751	60[illegible]	48.6130	51.0797
2016	2840	50.7269	40.5016	[illegible]46	[illegible]926	51.9288
2017	3147	51.4107	37.8602	[illegible]244	54.8657	52.1926

由表9－1和图9－1可知，从总体指数看，[illegible]和2015年上市公司董事会治理指数均值都有所下降，2016年和2017年连续[illegible]所回升，但仍低于2012年的水平，

2017 年比 2012 年低 0. 4113 分。在四个分项指数中，相比 2012 年，2017 年董事会结构分项指数下降 11. 8364 分，降幅很大，这主要与董事会的重要专业委员会设置的缺失有关。本次评价又新增了日益重要的“合规委员会设置情况”指标，而 2017 年在董事会下设合规委员会的公司只有 8 家，占比仅为 0. 25%，显然是严重缺失的。2017 年，独立董事独立性、董事会行为、董事激励与约束三个分项指数比 2012 年分别提高 1. 9123 分、7. 4405 分和 0. 8385 分，董事会行为分项指数提升幅度较大，反映了董事会实质性治理水平的提升。相比 2016 年，2017 年独立董事独立性、董事会行为和董事激励与约束三个分项指数也都是上升的，其中董事会行为分项指数升幅最大，上升 3. 7731 分，但董事会结构分项指数下降 2. 6414 分。

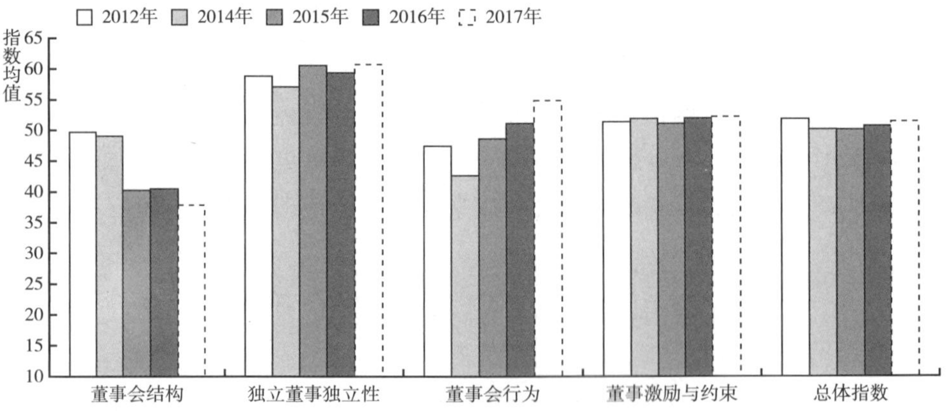

图 9-1　2012~2017 年上市公司董事会治理总体指数和分项指数比较

9. 2　分地区董事会治理指数的年度比较

用各地区上市公司董事会治理总体指数，以及董事会结构、独立董事独立性、董事会行为和董事激励与约束四个分项指数的平均值来代表各地区上市公司董事会治理情况，分别比较不同地区 2012 年、2014 年、2015 年、2016 年和 2017 年董事会治理的差异，结果见表 9-2。

第一，从董事会治理总体指数看，西部地区的总体指数均值排名在近四年中均居首位；东部地区在 2012 年位居第一，在近四年中位居第二；在五个年度中东北有四个年度位居末位。相比 2012 年，2017 年东部和东北董事会治理指数都略有下降，而中部和西部则略有提高。相比 2016 年，则四个地区董事会治理指数都是上升的，但提高幅度都没有超过 1 分。

表 9-2　2012～2017 年不同地区中国上市公司董事会治理指数均值比较

地区	年份	总体指数	分项指数				总体指数排名
			董事会结构	独立董事独立性	董事会行为	董事激励与约束	
东部	2012	52.0972	49.6929	59.0708	48.0436	51.5814	1
	2014	50.1932	48.9373	56.7206	42.8083	52.3067	2
	2015	50.3104	40.3700	60.4467	49.1716	51.2533	2
	2016	50.8815	40.4096	59.3311	51.5273	52.2581	2
	2017	51.4961	37.6673	60.5910	55.2672	52.4590	2
中部	2012	51.0924	48.9875	57.9780	46.3752	51.0288	3
	2014	49.6033	48.0151	57.3733	41.9351	51.0899	4
	2015	49.7729	39.6478	60.4903	48.1033	50.8502	3
	2016	50.2845	40.2714	59.0042	50.0014	51.8611	3
	2017	51.1395	37.9105	60.6155	54.0047	52.0272	3
西部	2012	51.9320	50.8373	58.5893	47.3086	50.9926	2
	2014	50.8464	50.9167	58.1421	43.3402	50.9866	1
	2015	50.3193	40.7816	61.4578	48.1095	50.9283	1
	2016	51.0356	41.3930	60.5308	51.2470	50.9715	1
	2017	51.9956	38.9828	62.1469	55.0524	51.8004	1
东北	2012	50.3528	48.6091	58.7010	43.5027	50.5983	4
	2014	49.6385	48.3695	58.1005	40.9401	51.1438	3
	2015	48.4310	39.4127	59.9072	44.4432	49.9609	4
	2016	49.0936	39.8477	57.9415	48.0560	50.5291	4
	2017	49.2499	37.2143	58.8014	51.0218	49.9622	4

第二，从董事会结构分项指数看，四个地区 2017 年相比 2012 年都大幅下降，降幅相近，都在 11.07～12.03 分之间，其中东部降幅最大，下降 12.0256 分；相比 2016 年，2017 年四个地区也均下降，降幅也相近，都在 2.36～2.75 之间，其中东部地区降幅最大，下降 2.7423 分。这反映了董事会结构还没有像很多公司声称的那样完善。

第三，从独立董事独立性分项指数看，四个地区 2017 年相比 2012 年都有所上升，升幅在 0.10～3.56 分之间，西部升幅最大，上升 3.5576 分；相比 2016 年，2017 年四个地区也均有所上升，升幅在 0.85～1.62 之间，西部升幅最大，上升 1.6161 分。

第四，从董事会行为分项指数看，四个地区 2017 年相比 2012 年都较大幅度提升，提升幅度相近，都在 7.51～7.75 分之间，提升幅度最大的是西部，上升 7.7438 分；相比 2016 年，2017 年四个地区也都有所提升，提升幅度在 2.96～4.01 分之间，中部提升幅度最大，上升 4.0033 分。

第五，从董事激励与约束看，2017 年相比 2012 年，东北下降 0.6361 分，其他三个地区都上升，且升幅相近，都在 0.80 ~ 1.00 分之间，升幅最大的是中部，上升 0.9984 分；相比 2016 年，2017 年四个地区也是东北下降，降幅为 0.5669 分，其他三个地区都略有上升，升幅在 0.16 ~ 0.83 分之间，西部升幅最大，上升 0.8289 分。

图 9 - 2 显示了四个地区董事会治理总体指数的变化趋势。可以看出，东部与中部地区自 2014 年起连续四年呈现上升趋势，西部与东北地区自 2015 年起连续三年上升，但东北地区增长幅度最慢。

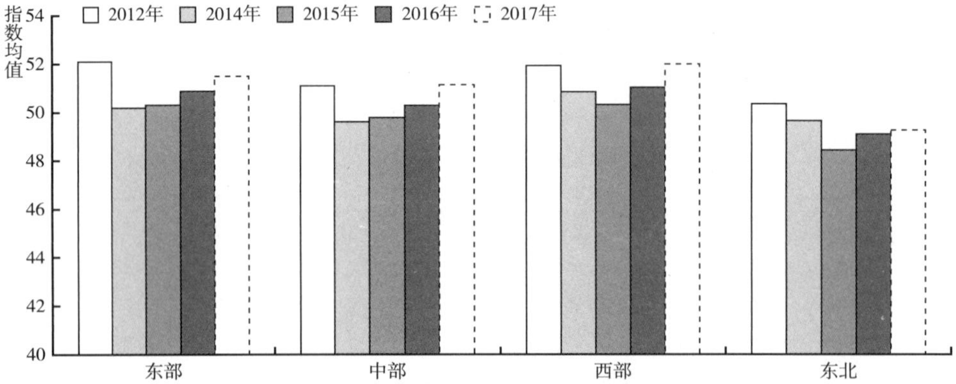

图 9 - 2　2012 ~ 2017 年不同地区上市公司董事会治理总体指数比较

9.3　分行业董事会治理指数的年度比较

用各行业上市公司董事会治理总体指数，以及董事会结构、独立董事独立性、董事会行为和董事激励与约束四个分项指数的平均值来代表各行业上市公司董事会治理情况，分别比较不同行业 2012 年、2014 年、2015 年、2016 年和 2017 年董事会治理水平的差异，结果参见表 9 - 3。

表 9 - 3　2012 ~ 2017 年不同行业上市公司董事会治理指数均值比较

行业	年份	总体指数	分项指数			
			董事会结构	独立董事独立性	董事会行为	董事激励与约束
农、林、牧、渔业(A)	2012	51.9521	49.2741	58.9423	47.1230	52.4691
	2014	53.3154	51.5785	60.5000	46.1830	55.0000
	2015	49.4305	38.7398	59.3818	49.4681	50.1323
	2016	51.4685	39.3256	60.8079	53.9731	51.7677
	2017	52.9386	36.5136	63.0869	58.7147	53.4392

续表

行业	年份	总体指数	分项指数			
			董事会结构	独立董事独立性	董事会行为	董事激励与约束
采矿业(B)	2012	51.6178	49.7309	57.0607	48.9975	50.6823
	2014	50.2761	50.2145	59.0580	44.0864	47.7456
	2015	48.8876	41.0768	58.1763	45.6125	50.6849
	2016	48.8156	43.3075	57.7475	46.5665	47.6408
	2017	49.4091	41.1089	58.1252	49.6036	48.7988
制造业(C)	2012	51.7430	49.1963	58.8384	47.4177	51.5196
	2014	50.1734	48.3955	57.0059	42.7593	52.5329
	2015	50.4672	39.7456	61.2551	49.5624	51.3058
	2016	50.9133	39.7612	59.8062	51.7508	52.3349
	2017	51.5549	36.8884	61.1907	55.5838	52.5569
电力、热力、燃气及水生产和供应业(D)	2012	51.2467	50.6491	58.5701	43.8196	51.9481
	2014	50.1653	49.6323	58.8008	41.5505	50.6775
	2015	49.8174	41.9915	59.6376	44.0825	53.5581
	2016	49.2991	40.8815	57.6248	46.4333	52.2569
	2017	50.2894	40.3068	59.2347	49.4044	52.2114
建筑业(E)	2012	53.0903	49.4457	58.5202	52.3119	52.0833
	2014	50.3517	50.8567	59.6818	44.6158	50.2525
	2015	50.5815	40.1488	59.5975	49.6061	52.9734
	2016	50.9310	40.7111	59.8865	51.8999	51.2266
	2017	51.3453	39.2290	60.5902	54.2656	51.2963
批发和零售业(F)	2012	51.4891	50.1455	60.0271	49.0060	50.7778
	2014	49.4314	49.4804	57.8591	40.9456	49.4407
	2015	48.4862	39.8619	59.7678	44.3528	49.9622
	2016	48.5603	40.0607	58.6859	46.5834	48.9114
	2017	48.5385	37.0769	58.8595	50.3272	47.8903
交通运输、仓储和邮政业(G)	2012	53.0385	50.5281	58.9228	49.0955	53.6075
	2014	50.8385	49.8959	58.3951	43.4854	51.5775
	2015	50.4096	42.6532	58.4677	48.1856	52.3320
	2016	51.1708	43.4555	59.9494	48.4687	52.8097
	2017	51.8444	40.3825	62.7243	50.6906	53.5802
住宿和餐饮业(H)	2012	54.2590	54.5959	62.6717	47.9167	51.8519
	2014	49.2138	52.4703	59.5455	43.4253	41.4141
	2015	49.5306	40.3565	60.6044	46.1513	51.0101
	2016	49.4225	42.0253	59.9498	51.7755	43.9394
	2017	48.3821	33.8777	55.5556	55.9471	48.1481
信息传输、软件和信息技术服务业(I)	2012	49.2696	47.3182	59.8364	49.7390	48.1848
	2014	47.9860	49.8415	53.5821	39.8254	52.6949
	2015	50.3573	40.4353	59.5740	50.4239	50.9962
	2016	51.7482	40.8666	60.4599	54.1596	51.5066
	2017	52.4564	37.5968	61.6949	58.1498	52.3844

续表

行业	年份	总体指数	分项指数			
			董事会结构	独立董事独立性	董事会行为	董事激励与约束
金融业（J）	2012	56.0669	62.6741	56.4566	54.5950	50.5420
	2014	53.0054	61.3309	59.3488	47.2799	48.0620
	2015	49.7628	49.5428	56.7413	50.1367	42.6304
	2016	52.6134	52.7567	53.1850	52.2702	52.2417
	2017	54.2745	52.7050	58.1334	55.3937	50.8658
房地产业（K）	2012	52.5244	51.0853	60.0771	47.7616	51.1737
	2014	50.3785	51.8365	57.6894	41.6937	50.2946
	2015	48.3869	40.4784	59.1977	44.9496	48.9221
	2016	49.3171	40.6999	55.6560	49.5790	51.3333
	2017	50.1663	38.3241	56.8705	53.0705	52.4000
租赁和商务服务业（L）	2012	52.7840	49.4709	57.8812	51.4031	52.3810
	2014	51.4592	49.8702	58.5417	45.5729	51.8519
	2015	49.7562	40.0187	58.4777	50.7422	49.7863
	2016	51.1025	40.4422	58.8629	52.8828	52.2222
	2017	49.9175	36.7750	58.1481	55.2759	49.4709
科学研究和技术服务业（M）	2012	50.8180	41.6093	62.5116	53.4722	45.6790
	2014	50.6820	46.9216	57.7273	45.0487	53.0303
	2015	52.3374	42.2470	65.6276	50.2403	51.2346
	2016	51.9371	40.9034	63.2982	52.8222	50.7246
	2017	52.6849	40.5183	63.3945	54.3961	52.4306
水利、环境和公共设施管理业（N）	2012	52.2696	51.4597	61.3366	46.0404	50.2416
	2014	51.7255	50.7598	56.1539	45.5014	54.4872
	2015	51.6046	41.8793	61.3376	50.6089	52.5926
	2016	51.8127	42.6087	58.4960	53.2842	52.8620
	2017	53.1349	39.6493	60.5300	56.9436	55.4167
教育（P）	2012	60.4969	62.9798	71.6667	51.7857	55.5556
	2014	54.8061	45.4546	70.0000	48.2143	55.5556
	2015	51.2003	40.9091	70.0000	38.3366	55.5556
	2016	52.0097	41.4941	69.9099	37.3755	59.2593
	2017	52.5554	36.1921	67.5000	50.9737	55.5556
卫生和社会工作（Q）	2012	47.3709	46.9096	53.2222	37.5000	51.8519
	2014	45.0260	46.2695	53.7500	31.4732	48.6111
	2015	51.0602	41.6111	64.0000	49.7409	48.8889
	2016	49.6250	40.7941	59.2857	47.6267	50.7937
	2017	51.2785	42.4424	59.3750	53.9911	49.3056

续表

行业	年份	总体指数	分项指数			
			董事会结构	独立董事独立性	董事会行为	董事激励与约束
文化、体育和娱乐业（R）	2012	53.1762	51.6794	59.1406	49.1071	52.7778
	2014	50.8285	51.0905	58.6207	41.6872	51.9157
	2015	49.4388	41.0871	60.2256	43.2019	53.2407
	2016	51.2896	41.8678	59.0287	48.7065	55.5556
	2017	51.7777	38.0063	59.7102	54.6490	54.7454
综合（S）	2012	50.1483	49.7220	58.6950	41.9237	50.2525
	2014	49.5376	48.8417	56.6667	40.3274	52.3148
	2015	48.2421	40.1366	59.0013	41.6082	52.2222
	2016	50.0251	39.4016	61.9899	45.3271	53.3816
	2017	50.9541	36.9862	61.9830	50.2580	54.5894

我们从表9－3中可以看出：

第一，从董事会治理总体指数看，自2012年以来多数行业呈现波动上升或下降。参见图9－3。可以看到，18个行业中，相比2012年，2017年有6个行业上升，升幅在0.80～3.91分之间，升幅最大的是卫生和社会工作（Q），上升3.9076分；有12个行业下降，降幅在0.18～7.95分之间，降幅最大的是教育（P），下降7.9415分。但教育行业在前几年评价中只有1家上市公司，本次评价也只有4家上市公司，难以反映该行业的实际水平。剔除教育（P）行业，则住宿和餐饮业（H）降幅最大，下降5.8769分。相比2016年，2017年有15个行业上升，升幅在0.41～1.67分之间，升幅最大的是金融业（J），上升1.6611分；有3个行业下降，降幅在0.02～1.19分，降幅最大的是租赁和商务服务业（L），下降1.1850分。

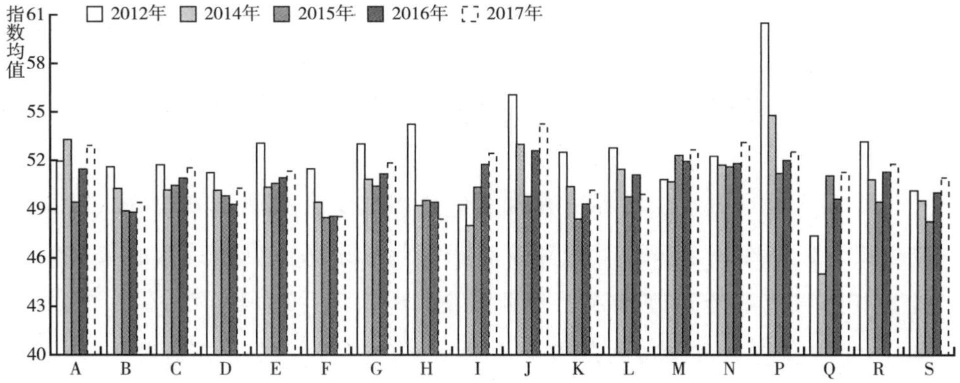

图9－3　2012～2017年不同行业上市公司董事会治理总体指数比较

第二，从董事会结构分项指数看，相比 2012 年，2017 年 18 个行业全部都是下降的，降幅在 1.09 ~ 26.79 分之间，除了教育（P），降幅最大的是住宿和餐饮业（H），下降达 20.7182 分。相比 2016 年，除了卫生和社会工作（Q）上升 1.6483 分外，其他 17 个行业全部下降，降幅在 0.05 ~ 8.15 分之间，降幅最大的也是住宿和餐饮业（H），下降 8.1476 分。

第三，从独立董事独立性分项指数看，18 个行业中，相比 2012 年，2017 年有 13 个行业上升，升幅在 0.26 ~ 6.16 分之间，升幅最大的是卫生和社会工作（Q），上升 6.1528 分；有 5 个行业下降，降幅在 0.80 ~ 7.12 分之间，降幅最大的是住宿和餐饮业（H），下降达 7.1161 分。相比 2016 年，2017 年有 14 个行业上升，升幅在 0.08 ~ 4.95 分之间，升幅最大的是金融业（J），上升 4.9484 分；有 4 个行业下降，降幅在 4.40 分以下，降幅最大的也是住宿和餐饮业（H），下降 4.3942 分。

第四，从董事会行为分项指数看，相比 2012 年，2017 年除了代表性意义有限的教育（P）下降外，其他 17 个都是上升的，升幅在 0.60 ~ 16.50 分之间，升幅最大的是卫生和社会工作（Q），上升 16.4911 分。相比 2016 年，2017 年 18 个行业全部都是上升的，升幅在 1.57 ~ 13.60 分之间，除了教育（P）外，升幅最大的是卫生和社会工作（Q），上升 6.3644 分。

第五，从董事激励与约束分项指数看，18 个行业中，相比 2012 年，2017 年有 11 个行业上升，升幅在 6.76 分以下，升幅最大的是科学研究和技术服务业（M），上升 6.7516 分；有 7 个行业下降，降幅在 0.02 ~ 3.71 分之间，降幅最大的是住宿和餐饮业（H），下降 3.7038 分。相比 2016 年，2017 年有 11 个行业是上升的，升幅在 0.06 ~ 4.21 分之间，升幅最大的是住宿和餐饮业（H），上升 4.2087 分；有 7 个行业下降，降幅在 0.04 ~ 3.71 分，除了教育（P）外，降幅最大的是租赁和商务服务业（L），下降 2.7513 分。

9.4 分所有制董事会治理指数的年度比较

按照五类所有制的划分，用各所有制上市公司董事会治理总体指数，以及董事会结构、独立董事独立性、董事会行为和董事激励与约束四个分项指数的平均值来代表各所有制上市公司董事会治理情况，分别比较 2012 年、2014 年、2015 年、2016 年和 2017 年不同所有制上市公司的董事会治理水平的差异，结果参见表 9 - 4 Panel A。另外，进一步将样本按照国有控股公司和非国有控股公司分类，统计信息见表 9 - 4 Panel B。

表 9 - 4 2012 ~ 2017 年不同所有制上市公司董事会治理指数均值比较

所有制类型	年份	总体指数	分项指数				总体指数排名
			董事会结构	独立董事独立性	董事会行为	董事激励与约束	
Panel A 按照五类所有制公司分类							
国有绝对控股公司	2012	51. 3830	50. 2349	57. 4871	47. 4476	50. 3623	4
	2014	49. 9327	51. 1554	56. 9731	42. 2198	49. 3827	4
	2015	49. 2353	41. 2992	58. 3869	45. 5225	51. 7326	5
	2016	49. 1661	42. 8285	57. 2369	46. 0658	50. 5333	5
	2017	50. 4530	41. 3879	59. 1268	50. 0866	51. 2105	5
国有强相对控股公司	2012	52. 4214	51. 8172	58. 7547	46. 9145	52. 1991	2
	2014	50. 8110	51. 7851	57. 4272	42. 4139	51. 6176	2
	2015	50. 0703	42. 3986	59. 8447	45. 9109	52. 1271	3
	2016	50. 0440	42. 9489	58. 0943	47. 6279	51. 5049	4
	2017	50. 7400	40. 9798	59. 1147	51. 2285	51. 6369	4
国有弱相对控股公司	2012	53. 0391	51. 6198	59. 7199	48. 2375	52. 5794	1
	2014	51. 0383	51. 4312	58. 8584	42. 3985	51. 4650	1
	2015	50. 4304	42. 6243	60. 9209	46. 6504	51. 5258	2
	2016	50. 9194	42. 7188	58. 9894	48. 9435	53. 0258	2
	2017	51. 7115	41. 5564	59. 8778	52. 3871	53. 0245	2
国有参股公司	2012	51. 6720	49. 1394	59. 2114	46. 7108	51. 6264	3
	2014	50. 6939	49. 0825	58. 0491	43. 7062	51. 9380	3
	2015	50. 6870	39. 5999	60. 9727	50. 7473	51. 4280	1
	2016	51. 5811	39. 8906	60. 4916	54. 0329	51. 9092	1
	2017	51. 9251	36. 8569	61. 2354	57. 5425	52. 0656	1
无国有股份公司	2012	51. 3783	48. 3006	58. 7642	47. 6497	50. 7986	5
	2014	49. 5901	46. 8572	56. 2183	42. 5691	52. 7157	5
	2015	50. 0144	38. 8125	61. 1757	49. 9558	50. 1134	4
	2016	50. 7465	38. 7060	59. 7982	52. 3879	52. 0941	3
	2017	51. 4541	35. 7484	61. 5006	56. 1480	52. 4192	3
Panel B 按照国有控股公司和非国有控股公司分类							
国有控股公司	2012	52. 3219	51. 3032	58. 7004	47. 4875	51. 7964	1
	2014	50. 6181	51. 4971	57. 7080	42. 3523	50. 9149	1
	2015	49. 9295	42. 1442	59. 7231	46. 0042	51. 8464	2
	2016	50. 1166	42. 8445	58. 1783	47. 6780	51. 7655	2
	2017	50. 9917	41. 2702	59. 3704	51. 3337	51. 9924	2
非国有控股公司	2012	51. 4625	48. 5412	58. 8924	47. 3805	51. 0360	2
	2014	49. 8738	47. 4291	56. 6888	42. 8613	52. 5159	2
	2015	50. 2629	39. 1034	61. 1007	50. 2483	50. 5991	1
	2016	51. 0737	39. 1704	60. 0700	53. 0328	52. 0216	1
	2017	51. 6217	36. 1430	61. 4062	56. 6444	52. 2934	1

从表 9 -4 Panel A 可以看出如下结论。

第一，从董事会治理总体指数看，2012 年和 2014 年国有弱相对控股公司位居第一，而自 2015 年起，国有参股公司上升为第一。相比 2012 年，2017 年三类国有控股公司都下降，降幅在 0. 93 ~1. 69 分之间，其中国有强相对控股公司降幅最大，下降 1. 6814 分；两类非国有控股公司略有上升，国有参股公司升幅略大一点，上升 0. 2531 分。相比 2016 年，五类公司都上升，升幅在 0. 34 ~1. 29 分之间，升幅最大的是国有绝对控股公司，上升 1. 2869 分。

第二，从董事会结构分项指数看，相比 2012 年，2017 年五类公司全部大幅度下降，降幅在 8. 84 ~12. 56 分之间，降幅最大的是无国有控股公司，下降 12. 5522 分；相比 2016 年，2017 年五类公司也都是下降的，降幅在 1. 16 ~3. 04 分之间，降幅最大的是国有参股公司，下降 3. 0337 分。

第三，从独立董事独立性分项指数看，相比 2012 年，2017 年五类公司全部上升，升幅在 0. 15 ~2. 74 分之间，升幅最大的是无国有控股公司，上升 2. 7364 分；相比 2016 年，2017 年五类公司也都是上升的，升幅在 0. 74 ~1. 89 分之间，升幅最大的是国有绝对控股公司，上升 1. 8899 分。

第四，从董事会行为分项指数看，相比 2012 年，2017 年五类公司全部上升，升幅在 2. 63 ~10. 84 分之间，升幅最大的是国有参股公司，上升 10. 8317 分；相比 2016 年，2017 年五类公司也都是上升的，升幅在 3. 44 ~4. 03 分之间，升幅最大的是国有绝对控股公司，上升 4. 0208 分。

第五，从董事激励与约束分项指数看，相比 2012 年，2017 年除了国有强相对控股公司下降 0. 5622 分外，其他四类公司都上升，升幅在 0. 43 ~1. 63 分之间，升幅最大的是无国有股份公司，上升 1. 6206 分；相比 2016 年，除了国有弱相对控股公司轻微下降 0. 0013 分外，其他四类公司都上升，但升幅都很小，在 0. 13 ~0. 68 分之间，升幅最大的是国有绝对控股公司，上升 0. 6772 分。

图 9 -4 显示了五类所有制公司董事会治理总体指数的变化。可以看出，国有绝对控股公司和国有强相对控股公司自 2012 年连续三年下降，2017 年有所上升；国有弱相对控股公司和国有参股公司 2014 年和 2015 年连续下降，2016 年与 2017 年连续上升；无国有股份公司自 2014 年起连续上升。由此可以推断，随着国有企业混合所有制改革不断推进，非国有资本加入国有企业中，或许会促使国有企业董事会治理水平的提高。

从表 9 -4 Panel B 可以看出如下结论。

第一，从董事会治理总体指数看，国有控股公司自 2015 年起连续上升，但没有达

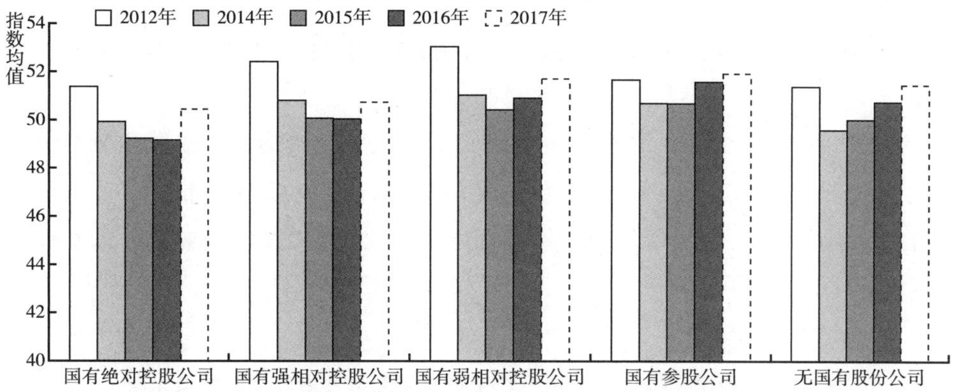

图 9－4　2012～2017 年不同所有制上市公司董事会治理总体指数比较

到 2012 年的最高水平；非国有控股公司自 2014 年起连续上升，并且在 2015 年超过了国有控股公司。相比 2012 年，2017 年国有控股公司下降 1.3302 分，非国有控股公司上升 0.1592 分；相比 2016 年，2017 年国有控股公司和非国有控股公司分别上升 0.8751 分和 0.5480 分。

第二，从董事会结构分项指数看，相比 2012 年，2017 年国有控股公司和非国有控股公司均较大幅度下降，分别下降 10.0330 分和 12.3982 分，非国有控股公司降幅大于国有控股公司；相比 2016 年，2017 年国有控股公司和非国有控股公司也都下降，分别下降 1.5743 分和 3.0274 分，同样是非国有控股公司降幅大于国有控股公司。

第三，从独立董事独立性分项指数看，相比 2012 年，2017 年国有控股公司和非国有控股公司分别上升 0.6700 分和 2.5138 分，非国有控股公司升幅大于国有控股公司；相比 2016 年，2017 年国有控股公司和非国有控股公司分别上升 1.1921 分和 1.3362 分，升幅接近。

第四，从董事会行为分项指数看，两类公司都是 2014 年较大幅度下降，此后三年连续上升。相比 2012 年，2017 年国有控股公司和非国有控股公司分别上升 3.8462 分和 9.2639 分，非国有控股公司升幅远大于国有控股公司；相比 2016 年，2017 年国有控股公司和非国有控股公司分别上升 3.6557 分和 3.6116 分，升幅接近。

第五，从董事激励与约束分类指数看，两类公司近五年不断波动。相比 2012 年，2017 年国有控股公司和非国有控股公司分别上升 0.1960 分和 1.2574 分，升幅都不大；相比 2016 年，2017 年国有控股公司和非国有控股公司分别上升 0.2269 分和 0.2718 分，升幅接近，也都很小。

9.5 分上市板块董事会治理指数的年度比较

用各板块上市公司董事会治理总体指数，以及董事会结构、独立董事独立性、董事会行为和董事激励与约束四个分项指数的平均值来代表各板块上市公司董事会治理情况，分别比较不同板块2012年、2014年、2015年、2016年和2017年董事会治理的差异，结果见表9－5。

表9－5 2012～2017年不同板块上市公司董事会治理指数均值比较

板块	年份	总体指数	分项指数				总体指数排名
			董事会结构	独立董事独立性	董事会行为	董事激励与约束	
深市主板（不含中小板）	2012	52.5989	51.7457	60.1841	47.8039	50.6619	2
	2014	51.6543	52.6955	59.1442	43.6831	51.0945	2
	2015	52.2052	42.8089	61.7426	53.3751	50.8941	2
	2016	53.5858	43.8781	60.2642	58.1860	52.0148	1
	2017	53.3785	41.2446	59.9207	60.3596	51.9893	3
深市中小企业板	2012	54.5555	51.6751	60.6847	52.7491	53.1132	1
	2014	52.2100	50.2642	58.3194	46.6633	53.5930	1
	2015	52.2187	39.9465	61.7237	55.7185	51.4860	1
	2016	52.8799	40.3595	60.0511	57.8212	53.2880	2
	2017	53.4419	37.2835	62.4291	61.1153	52.9396	2
深市创业板	2012	46.7867	42.6673	54.2004	43.6007	46.6785	4
	2014	46.6467	41.9404	50.1979	39.1420	55.3064	4
	2015	51.4645	39.6964	61.6840	52.9851	51.4927	3
	2016	52.5617	38.9836	60.9967	57.8303	52.4361	3
	2017	54.1269	36.5039	62.5944	64.2708	53.1385	1
沪市主板	2012	51.0411	49.4066	58.2028	44.6526	51.9023	3
	2014	49.3069	49.2023	57.9199	40.5210	49.5844	3
	2015	47.1010	39.5979	58.7196	39.3928	50.6938	4
	2016	47.0944	39.8599	57.7779	40.0645	50.6753	4
	2017	47.9345	37.6739	58.9244	43.8547	51.2852	4

从表9－5可以看出如下结论。

第一，从董事会治理总体指数看，深市主板（不含中小企业板）近五年的变化虽有起伏，但总体趋势仍为上升；深市中小企业板和深市创业板两个上市板块均自2014起持续上升，其中深市创业板2015年超过沪市主板成为第三名，2017年更大幅增长超过深市中小企业板成为第一名；沪市主板则是在2012～2016年连续下降后，2017年略有上升。但需要引起注意的是，沪市主板连续三年均值明显低于其他三个板块上市公司（参见图9－5）。相比2012年，2017年深市主板（不含中小企业板）和深市创业板分别上升0.7796分和7.3402分；深市中小企业板和沪市主板分别下降1.1136分和3.1066分。相比2016年，除了深市主板（不含中小企业板）轻微下降0.2073分外，其他三个板块都上升，但升幅都很小，在0.56～1.57分之间，深市创业板升幅最大，上升1.5652分。

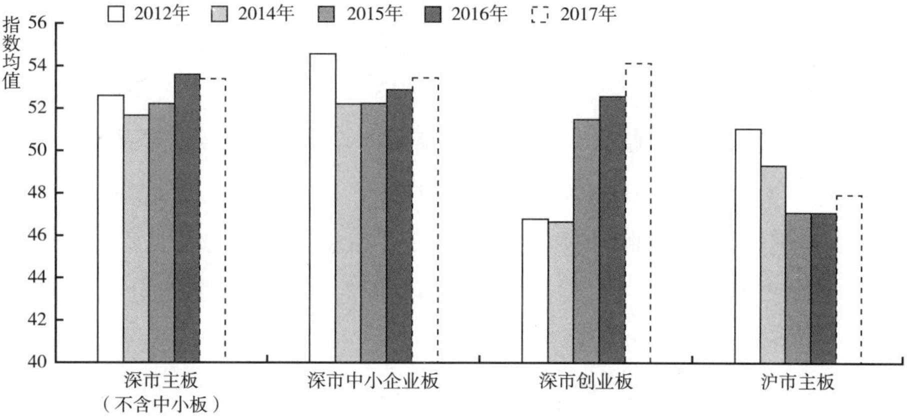

图9－5　2012～2017年不同板块上市公司董事会治理总体指数比较

第二，从董事会结构分项指数看，深市创业板五年中连续下降，其余三个板块上市均呈波动状态。相比2012年，2017年四个板块全部较大幅度下降，降幅在6.16～14.40分之间，深市中小企业板降幅最大，达14.3916分；相比2016年，2017年四个板块也都全部下降，降幅在2.18～3.08分之间，也是深市中小企业板降幅最大，下降3.0760分。

第三，从独立董事独立性分项指数看，相比2012年，2017年除了深市主板（不含中小企业板）轻微下降0.2634分外，其他三个板块都是上升的，升幅在0.72～8.40分之间，深市创业板升幅最大，上升8.3940分；相比2016年，2017年也是深市主板（不含中小企业板）下降，轻微下降0.3435分，其他三个板块都是上升的，升幅1.14～2.38分之间，深市中小企业板升幅最大，上升2.3780分。

第四，从董事会行为分项指数看，深市主板（不含中小企业板）、深市中小企业板和深市创业板自2014年均呈连续上升趋势；沪市主板前三个年度连续下降，后两个年度持续上升，但没有达到2012年的最高水平。相比2012年，2017年除了沪市主板下降0.7979分外，其他三个板块都大幅上升，升幅在8.36～20.68分之间，深市创业板升幅最大，上升20.6701分；相比2016年，2017年四个板块都是上升的，升幅在

2.17～6.45 分之间，同样是深市创业板升幅最大，上升 6.4405 分。

第五，从董事激励与约束分项指数看，相比 2012 年，2017 年深市主板（不含中小企业板）和深市创业板分别上升 1.3274 分和 6.4600 分，深市创业板升幅较大；深市中小企业板和沪市主板分别下降 0.1736 分和 0.6171 分，降幅轻微。相比 2016 年，深市主板（不含中小企业板）和深市中小企业板分别下降 0.0255 分和 0.3484 分，降幅轻微；深市创业板和沪市主板分别上升 0.7024 分和 0.6099 分，升幅也轻微。

9.6 本章小结

本章从总体、地区、所有制、行业和上市板块等角度分别比较了 2012 年、2014 年、2015 年、2016 年和 2017 年中国上市公司的董事会治理水平，主要结论如下。

（1）从总体看，2014 年和 2015 年上市公司董事会治理指数均值都有所下降，2016 年和 2017 年连续两年有所回升，但仍低于 2012 年的水平。在四个分项指数中，相比 2012 年，2017 年董事会结构分项指数下降 11.8364 分，独立董事独立性、董事会行为、董事激励与约束三个分项指数则分别提高 1.9123 分、7.4405 分和 0.8385 分；相比 2016 年，2017 年独立董事独立性、董事会行为和董事激励与约束三个分项指数都是上升的，其中董事会行为分项指数升幅最大，上升 3.7731 分，但董事会结构分项指数下降 2.6414 分。

（2）从地区看，在董事会治理总体指数上，相比 2012 年，2017 年东部和东北董事会治理指数都略有下降，而中部和西部则略有提高；相比 2016 年，则四个地区董事会治理指数略有上升。在董事会结构分项指数上，四个地区 2017 年相比 2012 年都大幅下降；相比 2016 年，2017 年四个地区也均下降，降幅相近。这反映了董事会结构还没有像很多公司声称的那样完善。在独立董事独立性分项指数上，四个地区 2017 年相比 2012 年都有所上升；相比 2016 年，2017 年四个地区也均略有上升。在董事会行为分项指数上，四个地区 2017 年相比 2012 年都较大幅度提升；相比 2016 年，2017 年四个地区也都有所提升。在董事激励与约束分项指数上，2017 年相比 2012 年，除了东北，其他三个地区都上升，且升幅相近；相比 2016 年，2017 年四个地区中也是东北下降，其他三个地区都略有上升。

（3）从行业看，在董事会治理总体指数上，相比 2012 年，2017 年有 6 个行业上升，有 12 个行业下降；相比 2016 年，2017 年有 15 个行业上升，有 3 个行业下降。在董事会结构分项指数上，相比 2012 年，2017 年 18 个行业全部都是下降的；相比 2016 年，有 17 个行业下降。在独立董事独立性分项指数上，相比 2012 年，2017 年有 13 个行业上升，有5个行业下降；相比2016年，2017年有14个行业上升，有4个行业下降。在董事会行为分项指数上，相比2012年，2017年有17个行业上升；相比2016年，2017年18个行业全部都是上升的。在董事激励与约束分项指数上，相比2012年，2017年有11个行业上升，有7个行业下降；相比2016年，2017年有11个行业上升，有7个行业下降。

（4）从所有制看，在董事会治理总体指数上，国有控股公司自2015年起连续上升，但没有达到2012年的最高水平；非国有控股公司自2014年起连续上升，并且在2015年超过了国有控股公司。在董事会结构分项指数上，相比2012年和2016年，2017年国有控股公司和非国有控股公司均下降，后者降幅大于前者。在独立董事独立性分项指数上，相比2012年和2016年，2017年国有控股公司和非国有控股公司均上升，后者升幅大于前者。在董事会行为分项指数上，两类公司都是2014年较大幅度下降，此后三年连续上升。在董事激励与约束分类指数上，相比2012年和2016年，2017年国有控股公司和非国有控股公司均上升，但升幅不大。

（5）从上市板块看，在董事会治理总体指数上，变化较大的是深市创业板，2015年超过沪市主板成为第三名，2017年大幅增长超过深市中小企业板成为第一名。在董事会结构分项指数上，深市创业板五年中连续下降，其余三个板块上市均呈波动状态。在独立董事独立性分项指数上，相比2012年和2016年，2017年除了深市主板（不含中小企业板）轻微下降外，其他三个板块都是上升的。在董事会行为分项指数上，深市主板（不含中小企业板）、深市中小企业板和深市创业板自2014年均呈连续上升趋势；沪市主板前三个年度连续下降，后两个年度持续上升，但没有达到2012年的最高水平。在董事激励与约束分项指数上，相比2016年，深市主板（不含中小企业板）和深市中小企业板均轻微下降；深市创业板和沪市主板均轻微上升。

第四篇　企业家能力指数

第10章　企业家能力总体指数排名及比较

根据第1章确定的企业家能力指数评价方法，以及我们评估获得的2017年度3147家样本上市公司指数数据，本章对这些上市公司的企业家能力指数进行总体排名和分析，然后分别从地区、行业和上市板块三个角度依次进行比较和分析。

10.1　企业家能力指数总体分布及排名

基于上市公司2017年的公开数据，根据本报告构建的企业家能力指数指标体系和指数计算方法，对3147家上市公司企业家能力指数进行计算，可以得到中国上市公司企业家能力指数的整体排名情况（详见电子版）。

10.1.1　企业家能力指数总体分布

2017年上市公司企业家能力指数总体得分情况参见表10－1。

表10－1　2017年上市公司企业家能力指数总体情况

项目	公司数目	平均值	中位值	最大值	最小值	标准差	偏度系数	峰度系数
数值	3147	29.7777	30.0017	49.3390	6.2517	5.6567	－0.2805	0.4850

从表10－1可以看出，2017年上市公司企业家能力指数最大值49.3390，最小值6.2517，平均值29.7777，中位值30.0017，全部样本得分整体偏低。相对于2016年，本年度企业家能力指数有一定下降，平均值从30.6948降至29.7777，降幅为0.9171分，这意味着经理层的独立性没有好转，其潜能发挥受到很大抑制，这需要引起相关机构和企业的注意。

为进一步了解企业家能力指数在各个区间的分布情况，我们将企业家能力指数以5分为间隔进行区间划分，由于企业家能力指数最大值为49.3390，最小值为6.2517，故可以划分为［0，5）、［5，10）、［10，15）、［15，20）、［20，25）、［25，30）、［30，35）、［35，40）、［40，45）、［45，50）、［50，100］11个区间（公司数目为0的指数区间合并），每个得分区间的企业数目和所占比重参见表10－2。

表10－2　2017年上市公司企业家能力指数区间分布

指数区间	公司数目	占比(%)	累计占比(%)
[0,5)	0	0.00	0.00
[5,10)	6	0.19	0.19
[10,15)	31	0.99	1.18
[15,20)	110	3.50	4.67
[20,25)	446	14.17	18.84
[25,30)	980	31.14	49.98
[30,35)	1036	32.92	82.90
[35,40)	450	14.30	97.20
[40,45)	81	2.57	99.78
[45,50)	7	0.22	100.00
[50,100]	0	0.00	100.00
总计	3147	100.00	—

从表10－2可以看出，企业家能力指数在［20，40）区间的公司数最多，为2912家，占样本总数的92.53%。值得关注的是，在3147家上市公司中，没有一家公司的企业家能力指数达到60分以上。如果以60分作为及格线，这意味着，所有上市公司的企业家能力均“不及格”。这说明中国上市公司企业家能力水平整体偏低，还有很大的提升空间。

图10－1更直观地显示了企业家能力指数在各个区间的分布情况。结合表10－1，可以看出，企业家能力指数的偏度系数为－0.2805，峰度系数为0.4850，峰度系数与标准差的比值是0.0857，基本符合正态分布，且分布较集中。

10.1.2　企业家能力指数前100名

表10－3给出了3147家上市公司中排名前100名公司的企业家能力指数情况。可以看出，前100名公司的企业家能力指数均值为41.9354，比2016年下降1.1995分。

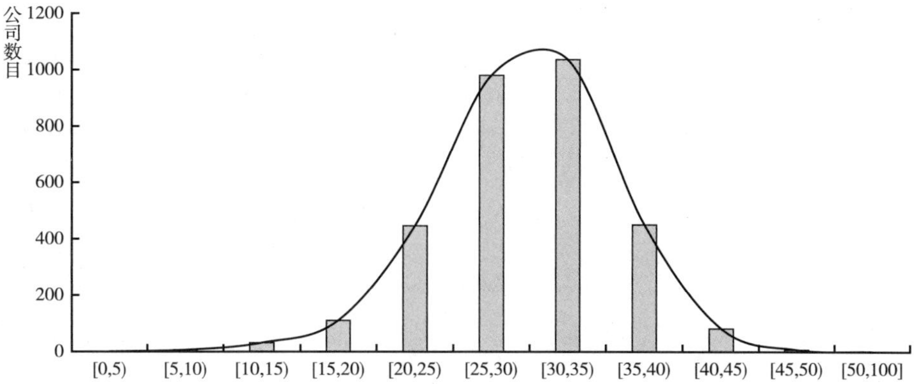

图 10 －1　2017 年上市公司企业家能力指数区间分布

表 10 －3　2017 年上市公司企业家能力指数前 100 名

	平均值	中位值	最大值	最小值	标准差
前 100 名	41. 9354	41. 4039	49. 3390	39. 6588	1. 9657
总体	29. 7777	30. 0017	49. 3390	6. 2517	5. 6567

我们对 3147 家上市公司的企业家能力指数从大到小降序排列，企业家能力指数越高，说明上市公司企业家能力水平越高。表 10 －4 是企业家能力指数排名前 100 的上市公司情况。

表 10 －4　2017 年上市公司企业家能力指数排名——前 100 名

排名	代码	公司简称	CEO	指数值
1	600050	中国联通	陆益民	49. 3390
2	600028	中国石化	戴厚良	47. 8918
3	601857	中国石油	章建华	47. 1561
4	000550	江铃汽车	范炘	46. 8460
5	002695	煌 上 煌	褚浚	46. 4954
6	000157	中联重科	詹纯新	45. 2781
7	002444	巨星科技	仇建平	45. 2405
8	000826	启迪桑德	张仲华	44. 8140
9	002230	科大讯飞	刘庆峰	44. 7808
10	600422	昆药集团	戴晓畅	44. 6939
11	000718	苏宁环球	张桂平	44. 3511
12	002567	唐 人 神	陶一山	44. 3044
13	002847	盐津铺子	张学武	44. 0771
14	300003	乐普医疗	蒲忠杰	43. 9406
15	000553	沙隆达 A	Chen Lichtenstein	43. 9064

续表

排名	代码	公司简称	CEO	指数值
16	002053	云南能投	马策	43.7632
17	002533	金杯电工	唐崇健	43.6744
18	002756	永兴特钢	高兴江	43.6660
19	002515	金字火腿	禹勃	43.6467
20	002223	鱼跃医疗	吴光明	43.5871
21	600606	绿地控股	张玉良	43.4632
22	300236	上海新阳	方书农	43.4161
23	002299	圣农发展	傅光明	43.1753
24	603668	天马科技	陈庆堂	43.1596
25	002449	国星光电	王森	43.0115
26	002788	鹭燕医药	吴金祥	42.9293
27	300182	捷成股份	韩胜利	42.8048
28	600887	伊利股份	潘刚	42.7735
29	002335	科华恒盛	陈成辉	42.6738
30	000423	东阿阿胶	秦玉峰	42.6483
31	000012	南 玻 A	潘永红	42.5523
32	300358	楚天科技	唐岳	42.2951
33	300133	华策影视	赵依芳	42.2730
34	000979	中弘股份	崔崴	42.2709
35	000782	美达股份	郭敏	42.2609
36	300479	神思电子	关华建	42.2536
37	002115	三维通信	李钢	42.2421
38	600535	天 士 力	朱永宏	42.2161
39	300476	胜宏科技	陈涛	42.1111
40	300298	三诺生物	李少波	42.0515
41	002470	金 正 大	万连步	42.0332
42	002422	科伦药业	刘思川	41.9784
43	600115	东方航空	马须伦	41.9270
44	300084	海默科技	郑子琼	41.9050
45	002228	合兴包装	许晓光	41.8907
46	600704	物产中大	周冠女	41.8098
47	000651	格力电器	董明珠	41.6251
48	300038	梅 泰 诺	尹洪涛	41.5481
49	600350	山东高速	赛志毅	41.4731
50	300529	健帆生物	董凡	41.4082
51	000665	湖北广电	毕华	41.3995
52	603358	华达科技	葛江宏	41.3399
53	002028	思源电气	董增平	41.3263
54	002022	科华生物	丁伟	41.2515
55	002594	比 亚 迪	王传福	41.1634

续表

排名	代码	公司简称	CEO	指数值
56	300339	润和软件	周红卫	41.1426
57	600500	中化国际	刘红生	40.9794
58	000002	万 科 A	郁亮	40.9654
59	600583	海油工程	金晓剑	40.9614
60	000529	广弘控股	陈子召	40.9488
61	601877	正泰电器	南存辉	40.9390
62	002582	好 想 你	陈果	40.8886
63	603936	博敏电子	徐缓	40.8501
64	603883	老 百 姓	冯砚祖	40.8501
65	600600	青岛啤酒	黄克兴	40.7978
66	600086	东方金钰	赵宁	40.7529
67	000671	阳 光 城	朱荣斌	40.6912
68	002741	光华科技	陈汉昭	40.6805
69	300599	雄塑科技	黄淦雄	40.6488
70	000100	TCL集团	李东生	40.6483
71	000963	华东医药	吕梁	40.6481
72	002152	广电运通	叶子瑜	40.6266
73	300382	斯 莱 克	安旭	40.5022
74	300595	欧普康视	陶悦群	40.4553
75	002696	百洋股份	孙忠义	40.4447
76	002557	洽洽食品	陈先保	40.3698
77	002286	保 龄 宝	邓淑芬	40.3674
78	002768	国恩股份	王爱国	40.3410
79	002477	雏鹰农牧	侯建芳	40.2486
80	600827	百联股份	钱建强	40.1961
81	603919	金 徽 酒	周志刚	40.1837
82	300218	安利股份	姚和平	40.1808
83	300353	东土科技	李平	40.1417
84	300123	亚光科技	李跃先	40.1342
85	002170	芭田股份	黄培钊	40.1242
86	600837	海通证券	瞿秋平	40.0618
87	300445	康 斯 特	何欣	40.0570
88	600875	东方电气	邹 磊	40.0217
89	000656	金科股份	蒋思海	39.9922
90	603818	曲美家居	赵瑞海	39.9580
91	601669	中国电建	孙洪水	39.9276
92	300500	启迪设计	查金荣	39.8560
93	002236	大华股份	李柯	39.8189
94	002332	仙琚制药	张宇松	39.8118
95	300485	赛升药业	马骉	39.7590

续表

排名	代码	公司简称	CEO	指数值
96	000902	新 洋 丰	黄镔	39. 7174
97	002501	利源精制	王民	39. 7038
98	601390	中国中铁	张宗言	39. 7013
99	002367	康力电梯	王友林	39. 6761
100	300274	阳光电源	曹仁贤	39. 6588

从表 10－4 可以看出，企业家能力指数最高的前三名分别是中国联通的陆益民（49. 3390）、中国石化的戴厚良（47. 8918）和中国石油的章建华（47. 1561），这三家公司都来自沪市主板，而且都是中央企业。2016 年企业家能力指数评价结果的前三位是王祖继（建设银行）、汪东进（中国石油）和石聚彬（好想你），其中建设银行的王祖继并未进入 2017 年度的前 100 名，中国石油和好想你两家公司都更换了总经理（CEO），这两家公司前后两任总经理在 2017 年和 2016 年都进入了前 100 名。有 21 位（按公司计算则是 23 家）总经理（CEO）连续出现在 2017 年和 2016 年两个年度的前 100 名，他们分别是中国联通的陆益民、中国石化的戴厚良、科大讯飞的刘庆峰、金杯电工的唐崇健、绿地控股的张玉良、上海新阳的方书农、圣农发展的傅光明、国星光电的王森、科华恒盛的陈成辉、中弘股份的崔崴、金正大的万连步、东方航空的马须伦、海默科技的郑子琼、物产中大的周冠女、湖北广电的毕华、科华生物的丁伟、万科 A 的郁亮、TCL 集团的李东生、安利股份的姚和平、海通证券的瞿秋平和曲美家居的赵瑞海。另外，有 6 位（按公司计算则是 9 家）CEO 连续出现在 2017 年、2016 年与 2015 年三个年度的前 100 名，他们分别是金杯电工的唐崇健、圣农发展的傅光明、科华恒盛的陈成辉、海默科技的郑子琼、TCL 集团的李东升和安利股份的姚和平。

从地区看，前 100 家上市公司中，东部、中部、西部和东北各有 66 家、23 家、9 家和 2 家，分别占所在地区上市公司数的 3. 09%、5. 31%、2. 08% 和 1. 36%。从行业看，制造业有 68 家，房地产业有 6 家，批发和零售业有 5 家，信息传输、软件和信息技术服务业有 4 家，分别占所在行业全部上市公司数的 3. 49%、4. 80%、3. 16% 和 1. 72%。从控股类型看，国有控股公司有 29 家，非国有控股公司有 71 家，分别占同类型上市公司总数的 2. 75% 和 3. 39%。在 29 家国有控股公司中，中央企业控股的公司有 14 家，地方国企控股的公司有 15 家，分别占同类型公司总数的 3. 72% 和 2. 21%。从上市板块来看，深市主板（不含中小企业板）、深市中小企业板、深市创业板和沪市主板分别有 18 家、34 家、22 家和 26 家，分别占所在板块全部上市公司数的 3. 93%、4. 04%、3. 57% 和 2. 11%。

图 10 - 2 为前 100 名上市公司企业家能力指数分布情况。可以看出，前 100 名上市公司企业家能力指数分布在 39 ~ 50 分，最高分 49.3390，最低分 39.6588，绝对差距 9.6802 分，差距较上年略有缩小。绝大多数分布在 42 分上下，前几名相对比较突出。

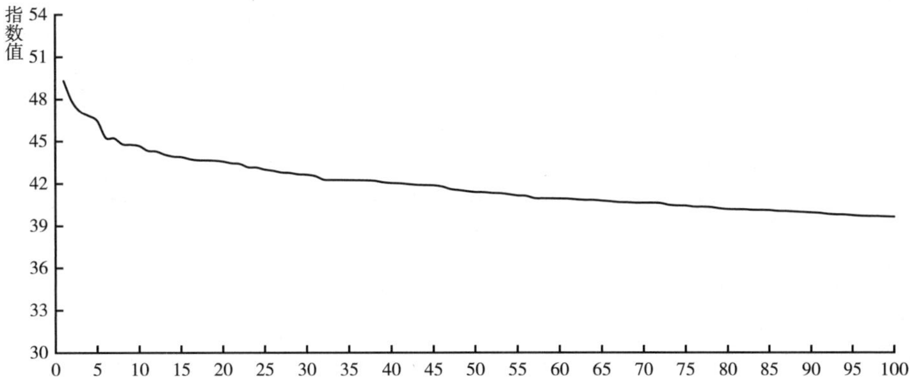

图 10 - 2　2017 年上市公司企业家能力指数分布情况——前 100 名

10.2　分地区企业家能力指数比较

按照东部、中部、西部、东北的地区划分，对各地区上市公司的企业家能力指数进行比较，结果参见表 10 - 5。

表 10 - 5　2017 年不同地区上市公司企业家能力指数比较

排序	地区	公司数目	平均值	中位值	最大值	最小值	标准差
1	中部	433	30.4743	30.5356	46.8460	11.0968	5.8814
2	东部	2135	29.9032	30.0883	49.3390	6.2517	5.5990
3	西部	432	28.8755	29.5147	44.6939	8.4086	5.5612
4	东北	147	28.5537	28.6084	44.3511	7.9677	5.6027
	总体	3147	29.7777	30.0017	49.3390	6.2517	5.6567

由表 10 - 5 可知，各地区上市公司企业家能力指数均值由大到小分别为中部（30.4743）、东部（29.9032）、西部（28.8755）和东北（28.5537）。企业家能力指数最大值和最小值都来自东部。

图 10 - 3 可以直观地看出四个地区上市公司企业家能力之间的差异。四个地区中，东部和中部地区的上市公司企业家能力指数均值略高于总体均值；西部和东北地区上市公司企业家能力指数均值都明显低于总体均值。

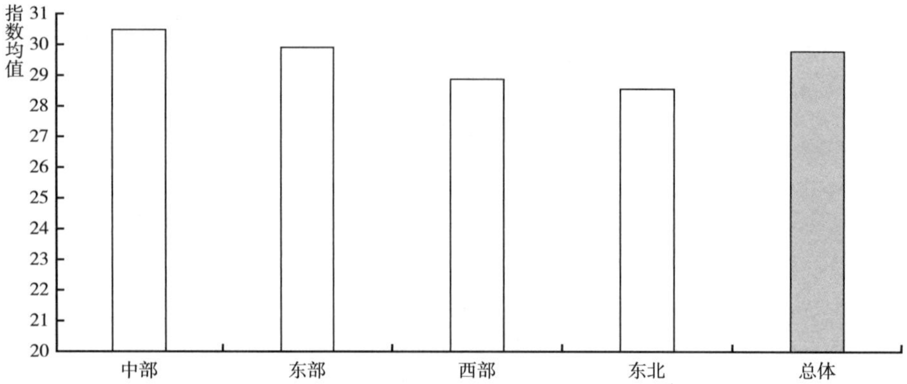

图 10－3　2017 年不同地区上市公司企业家能力指数比较

10.3　分行业企业家能力指数比较

用各个行业上市公司企业家能力指数的平均值来代表各个行业的上市公司企业家能力指数，然后将各行业的上市公司企业家能力指数平均值按照从高到低的顺序进行排名，具体排名结果参见表 10－6。

表 10－6　2017 年不同行业上市公司企业家能力指数比较

排名	行业名称	公司数目	平均值	中位值	最大值	最小值	标准差
1	教育(P)	4	33.3152	33.8765	38.0130	27.4949	4.3908
2	卫生和社会工作(Q)	8	30.4832	29.6519	38.3002	24.3668	4.5971
3	文化、体育和娱乐业(R)	48	30.3603	29.9480	42.8048	14.2284	5.9775
4	制造业(C)	1949	30.2219	30.4178	46.8460	6.2517	5.4802
5	水利、环境和公共设施管理业(N)	40	30.0726	29.5147	44.8140	18.6179	4.7955
6	房地产业(K)	125	29.7686	30.1960	44.3511	13.3552	5.9631
7	农、林、牧、渔业(A)	42	29.7496	29.7621	43.1753	13.5179	6.5199
8	批发和零售业(F)	158	29.6670	30.5048	42.9293	12.4207	6.2302
9	采矿业(B)	74	29.4619	28.8695	47.8918	14.4104	5.9719
10	信息传输、软件和信息技术服务业(I)	233	28.8666	29.4380	49.3390	9.4830	5.7229
11	建筑业(E)	90	28.7725	28.7199	39.9276	14.6531	5.5134
12	科学研究和技术服务业(M)	32	28.7492	29.2632	39.8560	18.6663	5.3120
13	交通运输、仓储和邮政业(G)	90	28.4385	28.2480	41.9270	14.7150	5.6871

续表

排名	行业名称	公司数目	平均值	中位值	最大值	最小值	标准差
14	金融业(J)	77	28.4293	29.1341	40.0618	8.7567	6.8029
15	电力、热力、燃气及水生产和供应业(D)	103	28.2160	28.6903	38.0758	11.0968	4.9762
16	租赁和商务服务业(L)	42	28.1306	29.3939	38.5000	13.0035	5.9529
17	住宿和餐饮业(H)	9	27.1153	28.4140	36.0077	16.3116	5.5711
18	综合(S)	23	26.8156	26.2084	37.8905	19.7017	4.6603
总体		3147	29.7777	30.0017	49.3390	6.2517	5.6567

从表10－6可以看出，2017年全部3147家上市公司企业家能力指数总体均值为29.7777。其中，只有5个行业的上市公司企业家能力指数均值高于总体均值，这5个行业的行业最大均值与总体均值之间的绝对差距为3.5375；有13个行业的上市公司企业家能力指数均值低于总体均值，总体均值与这13个行业的最小均值之间的绝对差距为2.9621。前5个行业的内部差距略大于后13个行业，即企业家能力指数行业高分区的内部差距较大。企业家能力指数最高的三个行业是教育（P），卫生和社会工作（Q），文化、体育和娱乐业（R）。企业家能力水平最差的三个行业是综合（S），住宿和餐饮业（H），租赁和商务服务业（L）。需要注意的是，教育（P）、卫生和社会工作（Q）两个行业的上市公司数量很少，代表性有限。

图10－4进一步显示了行业间上市公司企业家能力指数的差别。可以看出，各行业上市公司企业家能力指数中的大部分集中在［28，31］这一范围内，除了排名第一位的教育（P），以及排名最后两位的综合（S）及住宿和餐饮业（H）以外，图形整体呈现出较为平缓的变动趋势。

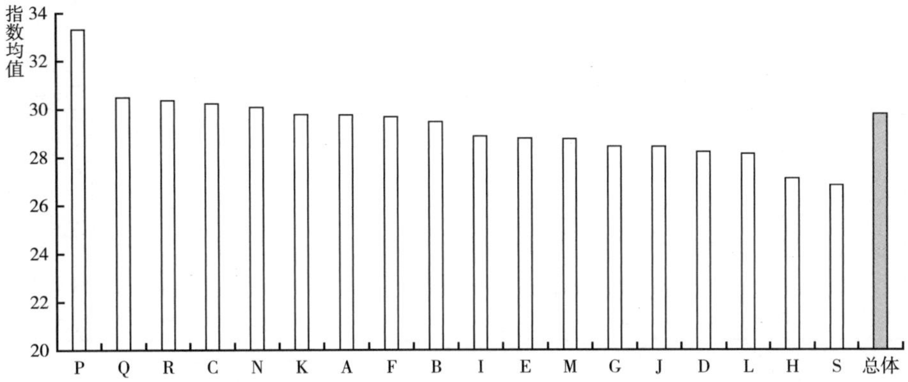

图10－4　2017年不同行业上市公司企业家能力指数比较

10.4 分上市板块企业家能力指数比较

根据深市主板（不含中小企业板）、深市中小企业板、深市创业板和沪市主板四个上市板块的划分，来比较不同板块上市公司的企业家能力指数，结果参见表 10－7。

表 10－7 2017 年不同板块上市公司企业家能力指数比较

排序	上市板块	公司数目	平均值	中位值	最大值	最小值	标准差
1	深市中小企业板	841	30. 1005	30. 5356	46. 4954	6. 2517	5. 8569
2	深市创业板	616	29. 7976	30. 1008	43. 9406	12. 4207	5. 5272
3	沪市主板	1232	29. 6775	29. 7344	49. 3390	8. 7567	5. 4441
4	深市主板(不含中小企业板)	458	29. 4276	29. 4711	46. 8460	10. 9980	5. 9763
	总体	3147	29. 7777	30. 0017	49. 3390	6. 2517	5. 6567

从表 10－7 可以看出，企业家能力指数平均值从高到低排列依次为深市中小企业板（30. 1005）、深市创业板（29. 7976）、沪市主板（29. 6775）和深市主板（不含中小企业板）（29. 4276）。整体上看，深市创业板和深市中小企业板上市公司的企业家能力水平好于沪市主板和深市主板（不含中小企业板）上市公司，这部分说明了，随着公司达到成熟规模，股本增大，企业家能力有弱化趋向。

图 10－5 更直观地反映了不同板块上市公司企业家能力指数的差异。可以看到，深市中小企业板和深市创业板上市公司的企业家能力指数均值都高于总体均值；而沪市主板和深市主板（不含中小企业板）上市公司的企业家能力指数都低于总体均值。

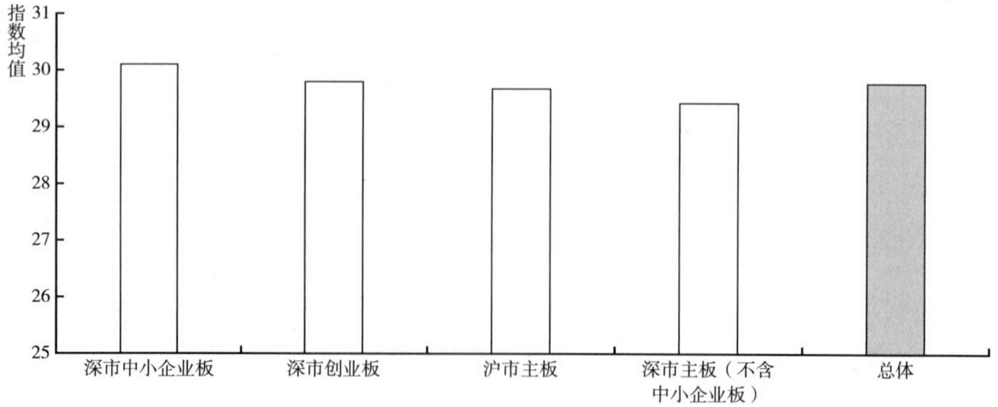

图 10－5 2017 年不同板块上市公司企业家能力指数比较

10.5　本章小结

本章计算了沪深两市 2017 年共计 3147 家上市公司的企业家能力指数，并分别从总体、地区、行业、上市板块等角度评价了中国上市公司企业家能力水平。主要结论如下。

（1）从总体看，2017 年中国上市公司企业家能力指数均值是 29.7777，得分较低，且与 2016 年相比有所降低，所有上市公司企业家能力指数都处于不及格的区间。企业家能力指数主要分布在［20，40）区间，有 2912 家，占样本总数的 92.53%。

（2）从地区看，上市公司企业家能力指数均值由大到小分别为中部（30.4743）、东部（29.9032）、西部（28.8755）和东北（28.5537），西部和东北明显低于中部和东部。

（3）从行业看，上市公司企业家能力指数最高的三个行业是教育（P），卫生和社会工作（Q），文化、体育和娱乐业（R）。企业家能力水平最差的三个行业是综合（S），住宿和餐饮业（H），租赁和商务服务业（L）。企业家能力指数的行业间差别不大。但教育（P）以及卫生和社会工作（Q）两个行业上市公司很少，代表性有限。

（4）从上市板块看，企业家能力指数平均值从高到低排列依次为深市中小企业板（30.1005）、深市创业板（29.7976）、沪市主板（29.6775）和深市主板（不含中小企业板）（29.4276）。深市中小企业板和深市创业板上市公司企业家能力指数均值高于沪深主板（深市主板不含中小企业板）上市公司。

第11章　企业家能力分项指数排名及比较

第10章从总体上对中国上市公司企业家能力指数做了排名，并从地区、行业、上市板块三个角度进行了分类汇总和分析。本章按照对企业家能力指数四个维度的划分，把企业家能力指数分解为人力资本、关系网络能力、社会责任能力和战略领导能力四个分项指数，对这四个分项指数进行排名和比较分析。

11.1　企业家能力分项指数总体比较

本报告以2017年沪深主板（含中小企业板）和深市创业板3147家上市公司样本，计算获得了2017年中国上市公司企业家能力四个分项指数，其描述性统计结果参见表11－1。

表11－1　2017年上市公司企业家能力分项指数描述性统计结果

分项指数	公司数目	平均值	中位值	最大值	最小值	标准差
人力资本	3147	28.0476	27.1429	85.7143	5.0000	9.6278
关系网络能力	3147	6.3323	0.0000	55.5556	0.0000	8.9231
社会责任能力	3147	60.3379	62.6438	88.3478	0.0000	14.6884
战略领导能力	3147	18.7740	23.3125	53.7366	3.6148	7.7506

从表11－1中可以看出，企业家能力四个分项指数中，如以60分作为及格线，则除社会责任能力分项指数外，其他三个分项指数的平均值均未达到及格水平，而且距离及格线相差较大。企业家社会责任能力分项指数均值最大，为60.3379分，其标准差也最大，说明企业家社会责任能力彼此之间差异较大。企业家人力资本和战略领导能力两个分项指数整体水平居中，均值分别为28.0476分和18.7740，处于偏低水平。企业家关系网络能力分项指数均值最低，仅为个位数，说明上市公司企业家关系网络能力普遍

较差，也反映了目前社会对关系网络的一些偏差。需要特别说明的是，企业家社会责任能力分项指数较高，与本报告对社会责任的认识以及相应的指标设计有关。企业家社会责任能力指标包括7个二级指标，主要涉及两个角度，一是公益行为；二是对主要利益相关者（政府、客户、员工、股东、债权人等）的责任。关于企业家对社会公益的贡献，不是以绝对额来评价，而是以公益行为来评价，因为企业规模和利润不同，对社会公益的贡献额度必然有差异，但爱心无价；对于利益相关者的责任，有的可能因信息披露指标而使得分较高，如指标“有没有产品质量或安全（含环境安全）等问题的重大投诉事件”，没有投诉并不意味着产品质量绝对没有问题；再比如指标“有无贷款诉讼”，没有贷款诉讼也不意味着企业征信水平一定很高。这是社会责任评价方面的一个难以避免的缺憾。

图11－1直观地反映了企业家能力四个分项指数的均值差异。可以明显看出，四个分项指数均值的差异较大。但需要注意的是，由于各分项指标体系的设计不同，不同指标之间的可比性有限。

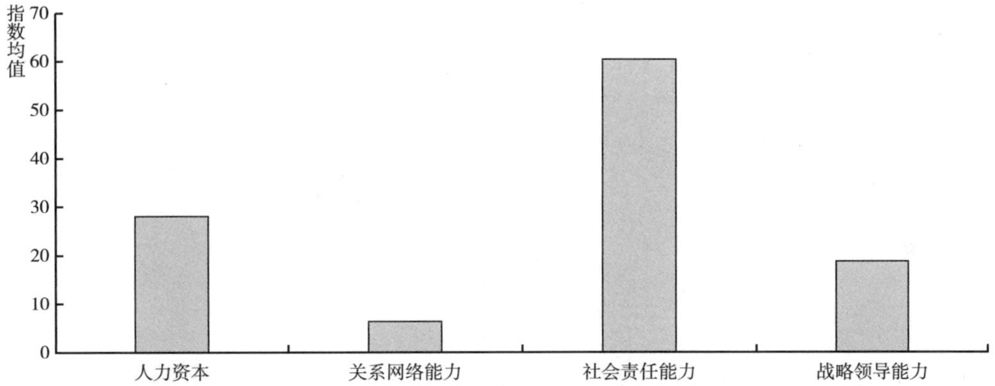

图11－1　2017年上市公司企业家人力资本分项指数均值总体比较

11.2　企业家人力资本分项指数排名及比较

企业家人力资本分项指数侧重评价企业家以往的教育和工作经历，以及选聘路径。本节主要是对企业家人力资本分项指数排名的各种情况进行比较说明和分析。

11.2.1　企业家人力资本分项指数总体分布

基于3147家上市公司企业家人力资本的各项指标，我们得出了每家上市公司企业家人力资本分项指数。以 10 分为间隔，可以将企业家人力资本分项指数划分为 10 个区间段，每个分数区间段的公司数目和所占比重参见表 11 -2 和图 11 -2。

表 11 -2　2017 年上市公司企业家人力资本分项指数区间分布

指数区间	公司数目	占比(%)	累计占比(%)
[0,10)	12	0.38	0.38
[10,20)	439	13.95	14.33
[20,30)	1589	50.49	64.82
[30,40)	788	25.04	89.86
[40,50)	201	6.39	96.25
[50,60)	87	2.76	99.01
[60,70)	24	0.76	99.78
[70.80)	6	0.19	99.97
[80,90)	1	0.03	100.00
[90,100]	0	0.00	100.00
总计	3147	100.00	—

图 11 -2 可以直观地看出上市公司企业家人力资本分项指数的分布区间。

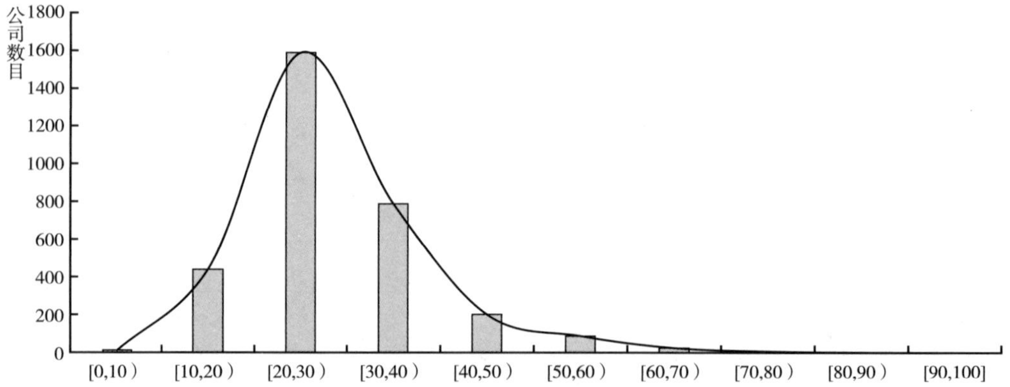

图 11 -2　2017 年上市公司企业家人力资本分项指数区间分布

由表 11 -2 和图 11 -2 可见，2017 年企业家人力资本分项指数在 9 个分数段上有分布，企业家人力资本分项指数主要分布在［10，40）区间，有 2816 家公司，占样本总体的 89.48%，比较集中。

11.2.2　分地区企业家人力资本分项指数比较

按照四个地区的划分，我们统计了不同地区上市公司企业家人力资本分项指数，参见表 11 -3。

表 11 - 3　2017 年不同地区上市公司企业家人力资本分项指数比较

排序	地区	公司数目	平均值	中位值	最大值	最小值	标准差
1	西部	432	28.6210	27.1429	67.1429	10.0000	8.6069
2	中部	433	28.1904	27.1429	78.5714	5.0000	9.7881
3	东部	2135	27.9301	26.4286	85.7143	5.0000	9.8628
4	东北	147	27.6482	26.4286	52.8571	10.0000	8.3865
	总体	3147	28.0476	27.1429	85.7143	5.0000	9.6278

从表 11 - 3 可以看到，四个地区中，西部地区企业家人力资本分项指数均值最高，东北地区企业家人力资本分项指数均值最低，二者绝对差距为 0.9728 分，地区间差距很小。

图 11 - 3 直观地反映了四个地区上市公司企业家人力资本分项指数均值的差异。可以看到，西部和中部地区的企业家人力资本分项指数均值都大于总体均值，而东部与东北地区的企业家人力资本分项指数均值则略低于总体均值。

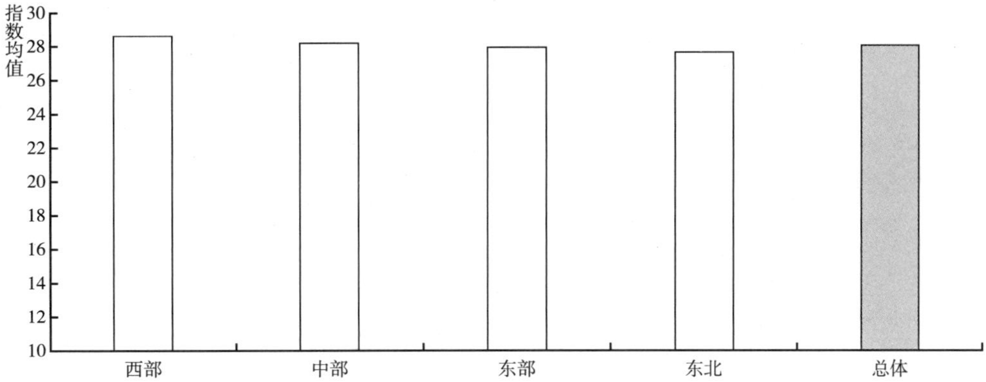

图 11 - 3　2017 年不同地区上市公司企业家人力资本分项指数比较

11.2.3　分行业企业家人力资本分项指数比较

用各个行业内的上市公司企业家人力资本分项指数的平均值来代表各个行业的上市公司企业家人力资本分项指数，然后把各个行业的上市公司企业家人力资本分项指数按照由高到低的顺序进行排名，具体排名结果参见表 11 - 4。

从表 11 - 4 可以看出，18 个行业中最大均值与最小均值的差距为 8.9890 分，差距比较大。有 11 个行业的企业家人力资本分项指数均值高于总体均值，这 11 个行业的行业均值最大值与总体均值的绝对差距是 4.7302 分。其他 7 个行业的上市公司企业家人

表 11－4　2017 年不同行业上市公司企业家人力资本分项指数比较

排名	行业	公司数目	平均值	中位值	最大值	最小值	标准差
1	住宿和餐饮业(H)	9	32.7778	31.4286	45.7143	24.2857	6.9043
2	金融业(J)	77	32.3377	31.4286	64.2857	15.0000	9.3456
3	教育(P)	4	30.8929	28.9286	45.7143	20.0000	9.4677
4	交通运输、仓储和邮政业(G)	90	29.8016	28.5714	60.0000	5.0000	9.5855
5	水利、环境和公共设施管理业(N)	40	29.5893	27.1429	64.2857	15.0000	9.5577
6	电力、热力、燃气及水生产和供应业(D)	103	29.2926	28.5714	50.0000	5.0000	8.0650
7	采矿业(B)	74	29.1795	28.5714	64.2857	14.2857	7.6668
8	文化、体育和娱乐业(R)	48	29.1369	24.2857	78.5714	10.0000	13.9392
9	房地产业(K)	125	29.0971	27.1429	60.0000	12.1429	9.0080
10	科学研究和技术服务业(M)	32	28.5938	24.2857	67.1429	5.0000	13.5143
11	批发和零售业(F)	158	28.4268	26.7857	64.2857	5.0000	10.0280
12	卫生和社会工作(Q)	8	28.0357	27.8571	42.8571	20.0000	7.2470
13	信息传输、软件和信息技术服务业(I)	233	27.8847	26.4286	71.4286	10.0000	9.0160
14	制造业(C)	1949	27.6314	26.4286	85.7143	5.0000	9.6792
15	建筑业(E)	90	27.4603	27.1429	50.0000	10.0000	7.4293
16	租赁和商务服务业(L)	42	27.1429	24.2857	67.1429	10.0000	10.8024
17	农、林、牧、渔业(A)	42	27.1259	25.3571	60.0000	14.2857	9.3749
18	综合(S)	23	23.7888	24.2857	31.4286	5.0000	7.0347
	总体	3147	28.0476	27.1429	85.7143	5.0000	9.6278

力资本分项指数均值低于总体均值，总体均值与这 7 个行业的最小均值的绝对差距是 4.2588 分。企业家人力资本分项指数行业高分区的内部差距略微大于低分区。上市公司企业家人力资本分项指数均值排名前三位的行业分别是住宿和餐饮业（H），金融业（J），教育（P）；排名最后三位的行业是综合（S），农、林、牧、渔业（A），租赁和商务服务业（L）。需要注意的是，教育行业（P）只有 4 家上市公司，难以反映该行业上市公司企业家人力资本的实际平均水平。

图 11－4 直观地反映了不同行业企业家人力资本分项指数均值的差异。不难发现，

前2名的住宿和餐饮业（H）和金融业（J）明显高于其他行业，而综合（S）的企业家人力资本指数则明显地远低于其他各个行业。

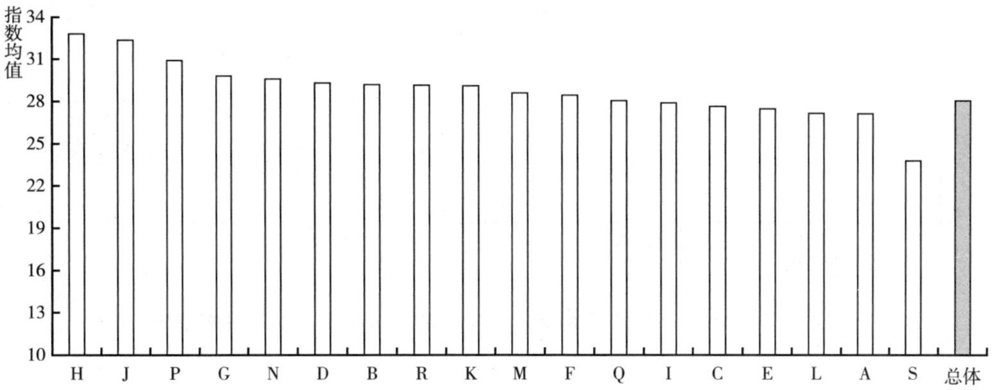

图 11－4　2017 年不同行业上市公司企业家人力资本分项指数比较

11.2.4　分上市板块企业家人力资本分项指数比较

根据上市公司四个板块的划分，即深市主板（不含中小企业板）、沪市主板、深市中小企业板和深市创业板，对不同板块上市公司的企业家人力资本分项指数进行综合比较，结果如表 11－5 所示。

表 11－5　2017 年不同板块上市公司企业家人力资本分项指数比较

排序	上市板块	公司数目	平均值	中位值	最大值	最小值	标准差
1	深市主板（不含中小企业板）	458	30.6691	28.5714	78.5714	10.0000	9.7558
2	深市创业板	616	27.9615	24.2857	85.7143	5.0000	10.6845
3	深市中小企业板	841	27.5488	26.4286	74.2857	5.0000	10.0063
4	沪市主板	1232	27.4565	27.1429	64.2857	5.0000	8.5375
	总体	3147	28.0476	27.1429	85.7143	5.0000	9.6278

从表 11－5 可以看出，深市主板（不含中小企业板）企业家人力资本分项指数均值最高，其后分别是深市创业板和深市中小企业板，排在最后的是沪市主板，后三个板块相差很小。

图 11－5 可以直观地反映出四个板块上市公司企业家人力资本分项指数的差异。可以看出，深市主板（不含中小企业板）远高于总体均值；而深市创业板、深市中小企业板和沪市主板都低于总体均值。

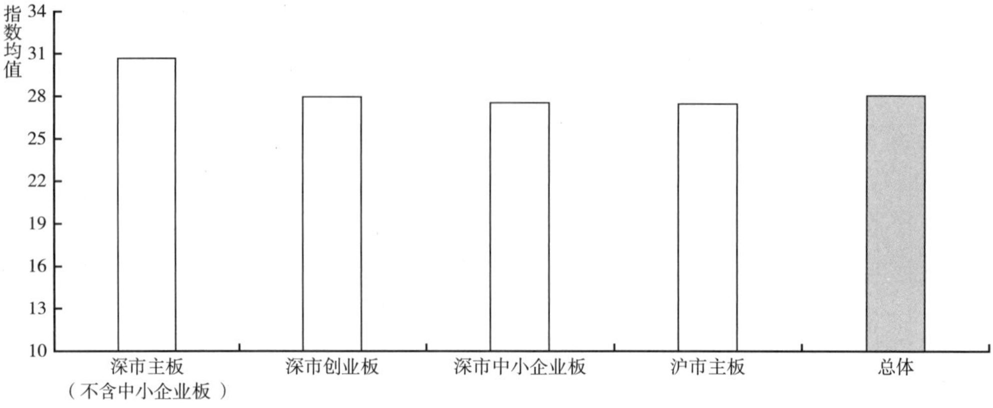

图 11－5　2017 年不同板块上市公司企业家人力资本分项指数比较

11.3　企业家关系网络能力分项指数排名及比较

企业家关系网络能力分项指数侧重评价企业家的社会兼职和影响。本节主要对企业家关系网络能力分项指数排名的各种情况进行比较说明和分析。

11.3.1　企业家关系网络能力分项指数总体分布

基于 3147 家上市公司企业家关系网络能力的各项指标，我们得出了每家上市公司企业家关系网络能力分项指数。以 10 分为间隔，可以将企业家关系网络能力分项指数划分为 7 个区间段（公司数目为 0 的指数区间合并），每个分数区间段的公司数目和所占比重参见表 11－6。

表 11－6　2017 年上市公司企业家关系网络能力分项指数区间分布

指数区间	公司数目	占比（%）	累计占比（%）
[0,10)	2142	68.06	68.06
[10,20)	727	23.10	91.17
[20,30)	190	6.04	97.20
[30,40)	56	1.78	98.98
[40,50)	21	0.67	99.65
[50,60)	11	0.35	100.00
[60,100]	0	0.00	100.00
总计	3147	100.00	—

由表 11 - 6 可见，2017 年企业家关系网络能力分项指数只分布在［0，60）区间，且主要集中在［0，20）区间，有 2869 家公司，占样本总数的 91.16%，分布很集中。特别需要指出的是，2017 年企业家关系网络能力分项指数中，有 1590 家上市公司得分为 0，占全体上市公司的 50.52%。

图 11 - 6 可以直观地看出企业家关系网络能力分项指数的分布区间。2017 年企业家关系网络能力分项指数从低分到高分的公司数目呈明显下降趋势，大部分公司的指数得分很低，得分主要集中在低分区间。关系网络能力的低水平可能与近几年的强力反腐有一定关系，使得正常的关系网络也受到很大影响。

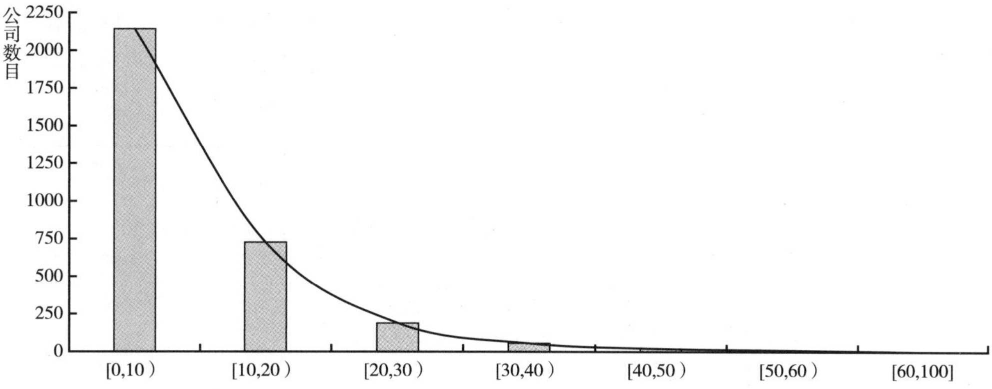

图 11 - 6　2017 年上市公司企业家关系网络能力分项指数区间分布

11.3.2　分地区企业家关系网络能力分项指数比较

按照四个地区的划分，我们进一步统计了四个地区上市公司企业家关系网络能力分项指数（参见表 11 - 7）。

表 11 - 7　2017 年不同地区上市公司企业家关系网络能力分项指数比较

排序	地区	公司数目	平均值	中位值	最大值	最小值	标准差
1	中部	433	8.7247	5.5556	55.5556	0.0000	10.8649
2	东部	2135	6.0786	0.0000	55.5556	0.0000	8.5697
3	东北	147	6.0469	0.0000	55.5556	0.0000	10.1621
4	西部	432	5.2855	0.0000	44.4444	0.0000	7.5127
	总体	3147	6.3323	0.0000	55.5556	0.0000	8.9231

从表 11 - 7 可以看到，四个地区中，中部地区企业家关系网络能力分项指数均值最高，西部地区企业家关系网络能力分项指数均值最低，二者绝对差距为 3.4392 分，差

距不算大。

图 11 -7 直观地反映了四个地区上市公司企业家关系网络能力分项指数均值的差异。可以看到，中部地区企业家关系网络能力分项指数明显地高于总体均值，其余三个地区的企业家关系网络能力分项指数比较接近，都低于总体均值。

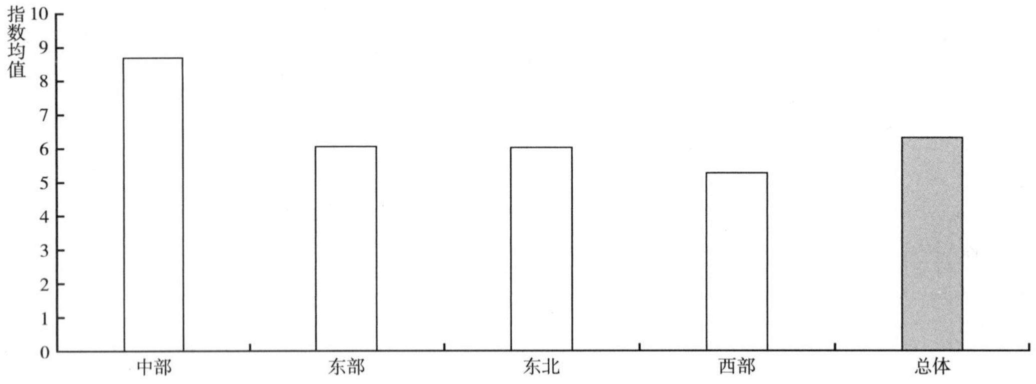

图 11 -7　2017 年不同地区上市公司企业家关系网络能力分项指数比较

11.3.3　分行业企业家关系网络能力分项指数比较

用各个行业内的上市公司企业家关系网络能力分项指数的平均值来代表各个行业的上市公司企业家关系网络能力分项指数，然后把各个行业的上市公司企业家关系网络能力分项指数按照由高到低的顺序进行排名，具体排名结果参见表 11 -8。

表 11 -8　2017 年不同行业上市公司企业家关系网络能力分项指数比较

排名	行业	公司数目	平均值	中位值	最大值	最小值	标准差
1	农、林、牧、渔业(A)	42	10.8466	5.5556	50.0000	0.0000	13.6057
2	教育(P)	4	8.3333	0.0000	33.3333	0.0000	14.4338
3	科学研究和技术服务业(M)	32	8.1597	2.7778	27.7778	0.0000	9.6209
4	水利、环境和公共设施管理业(N)	40	8.0556	5.5556	44.4444	0.0000	9.6984
5	文化、体育和娱乐业(R)	48	6.9444	0.0000	33.3333	0.0000	9.5890
6	制造业(C)	1949	6.8126	5.5556	55.5556	0.0000	9.4029
7	建筑业(E)	90	6.7901	5.5556	38.8889	0.0000	6.9674
8	租赁和商务服务业(L)	42	6.6138	0.0000	44.4444	0.0000	10.0145
9	交通运输、仓储和邮政业(G)	90	5.7407	5.5556	27.7778	0.0000	6.7510

续表

排名	行业	公司数目	平均值	中位值	最大值	最小值	标准差
10	卫生和社会工作(Q)	8	5.5556	0.0000	33.3333	0.0000	11.1111
11	房地产业(K)	125	5.3778	0.0000	38.8889	0.0000	7.8547
12	电力、热力、燃气及水生产和供应业(D)	103	4.9083	5.5556	16.6667	0.0000	5.2677
13	信息传输、软件和信息技术服务业(I)	233	4.8879	0.0000	44.4444	0.0000	7.7090
14	金融业(J)	77	4.7619	0.0000	44.4444	0.0000	8.7596
15	批发和零售业(F)	158	4.5007	0.0000	33.3333	0.0000	6.8228
16	住宿和餐饮业(H)	9	4.3210	0.0000	11.1111	0.0000	5.0903
17	采矿业(B)	74	4.1291	0.0000	27.7778	0.0000	5.8525
18	综合(S)	23	2.4155	0.0000	16.6667	0.0000	4.5830
	总体	3147	6.3323	0.0000	55.5556	0.0000	8.9231

从表 11－8 可以看出，18 个行业中，行业最大均值与最小均值的差距为 8.4311 分。有 8 个行业的企业家关系网络能力分项指数均值高于总体均值，这 8 个行业的最大均值与总体均值的绝对差距是 4.5143 分；其他 10 个行业的企业家关系网络能力分项指数均值低于总体均值，总体均值与行业最小均值的绝对差距为 3.9168 分。这说明企业家关系网络能力分项指数行业高分区的内部差距较大。上市公司企业家关系网络能力分项指数均值排名前三位的行业分别是农、林、牧、渔业（A），教育（P），科学研究和技术服务业（M）；排名最后三位的行业是综合（S），采矿业（B），住宿和餐饮业（H）。需要注意的是，教育行业（P）只有 4 家上市公司，难以反映该行业企业家关系网络能力的实际平均水平。

图 11－8 直观地反映了不同行业企业家关系网络能力分项指数均值的差异。可以

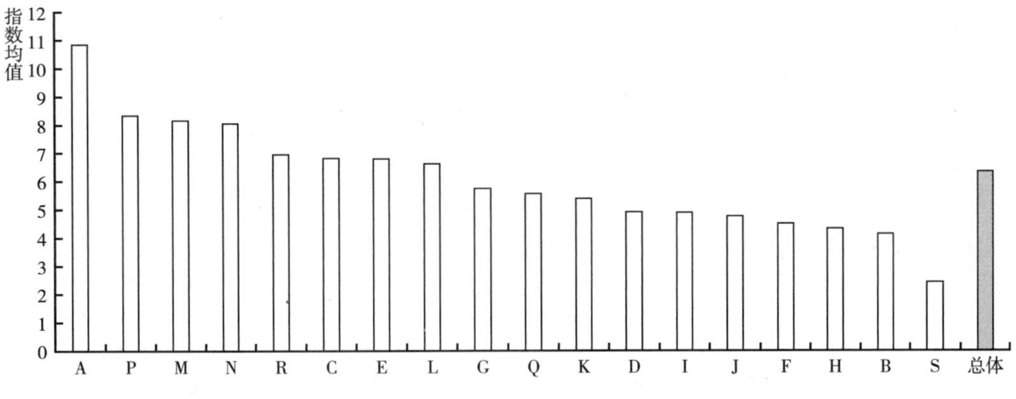

图 11－8　2017 年不同行业上市公司企业家关系网络能力分项指数比较

看到，各行业上市公司企业家关系网络能力分项指数之间有一定的差距，均值最高的农、林、牧、渔业（A）明显高于其他行业，而均值最低的综合（S）则明显低于其他行业。

11.3.4 分上市板块企业家关系网络能力分项指数比较

根据上市公司四个上市板块的划分，对不同板块上市公司企业家关系网络能力分项指数进行综合比较，结果如表 11 -9 所示。

表 11 -9 2017 年不同板块上市公司企业家关系网络能力分项指数比较

排序	上市板块	公司数目	平均值	中位值	最大值	最小值	标准差
1	深市中小企业板	841	7.8280	5.5556	55.5556	0.0000	10.3790
2	深市创业板	616	6.7821	2.7778	50.0000	0.0000	9.2019
3	深市主板(不含中小企业板)	458	5.7618	0.0000	55.5556	0.0000	8.1777
4	沪市主板	1232	5.2985	0.0000	55.5556	0.0000	7.7352
	总体	3147	6.3323	0.0000	55.5556	0.0000	8.9231

从表 11 -9 可以看出，深市中小企业板企业家关系网络能力分项指数均值最高；第二、三名为深市创业板和深市主板（不含中小企业板），最后为沪市主板。

图 11 -9 可以直观地反映出四个板块上市公司企业家关系网络能力分项指数的差异。深市中小企业板和深市创业板的企业家关系网络能力分项指数均值高于总体均值；而深市主板（不含中小企业板）和沪市主板企业家关系网络能力分项指数均值则低于总体均值。

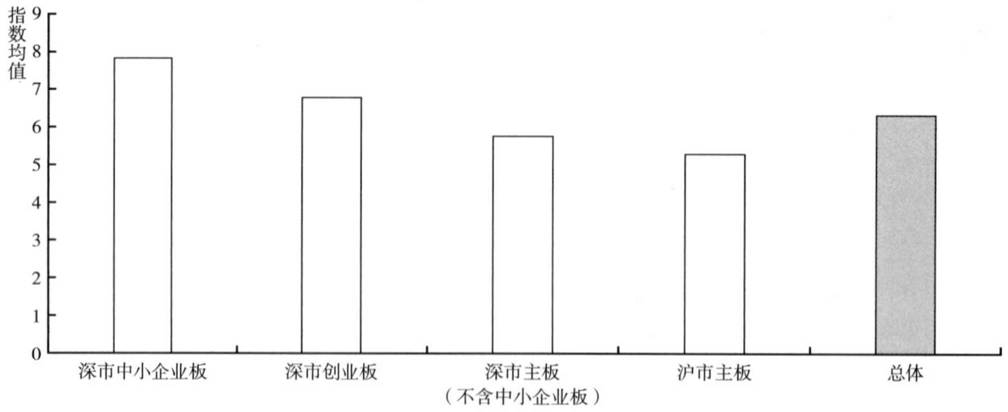

图 11 -9 2017 年不同板块上市公司企业家关系网络能力分项指数比较

11.4　企业家社会责任能力分项指数排名及比较

企业家社会责任能力分项指数侧重评价企业家对利益相关者的回报和义务。本节主要对企业家社会责任能力分项指数排名的各种情况进行比较和分析。

11.4.1　企业家社会责任能力分项指数总体分布

基于3147家上市公司企业家社会责任能力的各项指标，我们得出了每家上市公司企业家社会责任能力分项指数。以10分为间隔，可以将企业家社会责任能力分项指数划分为10个区间段，每个区间段的公司数目和所占比重参见表11－10。

表11－10　2017年上市公司企业家社会责任能力分项指数区间分布

指数区间	公司数目	占比(%)	累计占比(%)
[0,10)	24	0.76	0.76
[10,20)	23	0.73	1.49
[20,30)	95	3.02	4.51
[30,40)	264	8.39	12.90
[40,50)	1	0.03	12.93
[50,60)	537	17.06	30.00
[60,70)	1254	39.85	69.84
[70,80)	923	29.33	99.17
[80,90)	26	0.83	100.00
[90,100]	0	0.00	100.00
总计	3147	100.00	—

从表11－10可以发现，2017年企业家社会责任能力分项指数区间分布与其他几个分项指数相比更加分散，从区间［0，10）到区间［80，90）均有分布。但其中大部分上市公司企业家社会责任能力分项指数集中在区间［50，80），共有2714家公司，占总体的86.24%。

图11－10可以直观地看出企业家社会责任能力分项指数的区间分布。

11.4.2　分地区企业家社会责任能力分项指数比较

按照四个地区的划分，我们进一步统计了不同地区上市公司企业家社会责任能力分项指数（参见表11－11）。

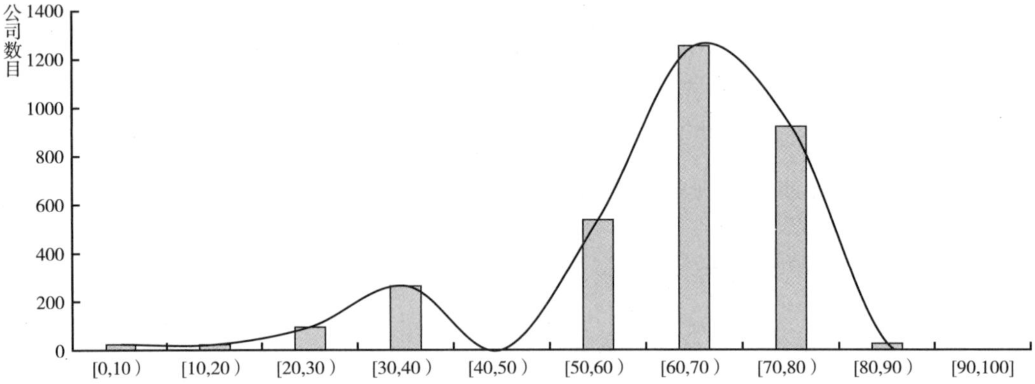

图 11－10　2017 年上市公司企业家社会责任能力分项指数区间分布

表 11－11　2017 年不同地区上市公司企业家社会责任能力分项指数比较

排序	地区	公司数目	平均值	中位值	最大值	最小值	标准差
1	中部	433	60.7675	62.6530	87.9750	0.0000	15.0981
2	东部	2135	60.6884	62.6479	88.3478	0.0000	14.2516
3	西部	432	59.1122	62.6135	87.7428	0.0000	15.6424
4	东北	147	57.5842	62.5931	87.7763	0.0000	16.2492
	总体	3147	60.3379	62.6438	88.3478	0.0000	14.6884

从表 11－11 可以看到，四个地区中，中部地区企业家社会责任能力分项指数均值最高，排名第二的东部地区与其差别不大；东北地区企业家社会责任能力分项指数均值最低。

图 11－11 直观地反映了四个地区企业家社会责任能力分项指数均值的差异。可以看到，中部和东部地区企业家社会责任能力分项指数均值相近，其他两个地区与东部和中部地区有一定差距。中部和东部地区的企业家社会责任能力分项指数高于总体均值，而西部和东北地区的企业家社会责任能力分项指数则明显低于总体均值。

11.4.3　分行业企业家社会责任能力分项指数比较

用各个行业上市公司企业家社会责任能力分项指数的平均值来代表各个行业的上市公司企业家社会责任能力分项指数，然后把各个行业的上市公司企业家社会责任能力分项指数按照由高到低的顺序进行排名，具体排名结果参见表 11－12。

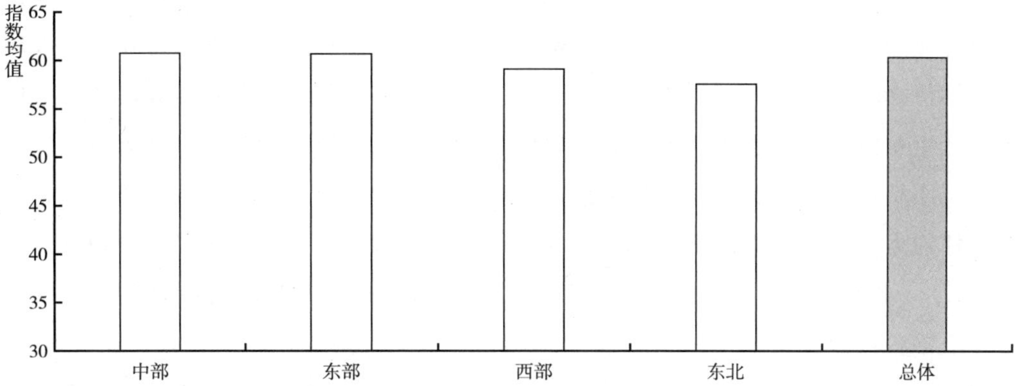

图 11－11　2017 年不同地区上市公司企业家社会责任能力分项指数比较

表 11－12　2017 年不同行业上市公司企业家社会责任能力分项指数比较

排名	行业	公司数目	平均值	中位值	最大值	最小值	标准差
1	文化、体育和娱乐业(R)	48	64.4430	62.6684	87.6002	25.0866	12.7748
2	房地产业(K)	125	63.2934	62.7858	87.8617	12.5687	15.6387
3	水利、环境和公共设施管理业(N)	40	62.7335	62.6315	87.5000	25.1942	13.7001
4	教育(P)	4	62.6271	62.6673	75.1739	50.0000	8.9012
5	制造业(C)	1949	61.1016	62.6622	88.0362	0.0000	13.9791
6	农、林、牧、渔业(A)	42	60.8899	62.6934	88.3478	0.0000	17.6377
7	信息传输、软件和信息技术服务业(I)	233	59.8190	62.6009	87.5906	0.0000	14.0131
8	采矿业(B)	74	59.2397	62.5648	75.7078	0.0000	15.4159
9	综合(S)	23	58.7906	62.5000	75.1923	37.5000	12.9939
10	科学研究和技术服务业(M)	32	58.5216	62.6321	75.3925	25.4153	11.4248
11	交通运输、仓储和邮政业(G)	90	58.3700	62.6195	75.2406	0.0000	15.0509
12	卫生和社会工作(Q)	8	57.9393	62.5671	75.0636	25.0840	13.8688
13	批发和零售业(F)	158	57.7603	62.6233	87.6806	0.0000	17.7524
14	电力、热力、燃气及水生产和供应业(D)	103	57.1963	62.6005	75.5897	0.0000	14.9653
15	建筑业(E)	90	56.9375	62.5777	87.5859	0.0645	16.2718
16	金融业(J)	77	55.9856	62.5969	75.2378	0.0000	18.4246
17	租赁和商务服务业(L)	42	55.2155	50.3235	75.2395	0.0772	15.2221
18	住宿和餐饮业(H)	9	48.8005	50.0000	75.3434	25.0000	15.0802
	总体	3147	60.3379	62.6438	88.3478	0.0000	14.6884

从表 11－12 可以看出，行业最大均值与最小均值的差距为 15.6425 分，差距较大。有 6 个行业的企业家社会责任能力分项指数均值高于总体均值，这 6 个行业的最大均值与总体均值之间的绝对差距是 4.1051 分；其他 12 个行业的企业家社会责任能力分项指数均值低于总体均值，总体均值与这 12 个行业的最小均值之间的绝对差距是 11.5374 分。这说明企业家社会责任能力分项指数行业低分区的内部差距较大。上市公司企业家社会责任能力分项指数均值排名前三位的行业分别是文化、体育和娱乐业（R），房地产业（K），水利、环境和公共设施管理业（N）；排名最后三位的行业是住宿和餐饮业（H），租赁和商务服务业（L），金融业（J）。

图 11－12 直观地反映了不同行业企业家社会责任能力分项指数均值的差异。可以看到，均值最大的前 4 个行业的企业家社会责任能力分项指数有较大优势，均值最小的住宿和餐饮业（H）与其他行业的差距较大。

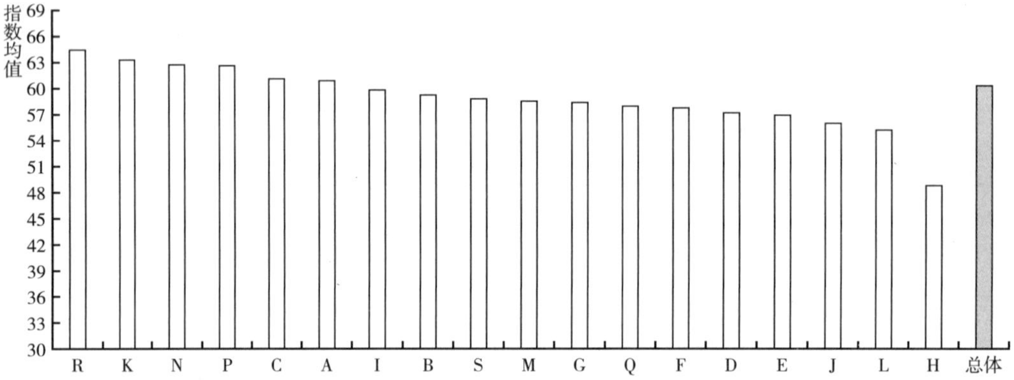

图 11－12　2017 年不同行业上市公司企业家社会责任能力分项指数比较

11.4.4　分上市板块企业家社会责任能力分项指数比较

按照四个上市板块的划分，对不同板块上市公司企业家社会责任能力分项指数进行综合比较，结果如表 11－13 所示。

表 11－13　2017 年不同板块上市公司企业家社会责任能力分项指数比较

排序	上市板块	公司数目	平均值	中位值	最大值	最小值	标准差
1	深市创业板	616	61.0468	62.6450	87.9750	0.0000	14.0976
2	深市中小企业板	841	61.0226	62.6655	88.3478	0.0000	14.6239
3	沪市主板	1232	60.4189	62.6607	87.8617	0.0000	14.4637
4	深市主板(不含中小企业板)	458	57.9093	62.5546	88.0362	0.0000	15.8828
	总体	3147	60.3379	62.6438	88.3478	0.0000	14.6884

从表 11－13 可以看出，深市创业板企业家社会责任能力分项指数均值最高，第二、三名为深市中小企业板和沪市主板，最后是深市主板（不含中小企业板）。

图 11－13 可以直观地反映出四个板块企业家社会责任能力分项指数的差异。可以看出，排名前三的深市创业板、深市中小企业板和沪市主板的企业家社会责任能力分项指数均值相差不大，均高于总体均值；而深市主板（不含中小企业板）企业家社会责任能力分项指数均值则较大程度低于总体均值。

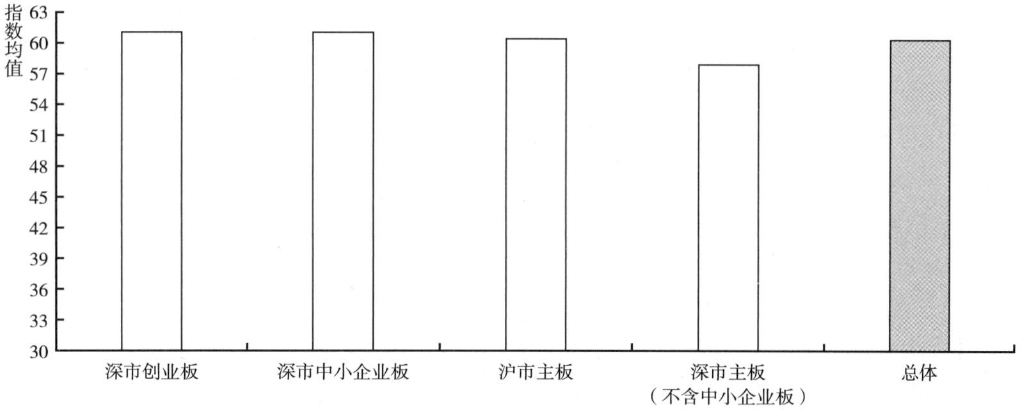

图 11－13　2017 年不同板块上市公司企业家社会责任能力分项指数比较

11.5　企业家战略领导能力分项指数排名及比较

企业家战略领导能力分项指数侧重评价企业家的实际贡献及其对企业发展战略的掌控能力。本节主要对企业家战略领导能力分项指数排名的各种情况进行比较和分析。

11.5.1　企业家战略领导能力分项指数总体分布

基于 3147 家上市公司企业家战略领导能力的各项指标，我们得出了每家上市公司企业家战略领导能力分项指数。以 10 分为间隔，可以将企业家战略领导能力分项指数划分为 7 个区间段（公司数目为 0 的指数区间合并），每个区间段的公司数目和所占比重参见表 11－14。

由表 11－14 可见，2017 年企业家战略领导能力分项指数只分布在［0，60）的区间，且主要集中分布在［0，30）区间，共有 3088 家公司，占比为 98.13%。

表 11－14　2017 年上市公司企业家战略领导能力分项指数区间分布

指数区间	公司数目	占比（%）	累计占比（%）
[0,10)	802	25.48	25.48
[10,20)	442	14.05	39.53
[20,30)	1844	58.60	98.13
[30,40)	48	1.53	99.65
[40,50)	9	0.29	99.94
[50,60)	2	0.06	100.00
[60,100]	0	0.00	100.00
总计	3147	100.00	—

图 11－14 直观地显示了企业家战略领导能力分项指数的分布区间。可以看出，企业家战略领导能力分项指数分布较为集中，而且没有一家公司能够达到 60 分及格线，说明 2017 年各上市公司企业家战略领导能力表现不佳，这可能与经济普遍下行有一定关系。

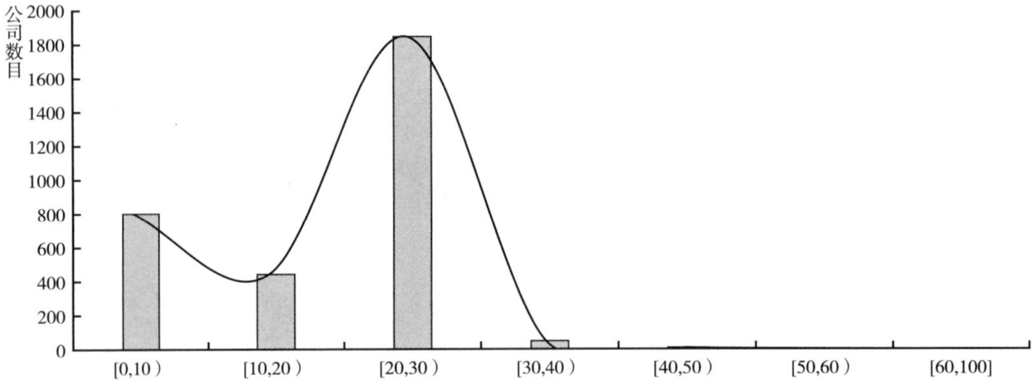

图 11－14　2017 年上市公司企业家战略领导能力分项指数区间分布

11.5.2　分地区企业家战略领导能力分项指数比较

按照四个地区的划分，我们进一步统计了不同地区上市公司的企业家战略领导能力分项指数（参见表 11－15）。

从表 11－15 可以看到，四个地区企业家战略领导能力分项指数差距不大。中部上市公司企业家战略领导能力分项指数均值最高，其次是东部和东北，西部最低。

图 11－15 直观地反映了四个地区企业家战略领导能力分项指数均值的差异。可以看到，中部和东部地区企业家战略领导能力分项指数均值略高于总体均值，东北和西部地区企业家战略领导能力分项指数均值低于总体均值。

表 11－15　2017 年不同地区上市公司企业家战略领导能力分项指数比较

排序	地区	公司数目	平均值	中位值	最大值	最小值	标准差
1	中部	433	19.1316	23.5728	46.3187	5.5169	7.5322
2	东部	2135	19.0860	23.4526	53.7366	3.6148	7.7614
3	东北	147	17.7351	22.4039	38.1388	4.3058	7.6701
4	西部	432	17.2272	21.8654	38.9701	4.6202	7.7224
	总体	3147	18.7740	23.3125	53.7366	3.6148	7.7506

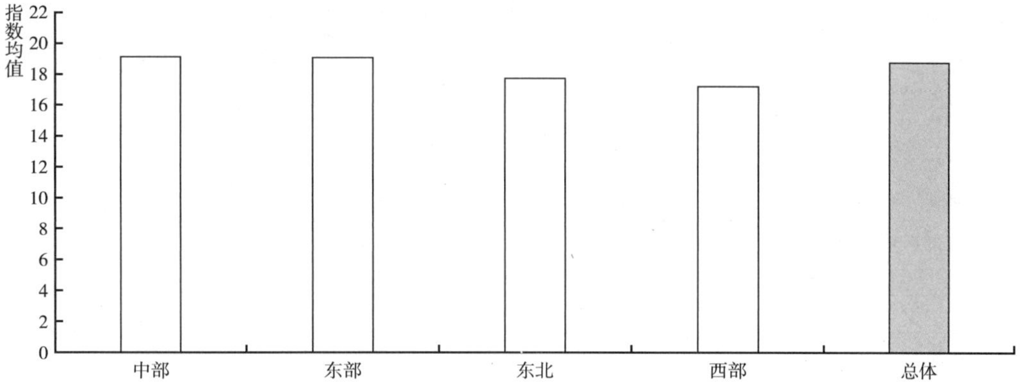

图 11－15　2017 年不同地区上市公司企业家战略领导能力分项指数比较

11.5.3　分行业企业家战略领导能力分项指数比较

用各个行业的上市公司企业家战略领导能力分项指数的平均值来代表各个行业的上市公司企业家战略领导能力分项指数，然后把各个行业的上市公司企业家战略领导能力分项指数按照由高到低的顺序进行排名，具体排名结果参见表 11－16。

表 11－16　2017 年不同行业上市公司企业家战略领导能力分项指数比较

排名	行业	公司数目	平均值	中位值	最大值	最小值	标准差
1	教育(P)	4	24.6381	27.1813	32.8394	11.3506	8.1790
2	卫生和社会工作(Q)	8	23.3115	21.8840	46.3187	9.4286	11.9639
3	批发和零售业(F)	158	21.2961	25.0829	40.7408	5.6017	7.5542
4	制造业(C)	1949	19.5135	23.6836	40.7729	4.6202	7.3389
5	采矿业(B)	74	19.1619	22.7735	53.7366	6.0258	9.6666
6	建筑业(E)	90	18.6473	23.3073	39.3000	8.4520	8.1199
7	租赁和商务服务业(L)	42	18.4166	21.6986	38.9491	7.6031	7.9700
8	住宿和餐饮业(H)	9	18.0632	18.0845	38.1773	8.3155	9.6121

续表

排名	行业	公司数目	平均值	中位值	最大值	最小值	标准差
9	信息传输、软件和信息技术服务业(I)	233	17.3328	22.7573	42.6710	5.7865	7.5291
10	电力、热力、燃气及水生产和供应业(D)	103	16.5491	21.5154	27.4703	5.7242	7.5009
11	农、林、牧、渔业(A)	42	16.3825	11.2616	38.5024	7.1184	8.1137
12	金融业(J)	77	16.2271	14.8154	49.2220	3.6148	10.3635
13	房地产业(K)	125	16.1481	20.6799	38.7136	3.6226	7.7339
14	文化、体育和娱乐业(R)	48	16.1189	10.1244	27.2906	8.3626	7.7519
15	综合(S)	23	16.0460	14.9493	26.5901	6.2050	7.0099
16	科学研究和技术服务业(M)	32	15.7710	11.0193	27.7669	6.7352	7.3599
17	水利、环境和公共设施管理业(N)	40	15.7326	10.4111	28.8944	4.3058	7.7057
18	交通运输、仓储和邮政业(G)	90	15.4674	11.8247	29.7729	5.7484	7.0815
	总体	3147	18.7740	23.3125	53.7366	3.6148	7.7506

从表 11－16 可以看出，18 个行业中，行业最大均值与最小均值的差距为 9.1707 分。有 5 个行业的企业家战略领导能力分项指数均值高于总体均值，这 5 个行业的最大均值与总体均值的绝对差距是 5.8641 分；其他 13 个行业的企业家战略领导能力分项指数均值低于总体均值，总体均值与这 13 个行业的最小均值的绝对差距是 3.3066 分。这说明企业家战略领导能力分项指数行业高分区的内部差距较大。上市公司企业家战略领导能力分项指数均值排名前三位的行业分别是教育（P），卫生和社会工作（Q），批发和零售业（F）；排名最后三位的行业是交通运输、仓储和邮政业（G），水利、环境和公共设施管理业（N），科学研究和技术服务业（M）。需要注意的是，教育行业（P）只有 4 家上市公司，难以反映该行业上市公司企业家战略领导能力的实际平均水平。

图 11－16 直观地反映了不同行业上市公司企业家战略领导能力分项指数均值的差异。可以看到，各行业上市公司企业家战略领导能力分项指数均值有一定差距，排在前三的行业明显地领先于其他各个行业，而排在后面的几个行业之间的差别并不大。

11.5.4 分上市板块企业家战略领导能力分项指数比较

按照四个上市板块的划分，对不同板块上市公司企业家战略领导能力分项指数进行综合比较，结果如表 11－17 所示。

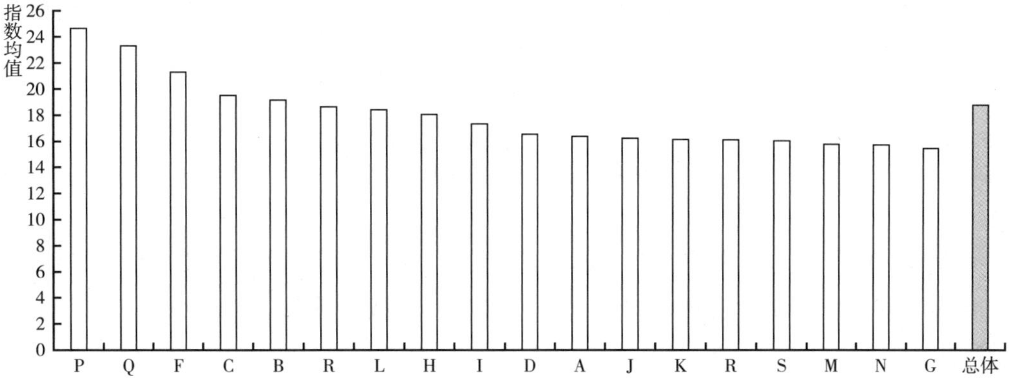

图 11－16　2017 年不同行业上市公司企业家战略领导能力分项指数比较

表 11－17　2017 年不同板块上市公司企业家战略领导能力分项指数比较

排序	上市板块	公司数目	平均值	中位值	最大值	最小值	标准差
1	沪市主板	1232	19.3657	23.6034	53.7366	3.6148	7.7925
2	深市中小企业板	841	18.7090	23.4218	40.6646	5.3869	7.5224
3	深市主板(不含中小企业板)	458	18.2543	22.7703	40.7408	4.3058	8.0530
4	深市创业板	616	18.0659	23.0861	46.3187	5.7865	7.6528
	总体	3147	18.7740	23.3125	53.7366	3.6148	7.7506

从表 11－17 可以看出，沪市主板企业家战略领导能力分项指数均值最高，第二、三名为深市中小企业板和深市主板（不含中小企业板），深市创业板最低。

图 11－7 直观地反映出四个板块企业家战略领导能力分项指数的差异。可以看出，只有沪市主板企业家战略领导能力分项指数均值高于总体均值；而深市中小企业板

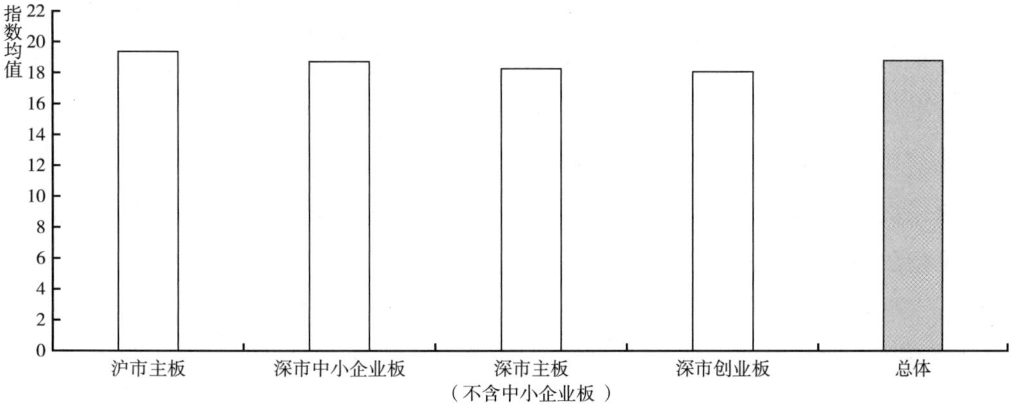

图 11－17　2017 年不同板块上市公司企业家战略领导能力分项指数比较

（不含中小企业板）、深市主板和深市创业板的企业家战略领导能力分项指数均值则低于总体均值。

11.6　本章小结

本章从总体、地区、行业、上市板块四个方面，对企业家能力的四个分项指数，即人力资本、关系网络能力、社会责任能力、战略领导能力进行了全面分析，通过分析结论如下。

（1）从企业家能力四个分项指数比较看，社会责任能力分项指数最高，关系网络能力分项指数最低，四个分项指数均值的差异较大。从指数分布区间看，人力资本分项指数主要集中在［10，40）区间，占样本总体的 89.48%；关系网络能力分项指数主要集中在［0，20）区间，占样本总数的 91.16%；社会责任能力分项指数主要集中在［50，80）区间，占样本总体的 86.24%；战略领导能力分项指数主要集中在［0，30）区间，占样本总体的 98.13%。需要注意的是，由于各分项指标体系的设计不同，不同指标之间的可比性有限。如企业家社会责任能力分项指数较高，一个重要原因是企业家对社会公益的贡献不是以绝对额来评价，而是以公益行为来评价。

（2）从地区来看，企业家人力资本分项指数均值从高到低依次是西部、中部、东部、东北；企业家关系网络能力和战略领导能力两个分项指数均值从高到低依次都是中部、东部、东北和西部；企业家社会责任能力分项指数均值从高到低依次是中部、东部、西部和东北。总体来看，在四个分项指数中，中部相对较好，东北相对较差。

（3）从行业来看，企业家人力资本分项指数均值排名前三位的行业分别是住宿和餐饮业（H），金融业（J），教育（P）；企业家关系网络能力分项指数均值排名前三位的行业分别是农、林、牧、渔业（A），教育（P），科学研究和技术服务业（M）；企业家社会责任能力分项指数均值排名前三位的行业分别是文化、体育和娱乐业（R），房地产业（K），水利、环境和公共设施管理业（N）；企业家战略领导能力分项指数均值排名前三位的行业分别是教育（P），卫生和社会工作（Q），批发和零售业（F）。在四个分项指数中，除了教育（P）总体表现相对较好外，各行业排名并没有表现出特别的规律性。但需要注意的是，教育行业只有 4 家上市公司，其均值的典型性有限。

（4）从上市板块来看，企业家人力资本分项指数均值从高到低依次是深市主板（不含中小企业板）、深市创业板、深市中小企业板和沪市主板；企业家关系网络能力分项指数均值从高到低依次是深市中小企业板、深市创业板、深市主板（不含中小企业板）和沪市主板；企业家社会责任能力分项指数均值从高到低依次是深市创业板、深市中小企业板、沪市主板和深市主板（不含中小企业板）；企业家战略领导能力分项指数均值从高到低依次是沪市主板、深市中小企业板、深市主板（不含中小企业板）和深市创业板。总体来看，深市中小企业板和深市创业板的表现相对较好，深市主板（不含中小企业板）和沪市主板的表现稍差。

第 12 章　企业家能力指数的所有制比较

根据第 1 章的控股或所有制类型划分，本章对 2017 年 3147 家样本上市公司的企业家能力指数及四个分项指数从所有制角度进行比较，以了解国有控股公司和非国有控股公司在企业家能力方面存在的异同。

12.1　企业家能力指数的所有制总体比较

12.1.1　企业家能力总体指数比较

不同的所有制会对上市公司企业家能力产生影响，表 12 - 1 比较了不同所有制上市公司的企业家能力指数，并按照均值从高到低的顺序进行了排序。

表 12 - 1　2017 年分所有制上市公司企业家能力指数比较

排序	所有制类型	公司数目	平均值	中位值	最大值	最小值	标准差
1	国有绝对控股公司	257	30.3042	30.3326	47.8918	17.1637	5.3113
2	国有参股公司	745	30.0960	30.2107	46.4954	10.3753	5.7792
3	国有强相对控股公司	448	29.8292	30.1741	49.3390	11.0968	5.2923
4	无国有股份公司	1348	29.5881	29.8653	44.0771	6.2517	5.8061
5	国有弱相对控股公司	349	29.3766	29.5363	45.2781	8.7567	5.4385
	总体	3147	29.7777	30.0017	49.3390	6.2517	5.6567

从表 12 - 1 可以看出，五种所有制上市公司的企业家能力指数均值都远低于 60 分的及格线。国有绝对控股公司的企业家能力指数均值最高，为 30.3042，国有弱相对控股公司的企业家能力指数均值最低，为 29.3766。最大均值与最小均值的绝对差距为

0.9276，差距不大。从中位值看，也是国有绝对控股公司企业家能力指数最大，国有弱相对公司企业家能力指数最低。从标准差看，无国有股份公司的标准差最大，国有强相对控股公司的标准差最小，但五类公司的标准差之间的差异很小，即离散程度差不多。

图 12－1 更直观地反映了不同所有制上市公司企业家能力指数的差异。可以看出，不同所有制上市公司的企业家能力指数均值相差不大。国有绝对控股公司、国有参股公司以及国有强相对控股公司的企业家能力指数均值高于总体均值，无国有股份公司和国有弱相对控股公司的企业家能力指数均值低于总体均值。

如果按照第一大股东中的国有股份比例从大到小排列，可以看出，随着第一大股东中的国有持股比例的降低，企业家能力指数均值先下降后上升，再下降，呈现“S”形状，国有绝对控股公司和国有参股公司的企业家能力是两个“波峰”。这意味着，国有绝对控股公司和国有参股公司有相对较多的优秀企业家。国有绝对控股公司一般拥有较多的“垄断”优势，会吸引一些优秀企业家；国有参股公司则可能由于存在民营企业家与国有股东的制衡和博弈，会促进企业家的成长。

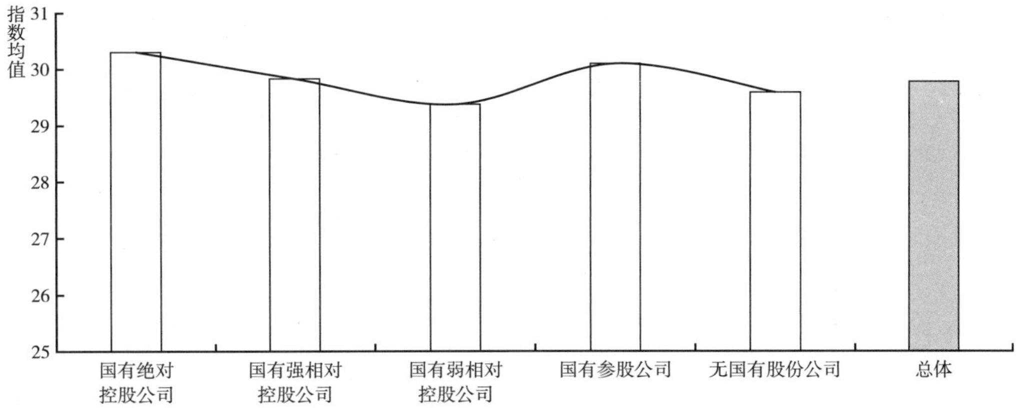

图 12－1　2017 年不同所有制上市公司企业家能力指数均值比较

我们进一步将国有绝对控股公司、国有强相对控股公司和国有弱相对控股公司归类为国有控股公司，将国有参股公司和无国有股份公司归类为非国有控股公司，表 12－2 比较了国有控股公司和非国有控股公司的企业家能力指数。

表 12－2　2017 年国有控股和非国有控股上市公司企业家能力指数比较

排序	所有制	公司数目	平均值	中位值	最大值	最小值	标准差
1	国有控股公司	1054	29.7952	29.9669	49.3390	8.7567	5.3571
2	非国有控股公司	2093	29.7689	30.0097	46.4954	6.2517	5.8016
	总体	3147	29.7777	30.0017	49.3390	6.2517	5.6567

从表 12－2 可以看出，2017 年上市公司中，国有控股公司企业家能力指数均值与非国有控股公司相当接近，前者仅高出后者 0.0263 分。非国有控股公司企业家能力指数的中位值稍微高于国有控股公司，前者比后者仅高出 0.0428 分。就标准差反映的离散程度看，非国有控股公司的离散程度更高。

根据实际控制人的性质，我们还可以将国有控股上市公司进一步区分为最终控制人为中央企业的国有控股上市公司（中央企业控股公司）和最终控制人为地方国有企业的国有控股上市公司（地方国企控股公司）。表 12－3 比较了两类国有控股公司与最终控制人为民资股东的非国有控股公司的企业家能力指数。可以看出，中央企业控股公司企业家能力指数的均值高于非国有控股公司和地方国企控股公司，地方国企控股公司企业家能力指数的中位值高于中央企业控股公司和非国有控股公司。不过，它们之间的差距并不大。

表 12－3　2017 年不同最终控制人上市公司企业家能力指数比较

排序	最终控制人	公司数目	平均值	中位值	最大值	最小值	标准差
1	中央国有企业	376	29.9479	29.8429	49.3390	13.5179	5.5286
2	民资股东	2093	29.7689	30.0097	46.4954	6.2517	5.8016
3	地方国有企业	678	29.7105	30.0806	46.8460	8.7567	5.2577
	总体	3147	29.7777	30.0017	49.3390	6.2517	5.6567

12.1.2　企业家能力分项指数总体比较

企业家能力指数包括人力资本、关系网络能力、社会责任能力和战略领导能力四个分项指数，表 12－4 对五类所有制上市公司的四个企业家能力分项指数进行了比较。

表 12－4　2017 年不同所有制上市公司企业家能力分项指数均值比较

所有制类型	人力资本	关系网络能力	社会责任能力	战略领导能力
国有绝对控股公司	29.5970	5.9014	59.6134	20.1631
国有强相对控股公司	28.8425	5.0595	60.5392	18.9303
国有弱相对控股公司	28.1253	6.3356	58.8970	18.6815
国有参股公司	27.8159	7.0321	60.7474	19.1772
无国有股份公司	27.5959	6.4499	60.5559	18.2584
总体	28.0476	6.3323	60.3379	18.7740

从表 12－4 可以看出，五类所有制上市公司的四个企业家能力分项指数存在一定差异。图 12－2 更直观地反映了不同所有制上市公司企业家能力四个分项指数的差异。可

以看出，五类所有制上市公司中，四个分项指数中最高的都是社会责任能力分项指数，关系网络能力分项指数则普遍很低。随着第一大股东中的国有股比例的降低，人力资本分项指数总体呈现下降态势，这表明，国有控股公司尤其是国有绝对控股公司有较好的人力资本优势；在关系网络能力分项指数上，非国有控股公司高于国有控股公司，这表明，非国有控股公司有较强的意愿建立关系网络；社会责任能力分项指数没有明显的上升或下降的趋势，对这个分项指数而言，国有弱相对控股公司的表现是比较差的；战略领导能力分项指数则是无国有股份公司的表现比较差。总体来看，国有绝对控股公司和国有强相对控股公司更偏重于企业家人力资本和战略领导能力；而国有参股公司和无国有股份公司则更偏重于关系网络能力和社会责任能力。

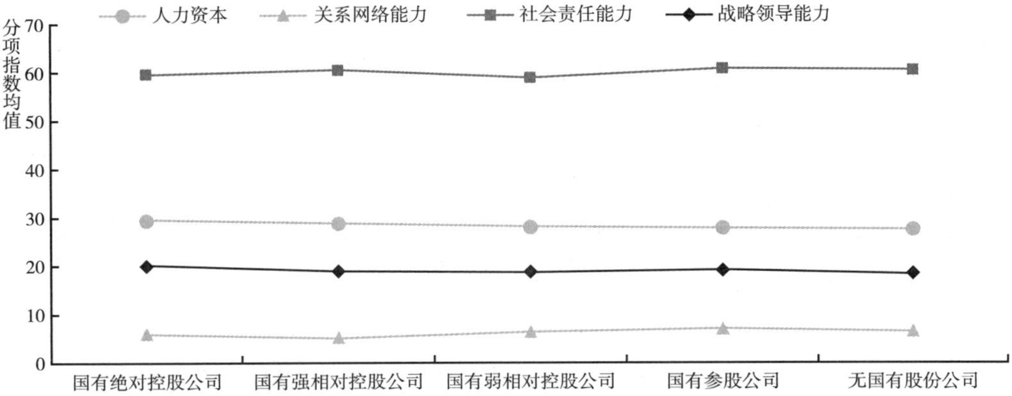

图 12－2　2017 年不同所有制上市公司企业家能力分项指数均值比较

我们进一步将国有绝对控股公司、国有强相对控股公司和国有弱相对控股公司归类为国有控股公司，将国有参股公司和无国有股份公司归类为非国有控股公司，两者的比较见表 12－5 和图 12－3。可以看出，在人力资本和战略领导能力两个分项指数上，国有控股公司高于非国有控股公司；在关系网络能力和社会责任能力两个分项指数上，则是国有控股公司低于非国有控股公司。在四个分项指数上，两大类公司之间差距并不是很大。

表 12－5　2017 年国有控股与非国有控股上市公司企业家能力分项指数均值比较

所有制类型	人力资本	关系网络能力	社会责任能力	战略领导能力
国有控股公司	28.7890	5.6873	59.7697	19.1485
非国有控股公司	27.6742	6.6571	60.6241	18.5854
总体	28.0476	6.3323	60.3379	18.7740

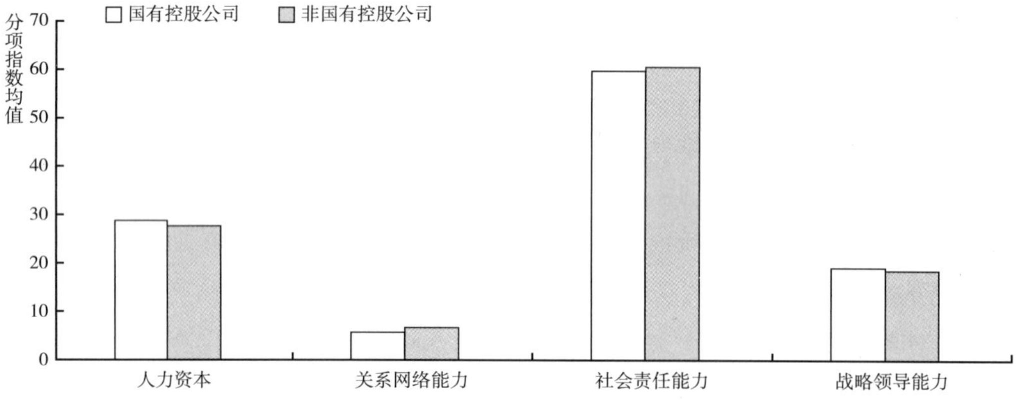

图 12－3　2017 年国有控股与非国有控股公司企业家能力分项指数均值比较

根据实际控制人的类型，我们将国有控股上市公司进一步划分为中央企业控股公司和地方国企控股公司，两类国有控股公司与最终控制人是民资股东的非国有控股上市公司的企业家能力的四个分项指数均值的比较参见表 12－6 和图 12－4。可以看到，中央企业控股公司在人力资本和战略领导能力这两个分项指数上高于地方国企控股公司，并且两者都高于非国有控股公司；在关系网络能力和社会责任能力这两个分项指数上，则

表 12－6　2017 年不同最终控制人上市公司企业家能力分项指数均值比较

最终控制人	人力资本	关系网络能力	社会责任能力	战略领导能力
中央国有企业	29.5631	4.9202	59.3573	19.8511
地方国有企业	28.3597	6.1127	59.9984	18.7589
民资股东	27.6742	6.6571	60.6241	18.5854
总体	28.0476	6.3323	60.3379	18.7740

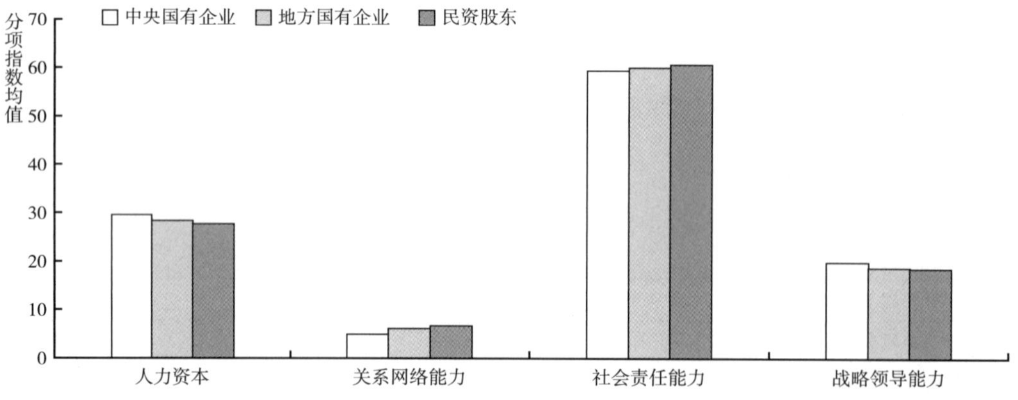

图 12－4　2017 年不同最终控制人上市公司企业家能力分项指数均值比较

是中央企业控股公司低于地方国企控股公司，并且两者都低于非国有控股公司。中央企业控股公司、地方国企控股公司和非国有控股公司在每个分项指数上的差距都不太大。

12.2　分地区企业家能力指数的所有制比较

根据四个地区的划分，我们对各个地区不同所有制上市公司企业家能力指数及其分项指数进行比较分析。

12.2.1　分地区企业家能力总体指数比较

根据四个地区的划分，我们对四个地区上市公司企业家能力总体指数进行了统计（参见表 12－7）。

表 12－7　2017 年不同地区国有与非国有控股公司企业家能力指数比较

地区	所有制类型	公司数目	平均值	中位值	最大值	最小值	标准差
东部	国有控股公司	594	30.0198	30.2217	49.3390	8.7567	5.5163
	非国有控股公司	1541	29.8582	30.0242	45.2405	6.2517	5.6298
	总体	2135	29.9032	30.0883	49.3390	6.2517	5.5990
中部	国有控股公司	194	30.2281	30.2866	46.8460	11.0968	5.4543
	非国有控股公司	239	30.6742	30.7903	46.4954	12.4207	6.1992
	总体	433	30.4743	30.5356	46.8460	11.0968	5.8814
西部	国有控股公司	202	28.9386	29.3010	43.7632	11.9335	4.9123
	非国有控股公司	230	28.8202	29.7034	44.6939	8.4086	6.0736
	总体	432	28.8755	29.5147	44.6939	8.4086	5.5612
东北	国有控股公司	64	29.1011	28.9468	37.6459	15.3329	4.4751
	非国有控股公司	83	28.1316	28.1447	44.3511	7.9677	6.3043
	总体	147	28.5537	28.6084	44.3511	7.9677	5.6027

从表 12－7 可以看出，东部、西部和东北地区国有控股公司的企业家能力指数均值高于非国有控股公司，只有中部地区国有控股公司的企业家能力指数均值低于非国有控股公司，东部和东北地区国有控股公司的企业家能力指数中位值高于非国有控股公司，中部和西部地区国有控股公司的企业家能力指数中位值低于非国有控股公司，东北地区企业家能力指数总体落后于其他三个地区。

图 12－5 直观地反映了四个地区不同所有制上市公司企业家能力指数均值的差异。可以看出，中部地区非国有控股公司企业家能力最高，东北地区非国有控股公司企业家能力最低。

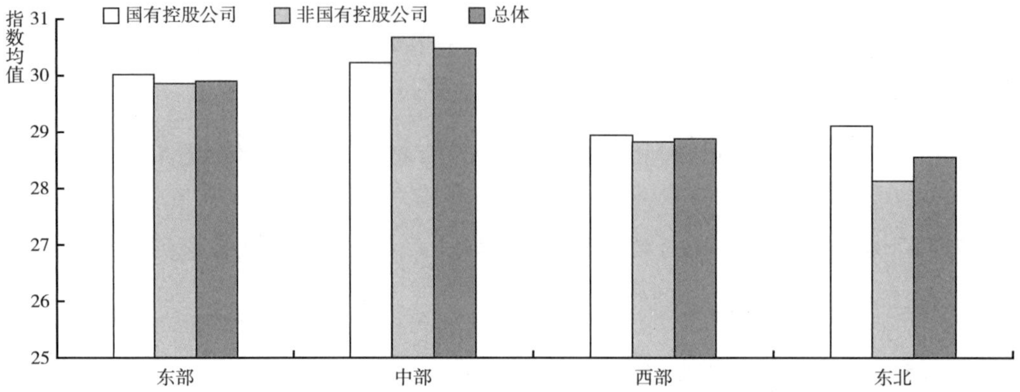

图 12-5 2017 年不同地区国有与非国有控股公司企业家能力指数均值比较

12.2.2 分地区企业家能力分项指数比较

接下来，我们对四个地区国有控股与非国有控股上市公司的企业家能力分项指数均值进行比较分析（参见表 12-8）。

表 12-8 2017 年不同地区国有与非国有控股公司企业家能力分项指数均值比较

地区	所有制类型	人力资本	关系网络能力	社会责任能力	战略领导能力
东部	国有控股公司	29.0428	5.3311	59.7361	19.8831
	非国有控股公司	27.5012	6.3667	61.0555	18.7788
	总体	27.9301	6.0786	60.6884	19.0860
中部	国有控股公司	28.8623	7.3024	60.2128	19.1667
	非国有控股公司	27.6449	9.8791	61.2177	19.1031
	总体	28.1904	8.7247	60.7675	19.1316
西部	国有控股公司	27.8784	5.1705	60.0058	17.2481
	非国有控股公司	29.2733	5.3865	58.3275	17.2087
	总体	28.6210	5.2855	59.1122	17.2272
东北	国有控股公司	29.0848	5.7292	57.9935	18.2736
	非国有控股公司	26.5404	6.2918	57.2685	17.3199
	总体	27.6482	6.0469	57.5842	17.7351

由表 12-8 可知，四个地区两类所有制上市公司在企业家能力指数的四个分项指数上的排序并不一致。为了便于比较，我们计算出四个地区非国有控股公司企业家能力四个分项指数均值与对应的国有控股公司企业家能力四个分项指数均值的差值，由此可以反映四个地区两类所有制上市公司企业家能力四个分项指数的差异，如图 12-6 所示。可以看出，在人力资本分项指数上，东部、中部和东北三个地区国有控股公司好于非国

有控股公司，而西部地区国有控股公司低于非国有控股公司，而且东北地区国有控股公司比非国有控股公司有较大的领先优势；在关系网络能力分项指数上，四个地区都是非国有控股公司好于国有控股公司；在社会责任能力分项指数上，东部和中部地区非国有控股公司好于国有控股公司，而西部和东北地区则是国有控股公司好于非国有控股公司；在战略领导能力分项指数上，四个地区均是国有控股公司好于非国有控股公司。此外，需要指出的是，东北地区上市公司在除关系网络能力分项指数外的其他三个分项指数上，都是国有控股公司好于非国有控股公司。

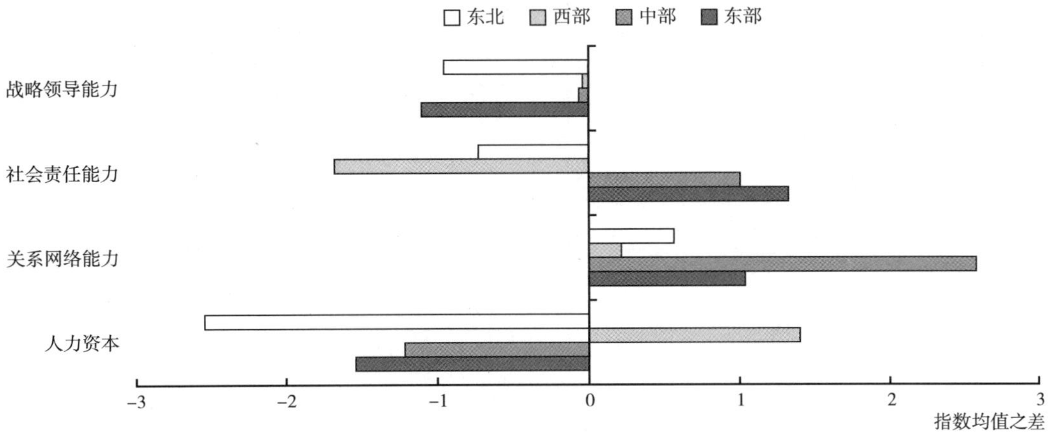

图 12－6　2017 年不同地区国有与非国有控股公司企业家能力分项指数均值之差值比较

注：指数均值之差＝非国有控股公司企业家能力分项指数均值－国有控股公司企业家能力分项指数均值。

12.3　分行业企业家能力指数的所有制比较

我们选择上市公司较多且具有代表性的六个行业，即制造业（C），电力、热力、燃气及水生产和供应业（D），交通运输、仓储和邮政业（G），信息传输、软件和信息技术服务业（I），金融业（J）和房地产业（K），从所有制角度对这六个行业上市公司的企业家能力指数以及分项指数进行比较分析。

12.3.1　分行业企业家能力总体指数比较

六个代表性行业不同所有制上市公司的企业家能力指数比较参见表 12－9。

从表 12－9 可以看出，六个代表性行业中，均为国有控股公司企业家能力指数均值高于非国有控股公司，但差异不是很大。

表 12－9　2017 年不同行业国有与非国有控股公司企业家能力指数比较

行业	所有制类型	公司数目	平均值	中位值	最大值	最小值	标准差
制造业（C）	国有控股公司	499	30.3127	30.4811	46.8460	11.9335	4.9731
	非国有控股公司	1450	30.1906	30.3410	46.4954	6.2517	5.6438
	总体	1949	30.2219	30.4178	46.8460	6.2517	5.4802
电力、热力、燃气及水生产和供应业（D）	国有控股公司	82	28.5772	28.7219	37.8390	11.0968	4.4973
	非国有控股公司	21	26.8055	27.7201	38.0758	13.8654	6.3229
	总体	103	28.2160	28.6903	38.0758	11.0968	4.9762
交通运输、仓储和邮政业（G）	国有控股公司	70	28.9543	24.7152	41.9270	14.7150	5.2651
	非国有控股公司	20	26.6332	24.9598	38.0963	14.9420	6.6582
	总体	90	28.4385	28.2480	41.9270	14.7150	5.6871
信息传输、软件和信息技术服务业（I）	国有控股公司	37	30.5058	29.7507	49.3390	21.1188	5.5437
	非国有控股公司	196	28.5571	29.2199	41.5481	9.4830	5.7035
	总体	233	28.8666	29.4380	49.3390	9.4830	5.7229
金融业（J）	国有控股公司	52	28.5307	29.2899	40.0618	8.7567	7.3982
	非国有控股公司	25	28.2183	27.6726	37.3628	17.4619	5.3508
	总体	77	28.4293	29.1341	40.0618	8.7567	6.8029
房地产业（K）	国有控股公司	59	29.9722	30.7180	40.9654	15.6187	4.8493
	非国有控股公司	66	29.5867	29.3885	44.3511	13.3552	6.8011
	总体	125	29.7686	30.1960	44.3511	13.3552	5.9631

图 12－7 更直观地反映了六个行业国有控股公司与非国有控股公司企业家能力指数均值的差异。可以看出，六个行业中，国有控股公司企业家能力指数均值最高的是信息传输、软件和信息技术服务业（I），最低的是金融业（J）；非国有控股公司企业家能力指数均值最高的是制造业（C），最低的是交通运输、仓储和邮政业（G）。

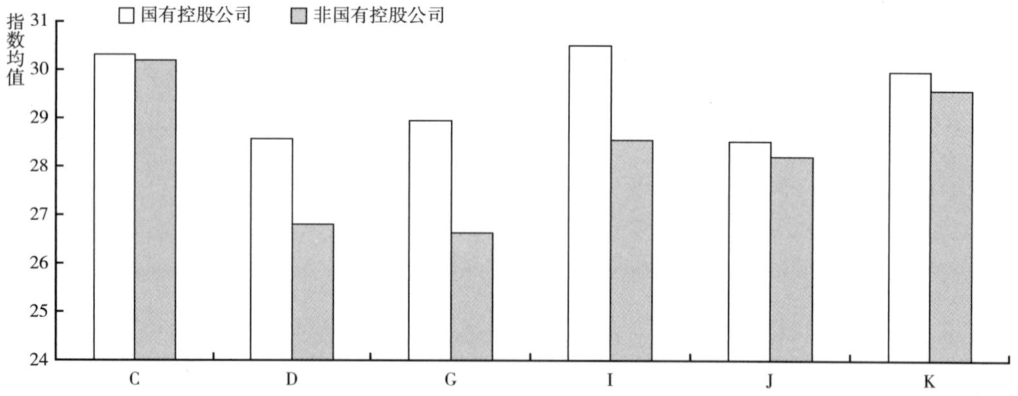

图 12－7　2017 年不同行业国有与非国有控股公司企业家能力指数均值比较

12.3.2　分行业企业家能力分项指数比较

六个行业国有控股与非国有控股上市公司的企业家能力分项指数比较结果参见表 12－10。

表 12－10　2017 年不同行业国有与非国有控股公司企业家能力分项指数比较

行业	所有制类型	人力资本	关系网络能力	社会责任能力	战略领导能力
制造业(C)	国有控股公司	28.2164	5.9786	60.4832	20.3599
	非国有控股公司	27.4300	7.0996	61.3145	19.2222
	总体	27.6314	6.8126	61.1016	19.5135
电力、热力、燃气及水生产和供应业(D)	国有控股公司	29.0157	4.9458	58.0929	17.0772
	非国有控股公司	30.3741	4.7619	53.6951	14.4872
	总体	29.2926	4.9083	57.1963	16.5491
交通运输、仓储和邮政业(G)	国有控股公司	30.5102	5.7143	60.0088	15.2322
	非国有控股公司	27.3214	5.8333	52.6342	16.2907
	总体	29.8016	5.7407	58.3700	15.4674
信息传输、软件和信息技术服务业(I)	国有控股公司	28.8417	7.3574	63.6825	17.1547
	非国有控股公司	27.7041	4.4218	59.0897	17.3664
	总体	27.8847	4.8879	59.8190	17.3328
金融业(J)	国有控股公司	31.6758	6.7308	53.7472	17.7316
	非国有控股公司	33.7143	0.6667	60.6416	13.0978
	总体	32.3377	4.7619	55.9856	16.2271
房地产业(K)	国有控股公司	30.1453	4.0490	63.2749	16.8067
	非国有控股公司	28.1602	5.5657	63.3099	15.5594
	总体	29.0971	5.3778	63.2934	16.1481

为了便于比较，我们计算出六个行业非国有控股公司企业家能力四个分项指数均值与对应的国有控股公司企业家能力四个分项指数均值的差值，由此可以反映六个行业两类所有制上市公司企业家能力四个分项指数的差异（参见图 12－8）。

由图 12－8 可以看出，在人力资本分项指数上，制造业（C），交通运输、仓储和邮政业（G），信息传输、软件和信息技术服务业（I），房地产业（K）四个行业的国有控股公司高于非国有控股公司，其他两个行业则相反；在关系网络能力分项指数上，制造业（C），交通运输、仓储和邮政业（G），房地产业（K）三个行业国有控股公司低于非国有控股公司，其他三个行业都是国有控股公司高于非国有控股公司；在社会责任能力分项指数上，电力、热力、燃气及水生产和供应业（D），交通运输、仓储和邮政业（G）以及信息传输、软件和信息技术服务业（I）三个行业的国有控股公司高于非国有控股公司，其他三个行业的国有控股公司均低于非国有控股公司；在战略领导能

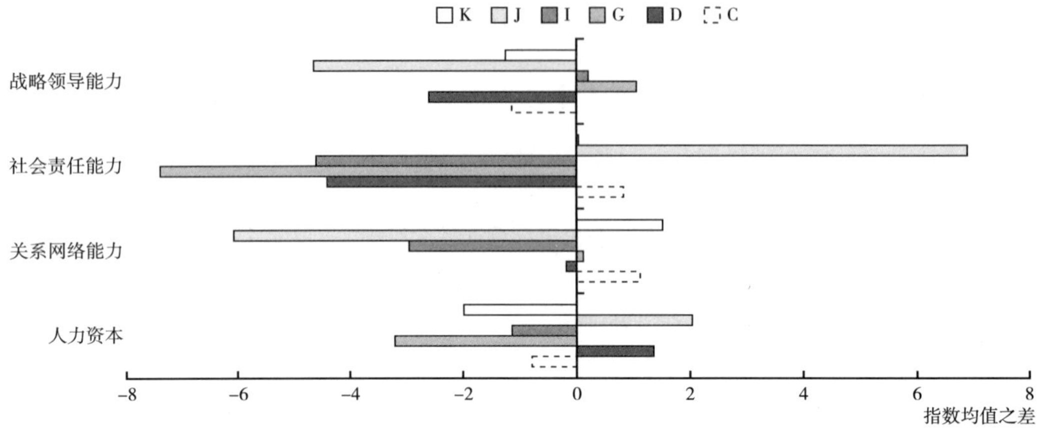

图 12－8　2017 年不同行业国有与非国有控股公司企业家能力分项指数均值之差值比较

注：指数均值之差＝非国有控股公司企业家能力分项指数均值－国有控股公司企业家能力分项指数均值。

力分项指数上，除了交通运输、仓储和邮政业（G）及信息传输、软件和信息技术服务业（I）的非国有控股公司好于国有控股公司外，其他四个行业均是国有控股公司好于非国有控股公司。总体来看，六个行业中，在人力资本和社会责任能力两个分项指数上，交通运输、仓储和邮政业（G）国有控股公司比非国有控股公司尤为突出；在关系网络能力和战略领导能力两个分项指数上，金融业（J）国有控股公司比非国有控股公司更为突出；在社会责任能力分项指数上，金融业（J）非国有控股公司比国有控股公司更为突出。

12.4　本章小结

本章从所有制角度对 2017 年沪深两市 3147 家上市公司企业家能力指数及 4 个分项指数进行了统计和分析，结论如下。

关于企业家能力总体指数：①随着第一大股东中的国有持股比例的降低，企业家能力指数均值先下降后上升，再下降，呈现“S”形状，国有绝对控股公司和国有参股公司的企业家能力是两个“波峰”；②总体上，国有控股公司企业家能力指数的均值和中位值与非国有控股公司都非常接近，均值上国有控股公司略高，中位值上非国有控股公司略高；③中央企业控股公司企业家能力指数的均值高于非国有控股公司和地方国企控股公司，地方国企控股公司企业家能力指数的中位值高于中央企业控股公司和非国有控股公司，不过，它们之间的差距并不大；④从地区看，东部、西部和东北地区国有控股公司的企业家能力指数均值高于非国有控股公司，只有中部地区国有控股公司的企业家能力指数均值低于非国有控股公司，东北地区不论是国有控股公司还是非国有控股公司，其企业家能力指数总体落后于其他三个地区；⑤从行业看，制造业（C），电力、热力、燃气及水生产和供应业（D），交通运输、仓储和邮政业（G），信息传输、软件和信息技术服务业（I），金融业（J）和房地产业（K）这六个代表性行业中，均为国有控股公司企业家能力指数均值高于非国有控股公司。

关于企业家能力分项指数：①总体上看，国有绝对控股公司和国有强相对控股公司更偏重于企业家人力资本和战略领导能力，而国有参股公司和无国有股份公司则更偏重于关系网络能力和社会责任能力；②中央企业控股公司在人力资本和战略领导能力这两个分项指数上高于地方国企控股公司，并且两者都高于非国有控股公司，在关系网络能力和社会责任能力这两个分项指数上，则是中央企业控股公司低于地方国企控股公司，并且两者都低于非国有控股公司；③从地区看，东北地区上市公司在除关系网络能力分项指数外的其他三个分项指数上，都是国有控股公司好于非国有控股公司；④从行业看，六个代表性行业中，在人力资本和社会责任能力两个分项指数上，交通运输、仓储和邮政业（G）国有控股公司比非国有控股公司尤为突出，在关系网络能力和战略领导能力两个分项指数上，金融业（J）国有控股公司比非国有控股公司更为突出，在社会责任能力分项指数上，金融业（J）非国有控股公司比国有控股公司更为突出。

第13章　企业家能力指数的年度比较（2011～2017）

2012～2017 年，我们对 2011 年、2013 年、2015 年和 2016 年四个年度的中国上市公司企业家能力水平进行了四次测度，本次是第五次测度。本章将从总体、地区、行业、所有制和上市板块等多个角度，比较分析五个年度中国上市公司企业家能力水平，以便了解企业家能力水平是否有所提高以及提高程度，以期对企业家能力的完善有所启示。需要说明的是，由于评价对象是 CEO（或总经理），而很多公司的 CEO 可能有变化，所以这种比较不是对同一 CEO 的纵向比较，而是在一定程度上反映了公司选择 CEO 方式或经营层的变化。

13.1　企业家能力指数总体的年度比较

五次评估的样本公司不断增加，2011 年度有 1939 家，2013 年度有 2293 家，2015 年度有 2655 家，2016 年度有 2840 家，2017 年度有 3147 家，基本上是对全部上市公司 CEO 的评价。比较五年样本上市公司的企业家能力指数，以及人力资本、关系网络能力、社会责任能力和战略领导能力四个分项指数，结果见表 13－1 和图 13－1。这里需要指出的是，因为我们在 2011 年、2013 年计算企业家能力指数时使用的是均值法，而在计算 2015 年、2016 年和 2017 年企业家能力指数时则使用了 AHP 方法，所以本章涉及的所有 2011 年和 2013 年企业家能力指数都是利用第 1 章里提到的 AHP 方法重新计算的。

由表 13－1 和图 13－1 可知，2017 年，上市公司企业家能力指数均值为 29.7777，在五次评价中，企业家能力总体指数连续下降。从四个分项指数看，人力资本和关系网络能力两个分项指数在以前年度连续下降，2017 年有所上升；社会责任能力分项指数

表 13－1　2011～2017 年上市公司企业家能力指数均值比较

年份	样本量	总体指数	分项指数			
			人力资本	关系网络能力	社会责任能力	战略领导能力
2011	1939	35.7148	31.1754	12.7898	65.0234	27.3325
2013	2293	34.8096	29.2561	8.4286	67.3003	26.3960
2015	2655	34.0589	28.4504	6.9136	61.1558	30.5138
2016	2840	30.6948	27.7907	6.0452	61.9025	20.6075
2017	3147	29.7777	28.0476	6.3323	60.3379	18.7740

在 2013 年上升，但 2015 年却又下降，2016 年又略微上升，2017 年又有所下降，处于波动状态；战略领导能力分项指数在 2013 年下降，但 2015 年又上升，2016 年和 2017 年又连续下降。相对于 2016 年，2017 年变化幅度最大的是战略领导能力分项指数，下降了 1.8335 分。近两年战略领导能力的连续下降，与宏观经济下行压力不无关系。

在五个年度中，企业家社会责任能力都是最高的，人力资本和战略领导能力两个分项指数比较接近，而关系网络能力则都是最低的，2017 年只有 6.3323 分，这与政府的强力反腐行动应该有一定关联，正常的关系网络也受到了较大影响。

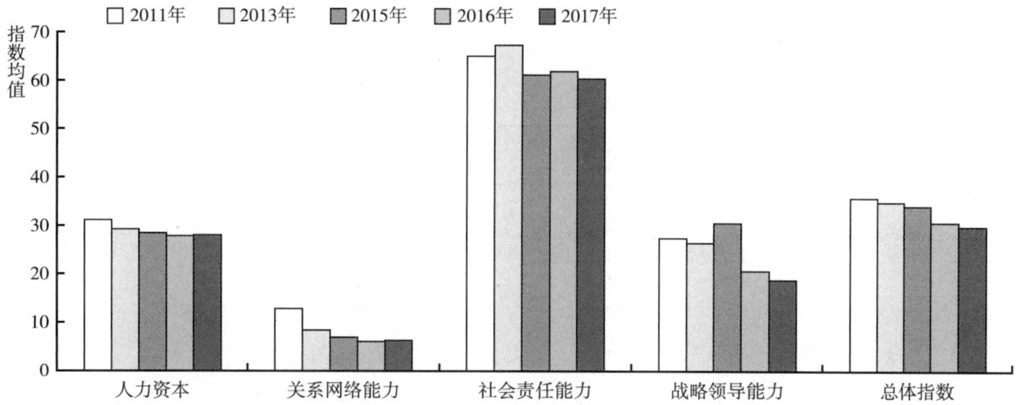

图 13－1　2011～2017 年上市公司企业家能力总体指数及分项指数比较

13.2　分地区企业家能力指数的年度比较

为体现不同地区上市公司企业家能力情况，我们统计了各地区上市公司企业家能力指数，以及人力资本、关系网络能力、社会责任能力和战略领导能力四个分项指数的平均值，用来分别比较不同地区 2011 年、2013 年、2015 年、2016 年与 2017 年企业家能力的差异，结果见表 13－2。

表 13－2 2011～2017 年不同地区中国上市公司企业家能力指数均值比较

地区	年份	总体指数	分项指数				总体指数排名
			人力资本	关系网络能力	社会责任能力	战略领导能力	
东部	2011	37.0764	31.8740	13.3074	66.9994	29.0979	1
	2013	35.2368	29.4781	8.2526	68.2440	26.8683	1
	2015	34.5315	28.4254	6.6235	61.9865	31.4443	1
	2016	31.1775	27.7371	5.7790	62.9578	21.3912	1
	2017	29.9032	27.9301	6.0786	60.6884	19.0860	2
中部	2011	33.9689	29.2953	12.7987	62.6896	25.1964	2
	2013	34.5201	28.0449	10.0252	67.5119	25.2811	2
	2015	34.3358	28.0531	8.9871	61.8937	29.8810	2
	2016	31.0231	27.8429	7.9472	62.0490	20.4075	2
	2017	30.4743	28.1904	8.7247	60.7675	19.1316	1
西部	2011	32.9734	29.9420	11.2642	61.0806	23.8978	4
	2013	33.3583	29.1603	6.8552	64.0466	25.5780	4
	2015	32.3076	28.9519	6.1198	58.1052	27.7916	3
	2016	28.8794	28.0542	5.5405	58.4952	17.9840	3
	2017	28.8755	28.6210	5.2855	59.1122	17.2272	3
东北	2011	33.0709	31.8843	11.3815	60.5721	23.2441	3
	2013	34.3554	30.0510	10.5247	64.1865	25.8840	3
	2015	32.2167	28.4658	7.0970	57.1713	28.0703	4
	2016	28.6188	27.6093	5.6803	57.3679	18.3365	4
	2017	28.5537	27.6482	6.0469	57.5842	17.7351	4

由表 13－2 可以看出：

第一，从企业家能力总体指数看，五个年度中，东部连续下降，中部、西部和东北三个地区 2013 年上升，此后连续下降，2017 年均处于最低水平。

第二，从人力资本分项指数看，相比 2011 年，2017 年四个地区都下降，东北降幅最大，下降 4.2361 分；相比 2016 年，2017 年四个地区都上升，但升幅都没有超过 0.6 分。

第三，从关系网络能力分项指数看，相比 2011 年，2017 年四个地区都下降，东部降幅最大，下降 7.2288 分；相比 2016 年，2017 年除西部外，其他三个地区都上升，但升幅都没有超过 0.8 分。

第四，从社会责任能力分项指数看，相比 2011 年，2017 年四个地区都下降，东部降幅最大，下降 6.3110 分；相比 2016 年，2017 年东部和中部下降，下降没有超过 2.3 分，西部和东北都上升，上升都没有超过 0.7 分。

第五，从战略领导能力分项指数看，相比 2011 年，2017 年四个地区都下降，东部降幅最大，下降 10.0119 分；相比 2016 年，2017 年也都是下降，东部下降最大，下降

2.3052 分。

图 13－2 显示了四个地区企业家能力总体指数的变化。从总体指数排名看，2011 年和 2013 年的排名是相同的，自高到低依次是东部、中部、东北和西部；2015 年和 2016 年的排名是相同的，自高到低依次是东部、中部、西部和东北；2017 年的排名自高到低依次是中部、东部、西部和东北。东部和中部地区五个年度都是排在前两位。

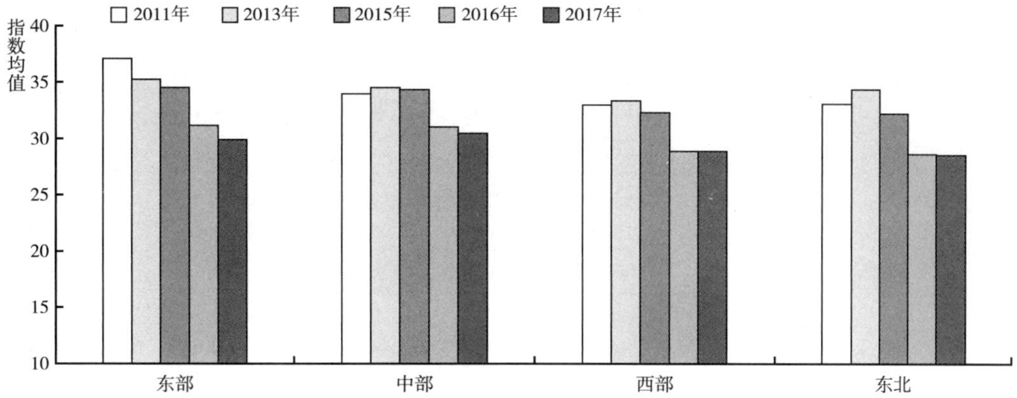

图 13－2　2011～2017 年不同地区上市公司企业家能力总体指数的变化

13.3　分行业企业家能力指数的年度比较

用各行业上市公司企业家能力总体指数，以及人力资本、关系网络能力、社会责任能力和战略领导能力四个分项指数的平均值来代表各行业上市公司企业家能力情况，分别比较不同行业不同年度企业家能力水平的差异。需要说明的是，由于《中国上市公司企业家能力指数报告 2012》使用的是《上市公司行业分类（2001 年）》，与之后报告使用的《上市公司行业分类（2012 年）》有所不同，因此，2011 年企业家能力指数不再纳入本年度比较分析，只比较 2013 年、2015 年、2016 年和 2017 年四个年度的企业家能力指数，结果参见表 13－3。

从表 13－3 可以看出如下结论。

第一，从企业家能力总体指数看，18 个行业中，有 11 个行业四年中连续下降，其中科学研究和技术服务业（M）降幅最大，2017 年比 2013 年下降 8.9193 分；相比 2016 年，2017 年有 14 个行业下降，只有 4 个行业上升，其中卫生和社会（Q）降幅最大，下降 3.8498 分。相比 2016 年，2017 年升幅最大的是教育（P），但教育行业之前年份不超过 3 家上市公司，说明意义不大，而另外 3 个行业升幅很小。

表 13－3 2013～2017 年不同行业上市公司企业家能力指数均值比较

行业	年份	总体指数	分项指数			
			人力资本	关系网络能力	社会责任能力	战略领导能力
农林牧渔业(A)	2013	35.4346	30.8776	12.7302	67.3980	24.7712
	2015	32.8621	27.2959	10.2249	61.3434	25.6870
	2016	32.6173	28.9935	10.9722	65.4099	20.0702
	2017	29.7496	27.1259	10.8466	60.8899	16.3825
采矿业(B)	2013	33.8269	30.5300	6.3710	65.3802	25.2571
	2015	33.2365	30.9198	3.9041	62.0402	27.2870
	2016	30.0147	29.9902	3.3409	60.1597	19.9760
	2017	29.4619	29.1795	4.1291	59.2397	19.1619
制造业(C)	2013	35.2253	28.3266	8.8984	68.7298	26.8539
	2015	35.0164	27.8084	7.5701	62.6837	32.2409
	2016	31.3063	27.4962	6.5427	62.7810	21.6700
	2017	30.2219	27.6314	6.8126	61.1016	19.5135
电力、热力、燃气及水生产和供应业(D)	2013	33.2295	30.9524	6.8357	65.9679	22.4249
	2015	31.2371	28.7560	6.1486	58.2017	24.5782
	2016	28.5166	26.9866	5.2025	58.7826	17.5476
	2017	28.2160	29.2926	4.9083	57.1963	16.5491
建筑业(E)	2013	32.7491	27.5370	9.7031	61.2377	25.5546
	2015	32.1820	28.5714	8.1612	54.2603	29.6930
	2016	29.8184	27.2727	8.6219	57.9894	20.0842
	2017	28.7725	27.4603	6.7901	56.9375	18.6473
批发和零售业(F)	2013	33.9472	30.8424	7.2682	62.4754	27.2980
	2015	34.0337	29.2906	5.0076	59.9260	31.9244
	2016	30.7258	29.0299	4.4144	60.0068	22.3155
	2017	29.6670	28.4268	4.5007	57.7603	21.2961
交通运输、仓储和邮政业(G)	2013	33.9336	31.1317	5.0072	63.4045	24.5052
	2015	32.2609	30.6526	5.0480	60.0899	25.4735
	2016	29.0787	27.9228	4.2593	59.6759	18.4127
	2017	28.4385	29.8016	5.7407	58.3700	15.4674
住宿和餐饮业(H)	2013	33.9200	31.4286	5.8025	65.4762	25.1705
	2015	31.2901	34.2857	6.8182	52.3120	25.4861
	2016	24.9495	26.6883	6.5657	46.6133	16.1283
	2017	27.1153	32.7778	4.3210	48.8005	18.0632
信息传输、软件和信息技术服务业(I)	2013	35.0535	30.3480	9.0313	67.5214	25.8937
	2015	33.4360	27.9902	5.6475	61.8588	29.0493
	2016	29.7844	27.6231	4.3252	62.5047	18.4054
	2017	28.8666	27.8847	4.8879	59.8190	17.3328

续表

行业	年份	总体指数	分项指数			
			人力资本	关系网络能力	社会责任能力	战略领导能力
金融业(J)	2013	37.0652	37.7992	8.4384	63.6583	30.4940
	2015	29.1822	33.0904	4.4785	44.9430	27.1982
	2016	30.7738	33.3459	4.3762	60.5586	19.1390
	2017	28.4293	32.3377	4.7619	55.9856	16.2271
房地产业(K)	2013	32.5684	29.8229	5.5005	63.6659	23.7895
	2015	31.1584	29.4456	4.1915	57.9848	25.1266
	2016	28.2079	28.5200	4.5378	59.2513	15.5638
	2017	29.7686	29.0971	5.3778	63.2934	16.1481
租赁和商务服务业(L)	2013	35.3286	27.9643	10.8333	69.0179	26.1149
	2015	31.0658	28.3242	6.2179	52.9344	28.6190
	2016	29.6661	26.0893	4.7500	64.4093	17.2829
	2017	28.1306	27.1429	6.6138	55.2155	18.4166
科学研究和技术服务业(M)	2013	37.6685	31.2338	10.4040	71.4286	29.2905
	2015	35.4892	29.5238	11.4815	63.9329	29.3629
	2016	30.0951	25.7764	5.3623	57.6518	23.9881
	2017	28.7492	28.5938	8.1597	58.5216	15.7710
水利、环境和公共设施管理业(N)	2013	36.0363	31.2500	9.2361	74.4792	22.4685
	2015	33.5916	30.9762	7.8333	62.5295	25.7750
	2016	28.7023	28.8745	7.7946	62.1871	12.6414
	2017	30.0726	29.5893	8.0556	62.7335	15.7326
教育(P)	2013	37.7685	60.0000	0.0000	57.1429	27.7064
	2015	40.5919	31.4286	5.5556	75.0000	37.7381
	2016	30.9630	16.4286	10.7407	66.6849	22.5502
	2017	33.3152	30.8929	8.3333	62.6271	24.6381
卫生和社会工作(Q)	2013	37.4562	27.6190	6.2963	76.1905	29.4217
	2015	31.4771	31.4286	3.7778	57.5447	25.3521
	2016	34.3330	30.2041	5.3968	67.8772	25.5022
	2017	30.4832	28.0357	5.5556	57.9393	23.3115
文化、体育和娱乐业(R)	2013	37.5355	36.9156	9.8485	67.2890	28.7712
	2015	33.9998	31.8056	9.4290	61.8405	26.1486
	2016	30.4291	27.8746	6.3550	63.1432	18.5601
	2017	30.3603	29.1369	6.9444	64.4430	16.1189
综合(S)	2013	32.8815	31.8012	6.7150	57.2981	27.9592
	2015	28.7070	29.0571	2.8000	49.5269	25.6269
	2016	27.5760	25.9627	3.7198	54.9167	19.3530
	2017	26.8156	23.7888	2.4155	58.7906	16.0460

第二，从人力资本分项分项指数看，相比 2013 年，2017 年只有住宿和餐饮业（H），卫生和社会工作（Q）是上升的，且升幅很小；其他 16 个行业都是下降的，除

了不具有代表意义的教育（P），降幅最大的是综合（S），下降 8. 0124 分。相比 2016 年，2017 年有 12 个行业上升，除了教育，升幅最大的是住宿和餐饮业（H），上升 6. 0895 分；另 6 个行业是下降的，其中降幅最大的是综合（S），下降 2. 1739 分。

第三，从在关系网络能力分项指数看，相比 2013 年，2017 年有 16 个行业下降，其中综合（S）降幅最大，下降 4. 2995 分；另 2 个行业是上升的，除了教育（P），另一个行业升幅很小。相比 2016 年，2017 年有 12 个行业上升，其中升幅最大的是科学研究和技术服务业（M），上升 2. 7974 分；其他 6 个行业是下降的，但降幅都不大。

第四，从社会责任能力分项指数看，相比 2013 年，2017 年有 16 个行业下降，且降幅较大，降幅最大的是卫生和社会工作（Q），下降 18. 2512 分；另 2 个行业是上升的，除了教育（P），升幅不大。相比 2016 年，2017 年有 12 个行业下降，其中降幅最大的行业是卫生和社会工作（Q），下降 9. 9379 分；另 6 个行业是上升的，升幅最大的行业是房地产业（K），上升 4. 0421 分。

第五，从战略领导能力分项指数看，相比 2013 年，2017 年 18 个行业全部下降，且降幅较大，其中降幅最大的行业是金融业（J），下降 14. 2669 分。相比 2016 年，2017 年有 13 个行业下降，其中降幅最大的行业是科学研究和技术服务业（M），下降 8. 2171 分；另 5 个行业是上升的，其中升幅最大的行业是水利、环境和公共设施管理业（N），上升 3. 0912 分。

图 13 -3 显示了 18 个行业企业家能力总体指数的变化。除了不具代表性的教育（P）外，2013 年，科学研究和技术服务业（M），文化、体育和娱乐业（R），卫生和社会工作（Q）位列前三；2015 年，科学研究和技术服务业（M），制造业（C），批发和零售业（F）位列前三；2016 年，卫生和社会工作（Q），农、林、牧、副、渔业（A），制造业（C）位列前三；2017 年，卫生和社会工作（Q），文化、体育和娱乐业（R），制造业（C）位列前三。

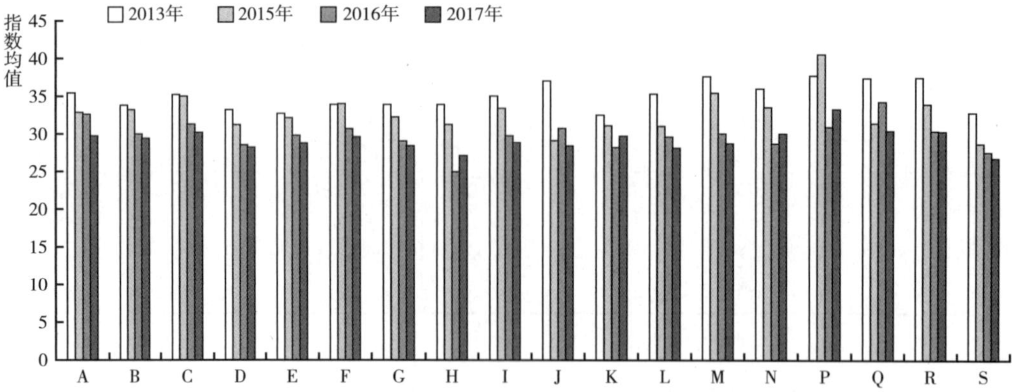

图 13 -3 2013 ~2017 年不同行业上市公司企业家能力指数均值比较

13.4　分所有制企业家能力指数的年度比较

按照五类所有制或控股类型的划分，用各所有制上市公司企业家能力总体指数，以及人力资本、关系网络能力、社会责任能力和战略领导能力四个分项指数的平均值来代表各所有制上市公司企业家能力情况，分别比较2011年、2013年、2015年、2016年与2017年不同所有制上市公司的企业家能力水平的差异，结果参见表13－4Panel A。另外，进一步将样本按照国有控股公司和非国有控股公司分类，统计信息见表13－4 Panel B。

表13－4　2011～2017年不同所有制上市公司企业家能力指数均值比较

所有制类型	年份	总体指数	分项指数				总体指数排名
			人力资本	关系网络能力	社会责任能力	战略领导能力	
Panel A 按照五类所有制公司分类							
国有绝对控股公司	2011	36.6200	30.8870	11.9411	66.6021	29.4469	2
	2013	35.0605	31.2867	7.7628	65.5724	27.5756	2
	2015	33.5482	29.4649	5.9379	60.2598	29.5511	3
	2016	31.1328	28.8857	5.6622	60.4623	22.5915	2
	2017	30.3042	29.5970	5.9014	59.6134	20.1631	1
国有强相对控股公司	2011	34.6124	29.8701	12.2300	62.1758	27.4967	4
	2013	34.3110	30.4860	7.4047	64.0029	27.3169	3
	2015	33.2207	28.6551	5.8896	60.2390	29.1427	4
	2016	30.3597	28.3908	5.2671	59.9801	21.1870	4
	2017	29.8292	28.8425	5.0595	60.5392	18.9303	3
国有弱相对控股公司	2011	33.5773	30.0183	13.4119	59.8940	25.4746	5
	2013	33.8378	29.2576	7.5459	64.1803	26.4809	5
	2015	32.9314	28.6846	6.9366	58.6606	28.9628	5
	2016	29.5753	27.3618	5.9226	59.7691	19.3089	5
	2017	29.3766	28.1253	6.3356	58.8970	18.6815	5
国有参股公司	2011	36.0996	32.0099	14.5207	65.3461	26.7294	3
	2013	34.2035	28.8689	8.4327	66.3176	25.6172	4
	2015	34.6433	29.1045	7.3125	61.7948	31.1083	1
	2016	31.2702	28.2294	6.7668	62.9059	20.8444	1
	2017	30.0960	27.8159	7.0321	60.7474	19.1772	2
无国有股份公司	2011	36.6351	31.9971	12.2375	67.8597	27.5576	1
	2013	35.3275	28.4158	9.1546	69.9090	25.9994	1
	2015	34.5358	27.6232	7.3950	62.1225	31.4610	2
	2016	30.7007	27.1487	6.0173	63.0071	20.1673	3
	2017	29.5881	27.5959	6.4499	60.5559	18.2584	4

续表

所有制类型	年份	总体指数	分项指数				总体指数排名
			人力资本	关系网络能力	社会责任能力	战略领导能力	
Panel B 按照国有控股公司和非国有控股公司分类							
国有控股公司	2011	34.8450	30.2017	12.5250	62.6886	27.3994	2
	2013	34.4258	30.4028	7.5642	64.5760	27.1650	2
	2015	33.2349	28.8968	6.1942	59.8068	29.2106	2
	2016	30.2914	28.1751	5.5772	60.0283	20.9150	2
	2017	29.7952	28.7890	5.6873	59.7697	19.1485	1
非国有控股公司	2011	36.4528	32.0015	13.0145	67.0043	27.2757	1
	2013	35.0540	28.5261	8.9789	69.0349	25.9064	1
	2015	34.5755	28.1705	7.3645	62.0014	31.3307	1
	2016	30.9240	27.5724	6.3111	62.9674	20.4327	1
	2017	29.7689	27.6742	6.6571	60.6241	18.5854	2

从表 13 -4 Panel A 可以看出如下结论。

第一，从企业家能力总体指数看，五个年度中，国有绝对控股公司、国有强相对控股公司和无国有股份公司连续下降；国有弱相对控股公司 2013 年上升，然后连续下降；国有参股公司先下降后略微上升又下降。相比 2011 年，2017 年企业家能力总体指数每类公司都是下降的，其中降幅最大的是无国有股份公司，下降了 7.0470 分；相比 2016 年，2017 年企业家能力总体指数每类公司也都是下降的，降幅最大的是国有参股公司，下降了 1.1742 分。

第二，从人力资本分项指数看，相比 2011 年，2017 年五类公司全部下降，其中降幅最大的是无国有股份公司，下降 4.4012 分；相比 2016 年，2017 年除了国有参股公司略有下降外，其他四类公司都上升，但升幅都不大，升幅最大的是国有弱相对控股公司，上升 0.7635 分。

第三，从关系网络能力分项指数看，相比 2011 年，2017 年五类公司全部下降，其中降幅最大的是国有参股公司，下降 7.4886 分；相比 2016 年，2017 年除了国有强相对控股公司略有下降外，其他四类公司全部上升，但升幅都不大，升幅最大的是无国有股份公司，也只上升 0.4326 分。

第四，从社会责任能力分项指数看，相比 2011 年，2017 年五类公司全部下降，其中降幅最大的是无国有股份公司，下降 7.3038；相比 2016 年，2017 年除了国有强相对控股公司略有上升外，其他四类公司全部下降，其中降幅最大的是无国有股份公司，下降 2.4512 分。

第五，从战略领导能力分项指数看，相比 2011 年，2017 年五类公司全部下降，其中降幅最大的是无国有股份公司，下降 9.2992 分；相比 2016 年，2017 年五类公司也是全部下降，其中降幅最大的是国有绝对控股公司，下降 2.4284 分。

图 13－4 显示了五类所有制上市公司企业家能力总体指数的变化。可以看出，从总体指数看，五类所有制公司均呈下降态势。

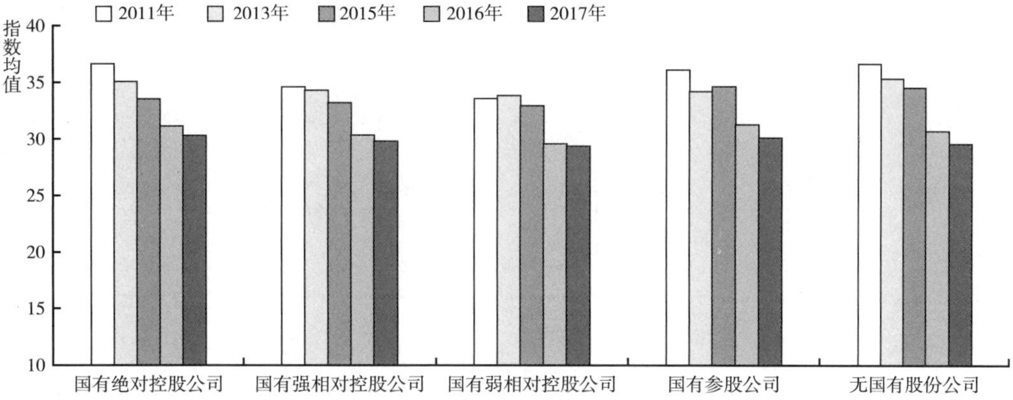

图 13－4　2011～2017 年不同所有制上市公司企业家能力指数均值比较

从表 13－4 Panel B 可以看出，国有控股公司和非国有控股公司五个年度企业家能力总体指数都是连续下降，非国有控股公司降幅大于国有控股公司。相比 2016 年，2017 年两类公司也都下降，仍是非国有控股公司降幅大于国有控股公司。

从四个分项指数上看，人力资本分项指数 2017 年比 2011 年都下降，非国有控股公司降幅大于国有控股公司；相比 2016 年，2017 年两类公司都略有上升。关系网络能力分项指数 2017 年比 2011 年也都下降，但国有控股公司降幅略大于非国有控股公司；相比 2016 年，两类公司都略有上升。社会责任能力分项指数 2017 年比 2011 年也都下降，非国有控股公司降幅远大于国有控股公司；相比 2016 年，2017 年两类公司也都下降，非国有控股公司降幅大于国有控股公司。战略领导能力分项指数 2017 年比 2011 年都下降，两类公司降幅都略超 8 分；相比 2016 年，两类公司也都下降，降幅也非常接近，略超 1.8 分。

13.5　分上市板块企业家能力指数的年度比较

用各板块上市公司企业家能力指数，以及人力资本、关系网络能力、社会责任能力和战略领导能力四个分项指数的平均值来代表各板块上市公司企业家能力情况，分别比较不同板块2011 年、2013 年、2015 年、2016 年与 2017 年企业家能力的差异，结果见表 13 -5。

表 13 -5　2011 ~2017 年不同板块上市公司企业家能力指数均值比较

板块	年份	总体指数	分项指数				总体指数排名
			人力资本	关系网络能力	社会责任能力	战略领导能力	
深市主板（不含中小板）	2011	32. 4615	29. 6929	13. 0458	58. 6690	23. 5082	4
	2013	34. 0280	31. 2929	7. 0513	62. 5215	27. 3226	4
	2015	32. 5809	30. 5303	5. 3433	57. 2759	28. 6676	4
	2016	29. 7675	29. 8130	5. 6354	59. 5395	18. 5951	4
	2017	29. 4276	30. 6691	5. 7618	57. 9093	18. 2543	4
深市中小企业板	2011	38. 6635	30. 2065	15. 5903	71. 2896	30. 2729	1
	2013	35. 5365	26. 4512	9. 0651	72. 7881	25. 6435	1
	2015	35. 4605	26. 9912	8. 3124	64. 6691	32. 1059	1
	2016	31. 5897	26. 9406	7. 5184	63. 7877	21. 5447	1
	2017	30. 1005	27. 5488	7. 8280	61. 0226	18. 7090	1
深市创业板	2011	37. 5760	36. 3633	10. 0835	73. 9613	23. 6763	2
	2013	35. 4176	27. 8615	11. 2732	70. 4787	25. 0179	2
	2015	35. 1422	28. 9903	8. 0556	62. 8472	31. 4313	2
	2016	31. 4809	28. 4793	6. 6556	64. 8129	19. 8171	2
	2017	29. 7976	27. 9615	6. 7821	61. 0468	18. 0659	2
沪市主板	2011	35. 2654	31. 6598	11. 3264	62. 8061	28. 2592	3
	2013	34. 4077	30. 9134	7. 5433	64. 2635	27. 0349	3
	2015	33. 2549	28. 3376	6. 1291	59. 6516	29. 8088	3
	2016	30. 0818	27. 2172	4. 8742	60. 2048	21. 1612	3
	2017	29. 6775	27. 4565	5. 2985	60. 4189	19. 3657	3

从表 13 -5 可以看出如下结论。

第一，从企业家能力总体指数看，五个年度中，深市主板（不含中小企业板）2013 年上升，此后连续下降；深市中小企业板、深市创业板和沪市主板都是连续下降；相比 2016 年，2017 年四个板块都有小幅的下降，其中深市创业板降幅最大，下降 1. 6833 分。

第二，从人力资本分项指数看，相比 2011 年，2017 年除了深市主板（不含中小企业板）外，其他三个板块都是下降，降幅最大的是深市创业板，下降 8. 4018 分；相比 2016 年，2017 年除了深市创业板略有下降外，其他三个板块都略有上升，但升幅都没有超过 1 分。

第三，从关系网络能力分项指数看，相比 2011 年，2017 年四个板块都下降，降幅最大的是深市中小企业板，下降 7. 7623 分；相比 2016 年，2017 年四个板块都略有上升，升幅都没有超过 0. 45 分。

第四，从社会责任能力分项指数看，相比 2011 年，2017 年四个板块都下降，降幅最大的是深市创业板，下降 12.9145 分；相比 2016 年，除了沪市主板略有上升外，其他三个板块都下降，降幅都没有超过 3.8 分。

第五，从战略领导能力分项指数看，相比 2011 年，2017 年四个板块都是下降，降幅最大的是深市中小企业板，下降 11.5639 分；相比 2016 年，2017 年四个板块也都是下降，降幅都没有超过 2.8 分。

图 13－5 显示了四个板块五个年度中的企业家能力总体指数变化情况。从排名中看到，在五个年度中，不同上市板块的企业家能力指数排名没有变化，由大到小依次保持为深市中小企业板、深市创业板、沪市主板和深市主板（不含中小企业板）。

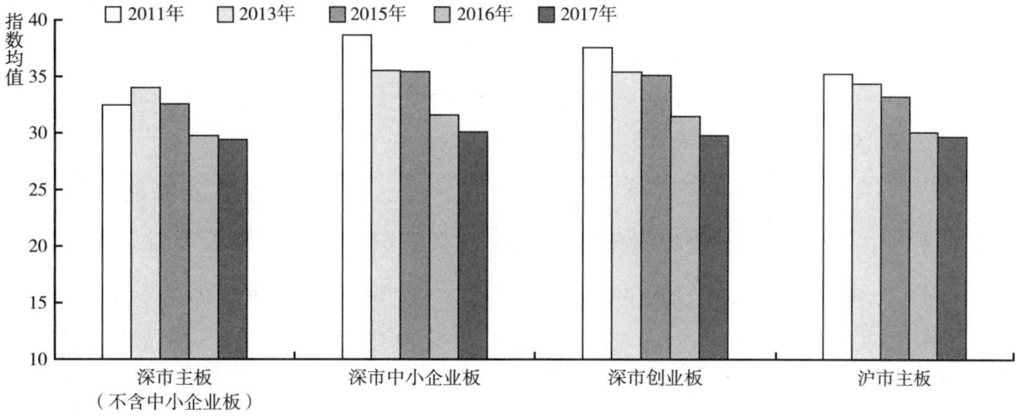

图 13－5　2011～2017 年不同板块上市公司企业家能力指数均值比较

13.6　本章小结

本章从总体、地区、行业、所有制和上市板块等角度分别比较了 2011 年、2013 年、2015 年、2016 年和 2017 年中国上市公司的企业家能力水平，主要结论如下。

（1）从总体看，在五次评价中，企业家能力总体指数连续下降。从四个分项指数看，人力资本和关系网络能力两个分项指数在以前年度连续下降，2017 年有所上升；社会责任能力和战略领导能力两个分项指数处于波动状态，上升和下降不断交替；相对于 2016 年，2017 年变化幅度最大的是战略领导能力分项指数，下降了 1.8335 分，这与经济下行压力有一定关系。

（2）从地区看，五个年度中的企业家能力总体指数，东部连续下降，中部、西部和东北三个地区 2013 年上升，此后连续下降，2017 年均处于最低水平。从分项指数看，相比 2011 年，2017 年四个地区四个分项指数都是下降的。相比 2016 年，2017 年人力资本分项指数都上升，但升幅都不大，而在关系网络能力分项指数上，除了西部外，其他三个地区都上升。但升幅也都不大；战略能力分项指数都是下降，但降幅也都不大；社会责任能力分项指数上，东部和中部下降，西部和东北上升，下降和上升的幅度都不大，降幅比升幅略大一点。

（3）从行业看，2013～2017 年的企业家能力总体指数，18 个行业中，有 11 个行业四年中连续下降；相比 2016 年，2017 年有 14 个行业下降，只有 4 个行业上升。从分项指数看，人力资本分项分项指数上，相比 2013 年，2017 年有 16 个行业都下降；相比 2016 年，2017 年有 12 个行业上升。在关系网络能力分项指数上，相比 2013 年，2017 年有 16 个行业下降；相比 2016 年，2017 年有 12 个行业上升。社会责任能力分项指数上，相比 2013 年，2017 年有 16 个行业下降；相比 2016 年，2017 年有 12 个行业下降。战略领导能力分项指数上，相比 2013 年，2017 年 18 个行业全部下降，且降幅较大；相比 2016 年，2017 年有 13 个行业下降。

（4）从所有制看，国有控股公司和非国有控股公司五个年度企业家能力总体指数都是连续下降，非国有控股公司降幅大于国有控股公司。从分项指数上看，人力资本分项指数 2017 年比 2011 年都下降，非国有控股公司降幅大于国有控股公司；相比 2016 年，2017 年两类公司都略有上升。关系网络能力分项指数 2017 年比 2011 年也都下降，但国有控股公司降幅略大于非国有控股公司；相比 2016 年，两类公司都略有上升。社会责任能力分项指数 2017 年比 2011 年也都下降，非国有控股公司降幅远大于国有控股公司；相比 2016 年，2017 年两类公司也都下降，非国有控股公司降幅大于国有控股公司。战略领导能力分项指数 2017 年比 2011 年都下降，两类公司降幅都略超 8 分；相比 2016 年，两类公司也都下降，降幅也非常接近，略超 1.8 分。

（5）从上市板块看，从企业家能力总体指数看，五个年度中，深市主板（不含中小企业板）2013 年上升，此后连续下降；深市中小企业板、深市创业板和沪市主板都是连续下降。从分项指数看，人力资本分项指数上，相比 2011 年，2017 年除了深市主板（不含中小企业板）外，其他三个板块都是下降；相比 2016 年，2017 年除了深市创业板略有下降外，其他三个板块都略有上升。关系网络能力分项指数上，相比 2011 年，2017 年四个板块都下降；相比 2016 年，2017 年四个板块都略有上升。社会责任能力分项指数上，相比 2011 年，2017 年四个板块都下降；相比 2016 年，除了沪市主板略有上升外，其他三个板块都下降。战略领导能力分项指数上，相比 2011 年和 2016 年，2017 年四个板块都是下降的。

第五篇　财务治理指数

第 14 章　财务治理指数总体排名及比较

根据第 1 章确定的财务治理指数评价方法，以及我们评估获得的 2017 年度 3147 家样本上市公司指数数据，本章将对这些公司的财务治理指数进行排名分析，然后分别从地区、行业及上市板块三个角度进行比较分析。

14.1　财务治理指数总体分布及排名

基于上市公司 2017 年的公开数据，根据第 1 章构建的财务治理指标体系和指数计算方法，我们对 3147 家上市公司的财务治理指数并进行了计算，得到 2017 年中国上市公司财务治理指数的总体排名情况（详见电子版）。

14.1.1　财务治理指数总体分布

在 3147 家上市公司中，财务治理指数最大值为 74.4070，最小值为 20.1105，平均值为 53.6690，中位值为 53.9251。整体而言，全部样本的绝对差距较大，最大值高出最小值 54.2965（详见表 14－1）。

表 14－1　2017 年上市公司财务治理指数总体情况

项目	公司数目	平均值	中位值	最大值	最小值	标准差	偏度系数	峰度系数
数值	3147	53.6690	53.9251	74.4070	20.1105	7.4180	－0.3076	0.1983

为进一步了解财务治理指数在各个得分区间的分布情况，我们将财务治理指数在有分布的区域按 5 分一个区间划分为［0，20）、［20，25）、［25，30）、［30，35）、［35，40）、［40，45）、［45，50）、［50，55）、［55，60）、［60，65）、［65，70）、［70，75）

以及［75，100］共13个区间（其中［0，20）和［75，100］的公司数目为0，因此将指数区间合并，每个得分区间的企业数目和所占比重参见表14－2和图14－1。

表14－2 2017年上市公司财务治理指数分布情况

指数区间	公司数目	占比(%)	累计占比(%)
[0,20)	0	0.00	0.00
[20,25)	2	0.06	0.06
[25,30)	7	0.22	0.29
[30,35)	28	0.89	1.18
[35,40)	81	2.57	3.75
[40,45)	246	7.82	11.57
[45,50)	603	19.16	30.73
[50,55)	801	25.45	56.18
[55,60)	733	23.29	79.47
[60,65)	475	15.09	94.57
[65,70)	154	4.89	99.46
[70,75)	17	0.54	100.00
[75,100]	0	0.00	100.00
总计	3147	100	100.00

由表14－2可知，财务治理指数分值主要集中在［45，65）区间，共有2612家公司，占全部样本的82.99%。值得关注的是，只有646家上市公司的财务治理指数分值高于60分的及格线，占比为20.53%。相比2016年，2017年上市公司财务治理指数的及格率小幅上升0.92个百分点（2016年及格率为19.61%），这反映了2017年中国上市公司财务治理水平虽然有所提升，但是提升幅度不大。

图14－1直观地反映了2017年上市公司财务治理指数的分布。可以看出，2017年上市公司财务治理指数的区间分布相对比较集中，财务治理指数及格的只有右侧的一小部分，整体财务治理水平并不高。从表14－1可知，上市公司财务治理指数的偏度系数为－0.3076，峰度系数为0.1983，财务治理指数整体分布基本满足正态分布，指数分布为负偏态，分布曲线较标准正态分布稍微陡峭。

14.1.2 财务治理指数前100名

表14－3给出了3147家上市公司中排名前100家公司的财务治理指数的基本统计数据。可以看出，前100名公司的财务治理指数均值为68.5516，较2016年上升0.1456分；指数中位值为68.0172，较上年提高0.9802分。此外，本年度前100名公司的标准差为1.5960，比2016年的标准差2.0358要小0.4398，这表明本年度前100名公司的财务治理指数的离散程度要小于上年。

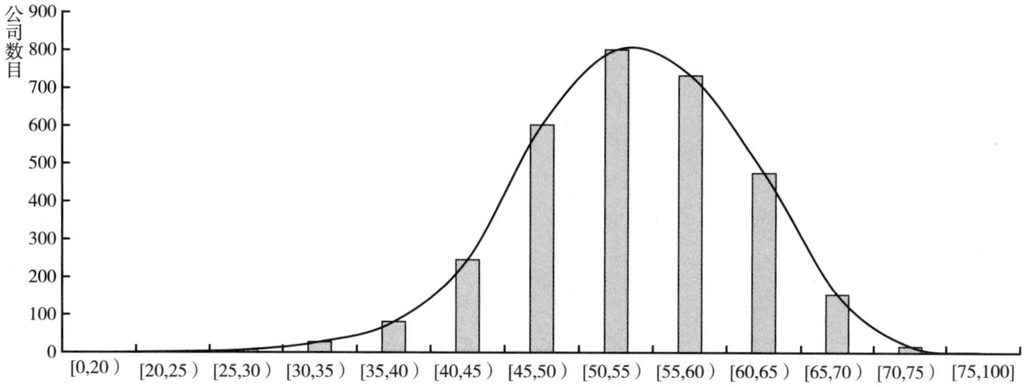

图 14－1　2017 年上市公司财务治理指数区间分布

表 14－3　2017 年上市公司财务治理指数前 100 名情况

	平均值	中位值	最大值	最小值	标准差
前 100 名	68.5516	68.0172	74.4070	66.7056	1.5960
总体	53.6690	53.9251	74.4070	20.1105	7.4180

我们对 3147 家上市公司的财务治理指数从大到小降序排列，财务治理指数越高，说明上市公司财务治理水平越高。表 14－4 是财务治理指数排名前 100 的上市公司情况。

表 14－4　2017 年上市公司财务治理指数总体排名——前 100 名

排名	代码	公司简称	指数值	排名	代码	公司简称	指数值
1	300451	创业软件	74.4070	15	002003	伟星股份	70.1433
2	300325	德威新材	73.3415	16	300188	美亚柏科	70.1339
3	002246	北化股份	72.8826	17	000026	飞亚达 A	70.1303
4	300375	鹏翎股份	72.7791	18	300015	爱尔眼科	69.9369
5	000728	国元证券	71.6827	19	300274	阳光电源	69.6922
6	300338	开元股份	71.5070	20	300316	晶盛机电	69.6240
7	300182	捷成股份	71.4209	21	002032	苏泊尔	69.6202
8	002752	昇兴股份	71.0716	22	000006	深振业 A	69.6059
9	000530	大冷股份	70.9870	23	000513	丽珠集团	69.5320
10	000540	中天金融	70.9139	24	300271	华宇软件	69.4957
11	601390	中国中铁	70.5703	25	002438	江苏神通	69.4194
12	002856	美芝股份	70.4854	26	600132	重庆啤酒	69.4063
13	300092	科新机电	70.4132	27	002405	四维图新	69.3937
14	000863	三湘印象	70.2976	28	002074	国轩高科	69.3769

续表

排名	代码	公司简称	指数值	排名	代码	公司简称	指数值
29	000039	中集集团	69.3707	65	601128	常熟银行	67.7720
30	300259	新天科技	69.3559	66	002646	青青稞酒	67.7236
31	300367	东方网力	69.2859	67	300039	上海凯宝	67.6000
32	002372	伟星新材	69.2531	68	300262	巴安水务	67.5960
33	300298	三诺生物	69.0624	69	002713	东易日盛	67.5863
34	300322	硕贝德	69.0009	70	300005	探路者	67.5511
35	002811	亚泰国际	68.8057	71	600775	南京熊猫	67.5051
36	600036	招商银行	68.6137	72	000637	茂化实华	67.4444
37	300036	超图软件	68.4770	73	002020	京新药业	67.4306
38	600062	华润双鹤	68.3942	74	300100	双林股份	67.3973
39	002111	威海广泰	68.3838	75	600875	东方电气	67.3208
40	002045	国光电器	68.3665	76	002601	龙蟒佰利	67.3147
41	002197	证通电子	68.2907	77	002813	路畅科技	67.3128
42	002699	美盛文化	68.2670	78	300383	光环新网	67.2713
43	300008	天海防务	68.2499	79	002538	司尔特	67.2496
44	002561	徐家汇	68.2310	80	002593	日上集团	67.2401
45	000529	广弘控股	68.2069	81	000023	深天地 A	67.2205
46	300324	旋极信息	68.1502	82	000936	华西股份	67.1825
47	300054	鼎龙股份	68.0854	83	300430	诚益通	67.1792
48	600688	上海石化	68.0686	84	600477	杭萧钢构	67.0694
49	000823	超声电子	68.0345	85	002364	中恒电气	67.0667
50	000819	岳阳兴长	68.0180	86	601211	国泰君安	67.0079
51	300323	华灿光电	68.0164	87	002449	国星光电	66.9919
52	000656	金科股份	68.0106	88	300124	汇川技术	66.9864
53	002247	帝龙文化	68.0032	89	300106	西部牧业	66.9530
54	002243	通产丽星	67.9998	90	002415	海康威视	66.9236
55	002029	七匹狼	67.9839	91	300418	昆仑万维	66.9188
56	002252	上海莱士	67.9825	92	000050	深天马 A	66.9128
57	002532	新界泵业	67.9600	93	002377	国创高新	66.9008
58	300080	易成新能	67.9584	94	002839	张家港行	66.7947
59	002414	高德红外	67.9388	95	300453	三鑫医疗	66.7664
60	300098	高新兴	67.9025	96	000536	华映科技	66.7374
61	000856	冀东装备	67.8730	97	002317	众生药业	66.7269
62	300297	蓝盾股份	67.8664	98	300197	铁汉生态	66.7205
63	300282	三盛教育	67.8254	99	600105	永鼎股份	66.7192
64	002533	金杯电工	67.8005	100	002783	凯龙股份	66.7056

由表 14－4 可以看出，得分最高的是创业软件，为 74.4070，德威新材和北化股份分列第二和第三。有 20 家公司连续两年出现在前 100 名中，他们是创业软件、鹏翎股份、昇兴股份、中国中铁、科新机电、伟星股份、美亚柏科、爱尔眼科、阳光电源、深振业 A、中集集团、招商银行、威海广泰、超声电子、金科股份、双林股份、龙蟒佰利、光环新网、华西股份和杭萧钢构。有 4 家公司连续三年出现在前 100 名中，他们是中国中铁、深振业 A、招商银行和超声电子。值得注意的是，中国中铁是唯一连续四年出现在前 100 名中的上市公司。

从地区分布来看，前 100 名中，东部、中部、西部和东北地区各有 74 家、17 家、8 家和 1 家，分别占各地区上市公司总数的 3.47%、3.93%、1.85% 和 0.68%。其中，排在前 10 名的公司当中有 5 家来自东部地区，各有 2 家来自中部和西部地区，有 1 家来自东北地区。从行业来看，制造业 66 家，信息传输、软件和信息技术服务业 10 家，建筑业 6 家，金融业和房地产业各 5 家，分别占所在行业上市公司总数的 3.39%、4.29%、6.67%、6.49% 和 4.00%。从所有制看，前 100 名企业中，非国有控股公司居多，有 75 家，占全部非国有控股公司的 3.58%；国有控股公司只有 25 家，占全部国有控股公司的 2.37%。国有控股公司中，央企控股的上市公司 12 家，占全部央企控股上市公司的 3.19%，地方国企控股的上市公司 13 家，占全部地方国企控股上市公司的 1.92%。从上市板块来看，深市主板（不含中小企业板）、深市中小企业板、深市创业板和沪市主板分别有 18 家、36 家、35 家和 11 家，分别占所在板块全部上市公司数的 3.93%、4.28%、5.68% 和 0.89%。

需要注意，财务治理指数最高的前 100 名在地区、行业和控股类型中的分布，并不能完全说明某个地区、行业和控股类型表现更好，因为各地区、行业和控股类型的上市公司数量不同。比如，制造业进入前 100 名的公司数多于建筑业，但后者进入前 100 名的占比更高，无疑建筑业的表现更好。

图 14－2 为前 100 名上市公司财务治理指数分布情况。从图 14－2 可以看出，指数排在前五名的企业下降很快，之后下降趋势逐步平缓。最高分 74.4070，最低分 66.7056，绝对差距 7.7014。

14.2　分地区财务治理指数排名及比较

根据东部、中部、西部和东北四大地区的划分，来比较四个地区上市公司财务治理指数情况，结果参见表 14－5。

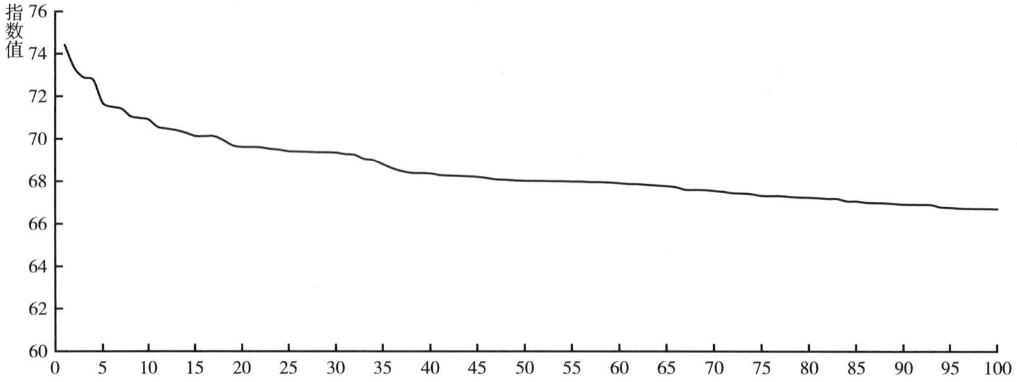

图 14－2　2017 年上市公司财务治理指数分布情况——前 100 名

表 14－5　2017 年不同地区上市公司财务治理指数比较

排名	地区	公司数目	平均值	中位值	最大值	最小值	标准差
1	东部	2135	54.2155	54.4031	74.4070	25.4042	7.2376
2	中部	433	52.9763	53.2422	71.6827	27.4955	7.6137
3	西部	432	52.5564	53.2132	72.8826	20.1105	7.8107
4	东北	147	51.0432	51.5956	70.9870	27.3078	7.1333
	总体	3147	53.6690	53.9251	74.4070	20.1105	7.4180

由表 14－5 可见，各地区上市公司财务治理指数均值由大到小分别为东部（54.2155）、中部（52.9763）、西部（52.5564）和东北（51.0432）。各地区之间财务治理指数存在一定的差异。

图 14－3 对四个地区财务治理指数的差异体现得更加直观。可以明显看到，只有东部地区的财务治理指数均值高于总体均值，无疑，东部地区上市公司对财务治理水平的提高起到了支撑作用。

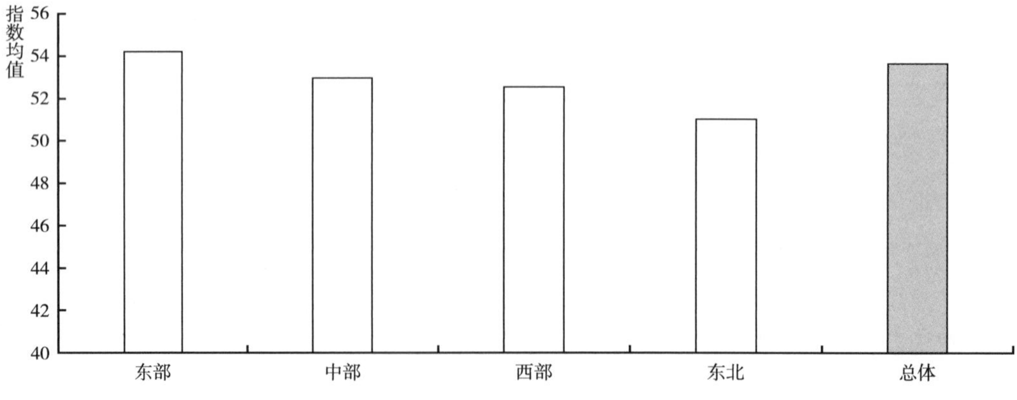

图 14－3　2017 年不同地区上市公司财务治理指数均值比较

14.3 分行业财务治理指数排名及比较

以各行业上市公司财务治理指数的平均值来代表各个行业的上市公司财务治理指数，然后将各行业的上市公司财务治理指数按照从高到低的顺序进行排名，排名结果见表 14－6。

表 14－6 2017 年不同行业上市公司财务治理指数比较

排名	行业名称	公司数目	平均值	中位值	最大值	最小值	标准差
1	金融业(J)	77	55.8318	56.6361	71.6827	30.6424	7.3973
2	文化、体育和娱乐业(R)	48	54.9002	55.0429	71.4209	37.6386	6.8553
3	信息传输、软件和信息技术服务业(I)	233	54.6867	54.9380	74.4070	30.3074	7.5840
4	水利、环境和公共设施管理业(N)	40	54.2497	54.7961	67.5960	30.6946	7.2570
5	交通运输、仓储和邮政业(G)	90	54.0626	54.6257	66.5440	34.8530	6.8957
6	建筑业(E)	90	53.9259	53.0537	70.5703	36.7126	7.2910
7	科学研究和技术服务业(M)	32	53.9235	54.5049	68.2499	35.5863	7.2808
8	房地产业(K)	125	53.7800	54.0014	70.9139	34.2535	7.0772
9	制造业(C)	1949	53.7015	54.0667	73.3415	20.1105	7.4762
10	电力、热力、燃气及水生产和供应业(D)	103	53.2514	52.6611	66.3057	34.7418	6.2509
11	农、林、牧、渔业(A)	42	52.7094	53.6570	66.9530	36.0477	7.3989
12	租赁和商务服务业(L)	42	52.4975	51.5189	65.2316	40.3506	6.4954
13	卫生和社会工作(Q)	8	52.3252	49.9386	69.9369	42.7354	7.8835
14	批发和零售业(F)	158	52.3162	52.4960	70.1303	27.3078	7.0361
15	综合(S)	23	51.4838	50.9591	66.5800	39.9168	7.7914
16	教育(P)	4	51.3908	51.6727	56.3932	45.8247	3.7484
17	采矿业(B)	74	51.1777	51.0916	66.5858	29.7476	8.0188
18	住宿和餐饮业(H)	9	50.4527	50.5172	64.1391	29.0217	9.3801
	总体	3147	53.6690	53.9251	74.4070	20.1105	7.4180

从表 14－6 可以看出，在 18 个行业中，有 9 个行业的上市公司财务治理指数均值高于总体均值，这 9 个行业的最大均值与总体均值的绝对差距是 2.1628；另外 9 个行业的上市公司财务治理指数均值低于总体均值，总体均值与这 9 个行业的最小均值的绝对差距是 3.2163。显然，财务治理指数的高分区行业的内部差距小于低分区行业。上市公司财务治理水平最好的三个行业是金融业（J），文化、体育和娱乐业（R），信息传输、软件和信息技术服务业（I）。财务治理水平最差的三个行业是住宿和餐饮业（H），采矿业（B），教育（P）。但需要注意的是，教育行业（P）只有 4 家上市公司，难以反映该行业财务治理的实际平均水平。

图 14－4 进一步显示了行业间上市公司财务治理水平的差别。可以看出，各行业上市

公司财务治理指数主要集中在［52，56］这一范围内，各行业财务治理水平整体而言波动不大，行业指数均值最高的金融业（J）与最低的住宿和餐饮业（H）只相差 5.3791 分。

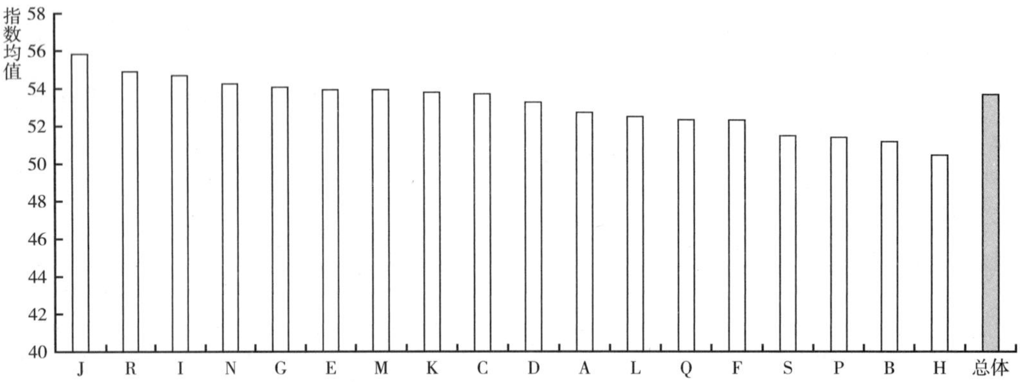

图 14－4　2017 年不同行业上市公司财务治理指数均值比较

14.4　分上市板块财务治理指数排名及比较

根据沪市主板、深市主板（不含中小企业板）、深市中小企业板、深市创业板四个上市板块的划分，来比较不同上市板块的上市公司财务治理指数，结果参见表 14－7。

表 14－7　2017 年不同板块上市公司财务治理指数比较

排名	板块	公司数目	平均值	中位值	最大值	最小值	标准差
1	深市创业板	616	56.3712	56.5130	74.4070	32.7536	6.4168
2	深市中小企业板	841	55.7968	56.3153	72.8826	29.0217	6.5251
3	深市主板(不含中小企业板)	458	54.4191	54.2031	71.6827	27.4955	7.1795
4	沪市主板	1232	50.5866	50.5275	70.5703	20.1105	7.4358
	总体	3147	53.6690	53.9251	74.4070	20.1105	7.4180

由表 14－7 可知，深市创业板和深市中小企业板上市公司的财务治理水平要好于深市主板（不含中小企业板）和沪市主板上市公司。而沪市主板上市公司的财务治理水平在所有板块中最差，且明显低于其他板块。

图 14－5 更直观地反映了不同板块上市公司财务治理指数的差异。可以看到，深市创业板、深市中小企业板和深市主板（不含中小企业板）上市公司财务治理指数均值都高于总体均值，只有沪市主板上市公司财务治理指数均值低于总体均值，这说明沪市上市公司财务治理水平与深市上市公司相比有一定差距。

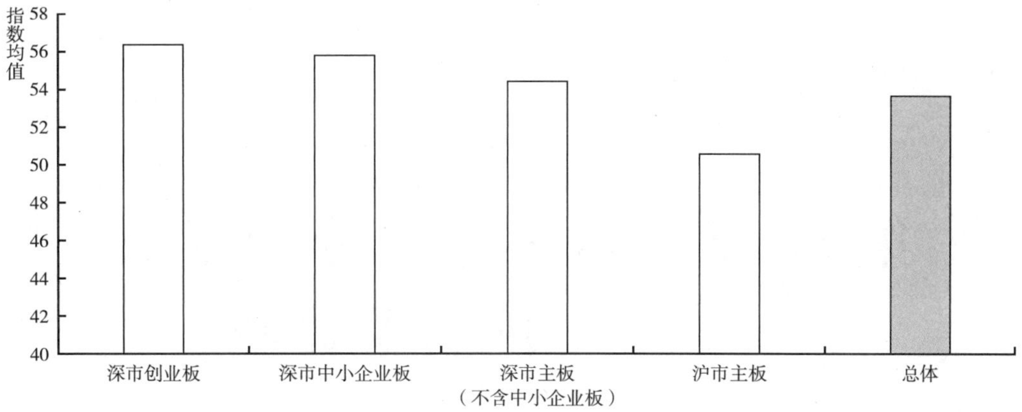

图 14－5　2017 年不同板块上市公司财务治理指数均值比较

14.5　本章小结

本章从总体、地区分布、行业属性以及上市板块等多角度全面评价了 2017 年中国上市公司财务治理水平。主要结论如下。

（1）总体看，3147 家上市公司样本中，财务治理指数最大值为 74.4070，最小值为 20.1105，平均值为 53.6690。大部分公司的财务治理指数分布在［45，65）区间，占全部样本的 82.99%。其中只有 646 家上市公司的财务治理指数分值高于 60 分，占比为 20.53%，相比于 2016 年，及格率小幅上升。

（2）从地区看，东部地区上市公司财务治理指数均值最高，最低的是东北地区。四个地区上市公司财务治理水平整体上差距不大。

（3）从行业看，在 18 个行业中，上市公司财务治理水平最好的三个行业是金融业（J），文化、体育和娱乐业（R），信息传输、软件和信息技术服务业（I）；上市公司财务治理水平最差的三个行业是住宿和餐饮业（H），采矿业（B），教育（P）。各行业间差距总体上不大。需要说明的是，教育行业（P）只有 4 家上市公司，难以反映该行业财务治理的实际平均水平。

（4）从上市板块来看，财务治理指数均值从大到小依次是：深市创业板、深市中小企业板、深市主板（不含中小企业板）和沪市主板。深市上市公司财务治理水平总体上好于沪市上市公司。

第 15 章　财务治理分项指数排名及比较

第 14 章从总体上对中国上市公司财务治理指数作了排名，并从地区、行业以及上市板块三个角度进行了比较分析。本章按照对财务治理指数四个维度的划分，把财务治理指数分解为财权配置、财务控制、财务监督和财务激励四个分项指数，对这四个分项指数进行排名和比较分析。

15.1　财务治理分项指数总体比较

本报告选取 2017 年沪深两市 3147 家上市公司作为评价对象。财务治理分项指数按照财务治理指标体系中的四个一级指标来划分。2017 年中国上市公司财务治理四个分项指数的描述性统计结果参见表 15－1。

表 15－1　2017 年上市公司财务治理分项指数描述性统计

分项指数	公司数目	平均值	中位值	最大值	最小值	标准差
财权配置	3147	42.4202	40.1793	82.6801	3.8889	12.9088
财务控制	3147	72.3981	71.0232	97.3793	17.6779	11.1066
财务监督	3147	72.0349	68.7500	100.0000	18.7500	14.6881
财务激励	3147	27.8230	25.2647	67.2999	0.0000	13.7266

从表 15－1 可以看出，财务治理四个分项指数中，财务控制分项指数均值最大，财务激励分项指数均值最小。财务控制和财务监督两个分项指数得分均达到 70 分以上，而财权配置和财务激励两个分项指数距离及格线甚远，尤其是财务激励，均值只有 27.8230 分，这说明，中国上市公司财务控制和财务监督水平相对于财权配置和财务激励水平而言表现更好，也间接说明后两个指标水平还有很大的改进空间。

图 15－1 更直观地反映了财务治理四个分项指数的差异。可以看到，四个分项指数

的平均值和中位值的排序近似，财务控制分项指数的均值和中位数都是最高的，财务激励分项指数的均值和中位值都是最低的。

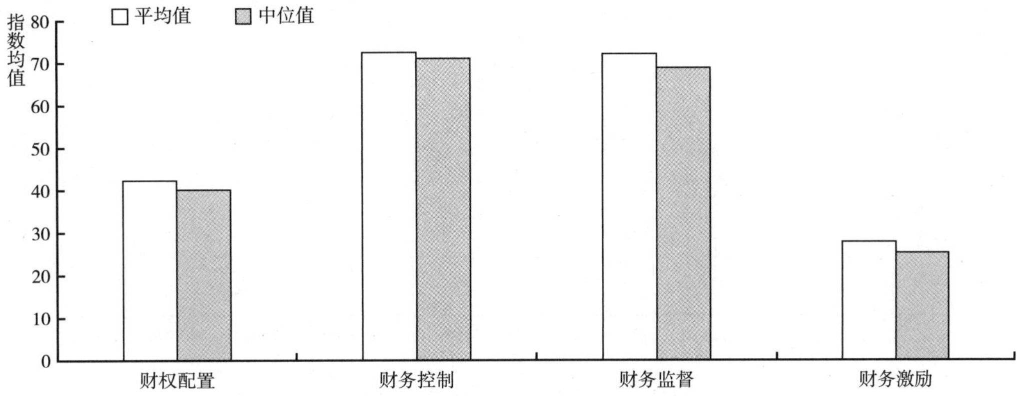

图 15－1　2017 年上市公司财务治理四个分项指数比较

15.2　财权配置分项指数排名及比较

财权配置分项指数主要考察企业的各利益相关者是否能够行使好自己的财务决策权。本节主要是对财权配置分项指数排名的各种情况进行比较分析。

15.2.1　财权配置分项指数总体分布

基于 3147 家上市公司财权配置的各项指标，我们得到了每家上市公司的财权配置分项指数。以 10 分为间隔，可以将财权配置分项指数划分为 10 个区间，各得分区间的分布情况参见表 15－2。

表 15－2　2017 年上市公司财权配置分项指数区间分布

编号	得分区间	公司数目	占比(%)	累计占比(%)
1	[0,10)	11	0.35	0.35
2	[10,20)	121	3.84	4.19
3	[20,30)	505	16.05	20.24
4	[30,40)	934	29.68	49.92
5	[40,50)	839	26.66	76.58
6	[50,60)	495	15.73	92.31
7	[60,70)	148	4.70	97.01
8	[70,80)	90	2.86	99.87
9	[80,90)	4	0.13	100.00
10	[90,100]	0	0.00	100.00
总计		3147	100.00	—

图 15－2 更直观地显示了财权配置分项指数的区间分布情况。

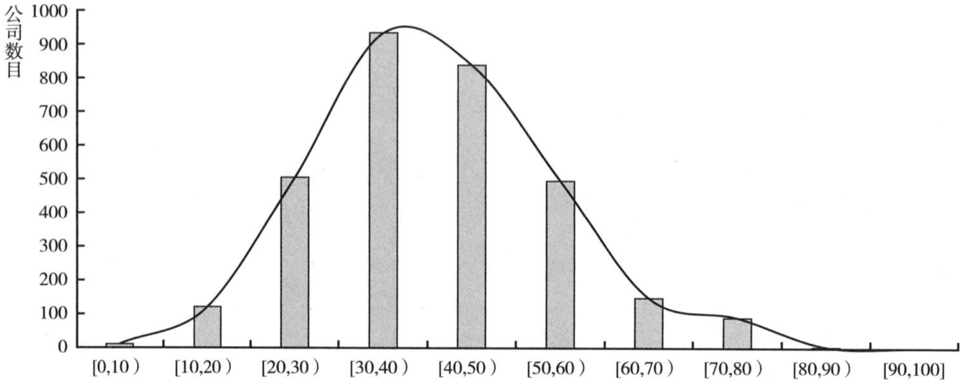

图 15－2　2017 年上市公司财权配置分项指数区间分布

表 15－2 和图 15－2 显示，2017 年上市公司财权配置分项指数在除了［90，100］以外的各个区间均有分布。大多数上市公司都集中在［20，60）区间，共有 2773 家公司，占比 88.12%。60 分以上的上市公司仅有 242 家，及格率仅为 7.69%。值得注意的是，本年度 80 分以上的上市公司有 4 家，而在上一年度则为 0 家。

15.2.2　分地区财权配置分项指数比较

按照东部、中部、西部和东北四个地区的划分标准，我们统计了四个地区上市公司的财权配置分项指数，并按照均值从高到低降序排列，结果参见表 15－3。

表 15－3　2017 年不同地区上市公司财权配置分项指数排名及比较

排名	地区	公司数目	平均值	中位值	最大值	最小值	标准差
1	中部	433	44.6983	48.3333	81.7725	15.0000	13.4728
2	西部	432	44.5665	48.3333	74.4444	15.0000	12.5697
3	东部	2135	41.6053	39.3007	82.6801	3.8889	12.8001
4	东北	147	41.2385	38.5851	72.1834	12.3204	12.2030
总体		3147	42.4202	40.1793	82.6801	3.8889	12.9088

从表 15－3 可以看出，四个地区财权配置分项指数从高到低依次为中部、西部、东部和东北，均值最大值与最小值之间的绝对差距为 3.4598 分，差距并不很大。

图 15－3 更直观地反映了四个地区上市公司财权配置分项指数的差异。可以看到，中部和西部的上市公司财权配置分项指数高于总体均值，东部和东北地区的上市公司财权配置分项指数均低于总体均值，而且中部和西部明显高于东部和东北。

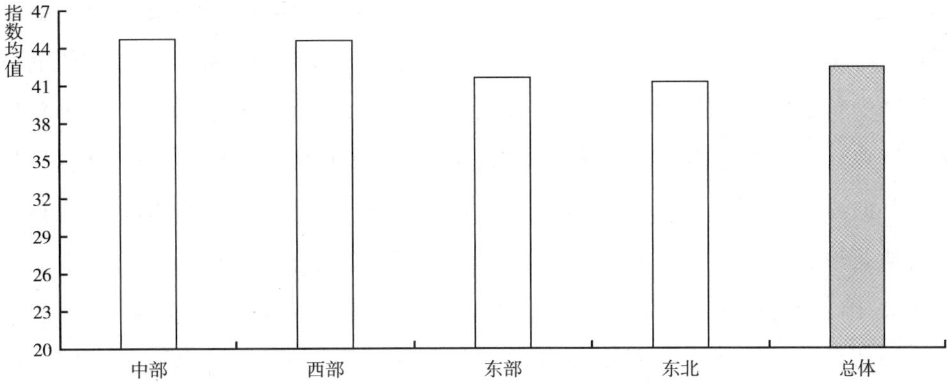

图 15－3 2017 年不同地区上市公司财权配置分项指数比较

15.2.3 分行业财权配置分项指数比较

根据中国证监会 2012 年修订的《上市公司行业分类指引》，我们对 18 个行业的上市公司财权配置分项指数进行了比较，并按均值大小从高到低降序排列，结果参见表 15－4。

表 15－4 2017 年不同行业上市公司财权配置分项指数排名及比较

排名	行业	公司数目	平均值	中位值	最大值	最小值	标准差
1	交通运输、仓储和邮政业(G)	90	47.9040	48.3333	70.5556	15.0000	11.3164
2	采矿业(B)	74	46.3204	48.3333	81.7725	15.0000	14.6621
3	电力、热力、燃气及水生产和供应业(D)	103	45.3511	48.3333	81.6667	15.0000	11.1649
4	房地产业(K)	125	45.0595	48.3333	71.1114	15.0000	11.3198
5	住宿和餐饮业(H)	9	44.6506	41.1111	70.5556	26.1111	14.5405
6	科学研究和技术服务业(M)	32	44.4577	48.3333	70.5556	16.9114	13.5486
7	建筑业(E)	90	44.1703	48.3333	67.1704	15.0000	12.4740
8	批发和零售业(F)	158	43.5221	40.9428	73.3437	9.4444	13.4661
9	金融业(J)	77	43.3271	40.6499	81.6667	15.0000	12.1227
10	综合(S)	23	42.0461	48.3333	59.7400	20.5836	11.8162
11	制造业(C)	1949	42.0299	39.5909	82.6801	3.8889	13.0154
12	文化、体育和娱乐业(R)	48	41.3676	45.7136	70.5556	15.0000	11.8760
13	水利、环境和公共设施管理业(N)	40	41.1034	38.3190	63.3333	15.0000	10.5496
14	农、林、牧、渔业(A)	42	40.7712	38.5319	70.5556	6.5140	14.6071
15	卫生和社会工作(Q)	8	40.0480	38.1585	49.2400	26.1111	7.1634
16	信息传输、软件和信息技术服务业(I)	233	39.2779	37.2325	71.5404	3.9414	12.3932
17	租赁和商务服务业(L)	42	38.3763	37.3098	60.9845	15.0000	11.7289
18	教育(P)	4	32.9526	32.7528	50.0805	16.2245	12.3817
总体		3147	42.4202	40.1793	82.6801	3.8889	12.9088

从表 15 -4 可以看出，18 个行业中，财权配置分项指数均值的最大值和最小值之间的绝对差距是 14.9514 分，差距较大。财权配置分项指数均值高于总体均值的有 9 个行业，这 9 个行业的最大均值与总体均值之间的绝对差距为 5.4838 分；低于总体均值的有 9 个行业，总体均值与这 9 个行业的最小均值的绝对差距为 9.4676 分。显然高分区行业内部的差距显著小于低分区。上市公司财权配置分项指数均值排名前三位的行业分别是交通运输、仓储和邮政业（G），采矿业（B），电力、热力、燃气及水生产和供应业（D），排名最后三位的行业分别是教育（P），租赁和商务服务业（L），信息传输、软件和信息技术服务业（I）。需要注意的是，教育行业（P）只有 4 家上市公司，对该行业实际水平的反映有限。

图 15 -4 更直观地反映了不同行业上市公司财权配置分项指数的差异。可以看到，除了排名第一位的交通运输、仓储和邮政业（G）上市公司财权配置分项指数均值明显高于其他行业，以及排名最后一位的教育行业（P）上市公司财权配置分项指数均值明显低于行业外，其他行业上市公司财权配置分项指数均值呈阶梯状分布，相对差距比较均匀。

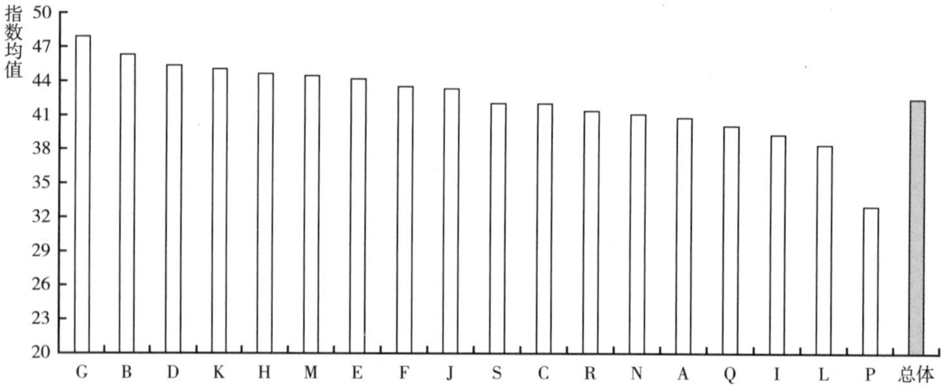

图 15 -4 2017 不同行业上市公司财权配置分项指数比较

15.2.4 分上市板块财权配置分项指数比较

上市板块划分为深市主板（不含中小企业板）、沪市主板、深市中小企业板和深市创业板。不同板块上市公司财权配置分项指数的比较参见表 15 -5，表中按均值大小进行了排序。

从表 15 -5 可以看出，财权配置分项指数均值从高到低依次为深市主板（不含中小企业板）、沪市主板、深市创业板和深市中小企业板，其中，最高的深市主板（不含中小企业板）上市公司财权配置分项指数和最低的深市中小企业板相差 2.9630 分，差距不大。

表 15－5　2017 年不同板块上市公司财权配置分项指数排名及比较

排名	上市板块	公司数目	平均值	中位值	最大值	最小值	标准差
1	深市主板(不含中小企业板)	458	44.3859	48.3333	81.6667	12.3204	12.3225
2	沪市主板	1232	42.7949	40.4022	81.7725	3.9414	13.3861
3	深市创业板	616	41.5710	39.5865	72.6459	4.0665	12.3586
4	深市中小企业板	841	41.4229	38.8687	82.6801	3.8889	12.7537
总体		3147	42.4202	40.1793	82.6801	3.8889	12.9088

图 15－5 更直观地反映了不同板块上市公司财权配置分项指数的差异。可以看到，深市主板（不含中小企业板）和沪市主板上市公司财权配置分项指数均值高于总体均值，深市创业板和深市中小企业板上市公司财权配置分项指数均低于总体均值。

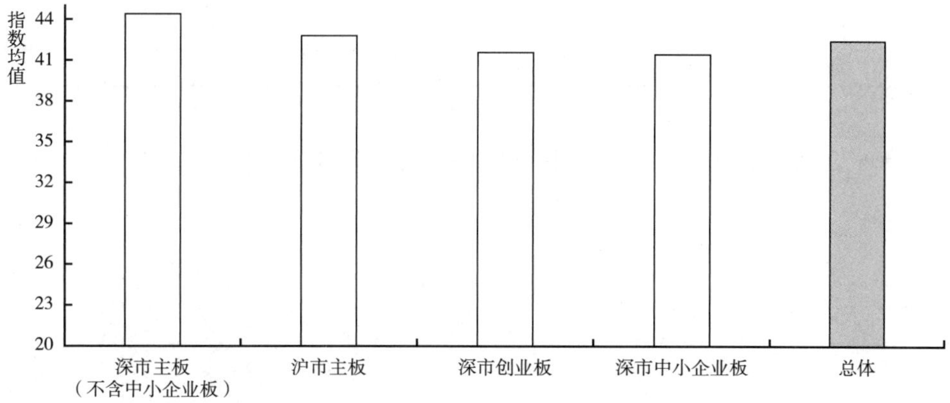

图 15－5　2017 年不同板块上市公司财权配置分项指数比较

15.3　财务控制分项指数排名及比较

财务控制分项指数包含三方面的内容：一是对上市公司内部控制体系和风险控制体系建设的评估；二是对董事会风险委员会设立的评估；三是对上市公司财务风险状况的评估。本节主要对财务控制分项指数排名的各种情况进行比较分析。

15.3.1 财务控制分项指数总体分布

基于3147家上市公司财务控制的各项指标，我们得到了每家上市公司的财务控制分项指数。以10分为间隔，可以将财务控制分项指数划分为10个区间，各得分区间的分布情况参见表15－6。

表15－6 2017年上市公司财务控制分项指数区间分布

编号	指数区间	公司数目	占比(%)	累计占比(%)
1	[0,10)	0	0.00	0.00
2	[10,20)	2	0.06	0.06
3	[20,30)	6	0.19	0.25
4	[30,40)	25	0.79	1.05
5	[40,50)	65	2.07	3.11
6	[50,60)	434	13.79	16.90
7	[60,70)	542	17.22	34.13
8	[70,80)	850	27.01	61.14
9	[80,90)	1208	38.39	99.52
10	[90,100]	15	0.48	100.00
总计		3147	100.00	—

图15－6更直观地显示了财务控制分项指数的区间分布情况。

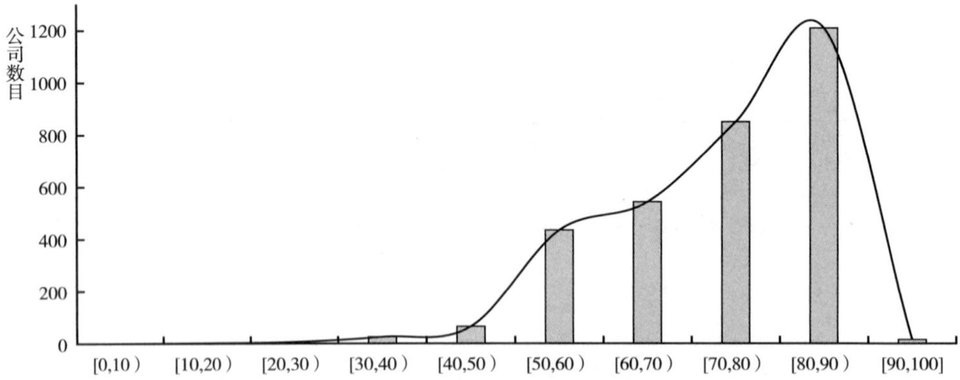

图15－6 2017年上市公司财务控制分项指数分布情况

表15－6和图15－6显示，2017年上市公司财务控制分项指数主要分布在［50，90）区间，总计有3034家公司，占比高达96.41%。财务控制分项指数在60分以上的

上市公司共 2615 家，及格率 83.10%，相较上一年度 72.89% 的及格率，本年度有较大的提高，也反映了本年度上市公司财务控制水平有明显进步。

15.3.2　分地区财务控制分项指数比较

比较四个地区上市公司财务控制分项指数，并按均值大小进行排序（参见表 15-7）。

表 15-7　2017 年不同地区上市公司财务控制分项指数排名及比较

排名	地区	公司数目	平均值	中位值	最大值	最小值	标准差
1	东部	2135	73.1176	71.3300	95.9222	25.8273	10.6177
2	中部	433	71.1333	70.6717	88.8536	30.6444	10.9386
3	西部	432	70.7258	70.7876	97.3793	17.6779	12.8739
4	东北	147	70.5879	70.4845	95.9956	31.8217	11.8431
总体		3147	72.3981	71.0232	97.3793	17.6779	11.1066

从表 15-7 可以看出，四个地区上市公司财务控制分项指数均值从高到低依次为东部、中部、西部和东北。最大均值和最小均值之间的绝对差距为 2.5297 分，差距不大。

图 15-7 更直观地反映了四个地区上市公司财务控制分项指数均值的差异。可以看到，只有东部地区上市公司财务控制分项指数均值超过总体均值，其他三个地区的财务控制分项指数均值都低于总体均值。

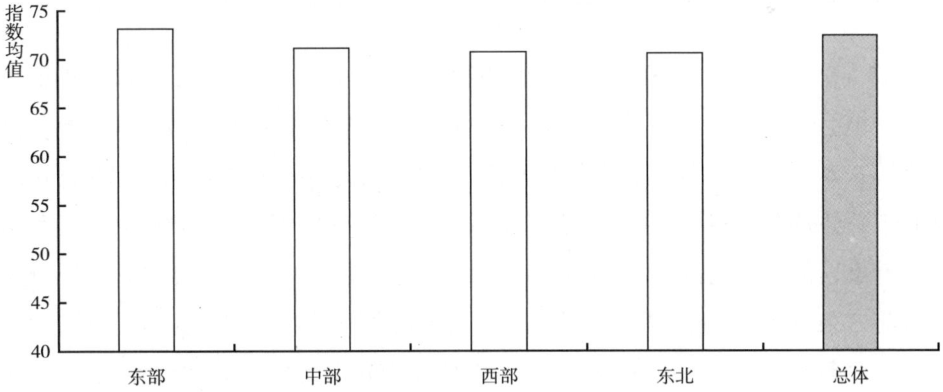

图 15-7　2017 年不同地区上市公司财务控制分项指数比较

15.3.3　分行业财务控制分项指数比较

2017 年 18 个行业上市公司财务控制分项指数比较参见表 15-8，表中按均值大小进行了排序。

表 15－8　2017 年不同行业上市公司财务控制分项指数排名及比较

排名	行业	公司数目	平均值	中位值	最大值	最小值	标准差
1	金融业(J)	77	78.6650	81.6818	96.3564	44.2774	10.5255
2	信息传输、软件和信息技术服务业(I)	233	73.8938	78.1054	88.7611	17.6779	11.6280
3	租赁和商务服务业(L)	42	73.5386	70.6233	89.3355	51.3790	9.0942
4	科学研究和技术服务业(M)	32	72.9601	73.8617	83.7436	45.1939	9.9567
5	制造业(C)	1949	72.8411	71.2030	97.3793	19.5116	10.9398
6	农、林、牧、渔业(A)	42	72.6102	71.0725	90.4586	50.7184	10.1716
7	文化、体育和娱乐业(A)	48	72.1267	70.7480	84.7879	57.7007	8.3223
8	水利、环境和公共设施管理业(N)	40	72.0424	76.4190	84.0325	32.9841	12.5566
9	建筑业(E)	90	71.3871	70.3985	95.6272	43.7392	10.5195
10	交通运输、仓储和邮政业(G)	90	70.3897	70.8337	89.8571	40.2892	9.8592
11	综合(S)	23	70.2843	70.3045	89.1256	52.1492	9.8003
12	卫生和社会工作(Q)	8	70.1254	76.7311	84.1883	25.8273	18.7135
13	电力、热力、燃气及水生产和供应业(D)	103	69.8601	70.5054	89.5182	45.3448	10.4089
14	批发和零售业(F)	158	69.6163	70.3905	89.5438	26.0257	11.3989
15	房地产业(K)	125	69.3932	70.0832	89.9550	26.9119	11.9964
16	教育(P)	4	69.3161	67.2856	83.7409	58.9522	9.1494
17	采矿业(B)	74	68.6776	70.5463	89.9174	32.9594	12.0975
18	住宿和餐饮业(H)	9	68.0188	70.4383	83.9030	44.1425	9.8800
总体		3147	72.3981	71.0232	97.3793	17.6779	11.1066

从表 15－8 可以看出，18 个行业中，财务控制指数均值的最大值和最小值之间的绝对差距为 10.6462 分，差距较大。有 6 个行业的上市公司财务控制分项指数均值高于总体均值，这 6 个行业的行业最大均值与总体均值之间的绝对差距为 6.2669 分；有 12 个行业低于总体均值，总体均值与这 12 个行业的最小均值之间的绝对差距为 4.3793 分。可以看出，前 6 个行业内部的差距大于后 12 个行业。上市公司财务控制分项指数均值排名前三位的行业分别为金融业（J），信息传输、软件和信息技术服务业（I），以及租赁和商务服务业（L），排名最后三位的行业分别为住宿和餐饮业（H），采矿业（B）和教育（P）。需要注意的是，教育行业（P）只有 4 家上市公司，对该行业实际水平的反映有限。

图 15－8 更直观地反映了不同行业上市公司财务控制分项指数均值的差异。可以看到，金融业（J）大幅领先于排名第二的信息传输、软件和信息技术服务业（I）。从第二名信息传输、软件和信息技术服务业（I）到最后一名住宿和餐饮业（H）的指数均值变化幅度较小。值得注意的是，排在财务控制分项指数最后一名的住宿和餐

饮业（H）在上年同样是倒数第一，但是与上年57.4618的得分相比，本年度取得了10.5570分的进步。

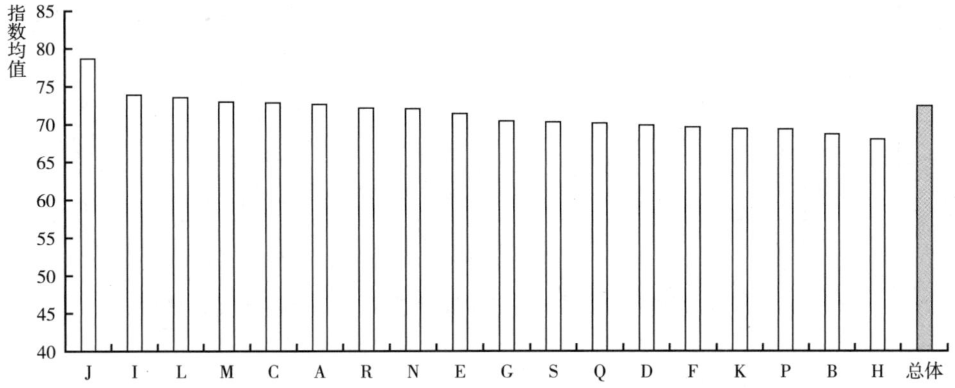

图15－8　2017年不同行业上市公司财务控制分项指数比较

15.3.4　分上市板块财务控制分项指数比较

2017年不同板块上市公司财务控制分项指数的比较参见表15－9，表中按均值大小进行了排序。

表15－9　2017年不同板块上市公司财务控制分项指数排名及比较

排名	上市板块	公司数目	平均值	中位值	最大值	最小值	标准差
1	深市创业板	616	78.1426	82.6119	95.9222	55.7761	7.0644
2	深市中小企业板	841	77.7624	82.6500	97.3793	44.0616	8.0313
3	深市主板(不含中小企业板)	458	76.2008	82.1711	96.3564	44.1700	9.7606
4	沪市主板	1232	64.4503	64.4066	95.6272	17.6779	10.2963
总体		3147	72.3981	71.0232	97.3793	17.6779	11.1066

从表15－9可以看出，上市公司财务控制分项指数均值从高到低依次为深市创业板、深市中小企业板、深市主板（不含中小企业板）和沪市主板。沪市主板上市公司的财务控制水平最差，且大大低于排名最高的深市中小企业板，比后者低13.6923分。

图15－9更直观地反映了不同板块上市公司财务控制分项指数均值的差异。可以看到，沪市上市公司财务控制分项指数均值大大低于总体均值，其余三个板块的上市公司财务控制分项指数均值差距较小，且都高于总体均值。

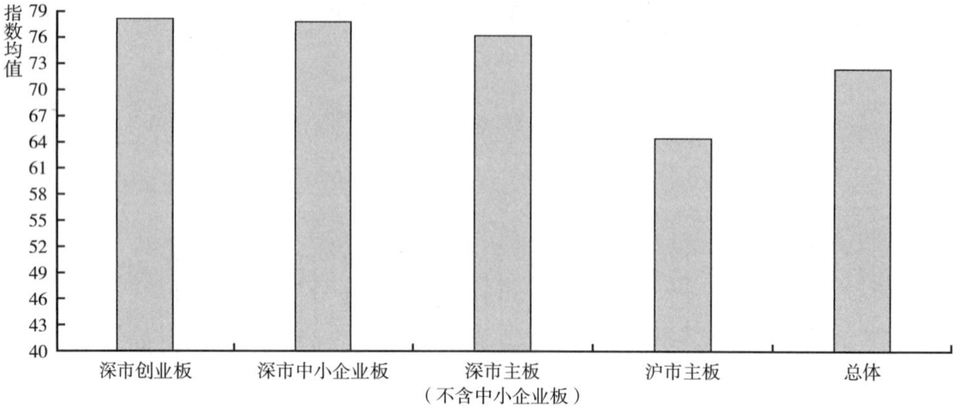

图 15－9　2017 年不同板块上市公司财务控制分项指数比较

15.4　财务监督分项指数排名及比较

财务监督分项指数主要考察企业各个职能部门及其他利益相关者对财务权力执行过程的监督，包括企业的内部监督机制以及外部监督机制。本节主要对财务监督分项指数排名的各种情况进行比较分析。

15.4.1　财务监督分项指数总体分布

基于 3147 家上市公司财务监督的各项指标，我们得到了每家上市公司的财务监督分项指数。以 10 分为间隔，可以将财务监督分项指数划分为 10 个区间，各得分区间的分布情况参见表 15－10。

表 15－10　2017 年上市公司财务监督分项指数分布情况

编号	指数区间	公司数目	占比(%)	累计占比(%)
1	[0,10)	0	0.00	0.00
2	[10,20)	4	0.13	0.13
3	[20,30)	18	0.57	0.70
4	[30,40)	101	3.21	3.91
5	[40,50)	25	0.79	4.70
6	[50,60)	206	6.55	11.25
7	[60,70)	1234	39.21	50.46
8	[70,80)	302	9.60	60.06
9	[80,90)	1177	37.40	97.46
10	[90,100]	80	2.54	100.00
总计		3147	100.00	—

图 15－10 更直观地显示了财务监督分项指数的区间分布情况。

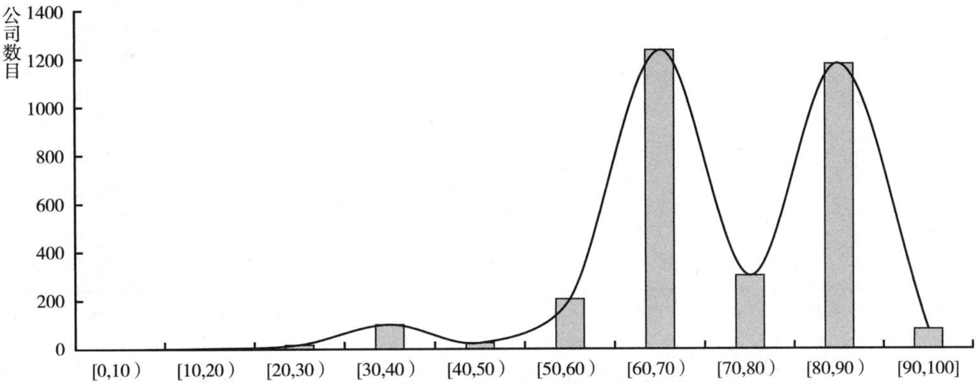

图 15－10　2017 年上市公司财务监督分项指数分布情况

表 15－10 和图 15－10 显示，2017 年上市公司财务监督分项指数主要集中在［60，70）和［80，90）区间，共有 2411 家公司，占比为 76.61%。财务监督分项指数在 60 分以上的上市公司共 2793 家，及格率为 88.75%。由此可见，上市公司财务监督分项指数得分普遍较高。

15.4.2　分地区财务监督分项指数比较

从东部、中部、西部和东北四个地区的划分来看，上市公司财务监督分项指数均值从高到低依次为东部、西部、中部和东北。最高的东部与最低的东北之间的绝对差距为 6.9972 分，具体比较结果参见表 15－11。

表 15－11　2017 年不同地区上市公司财务监督分项指数排名及比较

排名	地区	公司数目	平均值	中位值	最大值	最小值	标准差
1	东部	2135	73.5363	75.0000	100.0000	18.7500	14.3309
2	西部	432	69.2998	62.5000	93.7500	18.7500	14.6781
3	中部	433	69.2263	62.5000	93.7500	18.7500	15.4106
4	东北	147	66.5391	62.5000	93.7500	25.0000	13.9622
总体		3147	72.0349	68.7500	100.0000	18.7500	14.6881

图 15－11 更直观地反映了四个地区上市公司财务监督分项指数均值的差异。可以看出，只有东部地区上市公司的财务监督分项指数均值高于总体均值，其他三个地区都低于总体均值。

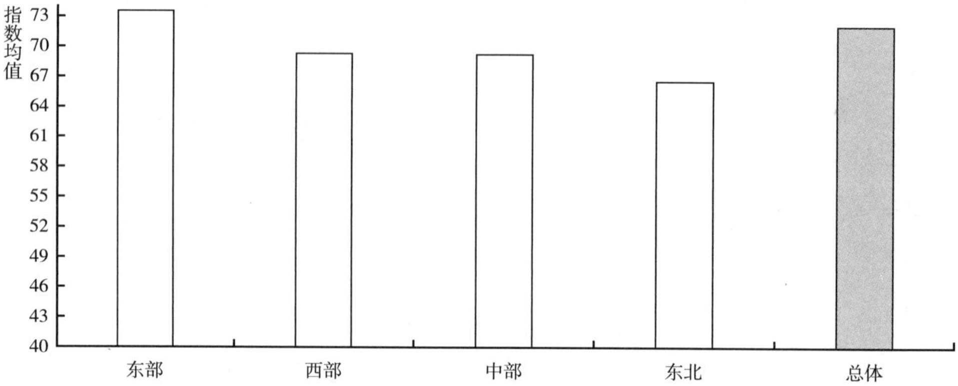

图 15－11　2017 年不同地区上市公司财务监督分项指数比较

15.4.3　分行业财务监督分项指数比较

2017 年 18 个行业上市公司财务监督分项指数的比较参见表 15－12，表中按均值大小进行了排序。

表 15－12　2017 年不同行业上市公司财务监督分项指数排名及比较

排名	行业	公司数目	平均值	中位值	最大值	最小值	标准差
1	文化、体育和娱乐业（R）	48	74.8698	84.3750	93.7500	37.5000	14.6292
2	金融业（J）	77	74.6753	81.2500	93.7500	25.0000	16.6398
3	信息传输、软件和信息技术服务业（I）	233	74.6513	75.0000	93.7500	18.7500	14.0667
4	交通运输、仓储和邮政业（G）	90	73.5417	75.0000	93.7500	37.5000	14.5550
5	电力、热力、燃气及水生产和供应业（D）	103	72.3301	68.7500	93.7500	37.5000	13.7318
6	建筑业（E）	90	72.1528	75.0000	93.7500	25.0000	14.9118
7	制造业（C）	1949	72.0145	68.7500	100.0000	18.7500	14.7208
8	教育（P）	4	71.8750	75.0000	87.5000	50.0000	16.2380
9	水利、环境和公共设施管理业（N）	40	71.8750	71.8750	93.7500	37.5000	12.8847
10	租赁和商务服务业（L）	42	71.2798	75.0000	93.7500	37.5000	13.3672
11	批发和零售业（F）	158	71.2421	68.7500	93.7500	25.0000	15.0148
12	房地产业（K）	125	70.6000	68.7500	93.7500	25.0000	13.7164
13	采矿业（B）	74	69.8480	62.5000	93.7500	25.0000	15.1135
14	科学研究和技术服务业（M）	32	69.7266	62.5000	93.7500	37.5000	14.4992
15	卫生和社会工作（Q）	8	68.7500	62.5000	87.5000	62.5000	8.8388
16	住宿和餐饮业（H）	9	66.6667	62.5000	87.5000	37.5000	15.3093
17	农、林、牧、渔业（A）	42	65.4762	62.5000	87.5000	31.2500	14.1893
18	综合（S）	23	65.2174	62.5000	87.5000	37.5000	13.7705
总体		3147	72.0349	68.7500	100.00	18.7500	14.6881

由表 15 - 12 可知，18 个行业中，排名第一的文化、体育和娱乐业（R）和排名最后一位的综合（S）的均值绝对差距为 9. 6524 分，差距较大。有 6 个行业上市公司财务监督分项指数均值高于总体均值，这 6 个行业的最大均值与总体均值之间的绝对差距为 2. 8349 分；另外 12 个行业低于总体均值，总体均值与这 12 个行业的最小均值之间的绝对差距为 6. 8175 分。显然高分区行业的内部差距小于低分区行业。上市公司财务监督分项指数均值排名中，文化、体育和娱乐业（R）以 74. 8698 分排名第一，金融业（J）以及信息传输、软件和信息技术服务业（I）排名第二、三位。排在后三位的分别是综合（S），农、林、牧、渔业（A），住宿和餐饮业（H）。

图 15 - 12 更直观地反映了不同行业上市公司财务监督分项指数均值的差异。可以看到，不同行业上市公司财务监督分项指数均值呈阶梯状分布，排名前 15 位的上市公司财务监督分项指数变化幅度较小，排名后三位的财务监督分项指数均值明显低于其他行业。

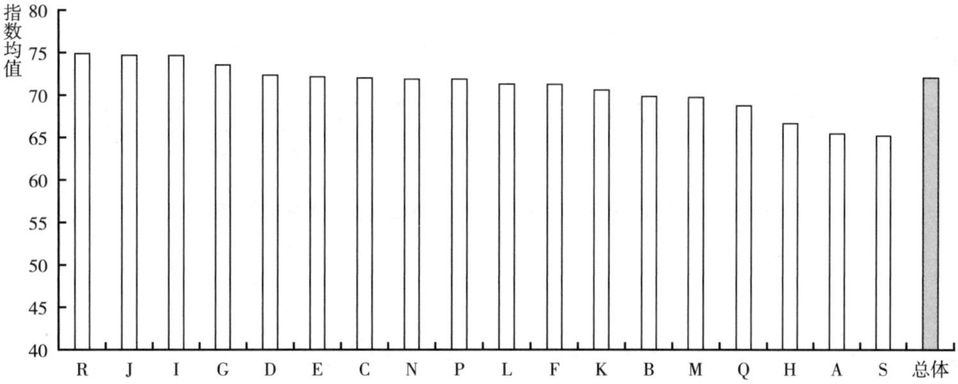

图 15 - 12　2017 年不同行业上市公司财务监督分项指数比较

15.4.4　分上市板块财务监督分项指数比较

2017 年不同板块上市公司财务监督分项指数的比较参见表 15 - 13，表中按均值大小进行了排序。

表 15 - 13　2017 年不同板块上市公司财务监督分项指数排名及比较

排名	上市板块	公司数目	平均值	中位值	最大值	最小值	标准差
1	深市创业板	616	75. 2334	75. 0000	100. 0000	25. 0000	13. 5425
2	深市中小企业板	841	73. 6103	75. 0000	93. 7500	25. 0000	13. 8761
3	沪市主板	1232	70. 1806	62. 5000	93. 7500	18. 7500	15. 0960
4	深市主板（不含中小企业板）	458	69. 8281	62. 5000	93. 7500	18. 7500	15. 3854
总体		3147	72. 0349	68. 7500	100. 0000	18. 7500	14. 6881

从表 15－13 可以看出，上市公司财务监督分项指数均值从高到低依次为深市创业板、深市中小企业板、沪市主板和深市主板（不含中小企业板）。

图 15－13 更直观地反映了不同板块上市公司财务监督分项指数均值的差异。可以看到，深市创业板和深市中小企业板的上市公司财务监督分项指数均值高于总体均值，沪市主板和深市主板（不含中小企业板）则低于总体均值。深市创业板和深市中小企业板在财务监督方面的表现明显好于其他两个板块。

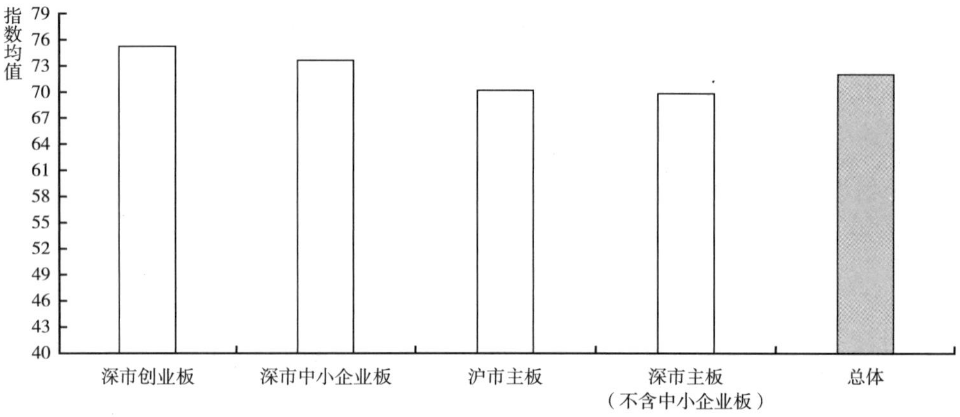

图 15－13　2017 年不同板块上市公司财务监督分项指数比较

15.5　财务激励分项指数排名及比较

财务激励分项指数主要考察企业是否具有足够有效的财务激励机制。本节就财务激励分项指数从不同角度进行比较和分析。

15.5.1　财务激励分项指数总体分布

基于 3147 家上市公司财务监督的各项指标，我们得到了每家上市公司的财务激励分项指数。以 10 分为间隔，可以将财务监督分项指数划分为 8 个区间（公司数目为 0 的指数区间合并），各得分区间的分布情况参见表 15－14。

图 15－14 更直观地显示了财务激励分项指数的区间分布情况。

从表 15－14 和图 15－14 可以看出，财务激励分项指数主要分布在［0，10）、［20，30）和［40，50）三个区间，共有 2414 家公司，占比 76.71%。财务激励分项指数在 60 分以上的上市公司共 12 家，及格率仅为 0.38%。其中，有 17 家上市公司财务激励分项指数为 0 分。

表 15－14　2017 年上市公司财务激励分项指数分布情况

编号	指数区间	公司数目	占比(%)	累计占比(%)
1	[0,10)	596	18.94	18.94
2	[10,20)	215	6.83	25.77
3	[20,30)	1147	36.45	62.22
4	[30,40)	290	9.22	71.43
5	[40,50)	671	21.32	92.76
6	[50,60)	216	6.86	99.62
7	[60,70)	12	0.38	100.00
8	[70,100]	0	0.00	100.00
总计		3147	100.00	—

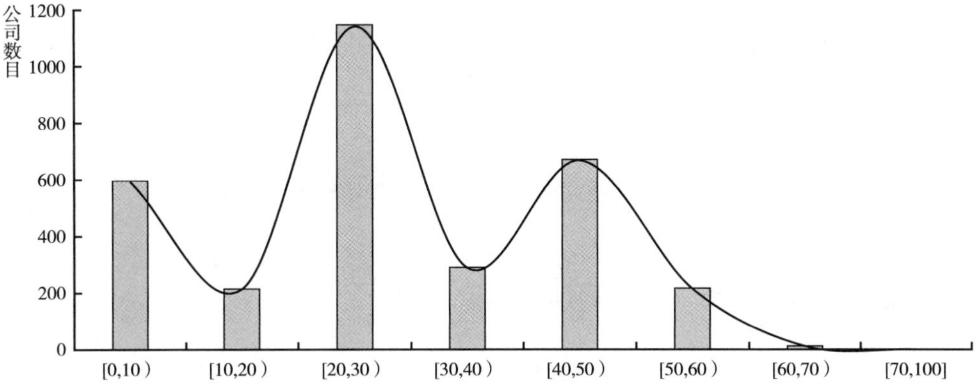

图 15－14　2017 年上市公司财务激励分项指数分布情况

15.5.2　分地区财务激励分项指数比较

将上市公司按照东部、中部、西部和东北四个地区划分，不同地区上市公司财务激励分项指数的比较参见表 15－15，表中按均值大小进行了排序。

表 15－15　2017 年不同地区上市公司财务激励分项指数排名及比较

排名	地区	公司数目	平均值	中位值	最大值	最小值	标准差
1	东部	2135	28.6027	25.2885	67.1686	0.0000	13.7077
2	中部	433	26.8472	25.2176	67.2999	0.0000	13.7607
3	东北	147	25.8071	25.1772	58.5741	0.0000	13.1514
4	西部	432	25.6337	25.1489	62.0866	0.0000	13.6077
总体		3147	27.8230	25.2647	67.2999	0.0000	13.7266

由表 15－15 可知，财务激励分项指数均值从高到低依次为东部、中部、东北和西部，各地区差距不大，但整体偏低。

图 15－15 更直观地反映了不同地区上市公司财务激励分项指数均值的差异。可以看出，只有东部上市公司的财务激励分项指数均值高于总体均值，其他三个地区的财务激励分项指数均值都低于总体均值。

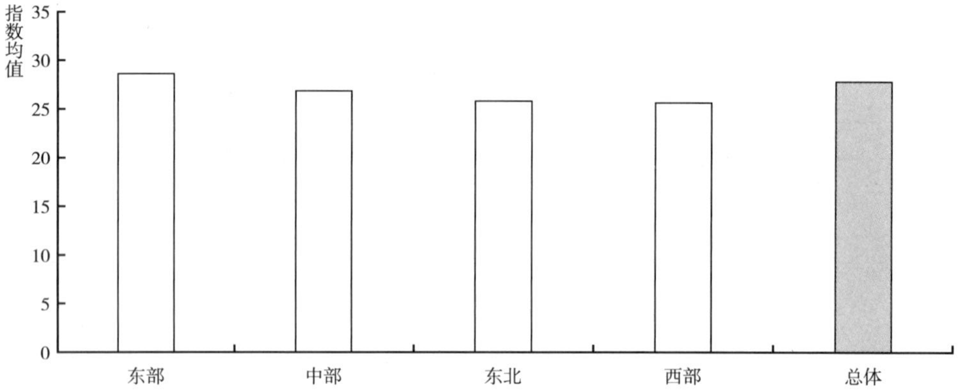

图 15－15　2017 年不同地区上市公司财务激励分项指数比较

15.5.3　分行业财务激励分项指数比较

2017 年 18 个行业上市公司财务激励分项指数的比较参见表 15－16，表中按均值大小进行了排序。

表 15－16　2017 年不同行业上市公司财务激励分项指数排名及比较

排名	行业	公司数目	平均值	中位值	最大值	最小值	标准差
1	农、林、牧、渔业（A）	42	31.9802	25.4147	50.7011	8.3333	11.8459
2	水利、环境和公共设施管理业（N）	40	31.9781	27.3810	58.4701	8.3333	12.6924
3	教育（P）	4	31.4195	29.3897	41.8986	25.0000	6.8986
4	文化、体育和娱乐业（R）	48	31.2366	25.3049	66.7914	8.3333	11.7516
5	信息传输、软件和信息技术服务业（I）	233	30.9236	25.4282	66.8776	0.0929	14.3206
6	卫生和社会工作（Q）	8	30.3774	25.1629	58.8192	8.4584	17.2041
7	房地产业（K）	125	30.0674	25.3424	62.0866	0.0000	13.8134
8	科学研究和技术服务业（M）	32	28.5497	25.2223	66.9267	8.3965	15.4957
9	综合（S）	23	28.3875	25.1615	58.5897	0.3237	14.4817
10	建筑业（E）	90	27.9934	25.2087	59.2479	0.2809	14.1702
11	制造业（C）	1949	27.9204	25.2755	67.2999	0.0000	13.7822
12	租赁和商务服务业（L）	42	26.7953	25.1108	58.6146	0.0922	13.7295
13	金融业（J）	77	26.6598	25.2176	50.3174	8.3333	10.9938

续表

排名	行业	公司数目	平均值	中位值	最大值	最小值	标准差
14	电力、热力、燃气及水生产和供应业(D)	103	25.4642	25.2176	58.4737	0.0000	13.1067
15	批发和零售业(F)	158	24.8843	25.1540	58.3333	0.0000	12.9867
16	交通运输、仓储和邮政业(G)	90	24.4150	25.1950	50.2931	0.0163	12.3910
17	住宿和餐饮业(H)	9	22.4748	25.0000	42.1245	8.3333	9.7388
18	采矿业(B)	74	19.8647	16.9730	50.5111	0.0000	11.4494
总体		3147	27.8230	25.2647	67.2999	0.0000	13.7266

从表 15－16 中可以看出，18 个行业中，行业最大均值与最小均值的绝对差距为 12.1155 分，差距较大。有 11 个行业的上市公司财务激励分项指数均值高于总体均值，这 11 个行业的行业最大均值与总体均值之间的绝对差距为 4.1572 分；7 个行业低于总体均值，总体均值与这 7 个行业的最小均值之间的绝对差距为 7.9583 分。显然低分区行业内部的差距大于高分区行业。农、林、牧、渔业（A）以 31.9802 分排名第一，水利、环境和公共设施管理业（N）和教育（P）分列第二、三位。需要注意的是，教育行业（P）只有 4 家上市公司，难以反映该行业的实际平均水平。排名后三位的行业分别是采矿业（B），住宿和餐饮业（H），交通运输、仓储和邮政业（G）。

图 15－16 更直观地反映了不同行业上市公司财务激励分项指数均值的差异。可以看出，财务激励分项指数均值按从大到小的顺序整体上呈平缓的梯形分布，采矿业（B）上市公司财务激励分项指数均值得分最低，且与其他行业差距较大。

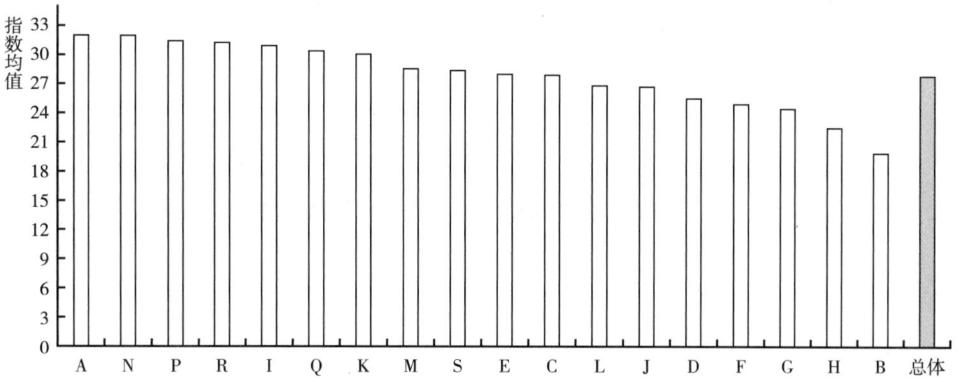

图 15－16　2017 年不同行业上市公司财务激励分项指数比较

15.5.4　分上市板块财务激励分项指数比较

2017 年不同板块上市公司财务激励分项指数的比较参见表 15－17，表中按均值大小进行了排序。

表 15－17　2017 年不同板块上市公司财务激励分项指数排名及比较

排名	上市板块	公司数目	平均值	中位值	最大值	最小值	标准差
1	深市创业板	616	30. 5378	25. 3303	67. 2999	0. 0000	13. 8404
2	深市中小企业板	841	30. 3918	25. 4505	67. 1686	0. 0922	13. 7736
3	深市主板(不含中小企业板)	458	27. 2617	25. 2032	62. 0866	0. 0000	13. 4938
4	沪市主板	1232	24. 9207	25. 1777	59. 0889	0. 0000	13. 0995
总体		3147	27. 8230	25. 2647	67. 2999	0. 0000	13. 7266

从表 15－17 可知，财务激励分项指数均值从高到低依次为深市创业板、深市中小企业板、深市主板（不含中小企业板）和沪市主板。最大值和最小值之间的绝对差距为 5. 6171 分。

图 15－17 更直观地反映了不同板块上市公司财务激励分项指数均值的差异。可以看出，深市三个板块的上市公司财务激励分项指数均值都高于沪市主板，尤其是深市创业板和深市中小企业板的财务激励水平，较大程度地高于沪市主板。

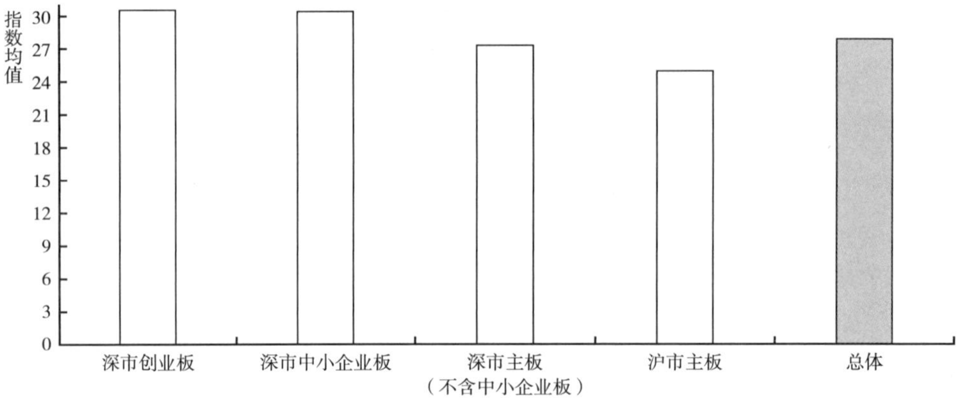

图 15－17　2017 年不同板块上市公司财务激励分项指数比较

15.6　本章小结

本章从指数分布以及地区、行业、上市板块四个角度，对财务治理指数的四个维度，即财权配置、财务控制、财务监督和财务激励进行了全面分析。主要结论如下。

（1）财务治理四个分项指数中，财务控制分项指数均值最大，财务激励分项指数均值最小。财务控制和财务监督两个分项指数均值都达到 70 分以上，而财权配置和财务激励两个分项指数均值距离及格线还甚远。财权配置分项指数主要集中集中在［20，60）区间，占比 88.12%；财务控制分项指数主要分布在［50，90）区间，占比高达 96.41%；财务监督分项指数主要分布在［60，70）和［80，90）区间，占比为 76.61%；财务激励分项指数主要分布在［0，10）、［20，30）和［40，50）三个区间，占比 76.71%。从及格率来看，财务监督分项指数及格率最高，为 88.75%；其次为财务控制分项指数，为 83.10%；而财权配置和财务激励两个分项指数及格率非常低，分别为 7.69% 和 0.38%。

（2）从地区来看，财权配置分项指数均值从高到低依次为中部、西部、东部和东北；财务控制分项指数均值从高到低依次为东部、中部、西部和东北；财务监督分项指数均值从高到低依次为东部、西部、中部和东北；财务激励分项指数均值从高到低依次是东部、中部、东北和西部。总体来看，东部地区上市公司在除财权配置之外的三个分项上都表现相对较好，而东北在四个分项上都表现相对较差。需要指出的是，四个地区在财务激励分项指数上的得分都非常低。

（3）从行业来看，上市公司财权配置分项指数均值排名前三位的行业分别是交通运输、仓储和邮政业（G），采矿业（B），电力、热力、燃气及水生产和供应业（D）；财务控制分项指数均值排名前三位的行业分别为金融业（J）、信息传输、软件和信息技术服务业（I），以及租赁和商务服务业（L）；财务监督分项指数均值排名前三位的行业分别是文化、体育和娱乐业（R），金融业（J），以及信息传输、软件和信息技术服务业（I）；财务激励分项指数均值排名前三位的行业为农、林、牧、渔业（A），水利、环境和公共设施管理业（N），以及教育（P）。需要说明的是，教育行业（P）只有 4 家上市公司，难以反映该行业的实际平均水平。四个分项指数中，各个行业之间的差距都较大，行业最大均值与最小均值的差距接近或超过 10 分。

（4）从上市板块来看，深市创业板上市公司在财务控制、财务监督和财务激励方面的表现均好于其他三个板块；深市中小企业板的财务控制、财务监督和财务激励三个分项指数均值都高于深市主板（不含中小企业板）和沪市主板；深市主板（不含中小企业板）在财权配置方面表现最好；沪市主板除财权配置分项指数外，在其他三个分项指数上的表现均不理想。

第 16 章 财务治理指数的所有制比较

根据第 1 章的控股或所有制类型划分，本章对 2017 年 3147 家样本上市公司的财务治理指数及四个分项指数从所有制角度进行比较分析，以了解国有控股公司和非国有控股公司在财务治理方面存在的异同。

16.1 财务治理指数总体的所有制比较

16.1.1 财务治理总体指数比较

不同的所有制会对上市公司财务治理产生影响，表 16－1 比较了不同所有制上市公司的财务治理指数，并按照均值从高到低的顺序进行了排序。

表 16－1 2017 年分所有制上市公司财务治理指数排名及比较

排名	所有制类型	公司数目	平均值	中位值	最大值	最小值	标准差
1	国有参股公司	745	54.2392	54.4508	73.3415	23.9164	7.4833
2	国有绝对控股公司	257	54.0869	53.9265	70.5703	29.7476	6.7700
3	无国有股份公司	1348	53.5404	53.8547	74.4070	20.1105	7.6728
4	国有强相对控股公司	448	53.3406	53.4832	70.1303	28.2530	6.8287
5	国有弱相对控股公司	349	53.0626	53.6463	72.8826	32.0372	7.3654
	总体	3147	53.6690	53.9251	74.4070	20.1105	7.4180

从表 16－1 可以看出，五类所有制公司的财务治理指数均值都没有达到 60 分的及格水平。国有参股公司的财务治理指数均值最高，为 54.2392，国有弱相对控股公司的财务治理指数均值最低，为 53.0626。最大值与最小值之间的绝对差距为 1.1766，差距

不大。从中位值看，最高的也是国有参股公司，但最低的则是国有强相对控股公司。从标准差看，无国有股份公司的标准差最大，国有绝对控股公司的标准差最小，五类公司的标准差差异不大，反映了五类公司财务治理指数的离散程度相近。

图 16－1 更直观地反映了不同所有制上市公司财务治理指数的差异。可以看出，国有参股公司和国有绝对控股公司的财务治理指数均值高于总体均值，无国有股份公司、国有强相对控股公司和国有弱相对控股公司的财务治理指数均值低于总体均值。

如果按照第一大股东中国有股份比例从大到小排列，可以看出，随着第一大股东中的国有持股比例的降低，财务治理指数的变化略呈“S”形状，这可能意味着，在中国目前资本市场和法律制度不健全的情况下，股权适度集中对财务治理有一定益处，国有参股公司由于在不同投资者之间产生了一定的制衡，对于财务治理也具有一定的作用。这一点与中小投资者权益保护指数类似。

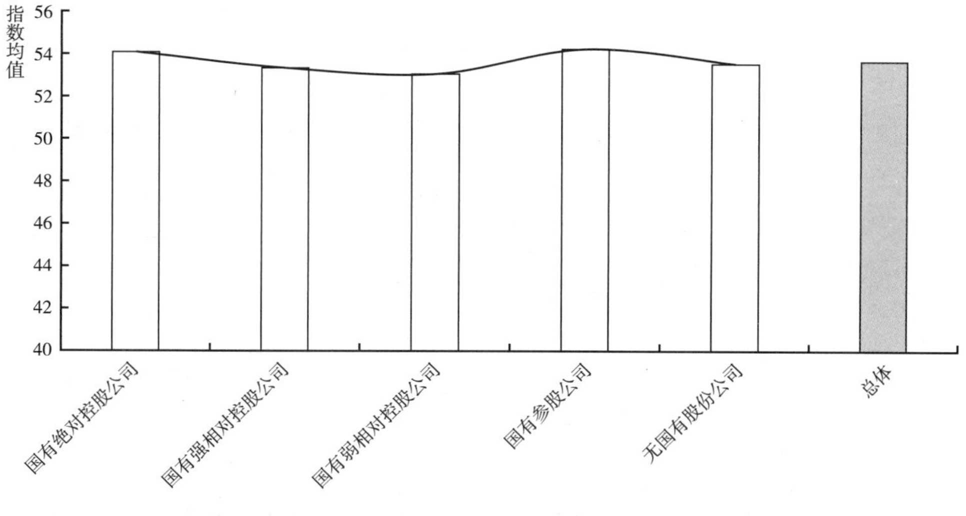

图 16－1　2017 年不同所有制上市公司财务治理指数均值比较

我们进一步将国有绝对控股公司、国有强相对控股公司和国有弱相对控股公司归类为国有控股公司，将国有参股公司和无国有股份公司归类为非国有控股公司，表 16－2 比较了国有控股公司和非国有控股公司的财务治理指数，并按照均值大小进行了排序。

表 16－2　2017 年国有控股和非国有控股上市公司财务治理指数排名及比较

排名	所有制	公司数目	平均值	中位值	最大值	最小值	标准差
1	非国有控股公司	2093	53.7892	54.0917	74.4070	20.1105	7.6132
2	国有控股公司	1054	53.4305	53.7092	72.8826	28.2530	7.0080
	总体	3147	53.6690	53.9251	74.4070	20.1105	7.4180

从表 16－2 可以看出，2017 年上市公司中，非国有控股公司财务治理指数的均值和中位值都高于国有控股公司，两类公司财务治理指数均值的绝对差距为 0.3587，差距很小。

根据实际控制人的性质，我们还可以将国有控股上市公司进一步区分为最终控制人为中央企业的国有控股公司（或称“中央企业控股公司”）和最终控制人为地方国有企业的国有控股公司（或称“地方国企控股公司”）。表 16－3 比较了两类国有企业与民资股东控股公司（即非国有控股公司）的财务治理指数。

表 16－3　2017 年不同最终控制人上市公司财务治理指数排名及比较

排名	最终控制人	公司数目	平均值	中位值	最大值	最小值	标准差
1	中央国有企业	376	54.4631	54.5658	72.8826	33.6306	6.8285
2	民资股东	2093	53.7892	54.0917	74.4070	20.1105	7.6132
3	地方国有企业	678	52.8579	52.9964	71.6827	28.2530	7.0406
	总体	3147	53.6690	53.9251	74.4070	20.1105	7.4180

从表 16－3 可以看出，中央企业控股公司的财务治理指数均值和中位值都高于地方国企控股公司，同时也高于非国有控股公司，但差距不是很大；地方国企控股公司的财务治理指数均值和中位值都低于非国有控股公司。

16.1.2　财务治理分项指数总体比较

财务治理指数包括财权配置、财务控制、财务监督和财务激励四个分项指数，表 16－4 对五类所有制上市公司的四个财务治理分项指数进行了比较。

表 16－4　2017 年不同所有制上市公司财务治理分项指数均值比较

所有制类型	财权配置	财务控制	财务监督	财务激励
国有绝对控股公司	47.0012	71.5693	73.8327	23.9444
国有强相对控股公司	46.3855	70.4295	71.5123	25.0352
国有弱相对控股公司	44.1147	70.9358	69.9140	27.2859
国有参股公司	41.1978	73.8211	72.8859	29.0518
无国有股份公司	40.4659	72.8024	71.9445	28.9489
总体	42.4202	72.3981	72.0349	27.8230

从表 16－4 可以看出，五类所有制上市公司的四个财务治理分项指数存在一定差异。图 16－2 更直观地反映了不同所有制上市公司财务治理四个分项指数的差异。可以看出，五类所有制上市公司中，国有绝对控股公司和国有强相对控股公司都是财务监督

分项指数最高，其他三类所有制上市公司都是财务控制分项指数最高，而财务激励分项指数在五类公司中都是最低的。随着第一大股东中国有股比例的降低，财权配置分项指数呈逐渐降低趋势，这说明目前制度和市场条件下，适度较高的国有股比例对于提高公司财权配置水平是有一定作用的。随着第一大股东中的国有股比例的降低，财务控制和财务监督两个分项指数却先降低后上升再下降，略呈"S"形。财务激励分项指数则呈现倒"U"形。国有参股公司的财务控制和财务激励水平高于其他四类公司，说明较高的国有股权比例并不一定有利于财务控制和财务激励水平的提高；国有绝对控股公司的财务监督分项指数最高，其次是国有参股公司，这一方面说明来自国有大股东的监督力度较大，另一方面，国有参股的非国有控股公司，可能因不同投资者的制衡而强化了监督和激励。总体来看，财权配置分项指数，三类国有控股上市公司好于两类非国有控股公司；而财务控制和财务激励两个分项指数，则是两类非国有控股公司好于三类国有控股公司；财务监督分项指数，并不能直观反映国有控股公司和非国有控股公司孰好孰劣，还需要具体分析。

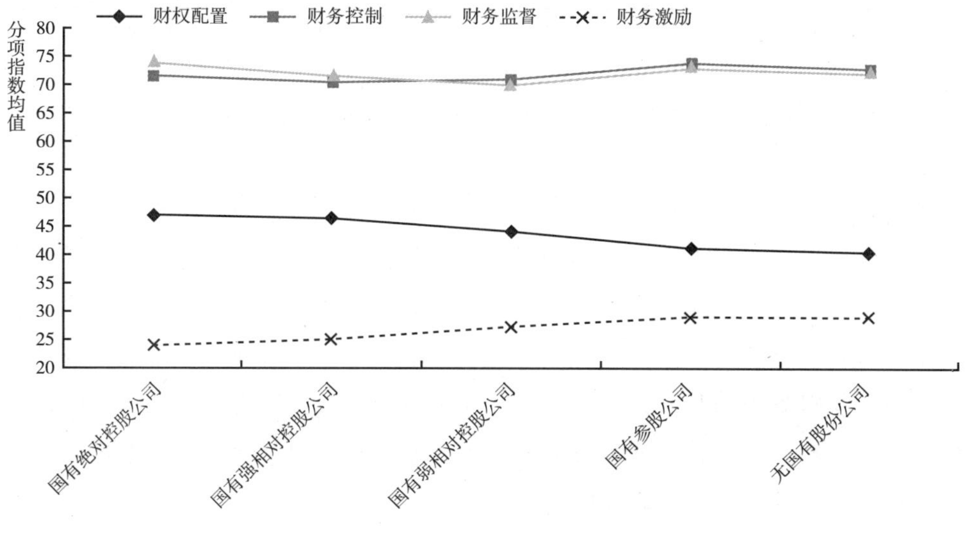

图 16－2　2017 年不同所有制上市公司财务治理分项指数均值比较

我们进一步将国有绝对控股公司、国有强相对控股公司和国有弱相对控股公司合并，视为国有控股公司，将国有参股公司和无国有股份公司合并，视为非国有控股公司，两者的比较见表 16－5 和图 16－3。可以看出，除财权配置分项指数国有控股公司较大幅度高于非国有控股公司外，其他三个分项指数均是国有控股公司低于非国有控股公司，尤其在财务控制和财务激励两个分项指数上，非国有控股公司优势较明显。

表 16－5　2017 年国有控股与非国有控股上市公司财务治理分项指数均值比较

所有制类型	财权配置	财务控制	财务监督	财务激励
国有控股公司	45.7837	70.8751	71.5489	25.5145
非国有控股公司	40.7264	73.1650	72.2796	28.9856
总体	42.4202	72.3981	72.0349	27.8230

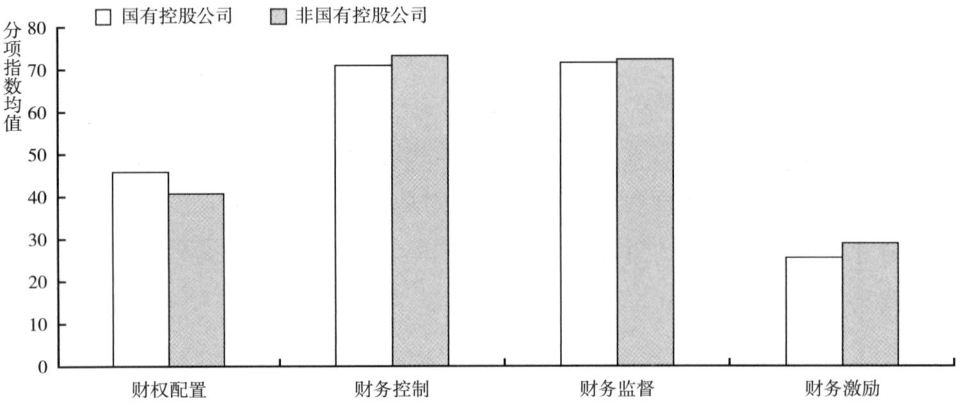

图 16－3　2017 年国有控股与非国有控股公司财务治理分项指数均值比较

根据实际控制人的类型，我们将国有控股上市公司进一步划分为中央企业控股公司和地方国企控股公司，两类国有控股公司与非国有控股公司在财务治理四个分项指数均值上的比较参见表 16－6 和图 16－4。可以看出，中央企业控股公司在四个分项指数上都高于地方国企控股公司；在财权配置分项指数上，两类国有控股公司都明显高于非国有控股公司；在财务控制和财务激励两个分项指数上，两类国有控股公司都明显低于非国有控股公司；在财务监督分项指数上，中央企业控股公司略高于非国有控股公司，地方国企控股公司明显低于非国有控股公司。

表 16－6　2017 年不同最终控制人上市公司财务治理分项指数均值比较

最终控制人	财权配置	财务控制	财务监督	财务激励
中央国有企业	46.2158	72.1143	72.9056	26.6167
地方国有企业	45.5441	70.1878	70.7965	24.9032
民资股东	40.7264	73.1650	72.2796	28.9856
总体	42.4202	72.3981	72.0349	27.8230

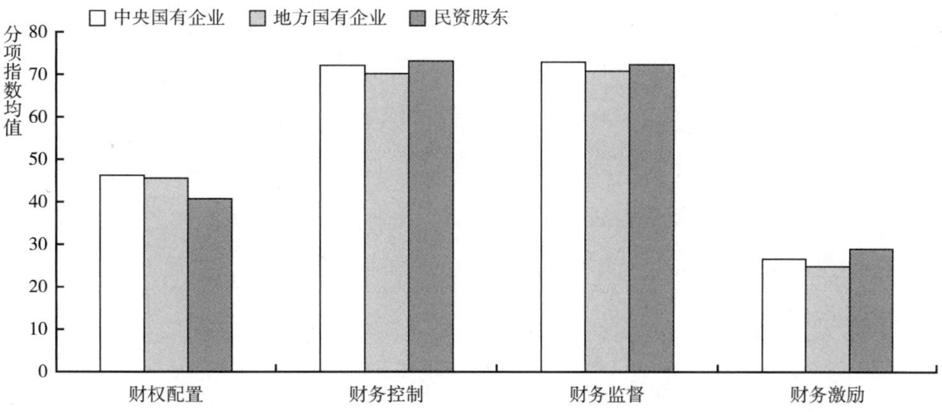

图 16-4　2017 年不同最终控制人上市公司财务治理分项指数均值比较

16.2　分地区财务治理指数的所有制比较

16.2.1　分地区财务治理总体指数比较

按照国家统计局四个地区的划分，我们统计了四个地区国有控股与非国有控股上市公司的财务治理指数，参见表 16-7。

表 16-7　2017 年不同地区国有与非国有控股上市公司财务治理指数比较

地区	所有制类型	公司数目	平均值	中位值	最大值	最小值	标准差
东部	国有控股公司	594	54.3479	54.2796	70.5703	35.0503	6.6564
	非国有控股公司	1541	54.1644	54.5294	74.4070	25.4042	7.4490
	总体	2135	54.2155	54.4031	74.4070	25.4042	7.2376
中部	国有控股公司	194	52.2508	52.3531	71.6827	29.7476	7.2543
	非国有控股公司	239	53.5652	53.6852	71.5070	27.4955	7.8442
	总体	433	52.9763	53.2422	71.6827	27.4955	7.6137
西部	国有控股公司	202	53.0008	53.9564	72.8826	28.2530	7.5192
	非国有控股公司	230	52.1661	52.5990	70.9139	20.1105	8.0377
	总体	432	52.5564	53.2132	72.8826	20.1105	7.8107
东北	国有控股公司	64	49.8489	49.9873	64.8740	33.7924	5.8470
	非国有控股公司	83	51.9640	52.6456	70.9870	27.3078	7.8620
	总体	147	51.0432	51.5956	70.9870	27.3078	7.1333

从表 16-7 可以看出，在东部地区，国有控股公司的财务治理指数均值略高于非国有控股公司，但中位值略低于非国有控股公司；中部和东北两个地区国有控股公司的财

务治理指数均值和中位值都明显低于非国有控股公司；西部地区国有控股公司的财务治理指数均值和中位值都高于非国有控股公司。

图 16－5 直观地反映了四个地区不同所有制上市公司财务治理指数均值的差异。可以看出，国有控股公司的财务治理指数均值从高到低是东部、西部、中部和东北，非国有控股公司财务治理指数均值从高到低是东部、中部、西部和东北；不论是国有控股公司还是非国有控股公司，东部上市公司财务治理的表现相对最好，而东北上市公司财务治理的表现则相对最差。

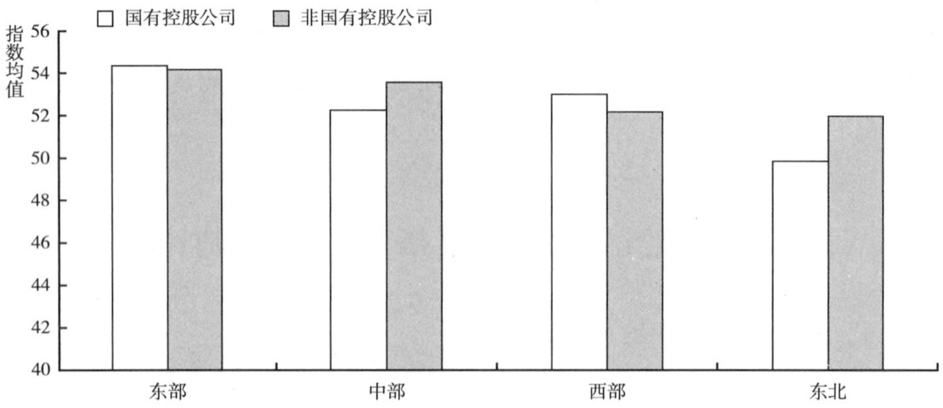

图 16－5　2017 年不同地区不同所有制上市公司财务治理指数均值比较

16.2.2　分地区财务治理分项指数比较

接下来，我们对四个地区国有控股与非国有控股上市公司的财务治理分项指数均值进行比较分析（参见表 16－8）。

由表 16－8 可以看出，四个地区两类所有制上市公司在财务治理四个分项指数上并没有一致的排序。为了便于比较，我们计算出四个地区非国有控股公司财务治理四个分项指数均值与对应的国有控股公司财务治理四个分项指数均值的差值，由此可以反映四个地区两类所有制上市公司财务治理四个分项指数的差异，如图 16－6 所示。可以看出，在财权配置分项指数上，四个地区均为国有控股公司高于非国有控股公司，两类公司差距最大的是东部，达 5.2174 分。在财务控制和财务激励两个分项指数上，四个地区均为国有控股公司低于非国有控股公司；在财务控制分项指数上，两类公司差距较小，都在 2 分左右；在财务激励分项指数上，东北地区两类公司差距最大，为 5.8447 分。在财务监督分项指数上，东部和西部都是国有控股公司高于非国有控股公司，但差距很小；而中部和东北地区都是国有控股公司低于非国有控股公司，东北差距最大，为 3.3486 分。

表 16－8　2017 年不同地区国有与非国有控股上市公司财务治理分项指数均值比较

地区	所有制类型	财权配置	财务控制	财务监督	财务激励
东部	国有控股公司	45.3711	71.6095	74.0004	26.4105
	非国有控股公司	40.1537	73.6989	73.3574	29.4478
	总体	41.6053	73.1176	73.5363	28.6027
中部	国有控股公司	46.7187	69.8568	68.4278	24.0000
	非国有控股公司	43.0583	72.1696	69.8745	29.1583
	总体	44.6983	71.1333	69.2263	26.8472
西部	国有控股公司	47.0264	70.1663	69.5235	25.2870
	非国有控股公司	42.4060	71.2172	69.1033	25.9381
	总体	44.5665	70.7258	69.2998	25.6337
东北	国有控股公司	42.8572	69.3831	64.6484	22.5070
	非国有控股公司	39.9904	71.5169	67.9970	28.3517
	总体	41.2385	70.5879	66.5391	25.8071

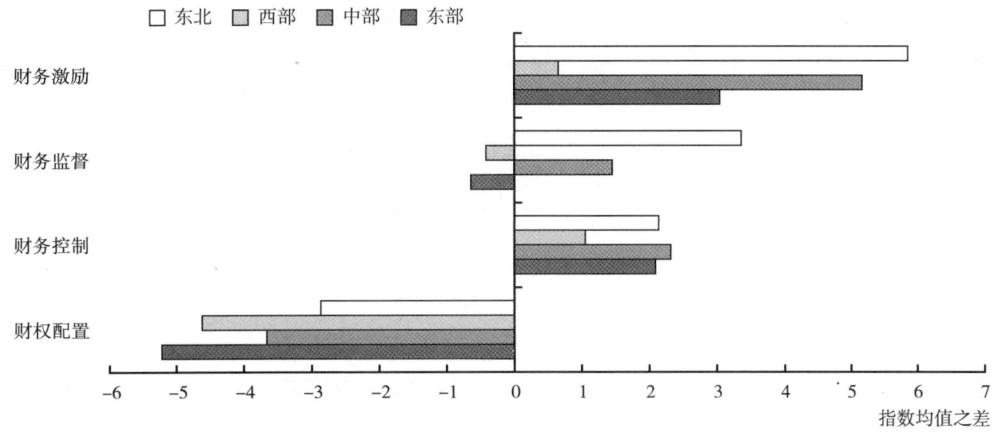

图 16－6　2017 年不同地区国有与非国有控股公司财务治理分项指数均值之差值比较

注：指数均值之差＝非国有控股公司财务治理分项指数均值－国有控股公司财务治理分项指数均值。

16.3　分行业财务治理指数的所有制比较

16.3.1　分行业财务治理总体指数比较

这里，我们选择上市公司较多且具有代表性的六个行业，分别是制造业（C），电力、热力、燃气及水生产和供应业（D），交通运输、仓储和邮政业（G），信息传输、软件和信息技术服务业（I），金融业（J）和房地产业（K），上述六个行业财务治理指数比较参见表16－9。

表16－9　2017年不同行业国有与非国有控股上市公司财务治理指数比较

行业	所有制类型	公司数目	平均值	中位值	最大值	最小值	标准差
制造业(C)	国有控股公司	499	53.2022	53.4652	72.8826	28.2530	7.1547
	非国有控股公司	1450	53.8733	54.3456	73.3415	20.1105	7.5761
	总体	1949	53.7015	54.0667	73.3415	20.1105	7.4762
电力、热力、燃气及水生产和供应业(D)	国有控股公司	82	53.2678	52.6152	66.3057	34.7418	6.1694
	非国有控股公司	21	53.1871	53.4294	63.3247	39.9483	6.5589
	总体	103	53.2514	52.6611	66.3057	34.7418	6.2509
交通运输、仓储和邮政业(G)	国有控股公司	70	54.7418	54.9301	66.5440	34.8530	6.8045
	非国有控股公司	20	51.6854	52.0841	62.5129	40.0230	6.6828
	总体	90	54.0626	54.6257	66.5440	34.8530	6.8957
信息传输、软件和信息技术服务业(I)	国有控股公司	37	54.1838	55.0140	69.3937	33.7924	7.1388
	非国有控股公司	196	54.7816	54.9168	74.4070	30.3074	7.6615
	总体	233	54.6867	54.9380	74.4070	30.3074	7.5840
金融业(J)	国有控股公司	52	56.3713	56.7958	71.6827	33.5045	7.1499
	非国有控股公司	25	54.7098	53.9931	67.7720	30.6424	7.7680
	总体	77	55.8318	56.6361	71.6827	30.6424	7.3973
房地产业(K)	国有控股公司	59	53.7464	54.1843	69.6059	38.4204	5.9639
	非国有控股公司	66	53.8101	53.7642	70.9139	34.2535	7.9413
	总体	125	53.7800	54.0014	70.9139	34.2535	7.0772

从表16－9可以看出，电力、热力、燃气及水生产和供应业（D），交通运输、仓储和邮政业（G），金融业（J）这三个行业的国有控股公司财务治理指数均值都高于非国有控股公司；其他三个行业的国有控股公司财务治理指数均值都低于非国有控股公司。这大体可以说明，垄断程度相对较高的行业，国有控股公司的财务治理水平好于非国有控股公司；而竞争程度相对较高的行业，则是非国有控股公司好于国有控股公司。

图16－7更直观地反映了六个行业国有控股公司与非国有控股公司财务治理指数的差异。可以看出，六个行业中，国有控股公司财务治理指数均值最高的是金融业（J），最低的是制造业（C）；非国有控股公司财务治理指数均值最高的是信息传输、软件和信息技术服务业（I），最低的是交通运输、仓储和邮政业（G）。

16.3.2　分行业财务治理分项指数比较

表16－10对六个行业国有控股与非国有控股上市公司财务治理四个分项指数进行了比较。

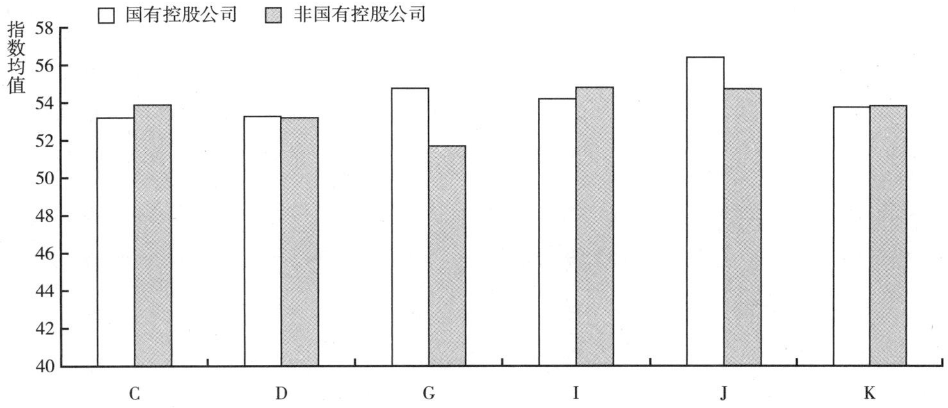

图 16－7　2017 年不同行业国有与非国有控股上市公司财务治理指数均值比较

表 16－10　2017 年不同行业国有与非国有控股上市公司财务治理分项指数均值比较

行业	所有制类型	财权配置	财务控制	财务监督	财务激励
制造业(C)	国有控股公司	46.0034	70.8706	70.9544	24.9806
	非国有控股公司	40.6625	73.5193	72.3793	28.9321
	总体	42.0299	72.8411	72.0145	27.9204
电力、热力、燃气及水生产和供应业(D)	国有控股公司	46.3704	69.4122	72.8659	24.4230
	非国有控股公司	41.3712	71.6091	70.2381	29.5300
	总体	45.3511	69.8601	72.3301	25.4642
交通运输、仓储和邮政业(G)	国有控股公司	49.2107	69.7603	75.0000	24.9960
	非国有控股公司	43.3302	72.5927	68.4375	22.3813
	总体	47.9040	70.3897	73.5417	24.4150
信息传输、软件和信息技术服务业(I)	国有控股公司	42.5342	69.4148	75.5068	29.2794
	非国有控股公司	38.6632	74.7394	74.4898	31.2340
	总体	39.2779	73.8938	74.6513	30.9236
金融业(J)	国有控股公司	42.4844	80.2043	74.3990	28.3973
	非国有控股公司	45.0800	75.4632	75.2500	23.0459
	总体	43.3271	78.6650	74.6753	26.6598
房地产业(K)	国有控股公司	46.0414	68.7031	71.5042	28.7370
	非国有控股公司	44.1818	70.0101	69.7917	31.2567
	总体	45.0595	69.3932	70.6000	30.0674

由表 16－10 可以看出，与地区一样，六个代表性行业两类所有制上市公司在财务治理四个分项指数上的排序也不一致。为了便于比较，我们计算出六个行业非国有控股公司财务治理四个分项指数均值与对应的国有控股公司财务治理四个分项指数均值的差值，由此可以反映六个行业的两类所有制上市公司在财务治理四个分项指数上的差异，参见图 16－8。可以看出，在财权配置分项指数上，除了金融业（J）国有控股公司低

于非国有控股公司外，其他五个行业都是国有控股公司高于非国有控股公司；在财务控制分项指数上，除了金融业（J）国有控股公司高于非国有控股公司外，其他五个行业都是非国有控股公司高于国有控股公司；在财务监督分项指数上，除了制造业（C）和金融业（J）两个行业是非国有控股公司高于国有控股公司外，其他四个行业都是国有控股公司高于非国有控股公司；在财务激励分项指数上，除了交通运输、仓储和邮政业（G）以及金融业（J）是国有控股公司高于非国有控股公司，其他四个行业都是非国有控股公司高于国有控股公司。

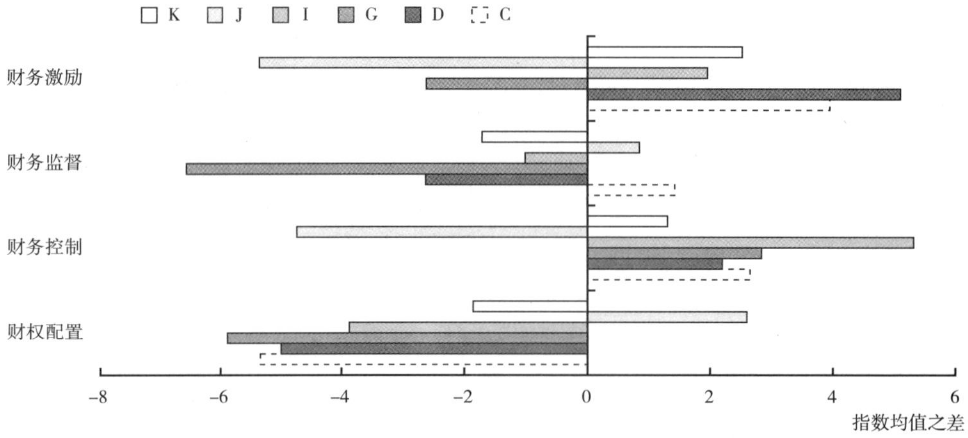

图 16－8　2017 年不同行业国有与非国有控股公司财务治理分项指数均值之差值比较

注：指数均值之差＝非国有控股公司财务治理分项指数均值－国有控股公司财务治理分项指数均值。

16.4　本章小结

本章从所有制角度对 2017 年沪深两市 3147 家上市公司财务治理指数及四个分项指数进行了统计和分析，主要结论如下。

关于财务治理总体指数：①随着第一大股东中的国有持股比例的降低，财务治理指数的变化略呈“S”形状，这可能意味着，在中国目前资本市场和法律制度不健全的情况下，股权适度集中对财务治理有一定益处，国有参股公司由于在不同投资者之间产生了一定的制衡，对于财务治理也具有一定的作用；②总体上，非国有控股公司财务治理水平略高于国有控股公司，中央企业控股公司财务治理水平好于地方国企控股公司，也好于非国有控股公司，但地方国企控股公司的财务治理水平低于非国有控股公司；③从地区看，东部和西部两个地区的国有控股公司财务治理指数均值都高于非国有控股公司，而中部和东北两个地区的国有控股公司财务治理指数均值都低于非国有控股公司，不论是国有控股公司还是非国有控股公司，东北地区财务治理水平都是最差的；④从行业看，六个代表性行业中，垄断程度相对较高的行业，国有控股公司财务治理水平好于非国有控股公司，而竞争程度相对较高的行业，则是非国有控股公司好于国有控股公司。

关于财务治理分项指数：①随着第一大股东中的国有股比例的降低，财权配置分项指数呈逐渐降低趋势，这说明目前制度和市场条件下，适度较高的国有股比例对于提高公司财权配置水平是有一定作用的，随着第一大股东中的国有股比例的降低，财务控制和财务监督两个分项指数却先降低后上升再下降，略显“S”形，财务激励分项指数则呈现倒“U”形，国有参股公司的财务控制和财务激励水平高于其他四类公司，这说明国有参股的非国有控股公司，可能因不同投资者的制衡而强化了控制和激励；②中央企业控股公司在四个分项指数上都高于地方国企控股公司，在财权配置分项指数上，两类国有控股公司都明显高于非国有控股公司，在财务控制和财务激励两个分项指数上，两类国有控股公司都明显低于非国有控股公司，在财务监督分项指数上，中央企业控股公司略高于非国有控股公司，地方国企控股公司明显低于非国有控股公司；③从地区看，在财权配置分项指数上，四个地区均为国有控股公司高于非国有控股公司，在财务控制和财务激励两个分项指数上，四个地区均为国有控股公司低于非国有控股公司，在财务监督分项指数上，东部和西部都是国有控股公司高于非国有控股公司，而中部和东北都是国有控股公司低于非国有控股公司；④从行业看，在六个代表性行业中，在财权配置分项指数上，金融业（J）以外的其他五个行业都是国有控股公司高于非国有控股公司，在财务控制分项指数上，金融业（J）以外的其他五个行业都是非国有控股公司高于国有控股公司，在财务监督分项指数上，制造业（C）和金融业（J）两个行业以外的其他四个行业都是国有控股公司高于非国有控股公司，在财务激励分项指数上，交通运输、仓储和邮政业（G）以及金融业（J）以外的其他四个行业都是非国有控股公司高于国有控股公司。

第 17 章　财务治理指数的年度比较 (2010 ~ 2017)

2011 ~ 2017 年，我们对 2010 年、2012 年、2014 年、2015 年和 2016 年的中国上市公司财务治理水平进行了五次测度，今年是第六次测度。本章将从总体、地区、行业和所有制等多个角度，比较分析六个年度中国上市公司财务治理水平，以便了解财务治理水平是否有所提高以及提高程度，以期对财务治理的完善有所启示。

17.1　财务治理指数总体的年度比较

对 2010 年、2012 年、2014 年、2015 年、2016 年和 2017 年六个年度财务治理的评价，样本公司数分别是 1722 家、2314 家、2514 家、2655 家、2840 家和 3147 家，基本上是对全部上市公司的评价。比较六个年度样本上市公司的财务治理指数，以及财权配置分项指数、财务控制分项指数、财务监督分项指数和财务激励分项指数，结果见表 17 - 1 和图 17 - 1。

表 17 - 1　2010 ~ 2017 年上市公司财务治理指数均值比较

年份	样本量	总体指数	分项指数			
			财权配置	财务控制	财务监督	财务激励
2010	1722	53.5458	51.2195	55.3971	75.8711	31.6957
2012	2314	57.6130	50.0502	56.6335	76.1884	47.5799
2014	2514	52.7871	41.1152	45.2939	72.3846	52.3548
2015	2655	53.1157	41.1131	66.2514	75.8498	29.2487
2016	2840	53.5234	41.2217	70.5093	73.2240	29.1386
2017	3147	53.6690	42.4202	72.3981	72.0349	27.8230

由表17－1和图17－1可知，从财务治理总体指数看，2010～2017年，2012年是最高水平。2014年下降，2014～2017年连续上升，但2017年尚未达到2012年的最高水平。2017年，上市公司财务治理指数均值为53.6690分，比2010年上升0.1232分，比2012年下降3.9440分，分别比2014年、2015年和2016年高出0.8819分、0.5533分和0.1456分。

从分项指数看，2010～2017年，财权配置分项指数在2010年和2012年较高，此后三个年度基本稳定在41分略高的水平，近三年连续小幅提升；相比2010年和2012年，2017年分别下降8.7993分和7.6300分；相比2016年，2017年上升1.1985分。财务控制分项指数在2014年出现较大幅度下降，此后逐年上升；相比2010年和2012年，2017年分别上升17.0010分和15.7646分；相比2016年，2017年上升1.8888分。财务监督分项指数在2014年出现较大幅度下降，在2015年有所回升，但此后逐年下降；相比2010年和2012年，2017年分别下降3.8362分和4.1535分；相比2016年，2017年下降1.1891分；财务激励分项指数在2010～2014年连续较大幅度上升，2015年出现大幅度下降，且此后逐年连续下降；相比2010年和2012年，2017年分别下降3.8727分和19.7569分；相比2016年，2017年下降1.3156分，创下六个年度的最低得分。

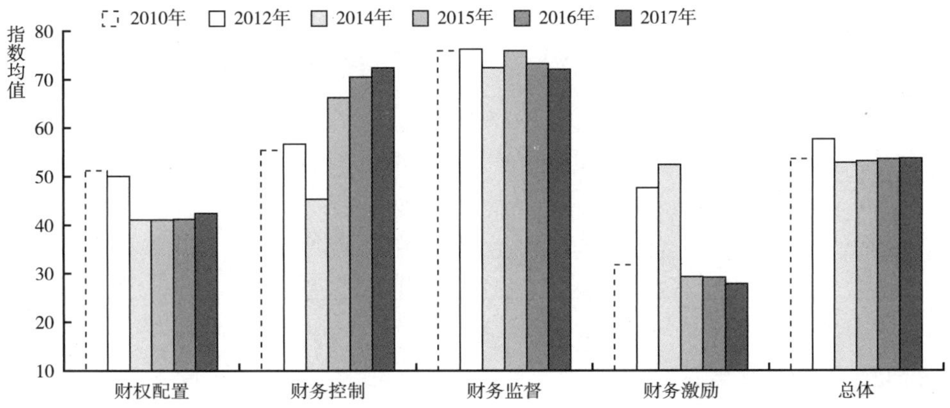

图17－1　2010～2017年上市公司财务治理总体指数及分项指数比较

17.2　分地区财务治理指数的年度比较

为体现不同地区上市公司财务治理情况，我们统计了各地区上市公司财务治理指数，以及财权配置、财务控制、财务监督和财务激励四个分项指数的平均值，用来比较不同地区2010年、2012年、2014年、2015年、2016年和2017年财务治理的差异，结果见表17－2。

表 17－2　2010～2017 年不同地区上市公司财务治理指数均值比较

地区	年份	总体指数	分项指数				总体指数排名
			财权配置	财务控制	财务监督	财务激励	
东部	2010	54.2146	51.1283	56.4676	77.4541	31.8085	1
	2012	58.3986	48.9966	57.2510	77.5151	49.8318	1
	2014	53.3793	40.6038	45.1748	73.8298	53.9088	1
	2015	53.6273	40.4942	67.0381	77.5093	29.4675	1
	2016	54.0767	40.4768	71.3229	74.6324	29.8747	1
	2017	54.2155	41.6053	73.1176	73.5363	28.6027	1
中部	2010	53.2077	52.7984	54.8148	73.7731	31.4444	2
	2012	57.0858	52.3318	54.7187	74.9110	46.3818	2
	2014	52.0075	42.7339	45.1805	70.0613	50.0545	2
	2015	52.4275	42.1399	65.1865	73.5983	28.7853	2
	2016	53.0566	42.8824	70.2286	71.2656	27.8498	2
	2017	52.9763	44.6983	71.1333	69.2263	26.8472	2
西部	2010	52.1861	50.6011	52.8689	74.1598	31.1148	3
	2012	55.4520	51.8691	55.6736	73.1988	41.0663	4
	2014	51.6890	42.2169	46.1749	69.6209	48.7432	3
	2015	52.2594	42.9271	64.7037	72.3890	29.0176	3
	2016	52.4414	42.9788	68.1501	70.8282	27.8085	3
	2017	52.5564	44.5665	70.7258	69.2998	25.6337	3
东北	2010	51.9042	49.9508	53.8164	71.0177	32.8319	4
	2012	55.8248	51.0780	57.3077	72.4519	42.4615	3
	2014	50.6834	39.9672	44.6691	68.6121	49.4853	4
	2015	50.9549	41.1104	63.5670	70.7306	28.4115	4
	2016	50.6792	41.4111	67.3442	67.0918	26.8695	4
	2017	51.0432	41.2385	70.5879	66.5391	25.8071	4

由表 17－2 可以看出：

第一，从财务治理总体指数看，六个年度中，东部、中部、西部和东北四个地区都是 2012 年为最高值，2014 年下降，之后东部、西部两个地区连续三个年度上升，中部地区在 2015 年、2016 年上升后，2017 年有所下降；东北地区是 2015 年略有回升，2016 年又略有下降，2017 年有所回升，处于起伏变化中。相比最高值的 2012 年，2017 年东部、中部、西部和东北分别下降 4.1831 分、4.1095 分、2.8956 分和 4.7816 分。相比 2016 年，除了中部下降 0.0803 分外，东部、西部和东北分别上升 0.1388 分、0.1150 分和 0.3640 分。

第二，从财权配置分项指数看，东部前四个年度连续下降，2017 年有所回升；中部前三年连续下降，2016 年、2017 年连续两年上升；西部是 2012 年上升，2014 年下降，此后逐年上升；东北前几年变化与西部相同，只是 2017 年小幅下降。相比 2010 年，2017 年四个地区都是下降的，降幅在 6.03 ~ 9.53 分之间，东部降幅最大，下降 9.5230 分；相比 2016 年，除了东北轻微下降 0.1726 分外，其他三个地区都上升，升幅在 1.12 ~ 1.82 分之间，中部升幅最大，上升 1.8159 分。

第三，从财务控制分项指数看，东部、西部和东北三个地区都是 2012 年上升，2014 年下降，此后逐年上升；中部地区在 2010 ~ 2014 年连续下降，此后逐年上升。相比 2010 年，2017 年四个地区都得到大幅提升，升幅接近，都在 16.77 ~ 17.86 分之间；相比 2016 年，2017 年四个地区也都上升，升幅在 0.90 ~ 3.25 分，东北升幅最大。

第四，从财务监督分项指数看，东部、中部和东北三个地区均是 2012 年上升，2014 年下降，2015 年又上升，此后连续两年下降；西部地区则是前三个年度连续下降，2015 年上升，此后连续两年下降。相比 2010 年，2017 年四个地区都是下降的，降幅都在 4 分左右，比较接近；相比 2016 年，2017 年也都是下降的，降幅在 0.55 ~ 2.04 分之间，西部降幅最大，东北降幅最小。

第五，从财务激励分项指数看，六个年度中，四个地区在前三个年度连续上升后，均在 2015 年出现大幅度下滑，此后中部、西部和东北地区逐年继续下滑，东部地区则在 2016 年略有回升，2017 年又下降。相比 2010 年，2017 年四个地区都下降，降幅在 3.20 ~ 7.03 分之间，东北降幅最大，东部降幅最小；相比 2016 年，2017 年也都下降，降幅在 1.00 ~ 2.18 分之间，西部降幅最大，中部降幅最小。

图 17 – 2 显示了四个地区财务治理总体指数的变化。从总体指数排名看，东部和中部六个年度都位居第一和第二；西部除了 2012 年位居第四外，其他五个年度都位居第三；东北除了 2012 年位居第三外，其他五个年度都位居第四。总体看，东部上市公司财务治理水平最高，东北较差。

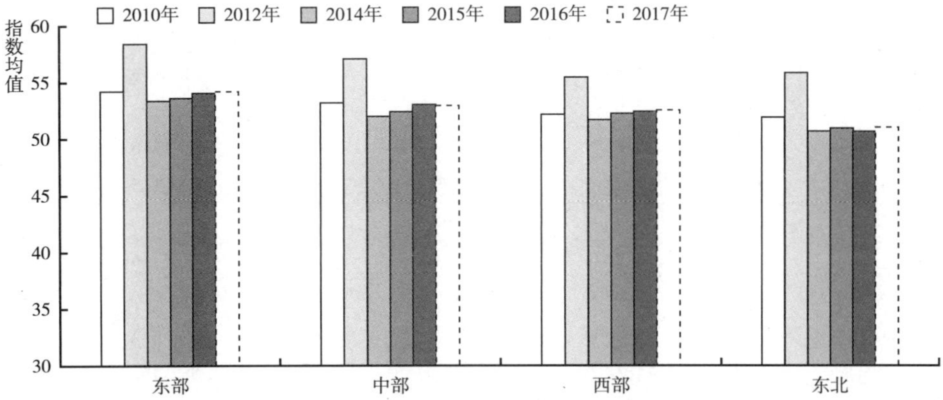

图 17 – 2　2010 ~ 2017 年不同地区上市公司财务治理总体指数比较

17.3　分行业财务治理指数的年度比较

用各行业上市公司财务治理总体指数，以及财权配置、财务控制、财务监督和财务激励四个分项指数的平均值来代表各行业上市公司财务治理情况，分别比较不同行业2010~2017年的财务治理水平的差异，结果参见表17-3。需要注意的是，由于《中国上市公司财务治理指数报告2011》使用的是《上市公司行业分类（2001年）》，而之后的报告使用的是《上市公司行业分类（2012年）》，这两个行业分类标准存在差异，所以11个行业有五个年度的数据，7个行业有六个年度的数据。为便于比较，我们只比较2012~2017年的财务治理指数。

表17-3　2010~2017年不同行业上市公司财务治理指数均值比较

行业	年份	总体指数	分项指数			
			财权配置	财务控制	财务监督	财务激励
农、林、牧、渔业(A)	2010	49.2926	47.2868	50.8721	72.9651	26.0465
	2012	55.1089	48.6302	52.4306	74.6528	44.7222
	2014	49.1032	37.1629	44.2188	68.2813	46.7500
	2015	50.4630	37.7224	66.2174	72.4702	25.4420
	2016	52.3723	38.0457	71.5614	67.1875	32.6948
	2017	52.7094	40.7712	72.6102	65.4762	31.9802
采矿业(B)	2010	57.3014	54.1667	62.6953	78.9063	33.4375
	2012	57.2542	53.6879	58.7719	76.2061	40.3509
	2014	54.6737	47.1914	52.0833	72.4638	46.9565
	2015	54.6107	47.5247	64.4930	75.5137	30.9114
	2016	52.5758	44.7274	67.4037	72.0034	26.1685
	2017	51.1777	46.3204	68.6776	69.8480	19.8647
制造业(C)	2010	52.7870	51.0008	54.5460	74.9391	30.6621
	2012	57.3196	48.8504	56.1136	74.9829	49.3315
	2014	52.8116	40.7191	44.7772	71.8396	53.9106
	2015	52.9852	40.7726	66.7037	75.0935	29.3711
	2016	53.5459	40.9548	71.0868	72.7746	29.3672
	2017	53.7015	42.0299	72.8411	72.0145	27.9204
电力、热力、燃气及水生产和供应业(D)	2010	54.3403	51.7361	55.6641	77.1484	32.8125
	2012	58.9678	53.9231	59.3344	77.6786	44.9351
	2014	55.0902	43.5469	53.5061	74.1616	49.1463
	2015	54.8764	42.2115	63.9149	78.5815	34.7977
	2016	53.7206	42.9737	68.7831	76.7578	26.3679
	2017	53.2514	45.3511	69.8601	72.3301	25.4642

续表

行业	年份	总体指数	分项指数			
			财权配置	财务控制	财务监督	财务激励
建筑业(E)	2010	55.0878	58.0247	56.9444	73.4375	31.9444
	2012	60.8051	55.4524	58.5938	78.4598	50.7143
	2014	53.6685	45.0528	46.9697	73.8636	48.7879
	2015	53.9492	43.7992	65.9048	78.3451	27.7478
	2016	54.2788	44.2997	72.2280	73.0519	27.5356
	2017	53.9259	44.1703	71.3871	72.1528	27.9934
批发和零售业(F)	2010	54.1386	51.1820	54.3883	76.1968	34.7872
	2012	57.5062	53.1666	60.8750	75.2500	40.7333
	2014	52.5888	41.2445	49.2030	70.8473	49.0604
	2015	53.2726	42.1279	64.1261	76.6156	30.2206
	2016	51.8932	41.2758	67.7222	72.8041	25.7707
	2017	52.3162	43.5221	69.6163	71.2421	24.8843
交通运输、仓储和邮政业(G)	2010	58.2463	55.2239	62.2201	81.0634	34.4776
	2012	61.7665	56.6762	59.5779	82.6299	48.1818
	2014	55.1145	43.7452	50.5401	77.1605	49.0124
	2015	56.0587	45.3165	63.6881	81.9444	33.2857
	2016	54.3192	46.0027	66.2921	77.9454	27.0364
	2017	54.0626	47.9040	70.3897	73.5417	24.4150
住宿和餐饮业(H)	2012	55.9314	49.1423	59.3750	71.8750	43.3333
	2014	46.6029	40.5026	43.7500	58.5227	43.6364
	2015	46.6809	34.8243	58.2862	62.5000	31.1130
	2016	47.0656	42.4816	59.0194	63.6364	23.1251
	2017	50.4527	44.6506	68.0188	66.6667	22.4748
信息传输、软件和信息技术服务业(I)	2010	52.4614	48.0193	53.4783	76.5217	31.8261
	2012	55.8042	46.1252	48.5767	78.7129	49.8020
	2014	50.3246	38.2759	34.7481	72.5280	55.7463
	2015	52.8880	36.2358	69.5188	79.0086	26.7888
	2016	53.9917	38.1654	71.2074	75.0000	31.5942
	2017	54.6867	39.2779	73.8938	74.6513	30.9236
金融业(J)	2010	62.1850	57.9365	69.6429	86.1607	35.0000
	2012	62.6992	50.4308	69.9695	87.9573	42.4390
	2014	53.9330	36.4297	56.5407	81.8314	40.9302
	2015	53.3176	42.8806	74.4261	77.1684	18.7953
	2016	55.7111	39.9407	79.0492	75.4386	28.4161
	2017	55.8318	43.3271	78.6650	74.6753	26.6598
房地产业(K)	2010	55.1687	51.7460	54.8214	76.9643	37.1429
	2012	58.1007	52.8870	58.7148	78.8292	41.9718
	2014	52.1633	42.6305	44.0341	73.5795	48.4091
	2015	51.9559	43.4657	61.1955	75.6063	27.5561
	2016	53.3262	43.0907	67.2531	74.0000	28.9607
	2017	53.7800	45.0595	69.3932	70.6000	30.0674

续表

行业	年份	总体指数	分项指数			
			财权配置	财务控制	财务监督	财务激励
租赁和商务服务业（L）	2012	58.0943	49.0440	57.4405	80.6548	45.2381
	2014	54.7657	41.2503	46.0938	78.3854	53.3333
	2015	53.6921	37.3458	68.6568	76.2019	32.5638
	2016	53.4474	38.4302	71.4298	70.9375	32.9921
	2017	52.4975	38.3763	73.5386	71.2798	26.7953
科学研究和技术服务业（M）	2012	56.3698	44.9235	52.0833	72.9167	55.5556
	2014	53.9702	38.7218	38.0682	77.2727	61.8182
	2015	54.4614	40.4106	68.3486	78.4722	30.6143
	2016	54.2613	41.4610	71.9294	73.3696	30.2852
	2017	53.9235	44.4577	72.9601	69.7266	28.5497
水利、环境和公共设施管理业（N）	2012	54.2085	46.6709	48.3696	77.4457	44.3478
	2014	52.5266	40.4909	43.5096	71.8750	54.2308
	2015	53.1966	42.9241	67.5955	76.4583	25.8086
	2016	55.0095	41.4772	71.0954	76.1364	31.3289
	2017	54.2497	41.1034	72.0424	71.8750	31.9781
教育（P）	2012	59.8958	33.3333	62.5000	93.7500	50.0000
	2014	47.3958	33.3333	37.5000	68.7500	50.0000
	2015	56.7766	48.3333	68.3564	68.7500	41.6667
	2016	49.0068	34.3742	57.4618	70.8333	49.0068
	2017	51.3908	32.9526	69.3161	71.8750	31.4195
卫生和社会工作（Q）	2012	56.9318	50.2272	45.8333	75.0000	56.6667
	2014	50.8067	43.2269	32.8125	67.1875	60.0000
	2015	51.9037	38.9519	68.1866	73.7500	26.7263
	2016	53.7651	40.7624	69.1012	71.4286	33.7683
	2017	52.3252	40.0480	70.1254	68.7500	30.3774
文化、体育和娱乐业（R）	2012	59.3099	52.9273	55.6250	82.1875	46.5000
	2014	52.2369	39.8095	43.5345	76.2931	49.3103
	2015	52.9619	38.3229	64.9135	78.4722	30.1391
	2016	54.5302	41.6635	68.9940	75.9146	31.5486
	2017	54.9002	41.3676	72.1267	74.8698	31.2366
综合（S）	2012	54.1662	55.3579	48.0114	73.2955	40.0000
	2014	51.9079	47.0067	42.4479	69.0104	49.1667
	2015	51.4724	41.1287	62.7573	72.2500	29.7538
	2016	52.2414	41.1376	66.7459	70.9239	30.1581
	2017	51.4838	42.0461	70.2843	65.2174	28.3875

从表 17－3 可以看出如下结论。

第一，从财务治理总体指数看，2012～2017 年，18 个行业中，有 16 个行业的上市公司财务治理指数均值在2012年属于最高水平。相比2012年，2017年除了水利、环境和公共设施管理业（N）略有上升外，其他17个行业都是下降的，降幅在1.11～8.51分之间，教育（P）降幅最高，但由于教育（P）在2012～2015年只有1家上市公司，2017年也只有4家，因此说明意义有限。除了教育（P），降幅最高的是交通运输、仓储和邮政业（G），降幅最小的是信息传输、软件和信息技术服务业（I）。18个行业中，采矿业（B）是唯一一个在2010～2017年间连续下降的行业，租赁和商务服务业（L）是唯一一个在2012～2017年间连续下降的行业。相比2016年，2017年有9个行业上升，升幅在0.12～3.39分之间，升幅最大的是住宿和餐饮业（H），上升3.3871分；另外9个行业是下降的，降幅在0.25～1.44分之间，降幅最大的是卫生和社会工作（Q），下降1.4399分。

第二，从财权配置分项指数看，相比2012年，2017年全部18个行业都是下降的，降幅在0.38～13.32分之间，降幅最大的是综合（S），下降13.3118分；降幅最小的是科学研究和技术服务业（M），下降0.4658分（剔除教育）。相比2016年，2017年有12个行业上升，升幅在0.90～3.39分之间，金融业（J）升幅最大，综合（S）升幅最小；有6个行业下降，降幅在0.05～1.43分之间，除了教育（P），降幅最大的是卫生和社会工作（Q），降幅最小的是租赁和商务服务业（L）。

第三，从财务控制分项指数看，相比2012年，2017年全部18个行业都是上升的，升幅在6.81～25.32之间，升幅最大的是信息传输、软件和信息技术服务业（I），升幅最小的住宿和餐饮业（H）（剔除教育）。相比2016年，有16个行业上升，升幅在0.94～11.86分之间，升幅最大的是住宿和餐饮业（H）（剔除教育），上升8.9994分；升幅最小的是水利、环境和公共设施管理业（N）；有2个行业下降，即金融业（J）和建筑业（E），降幅都很小，都未超过0.85分。

第四，从财务监督分项指数看，相比2012年，2017年全部18个行业都是下降的，降幅在2.96～21.88分之间，降幅最大的是金融业（J）（剔除教育），下降13.2820分；降幅最小的是制造业（C），下降2.9684分。相比2016年，有3个行业上升，升幅在0.34～3.04分之间，升幅最大的是住宿和餐饮业（H），升幅最小的是租赁和商务服务业（L）；有15个行业下降，降幅在0.34～5.71分之间，降幅最大的是综合（S），降幅最小的是信息传输、软件和信息技术服务业（I）。

第五，从财务激励分项指数看，相比2012年，2017年全部18个行业都是下降的，降幅在11.61～27.01分之间，降幅最大的是科学研究和技术服务业（M），下降27.0059分；降幅最小的是综合（S），下降11.6125分。相比2016年，有3个行业上升，升幅在3.04分以下；有15个行业下降，降幅在0.34～5.71分之间，降幅最大的是综合（S），降幅最小的是信息传输、软件和信息技术服务业（I）。

图 17－3 显示了 18 个行业财务治理总体指数的变化。从总体指数排名看，2012 年排名前三位的行业是金融业（J），交通运输、仓储和邮政业（G），建筑业（E）；2017 年排名前三位的行业是金融业（J），文化、体育和娱乐业（R），信息传输、软件和信息技术服务业（I）。各年度 18 个行业的排名不尽相同，但综合来看，这六个年度里，金融业（J）及交通运输、仓储和邮政业（G）有四年均处于前三名，表现较好。

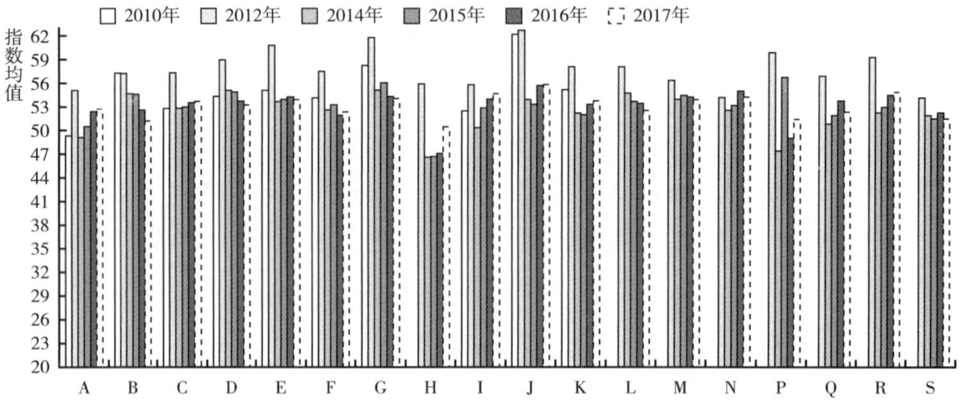

图 17－3　2010～2017 年不同行业上市公司财务治理总体指数比较

17.4　分所有制财务治理指数的年度比较

按照五类所有制公司的划分，用各所有制上市公司财务治理总体指数，以及财权配置、财务控制、财务监督和财务激励四个分项指数的平均值来代表各所有制上市公司财务治理情况，分别比较 2010～2017 年六个年度不同所有制上市公司的财务治理水平的差异，结果参见表 17－4 Panel A。另外，进一步将样本按照国有控股公司和非国有控股公司分类，统计信息见表 17－4 Panel B。

从表 17－4 Panel A 可以看出如下结论。

第一，从财务治理总体指数看，六个年度中，国有绝对控股公司在 2012 年上升后便逐年连续下降；国有强相对控股公司和国有弱相对控股公司上下波动比较频繁；国有参股公司和无国有股份公司在 2012 年较大幅度上升，2014 年较大幅度下降，此后无国有股份公司逐年连续上升，国有参股公司在 2015 年和 2016 年连续两年上升后，2017 年有小幅度下降。2012 年，五类所有制公司财务治理指数在六个年度中都处于最高水平。相比 2012 年的最高水平，2017 年五类公司降幅在 1.78～6.63 分之间，降幅最大的

表 17－4　2010～2017 年不同所有制上市公司财务治理指数均值比较

所有制类型	年份	总体指数	分项指数				总体指数排名
			财权配置	财务控制	财务监督	财务激励	
Panel　A 按照五类所有制公司分类							
国有绝对控股公司	2010	56.9361	56.2882	58.0586	78.8919	34.5055	1
	2012	60.2658	56.1718	62.4774	79.5516	42.8623	1
	2014	55.8363	45.9251	51.4310	77.3359	48.6532	1
	2015	55.6342	45.3314	65.2675	79.4703	32.4673	1
	2016	54.4177	45.5535	68.3606	78.0000	25.7568	2
	2017	54.0869	47.0012	71.5693	73.8327	23.9444	2
国有强相对控股公司	2010	54.0436	53.3522	54.8513	76.4695	31.5014	2
	2012	59.9686	54.3536	62.0605	78.4342	45.0260	2
	2014	54.1256	43.3430	50.1044	73.0310	50.0239	2
	2015	54.3197	44.0420	63.8879	76.9003	32.4487	2
	2016	53.1303	44.1244	68.3274	72.8837	27.1859	4
	2017	53.3406	46.3855	70.4295	71.5123	25.0352	4
国有弱相对控股公司	2010	52.7225	51.5832	53.1736	74.5790	31.5544	4
	2012	57.7006	52.9208	58.7662	75.7711	43.3442	3
	2014	52.3055	42.0644	47.4743	70.8476	48.8356	3
	2015	52.4671	41.7287	64.2727	73.3055	30.5617	4
	2016	52.3695	43.0366	69.0926	69.8289	27.5198	5
	2017	53.0626	44.1147	70.9358	69.9140	27.2859	5
国有参股公司	2010	52.1170	47.8697	54.3546	74.7650	31.4787	5
	2012	56.0275	46.5483	54.4527	75.0000	48.1088	5
	2014	52.0085	39.1030	45.3973	70.8979	52.6357	4
	2015	52.8823	40.3522	66.7156	76.2334	28.2280	3
	2016	54.5714	40.1255	72.7376	74.3310	31.0914	1
	2017	54.2392	41.1978	73.8211	72.8859	29.0518	1
无国有股份公司	2010	52.8073	49.4929	56.0144	75.1860	30.5357	3
	2012	56.5175	47.0559	52.9753	74.9349	51.1042	4
	2014	51.8716	39.4525	41.2589	71.7437	55.0313	5
	2015	52.1901	38.9159	67.8273	74.8360	27.1811	5
	2016	53.1548	39.2231	70.8705	72.5988	29.9268	3
	2017	53.5404	40.4659	72.8024	71.9445	28.9489	3
Panel　B 按照国有控股公司和非国有控股公司分类							
国有控股公司	2010	54.6964	53.9140	55.5250	76.8315	32.5153	1
	2012	59.3317	54.4161	61.1312	77.9055	43.8740	1
	2014	54.1024	43.7334	49.7334	73.6669	49.2758	1
	2015	54.1845	43.7716	64.3925	76.6435	31.9302	1
	2016	53.1947	44.1164	68.5853	73.1293	26.9477	2
	2017	53.4305	45.7837	70.8751	71.5489	25.5145	2
非国有控股公司	2010	52.5023	48.7757	55.2810	75.0000	30.9524	2
	2012	56.3770	46.9103	53.3990	75.9536	50.2452	2
	2014	51.9068	39.3627	42.3224	71.5264	54.4157	2
	2015	52.4458	39.4466	67.4166	75.3523	27.5679	2
	2016	53.7102	39.5769	71.6025	73.2779	30.3834	1
	2017	53.7892	40.7264	73.1650	72.2796	28.9856	1

是国有强相对控股公司，降幅最小的是国有参股公司。相比 2016 年，2017 年国有绝对控股公司和国有参股公司分别轻微下降 0. 3308 分和 0. 3322 分，非常接近；另三类公司都轻微上升 0. 21 ~ 0. 70 分。

第二，从财权配置分项指数看，六个年度中，国有绝对控股公司和无国有股份公司在 2010 ~ 2015 年连续下降，此后连续上升；国有强相对控股公司在 2012 年上升，2014 年大幅下降，此后逐年连续小幅上升；国有弱相对控股公司 2012 年有所上升，2014 年大幅下降，2015 年继续小幅下滑，此后连续两年逐年回升；国有参股公司是起伏式变化。相比 2010 年，2017 年五类公司都是下降的，降幅在 6. 67 ~ 9. 29 分之间，降幅最大的是国有绝对控股公司，降幅最小的是国有参股公司；相比 2016 年，2017 年五类公司均是小幅上升，升幅最大的国有强相对控股公司，上升 2. 2611 分，升幅最小的是国有参股公司，上升 1. 0723 分。

第三，从财务控制分项指数看，六个年度中，前三个年度三类国有控股公司和国有参股公司都是 2012 年上升，2014 年大幅下降，此后三个年度连续上升；无国有股份公司前三个年度连续下降，后三个年度连续回升。相比 2010 年，2017 年五类公司都大幅上升，升幅在 13. 51 ~ 19. 47 分之间，升幅最大的是国有参股公司，升幅最小的是国有绝对控股公司。相比 2016 年，2017 年五类公司也都是上升的，升幅在 1. 08 ~ 3. 21 分之间，升幅最大的是国有绝对控股公司，升幅最小的是国有参股公司。

第四，从财务监督分项指数看，六个年度中，三类国有控股公司和国有参股公司都是处于上下起伏不稳定变化中；无国有股份公司连续下降两个年度后，2015 年回升，此后两个年度连续下降。相比 2010 年，2017 年五类公司都是下降的，降幅在 1. 87 ~ 5. 06 分之间，降幅最大的是国有绝对控股公司，降幅最小的是国有参股公司。相比 2016 年，2017 年只有国有弱相对控股公司稍微上升 0. 0851 分，其他四类公司都是下降的，降幅在 0. 65 ~ 4. 17 分之间，降幅最大的是国有绝对控股公司，降幅最小的是无国有股份公司。

第五，从财务激励分项指数看，五类公司都是前三个年度连续上升，尤其是 2012 年升幅较大，2015 年则又较大幅度下降，此后两个年度，三类国有控股公司连续下降，两类非国有控股公司则在 2016 年略有回升，2017 年又略有下降。相比 2010 年，2017 年五类公司都是下降的，降幅在 1. 58 ~ 10. 57 分之间，降幅最大的是国有绝对控股公司，降幅最小的是无国有股份公司。相比 2016 年，2017 年五类公司也都是下降的，其中降幅最大的是国有绝对控股公司，下降 1. 8124 分，降幅最小的是国有弱相对控股公司，下降 0. 2339 分。

图 17 - 4 显示了五类所有制公司财务治理总体指数的变化。从总体指数排名看，前

四个年度位居第一和第二的都是国有绝对控股公司和国有强相对控股公司，2016 年和 2017 年位居第一和第二的是国有参股公司和国有绝对控股公司。2010 年和 2012 年排名最后的都是国有参股公司，2014 年和 2015 年排名最后的都是无国有股份公司，2016 年和 2017 年排名最后的都是国有弱相对控股公司。

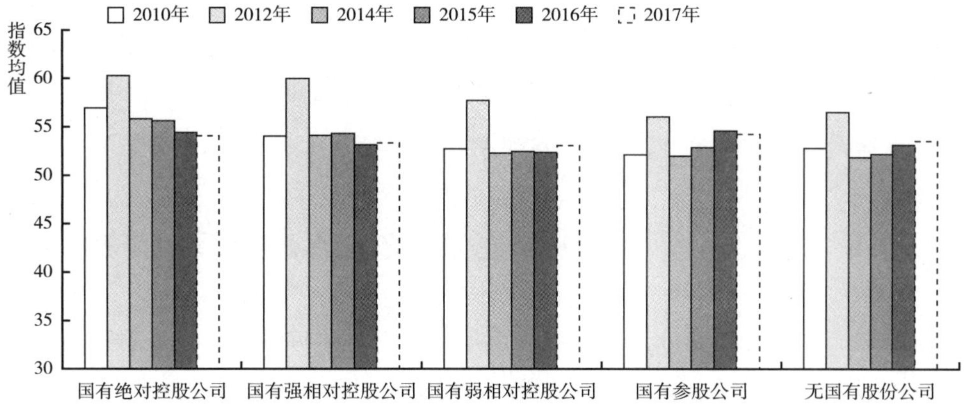

图 17－4 2010~2017 年不同所有制上市公司财务治理总体指数比较

从表 17－4 Panel B 可以看出：

第一，从财务治理总体指数看，六个年度中，国有控股公司和非国有控股公司都处于上下起伏变化中，2012 年都是最高水平。前四个年度，国有控股公司财务治理指数均值都大于非国有控股公司，但 2016 年和 2017 年被非国有控股公司反超。相比 2010 年，2017 年国有控股公司下降 1.2659 分，非国有控股公司上升 1.2869 分；相比最高时的 2012 年，国有控股公司和非国有控股公司分别下降 5.9012 分和 2.5878 分。相比 2016 年，2017 年国有控股公司和非国有控股公司分别小幅上升 0.2358 分和 0.0790 分。

第二，从财权配置分项指数看，国有控股公司在 2012～2015 年间起伏波动，2015～2017 年逐年小幅上升；非国有控股公司则是在 2010～2014 年连续下降，2014～2017 连续小幅上升。相比 2010 年，2017 年国有控股公司和非国有控股公司都下降 8 分略高一点，非常接近；相比 2016 年，国有控股公司和非国有控股公司则都上升 1.5 分左右，也很接近。

第三，从财务控制分项指数看，国有控股公司在 2012 年明显上升，2014 年大幅回落，此后三个年度连续上升；非国有控股公司则是连续下降两个年度，此后连续上升三个年度。相比 2010 年，国有控股公司和非国有控股公司分别上升 15.3501 分和 17.8840 分；相比 2016 年，国有控股公司和非国有控股公司分别上升 2.2898 分和 1.5625 分。

第四，从财务监督分项指数看，2010～2017年间，国有控股公司和非国有控股公司都处于上下起伏变化中。相比2010年，2017年国有控股公司和非国有控股公司分别下降5.2826分和2.7204分；相比2016年，2017年国有控股公司和非国有控股公司分别下降1.5804分和0.9983分。

第五，从财务激励分项指数看，国有控股公司在前三个年度较大幅度上升，后三个年度连续下降；非国有控股公司则起伏变化很大。相比2010年，2017年国有控股公司和非国有控股公司分别下降7.0008分和1.9668分；相比2016年，2017年国有控股公司和非国有控股公司分别下降1.4332分和1.3978分。

17.5 分上市板块财务治理指数的年度比较

根据四个上市板块的划分，用各板块上市公司财务治理指数，以及财权配置、财务控制、财务监督和财务激励四个分项指数的平均值来代表各板块上市公司财务治理情况，分别比较不同板块2010～2017年财务治理的差异，结果见表17－5。

表17－5　2010～2017年不同板块上市公司财务治理指数均值比较

板块	年份	总体指数	分项指数				总体指数排名
			财权配置	财务控制	财务监督	财务激励	
深市主板（不含中小板）	2010	53.4545	48.3660	57.5844	73.3796	34.4880	3
	2012	55.9850	48.4134	58.2314	75.3590	41.9362	3
	2014	50.9725	38.6493	47.5241	69.6868	48.0300	3
	2015	53.4103	40.7794	66.7587	74.4903	31.6127	2
	2016	54.6437	43.2707	74.4964	71.5531	29.2544	3
	2017	54.4191	44.3859	76.2008	69.8281	27.2617	3
深市中小企业板	2010	53.8240	53.3458	59.0336	76.8382	26.0784	2
	2012	59.9762	47.2867	62.3549	74.5356	55.7276	1
	2014	54.7218	37.7500	49.7045	72.8790	58.5536	1
	2015	53.9587	39.4652	71.0613	76.3441	28.9643	1
	2016	55.0697	39.4526	75.8259	73.7245	31.2759	2
	2017	55.7968	41.4229	77.7624	73.6103	30.3918	2
深市创业板	2010	60.3307	61.9586	66.9492	81.5678	30.8475	1
	2012	52.3863	44.6296	35.2758	76.5792	53.0605	4
	2014	47.8391	39.7698	23.4664	72.1306	55.9895	4
	2015	53.3254	37.8095	71.5965	77.8037	26.0919	3
	2016	55.8157	39.7167	74.7528	77.5918	31.2017	1
	2017	56.3712	41.5710	78.1426	75.2334	30.5378	1

续表

板块	年份	总体指数	分项指数				总体指数排名
			财权配置	财务控制	财务监督	财务激励	
沪市主板	2010	53.0055	51.1216	51.8743	76.4168	32.6092	4
	2012	58.3843	54.4969	58.3288	77.6581	43.0534	2
	2014	54.1904	45.4155	49.5719	73.4391	48.3351	2
	2015	52.2759	43.8618	60.2507	75.2888	29.7022	4
	2016	50.8625	42.3180	62.9909	71.5527	26.5884	4
	2017	50.5866	42.7949	64.4503	70.1806	24.9207	4

从表 17－5 可以看出如下结论。

第一，从财务治理总体指数看，六个年度中，深市主板（不含中小企业板）2012 年上升，2014 年下降，此后两年连续回升，2017 年又稍微下降；深市中小企业板在 2012 年上升后连续两年下降，2016 年、2017 年连续两年上升；深市创业板在前三个年度连续下降，后三年连续回升；沪市主板在 2012 年上升之后连续四年下降。相比 2010 年，深市主板（不含中小企业板）和深市中小企业板分别上升 0.9646 分和 1.9728 分；深市创业板和沪市主板则分别下降 3.9595 分和 2.4189 分。相比 2016 年，深市主板（不含中小企业板）和沪市主板都轻微下降 0.25 分左右；深市中小企业板和深市创业板则都轻微上升 0.60 分左右。

第二，从财权配置分项指数看，六个年度中，深市主板（不含中小企业板）2012 年略有上升，2014 年较大幅度下降，此后连续上升；深市中小企业板处于起伏变化中；深市创业板连续下降三个年度后连续上升；沪市主板 2012 年上升后连续三个年度下降，2017 年又出现回升。相比 2010 年，2017 年四个板块都下降，降幅最大的是深市创业板，下降 20.3876 分；降幅最小的是深市主板（不含中小企业板），下降 3.9801 分。相比 2016 年，2017 年四个板块均处于上升状态，升幅最大的是深市中小企业板，上升 1.9703 分。

第三，从财务控制分项指数看，六个年度中，深市主板（不含中小企业板）、深市中小企业板和沪市主板都是 2012 年上升，2014 年较大幅度下降，后三年持续上升；深市创业板则在前三个年度连续下降，后三个年度持续上升。相比 2010 年，2017 年四个板块都较大幅度上升，升幅最大的是深市中小企业板，上升 18.7288 分；升幅最小的是深市创业板，升幅 11.1934 分。相比 2016 年，2017 年四个板块财务控制分项指数也都是上升的，升幅最大的是深市创业板，上升 3.3898 分。2017 年四个板块的财务控制分项指数都高于前五个年度。

第四，从财务监督分项指数看，六个年度中，深市主板（不含中小企业板）和沪市主板处于上下起伏变化中；深市中小企业板和深市创业板则都是前三个年度连续下降，2015 年回升，此后连续两年略有下降。相比 2010 年，2017 年四个板块都下降，降幅最大的是深市创业板，下降 6. 3344 分；降幅最小的是深市中小企业板，下降 3. 2279 分。相比 2016 年，2017 年四个板块也都是下降的，降幅最大的深市创业板，下降 2. 3584 分。

第五，从财务激励分项指数看，六个年度中，四个板块都是在前三个年度连续上升，2015 年大幅下降，此后深市主板（不含中小企业板）和沪市主板连续两年下降，深市中小企业板和深市创业板则在 2016 年出现轻微回升，2017 年又轻微下降。相比 2010 年，2017 年四个板块都是下降的，降幅最大的是沪市主板，下降 7. 6885 分；降幅最小的是深市创业板，只是轻微下降 0. 3097 分。相比 2016 年，2017 年四个板块也都是下降的，降幅最大的是深市主板（不含中小企业板），下降 1. 9927 分。

图 17 - 5 显示了四个板块六个年度财务治理总体指数变化情况。可以看到，深市中小企业板六个年度都位居前两位；沪市主板有 4 个年度排在最后一位；另两个板块都有起伏。

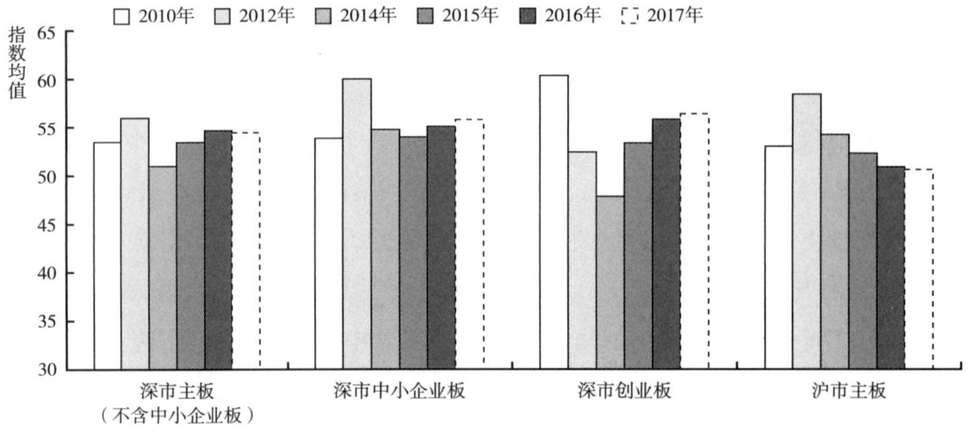

图 17 - 5 2010 ~ 2017 年不同板块上市公司财务治理总体指数比较

17. 6 本章小结

本章从总体、地区、行业和所有制类型角度比较了 2010 ~ 2017 年中国上市公司的财务治理水平，主要结论如下。

第一，从财务治理总体指数看，2010 ~ 2017 年，2012 年是最高水平。尽管 2014 ~

2017年连续上升，但2017年并未达到2012年的最高水平。从分项指数看，财权配置分项指数在2010年和2012年较高，此后三个年度基本稳定在41分略高的水平，近三年连续小幅提升；财务控制分项指数在2014年出现较大幅度下降，此后逐年上升；财务监督分项指数在2014年出现较大幅度下降，在2015年有所回升，但此后逐年下降；财务激励分项指数在2010～2014年连续较大幅度上升，2015年出现大幅度下降，且此后逐年连续下降，2017年创下六个年度的最低得分。

第二，从地区看，六个年度中，在财务治理总体指数上，东部、中部、西部和东北四个地区都是2012年为最高值，2014年下降；之后东部、西部两个地区在连续三个年度上升；中部地区在2015年、2016年度上升后，2017年度有所下降；东北地区处于起伏变化中。在财权配置分项指数上，东部前四个年度连续下降，2017年有所回升；中部前三年连续下降，后两年连续上升；西部2014年后逐年上升；东北前几年变化与西部相同，只是2017年小幅下降。在财务控制分项指数上，东部、西部和东北三个地区都是2014年后逐年上升；中部地区在2010～2014年连续下降，2015年开始逐年上升。在财务监督分项指数上，四个地区都有一定的起伏变化。在财务激励分项指数上，四个地区在前三个年度连续上升后，均在2015年出现大幅度的下滑，此后中部、西部和东北地区逐年继续下滑，东部地区则在2016年略有回升，2017年又下降。

第三，从行业看，2012～2017年18个行业中，在财务治理总体指数上，有16个行业的上市公司财务治理指数均值在2012年属于最高水平。相比2012年，2017年有17个行业下降；相比2016年，2017年有9个行业上升，另外9个行业下降。在财权配置分项指数上，相比2012年，2017年全部18个行业都是下降的；相比2016年，2017年有12个行业上升，有6个行业下降。在财务控制分项指数上，相比2012年，2017年全部18个行业都是上升的；相比2016年，有16个行业上升，有2个行业下降。在财务监督分项指数上，相比2012年，2017年全部18个行业都是下降的；相比2016年，有3个行业上升，有15个行业下降。在财务激励分项指数上，相比2012年，2017年全部18个行业都是下降的；相比2016年，2017年有3个行业上升，有15个行业下降。

第四，从所有制看，在财务治理总体指数上，国有控股公司和非国有控股公司都处于上下起伏变化中，2012年都是最高水平。前四个年度，国有控股公司财务治理指数均值都大于非国有控股公司，但2016年和2017年被非国有控股公司反超。在财权配置分项指数上，国有控股公司在2012～2015年间起伏波动，2015～2017年逐年小幅上升；非国有控股公司则是2010～2014年连续下降，2014～2017连续小幅上升。在财务控制分项指数上，国有控股公司在2012年明显上升，2014年大幅回落，此后三个年度连续上升；非国有控股公司则是连续下降两个年度，此后连续上升三个年度。在财务监督分项指数上，六个年度中，国有控股公司和非国有控股公司都处于上下起伏变化中。在财务激励分项指数上，国有控股公司在前三个年度较大幅度上升，后三个年度连续下降；非国有控股公司则起伏变化很大。

第五，从上市板块看，六个年度中，在财务治理总体指数上，深市主板（不含中小企业板）在 2015 年和 2016 年两年连续上升，2017 年稍微下降；深市中小企业板在 2016 年和 2017 年度连续两年上升；深市创业板近三年连续上升；沪市主板近四年连续下降。在四个分项指数上，四个板块都有一定的起伏变化，深市中小企业板六个年度都位居前两位；沪市主板有 4 个年度排在最后一位。

第六篇　自愿性信息披露指数

第 18 章　自愿性信息披露指数排名及比较

根据本报告第 1 章自愿性信息披露指数评价方法，以及我们评估获得的 2017 年度 3147 家样本上市公司指数数据，本章对这些上市公司的自愿性信息披露指数进行总体排名和分析，然后分别从地区、行业和上市板块三个角度进行比较分析。

18.1　自愿性信息披露指数总体分布及排名

基于上市公司和监管机构发布的各类公开数据，我们对 3147 家上市公司自愿性信息披露指数进行了计算，据此可以得到中国上市公司自愿性信息披露指数的总体排名情况（详见电子版）。

18.1.1　自愿性信息披露指数总体分布

2017 年上市公司自愿性信息披露指数的总体情况参见表 18 –1。

表 18 –1　2017 年上市公司自愿性信息披露指数总体情况

项目	公司数目	平均值	中位值	最大值	最小值	标准差	偏度系数	峰度系数
数值	3147	49.5507	49.4792	76.0417	20.8333	7.9828	0.0329	0.1174

从表 18 –1 可以看出，总体来看，2017 年中国上市公司自愿性信息披露水平普遍偏低。自愿性信息披露指数最大值为 76.0417，最小值为 20.8333，平均值为 49.5507，中位值为 49.4792。全部样本的绝对差距较大，最大值高出最小值 55.2084。

为了进一步了解上市公司自愿性信息披露指数的具体分布，我们将自愿性信息披露指数按 5 分为一个间隔，区分为 14 个区间。由于 20 分以下和 80 分以上的公司数为 0，可以把［0，20）和［80，100］各作为一个区间，各区间公司数目分布和所占比重参见表 18 -2。

表 18 -2　2017 年上市公司自愿性信息披露指数区间分布

分值区间	公司数目	占比(%)	累计占比(%)
[0,20)	0	0.00	0.00
[20,25)	4	0.13	0.13
[25,30)	21	0.67	0.79
[30,35)	75	2.38	3.18
[35,40)	245	7.79	10.96
[40,45)	531	16.87	27.84
[45,50)	774	24.59	52.43
[50,55)	721	22.91	75.34
[55,60)	470	14.93	90.28
[60,65)	212	6.74	97.01
[65,70)	75	2.38	99.40
[70,75)	18	0.57	99.97
[75,80)	1	0.03	100.00
[80,100]	0	0.00	100.00
总计	3147	100	—

图 18 -1 更直观地显示了 2017 年上市公司自愿性信息披露指数分布情况。从表 18 -1可知，上市公司自愿性信息披露指数分布的偏态系数为 0.0329，基本符合正态分布，为正偏态分布。

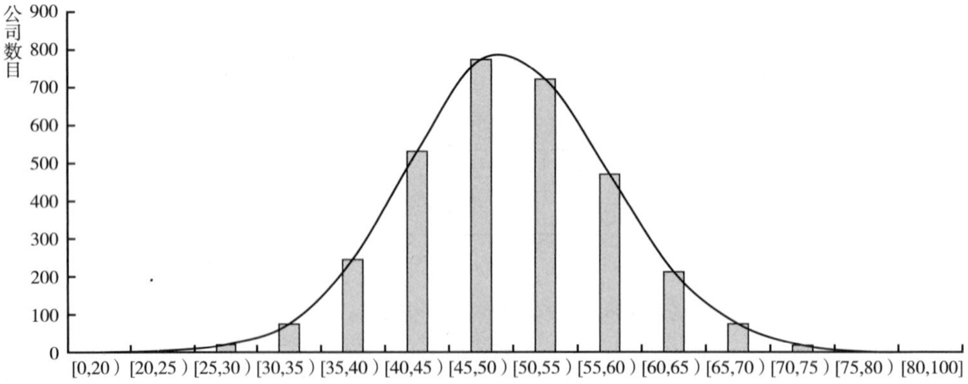

图 18 -1　2017 年上市公司自愿性信息披露指数区间分布

由表 18－2 和图 18－1 可知，2017 年中国上市公司自愿性信息披露指数分布相对比较集中。绝大多数上市公司自愿性信息披露指数分值在［40，60）这个区间，有公司 2496 家，占比为 79.30%。其中，自愿性信息披露指数达到及格线（60 分）的有 306 家，占样本上市公司总数的 9.72%，相比 2016 年的 15.53%，下降了 5.81 个百分点，下降幅度较大。

结合之前年度的评价结果①，不难得出，中国上市公司披露信息的意愿仍是非常低的，除非对公司信息披露有强制性要求。

18.1.2　自愿性信息披露指数前100名

表 18－3 给出了 3147 家上市公司中排名前 100 家公司的自愿性信息披露指数的基本统计数据。可以看出，前 100 名公司的自愿性信息披露指数均值为 67.8377，较 2016 年下降 0.9314 分。

表 18－3　2017 年上市公司自愿性信息披露指数前 100 名

	平均值	中位值	最大值	最小值	标准差
前 100 名	67.8377	67.1875	76.0417	64.9306	2.4666
总体	49.5507	49.4792	76.0417	20.8333	7.9828

注：因存在指数值相同的公司，故前 100 名公司实际是 106 家公司。

我们对 3147 家上市公司的自愿性信息披露指数从大到小降序排列，指数越高，说明上市公司自愿性信息披露水平越高。表 18－4 是自愿性信息披露指数排名前 100 的上市公司情况。

表 18－4　2017 年上市公司自愿性信息披露指数排名——前 100 名

排名	代码	公司简称	指数值	排名	代码	公司简称	指数值
1	002092	中泰化学	76.0417	7	002459	天业通联	72.2222
2	000792	盐湖股份	74.4792	8	300336	新文化	71.8750
3	000933	神火股份	73.7847	9	300364	中文在线	71.7014
4	000878	云南铜业	73.6111	9	600999	招商证券	71.7014
5	002597	金禾实业	72.9167	11	000544	中原环保	71.5278
6	601011	宝泰隆	72.3958	11	600382	广东明珠	71.5278

① 在对 2009 年和 2011 年两个年度的评估中，既有自愿性信息披露，也有强制性信息披露，自愿性信息披露水平和强制性信息披露水平存在巨大反差，前者大大低于后者。参见高明华等《中国上市公司信息披露指数报告 2010》和《中国上市公司信息披露指数报告 2012》，经济科学出版社，2010 年版和 2012 年版。

续表

排名	代码	公司简称	指数值	排名	代码	公司简称	指数值
13	300377	赢时胜	71.3542	52	002615	哈尔斯	67.1875
14	000011	深物业 A	71.1806	52	002630	华西能源	67.1875
14	000615	京汉股份	71.1806	52	600028	中国石化	67.1875
16	300248	新开普	70.4861	56	000061	农产品	67.0139
17	000039	中集集团	70.1389	56	000851	高鸿股份	67.0139
17	000993	闽东电力	70.1389	56	000876	新希望	67.0139
17	002498	汉缆股份	70.1389	56	600988	赤峰黄金	67.0139
20	000400	许继电气	69.7917	60	002357	富临运业	66.8403
21	000669	金鸿控股	69.6181	60	300070	碧水源	66.8403
21	000756	新华制药	69.6181	60	300527	中国应急	66.8403
21	000809	铁岭新城	69.6181	63	601318	中国平安	66.6667
21	002824	和胜股份	69.6181	64	000538	云南白药	66.4931
21	002848	高斯贝尔	69.6181	64	000548	湖南投资	66.4931
21	300158	振东制药	69.6181	64	000582	北部湾港	66.4931
21	300459	金科文化	69.6181	64	000833	粤桂股份	66.4931
21	300479	神思电子	69.6181	64	000910	大亚圣象	66.4931
29	600050	中国联通	69.2708	64	000978	桂林旅游	66.4931
30	002153	石基信息	69.0972	64	002415	海康威视	66.4931
30	300402	宝色股份	69.0972	64	300096	易联众	66.4931
30	600332	白云山	69.0972	64	601211	国泰君安	66.4931
33	600837	海通证券	68.9236	73	000301	东方市场	66.3194
33	600997	开滦股份	68.9236	73	002586	围海股份	66.3194
35	300104	乐视网	68.5764	75	000002	万科 A	66.1458
36	300216	千山药机	68.4028	75	000507	珠海港	66.1458
36	300432	富临精工	68.4028	75	000789	万年青	66.1458
38	603555	贵人鸟	68.2292	75	000850	华茂股份	66.1458
39	000529	广弘控股	68.0556	75	000979	中弘股份	66.1458
39	002797	第一创业	68.0556	75	600188	兖州煤业	66.1458
39	300057	万顺股份	68.0556	81	300392	腾信股份	65.9722
39	300084	海默科技	68.0556	82	300165	天瑞仪器	65.7986
43	002090	金智科技	67.7083	83	300168	万达信息	65.6250
43	600029	南方航空	67.7083	83	300293	蓝英装备	65.6250
43	601595	上海电影	67.7083	83	601939	建设银行	65.6250
46	002700	新疆浩源	67.5347	86	000547	航天发展	65.4514
46	300215	电科院	67.5347	86	300075	数字政通	65.4514
48	000035	中国天楹	67.3611	86	300434	金石东方	65.4514
48	000688	国城矿业	67.3611	89	000948	南天信息	65.2778
48	000968	蓝焰控股	67.3611	89	000963	华东医药	65.2778
48	300351	永贵电器	67.3611	89	000982	*ST 中绒	65.2778
52	002212	南洋股份	67.1875	89	002344	海宁皮城	65.2778

续表

排名	代码	公司简称	指数值	排名	代码	公司简称	指数值
89	002381	双箭股份	65.2778	95	300105	龙源技术	64.9306
89	002444	巨星科技	65.2778	95	300473	德尔股份	64.9306
95	000090	天健集团	64.9306	95	600233	圆通速递	64.9306
95	000537	广宇发展	64.9306	95	600851	海欣股份	64.9306
95	000925	众合科技	64.9306	95	601088	中国神华	64.9306
95	002441	众业达	64.9306	95	601881	中国银河	64.9306
95	002574	明牌珠宝	64.9306	95	603018	中设集团	64.9306

注：因存在指数值相同的公司，故前100家公司实际是106家公司。

从表18－4可以看出，2016年中国上市公司自愿性信息披露指数前三名是中泰化学（76.0417）、盐湖股份（74.4792）和神火股份（73.7847），分数都超过了70分。有11家公司连续出现在近两年的前100名中，分别是盐湖股份、金禾实业、深物业A、闽东电力、许继电气、富临精工、电科院、南洋股份、云南白药、华东医药、天健集团；有5家公司连续出现在近三年的前100名中，分别是盐湖股份、闽东电力、电科院、南洋股份、天健集团。

从地区看，前100名（实为前106名）公司中，东部、中部、西部和东北分别有66家、15家、19家和6家，分别占所在地区上市公司总数的3.09%、3.46%、4.40%和4.08%。从相对值（占比）看，西部上市公司自愿性信息披露水平是较高的。从行业看，制造业（C），信息传输、软件和信息技术服务业（I），采矿业（B），金融业（J），交通运输、仓储和邮政业（G），分别有49家、10家、7家、7家和6家，分别占所在行业全部上市公司数的2.51%、4.29%、9.46%、9.09%和6.67%。从相对值看，采矿业上市公司自愿性信息披露较好。从控股类型看，国有控股公司有48家，非国有控股公司有58家，分别占同类公司总数的4.55%和2.77%。从相对值看，国有控股公司自愿性信息披露好于非国有控股公司。在48家国有控股公司中，中央企业控股的公司有18家，地方国企控股的公司有30家，分别占全部央企控股和地方国企控股上市公司总数的4.79%和4.42%。从相对值看，央企控股的上市公司自愿性信息披露表现较好。从上市板块来看，深市主板（不含中小企业板）、深市中小企业板、深市创业板和沪市主板分别有38家、21家、26家和21家，分别占所在板块全部上市公司数的8.30%、2.50%、4.22%和1.70%。从相对值看，深市主板（不含中小企业板）上市公司自愿性信息披露表现较好。

图18－2为前100名上市公司自愿性信息披露指数分布情况。可以看出，前100名

（实为前106名）上市公司自愿性信息披露指数分布比较平坦，除了前19名外，其他87家公司都处于64.9～69.8分的区间内。

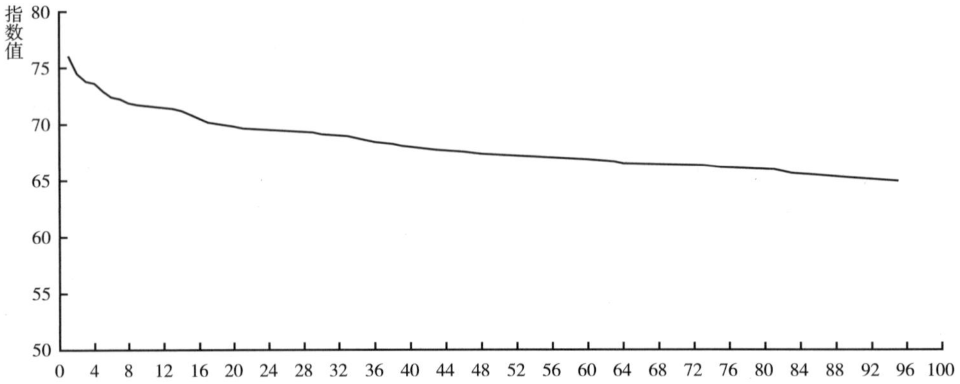

图18－2　2017年上市公司自愿性信息披露指数分布—前100名

18.2　分地区自愿性信息披露指数比较

按照东部、中部、西部、东北的地区划分，对各地区上市公司的自愿性信息披露指数进行比较，结果参见表18－5。

表18－5　2017年不同地区上市公司自愿性信息披露指数比较

排名	地区	公司数目	平均值	中位值	最大值	最小值	标准差
1	西部	432	50.2902	49.7396	76.0417	27.9514	7.9631
2	中部	433	49.6468	49.6528	73.7847	20.8333	8.1656
3	东部	2135	49.4673	49.4792	72.2222	21.3542	7.8883
4	东北	147	48.3052	47.7431	72.3958	27.4306	8.6282
	总体	3147	49.5507	49.4792	76.0417	20.8333	7.9828

由表18－5可见，各地区上市公司自愿性信息披露指数平均值由大到小分别为西部、中部、东部和东北。西部和中部上市公司自愿性信息披露指数均值高于总体均值，东部和东北地区上市公司自愿性信息披露指数均值低于总体均值。

图18－3展示了不同地区上市公司自愿性信息披露指数分布。可以看出，西部、中部和东部地区的上市公司自愿性信息披露指数均值差异较小，东北地区的上市公司自愿性信息披露指数明显低于其他三个地区。

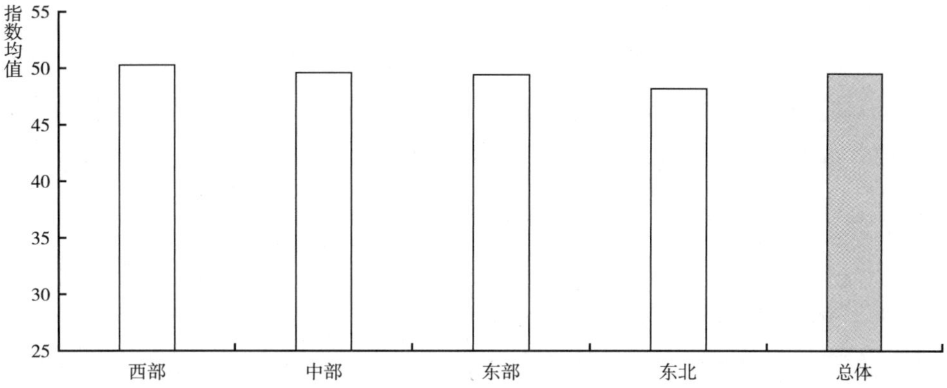

图 18－3　2017 年不同地区上市公司自愿性信息披露指数比较

18.3　分行业自愿性信息披露指数比较

用各个行业内的上市公司自愿性信息披露指数的平均值来代表各个行业的上市公司自愿性信息披露指数，然后将各行业的上市公司自愿性信息披露指数均值按照从高到低的顺序进行排名，结果见表 18－6。

表 18－6　2017 年不同行业上市公司自愿性信息披露指数比较

排名	行业名称	公司数目	平均值	中位值	最大值	最小值	标准差
1	住宿和餐饮业(H)	9	52.0640	51.3889	58.1597	46.7014	3.5395
2	文化、体育和娱乐业(R)	48	51.9459	50.8681	71.8750	29.3403	8.5863
3	金融业(J)	77	51.5602	52.6042	71.7014	32.8125	9.3579
4	采矿业(B)	74	51.5531	50.9549	68.0556	32.4653	8.7486
5	水利、环境和公共公共设施管理业(N)	40	51.0937	50.2604	69.6181	30.0347	8.2471
6	交通运输、仓储和邮政业(G)	90	51.0822	50.0868	67.7083	32.4653	7.8281
7	教育(P)	4	50.9983	51.2153	56.9444	44.6181	5.7099
8	信息传输、软件和服务业(I)	233	50.9075	50.8681	71.3542	30.0347	7.8021
9	科学研究和技术服务业(M)	32	50.6782	51.3889	67.5347	31.7708	7.9946
10	建筑业(E)	90	50.5035	50.2604	66.3194	31.2500	7.7841
11	电力、热力、燃气及水生产和供应业(D)	103	49.6494	50.0000	71.5278	30.3819	8.7974
12	房地产业(K)	125	49.6139	49.3056	71.1806	32.2917	7.5585
13	农、林、牧、渔业(A)	42	49.5453	49.0451	64.5833	33.1597	8.1335
14	制造业(C)	1949	49.2309	49.3056	76.0417	20.8333	7.8310
15	租赁和商务服务业(L)	42	48.5946	49.2188	67.0139	34.3750	8.0735
16	综合(S)	23	47.7732	47.9167	61.2847	33.1597	6.8266
17	卫生和社会工作(Q)	8	47.2222	49.4792	57.2917	32.2917	8.1837
18	批发和零售业(F)	158	47.1530	47.0486	71.5278	29.5139	7.7981
	总体	3147	49.5507	49.4792	76.0417	20.8333	7.9828

从表 18－6 可以看出，在 18 个行业中，有 12 个行业的自愿性信息披露指数均值高于总体均值，这 12 个行业的行业最大均值与总体均值之间的绝对差距为 2.5133，其他 6 个行业的自愿性信息披露指数均值低于总体均值，总体均值与这 6 个行业的最小均值之间的绝对差距为 2.3977。显然高分区上市公司自愿性信息披露的内部差距略大于低分区行业。上市公司自愿性信息披露水平最好的三个行业是住宿和餐饮业（H），文化、体育和娱乐业（R），金融业（J）；自愿性信息披露水平最差的三个行业是批发和零售业（F），卫生和社会工作（Q），综合（S）。

图 18－4 进一步显示了行业间上市公司自愿性信息披露水平的差别。可以看出，各行业上市公司自愿性信息披露指数均值集中在［45，55］这一范围内，信息披露水平整体而言较为稳定。

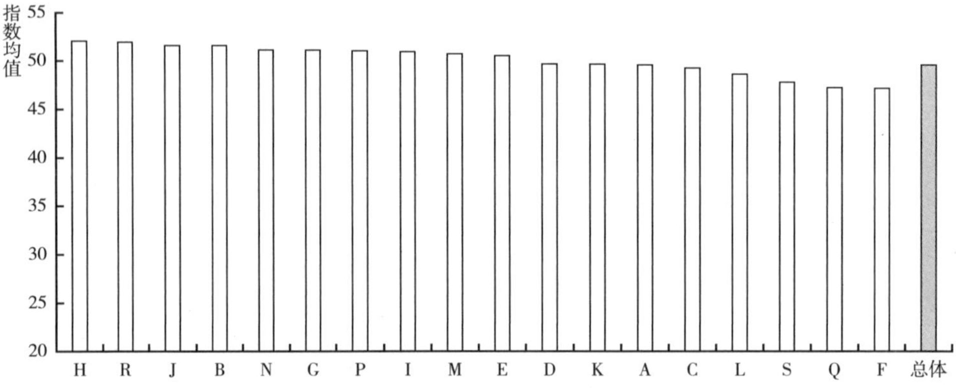

图 18－4 2017 年不同行业上市公司自愿性信息披露指数比较

18.4 分上市板块自愿性信息披露指数比较

中国上市板块可以划分为深市主板（不含中小企业板）、深市中小企业板、深市创业板和沪市主板，对这四个板块的上市公司自愿性信息披露指数进行比较分析，结果参见表 18－7。

表 18－7 2017 年不同板块上市公司自愿性信息披露指数比较

排名	上市板块	公司数目	平均值	中位值	最大值	最小值	标准差
1	深市主板(不含中小企业板)	458	52.7827	52.4306	74.4792	29.6875	8.1150
2	深市创业板	616	51.7443	51.5625	71.8750	30.0347	7.4395
3	深市中小企业板	841	50.4395	50.6944	76.0417	27.0833	7.1677
4	沪市主板	1232	46.6456	46.7014	72.3958	20.8333	7.7642
	总体	3147	49.5507	49.4792	76.0417	20.8333	7.9828

由表 18 - 7 可知，不同板块的上市公司自愿性信息披露指数存在一定差异。深市主板（不含中小企业板）上市公司的自愿性信息披露指数均值最高，最低的是沪市主板。总体来看，沪市上市公司自愿性信息披露水平远低于深市上市公司，这需要引起沪市和监管机构注意。

图 18 - 6 更直观地反映了不同板块上市公司自愿性信息披露指数的差异。

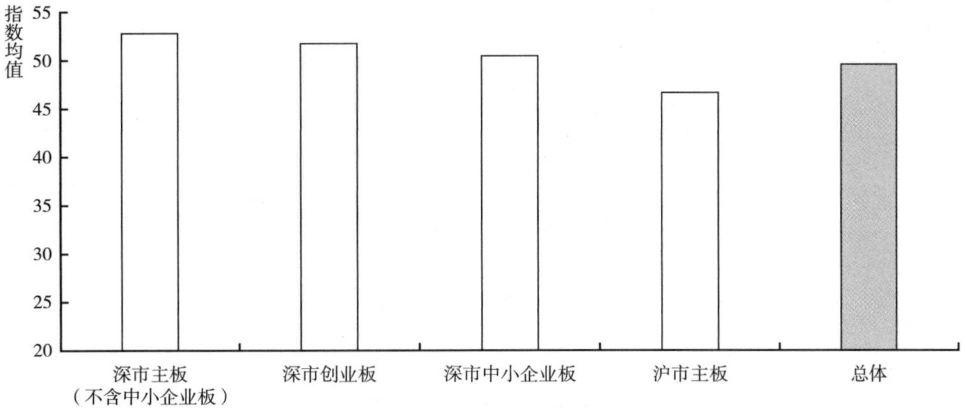

图 18 - 5　2017 年不同板块上市公司自愿性信息披露指数比较

18.5　本章小结

本章分别从总体、地区、行业及上市板块方面对 2017 年上市公司自愿性信息披露指数进行了比较与分析，主要结论如下。

（1）从总体看，2017 年上市公司自愿性信息披露指数最大值为 76.0417，最小值为 20.8333，平均值为 49.5507，总体水平偏低。79.30% 的上市公司自愿性信息披露指数分值集中在［40，60）这个区间。超过 60 分的有 306 家，占样本上市公司总数的 9.72%。

（2）从地区看，上市公司自愿性信息披露指数均值由大到小依次为西部（50.2902）、中部（49.6468）、东部（49.4673）和东北（48.3052）。东北略低于其他三个地区。

（3）从行业看，上市公司自愿性信息披露水平最好的三个行业是住宿和餐饮业（H），文化、体育和娱乐业（R），金融业（J）；自愿性信息披露水平最差的三个行业是批发和零售业（F），卫生和社会工作（Q），综合（S）。不同行业有一定差距。

（4）从上市板块看，上市公司自愿性信息披露指数均值从高到低依次是深市主板（不含中小企业板）、深市创业板、深市中小企业板、沪市主板。沪市主板上市公司自愿性信息披露水平远低于深市上市公司。

第19章　自愿性信息披露分项指数排名及比较

第18章从总体上对中国上市公司自愿性信息披露指数做了排名，并从地区、行业、上市板块等方面进行了比较分析。本章按照对自愿性信息披露指数四个维度的划分，即把自愿性信息披露指数分解为治理结构、治理效率、利益相关者、风险控制四个分项指数，对这四个分项指数进行排名和比较分析。

19.1　自愿性信息披露分项指数总体比较

本报告的上市公司自愿性信息披露指数指标体系包括四个维度（即一级指标），即治理结构、治理效率、利益相关者和风险控制，从而形成四个自愿性信息披露分项指数，这四个分项指数的描述性统计参见表19－1。

表19－1　2017年上市公司自愿性信息披露分项指数描述性统计

分项指数	公司数目	平均值	中位值	最大值	最小值	标准差
治理结构	3147	44.7510	43.7500	100.0000	12.5000	16.1587
治理效率	3147	54.8101	56.2500	81.2500	0.0000	8.7087
利益相关者	3147	51.3214	50.0000	100.0000	0.0000	19.9199
风险控制	3147	47.3202	44.4444	88.8889	11.1111	12.1846

从表19－1可以看出，2017年上市公司自愿性信息披露各分项指数的平均值都没有超过60分的及格线。治理效率分项指数均值最高，平均值为54.8101；治理结构分项指数均值最低，为44.7510。治理效率分项指数与其余三个分项指数有较大差距，但仍然都处于较低水平。从标准差来看，四个分项指数的标准差都比较大，说明上市公司

在每个分项指数上的差异都比较大，其中利益相关者分项指数的标准差要远高于其他三项，说明各上市公司之间在利益相关者自愿性信息披露方面的差异大于其他三个分项指数。

图 19－1 可以更直观地反映四个分项指数均值的情况。

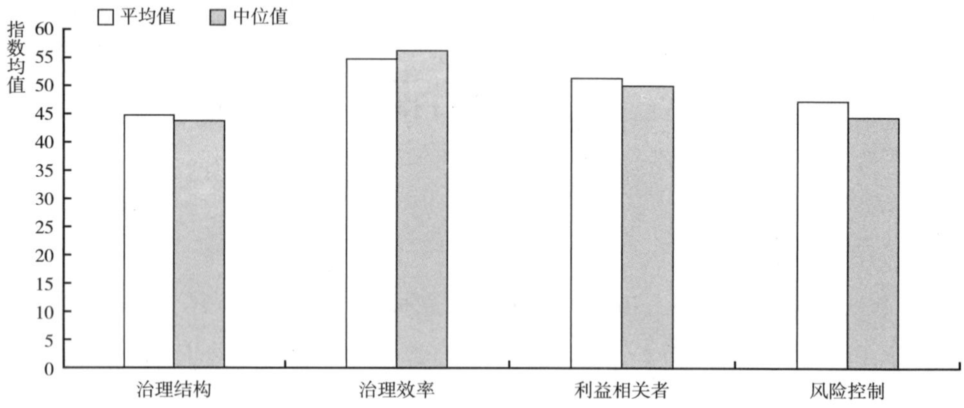

图 19－1　2017 年上市公司自愿性信息披露分项指数比较

需要注意的是，由于各分项指数指标的数量和赋值不同，四个分项指数的可比性有限。例如，治理效率自愿性信息披露分项指数高于其他三个分项指数，但这并不足以说明上市公司的治理效率是较高的，因为信息披露并不是治理效率的全部，况且本报告的自愿性信息披露并未涉及真实性和及时性问题。

19.2　自愿性信息披露治理结构分项指数排名及比较

治理结构方面的自愿性信息披露重在评价公司治理机关以及成员方面的信息披露情况。本节主要对自愿性信息披露治理结构分项指数进行比较分析。

19.2.1　治理结构分项指数总体分布

通过对 3147 家上市公司治理结构方面的自愿性信息披露进行评价，我们得出了每家上市公司自愿性信息披露治理结构分项指数，并进行了排名。按照每 10 分一个区间，可以将自愿性信息披露治理结构分项指数划分为 10 个区间段，每个区间段的公司数目和所占比重参见表 19－2。

表 19-2　2017 年上市公司自愿性信息披露治理结构分项指数分布情况

指数区间	公司数目	占比(%)	累计占比(%)
[0,10)	0	0	0
[10,20)	237	7.53	7.53
[20,30)	403	12.81	20.34
[30,40)	522	16.59	36.92
[40,50)	628	19.96	56.88
[50,60)	791	25.14	82.01
[60,70)	299	9.50	91.51
[70,80)	215	6.83	98.35
[80,90)	48	1.53	99.87
[90,100]	4	0.13	100.00
总体	3147	100.00	—

图 19-2 更直观地显示了自愿性信息披露治理结构分项指数的区间分布情况。

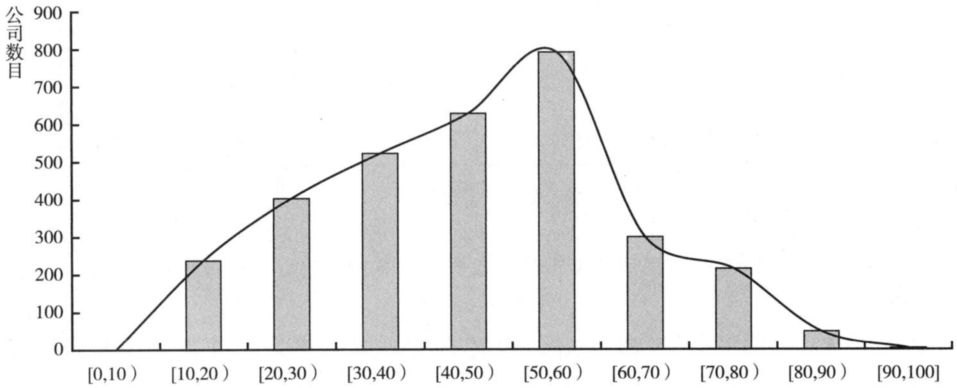

图 19-2　2017 年上市公司自愿性信息披露治理结构分项指数区间分布

从表 19-2 和图 19-2 可以看出，2017 年上市公司自愿性信息披露治理结构分项指数分布较为分散，很不规则。其中得分在［20，70）区间的公司最多，为 2643 家，占总体的 83.98%。低于 60 分的公司为 2581 家，占总样本的 82.01%，这说明绝大多数上市公司在治理结构方面的自愿性信息披露水平较差。

19.2.2　分地区治理结构分项指数比较

以各地区上市公司自愿性信息披露治理结构分项指数的平均值来代表各个地区的上市公司自愿性信息披露治理结构分项指数，按照东部、中部、西部和东北四个地区对上市公司自愿性信息披露治理结构分项指数进行排序比较，结果参见表 19-3。

表 19－3　2017 年不同地区上市公司自愿性信息披露治理结构分项指数比较

排名	地区	公司数目	平均值	中位值	最大值	最小值	标准差
1	东部	2135	45.3601	43.7500	100.0000	12.5000	16.3072
2	中部	433	43.6778	43.7500	81.2500	12.5000	15.2708
3	西部	432	43.6777	43.7500	87.5000	12.5000	16.1289
4	东北	147	42.2194	43.7500	81.2500	12.5000	16.0481
	总体	3147	44.7510	43.7500	100.0000	12.5000	16.1587

图 19－3 更直观地显示了不同地区上市公司自愿性信息披露治理结构分项指数的差异。

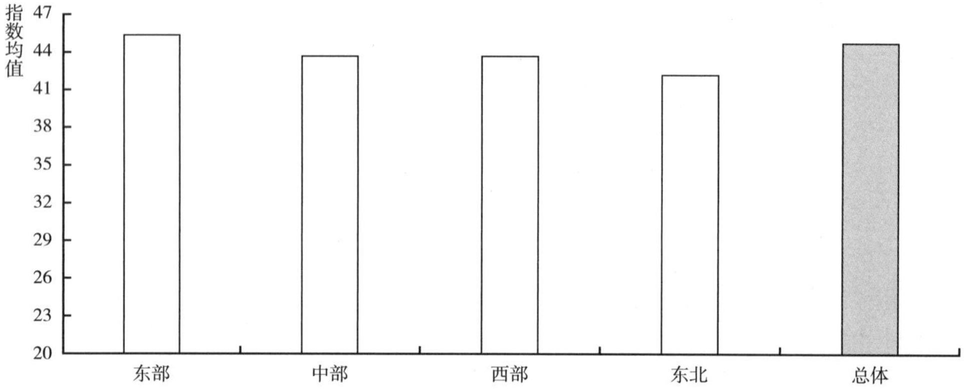

图 19－3　2017 年不同地区上市公司自愿性信息披露治理结构分项指数比较

从表 19－3 和图 19－3 可以看出，不同地区上市公司自愿性信息披露治理结构分项指数之间的绝对差异不大。东部地区上市公司自愿性信息披露治理结构分项指数均值最高，为 45.3601；东北地区上市公司自愿性信息披露治理结构分项指数均值最低，为 42.2194，略低于其他三个地区。只有东部地区上市公司自愿性信息披露治理结构分项指数均值高于总体均值。四个地区上市公司自愿性信息披露治理结构分项指数的标准差都比较大，说明各地区上市公司自愿性信息披露治理结构分项指数的内部差距较大。

19.2.3　分行业治理结构分项指数比较

用各个行业内的上市公司自愿性信息披露治理结构分项指数的平均值来代表各个行业的上市公司自愿性信息披露治理结构分项指数，然后把各个行业的上市公司自愿性信息披露治理结构分项指数均值按照由高到低的顺序进行排名，结果参见表 19－4。

表 19－4　2017 年不同行业上市公司自愿性信息披露治理结构分项指数比较

排名	行业	公司数目	平均值	中位值	最大值	最小值	标准差
1	金融业(J)	77	59.1721	56.2500	100.0000	25.0000	18.5346
2	信息传输、软件和信息技术服务业(I)	233	49.8927	50.0000	81.2500	12.5000	16.6820
3	文化、体育和娱乐业(R)	48	47.7865	50.0000	75.0000	18.7500	16.2124
4	科学研究和技术服务业(M)	32	45.1172	43.7500	93.7500	18.7500	15.9141
5	制造业(C)	1949	45.0359	43.7500	87.5000	12.5000	15.6975
6	建筑业(E)	90	43.9583	43.7500	75.0000	12.5000	15.5191
7	农、林、牧、渔业(A)	42	43.8988	43.7500	81.2500	18.7500	15.7577
8	住宿和餐饮业(H)	9	43.7500	43.7500	75.0000	25.0000	14.7314
9	水利、环境和公共设施管理业(N)	40	43.5938	43.7500	81.2500	18.7500	16.9147
10	交通运输、仓储和邮政业(G)	90	43.0556	43.7500	75.0000	12.5000	17.0895
11	教育(P)	4	42.1875	40.6250	62.5000	25.0000	17.3290
12	采矿业(B)	74	41.8074	43.7500	81.2500	12.5000	17.0677
13	卫生和社会工作(Q)	8	40.6250	37.5000	56.2500	25.0000	9.8821
14	房地产业(K)	125	40.3500	43.7500	81.2500	12.5000	14.8851
15	租赁和商务服务业(L)	42	40.1786	37.5000	75.0000	18.7500	14.4430
16	电力、热力、燃气及水生产和供应业(D)	103	40.0485	43.7500	75.0000	12.5000	14.5586
17	批发和零售业(F)	158	38.4494	37.5000	81.2500	12.5000	14.9196
18	综合(S)	23	35.0544	37.5000	56.2500	18.7500	10.7053
	总体	3147	44.7510	43.7500	100.0000	12.5000	16.1587

由表 19－4 可知，3147 家上市公司自愿性信息披露治理结构分项指数总体均值为 44.7510。其中有 5 个行业的自愿性信息披露治理结构分项指数均值高于总体均值，这 5 个行业的最大均值与总体均值之间的绝对差距为 14.4211，主要是排名第一的金融业（J）远高于其他行业，其与第二位的均值差距就高达 9.2794 分；其他 13 个行业的自愿性信息披露治理结构分项指数均值低于总体均值，总体均值与这 13 个行业的最小均值之间的绝对差距为 9.6966。显然，前 5 个行业内部的差距大于后 13 个行业。18 个行业中，排名最高的金融业（J）的自愿性信息披露治理结构分项指数均值与排名最低的综合（S）的指数均值相差 24.1177 分，相差很大。自愿性信息披露治理结构分项指数均值排名前三位的行业分别为金融业（J），信息传输、软件和信息技术服务业（I），文化、体育和娱乐业（R）；而综合（S），批发和零售业（F），电力、热力、燃气及水生产和供应业（D）则排名最后三位。

图 19－4 更直观地体现了不同行业上市公司自愿性信息披露治理结构分项指数均值的差异。可以看到，各个行业上市公司自愿性信息披露治理结构分项指数均值基本上集中在［35，50］区间，只有排名第一的金融业除外。除了排名最高和最低的两个行业外，其他行业的自愿性信息披露治理结构分项指数均值自大到小的变化比较平缓。

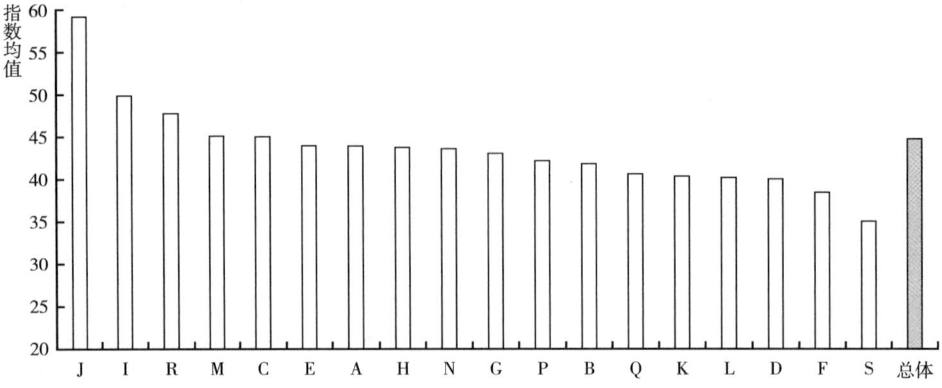

图 19－4　2017 年不同行业上市公司自愿性信息披露治理结构分项指数比较

19.2.4　分上市板块治理结构分项指数比较

按照深市主板（不含中小企业板）、深市中小企业板、深市创业板和沪市主板四个上市板块的分类，对这四个板块上市公司的自愿性信息披露治理结构分项指数进行比较分析，结果参见表 19－5。

表 19－5　2017 年不同板块上市公司自愿性信息披露治理结构分项指数比较

排名	上市板块	公司数目	平均值	中位值	最大值	最小值	标准差
1	深市创业板	616	55.4890	50.0000	93.7500	18.7500	13.5512
2	深市主板(不含中小企业板)	458	47.3663	43.7500	87.5000	12.5000	14.3062
3	深市中小企业板	841	47.3246	43.7500	87.5000	12.5000	12.5035
4	沪市主板	1232	36.6528	31.2500	100.0000	12.5000	16.1875
	总体	3147	44.7510	43.7500	100.0000	12.5000	16.1587

由表 19－5 可以看出，自愿性信息披露治理结构分项指数均值最大的是深市创业板，为 55.4890，均值最低的是沪市主板，为 36.6528，最大均值与最小均值之间的绝对差距高达 18.8362，主要是均值最低的沪市主板与其他三个板块的差距太大。从标准差来看，四个板块的标准差都比较大，均超过了 12，最大的是沪市主板，其波动幅度较大。

图 19－5 更直观地显示了四个板块上市公司自愿性信息披露治理结构分项指数的情况。可以看到，深市创业板、深市主板（不含中小企业板）和深市中小企业板三个板块的上市公司自愿性信息披露治理结构分项指数均值与沪市主板形成了明显差距。

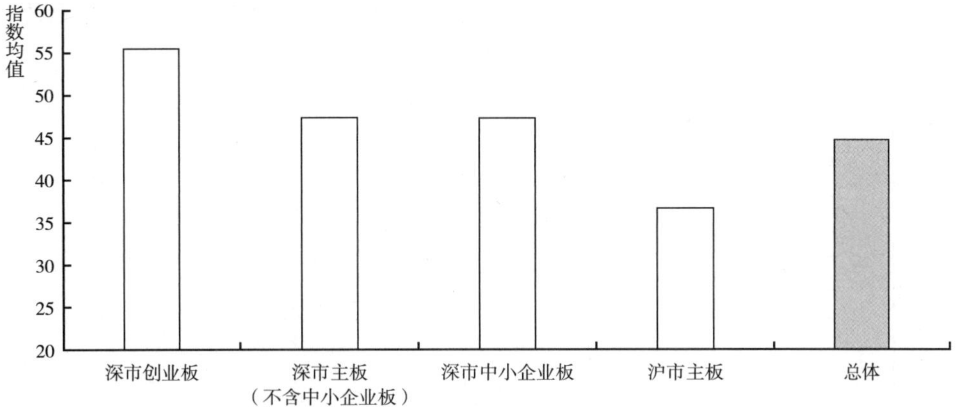

图 19 - 5　2017 年不同板块上市公司自愿性信息披露治理结构分项指数比较

19.3　自愿性信息披露治理效率分项指数排名及比较

治理效率方面的自愿性信息披露重在评价公司治理机关运作效率方面的信息披露情况。本节对治理效率分项指数进行比较分析。

19.3.1　治理效率分项指数总体分布

通过对 3147 家上市公司自愿性信息披露治理效率分项指数进行评价，我们得出了每家上市公司自愿性信息披露治理效率分项指数，并进行了排名。按照每 10 分一个区间，可以将上市公司自愿性信息披露治理效率分项指数划分为 10 个区间段，每个区间段的公司数目和所占比重参见表 19 - 6。

表 19 - 6　2017 年上市公司自愿性信息披露治理效率分项指数分布情况

指数区间	公司数目	占比(%)	累计占比(%)
[0,10)	1	0.03	0.03
[10,20)	1	0.03	0.06
[20,30)	22	0.70	0.76
[30,40)	179	5.69	6.45
[40,50)	306	9.72	16.17
[50,60)	1792	56.94	73.11
[60,70)	791	25.14	98.25
[70,80)	49	1.56	99.81
[80,90)	6	0.19	100.00
[90,100]	0	0.00	100.00
总体	3147	100.00	—

图 19－6 更直观地显示了自愿性信息披露治理效率分项指数的区间分布情况。

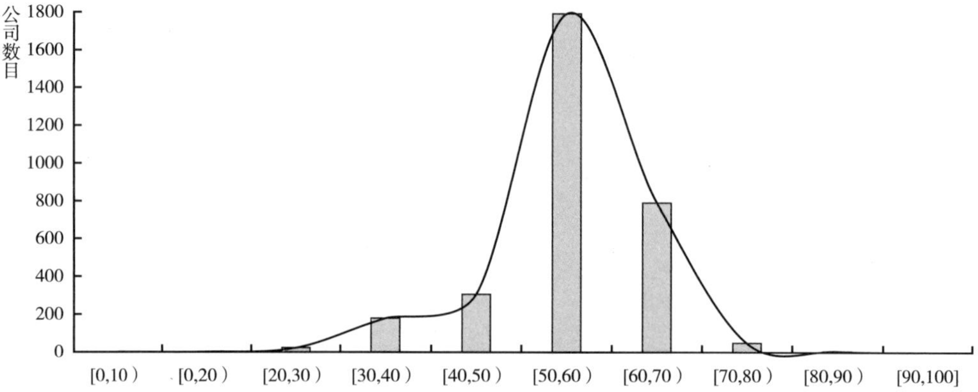

图 19－6　2017 年上市公司自愿性信息披露治理效率分项指数区间分布

从表 19－6 和图 19－6 可以看出，2017 年上市公司自愿性信息披露治理效率分项指数分布较为集中。其中得分在［40，70）区间的公司最多，为 2889 家，占总样本的 91.80%。低于 60 分的公司为 2301 家，占总样本的 73.12%；超过 60 分的公司有 846 家，占总样本的 26.88%，虽然相比上年（15.53%）有大幅度的提升，但绝大多数上市公司在治理效率方面的自愿性信息披露水平仍然较差。

19.3.2　分地区治理效率分项指数比较

按照东部、中部、西部和东北四个地区的划分，用各地区上市公司自愿性信息披露治理效率分项指数的平均值来代表各个地区的上市公司自愿性信息披露治理效率分项指数，然后把各个地区的上市公司自愿性信息披露治理效率分项指数按照由高到低的顺序进行排名，结果参见表 19－7。

表 19－7　2017 年不同地区上市公司自愿性信息披露治理效率分项指数比较

排名	地区	公司数目	平均值	中位值	最大值	最小值	标准差
1	东部	2135	55.1815	56.2500	81.2500	12.5000	8.4110
2	西部	432	54.4994	56.2500	81.2500	25.0000	8.8955
3	中部	433	53.8251	56.2500	81.2500	0.0000	9.5209
4	东北	147	53.2313	56.2500	75.0000	25.0000	9.4309
	总体	3147	54.8101	56.2500	81.2500	0.0000	8.7087

图 19－7 更直观地显示了不同地区上市公司自愿性信息披露治理效率分项指数的差异。

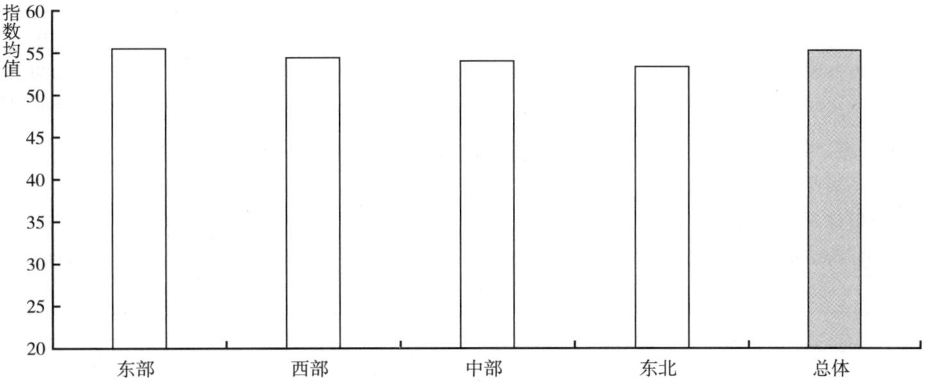

图 19-7　2017 年不同地区上市公司自愿性信息披露治理效率分项指数比较

由表 19-7 和图 19-7 可以看出，不同地区上市公司自愿性信息披露治理效率分项指数均值之间存在一定差距。东部地区分项指数均值最高，但也仅为 55.1815；东北地区治理效率分项指数均值最低，为 53.2313。从标准差上来看，四个地区的标准差比较接近，说明各地区的治理效率分项指数内部差异性相似。

19.3.3　分行业治理效率分项指数比较

用各个行业内的上市公司自愿性信息披露治理效率分项指数的平均值来代表各个行业的上市公司自愿性信息披露治理效率分项指数，然后把各个行业的上市公司自愿性信息披露治理效率分项指数按照由高到低的顺序进行排名，结果参见表 19-8。

表 19-8　2017 年不同行业上市公司自愿性信息披露治理效率分项指数比较

排名	行业	公司数目	平均值	中位值	最大值	最小值	标准差
1	教育(P)	4	62.5000	62.5000	68.7500	56.2500	6.2500
2	信息传输、软件和信息技术服务业(I)	233	57.2425	56.2500	81.2500	31.2500	7.8024
3	文化、体育和娱乐业(R)	48	57.1615	56.2500	68.7500	31.2500	8.0677
4	科学研究和技术服务业(M)	32	56.6406	56.2500	75.0000	37.5000	7.9576
5	农、林、牧、渔业(A)	42	55.8036	56.2500	81.2500	37.5000	8.2277
6	制造业(C)	1949	54.9577	56.2500	81.2500	25.0000	8.7243
7	建筑业(E)	90	54.7222	56.2500	75.0000	25.0000	8.5549
8	采矿业(B)	74	53.9696	56.2500	75.0000	0.0000	10.4570
9	水利、环境和公共设施管理业(N)	40	53.9063	56.2500	75.0000	37.5000	9.2373
10	房地产业(K)	125	53.5500	56.2500	75.0000	25.0000	8.6363
11	金融业(J)	77	53.4903	56.2500	68.7500	12.5000	9.3679
12	交通运输、仓储和邮政业(G)	90	53.4028	56.2500	68.7500	31.2500	8.4451

续表

排名	行业	公司数目	平均值	中位值	最大值	最小值	标准差
13	租赁和商务服务业（L）	42	53.2738	56.2500	68.7500	37.5000	6.9861
14	综合（S）	23	53.2609	56.2500	75.0000	43.7500	7.5698
15	电力、热力、燃气及水生产和供应业（D）	103	53.1553	56.2500	81.2500	25.0000	9.0035
16	批发和零售业（F）	158	53.0459	56.2500	75.0000	25.0000	8.1623
17	住宿和餐饮业（H）	9	52.7778	56.2500	62.5000	43.7500	5.9738
18	卫生和社会工作（Q）	8	50.0000	50.0000	62.5000	25.0000	11.2673
	总体	3147	54.8101	56.2500	81.2500	0.0000	8.7087

由表 19－8 可以看出，全部 3147 家上市公司自愿性信息披露治理效率分项指数总体均值为 54.8101，其中有 6 个行业的上市公司自愿性信息披露治理效率分项指数均值高于总体均值，这 6 个行业的行业最大均值与总体均值之间的绝对差距达到 7.6899；其他 12 个行业的上市公司自愿性信息披露治理效率分项指数均值低于总体均值，总体均值与这 12 个行业的最小均值之间的绝对差距为 4.8101。显然，后 12 个行业内部的差距小于前 6 个行业。上市公司自愿性信息披露治理效率分项指数均值排名前三位的行业分别为教育（P），信息传输、软件和信息技术服务业（I），文化、体育和娱乐业（R）；而卫生和社会工作（Q），住宿和餐饮业（H），批发和零售业（F）则排名最后三位。需要注意的是，教育（P）只有 4 家上市公司，其对实际水平的反映有限。

图 19－8 更直观地体现了不同行业上市公司自愿性信息披露治理效率分项指数均值的差异。可以看到，各个行业上市公司自愿性信息披露治理效率分项指数均值集中在区间［50，60］，行业之间的差距不是很大，分布比较平稳。

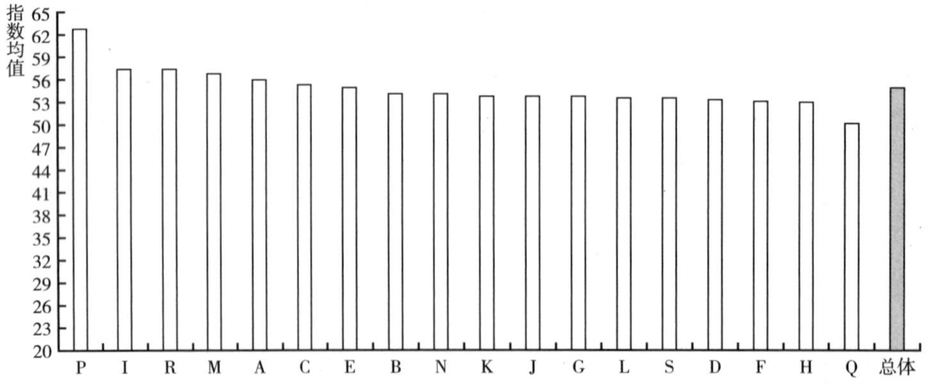

图 19－8 2017 年不同行业上市公司自愿性信息披露治理效率分项指数比较

19.3.4　分上市板块治理效率分项指数比较

按照深市主板（不含中小企业板）、深市中小企业板、深市创业板和沪市主板四个上市板块的分类，对这四个板块上市公司的自愿性信息披露治理效率分项指数进行比较分析，结果参见表 19－9 和图 19－9。

表 19－9　2017 年不同板块上市公司自愿性信息披露治理效率分项指数比较

排名	上市板块	公司数目	平均值	中位值	最大值	最小值	标准差
1	深市创业板	616	58.1169	56.2500	81.2500	31.2500	7.8066
2	深市中小企业板	841	56.9634	56.2500	81.2500	37.5000	7.4690
3	深市主板（不含中小企业板）	458	53.5207	56.2500	81.2500	25.0000	10.3032
4	沪市主板	1232	52.1662	56.2500	75.0000	0.0000	8.3348
	总体	3147	54.8101	56.2500	81.2500	0.0000	8.7087

由表 19－9 和图 19－9 可以看出，自愿性信息披露治理效率分项指数均值最大的是深市创业板，为 58.1169，比总体均值高出 3.3068 分；均值最低的是沪市主板，为 52.1662，比总体均值低 2.6439 分。4 个上市板块中，深市主板（不含中小企业板）和沪市主板没有超过总体均值。从标准差来看，4 个板块中最大的是深市主板（不含中小企业板），说明深市主板（不含中小企业板）内部差异较大。

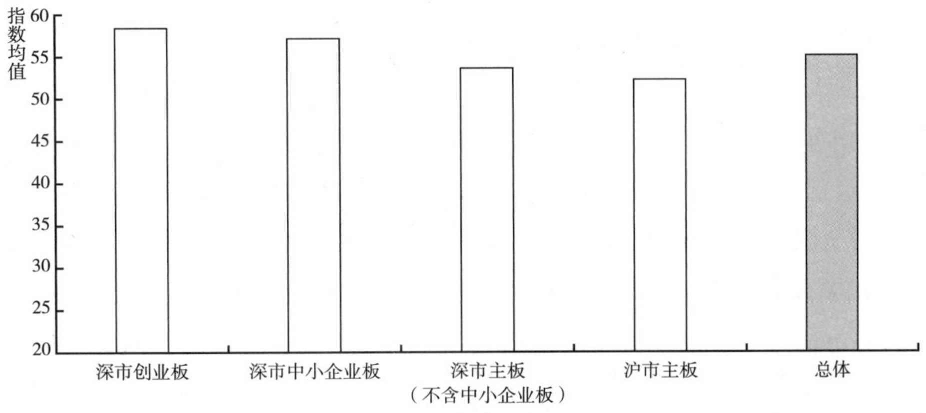

图 19－9　2017 年不同板块上市公司自愿性信息披露治理效率分项指数比较

19.4 自愿性信息披露利益相关者分项指数排名及比较

利益相关者方面的自愿性信息披露重在评价公司有关各利益相关者的信息披露情况。本节主要对利益相关者分项指数排名的各种情况进行比较和分析。

19.4.1 利益相关者分项指数总体分布

通过对3147家上市公司在利益相关者方面的自愿性信息披露进行评价，我们得出每家上市公司自愿性信息披露利益相关者分项指数，并进行了排名。按照每10分一个区间，可以将上市公司自愿性信息披露利益相关者分项指数划分为10个区间段，每个区间段的公司数目和所占比重参见表19－10。

表19－10 2017年上市公司自愿性信息披露利益相关者分项指数分布情况

指数区间	公司数目	占比(%)	累计占比(%)
[0,10)	117	3.72	3.72
[10,20)	82	2.61	6.32
[20,30)	243	7.72	14.05
[30,40)	212	6.74	20.78
[40,50)	554	17.60	38.39
[50,60)	1212	38.51	76.90
[60,70)	312	9.91	86.81
[70,80)	129	4.10	90.91
[80,90)	89	2.83	93.74
[90,100]	197	6.26	100.00
总体	3147	100.00	—

图19－10更直观地显示了自愿性信息披露利益相关者分项指数的区间分布情况。

由表19－10和图19－10可以看出，自愿性信息披露利益相关者分项指数主要分布在［40，70）区间，有公司2078家，占全部样本的66.03%，其中［50，60）区间公司数目达到1212家，占全部样本的38.51%。自愿性信息披露利益相关者分项指数超过60分的公司有727家，占23.10%。

19.4.2 分地区利益相关者分项指数比较

按照东部、中部、西部和东北四大地区的划分，用各地区上市公司自愿性信息披露利益相关者分项指数的平均值来代表各个地区的上市公司自愿性信息披露利益相关者分

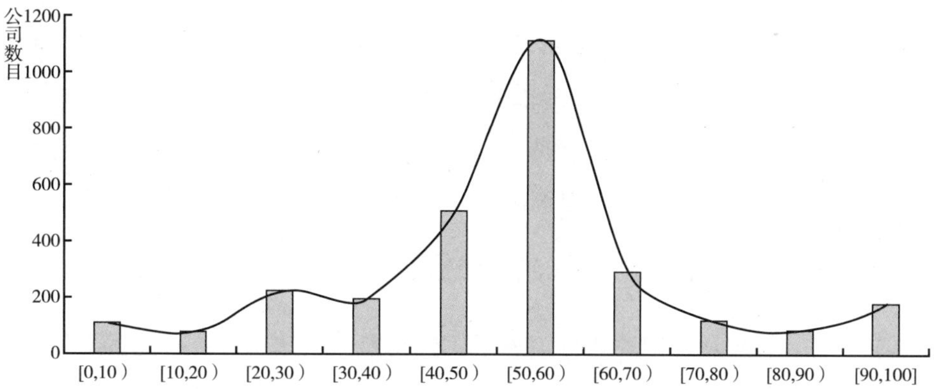

图 19－10　2017 年上市公司自愿性信息披露利益相关者分项指数区间分布

项指数，然后把各个地区的上市公司自愿性信息披露利益相关者分项指数按照由高到低的顺序进行排名，结果参见 19－11。

表 19－11　2017 年不同地区上市公司自愿性信息披露利益相关者分项指数比较

排名	地区	公司数目	平均值	中位值	最大值	最小值	标准差
1	西部	432	55.3627	58.3333	100.0000	0.0000	19.5068
2	中部	433	53.6374	50.0000	100.0000	0.0000	20.2012
3	东北	147	51.4739	50.0000	100.0000	0.0000	22.2654
4	东部	2135	50.0234	50.0000	100.0000	0.0000	19.6194
	总体	3147	51.3214	50.0000	100.0000	0.0000	19.9199

图 19－11 更直观地显示了不同地区上市公司自愿性信息披露利益相关者分项指数的差异。

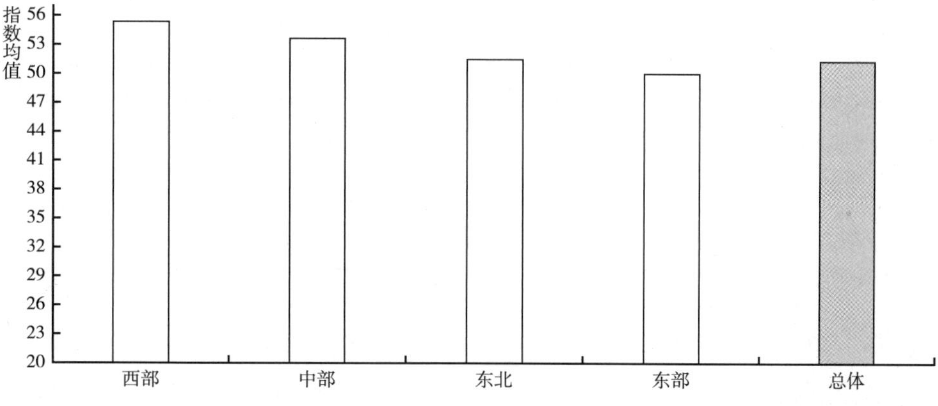

图 19－11　2017 年不同地区上市公司自愿性信息披露利益相关者分项指数比较

由表 19－11 和图 19－11 可以看出，西部地区上市公司自愿性信息披露利益相关者分项指数均值最高，为 55. 3627；东部地区上市公司自愿性信息披露利益相关者分项指数均值最低，为 50. 0234；最高与最低之间的绝对差距为 5. 3393，相差比较大；西部、中部和东北超过总体均值，只有东部低于总体均值。从标准差来看，四个地区的标准差都比较大，说明四个地区自愿性信息披露利益相关者分项指数内部差异较大。

19. 4. 3　分行业利益相关者分项指数比较

各行业上市公司在利益相关者方面的自愿性信息披露水平存在一定的差距。我们用各个行业内的上市公司自愿性信息披露利益相关者分项指数的平均值来代表各个行业的上市公司自愿性信息披露利益相关者分项指数，然后把各个行业的上市公司自愿性信息披露利益相关者分项指数按照由高到低的顺序进行排名，具体排名结果见表 19－12。

表 19－12　2017 年不同行业上市公司自愿性信息披露利益相关者分项指数比较

	行业	公司数目	平均值	中位值	最大值	最小值	标准差
1	住宿和餐饮业(H)	9	64. 8148	75. 0000	83. 3333	41. 6667	15. 6040
2	电力、热力、燃气及水生产和供应业(D)	103	60. 5178	58. 3333	100. 0000	8. 3333	19. 9433
3	采矿业(B)	74	59. 9099	58. 3333	100. 0000	8. 3333	18. 2098
4	水利、环境和公共设施管理业(N)	40	58. 9583	58. 3333	100. 0000	25. 0000	17. 5186
5	房地产业(K)	125	57. 5333	58. 3333	100. 0000	0. 0000	18. 7801
6	交通运输、仓储和邮政业(G)	90	57. 5000	58. 3333	91. 6667	8. 3333	17. 5264
7	文化、体育和娱乐业(R)	48	57. 1181	50. 0000	100. 0000	16. 6667	19. 0174
8	综合(S)	23	55. 4348	58. 3333	91. 6667	25. 0000	16. 5956
9	科学研究和技术服务业(M)	32	54. 9479	58. 3333	91. 6667	0. 0000	22. 0341
10	农、林、牧、渔业(A)	42	53. 7698	58. 3333	100. 0000	8. 3333	20. 6702
11	租赁和商务服务业(L)	42	53. 5714	58. 3333	100. 0000	8. 3333	23. 6503
12	建筑业(E)	90	53. 5185	58. 3333	100. 0000	8. 3333	22. 7702
13	卫生和社会工作(Q)	8	53. 1250	54. 1667	66. 6667	33. 3333	9. 2585
14	教育(P)	4	52. 0833	54. 1667	58. 3333	41. 6667	6. 9096
15	信息传输、软件和信息技术服务业(I)	233	51. 4306	50. 0000	100. 0000	0. 0000	17. 8508
16	批发和零售业(F)	158	49. 8945	50. 0000	100. 0000	0. 0000	18. 3004
17	制造业(C)	1949	49. 4527	50. 0000	100. 0000	0. 0000	19. 9405
18	金融业(J)	77	46. 1039	50. 0000	100. 0000	8. 3333	18. 9737
	总体	3147	51. 3214	50. 0000	100. 0000	0. 0000	19. 9199

由表 19－12 可知，全部 3147 家上市公司的自愿性信息披露利益相关者分项指数总体均值为 51. 3214。其中，有 15 个行业的上市公司自愿性信息披露利益相关者分项指数均值高于总体均值，这 15 个行业的行业最大均值与总体均值之间的绝对差距为

13.4934；其他3个行业的上市公司自愿性信息披露利益相关者分项指数均值低于总体均值，总体均值与这3个行业的最小均值之间的绝对差距为5.2175。后3个行业内部的差距小于前15个行业。排名前三位的行业是住宿和餐饮业（H），电力、热力、燃气及水生产和供应业（D），采矿业（B），排名后三位的行业是金融业（J）、制造业（C）、批发和零售业（F）。

图19－12更直观地显示了不同行业上市公司自愿性信息披露利益相关者分项指数均值的差异。可以看到，排名第一的住宿和餐饮业（H）与排名第二的电力、热力、燃气及水生产和供应业（D）之间差距较大，排名最后的金融业（J）与其他行业差别较大，其余上市公司自愿性信息披露利益相关者分项指数的变化比较平缓。

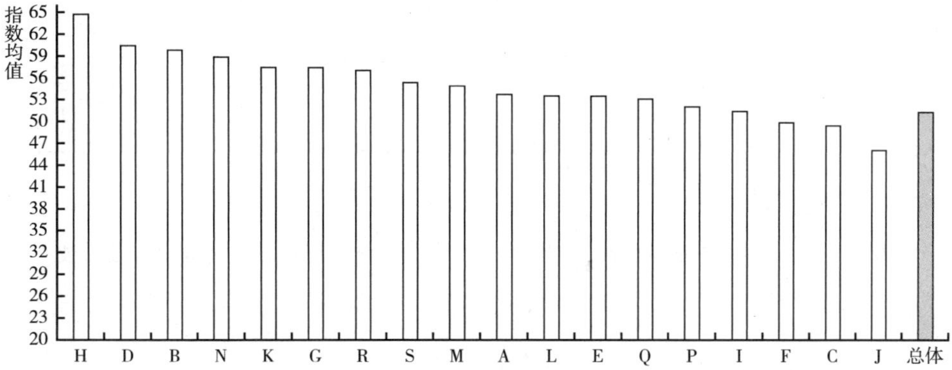

图19－12　2017年不同行业上市公司自愿性信息披露利益相关者分项指数比较

19.4.4　分上市板块利益相关者分项指数比较

按照深市主板（不含中小企业板）、深市中小企业板、深市创业板和沪市主板四个上市板块的分类，对这四个板块上市公司的自愿性信息披露利益相关者分项指数进行比较分析，结果参见表19－13和图19－13。

表19－13　2017年不同板块上市公司自愿性信息披露利益相关者分项指数比较

排名	上市板块	公司数目	平均值	中位值	最大值	最小值	标准差
1	深市主板(不含中小企业板)	458	63.8100	58.3333	100.0000	8.3333	21.8031
2	深市中小企业板	841	50.1585	50.0000	100.0000	0.0000	19.8831
3	沪市主板	1232	49.3642	50.0000	100.0000	0.0000	16.6816
4	深市创业板	616	47.5379	50.0000	100.0000	0.0000	20.9203
	总体	3147	51.3214	50.0000	100.0000	0.0000	19.9199

由表 19－13 可以看到，只有深市主板（不含中小企业板）明显高于总体均值，深市中小企业板、沪市主板和深市创业板则低于总体均值。其中，深市主板（不含中小企业板）上市公司自愿性信息披露利益相关者分项指数均值最高，为 63.8100；深市创业板上市公司自愿性信息披露利益相关者分项指数最低，为 47.5379，低于其他三个板块，也远远低于总体均值。

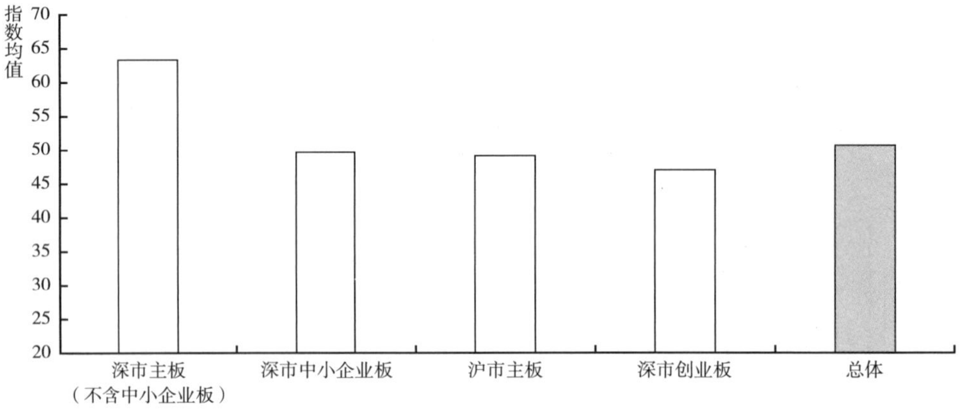

图 19－13　2017 年不同板块上市公司自愿性信息披露利益相关者分项指数比较

19.5　自愿性信息披露风险控制分项指数排名及比较

风险控制方面的自愿性信息披露重在评价公司对各利益相关者公开公司风险及其控制方面的信息披露情况。本节对风险控制分项指数进行比较分析。

19.5.1　风险控制分项指数总体分布

通过对 3147 家上市公司在风险控制方面的自愿性信息披露进行评价，我们得出了每家上市公司的自愿性信息披露风险控制分项指数，并进行了排名。按照每 10 分一个区间，可以将上市公司自愿性信息披露风险控制分项指数划分为 10 个区间段，每个区间段的公司数目和所占比重参见表 19－14。

图 19－14 更直观地显示了自愿性信息披露风险控制分项指数的区间分布情况。

从表 19－14 和图 19－14 可以看出，2017 年上市公司自愿性信息披露风险控制分项指数分布较为集中。其中［30，60）区间的上市公司最多，有 2580 家，占总样本的 81.98%。超过 60 分的公司仅有 338 家，占总样本的 10.74%，这说明绝大多数上市公司在风险控制方面的自愿性信息披露方面水平很低，或者说，公司披露自身风险信息的意愿很低。

表 19 – 14　2017 年上市公司自愿性信息披露风险控制分项指数分布情况

指数区间	公司数目	占比(%)	累计占比(%)
[0,10)	0	0.00	0.00
[10,20)	14	0.44	0.44
[20,30)	215	6.83	7.28
[30,40)	535	17.00	24.28
[40,50)	938	29.81	54.08
[50,60)	1107	35.18	89.26
[60,70)	308	9.79	99.05
[70,80)	29	0.92	99.97
[80,90)	1	0.03	100.00
[90,100]	0	0.00	100.00
总体	3147	100.00	—

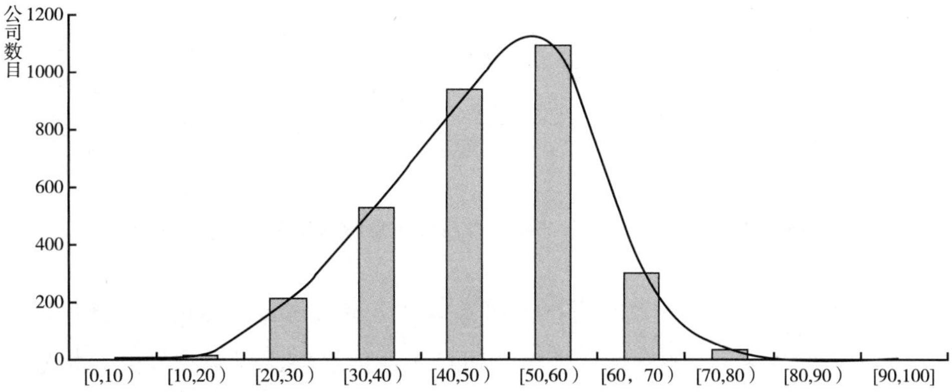

图 19 – 14　2017 年上市公司自愿性信息披露风险控制分项指数区间分布

19.5.2　分地区风险控制分项指数比较

按照东部、中部、西部和东北四个地区的划分，用各地区上市公司自愿性信息披露风险控制分项指数的平均值来代表各个地区上市公司自愿性信息披露风险控制分项指数，然后把各个地区上市公司自愿性信息披露风险控制分项指数按照由高到低的顺序进行排名，结果参见表 19 – 15。

表 19－15　2017 年不同地区上市公司自愿性信息披露风险控制分项指数比较

排名	地区	公司数目	平均值	中位值	最大值	最小值	标准差
1	西部	432	47.6209	44.4444	77.7778	11.1111	11.8087
2	中部	433	47.4468	44.4444	77.7778	16.6667	12.6516
3	东部	2135	47.3042	44.4444	88.8889	11.1111	12.2233
4	东北	147	46.2963	44.4444	66.6667	22.2222	11.2114
	总体	3147	47.3202	44.4444	88.8889	11.1111	12.1846

图 19－15 可以更直观地看出四个地区上市公司自愿性信息披露风险控制分项指数的差异。

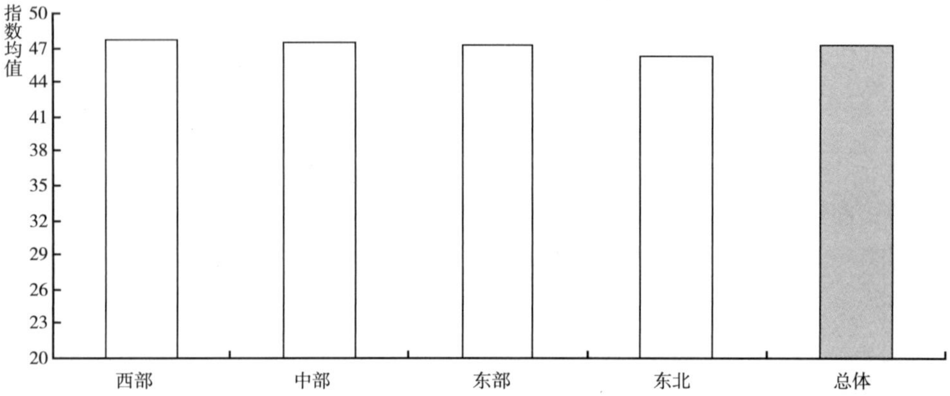

图 19－15　2017 年不同地区上市公司自愿性信息披露风险控制分项指数比较

由表 19－15 和图 19－15 可以看出，西部地区上市公司自愿性信息披露风险控制分项指数均值最高，为 47.6209；东北上市公司自愿性信息披露风险控制分项指数均值最低，为 46.2963。四个地区中，西部和中部地区的风险控制分项指数均值超过了总体均值，其他两个地区均未超过。总体来看，四个地区的上市公司自愿性信息披露风险控制分项指数均值差别不大。

19.5.3　分行业风险控制分项指数比较

用各个行业上市公司自愿性信息披露风险控制分项指数的平均值来代表各个行业的上市公司自愿性信息披露风险控制分项指数，然后把各个行业的上市公司自愿性信息披露风险控制分项指数按照由高到低的顺序进行排名，结果参见表 19－16。

表 19－16　2017 年不同行业上市公司自愿性信息披露风险控制分项指数比较

排名	行业	公司数目	平均值	中位值	最大值	最小值	标准差
1	采矿业(B)	74	50.5255	55.5556	77.7778	11.1111	12.8895
2	交通运输、仓储和邮政业(G)	90	50.3704	47.2222	77.7778	22.2222	11.8229
3	建筑业(E)	90	49.8148	55.5556	77.7778	22.2222	10.9071
4	水利、环境和公共设施管理业(N)	40	47.9167	55.5556	66.6667	16.6667	10.7358
5	制造业(C)	1949	47.4773	44.4444	88.8889	11.1111	11.9642
6	金融业(J)	77	47.4747	44.4444	77.7778	16.6667	13.2666
7	租赁和商务服务业(L)	42	47.3545	44.4444	66.6667	22.2222	11.8930
8	综合(S)	23	47.3430	44.4444	66.6667	22.2222	11.9119
9	教育(P)	4	47.2222	44.4444	55.5556	44.4444	4.8113
10	批发和零售业(F)	158	47.2222	44.4444	77.7778	22.2222	11.9375
11	房地产业(K)	125	47.0222	44.4444	77.7778	22.2222	13.0061
12	住宿和餐饮业(H)	9	46.9136	55.5556	66.6667	22.2222	13.6362
13	科学研究和技术服务业(M)	32	46.0069	44.4444	66.6667	22.2222	10.5074
14	文化、体育和娱乐业(R)	48	45.7176	44.4444	66.6667	22.2222	12.8420
15	卫生和社会工作(Q)	8	45.1389	44.4444	66.6667	22.2222	13.1578
16	信息传输、软件和信息技术服务业(I)	233	45.0644	44.4444	66.6667	11.1111	12.4125
17	电力、热力、燃气及水生产和供应业(D)	103	44.8759	44.4444	66.6667	11.1111	13.6234
18	农、林、牧、渔业(A)	42	44.7090	47.2222	66.6667	22.2222	13.3329
	总体	3147	47.3202	44.4444	88.8889	11.1111	12.1846

由表 19－16 可以看出，所有 3147 家上市公司自愿性信息披露风险控制分项指数总体均值为 47.3202。其中有 8 个行业的上市公司自愿性信息披露风险控制分项指数均值高于总体均值，这 8 个行业的行业最大均值与总体均值之间的绝对差距为 3.2053；其他 10 个行业的上市公司自愿性信息披露风险控制分项指数均值低于总体均值，总体均值与这 10 个行业的最小均值之间的绝对差距为 2.6112。显然前 8 个行业的内部差距大于后 10 个行业的内部差距。上市公司自愿性信息披露风险控制分项指数排名前三位的行业分别为采矿业（B），交通运输、仓储和邮政业（G），建筑业（E）；而农、林、牧、渔业（A），电力、热力、燃气及水生产和供应业（D），信息传输、软件和信息技术服务业（I）则排名最后三位。

图 19－16 更直观地体现了不同行业上市公司自愿性信息披露风险控制分项指数均值的差异。可以看到，排名前三位的采矿业（B），交通运输、仓储和邮政业（G），建筑业（E）相差不大，但与其他行业有一定的差距，中间部分比较平缓。

19.5.4　分上市板块风险控制分项指数比较

按照深市主板（不含中小企业板）、深市中小企业板、深市创业板和沪市主板四个

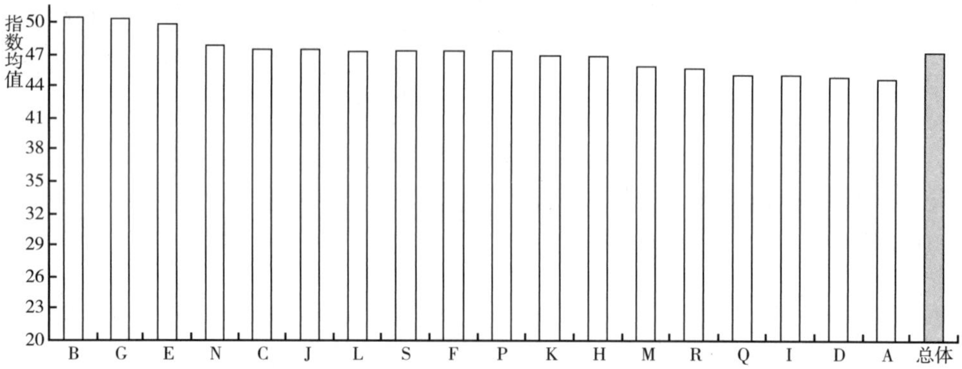

19－16　2017 年不同行业上市公司自愿性信息披露风险控制分项指数比较

上市板块的分类，对这四个板块上市公司的自愿性信息披露风险控制分项指数进行比较分析，结果参见表 19－17。

表 19－17　2017 年不同板块上市公司自愿性信息披露风险控制分项指数比较

排名	上市板块	公司数目	平均值	中位值	最大值	最小值	标准差
1	沪市主板	1232	48.3992	44.4444	77.7778	16.6667	11.9211
2	深市中小企业板	841	47.3114	44.4444	88.8889	11.1111	11.9667
3	深市主板(不含中小企业板)	458	46.4338	44.4444	77.7778	11.1111	13.1583
4	深市创业板	616	45.8333	44.4444	77.7778	11.1111	12.0365
	总体	3147	47.3202	44.4444	88.8889	11.1111	12.1846

图 19－17 更直观地显示了不同板块上市公司自愿性信息披露风险控制分项指数的情况。

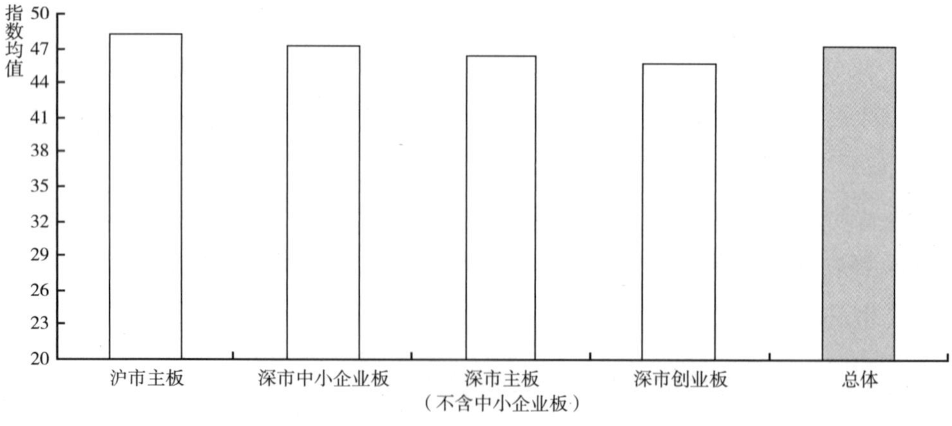

图 19－17　2017 年不同板块上市公司自愿性信息披露风险控制分项指数比较

由表19－17和图19－17可以看出，自愿性信息披露风险控制分项指数均值最大的是沪市主板，为48.3992；均值最低的是深市创业板，为45.8333，只有沪市主板略高于总体均值。从标准差看，最大的是深市主板（不含中小企业板），反映其波动幅度相对较大。

19.6　本章小结

本章从指数总体分布，以及地区、行业和上市板块四个方面，对自愿性信息披露的四个分项指数，即治理结构、治理效率、利益相关者、风险控制进行了全面分析，通过分析我们发现如下结论。

（1）从自愿性信息披露四个分项指数比较看，治理效率分项指数均值最高，治理结构分项指数均值最低。从指数分布区间看，治理结构分项指数的分布相对比较分散，其中得分在［20，70）区间的公司最多，占总体的83.98%；治理效率分项指数的分布比较集中，其中在［40，70）区间的公司数最多，占全部样本的91.80%；利益相关者分项指数的分布相对比较集中，其中分布在［40，70）区间的公司数相对较多，占全部样本的66.03%；风险控制分项指数的分布比较集中，其中分布在［30，60）区间的公司数最多，占全部样本的81.98%。四个分项指数的均值都没有超过60分，并且都具有较大差距。这说明，自愿性信息披露的四个分项指数，尤其是治理结构和风险控制方面的表现还很差。

（2）从地区来看，自愿性信息披露治理结构分项指数的均值从高到低依次是东部、中部、西部和东北地区；治理效率分项指数的均值从高到低依次是东部、西部、中部和东北地区；利益相关者分项指数的均值从高到低依次是西部、中部、东北和东部；风险控制分项指数的均值从高到低依次西部、中部、东部和东北地区。总体来看，在四个分项指数中，除利益相关者分项指数外，东北都位居最后一位。

（3）从行业来看，自愿性信息披露治理结构分项指数均值最高的前三名是金融业（J），信息传输、软件和信息技术服务业（I），文化、体育和娱乐业（R）；治理效率分项指数均值最高的前三名是教育（P），信息传输、软件和信息技术服务业（I），文化、体育和娱乐业（R）；利益相关者分项指数均值最高的前三名是住宿和餐饮业（H），电力、热力、燃气及水生产和供应业（D），采矿业（B）；风险控制分项指数均值最高的前三名是采矿业（B），交通运输、仓储和邮政业（G），建筑业（E）。总体来看，信息传输、软件和信息技术服务业（I）在治理结构和治理效率方面的自愿性信息披露表现较好；采矿业（B）在利益相关者和风险控制两个方面的自愿性信息披露表现较好。

（4）从上市板块看，自愿性信息披露治理结构分项指数的均值从高到低依次是深市创业板、深市主板（不含中小企业板）、深市中小企业板、沪市主板；治理效率分项指数的均值从高到低依次是深市创业板、深市中小企业板、深市主板（不含中小企业板）、沪市主板；利益相关者分项指数均值从高到低依次是深市主板（不含中小企业板）、深市中小企业板、沪市主板和深市创业板；风险控制分项指数均值从高到低依次是沪市主板、深市中小企业板、深市主板（不含中小企业板）和深市创业板。总体来看，除风险控制分项指数外，沪市主板在自愿性信息披露的四个分项指数上是相对较差的。

第 20 章　自愿性信息披露指数的所有制比较

根据第 1 章的控股或所有制类型划分，本章对 2017 年 3147 家样本上市公司的自愿性信息披露指数及四个分项指数从所有制角度进行比较分析，以了解国有控股公司和非国有控股公司在自愿性信息披露方面存在的异同。

20.1　自愿性信息披露指数总体的所有制比较

20.1.1　自愿性信息披露总体指数比较

不同的所有制会对上市公司自愿性信息披露产生影响，表 20－1 比较了不同所有制上市公司总体的自愿性信息披露指数，并按照均值从高到低的顺序进行了排名。

表 20－1　2017 年不同所有制上市公司自愿性信息披露指数比较

排序	所有制类型	公司数目	平均值	中位值	最大值	最小值	标准差
1	国有绝对控股公司	257	50.8302	50.1736	71.5278	30.7292	7.5543
2	国有强相对控股公司	448	50.0949	49.8264	73.6111	29.1667	8.1230
3	国有弱相对控股公司	349	49.9035	49.6528	76.0417	27.4306	8.2311
4	国有参股公司	745	49.5766	49.3056	72.2222	27.4306	7.4796
5	无国有股份公司	1348	49.0202	49.1319	72.9167	20.8333	8.1717
	总体	3147	49.5507	49.4792	76.0417	20.8333	7.9828

从表 20－1 可以看出，五类所有制公司的自愿性信息披露指数均值有一定的差异，但差异不大，最大均值和最小均值之差仅为 1.81，都没有达到及格水平。国有绝对控股公司自愿性信息披露指数的均值和中位值都是最高的；无国有股份公司自愿性信息披

露指数的均值和中位值都是最低的。从标准差来看，国有弱相对控股公司最高，国有参股公司最低，但相差也不大。

图 20－1 按照第一大股东中的国有股份比例从大到小进行了排序，从而更直观地反映了不同所有制上市公司自愿性信息披露指数均值的差异。可以发现，从总体趋势看，随着第一大股东中国有股东持股比例的降低，自愿性信息披露指数逐渐下降，即上市公司的国有持股比例越大，自愿性信息披露指数越趋于增大，这说明，国有股权的适度集中可能有利于提升自愿性信息披露水平。

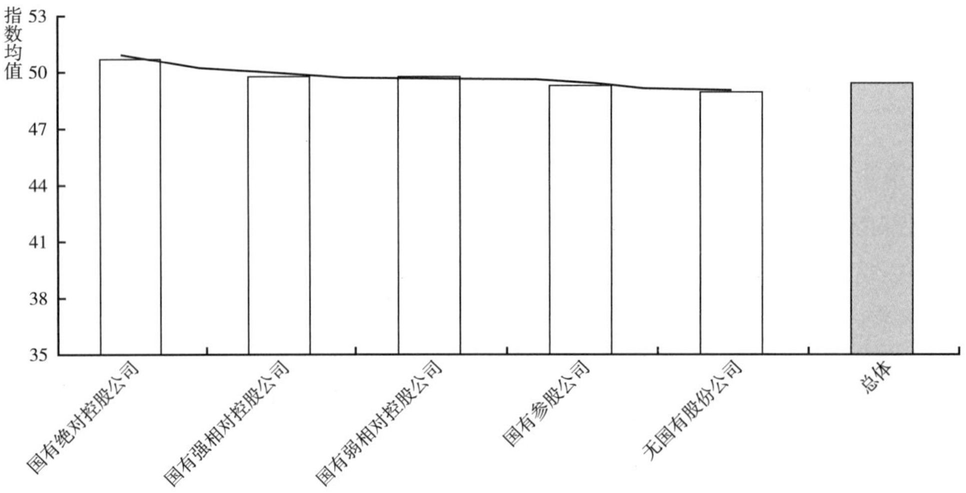

图 20－1　2017 年不同所有制上市公司自愿性信息披露指数均值比较

我们进一步将国有绝对控股公司、国有强相对控股公司和国有弱相对控股公司归类为国有控股公司，将国有参股公司和无国有股份公司归类为非国有控股公司，表 20－2 比较了国有控股公司和非国有控股公司自愿性信息披露指数的差异。

表 20－2　2017 年国有控股与非国有控股公司自愿性信息披露指数比较

排序	控股类型	公司数目	平均值	中位值	最大值	最小值	标准差
1	国有控股公司	1054	50.2108	49.8264	76.0417	27.4306	8.0328
2	非国有控股公司	2093	49.2182	49.3056	72.9167	20.8333	7.9367
	总体	3147	49.5507	49.4792	76.0417	20.8333	7.9828

从表 20－2 可知，国有控股公司与非国有控股公司的自愿性信息披露指数总体均值差距不大，前者仅高出后者 0.9926 分。自愿性信息披露指数的最大值来自国有控股公司，而最小值来自非国有控股公司。

根据实际控制人的性质，我们还可以将国有控股上市公司进一步区分为最终控制人为中央国有企业的国有控股上市公司（中央企业控股公司）和最终控制人为地方国有企业的国有控股上市公司（地方国企控股公司），表 20－3 对两类国有控股公司与最终控制人为民资股东的非国有控股公司进行了比较，并按照均值从高到低的顺序进行了排序。可以发现，中央企业控股公司自愿性信息披露指数均值略高于地方国企控股公司，两类国有控股公司自愿性信息披露指数均值都高于非国有控股公司，自愿性信息披露指数的最大值来自地方国企控股公司。

表 20－3　2017 年不同最终控制人上市公司自愿性信息披露指数比较

排序	最终控制人	公司数目	平均值	中位值	最大值	最小值	标准差
1	中央国有企业	376	50.7004	50.4340	73.6111	27.4306	7.9554
2	地方国有企业	678	49.9393	49.4792	76.0417	29.1667	8.0625
3	民资股东	2093	49.2182	49.3056	72.9167	20.8333	7.9367
	总体	3147	49.5507	49.4792	76.0417	20.8333	7.9828

20.1.2　自愿性信息披露分项指数总体比较

自愿性信息披露指数包括治理结构、治理效率、利益相关者和风险控制四个分项指数，表 20－4 对五类所有制上市公司的四个自愿性信息披露分项指数进行了比较。

表 20－4　2017 年不同所有制上市公司自愿性信息披露分项指数均值比较

所有制类型	治理结构	治理效率	利益相关者	风险控制
国有绝对控股公司	41.5856	54.1586	57.5551	50.0216
国有强相对控股公司	41.0156	53.1948	58.2775	47.8919
国有弱相对控股公司	42.4427	53.6533	56.1605	47.3575
国有参股公司	45.3104	55.2181	50.2013	47.5764
无国有股份公司	46.8843	55.5453	47.1872	46.4639
总体	44.7510	54.8101	51.3214	47.3202

从表 20－4 可以看出，五类所有制公司自愿性信息披露指数的四个分项指数的平均值均未达到及格水平，且存在大小不等的差异。图 20－2 更直观地反映了不同所有制上市公司自愿性信息披露四个分项指数均值的差异。可以发现，从总体上看，随着第一大股东中国有股比例的降低，治理结构和治理效率两个分项指数呈现先下降后上升的趋势；利益相关者分项指数呈现先上升后下降的趋势；风险控制分项指数则呈现先下降后

上升再下降的“S”形状。总体上看，无国有股份公司和国有参股公司更偏重于治理结构和治理效率方面的信息披露；国有绝对控股公司、国有强相对控股公司和国有弱相对控股公司更偏重于利益相关者方面的信息披露；国有绝对控股公司和国有强相对控股公司也较注重风险控制方面的信息披露。

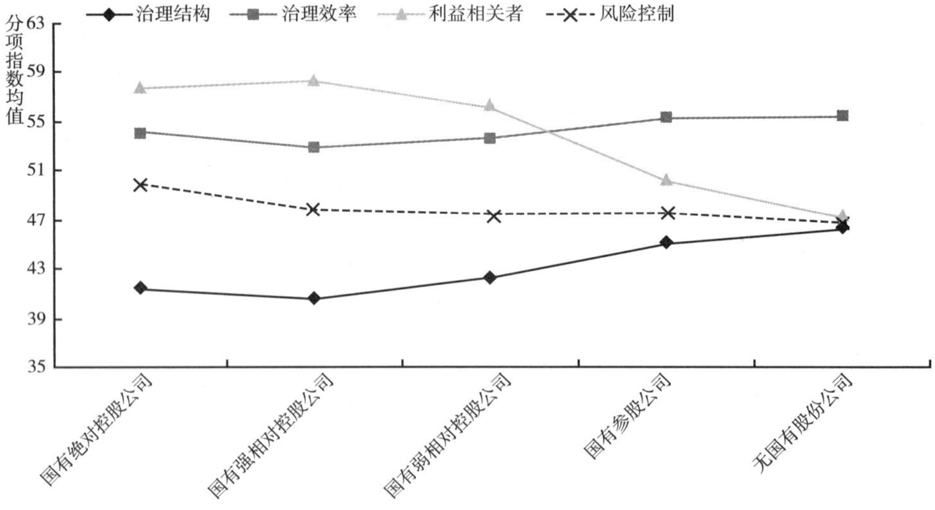

图 20－2　2017 年不同所有制上市公司自愿性信息披露分项指数变化趋势图

我们进一步将国有绝对控股公司、国有强相对控股公司和国有弱相对控股公司归类为国有控股公司，将国有参股公司和无国有股份公司归类为非国有控股公司，两类所有制上市公司自愿性信息披露分项指数均值的比较参见表 20－5 和图 20－3。可以看到，在治理结构和治理效率分项指数上，非国有控股公司自愿性信息披露具有优势；在利益相关者分项指数上，国有控股公司自愿性信息披露优势明显；在风险控制分项指数上，国有控股公司自愿性信息披露水平略高于非国有控股公司。

表 20－5　2017 年国有控股与非国有控股公司自愿性信息披露分项指数均值比较

控股类型	治理结构	治理效率	利益相关者	风险控制
国有控股公司	41.6271	53.5816	57.4004	48.2342
非国有控股公司	46.3241	55.4288	48.2601	46.8599
总体	44.7510	54.8101	51.3214	47.3202

根据实际控制人类型，再来比较中央企业控股公司和地方国企控股公司，以及二者与非国有控股公司的差别，三者的比较参见表 20－6 和图 20－4。可以看出，在治理结构和治理效率两个分项指数上，中央企业控股公司大于地方国企控股公司，但小于非国

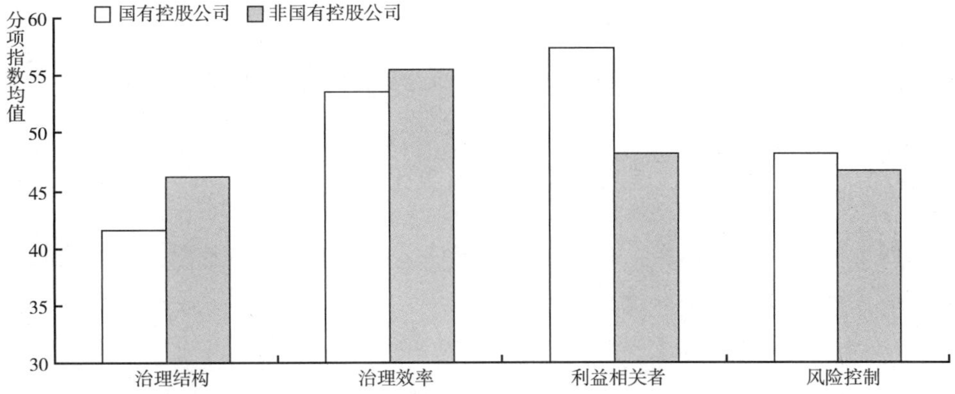

图 20－3　2017 年国有与非国有控股公司自愿性信息披露分项指数均值比较

有控股公司；在利益相关者分项指数上，中央企业控股公司高于地方国企控股公司，且明显高于非国有控股公司；在风险控制分项指数上，中央企业控股公司略低于地方国企控股公司，但都略高于非国有控股公司。

表 20－6　2017 年不同最终控制人上市公司自愿性信息披露分项指数均值比较

最终控制人	治理结构	治理效率	利益相关者	风险控制
中央国有企业	43.0519	53.7068	58.0230	48.0201
地方国有企业	40.8370	53.5122	57.0551	48.3530
民资股东	46.3241	55.4288	48.2601	46.8599
总体	44.7510	54.8101	51.3214	47.3202

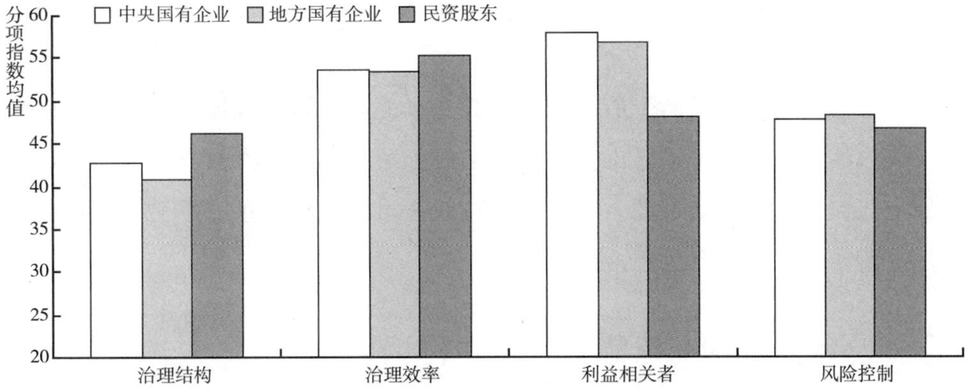

图 20－4　2017 年不同最终控制人上市公司自愿性信息披露分项指数均值比较

20.2 分地区自愿性信息披露指数的所有制比较

20.2.1 分地区自愿性信息披露总体指数比较

按照四个地区的划分标准，我们进一步统计了不同地区国有控股和非国有控股上市公司的自愿性信息披露指数（参见表20－7）。

表 20－7 2017 年不同地区国有与非国有控股公司自愿性信息披露指数比较

地区	所有制类型	公司数目	平均值	中位值	最大值	最小值	标准差
东部	国有控股公司	594	50.3437	50.1736	71.7014	29.6875	7.8871
	非国有控股公司	1541	49.1295	49.3056	72.2222	21.3542	7.8627
	总体	2135	49.4673	49.4792	72.2222	21.3542	7.8883
中部	国有控股公司	194	50.1145	50.0000	73.7847	29.1667	8.3204
	非国有控股公司	239	49.2671	48.7847	72.9167	20.8333	8.0177
	总体	433	49.6468	49.6528	73.7847	20.8333	8.1656
西部	国有控股公司	202	50.6919	49.3924	76.0417	30.2083	8.0092
	非国有控股公司	230	49.9373	49.9132	68.4028	27.9514	7.9056
	总体	432	50.2902	49.7396	76.0417	27.9514	7.9631
东北	国有控股公司	64	47.7512	47.7431	69.6181	27.4306	8.1251
	非国有控股公司	83	48.7324	47.5694	72.3958	29.1667	8.9736
	总体	147	48.3052	47.7431	72.3958	27.4306	8.6282

从表20－7可以看出，除东北地区外，其他三个地区国有控股公司的自愿性信息披露指数均值都略高于非国有控股公司。

图20－5直观地反映了四个地区国有控股上市公司与非国有控股上市公司自愿性信息披露指数均值的差异。可以看出，在国有控股公司自愿性信息披露上，西部最好，其后依次是东部和中部，东北最差。在非国有控股公司自愿性信息披露上，西部最好，其后依次是中部和东部，东北仍是最差。

20.2.2 分地区自愿性信息披露分项指数比较

接下来，我们对四个地区国有控股与非国有控股上市公司的自愿性信息披露分项指数均值进行比较分析（参见表20－8）。

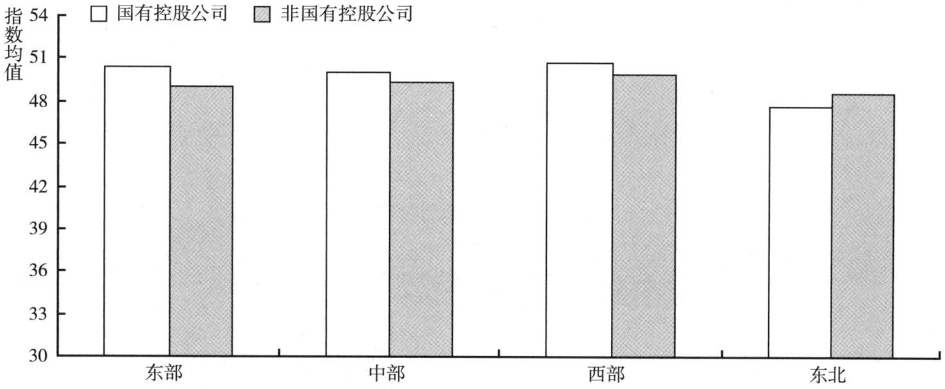

图 20－5　2017 年不同地区国有与非国有控股公司自愿性信息披露指数均值比较

表 20－8　2017 年不同地区非国有与国有控股公司自愿性信息披露分项指数均值比较

地区	所有制类型	治理结构	治理效率	利益相关者	风险控制
东部	国有控股公司	41.9718	53.9878	56.2290	49.1863
	非国有控股公司	46.6661	55.6416	47.6314	46.5787
	总体	45.3601	55.1815	50.0234	47.3042
中部	国有控股公司	42.2358	52.6095	58.6770	46.9359
	非国有控股公司	44.8483	54.8117	49.5467	47.8615
	总体	43.6778	53.8251	53.6374	47.4468
西部	国有控股公司	41.0272	53.9295	60.1485	47.6623
	非国有控股公司	46.0054	55.0000	51.1594	47.5845
	总体	43.6777	54.4994	55.3627	47.6209
东北	国有控股公司	38.4766	51.6602	55.7292	45.1389
	非国有控股公司	45.1054	54.4428	48.1928	47.1888
	总体	42.2194	53.2313	51.4739	46.2963

由表 20－8 可以看出，四个地区两类所有制上市公司自愿性信息披露在四个分项指数上并没有一致的排序。为了便于比较，我们计算出四个地区非国有控股公司自愿性信息披露四个分项指数均值与对应的国有控股公司自愿性信息披露四个分项指数均值的差值，由此可以反映四个地区两类所有制上市公司自愿性信息披露四个分项指数的差异，如图 20－6 所示。可以看出，在治理结构和治理效率两个分项指数上，四个地区都是非国有控股公司优于国有控股公司；在利益相关者分项指数上，四个地区均是国有控股公司优于非国有控股公司，且差距较大；在风险控制分项指数上，东部和西部地区是国有控股公司优于非国有控股公司，中部和东北地区是非国有控股公司优于国有控股公司。总体来看，在治理结构和治理效率分项指数上，四个地区非国有控股公司表现更为突

出；在利益相关者分项指数上，四个地区国有控股公司表现突出；在风险控制分项指数上，四个地区两类所有制公司各有所长。

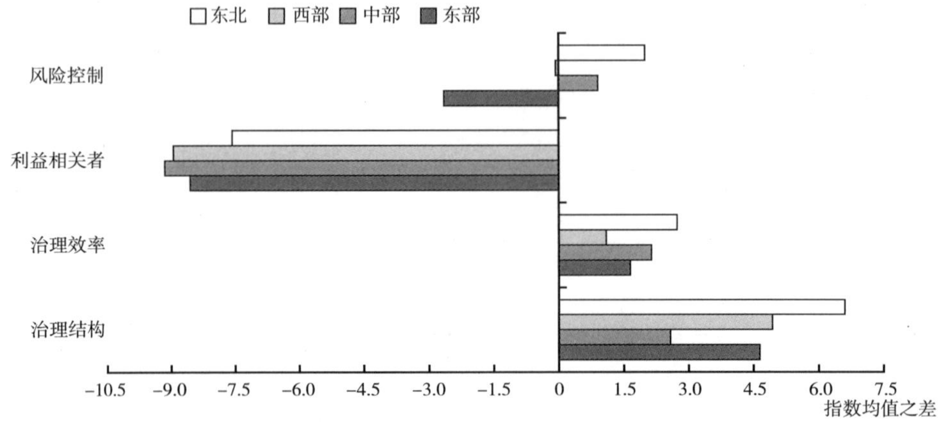

图 20－6　2017 年不同地区国有与非国有控股公司自愿性信息披露指数差值比较

注：指数均值之差＝非国有控股公司自愿性信息披露分项指数均值－国有控股公司自愿性信息披露分项指数均值。

20.3　分行业自愿性信息披露指数的所有制比较

20.3.1　分行业自愿性信息披露总体指数比较

由于上市公司涉及 18 个行业，各行业上市公司数目不等。这里，我们选择上市公司较多且有较强代表性的六个行业：制造业（C），电力、热力、燃气及水生产和供应业（D），交通运输、仓储和邮政业（G），信息传输、软件和信息技术服务业（I），金融业（J）和房地产业（K），上述六个行业自愿性信息披露指数比较参见表 20－9。

从表 20－9 可以看出，六个代表性行业中，除电力、热力、燃气及水生产和供应业（D）和信息传输、软件和信息技术服务业（I）外，其余四个行业的国有控股公司自愿性信息披露指数均值都高于非国有控股公司。

图 20－7 更直观地反映了六个行业国有控股公司与非国有控股公司自愿性信息披露指数均值的差异。可以看到，六个行业中，国有控股公司自愿性信息披露指数均值最高的行业是金融业（J），最低的是电力、热力、燃气及水生产和供应业（D）。非国有控股公司自愿性信息披露指数均值最高的行业是信息传输、软件和信息技术服务业（I），最低的行业是金融业（J）。

表 20－9　2017 年不同行业国有与非国有控股公司自愿性信息披露指数比较

行业	所有制类型	公司数目	平均值	中位值	最大值	最小值	标准差
制造业(C)	国有控股公司	499	50.1440	50.0000	76.0417	27.4306	7.9182
	非国有控股公司	1450	48.9167	49.1319	72.9167	20.8333	7.7760
	总体	1949	49.2309	49.3056	76.0417	20.8333	7.8310
电力、热力、燃气及水生产和供应业(D)	国有控股公司	82	49.3394	49.6528	71.5278	30.3819	8.7908
	非国有控股公司	21	50.8598	51.5625	69.6181	34.0278	8.7179
	总体	103	49.6494	50.0000	71.5278	30.3819	8.7974
交通运输、仓储和邮政业(G)	国有控股公司	70	51.6195	50.0868	67.7083	34.7222	7.2009
	非国有控股公司	20	49.2014	49.2188	66.8403	32.4653	9.4725
	总体	90	51.0822	50.0868	67.7083	32.4653	7.8281
信息传输、软件和信息技术服务业(I)	国有控股公司	37	49.8358	50.0000	69.2708	35.9375	8.1064
	非国有控股公司	196	51.1099	51.0417	71.3542	30.0347	7.7266
	总体	233	50.9075	50.8681	71.3542	30.0347	7.8021
金融业(J)	国有控股公司	52	53.2218	53.4722	71.7014	38.3681	8.7058
	非国有控股公司	25	48.1042	47.3958	68.0556	32.8125	9.7153
	总体	77	51.5602	52.6042	71.7014	32.8125	9.3579
房地产业(K)	国有控股公司	59	50.0618	49.8264	71.1806	33.1597	7.2875
	非国有控股公司	66	49.2135	48.9583	71.1806	32.2917	7.7709
	总体	125	49.6139	49.3056	71.1806	32.2917	7.5585

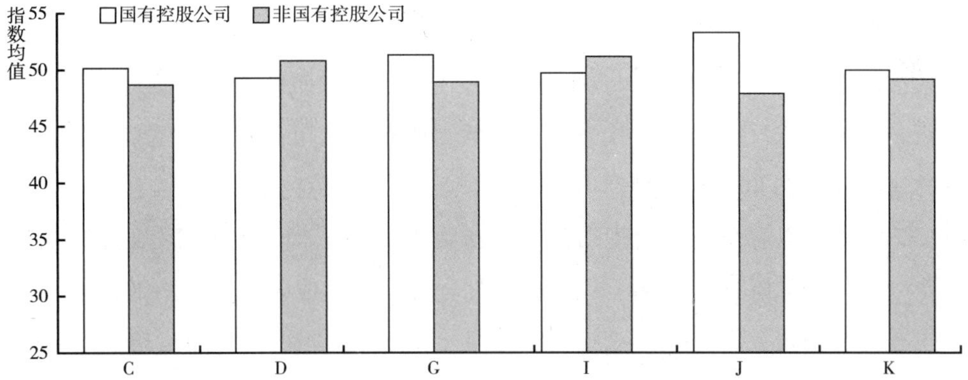

图 20－7　2017 年不同行业国有与非国有控股公司自愿性信息披露指数均值比较

20.3.2　分行业自愿性信息披露分项指数比较

接下来，我们对六个行业国有控股与非国有控股上市公司的自愿性信息披露分项指数进行比较（参见表 20－10）。

表 20-10 2017 年不同行业非国有与国有控股公司自愿性信息披露分项指数比较

行业	所有制类型	治理结构	治理效率	利益相关者	风险控制
制造业(C)	国有控股公司	41.1197	53.2440	57.5484	48.6640
	非国有控股公司	46.3836	55.5474	46.6667	47.0690
	总体	45.0359	54.9577	49.4527	47.4773
电力、热力、燃气及水生产和供应业(D)	国有控股公司	38.4909	53.2774	60.8740	44.7154
	非国有控股公司	46.1310	52.6786	59.1270	45.5026
	总体	40.0485	53.1553	60.5178	44.8759
交通运输、仓储和邮政业(G)	国有控股公司	43.4821	52.3214	59.6429	51.0317
	非国有控股公司	41.5625	57.1875	50.0000	48.0556
	总体	43.0556	53.4028	57.5000	50.3704
信息传输、软件和信息技术服务业(I)	国有控股公司	41.2162	56.9257	54.0541	47.1471
	非国有控股公司	51.5306	57.3023	50.9354	44.6712
	总体	49.8927	57.2425	51.4306	45.0644
金融业(J)	国有控股公司	63.8221	54.5673	44.7115	49.7863
	非国有控股公司	49.5000	51.2500	49.0000	42.6667
	总体	59.1721	53.4903	46.1039	47.4747
房地产业(K)	国有控股公司	37.6059	53.6017	60.4520	48.5876
	非国有控股公司	42.8030	53.5038	54.9242	45.6229
	总体	40.3500	53.5500	57.5333	47.0222

可以看出，与地区一样，六个行业两类所有制上市公司在自愿性信息披露四个分项指数上的排序也不一致。为了便于比较，我们计算了六个代表性行业非国有控股公司自愿性信息披露四个分项指数均值与对应的国有控股公司自愿性信息披露四个分项指数均值的差值，由此可以反映这六个代表性行业两类所有制上市公司自愿性信息披露四个分项指数的差异，如图 20-8 所示。

由图 20-8 可以看出，在治理结构分项指数上，除金融业（J）及交通运输、仓储和邮政业（G）国有控股公司优于非国有控股公司外，其他四个行业的非国有控股公司都优于国有控股公司；在治理效率分项指数上，制造业（C）、交通运输、仓储和邮政业（G）和信息传输、软件和信息技术服务业（I）三个行业的非国有控股公司优于国有控股公司，其他三个行业的国有控股公司优于非国有控股公司；在利益相关者分项指数上，除金融业（J）行业非国有控股公司优于国有控股公司外，其他五个行业均是国有控股公司好于非国有控股公司；在风险控制分项指数上，除电力、热力、燃气及水生产和供应业（D）行业非国有控股公司优于国有控股公司外，其他五个行业均是国有控股公司好于非国有控股公司。总体来看，在六个代表性行业中，国有控股公司有较多的自愿性信息披露分项指数好于或略好于非国有控股公司，在利益相关者和风险控制两个

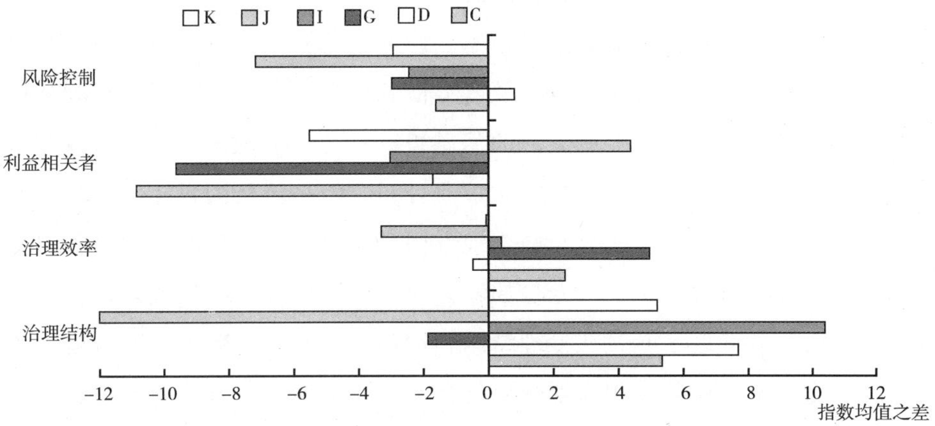

图 20-8 2017 年不同行业国有与非国有控股公司自愿性信息披露分项指数差值比较

注：指数均值之差 = 非国有控股公司自愿性信息披露分项指数均值 - 国有控股公司自愿性信息披露分项指数均值。

分项指数上，都有五个行业国有控股公司表现较好；在治理结构分项指数上，有四个行业非国有控股公司表现相对突出；而在治理效率分项指数上，六个行业两类所有制公司平分秋色。

20.4 本章小结

本章对 2017 年沪深两市非国有控股公司与国有控股公司的自愿性信息披露指数及四个分项指数进行了统计和比较分析，结论如下。

关于自愿性信息披露总体指数：①从总体趋势看，随着第一大股东中国有股东持股比例的降低，自愿性信息披露指数逐渐下降，即上市公司的国有持股比例越大，自愿性信息披露指数越趋于增大，这可能说明，国有股权的适度集中可能有利于提升自愿性信息披露水平；②国有控股公司自愿性信息披露水平总体上略好于非国有控股公司，但两类公司差距不大；③最终控制人是中央企业的国有控股公司的自愿性信息披露水平与最终控制人是地方国企的国有控股上市公司相差不大，前者略优于后者，且都高于非国有控股公司；④从地区看，在国有控股公司自愿性信息披露上，西部最好，东北最差，在非国有控股公司自愿性信息披露上，西部最好，东北仍是最差；⑤从行业看，六个代表性行业中，除电力、热力、燃气及水生产和供应业（D）和信息传输、软件和信息技术服务业（I）外，其余四个行业的国有控股公司自愿性信息披露指数均值都高于非国有控股公司。

关于自愿性信息披露分项指数：①从总体上看，无国有股份公司和国有参股公司更偏重于治理结构和治理效率方面的信息披露，国有绝对控股公司、国有强相对控股公司和国有弱相对控股公司更偏重于利益相关者方面的信息披露，国有绝对控股公司和国有强相对控股公司也较注重风险控制方面的信息披露；②在治理结构和治理效率两个分项指数上，中央企业控股公司大于地方国企控股公司，但小于非国有控股公司，在利益相关者分项指数上，中央企业控股公司高于地方国企控股公司，且明显高于非国有控股公司，在风险控制分项指数上，中央企业控股公司略低于地方国企控股公司，但都略高于非国有控股公司；③从地区看，在治理结构和治理效率分项指数上，四个地区非国有控股公司表现更为突出，在利益相关者分项指数上，四个地区国有控股公司表现突出，在风险控制分项指数上，四个地区两类所有制公司各有所长；④从行业看，在六个代表性行业中，国有控股公司有较多的自愿性信息披露分项指数好于或略好于非国有控股公司，在利益相关者和风险控制两个分项指数上，都有五个行业国有控股公司表现较好，在治理结构分项指数上，有四个行业非国有控股公司表现相对突出，而在治理效率分项指数上，六个行业两类所有制公司平分秋色。

第21章　自愿性信息披露指数的年度比较（2013～2017）

2014～2017年，我们对2013年、2015年和2016年的中国上市公司自愿性信息披露水平进行了三次测度，[①] 本年度是第四次测度。本章将从总体、地区、行业、所有制（控股类型）和上市板块五个角度，比较分析四个年度中国上市公司自愿性信息披露水平，以便了解自愿性信息披露质量是否有所改进以及改进程度，以期对自愿性信息披露的完善有所启示。

21.1　自愿性信息披露指数总体的年度比较

2013年，样本上市公司共2464家；2015年，样本上市公司增加至2655家；2016年，样本上市公司增加至2840家；2017年，样本上市公司又增加至3147家，基本涵盖了全部上市公司。比较2013年、2015年、2016年和2017年样本上市公司的自愿性信息披露指数，以及治理结构、治理效率、利益相关者和风险控制四个自愿性信息披露分项指数，结果参见表21－1和图21－1。

由表21－1可知，2013～2017年，从自愿性信息披露总体指数看，2015年下降，2016年上升，2017年又下降，但仍较大幅度高于2013年和2015年的水平。相比2013年，2017年上升7.8537分；相比2016年，2017年下降0.7035分。从四个分项指数看，治理结构、治理效率和风险控制分项指数都是连续上升，但利益相关者分项指数却上下波动很大，2015年大幅下降，2016年又大幅上升，2017年

---

① 2010年和2012年，我们也曾对2009年和2011年的上市公司信息披露水平进行测度，但这两次测度时，自愿性信息披露只是作为信息披露指数的一个维度，还有三个维度分别是强制性、真实性和及时性。由于这两次衡量自愿性信息披露水平的指标数量与2014年开始的专门针对自愿性信息披露指数的测度指标数量有很大差异，所以没有纳入年度比较。

再较大幅度下降。相比 2013 年，2017 年治理结构、治理效率和风险控制三个分项控制分别提高 9.9321 分、24.7599 分和 11.7773 分，治理效率分项指数提高幅度最大；而利益相关者分项指数大幅下降 15.0544 分。相比 2016 年，2017 年治理结构、治理效率和风险控制分别提高 1.2739 分、9.1807 分和 0.3366 分，治理效率分项指数提高幅度最大；而利益相关者分项指数大幅下降 13.6052 分，这意味着，上市公司对于利益相关者的要求不够了解，在与他们相关的信息披露上，有很强的随意性。

表 21－1　2013～2017 年中国上市公司自愿性信息披露指数均值比较

年份	样本量	总体指数	分项指数			
			治理结构	治理效率	利益相关者	风险控制
2013	2464	41.6970	34.8189	30.0502	66.3758	35.5429
2015	2655	41.0242	41.7420	41.3724	41.9240	39.0584
2016	2840	50.2542	43.4771	45.6294	64.9266	46.9836
2017	3147	49.5507	44.7510	54.8101	51.3214	47.3202

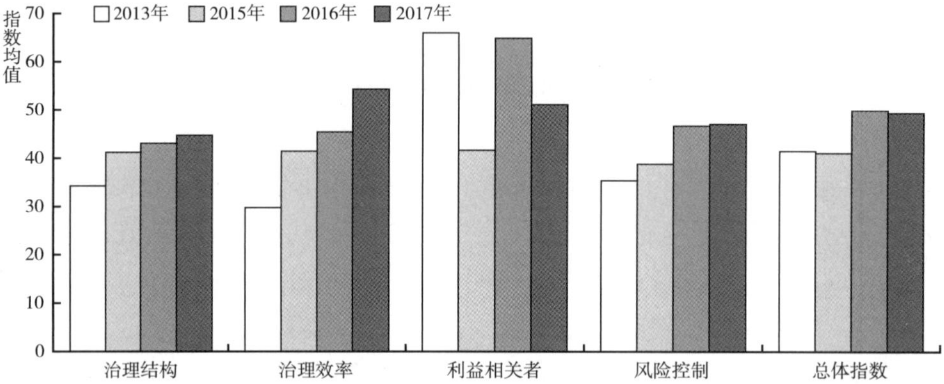

图 21－1　2013～2017 年上市公司自愿性信息披露总体指数和分项指数比较

21.2　分地区自愿性信息披露指数的年度比较

用各地区上市公司自愿性信息披露总体指数，以及治理结构、治理效率、利益相关者和风险控制四个自愿性信息披露分项指数的平均值来代表各地区上市公司自愿性信息披露情况，分别比较不同地区 2013 年、2015 年、2016 年和 2017 年自愿性信息披露水平的差异，结果见表 21－2。

表 21－2　2013～2017 年不同地区中国上市公司自愿性信息披露指数均值比较

地区	年份	总体指数	分项指数				总体指数排名
			治理结构	治理效率	利益相关者	风险控制	
东部	2013	41.8026	35.4570	29.9633	65.9129	35.8772	2
	2015	41.6715	42.3365	42.0331	42.8469	39.4695	1
	2016	50.5258	43.9918	45.8963	65.1298	47.0853	1
	2017	49.4673	45.3601	55.1815	50.0234	47.3042	3
中部	2013	42.0024	34.9174	30.7507	67.6309	34.7107	1
	2015	40.5480	41.0950	41.1280	40.8751	39.0941	2
	2016	50.4774	42.9844	45.3906	66.1042	47.4306	2
	2017	49.6468	43.6778	53.8251	53.6374	47.4468	2
西部	2013	41.5980	33.6710	29.8592	67.6053	35.2564	3
	2015	39.9074	40.8616	39.6704	41.3403	37.7575	3
	2016	49.8918	42.9033	45.3202	64.4499	46.8938	3
	2017	50.2902	43.6777	54.4994	55.3627	47.6209	1
东北	2013	39.8748	30.0373	29.7108	65.1741	34.5771	4
	2015	37.3252	38.5123	38.4683	34.9178	37.4022	4
	2016	47.1608	39.7959	43.7075	60.4308	44.7090	4
	2017	48.3052	42.2194	53.2313	51.4739	46.2963	4

根据表 21－2 可以看出如下结论。

第一，从自愿性信息披露总体指数看，四个年度中东部和中部两个地区的指数都呈先下降后上升再下降的趋势；西部和东北两个地区则是 2015 年下降然后连续两年上升。相比 2013 年，2017 年四个地区都是上升的，升幅比较接近，在 7.64～8.70 分之间，其中西部升幅最大，上升 8.6922 分。相比 2016 年，2017 年东部和中部略有下降，分别下降 1.0585 分和 0.8306 分；西部和东北则是略有上升，分别上升 0.3984 分和 1.1444 分。

第二，从治理结构自愿性信息披露分项指数看，四个地区都是逐年提高，且排序没有发生变化，从高到低都是东部、中部、西部和东北。相比 2013 年，2017 年四个地区都较大幅度上升，升幅在 8.76～12.19 分之间，东北升幅最大，上升 12.1821 分。相比 2016 年，2017 年四个地区也都有所上升，升幅在 0.69～2.43 分之间，升幅最大的也是东北，上升 2.4235 分。

第三，从治理效率自愿性信息披露分项指数看，四个地区都是逐年提高。相比 2013 年，2017 年四个地区都大幅上升，升幅相近，在 23.07～25.22 分之间，东部升幅最大，上升 25.2182 分。相比 2016 年，2017 年四个地区也都大幅上升，升幅也相近，在 8.43～9.53 分之间，东北升幅最大，上升 9.5238 分。

第四，从利益相关者自愿性信息披露分项指数看，四个地区都先下降再上升又下降。相比 2013 年，2017 年四个地区都大幅下降，降幅相近，在 12. 24 ~ 15. 89 分之间，东部降幅最大，下降 15. 8895 分。相比 2016 年，2017 年四个地区也都大幅下降，降幅在 8. 95 ~ 15. 11 分之间，也是东部降幅最大，下降 15. 1064 分。

第五，从风险控制自愿性信息披露分项指数看，四个地区都是逐年提高。相比 2013 年，2017 年四个地区都大幅上升，升幅接近，在 11. 42 ~ 12. 74 分之间，中部升幅最大，上升 12. 7361 分。相比 2016 年，2017 年四个地区都小幅上升，升幅在 0. 01 ~ 1. 59 分之间，升幅最大的是东北，上升 1. 5873 分。

图 21 - 2 更直观地显示了四个地区自愿性信息披露总体指数的变化。可以看出，四个年度可以分两个阶段，2013 年和 2015 年比较相近，都较低；2016 年和 2017 年也接近，比前两个年度有较大幅度的提升。

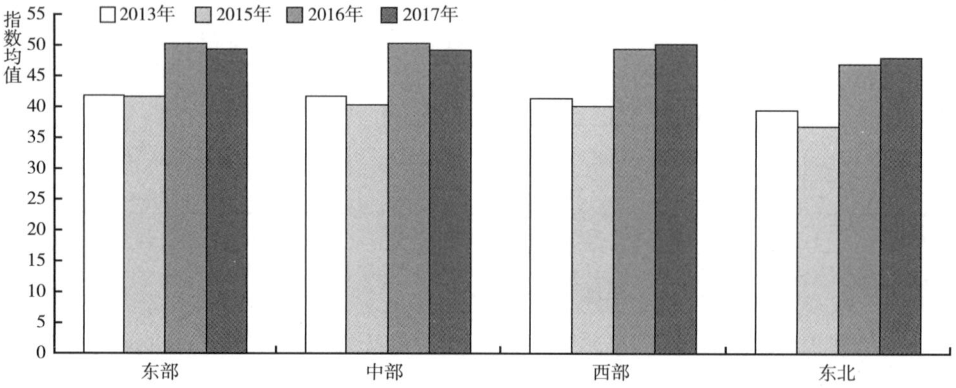

图 21 - 2　2013 ~ 2017 年不同地区上市公司自愿性信息披露总体指数的变化

21. 3　分行业自愿性信息披露指数的年度比较

用各行业上市公司自愿性信息披露总体指数，以及治理结构、治理效率、利益相关者和风险控制四个分项指数的平均值来代表各行业上市公司自愿性信息披露情况，分别比较不同行业 2013 年、2015 年、2016 年和 2017 年自愿性信息披露水平的差异，结果参见表 21 - 3。

从表 21 - 3 可以看出如下结论。

第一，从自愿性信息披露总体指数看，大部分行业都有不同程度的波动（参见图 21 - 3）。相比 2013 年，2017 年全部 17 个行业（剔除教育）都较大幅度上升，升幅在 6. 03 ~ 12. 17 分，升幅最小的是金融业，上升 6. 0337 分，升幅最大的住宿和餐饮业（H），上升 12. 1624 分。相比 2016 年，2017 年有 11 个行业上升，升幅在 0. 44 ~ 2. 8825

分；有7个行业下降，降幅在0.85～5.83分之间，降幅最大的是卫生和社会工作（Q），下降5.8284分。

表21－3　2013～2017年不同行业上市公司自愿性信息披露指数均值比较

行业	年份	总体指数	分项指数			
			治理结构	治理效率	利益相关者	风险控制
农、林、牧、渔业(A)	2013	42.3923	35.0962	31.4103	67.7350	35.3276
	2015	39.8975	39.2857	39.8810	42.0635	38.3598
	2016	50.5563	40.9091	48.4375	64.3939	48.4848
	2017	49.5453	43.8988	55.8036	53.7698	44.7090
采矿业(B)	2013	41.1038	34.8485	30.1136	68.8131	30.6397
	2015	39.7760	40.9247	38.2706	41.3242	38.5845
	2016	48.6706	40.8390	42.1233	63.9269	47.7930
	2017	51.5531	41.8074	53.9696	59.9099	50.5255
制造业(C)	2013	42.2785	35.4407	28.8908	67.9729	36.8096
	2015	41.8253	42.0342	42.0567	43.9095	39.3009
	2016	50.7704	43.9049	45.8873	66.1408	47.1487
	2017	49.2309	45.0359	54.9577	49.4527	47.4773
电力、热力、燃气及水生产和供应业(D)	2013	41.3986	28.9557	33.2279	72.4684	30.9423
	2015	37.0065	36.8680	38.0618	35.5805	37.5156
	2016	47.7792	38.8021	44.2708	61.1111	46.9329
	2017	49.6494	40.0485	53.1553	60.5178	44.8759
建筑业(E)	2013	43.8575	35.9127	34.6230	71.5609	33.3333
	2015	42.4907	42.7817	42.5176	43.8967	40.7668
	2016	51.8331	44.3994	46.5909	65.0433	51.2987
	2017	50.5035	43.9583	54.7222	53.5185	49.8148
批发和零售业(F)	2013	39.3583	28.0428	32.2780	63.2675	33.8450
	2015	36.5434	35.5017	37.5425	34.2404	38.8889
	2016	45.9542	38.5980	42.6098	58.5023	44.1066
	2017	47.1530	38.4494	53.0459	49.8945	47.2222
交通运输、仓储和邮政业(G)	2013	40.6076	34.2188	36.0938	60.3125	31.8056
	2015	39.3218	40.8179	40.5093	35.6996	40.2606
	2016	49.3774	40.8046	43.6782	64.5594	48.4674
	2017	51.0822	43.0556	53.4028	57.5000	50.3704
住宿和餐饮业(H)	2013	39.9016	37.5000	26.0417	64.5833	31.4815
	2015	40.5303	44.3182	39.7727	43.1818	34.8485
	2016	49.6212	43.7500	47.1591	69.6970	37.8788
	2017	52.0640	43.7500	52.7778	64.8148	46.9136
信息传输、软件和信息技术服务业(I)	2013	39.8430	38.7195	25.1016	59.6884	35.8627
	2015	42.9143	45.6466	43.5776	42.8161	39.6168
	2016	52.4051	47.5989	47.0339	68.7853	46.2021
	2017	50.9075	49.8927	57.2425	51.4306	45.0644

续表

行业	年份	总体指数	分项指数			
			治理结构	治理效率	利益相关者	风险控制
金融业(J)	2013	45.5265	60.3198	42.0058	39.7287	40.0517
	2015	45.0078	59.0561	42.8571	33.3333	44.7846
	2016	49.1350	56.9079	46.1623	47.9532	45.5166
	2017	51.5602	59.1721	53.4903	46.1039	47.4747
房地产业(K)	2013	39.4110	27.9851	32.9758	65.6716	31.0116
	2015	37.6153	39.2258	38.8060	38.4328	33.9967
	2016	49.1722	40.8000	45.0000	62.4000	48.4889
	2017	49.6139	40.3500	53.5500	57.5333	47.0222
租赁和商务服务业(L)	2013	39.6660	34.2262	30.6548	63.0952	30.6878
	2015	41.0791	38.4615	44.2308	42.9487	38.6752
	2016	49.4488	40.1563	46.8750	63.5417	47.2222
	2017	48.5946	40.1786	53.2738	53.5714	47.3545
科学研究和技术服务业(M)	2013	40.1910	36.4583	25.0000	54.8611	44.4444
	2015	44.5216	49.6528	44.7917	39.8148	43.8272
	2016	52.1890	51.0870	47.2826	66.6667	43.7198
	2017	50.6782	45.1172	56.6406	54.9479	46.0069
水利、环境和公共设施管理业(N)	2013	41.9071	38.7019	29.5673	63.4615	35.8974
	2015	43.4491	45.0000	45.0000	42.5000	41.2963
	2016	50.3262	42.4242	48.8636	67.4242	42.5926
	2017	51.0937	43.5938	53.9063	58.9583	47.9167
教育(P)	2013	34.2014	12.5000	43.7500	58.3333	22.2222
	2015	26.3889	18.7500	31.2500	16.6667	38.8889
	2016	40.3935	29.1667	41.6667	50.0000	40.7407
	2017	50.9983	42.1875	62.5000	52.0833	47.2222
卫生和社会工作(Q)	2013	38.5995	31.2500	25.0000	61.1111	37.0370
	2015	39.1667	38.7500	41.2500	43.3333	33.3333
	2016	53.0506	41.0714	43.7500	79.7619	47.6190
	2017	47.2222	40.6250	50.0000	53.1250	45.1389
文化、体育和娱乐业(R)	2013	39.9089	35.4167	33.5938	57.2917	33.3333
	2015	39.0818	43.0556	37.5000	37.5000	38.2716
	2016	49.2420	44.0549	46.9512	59.3496	46.6125
	2017	51.9459	47.7865	57.1615	57.1181	45.7176
综合(S)	2013	39.0625	22.0109	35.3261	68.4783	30.4348
	2015	32.9722	32.0000	36.0000	29.6667	34.2222
	2016	44.8973	32.3370	41.5761	61.9565	43.7198
	2017	47.7732	35.0543	53.2609	55.4348	47.3430

注：由于教育（P）在2013年和2015年只有1家上市公司，2016年和2017年各有3家和4家上市公司，所以，2013年和2015年该行业数据难以反映该行业的实际平均水平，故只比较2016年和2017年。

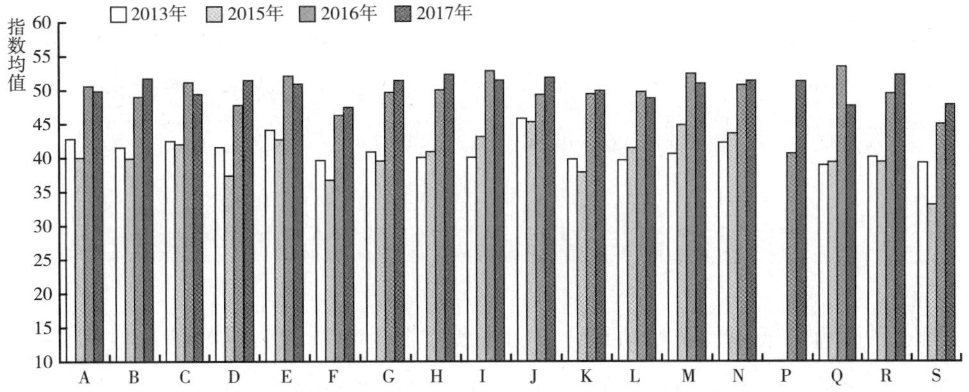

图 21－3　2013～2017 年不同行业上市公司自愿性信息披露总体指数的变化

第二，从治理结构自愿性信息披露分项指数看，相比 2013 年，2017 年除了金融业（J）下降 1.1477 分外，其他 16 个行业（剔除教育）都有不同程度上升，升幅在 4.89～13.05 分之间，升幅最大的是综合（S），上升 13.0434 分。相比 2016 年，有 12 个行业上升，升幅在 0.02～13.03 分之间，教育升幅最大，但由于上市公司很少，实际意义不大；除了教育，升幅最大的是文化、体育和娱乐业（R），上升 3.7316 分；住宿和餐饮业（H）与 2016 年持平，基本没有变化；有 5 个行业下降，降幅在 0.14～5.97 分之间，降幅最大的是科学研究和技术服务业（M），下降 5.9698 分。

第三，从治理效率自愿性信息披露分项指数看，相比 2013 年，2017 年 17 个行业（剔除教育）都大幅上升，升幅在 11.48～32.15 分，升幅最大的是信息传输、软件和信息技术服务业（I），上升 32.1409 分；升幅最小的是金融业（J），上升 11.4845 分。相比 2016 年，2017 年 18 个行业也都是上升的，升幅在 5.04～20.84 分，升幅最大的是采矿业（B）（除了教育），上升 11.8463 分；升幅最小的是水利、环境和公共设施管理业（N），上升 5.0427 分。

第四，从利益相关者自愿性信息披露分项指数看，相比 2013 年，有 3 个行业上升，升幅在 0.08～6.38 分之间，升幅最大的是金融业（J），上升 6.3752 分；有 15 个行业下降，降幅在 0.17～18.53 分之间，降幅最大的是制造业，下降 18.5202 分。相比 2016 年，除了教育（P）上升 2.0833 分以外，其他 17 个行业都是下降的，降幅在 0.59～26.64 分，各行业降幅差异非常大，降幅最大的是卫生和社会工作（Q），下降 26.6369 分。这反映了对有关利益相关者信息披露的随意性。

第五，从风险控制自愿性信息披露分项指数看，相比 2013 年，2017 年全部 17 个行业（剔除教育）都是上升的，升幅在 1.56～19.89 分之间，升幅最大的是采矿业

（B），上升 19.8858 分；升幅最小的是科学研究和技术服务业（M），上升 1.5625 分。相比 2016 年，2017 年有 11 个行业（含教育）上升，升幅在 0.13～9.04 分，升幅最大的是住宿和餐饮业（H），上升 9.0348 分；有 7 个行业是下降的，降幅在 0.89～3.78 分之间，降幅最大的是农、林、牧、渔业（A），下降 3.7758 分。

21.4 分所有制自愿性信息披露指数的年度比较

按照五种所有制或控股类型的划分，用各所有制上市公司自愿性信息披露总体指数，以及治理结构、治理效率、利益相关者和风险控制四个分项指数的平均值来代表各所有制类型上市公司自愿性信息披露情况，分别比较 2013 年、2015 年、2016 年和 2017 年不同所有制上市公司的自愿性信息披露水平的差异，结果参见表 21－4 Panel A。另外，进一步将样本按照国有控股公司和非国有控股公司分类，统计信息见表 21－4 Panel B。

表 21－4 2013～2017 年不同所有制上市公司自愿性信息披露指数均值比较

所有制类型	年份	总体指数	分项指数				总体指数排名
			治理结构	治理效率	利益相关者	风险控制	
Panel A 按照五类所有制公司分类							
国有绝对控股公司	2013	41.3881	32.4962	33.3206	66.5389	33.1970	3
	2015	38.3369	38.6229	37.6059	37.6836	39.4350	5
	2016	48.6653	40.6000	42.3500	63.4000	48.3111	4
	2017	50.8302	41.5856	54.1586	57.5551	50.0216	1
国有强相对控股公司	2013	41.3686	32.2945	32.9178	66.5993	33.6628	4
	2015	38.7039	39.6819	38.9077	36.9745	39.2517	4
	2016	48.5535	40.4769	43.9616	62.7351	47.0404	5
	2017	50.0949	41.0156	53.1948	58.2775	47.8919	2
国有弱相对控股公司	2013	40.7636	30.9702	32.6959	65.5162	33.8723	5
	2015	38.7734	38.0502	38.6884	39.7594	38.5954	3
	2016	48.7754	41.3876	44.4382	62.6984	46.5774	3
	2017	49.9035	42.4427	53.6533	56.1605	47.3575	3
国有参股公司	2013	42.2503	34.9275	30.2832	67.6335	36.1572	1
	2015	42.6392	43.0556	43.0348	45.3013	39.1653	1
	2016	52.0457	44.9296	47.2007	68.6268	47.4257	1
	2017	49.5766	45.3104	55.2181	50.2013	47.5764	4
无国有股份公司	2013	41.9365	37.1812	27.4791	66.0583	37.0273	2
	2015	42.4706	43.7743	43.2823	43.8938	38.9321	2
	2016	50.5953	45.0386	46.3953	64.4490	46.4981	2
	2017	49.0202	46.8843	55.5453	47.1872	46.4639	5

续表

所有制类型	年份	总体指数	分项指数				总体指数排名
			治理结构	治理效率	利益相关者	风险控制	
Panel B 按照国有控股公司和非国有控股公司分类							
国有控股公司	2013	41.2072	31.9948	32.9922	66.2781	33.5636	2
	2015	38.6174	38.9235	38.4714	37.9521	39.1224	2
	2016	48.6531	40.8042	43.7257	62.8847	47.1979	2
	2017	50.2108	41.6271	53.5816	57.4004	48.2342	1
非国有控股公司	2013	42.0123	36.6369	28.1563	66.4387	36.8171	1
	2015	42.5329	43.5087	43.1909	44.4138	39.0182	1
	2016	51.1639	44.9559	46.7111	66.0869	46.8618	1
	2017	49.2182	46.3241	55.4288	48.2601	46.8599	2

从表21－4 Panel A可以看出如下结论。

第一，从自愿性信息披露总体指数看，四个年度中，五类所有制公司都有波动。三类国有控股公司自2015年都是连续上升，而两类非国有控股公司则是2013～2016年连续上升，而2017年有所下降（参见图21－4）。相比2013年，2017年五类所有制公司都较大幅度上升，升幅在7.08～9.45分，升幅最大的是国有绝对控股公司，上升9.4421分。相比2016年，2017年三类国有控股公司都上升，升幅在1.12～2.17分之间，升幅最大的是国有绝对控股公司，上升2.1649分；两类非国有公司都下降，国有参股公司和无国有股份公司分别下降2.4691分和1.5751分。

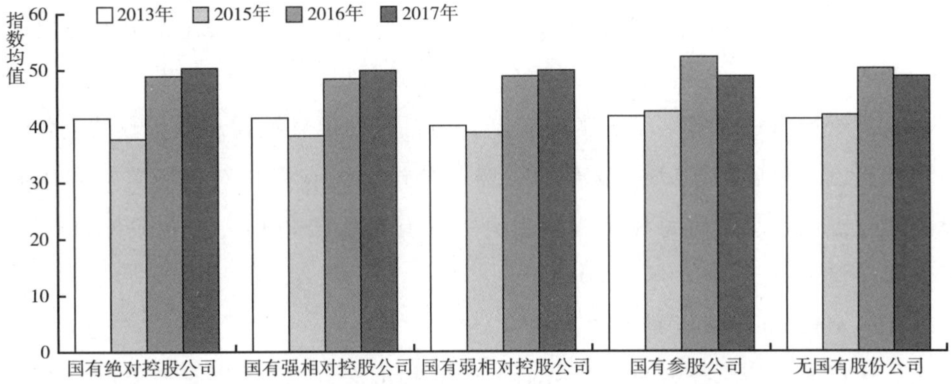

图21－4　2013～2017年不同所有制上市公司自愿性信息披露总体指数的变化

第二，从治理结构自愿性信息披露分项指数看，五类所有制公司近四年都是上升的。相比2013年，2017年五类公司都大幅上升，升幅在8.72～11.48分之间，升幅最大的是国有弱相对控股公司，上升11.4725分；升幅最小的是国有强相对控股公司，上升 8.7211 分。相比 2016 年，2017 年五类公司都小幅上升，升幅在 0.38 ~ 1.85 分之间，升幅最大的是无国有股份公司，上升 1.8457 分。

第三，从治理效率自愿性信息披露分项指数看，与治理结构分项指数变化方向相同，五类所有制公司近四年都是上升的。相比 2013 年，2017 年五类公司升幅都非常大，升幅在 20.27 ~ 28.07 分之间，升幅最大的是无国有股份公司，上升达 28.0662 分；升幅最小的是国有强相对控股公司，上升 20.2770 分。相比 2016 年，2017 年五类公司也大幅上升，升幅在 8.01 ~ 11.81 分之间，升幅最大的是国有绝对控股公司，上升 11.8086 分；升幅最小的是国有参股公司，上升 8.0174 分。

第四，从利益相关者自愿性信息披露分项指数看，五类所有制公司都是 2015 年大幅下降，2016 年大幅上升，2017 年五类公司虽都下降，但两类非国有控股公司降幅远大于三类国有控股公司。相比 2013 年，2017 年五类公司降幅在 8.32 ~ 18.88 分之间，两类非国有控股公司降幅远大于三类国有控股公司，两类非国有控股公司降幅都在 18 分左右，三类国有控股公司降幅都在 8 分左右。相比 2016 年，2017 年表现出相同的变化方向，两类非国有控股公司下降在 18 分左右，三类国有控股公司下降在 4.45 ~ 6.54 分之间。

第五，从风险控制自愿性信息披露分项指数看，除无国有股份公司 2013 ~ 2016 年连续上升、2017 年略有下降外，其他四类所有制公司均为逐年上升。相比 2013 年，2017 年五类公司都是大幅上升，升幅在 9.43 ~ 16.83 分之间，升幅最大的是国有绝对控股公司，上升 16.8246 分；升幅最小的是无国有股份公司，上升 9.4366 分。相比 2016 年，除了无国有股份公司轻微下降 0.0342 分外，其他四类公司都略有上升，升幅在 0.15 ~ 1.71 分之间，升幅最大的是国有绝对控股公司，上升 1.7105 分。

图 21 – 4 更加直观地描绘了五类所有制公司自愿性信息披露总体指数的变化。可以看出，相比前三个年度，2017 年国有绝对控股公司、国有强相对控股公司和国有弱相对控股公司自愿性信息披露每年都有所提升。国有参股公司和无国有股份公司在 2017 年有所下降，但仍高于 2013 年和 2015 年。

从表 21 – 4 Panel B 可以看出如下结论。

第一，从自愿性信息披露总体指数看，国有控股公司 2015 年有所下降，之后连续上升，而非国有控股公司则是 2013 ~ 2016 年连续上升，2017 年有所下降。相比 2013 年，国有控股公司和非国有控股公司分别上升 9.0036 分和 7.2059 分。相比 2016 年，2017 年国有控股公司上升 1.5577 分，非国有控股公司则下降 1.9457 分。

第二，从治理结构自愿性信息披露分项指数看，两类公司近四年都是连续上升。相比 2013 年，国有控股公司和非国有控股公司分别上升 9.6323 分和 9.6872 分；相比

2016 年，2017 年国有控股公司和非国有控股公司分别上升 0.8229 分和 1.3682 分。

第三，从治理效率自愿性信息披露分项指数看，两类公司近四年都是连续上升，而且每年升幅都比较大。相比 2013 年，国有控股公司和非国有控股公司分别上升 20.5894 分和 27.2725 分；相比 2016 年，国有控股公司和非国有控股公司分别上升 9.8559 分和 8.7177 分。

第四，从利益相关者自愿性信息披露分项指数看，两类公司都是 2015 年大幅下降，2016 年大幅上升，2017 年大幅下降，变化极不稳定。相比 2013 年，国有控股公司和非国有控股公司分别下降 8.8777 分和 18.1786 分；相比 2016 年，国有控股公司和非国有控股公司分别下降 5.4843 分和 17.8268 分。不论是比较 2013 年还是 2016 年，2017 年非国有控股公司降幅都远大于国有控股公司。

第五，从风险控制自愿性信息披露分项指数看，国有控股公司近四年连续上升，非国有控股公司 2013～2016 年连续上升，2017 年轻微下降。相比 2013 年，国有控股公司和非国有控股公司分别上升 14.6706 分和 10.0428 分。相比 2016 年，2017 年国有控股公司上升 1.0363 分；非国有控股公司轻微下降 0.0019 分，基本与 2016 年持平。

21.5 分上市板块自愿性信息披露指数的年度比较

按照四个上市板块的划分，用各板块上市公司自愿性信息披露总体指数，以及治理结构、治理效率、利益相关者和风险控制四个自愿性信息披露分项指数的平均值来代表各板块上市公司自愿性信息披露情况，分别比较不同板块 2013 年、2015 年、2016 年和 2017 年自愿性信息披露水平的差异，结果见表 21－5。

表 21－5 2013～2017 年不同板块上市公司自愿性信息披露指数均值比较

板块	年份	总体指数	分项指数				总体指数排名
			治理结构	治理效率	利益相关者	风险控制	
深市主板（不含中小板）	2013	43.3158	37.2591	25.8565	75.9101	34.2375	2
	2015	45.2823	46.1239	43.2135	54.8104	36.9814	2
	2016	55.1700	47.0359	48.7393	77.0386	47.8660	2
	2017	52.7827	47.3663	53.5207	63.8100	46.4338	1
深市中小企业板	2013	47.0895	40.8256	28.9319	76.0105	42.5900	1
	2015	47.1809	47.0934	47.6563	53.9203	40.0537	1
	2016	55.4747	48.3179	49.9841	75.6590	47.9379	1
	2017	50.4395	47.3246	56.9634	50.1585	47.3114	3

续表

板块	年份	总体指数	分项指数				总体指数排名
			治理结构	治理效率	利益相关者	风险控制	
深市创业板	2013	37.0677	41.6197	19.4366	51.0329	36.1815	4
	2015	45.0501	49.7079	45.2249	46.1449	39.1225	3
	2016	54.4505	51.9593	50.1736	69.3618	46.3073	3
	2017	51.7443	55.4890	58.1169	47.5379	45.8333	2
沪市主板	2013	38.6228	26.5675	36.9687	60.2551	30.7002	3
	2015	32.8748	32.4668	34.3105	25.4671	39.2549	4
	2016	42.4286	34.5189	39.0424	49.9233	46.2298	4
	2017	46.6456	36.6528	52.1662	49.3642	48.3992	4

根据表 21－5 可以看出如下结论。

第一，从自愿性信息披露总体指数看，除沪市主板 2015 年下降后连续上升外，其他三个板块都是 2013～2016 年连续上升，2017 年有所下降（参见图 21－5）。相比 2013 年，2017 年四个板块都是上升的，升幅在 3.35～14.68 分之间，升幅最大的是深市创业板，上升 14.6766 分；升幅最小的是深市中小企业板，上升 3.3500 分。相比 2016 年，2017 年除了沪市主板上升 4.2170 分外，其他三个板块都是下降的，降幅在 2.38～5.04 分，降幅最大的是深市中小企业板，下降 5.0352 分。总体上，深市上市公司自愿性信息披露水平好于沪市主板。

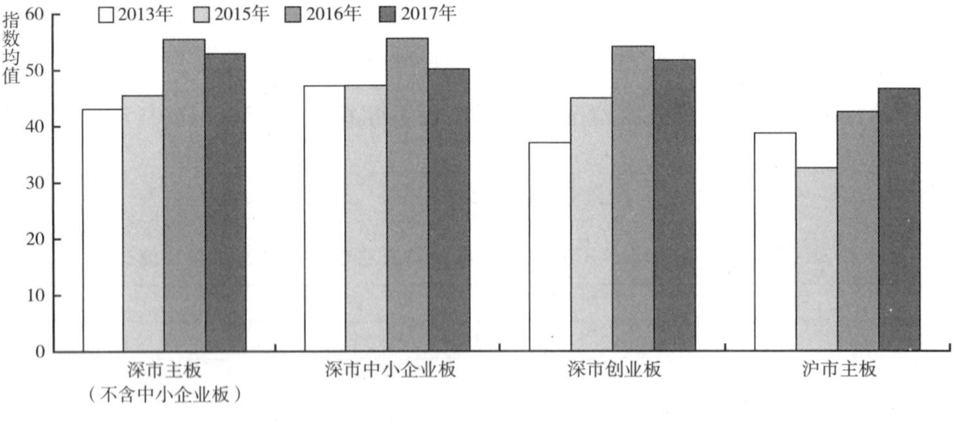

图 21－5　2013～2017 年不同板块上市公司自愿性信息披露总体指数的变化

第二，从治理结构自愿性信息披露分项指数看，除了深市中小企业板 2013～2016 年连续上升，2017 年有所下降外，其他三个板块都是近四年连续上升。相比 2013 年，2017 年四个板块都是上升的，升幅在 6.49～13.87 分，升幅最大的是深市创业板，上升 13.8693 分。相比 2016 年，除了深市中小企业板下降 0.9933 分外，其他三个板块都是上升的，升幅在 0.33～3.53 分之间，升幅最大的还是深市创业板，上升 3.5297 分。

第三，从治理效率自愿性信息披露分项指数看，除沪市主板 2015 年下降后连续上升外，其他三个板块都在逐年上升。相比 2013 年，2017 年四个板块都是大幅上升，升幅在 15.19～38.69 分，升幅最大的是深市创业板，上升 38.6803 分；升幅最小的是沪市主板，上升 15.1975 分。相比 2016 年，2017 年四个板块也都是上升的，升幅在 4.78～13.13 分之间，升幅最大的是沪市主板，上升 13.1238 分。

第四，从利益相关者自愿性信息披露分项指数看，近四年四个板块都呈先下降后上升又下降的"S"形状。相比 2013 年，2017 年四个板块都是下降的，降幅在 3.49～25.86 分之间，降幅最大的是深市中小企业板，下降 25.8520 分。相比 2016 年，2017 年四个板块也都是下降的，降幅在 0.55～25.51 分之间，降幅最大的是深市中小企业板，下降 25.5005 分；降幅最小的是沪市主板，只轻微下降 0.5591 分。

第五，从风险控制自愿性信息披露分项指数看，深市主板（不含中小企业板）和深市创业板都是 2013～2016 年连续上升，2017 年有所下降；深市中小企业板呈先下降后上升又下降的"S"形状；沪市主板近四年逐年上升。相比 2013 年，2017 年四个板块都是上升的，升幅在 4.72～17.70 分之间，升幅最大的是沪市主板，上升 17.6990 分；升幅最小的是深市中小企业板，上升 4.7214 分。相比 2016 年，2017 年除了沪市主板上升 2.1694 分外，其他三个板块都略有下降，降幅在 0.47～1.44 分之间，降幅最大的是深市主板（不含中小企业板），下降 1.4322 分。

21.6　本章小结

本章从总体、地区、行业、所有制（控股）类型和上市板块等角度分别比较了 2013 年、2015 年、2016 年和 2017 年中国上市公司的自愿性信息披露指数的变化，主要结论如下。

（1）从总体看，2017 年上市公司自愿性信息披露总体均值相较 2016 年略有下降，但仍较大幅度高于 2013 年和 2015 年，不过仍未达到及格水准。从四个分项指数看，治理结构、治理效率和风险控制三个分项指数都是连续上升，但利益相关者分项指数却上下波动很大，这意味着，上市公司对于利益相关者的要求不够了解，在与他们相关的信息披露上，有很强的随意性。

（2）从地区看，从自愿性信息披露总体指数看，四个年度中东部和中部两个地区的指数都呈先下降后上升再下降的趋势；西部和东北地区则是 2015 年下降然后连续两年上升。从治理结构、治理效率和风险控制三个分项指数看，四个地区都是逐年提高。从利益相关者分项指数看，四个地区都先下降再上升又下降。

（3）从行业看，从自愿性信息披露总体指数看，大部分行业都有不同程度的波动。相比2013年，2017年全部17个行业（剔除教育）都较大幅度上升；相比2016年，2017年有11个行业上升，有7个行业下降。从治理结构分项指数看，相比2013年，2017年除了金融业（J）下降外，其他16个行业（剔除教育）都有不同程度上升；相比2016年，有12个行业上升，有5个行业下降。从在治理效率分项指数看，相比2013年，2017年17个行业（剔除教育）都大幅上升；相比2016年，2017年18个行业也都是上升的。从利益相关者自愿性信息披露分项指数看，相比2013年，有3个行业上升，有15个行业下降；相比2016年，剔除教育（P），其他17个行业都是下降的。从风险控制自愿性信息披露分项指数看，相比2013年，2017年全部17个行业（剔除教育）都是上升的；相比2016年，2017年有11个行业（含教育）上升，有7个行业下降。

（4）从所有制（控股）类型看，从自愿性信息披露总体指数看，国有控股公司2015年有所下降，之后连续上升，而非国有控股公司则是2013～2016年连续上升，2017年有所下降。从治理结构和治理效率两个分项指数看，两类公司近四年都是连续上升。从利益相关者自愿性信息披露分项指数看，两类公司都是2015年大幅下降，2016年大幅上升，2017年大幅下降，变化极不稳定。不论是比较2013年还是2016年，2017年非国有控股公司降幅都远大于国有控股公司。从风险控制分项指数看，国有控股公司近四年连续上升，非国有控股公司2013～2016年连续上升，2017年轻微下降，与2016年基本持平。

（5）从上市板块看，从自愿性信息披露总体指数看，除沪市主板2015年下降然后连续上升外，其他三个板块都是2013～2016年连续上升，2017年有所下降。总体上看，深市上市公司自愿性信息披露水平好于沪市主板。从治理结构分项指数看，除了深市中小企业板2013～2016年连续上升，2017年有所下降外，其他三个板块都是近四年连续上升。从治理效率分项指数看，除沪市主板2015年下降后连续上升外，其他三个板块都在逐年上升。从利益相关者分项指数看，近四年四个板块都呈先下降后上升又下降的“S”形状。从风险控制分项指数看，深市主板（不含中小企业板）和深市创业板都是2013～2016年连续上升，2017年有所下降；深市中小企业板呈先下降后上升又下降的“S”形状；沪市主板近四年逐年上升。

第七篇　高管薪酬指数

第 22 章　高管薪酬指数排名及比较

根据第 1 章确定的高管薪酬指数评价方法，以及我们评估获得的 2017 年度 3140 家样本上市公司指数数据，首先对这 3140 家公司的高管薪酬指数进行排名和比较，然后分别从地区、行业和上市板块三个角度依次进行分析和比较，最后对这些上市公司的高管薪酬绝对值进行总体描述。需要说明的是，由于总样本量与前面各篇略有差别，关于地区、行业、控股（所有制）类型、上市板块等方面的样本量统计均以 3140 家总样本量为基准。

22.1　高管薪酬指数总体分布及排名

根据第 1 章确定的高管薪酬指数评价方法，我们对 3140 家上市公司高管薪酬指数进行了测算，并以降序方式进行了排名（详见电子版）。然后，我们对高管薪酬指数的总体情况进行了统计，并根据四分之一分位法确定了高管薪酬激励过度、激励适中和激励不足的指数区间。最后，我们对激励过度、激励适中和激励不足的前 100 名公司进行了排名。

22.1.1　高管薪酬指数总体分布

2017 年上市公司高管薪酬指数的总体分布参见表 22 - 1。

表 22 - 1　2017 年上市公司高管薪酬指数总体分布

	公司数目	平均值	中位值	最大值	最小值	标准差
激励过度	785	633. 7090	328. 0046	34582. 8673	191. 7111	1679. 0800
激励适中	1570	96. 7277	88. 3535	191. 5412	36. 6473	42. 2496
激励不足	785	17. 3998	17. 0060	36. 6435	0. 1068	10. 2765
总　体	3140	211. 1411	88. 3535	34582. 8673	0. 1068	875. 3949

从表 22 -1 可以看出，2017 年上市公司高管薪酬指数最大值为 34582.8673，最小值为 0.1068，平均值为 211.1411，中位值为 88.3535。高管薪酬指数在 191.5412 以上的属于薪酬激励过度，高管薪酬指数在 36.6473 ~191.5412 的属于薪酬激励适中，高管薪酬指数在 36.6473 以下的属于薪酬激励不足。在 3140 家上市公司中，激励过度和激励不足的公司各有 785 家，激励适中的公司有 1570 家。激励过度的公司的高管薪酬指数标准差很大，表明激励过度的 785 家公司高管薪酬指数离散程度很大。激励适中和激励不足的公司的高管薪酬指数相对比较集中，特别是薪酬激励不足的公司的高管薪酬指数更为集中。

22.1.2 高管薪酬指数排名

表 22 -2 列示了高管薪酬激励过度前 100 名公司，这些公司的高管薪酬指数越大，则表明其薪酬激励越过度。由于本报告对高管薪酬指数采取从大到小的降序排列，排序为 1 ~100 的公司即为薪酬激励过度前 100 名公司。

表 22 -2 2017 年上市公司高管薪酬指数排名——激励过度前 100 名

排名	代码	公司简称	指数值	排名	代码	公司简称	指数值
1	000416	民生控股	34582.8673	22	600732	ST 新梅	2580.5397
2	600896	*ST 海投	13753.1648	23	002168	深圳惠程	2484.4033
3	600234	ST 山水	12249.1044	24	600193	*ST 创兴	2456.8146
4	000502	绿景控股	12034.8313	25	000611	天首发展	2384.4500
5	002387	维信诺	11131.7976	26	600555	海航创新	2374.1681
6	600817	ST 宏盛	11118.4322	27	000809	铁岭新城	2161.3746
7	600647	同达创业	10882.1881	28	002473	*ST 圣莱	2096.9667
8	600620	天宸股份	6425.0253	29	000567	海德股份	2062.2339
9	000585	*ST 东电	5779.8665	30	000633	合金投资	2058.5433
10	600695	绿庭投资	5260.0410	31	600385	山东金泰	1972.5739
11	000613	大东海 A	4901.2811	32	600083	博信股份	1968.4176
12	000007	全新好	4293.1180	33	000996	中国中期	1929.6600
13	600275	ST 昌鱼	3964.9490	34	300333	兆日科技	1874.9591
14	600883	博闻科技	3958.6347	35	300346	南大光电	1783.8715
15	000504	南华生物	3588.7793	36	002306	*ST 云网	1743.3564
16	000760	斯太尔	3443.9737	37	601558	ST 锐电	1662.6527
17	600890	中房股份	3431.1314	38	000622	恒立实业	1661.3276
18	600149	ST 坊展	2747.7975	39	300191	潜能恒信	1610.0356
19	600870	*ST 厦华	2707.4285	40	600868	梅雁吉祥	1607.7370
20	002417	深南股份	2661.5117	41	002575	群兴玩具	1569.4847
21	600155	华创阳安	2611.0640	42	300561	汇金科技	1519.5666

续表

排名	代码	公司简称	指数值	排名	代码	公司简称	指数值
43	002058	威尔泰	1466.8414	72	600892	大晟文化	975.4337
44	600766	园城黄金	1440.0270	73	000503	国新健康	967.5438
45	300062	中能电气	1431.1298	74	300379	东方通	962.6529
46	000532	华金资本	1386.2198	75	603037	凯众股份	958.7976
47	600730	中国高科	1335.6364	76	002248	华东数控	956.7435
48	300445	康斯特	1326.8555	77	300461	田中精机	955.6681
49	300076	GQY 视讯	1311.9289	78	600767	ST 运盛	934.0963
50	601099	太平洋	1287.5191	79	300404	博济医药	932.3590
51	600539	*ST 狮头	1285.8768	80	000668	荣丰控股	924.9406
52	002843	泰嘉股份	1281.1310	81	603990	麦迪科技	916.8365
53	300620	光库科技	1260.1948	82	000609	中迪投资	914.0482
54	300125	易世达	1227.8380	83	300615	欣天科技	912.8225
55	600769	祥龙电业	1214.6292	84	000159	国际实业	909.5245
56	000616	海航投资	1175.4799	85	000017	深中华 A	899.2479
57	000995	*ST 皇台	1165.7098	86	603041	美思德	891.9495
58	002622	融钰集团	1150.8080	87	002670	国盛金控	886.0879
59	000979	中弘股份	1140.6435	88	000670	盈方微	857.5693
60	300235	方直科技	1132.8714	89	603859	能科股份	843.2712
61	600783	鲁信创投	1119.4739	90	300455	康拓红外	842.8423
62	600615	丰华股份	1098.9543	91	300557	理工光科	838.7064
63	300581	晨曦航空	1093.4878	92	002222	福晶科技	823.5459
64	600838	上海九百	1077.9743	93	603566	普莱柯	812.3353
65	300609	汇纳科技	1069.6416	94	600506	香梨股份	808.9791
66	600678	四川金顶	1044.2347	95	600345	长江通信	808.3263
67	000068	华控赛格	1035.6932	96	600530	交大昂立	804.5143
68	600643	爱建集团	1025.7127	97	300590	移为通信	798.2688
69	300313	天山生物	1008.0628	98	600714	金瑞矿业	777.1759
70	002213	特尔佳	1003.2692	99	300533	冰川网络	773.5498
71	600696	ST 岩石	981.8321	100	300447	全信股份	758.7928

在激励过度前100家公司中，ST公司有16家，在所有78家ST公司中的占比为20.51%，这个比例已经很高，说明这些ST公司的高管薪酬远超其绩效。从地区看，东部、中部、西部和东北各有71家、13家、12家和4家，分别占所在地区上市公司总数的3.33%、3.02%、2.79%和2.72%，从相对值（占比）看，东部上市公司高管激励过度问题较为突出；从行业看，制造业有47家，房地产业有11家，信息传输、软件和信息技术服务业有10家，分别占所在行业上市公司总数的2.42%、8.80%和4.29%，从相对值（占比）看，房地产业上市公司高管激励过度问题较为突出；从控股类型看，

国有控股公司有 17 家，非国有控股公司有 83 家，分别占同类型公司总数的 1.62% 和 3.98%，从相对值（占比）看，激励过度主要体现在非国有控股公司中；从上市板块看，深市主板（不含中小企业板）、深市中小企业板、深市创业板和沪市主板各有 24 家、13 家、22 家和 41 家，分别占各板块上市公司总数的 5.26%、1.55%、3.57% 和 3.34%，从相对值（占比），深市主板（不含中小企业板）上市公司高管激励过度问题较为突出。

图 22－1 显示了激励过度前 100 名公司高管薪酬指数的分布情况。可以看出，激励过度前 100 名公司的高管薪酬指数差异很大，最高值为 34582.8673，最低值为 758.7928，排名前 10 的公司高管薪酬指数与后面 90 家公司的高管薪酬指数差距很大。

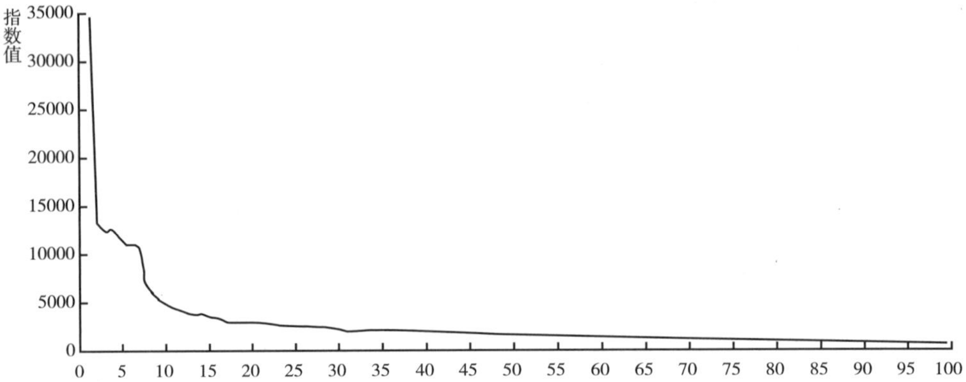

图 22－1　2017 年激励过度前 100 名上市公司高管薪酬指数分布情况

表 22－3 列示了高管薪酬激励适中前 100 名公司，这些公司的高管薪酬指数越接近 100，则表明其薪酬激励越适中。

表 22－3　2017 年上市公司高管薪酬指数排名——激励适中前 100 名

排名	代码	公司简称	指数值	排名	代码	公司简称	指数值
1397	603369	今世缘	104.9912	1407	600566	济川药业	104.0162
1398	600367	红星发展	104.9429	1408	300388	国祯环保	103.9782
1399	603600	永艺股份	104.8428	1409	600062	华润双鹤	103.9413
1400	002012	凯恩股份	104.7681	1410	002104	恒宝股份	103.7851
1401	300002	神州泰岳	104.7463	1411	300294	博雅生物	103.6835
1402	002423	中原特钢	104.6985	1412	600210	紫江企业	103.6578
1403	603067	振华股份	104.5794	1413	300251	光线传媒	103.5956
1404	002554	惠博普	104.4020	1414	002090	金智科技	103.5218
1405	002730	电光科技	104.3005	1415	603819	神力股份	103.4990
1406	300231	银信科技	104.1508	1416	600521	华海药业	103.4440

续表

排名	代码	公司简称	指数值	排名	代码	公司简称	指数值
1417	300163	先锋新材	103.3972	1457	000042	中洲控股	99.4912
1418	600716	凤凰股份	103.3842	1458	600353	旭光股份	99.3999
1419	002015	霞客环保	103.2589	1459	002373	千方科技	99.3957
1420	600288	大恒科技	103.2512	1460	600588	用友网络	99.3925
1421	600257	大湖股份	103.1866	1461	603319	湘油泵	99.3116
1422	000965	天保基建	103.0310	1462	600156	华升股份	99.2516
1423	601208	东材科技	102.8497	1463	000915	山大华特	99.2286
1424	603929	亚翔集成	102.7819	1464	002268	卫士通	99.1398
1425	002807	江阴银行	102.7654	1465	600665	天地源	98.8874
1426	603238	诺邦股份	102.5831	1466	002709	天赐材料	98.7569
1427	603999	读者传媒	102.5491	1467	300418	昆仑万维	98.7243
1428	002736	国信证券	102.5023	1468	000819	岳阳兴长	98.7201
1429	000547	航天发展	102.4812	1469	300471	厚普股份	98.4327
1430	603616	韩建河山	101.9405	1470	002635	安洁科技	98.3570
1431	002027	分众传媒	101.9353	1471	300618	寒锐钴业	98.3400
1432	600165	新日恒力	101.7645	1472	600460	士兰微	98.0780
1433	002599	盛通股份	101.7317	1473	002757	南兴装备	97.9366
1434	600790	轻纺城	101.7190	1474	002616	长青集团	97.8001
1435	000058	深赛格	101.6666	1475	600410	华胜天成	97.7806
1436	600960	渤海汽车	101.6408	1476	002531	天顺风能	97.3920
1437	300109	新开源	101.6071	1477	000702	正虹科技	97.1819
1438	603227	雪峰科技	101.5510	1478	002339	积成电子	97.0202
1439	300178	腾邦国际	101.4532	1479	600658	电子城	97.0158
1440	002356	赫美集团	101.4444	1480	002154	报喜鸟	96.8829
1441	603366	日出东方	101.3578	1481	300026	红日药业	96.8081
1442	300432	富临精工	101.3484	1482	002223	鱼跃医疗	96.7618
1443	600743	华远地产	101.2342	1483	300208	恒顺众昇	96.5719
1444	002279	久其软件	101.0930	1484	600052	浙江广厦	96.4802
1445	002512	达华智能	101.0827	1485	300421	力星股份	96.4170
1446	002026	山东威达	101.0822	1486	002562	兄弟科技	96.2559
1447	603336	宏辉果蔬	100.8901	1487	002786	银宝山新	96.1996
1448	002242	九阳股份	100.7080	1488	002350	北京科锐	96.1979
1449	002660	茂硕电源	100.5602	1489	300511	雪榕生物	95.6067
1450	002130	沃尔核材	100.5043	1490	603338	浙江鼎力	95.5282
1451	002450	康得新	100.3685	1491	603887	城地股份	95.5027
1452	000929	兰州黄河	100.3498	1492	601016	节能风电	95.3916
1453	603555	贵人鸟	100.1344	1493	600798	宁波海运	95.3466
1454	300283	温州宏丰	99.7880	1494	600897	厦门空港	95.2278
1455	002331	皖通科技	99.6943	1495	000813	德展健康	95.0105
1456	002590	万安科技	99.6417	1496	000541	佛山照明	95.0054

在激励适中的前 100 家公司中，贵人鸟（603555）高管薪酬指数为 100.1344，最接近 100，激励最适中。从地区看，东部、中部、西部和东北各有 77 家、12 家、11 家和 0 家，分别占所在地区上市公司总数的 3.61%、2.78%、2.56% 和 0.00%，从相对值（占比）看，东部上市公司高管激励更适中一些；从行业看，制造业有 66 家，信息传输、软件和信息技术服务业有 9 家，房地产业有 7 家，分别占所在行业上市公司总数的 3.39%、3.86% 和 5.60%，从相对值（占比）看，房地产业高管激励更适中一些；从所有制看，国有控股公司有 27 家，非国有控股公司有 73 家，分别占同类型公司总数的 2.57% 和 3.50%，从相对值（占比）看，非国有控股公司高管激励适中的情况更多一些；从上市板块看，深市主板（不含中小企业板）、深市中小企业板、深市创业板和沪市主板各有 10 家、34 家、17 家和 39 家，分别占各板块上市公司总数的 2.19%、4.04%、2.76% 和 3.18%，从相对值（占比），深市中小企业板上市公司的高管激励更适中一些。

图 22－2 显示了激励适中前 100 名上市公司的高管薪酬指数的分布情况。可以看出，激励适中的前 100 名上市公司的高管薪酬指数集中在 95～105，分布比较均匀。

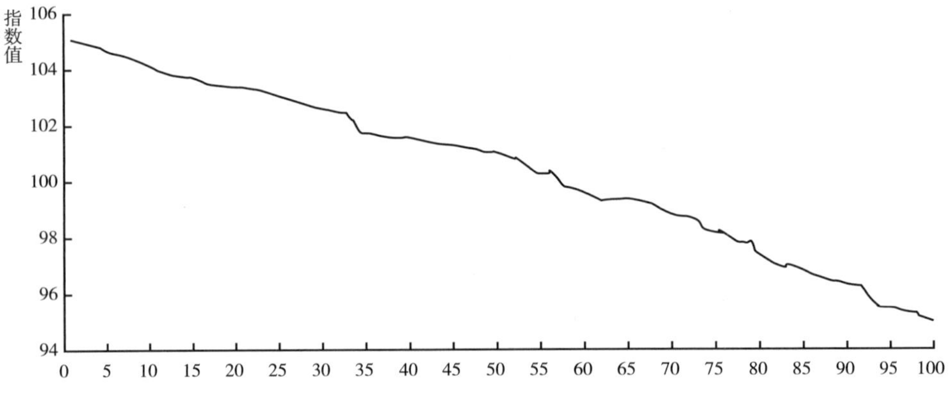

图 22－2　2017 年激励适中前 100 名上市公司高管薪酬指数分布情况

表 22－4 列示了高管薪酬激励不足的前 100 名公司，这些公司的高管薪酬指数越小，表明其薪酬激励越不足。排序为 3041～3140 的公司为薪酬激励不足前 100 名公司。

在高管激励最不足的 100 家公司中，从地区看，东部、中部、西部和东北各有 66 家、15 家、15 家和 4 家，分别占所在地区上市公司总数的 3.10%、3.48%、3.49% 和 2.72%，从相对值（占比）看，西部上市公司高管激励不足的问题较为突出。从行业看，制造业有 42 家，金融业有 13 家，建筑业与批发和零售业都有 11 家，分别占所在行业上市公司总数的 2.16%、16.88%、12.22% 和 6.96%，从相对值（占比）看，金融业和建筑业上市公司高管激励不足的问题较为突出。从所有制看，国有控股公司有 80 家，非

表 22－4 2017 年上市公司高管薪酬指数排名——激励不足前 100 名

排名	代码	公司简称	薪酬指数	排名	代码	公司简称	薪酬指数
3041	000703	恒逸石化	4.2244	3081	600998	九州通	2.9505
3042	600795	国电电力	4.2239	3082	601225	陕西煤业	2.9501
3043	600418	江淮汽车	4.2014	3083	601991	大唐发电	2.9067
3044	600023	浙能电力	4.1845	3084	000959	首钢股份	2.8384
3045	601611	中国核建	4.1579	3085	000564	供销大集	2.8360
3046	002493	荣盛石化	4.1561	3086	002024	苏宁易购	2.8028
3047	600115	东方航空	4.1557	3087	600170	上海建工	2.7683
3048	002157	正邦科技	4.1519	3088	600760	中航沈飞	2.7445
3049	601318	中国平安	4.1255	3089	002210	飞马国际	2.6784
3050	600489	中金黄金	4.0947	3090	000825	太钢不锈	2.6529
3051	600623	华谊集团	4.0924	3091	600057	厦门象屿	2.6302
3052	002237	恒邦股份	4.0757	3092	600027	华电国际	2.4677
3053	600939	重庆建工	4.0352	3093	601258	庞大集团	2.4483
3054	601818	光大银行	3.9814	3094	600569	安阳钢铁	2.4296
3055	000625	长安汽车	3.9395	3095	601898	中煤能源	2.3850
3056	000951	中国重汽	3.8369	3096	601117	中国化学	2.3409
3057	600096	云天化	3.7756	3097	600808	马钢股份	2.2844
3058	000338	潍柴动力	3.7655	3098	600010	包钢股份	2.2679
3059	600291	西水股份	3.7316	3099	300226	上海钢联	2.1924
3060	000878	云南铜业	3.7291	3100	000898	鞍钢股份	2.1908
3061	600029	南方航空	3.7147	3101	600019	宝钢股份	2.1509
3062	601015	陕西黑猫	3.6314	3102	601989	中国重工	2.1205
3063	601212	白银有色	3.5278	3103	600839	四川长虹	2.0867
3064	601601	中国太保	3.5134	3104	000932	华菱钢铁	2.0772
3065	002716	金贵银业	3.4954	3105	000761	本钢板材	2.0022
3066	600997	开滦股份	3.4600	3106	601006	大秦铁路	1.9710
3067	600688	上海石化	3.4529	3107	601166	兴业银行	1.8863
3068	002589	瑞康医药	3.4282	3108	600690	青岛海尔	1.8604
3069	601111	中国国航	3.4131	3109	000627	天茂集团	1.8158
3070	600871	*ST 油服	3.3847	3110	600068	葛洲坝	1.8016
3071	600297	广汇汽车	3.3581	3111	000626	远大控股	1.7458
3072	600339	中油工程	3.3110	3112	600704	物产中大	1.7364
3073	601727	上海电气	3.2328	3113	600546	山煤国际	1.7248
3074	601992	金隅集团	3.2181	3114	600000	浦发银行	1.6700
3075	600741	华域汽车	3.1577	3115	600011	华能国际	1.4703
3076	600221	海航控股	3.0999	3116	601600	中国铝业	1.4163
3077	600519	贵州茅台	3.0887	3117	000858	五粮液	1.4087
3078	600782	新钢股份	3.0711	3118	601618	中国中冶	1.3540
3079	600153	建发股份	2.9757	3119	000630	铜陵有色	1.3527
3080	600022	山东钢铁	2.9750	3120	000709	河钢股份	1.3375

续表

排名	代码	公司简称	薪酬指数	排名	代码	公司简称	薪酬指数
3121	601328	交通银行	1.2407	3131	600050	中国联通	0.5806
3122	601669	中国电建	1.1658	3132	601186	中国铁建	0.4791
3123	600188	兖州煤业	1.1421	3133	601288	农业银行	0.4417
3124	601088	中国神华	1.1181	3134	601939	建设银行	0.3984
3125	601766	中国中车	1.0337	3135	600751	海航科技	0.3906
3126	600362	江西铜业	1.0121	3136	601398	工商银行	0.3889
3127	601800	中国交建	0.9399	3137	601390	中国中铁	0.3347
3128	601988	中国银行	0.7182	3138	601668	中国建筑	0.2749
3129	601628	中国人寿	0.6224	3139	601857	中国石油	0.1234
3130	600104	上汽集团	0.5820	3140	600028	中国石化	0.1068

国有控股公司有 20 家，分别占同类型公司总数的 7.61% 和 0.96%，从相对值（占比）看，国有控股公司高管激励不足的问题较为突出。在激励不足的 80 家国有控股公司中，央企控股公司有 41 家，地方国企控股公司有 39 家，分别占同类型公司总数的 10.93% 和 5.77%，从相对值（占比）看，央企控股公司高管激励不足问题更突出一些。但需要注意的是，这里我们没有考虑一些国有企业因政府赋予的垄断资源而带来的绩效问题，从而可能高估公司高管的贡献，导致评估结果出现激励不足。从上市板块看，深市主板（不含中小企业板）、深市中小企业板、深市创业板和沪市主板各有 16 家、7 家、1 家和 76 家，分别占各板块上市公司总数的 3.51%、0.83%、0.16% 和 6.19%，从相对值（占比），沪市主板上市公司高管激励不足的问题较为突出。

图 22－3 为激励不足前 100 名的上市公司高管薪酬指数的分布情况（按倒数排列，即指数最后一位作为倒数第一位）。可以看出，激励不足前 100 名上市公司高管薪酬指数集中在 4.2244 以下，最小值 0.1068，分布比较均匀。

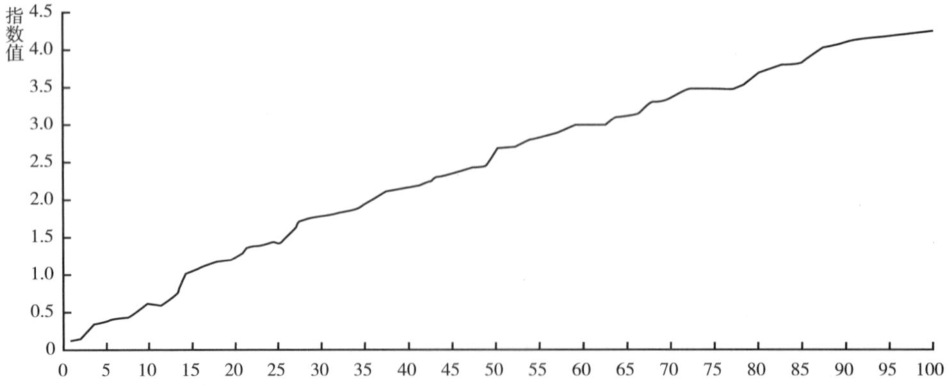

图 22－3　2017 年激励不足前 100 名上市公司高管薪酬指数分布情况

22.2　分地区高管薪酬指数比较

按照东部、中部、西部和东北的地区划分，本节对不同地区的高管薪酬指数进行比较。

表 22－5 列示了 2017 年四个地区的上市公司高管薪酬指数。

表 22－5　2017 年不同地区上市公司高管薪酬指数比较

区域	公司数目	平均值	中位值	最大值	最小值	标准差
东部	2132	223.4634	95.4472	34582.8673	0.1068	977.4842
西部	430	197.2571	84.1451	11118.4322	1.4087	606.1240
中部	431	182.9396	63.6872	12249.1044	1.0121	680.2999
东北	147	155.7248	66.5917	2161.3746	2.0022	267.4181
总体	3140	211.1411	88.3535	34582.8673	0.1068	875.3949

从表 22－5 可以看出，以均值排列，各地区高管薪酬指数由大到小依次为东部、西部、中部和东北，各地区上市公司高管薪酬指数均值存在较大差异；以中位值排列，各地区高管薪酬指数由大到小的次序为东部、西部、东北和中部，中部和东北两个地区的高管薪酬指数中位值相差不大；从标准差来看，东部上市公司的高管薪酬指数离散程度最大，东北上市公司高管薪酬指数离散程度最小。

如第 1 章所述，我们按照四分之一分位法将高管薪酬指数划分为激励过度、激励适中和激励不足三个区间。表 22－6 列示了 2017 年不同地区上市公司高管薪酬激励情况。

表 22－6　2017 年不同地区上市公司高管薪酬激励情况比较

地区	公司数目	其中		
		激励适中	激励过度	激励不足
东部	2132	1117(52.39%)	553(25.94%)	462(21.67%)
西部	430	197(45.81%)	117(27.21%)	116(26.98%)
中部	431	193(44.78%)	85(19.72%)	153(35.50%)
东北	147	63(42.86%)	30(20.41%)	54(36.73%)
总体	3140	1570(50.00%)	785(25.00%)	785(25.00%)

注：括号中的数字为某地区上市公司中不同激励类型公司数与该地区全部公司数的比例。

从表 22－6 可以看出，各地区上市公司高管薪酬激励情况存在一定差异。

东部地区高管薪酬激励适中的公司所占比重最大，为 52.39%；其次为西部和中部；东北地区高管薪酬激励适中的上市公司所占比重最小，但比重也达到42.86%。四个地区中，东部激励适中的公司比例超过了50%的标准比例，其他三个地区激励适中的比例则低于50%的标准比例。与2016年评价结果相比，西部和东北激励适中的比例出现了下滑，东部和中部激励适中的公司比例则有所上升。

西部地区高管薪酬激励过度的上市公司所占比重最大，其次为东部和东北，中部地区高管薪酬激励过度的上市公司所占比重最小。东部和西部地区薪酬激励过度的公司所占比重高于25%的标准比例，而中部和东北地区薪酬激励过度的公司所占比重都低于25%的标准比例。与2016年相比，东部、中部和东北地区激励过度的公司比例均出现下降，而西部地区激励过度的公司比例则有所上升。

东北地区高管薪酬激励不足的公司所占比重最大，其次为中部和西部，东部地区高管薪酬激励不足的公司所占比重最小。东北、中部和西部三个地区薪酬激励不足的公司比例都超过25%的标准比例，尤其是东北和中部，超过了35%，只有东部地区高管薪酬激励不足的公司比例低于25%的标准比例，为21.67%。相比2016年，2017年东部和东北地区激励不足的公司比例均有所上升，西部和中部地区薪酬激励不足的公司比例出现下降。

总体来说，东部地区薪酬激励适中的公司所占比重较大，西部地区薪酬激励过度的公司所占比重较大，中部和东北地区薪酬激励不足的问题较为突出。

图22－4更直观地展现了东部、中部、西部、东北四个地区上市公司高管薪酬激励过度、激励适中和激励不足的情况。图中纵坐标列示的地区顺序由下到上，依次对应的是薪酬激励适中比例由高到低，东部薪酬激励适中比例最高，东北薪酬激励适中比例最低。

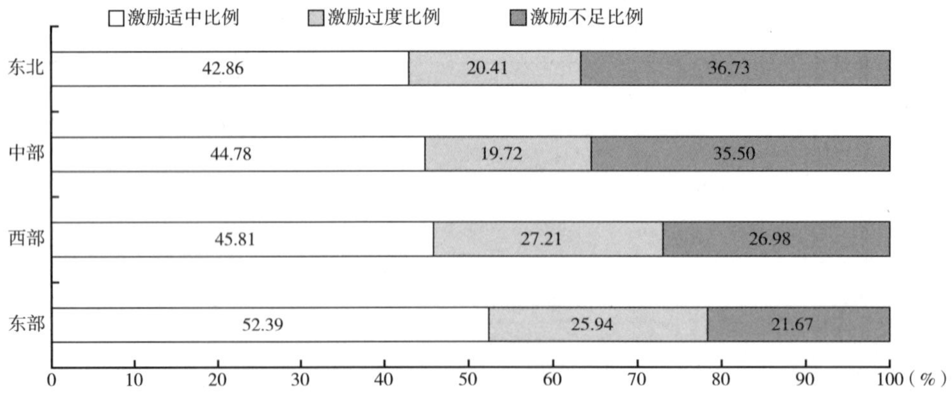

图22－4　2017年不同地区上市公司高管薪酬激励情况比较

22.3　分行业高管薪酬指数比较

表 22－7 按高管薪酬指数均值由大到小列示了 2017 年不同行业上市公司高管薪酬指数。可以看到，上市公司高管薪酬指数均值最高的三个行业是卫生和社会工作（Q），住宿和餐饮业（H），金融业（J）；最低的三个行业是建筑业（E），交通运输、仓储和邮政业（G），电力、热力、燃气及水生产和供应业（D）。

表 22－7　2017 年不同行业上市公司高管薪酬指数比较

行业	公司数目	平均值	中位值	最大值	最小值	标准差
卫生和社会工作(Q)	8	1805.1711	98.4793	13753.1648	33.0684	4516.2295
住宿和餐饮业(H)	9	840.9613	168.1521	4901.2811	13.4785	1523.0914
金融业(J)	77	727.5553	84.5634	34582.8673	0.3889	3947.2550
综合(S)	23	669.7045	156.8283	6425.0253	20.5807	1370.7250
房地产业(K)	125	447.4328	90.2144	12034.8313	6.4931	1540.3984
科学研究和技术服务业(M)	32	401.2863	211.9474	3588.7793	27.2154	636.7942
信息传输、软件和信息技术服务业(I)	233	244.7566	166.7155	1874.9591	0.5806	248.5974
水利、环境和公共设施管理业(N)	40	218.5772	120.5818	2161.3746	17.3453	339.6214
制造业(C)	1945	181.1489	93.0643	12249.1044	0.5820	476.8050
批发和零售业(F)	158	178.3244	30.6689	10882.1881	0.3906	899.2587
教育(P)	4	168.8786	119.9308	384.4256	51.2271	130.9825
农、林、牧、渔业(A)	42	166.2358	83.5506	1008.0628	16.5208	225.8784
文化、体育和娱乐业(R)	48	144.0591	117.6721	533.4563	11.0153	110.9062
采矿业(B)	72	140.4336	31.3435	1610.0356	0.1068	285.5993
租赁和商务服务业(L)	42	121.3543	83.4415	604.7314	2.6302	134.1197
电力、热力、燃气及水生产和供应业(D)	103	93.1872	55.1793	1607.7370	1.4703	179.0281
交通运输、仓储和邮政业(G)	89	86.0325	46.7293	580.9738	1.9710	117.4019
建筑业(E)	90	82.8994	40.9593	1214.6292	0.2749	143.0372
总体	3140	211.1411	88.3535	34582.8673	0.1068	875.3949

图 22－5 直观地显示了不同行业上市公司高管薪酬指数的差异。

从图 22－5 可以看出，在 18 个行业中，卫生和社会工作行业（Q）的上市公司高管薪酬指数尤为突兀，比其他行业高出许多，其高管薪酬指数均值是最低的建筑业（E）的 21.78 倍，差距很大。观察该行业的 8 家上市公司发现，其中 * ST 海投（600896）高管薪酬指数达到 13753.1648 分，排在所有企业中的第二名，位于激励过度区间，远高于同行业中的其他企业的高管薪酬指数，从而拉高了该行业的高管薪酬指数。

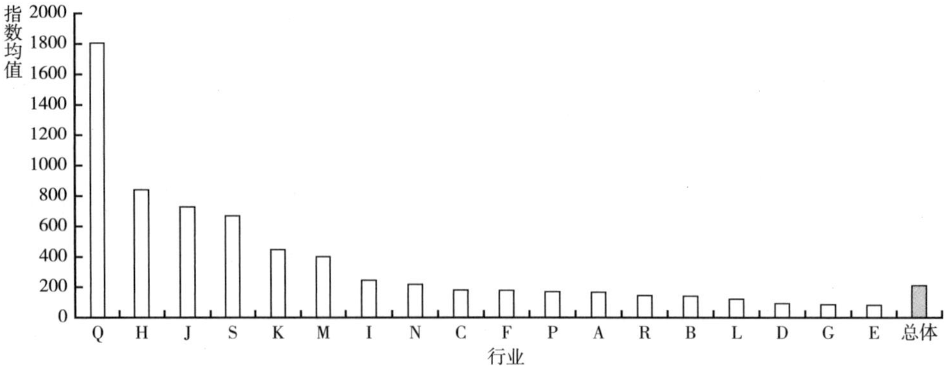

图 22－5　2017 年不同行业上市公司高管薪酬指数均值比较

高管薪酬指数总体均值为 211.1411，18 个行业中高管薪酬指数均值高于总体均值的有 8 个，低于总体均值的有 10 个。

表 22－8 按激励适中的公司比例由高到低列示了 2017 年不同行业上市公司高管薪酬激励情况。

表 22－8　2017 年不同行业上市公司高管激励情况比较

行业	公司数目	其中		
		激励适中	激励过度	激励不足
水利、环境和公共设施管理业(N)	40	27(67.50%)	12(30.00%)	1(2.50%)
农、林、牧、渔业(A)	42	25(59.52%)	8(19.05%)	9(21.43%)
文化、体育和娱乐业(R)	48	27(56.25%)	13(27.08%)	8(16.67%)
制造业(C)	1945	1030(52.96%)	489(25.14%)	426(21.90%)
电力、热力、燃气及水生产和供应业(D)	103	54(52.43%)	8(7.77%)	41(39.81%)
综合(S)	23	12(52.17%)	10(43.48%)	1(4.35%)
信息传输、软件和信息技术服务业(I)	233	118(50.64%)	101(43.35%)	14(6.01%)
房地产业(K)	125	61(48.80%)	34(27.20%)	30(24.00%)
交通运输、仓储和邮政业(G)	89	43(48.31%)	8(8.99%)	38(42.70%)
建筑业(E)	90	41(45.56%)	10(11.11%)	39(43.33%)
租赁和商务服务业(L)	42	19(45.24%)	10(23.81%)	13(30.95%)
科学研究和技术服务业(M)	32	13(40.63%)	18(56.25%)	1(3.13%)
金融业(J)	77	24(31.17%)	24(31.17%)	29(37.66%)
批发和零售业(F)	158	47(29.75%)	18(11.39%)	93(58.86%)
采矿业(B)	72	18(25.00%)	15(20.83%)	39(54.17%)
总体	3140	1570(50.00%)	785(25.00%)	785(25.00%)

注：由于卫生和社会工作（Q）、住宿和餐饮业（H）、教育（P）三个行业的上市公司数过少，故没有纳入比较。括号中的数字为某行业上市公司中不同激励类型公司数与该行业全部公司数的比例。

从表22－8可以看出，剔除样本量过少的卫生和社会工作（Q）、住宿和餐饮业（H）、教育（P）三个行业后，则激励适中比例最高的前三个行业为水利、环境和公共设施管理业（N），农、林、牧、渔业（A），文化、体育和娱乐业（R）；激励过度比例最高的前三个行业为科学研究和技术服务业（M），综合（S），信息传输、软件和信息技术服务业（I）；激励不足比例最高的前三个行业为批发和零售业（F），采矿业（B），建筑业（E）。

高管薪酬激励适中比例超过50%（含50%）和低于50%标准比例的行业分别是7个和8个；高管薪酬激励过度比例超过25%（含25%）标准比例的行业有8个，低于25%标准比例的行业有7个；高管薪酬激励不足比例超过25%（含25%）标准比例的行业有7个，低于25%标准比例的行业有8个。

进一步观察，我们发现，金融业（J）和采矿业（B）上市公司高管薪酬激励不足问题很突出，但这些行业高管薪酬激励过度问题也比较明显，这意味着这些行业高管薪酬激励存在两极分化问题；综合（S）和信息传输、软件和信息技术服务业（I）上市公司高管薪酬激励适中比例和激励过度比例相差不大，两项接近于50%，这意味着薪酬激励适中比例高的行业并不代表该行业上市公司高管薪酬激励都是合理的。

图22－6更直观地展示了2017年15个行业上市公司高管薪酬激励情况的不同。图中纵坐标列示的行业顺序由下到上，依次对应的是薪酬激励适中比例由高到低，水利、环境和公共设施管理业（N）薪酬激励适中比例最高，采矿业（B）薪酬激励适中比例最低。

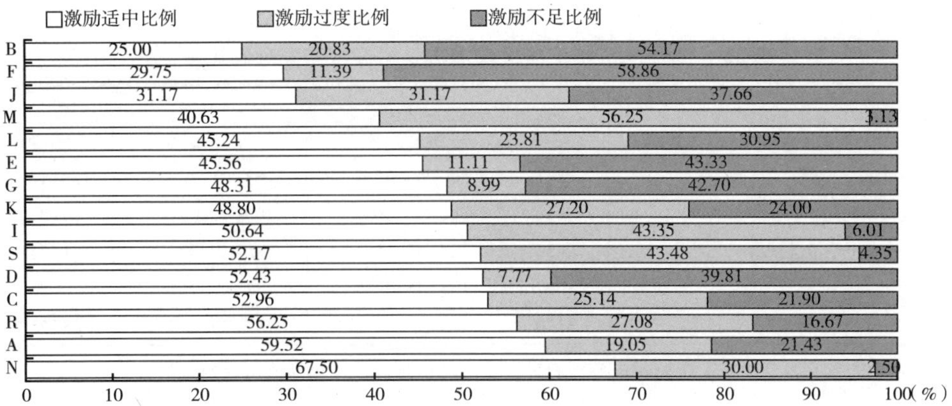

图22－6　2017年不同行业上市公司高管薪酬激励情况比较

22.4 分上市板块高管薪酬指数比较

根据上市公司四个板块的划分，不同板块上市公司高管薪酬指数情况如表 22－9 所示。

表 22－9 2017 年不同板块上市公司高管薪酬指数比较

上市板块	公司数目	平均值	中位值	最大值	最小值	标准差
深市主板（不含中小企业板）	456	294.2037	59.1061	34582.8673	1.3375	1783.0105
深市创业板	616	252.2601	177.3887	1874.9591	2.1924	243.0497
沪市主板	1227	194.3378	64.1704	13753.1648	0.1068	783.9347
深市中小企业板	841	160.5011	88.6054	11131.7976	2.6784	435.3774
总体	3140	211.1411	88.3535	34582.8673	0.1068	875.3949

表 22－9 按照高管薪酬指数平均值由高到低进行排列，可以看出，深市主板（不含中小企业板）高管薪酬指数均值最高，为 294.2037，其后依次是深市创业板和沪市主板，深市中小企业板高管薪酬指数均值最低，为 160.5011。深市创业板的高管薪酬指数中位值最高，远高于其他三个板块。从标准差来看，深市主板（不含中小企业板）的离散程度远高于其他三个板块，不同板块上市公司高管薪酬指数离散程度存在较大差距。

表 22－10 按激励适中比例由高到低列示了 2017 年不同板块上市公司高管薪酬激励情况。

表 22－10 2017 年不同板块上市公司高管薪酬激励比较

上市板块	公司数目	其中		
		激励适中	激励过度	激励不足
深市中小企业板	841	500（59.45%）	183（21.76%）	158（18.79%）
深市创业板	616	300（48.70%）	290（47.08%）	26（4.22%）
深市主板（不含中小企业板）	456	215（47.15%）	80（17.54%）	161（35.31%）
沪市主板	1227	555（45.23%）	232（18.91%）	440（35.86%）
总体	3140	1570（50.00%）	785（25.00%）	785（25.00%）

注：括号中的数字为某板块上市公司中不同激励类型公司数与该板块全部公司数的比例。

由表 22－10 可以看出，深市中小企业板激励适中的比例最高，为 59.45%，其后依次是深市创业板和深市主板（不含中小企业板），沪市主板的比例最低，为 45.23%，后三者的比例相差不大。深市创业板激励过度的比例最高，为 47.08%，明显高于其他三个板块，深市主板（不含中小企业板）最低，为 17.54%。沪市主板激励不足的比例最高，为 35.86%，其后依次是深市主板（不含中小企业板）和深市中小企业板，深市创业板激励不足的比例最低，仅为 4.22%，远低于其他三个板块。

总体而言，深市中小企业板上市公司高管薪酬激励最为适中，而深市创业板则有较多的上市公司高管薪酬存在激励过度问题，深市主板（不含中小企业板）和沪市主板高管薪酬激励不足问题比较严重。

图 22-7 更直观地显示了 2017 年不同板块上市公司高管薪酬激励的差异。图中纵坐标列示的板块顺序由下到上，依次对应的是薪酬激励适中比例由高到低，深市中小企业板上市公司薪酬激励适中比例最高，深市创业板上市公司薪酬激励过度比例最高。

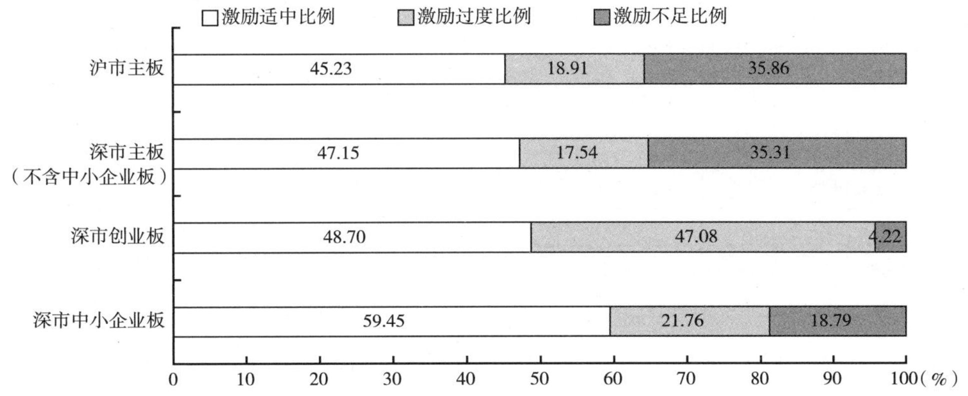

图 22-7　2017 年不同板块上市公司高管薪酬激励比较

22.5　高管薪酬绝对值比较

我们选取 3140 家上市公司 2017 年年度报告披露的薪酬最高的前三位高管的平均薪酬（其中股票期权折算成现金薪酬）来代表上市公司高管薪酬的总体情况，这 3140 家上市公司高管薪酬绝对值总体情况如表 22-11 所示。

表 22-11　2017 年上市公司高管薪酬绝对值总体情况

单位：万元

项目	公司数目	平均值	中位值	最大值	最小值	标准差
数值	3140	88.59	62.19	2062.00	5.60	98.08

在 3140 家上市公司中，2017 年度高管薪酬最高额为 2062. 00 万元，最低额为 5. 60 万元，最大值和最小值之间的差距非常大；中位值为 62. 19 万元，均值为 88. 59 万元，标准差为 98. 08，表明上市公司高管薪酬的离散程度很大。表 22 – 12 列示了 2017 年上市公司高管薪酬最高的前 10 名。

表 22 – 12　2017 年上市公司高管薪酬最高前 10 名

代码	简称	省份	地区	行业	所有制	薪酬均值（万元）	薪酬指数	激励区间
300072	三聚环保	北京	东部	制造业	国有参股公司	2062. 00	258. 8502	激励过度
601318	中国平安	广东	东部	金融业	国有参股公司	1302. 51	4. 1255	激励不足
000002	万科 A	广东	东部	房地产业	国有弱相对控股公司	999. 27	11. 6084	激励不足
600887	伊利股份	内蒙古	西部	制造业	国有弱相对控股公司	903. 77	37. 7539	激励适中
000333	美的集团	广东	东部	制造业	国有参股公司	827. 66	9. 7021	激励不足
600507	方大特钢	江西	中部	制造业	无国有股份公司	800. 84	162. 0490	激励适中
002739	万达电影	北京	东部	文化、体育和娱乐业	无国有股份公司	727. 60	155. 1909	激励适中
600816	安信信托	上海	东部	金融业	国有参股公司	695. 53	350. 9382	激励过度
600606	绿地控股	上海	东部	房地产业	国有参股公司	692. 87	6. 7376	激励不足
000100	TCL 集团	广东	东部	制造业	国有参股公司	679. 18	17. 1761	激励不足

注：高管平均薪酬是指薪酬最高的前三位高管的平均薪酬，下同。

从表 22 – 12 可以看出，2017 年排名前 10 位的上市公司薪酬最高的前三位高管的平均薪酬都超过 650 万元，其中在 1000 万 ~ 2000 万元之间的公司有 1 家，超过 2000 万元的公司有 1 家，为三聚环保（300072）。从地区看，这 10 家公司有 8 家在东部地区；从行业看，制造业有 5 家，金融业和房地产业各有 2 家，文化、体育和娱乐业有 1 家；从控股类型看，6 家为国有参股公司，2 家为无国有股份公司，2 家为国有弱相对控股公司；从激励情况看，2 家企业高管薪酬为激励过度，3 家企业高管薪酬为激励适中，5 家企业高管薪酬为激励不足。

2017 年上市公司高管薪酬最低的前 10 家公司参见表 22 – 13。

从表 22 – 13 可以看出，在 2017 年高管薪酬最低的 10 家公司中，薪酬最高的前三位高管的平均薪酬都在 10. 00 万元（含）以下。在这些公司中，有 4 家为 ST 公司；从地区看，东部 4 家，西部 4 家，中部 1 家，东北 1 家；从行业看，制造业 5 家，房地产业 2 家，批发和零售业，采矿业以及信息传输、软件和信息技术服务业各有 1 家；从控股类型看，国有控股公司 2 家，非国有控股公司 8 家；从激励情况看，有 6 家公司高管薪酬激励过度，3 家公司高管薪酬激励适中，1 家公司高管薪酬激励不足。

表 22－13　2017 年上市公司高管薪酬最低前 10 名

代码	简称	省份	地区	行业	所有制	薪酬均值（万元）	薪酬指数	激励区间
600733	SST 前锋	四川	西部	房地产业	国有强相对控股公司	10.00	738.1933	激励过度
002346	柘中股份	上海	东部	制造业	无国有股份公司	10.00	62.2603	激励适中
600247	＊ST 成城	吉林	东北	批发和零售业	无国有股份公司	9.98	138.5377	激励适中
002481	双塔食品	山东	东部	制造业	国有强相对控股公司	9.52	12.9901	激励不足
600091	ST 明科	内蒙古	西部	制造业	国有参股公司	9.27	399.3460	激励过度
600191	华资实业	内蒙古	西部	制造业	无国有股份公司	8.51	143.3885	激励适中
000691	亚太实业	甘肃	西部	房地产业	无国有股份公司	7.74	473.2634	激励过度
600421	ST 仰帆	湖北	中部	制造业	无国有股份公司	7.65	750.3697	激励过度
600766	园城黄金	山东	东部	采矿业	无国有股份公司	5.67	1440.0270	激励过度
002072	凯瑞德	山东	东部	信息传输、软件和信息技术服务业	国有参股公司	5.60	202.5304	激励过度

结合表 22－12 和表 22－13，我们可以看出，上市公司高管薪酬差异显著。排名前 10 位的上市公司呈现薪酬绝对值高的局面，而排名后 10 位的上市公司则呈现薪酬绝对值低的局面，但都出现了高管薪酬激励过度、激励适中和激励不足并存的情形，这也反映出衡量高管薪酬合理与否要结合公司业绩，即应该考虑相对薪酬。

为了进一步验证高管薪酬绝对值大小与高管薪酬所属激励区间的关系，并了解上市公司高管薪酬的总体分布，我们将高管薪酬以万元为单位划分为 7 个区间，统计了不同区间的公司数目和具体激励情况（详见表 22－14）。

表 22－14　2017 年上市公司高管薪酬总体分布和激励情况

薪酬区间（万元）	公司数目	其中		
		激励适中	激励过度	激励不足
≥2000	1	0(0.00%)	1(100.00%)	0(0.00%)
[1000,2000)	1	0(0.00%)	0(0.00%)	1(100.00%)
[500,1000)	31	15(48.39%)	7(22.58%)	9(29.03%)
[100,500)	712	347(48.74%)	191(26.83%)	174(24.44%)
[50,100)	1234	612(49.59%)	305(24.72%)	317(25.69%)
[10,50)	1153	594(51.52%)	276(23.94%)	283(24.54%)
<10	8	2(25.00%)	5(62.50%)	1(12.50%)

注：括号中的数字为某区间上市公司中不同激励类型公司数与该区间全部公司数的比例。

图 22－8 更直观地反映了上市公司不同薪酬区间的激励情况。

从表 22－14 和图 22－8 可以看出，薪酬最高的前三位高管的平均薪酬在 2000 万元

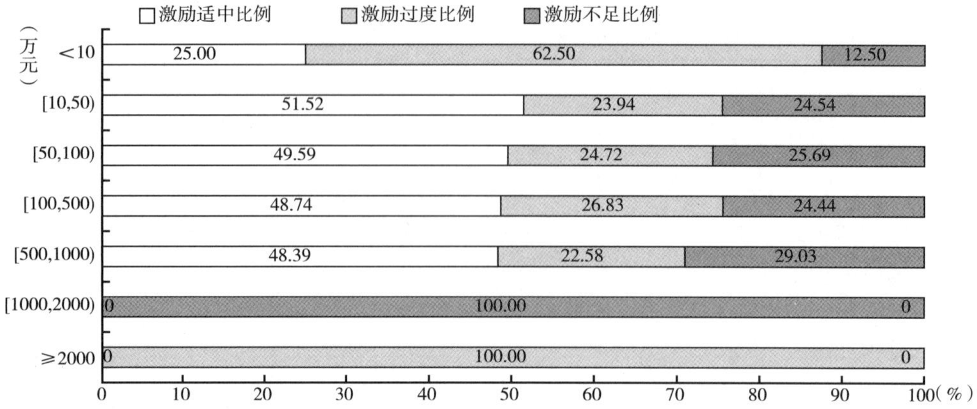

图 22－8 2017 年上市公司高管薪酬各区间激励比较

及以上的上市公司中，只有激励过度，没有激励适中和激励不足；［1000，2000）区间段只有激励不足，没有激励过度和激励适中；但这两个区间的公司都只有 1 家，不具有普遍代表性。除此以外的其他各个薪酬区间段都同时存在激励适中、激励过度和激励不足，因此薪酬绝对值的高低并不能代表激励程度的高低。在各区间中，只有［10，50）这个区间段的薪酬激励适中比例超过了 50%，为 51.52%。

在薪酬小于 10 万元区间段的上市公司中，激励过度比例却超过了 60%，反映了该区间尽管薪酬总额少，但绩效更低。薪酬在 10 万元（含 10 万元）到 1000 万元四个区间段的上市公司中，激励适中比例均为 50% 左右的标准比例，激励过度和激励不足的比例也大都接近于 25% 的标准比例，分布比较均匀，说明该区间是目前中国上市公司高管薪酬激励相对适中的范围。薪酬在 1000 万元（含 1000 万元）以上的两个区间，处于非常极端的情况。

图 22－9 进一步反映了 2017 年上市公司高管薪酬绝对值分布情况。

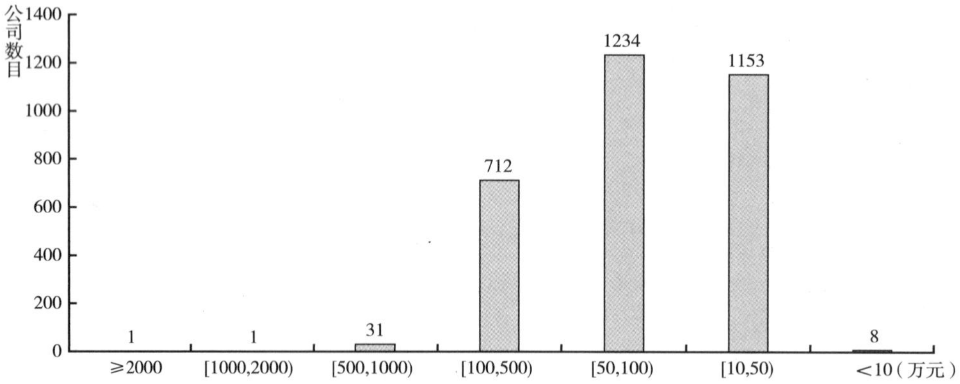

图 22－9 2017 年上市公司高管薪酬总体分布情况

从图 22－9 可以看出，绝大部分公司的高管薪酬处于 10 万～100 万元区间，反映出中国上市公司高管薪酬还不是很高，这与目前的激励制度不到位是有密切关系的。

接下来我们从地区、行业、上市板块三个角度来进一步分析高管薪酬的差异。

首先来分析不同地区上市公司高管薪酬的差异。表 22－15 比较了不同地区上市公司高管薪酬，并按薪酬平均值从高到低进行了排序。

表 22－15　2017 年不同地区上市公司高管薪酬比较

单位：万元

地区	公司数目	平均值	中位值	最大值	最小值	标准差
东部	2132	95.47	66.92	2062.00	5.60	104.51
西部	430	75.78	50.73	903.77	7.74	89.78
中部	431	73.95	51.60	800.84	7.65	75.89
东北	147	69.10	50.15	496.78	9.98	66.61
总体	3140	88.59	62.19	2062.00	5.60	98.08

从表 22－15 可以看出，东部地区上市公司薪酬最高前三位高管的平均薪酬的均值最大，其次是西部，中部排名第三，最后是东北，可见上市公司高管薪酬有明显的地区差异。从标准差来看，东部地区上市公司高管薪酬标准差最大，说明东部地区上市公司高管薪酬离散程度最大，其次是西部和中部地区，东北地区最小。四个地区中，只有东部上市公司高管薪酬高于总体均值（88.59 万元），其他三个地区都低于总体均值。

其次分析不同行业上市公司高管薪酬的差异。表 22－16 比较了不同行业上市公司高管薪酬，并按薪酬平均值从高到低的顺序进行了排序。

表 22－16　2017 年不同行业上市公司高管薪酬比较

单位：万元

行业	公司数目	平均值	中位值	最大值	最小值	标准差
金融业(J)	77	245.21	185.13	1302.51	27.85	200.44
房地产业(K)	125	173.12	106.67	999.27	7.74	171.32
卫生和社会工作(Q)	8	113.09	89.03	263.89	24.80	80.39
住宿和餐饮业(H)	9	106.71	59.74	501.57	45.67	139.84
批发和零售业(F)	158	98.89	78.62	637.86	9.98	79.75
租赁和商务服务业(L)	42	95.37	72.70	433.99	20.54	76.77
文化、体育和娱乐业(R)	48	94.21	69.26	727.60	24.69	102.51
综合(S)	23	91.76	63.00	443.43	23.10	89.79
交通运输、仓储和邮政业(G)	89	90.77	59.44	603.65	21.15	89.02
信息传输、软件和信息技术服务业(I)	233	83.88	65.17	577.33	5.60	70.92

续表

行业	公司数目	平均值	中位值	最大值	最小值	标准差
制造业（C）	1945	80.16	58.33	2062.00	7.65	89.11
建筑业（E）	90	74.58	64.60	196.10	20.82	41.38
科学研究和技术服务业（M）	32	74.48	68.06	244.29	23.34	45.79
采矿业（B）	72	70.31	59.08	460.73	5.67	58.10
水利、环境和公共设施管理业（N）	40	70.06	60.18	278.41	15.56	46.22
教育（P）	4	66.71	67.77	98.92	32.39	26.35
农、林、牧、渔业（A）	42	61.29	40.90	383.22	12.64	66.52
电力、热力、燃气及水生产和供应业（D）	103	60.05	53.70	186.00	14.89	27.70
总体	3140	88.59	62.19	2062.00	5.60	98.08

从表 22－16 可以看出，上市公司薪酬最高的前三位公司的高管平均薪酬具有明显的行业差异。18 个行业中，9 个行业的上市公司高管薪酬高于总体均值，另外 9 个行业低于总体均值。薪酬最高的三个行业是金融业（J），房地产业（K），卫生和社会工作（Q）；薪酬最低的三个行业是电力、热力、燃气及水生产和供应业（D），农、林、牧、渔业（A）和教育（P）。从标准差来看，各行业的标准差有很大差异，离散程度不一样，其中金融业（J）上市公司高管薪酬离散程度最大，标准差为 200.44，教育（P）上市公司高管薪酬离散程度最小，标准差为 26.35，不同行业的上市公司高管薪酬离散程度存在较大差异。需要注意的是，卫生和社会工作（Q）排名前三，但不一定具有行业代表性，原因已如上述。

最后考察不同板块上市公司的高管薪酬。表 22－17 对不同板块上市公司高管薪酬进行了比较。

表 22－17　2017 年不同板块上市公司高管薪酬比较

单位：万元

上市板块	公司数目	平均值	中位值	最大值	最小值	标准差
深市主板（不含中小企业板）	456	104.76	65.87	999.27	7.74	116.64
沪市主板	1227	93.50	64.01	1302.51	5.67	100.83
深市中小企业板	841	84.90	62.88	727.60	5.60	81.27
深市创业板	616	71.87	54.52	2062.00	12.84	95.70
总体	3140	88.59	62.19	2062.00	5.60	98.08

从表 22－17 可以看出，不同板块上市公司薪酬最高的前三位高管的平均薪酬存在较大差别，其中深市主板（不含中小企业板）高管平均薪酬最高，为 104.76 万元，其后依次是沪市主板、深市中小企业板和深市创业板。从标准差看来，各板块的离散程度

较大，其中深市主板（不含中小企业板）的离散程度最大。四个板块中，深市主板（不含中小企业板）和沪市主板上市公司高管薪酬均值高于总体均值，深市中小企业板和深市创业板上市公司高管薪酬均值低于总体均值。

22.6　本章小结

本章对3140家上市公司高管薪酬指数，从地区、行业、上市板块这三个角度进行了对比分析，并对高管薪酬绝对值进行了比较分析。主要结论如下。

（1）从总体来看，2017年上市公司高管薪酬指数最大值为34582.8673，最小值为0.1068，平均值为211.1411，中位值为88.3535。高管薪酬指数在191.5412以上的属于薪酬激励过度，高管薪酬指数在36.6473～191.5412的属于薪酬激励适中，高管薪酬指数在36.6473以下的属于薪酬激励不足。

（2）从地区来看，各地区上市公司高管薪酬指数均值存在较大差异，由大到小依次为东部、西部、中部和东北。从薪酬激励看，各地区上市公司高管薪酬激励存在一定差异，但差异不大。东部地区上市公司薪酬激励偏适中，西部地区薪酬激励过度和激励不足都较高，中部和东北地区薪酬激励偏不足。

（3）从行业来看，上市公司高管薪酬指数均值最高的三个行业是卫生和社会工作（Q），住宿和餐饮业（H），金融业（J）；最低的三个行业是建筑业（E），交通运输、仓储和邮政业（G），电力、热力、燃气及水生产和供应业（D）。从薪酬激励看，金融业（J）和采矿业（B）上市公司高管薪酬激励不足和激励过度问题都比较明显，这意味着这些行业高管薪酬激励存在两极分化问题；综合（S）和信息传输、软件和信息技术服务业（I）上市公司高管薪酬激励适中比例和激励过度比例都接近于50%，这意味着薪酬激励适中比例高的行业并不代表该行业上市公司高管薪酬激励都是合理的。

（4）从上市板块来看，上市公司高管薪酬指数均值从大到小依次是深市主板（不含中小企业板）、深市创业板、沪市主板和深市中小企业板。从薪酬激励看，深市中小企业板上市公司高管薪酬激励最为适中，深市创业板则有较多的上市公司高管薪酬存在激励过度问题，深市主板（不含中小企业板）和沪市主板高管薪酬激励偏不足。

（5）从高管薪酬绝对值与高管薪酬指数的比较看，上市公司高管薪酬差异显著。薪酬绝对值高的上市公司也存在激励不足，而薪酬绝对值相对低的公司也存在激励过度。因此，衡量高管薪酬合理与否要结合公司绩效，即应该考虑相对薪酬。

第23章 高管薪酬指数的所有制比较

本报告对高管薪酬的评价是在考虑企业经营绩效的基础上对高管薪酬进行比较研究，即用指数形式来反映高管薪酬相对于企业绩效的合理程度。国有经济和非国有经济是中国经济的两个组成部分，但二者具有各自鲜明的特点，对高管薪酬指数有着重要的但不同的影响。那么，国有企业与非国有企业的高管薪酬水平有何差异，两类所有制企业的高管薪酬激励是否与企业绩效吻合？本章将从所有制角度对3140家上市公司高管薪酬的合理性进行比较分析。

23.1 高管薪酬指数总体的所有制比较

本报告按所有制或控股类型，将上市公司分为国有绝对控股公司、国有强相对控股公司、国有弱相对控股公司、国有参股公司和无国有股份公司，本章将对这五类所有制上市公司的高管薪酬指数和绝对值进行比较分析。

23.1.1 高管薪酬指数和绝对值的总体比较

表23-1比较了2017年不同所有制上市公司的高管薪酬指数与高管薪酬绝对值，并按照均值从高到低的顺序进行了排序。

从表23-1可以看出，就高管薪酬指数而言，无国有股份公司的高管薪酬指数均值最高，为284.0283，其后依次是国有参股公司、国有弱相对控股公司、国有强相对控股公司，高管薪酬指数均值最低的是国有绝对控股公司，为65.1324。国有强相对控股公司相较于其他四类所有制上市公司，更接近100，即其高管的平均激励程度相对更为适中。高管薪酬指数中位值从高到低的位次与平均值相同。从标准差来看，

2017 年无国有股份公司的标准差明显高于其他四类所有制上市公司，为 1196.7468，离散程度最高。而国有绝对控股公司的标准差最小，仅为 113.3221。2017 年不同所有制的上市公司高管薪酬指数离散程度呈现明显的两极分化，而且两级内部之间的差别也都比较大。

表 23－1　2017 年不同所有制上市公司高管薪酬指数和绝对值比较

排序	所有制类型	公司数目	平均值	中位值	最大值	最小值	标准差
高管薪酬指数							
1	无国有股份公司	1344	284.0283	125.8637	34582.8673	0.3906	1196.7468
2	国有参股公司	744	218.7941	98.2175	13753.1648	1.7458	634.6267
3	国有弱相对控股公司	349	145.5531	64.9084	3588.7793	1.2407	308.4860
4	国有强相对控股公司	448	113.9721	48.5907	10882.1881	0.3889	532.1531
5	国有绝对控股公司	255	65.1324	25.5980	1119.4739	0.1068	113.3221
	总体	3140	211.1411	88.3535	34582.8673	0.1068	875.3949
高管薪酬绝对值(单位:万元)							
1	国有参股公司	744	103.2567	65.7450	2061.9960	5.6000	136.4722
2	国有弱相对控股公司	349	101.5295	63.0900	999.2667	11.5233	118.9641
3	国有强相对控股公司	448	87.0981	63.9619	602.3332	9.5200	78.2204
4	国有绝对控股公司	255	84.2919	65.9391	542.3333	13.5767	70.1703
5	无国有股份公司	1344	78.4186	58.0683	800.8367	5.6667	72.4238
	总体	3140	88.5878	62.1933	2061.9961	5.6000	98.0793

就高管薪酬绝对值而言，不同所有制的上市公司，其高管薪酬绝对值存在较大差异。国有参股公司高管薪酬均值最高，其后分别为国有弱相对控股公司、国有强相对控股公司、国有绝对控股公司，无国有股份公司高管薪酬均值最低。国有强相对控股公司和国有绝对控股公司的高管薪酬均值相差不大。从标准差来看，国有参股公司高管薪酬离散程度最大，国有强相对控股公司、无国有股份公司、国有绝对控股公司高管薪酬标准差相对小一些，且相差不大。不同所有制上市公司高管薪酬绝对值离散程度存在较大差异。

图 23－1 更直观地反映了不同所有制上市公司高管薪酬指数均值的差异。可以发现，不同所有制上市公司的高管薪酬指数均值相差很大。两类非国有控股公司的高管薪酬指数均值显著高于三类国有控股公司，并且两类非国有控股公司的高管薪酬指数均值高于总体均值，三类国有控股公司的高管薪酬指数均值远低于总体均值。

特别需要关注的是，随着国有股股份比例的提高，上市公司高管薪酬指数均值逐渐降低，也就是说，国有股份比例越高，其高管薪酬激励相对于企业绩效来说就越低。但也需要注意的是，高管薪酬指数低，尽管从数字上看表明薪酬激励不足，但从客观角度，应该考虑企业业绩是否都是或主要是由高管贡献带来的，因为现实中，不少国有企业还有很强的垄断性质，很多业绩是由垄断特别是政府赋予的垄断资源（包括无形的垄断资源，如特殊政策）产生的。

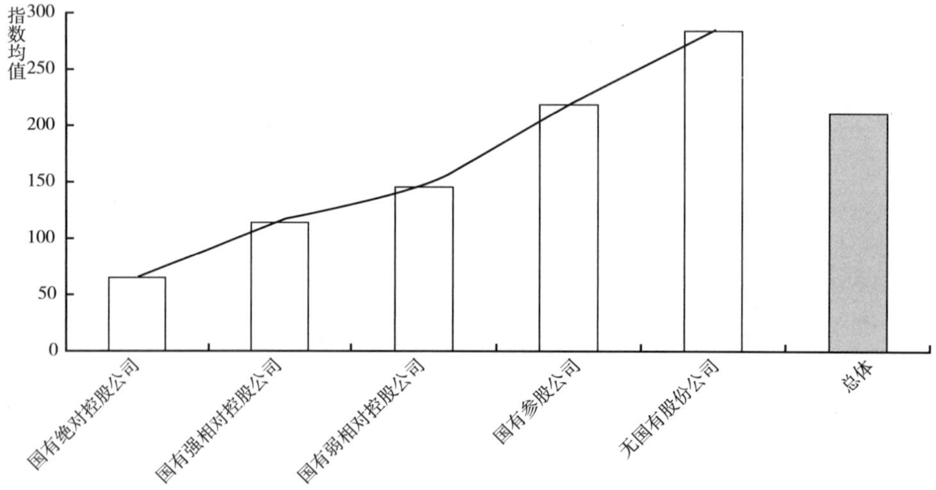

图 23-1　2017 年不同所有制上市公司高管薪酬指数均值比较

我们进一步将国有绝对控股公司、国有强相对控股公司和国有弱相对控股公司归类为国有控股公司，将国有参股公司和无国有股份公司归类为非国有控股公司，表 23-2 比较了 2017 年国有控股公司和非国有控股公司的高管薪酬指数和高管薪酬绝对值，并按照均值从高到低的顺序进行了排序。

表 23-2　2017 年国有和非国有控股公司高管薪酬指数和绝对值比较

排序	所有制类型	公司数目	平均值	中位值	最大值	最小值	标准差
高管薪酬指数							
1	非国有控股公司	2088	260.7839	117.2642	34582.8673	0.3906	1032.6484
2	国有控股公司	1052	112.6105	46.7668	10882.1881	0.1068	395.2052
	总体	3140	211.1411	88.3535	34582.8673	0.1068	875.3949
高管薪酬绝对值（单位：万元）							
1	国有控股公司	1052	91.2055	64.2500	999.2667	9.5200	92.4569
2	非国有控股公司	2088	87.2689	60.8017	2061.996	5.6000	100.7675
	总体	3140	88.5878	62.1933	2061.9961	5.6000	98.0793

从表 23-2 可以看出，从 2017 年上市公司高管薪酬指数的平均值和中位值来看，非国有控股公司都远高于国有控股公司，其中非国有控股公司高管薪酬指数均值是国有控股公司高管薪酬指数均值的 2.32 倍。就离散程度而言，非国有控股公司高管薪酬指

数的离散程度远高于国有控股公司。就高管薪酬绝对值而言，非国有控股公司高管薪酬的最大值、标准差都高于国有控股公司，而平均值、中位值、最小值都小于国有控股公司。可以看出，非国有控股公司高管薪酬指数明显高于国有控股公司，而非国有控股公司高管薪酬绝对值略小于国有控股公司，这反映了两类所有制上市公司高管薪酬与其绩效的对应程度存在一定的差异。

根据实际控制人的性质，我们还可以将国有控股上市公司进一步区分为最终控制人为中央企业的国有控股公司（中央企业控股公司）和最终控制人为地方国有企业的国有控股公司（地方国企控股公司）。表 23 – 3 比较了 2017 年这两类企业和非国有控股公司（最终控制人是民资股东）的高管薪酬指数和高管薪酬绝对值，并按照均值从高到低的顺序进行了排序。

表 23 – 3　2017 年不同最终控制人上市公司高管薪酬指数和绝对值比较

排序	最终控制人	公司数目	平均值	中位值	最大值	最小值	标准差
高管薪酬指数							
1	民资股东	2088	260.7839	117.2642	34582.8673	0.3906	1032.6484
2	中央国有企业	375	131.1679	49.4413	10882.1881	0.1068	577.8869
3	地方国有企业	677	102.3313	44.2370	3588.7793	0.5820	239.6322
	总体	3140	211.1411	88.3535	34582.8673	0.1068	875.3949
高管薪酬绝对值(单位:万元)							
1	中央国有企业	375	106.0099	74.1300	999.2667	12.0000	101.6439
2	民资股东	2088	87.2689	60.8017	2061.9960	5.6000	100.7675
3	地方国有企业	677	83.0051	59.0033	903.7690	9.5200	85.8598
	总体	3140	88.5878	62.1933	2061.9961	5.6000	98.0793

从表 23 – 3 可以看出，中央企业控股公司的高管薪酬指数高于地方国企控股公司，前者的高管薪酬绝对值均值也高于后者。这意味着，中央企业控股公司的高管薪酬激励高于地方国企控股公司。另外，中央企业控股公司和地方国企控股公司的高管薪酬指数都远低于非国有控股公司，但中央企业控股公司高管薪酬绝对值高于民资股东控股公司，地方国有企业高管薪酬绝对值则略低于民资股东控股公司。

23.1.2　高管薪酬激励区间的总体比较

根据本报告使用的四分之一分位法，我们将高管薪酬指数划分为激励过度、激励适中和激励不足三个区间。表 23 – 4 列示了不同所有制上市公司的高管薪酬指数和绝对值情况，并分别按照激励适中的比例和高管薪酬绝对值从高到低的顺序进行了排序。

表 23－4　2017 年不同所有制上市公司高管薪酬激励比较

所有制类型	公司数目	其中		
		激励适中	激励过度	激励不足
高管薪酬指数				
无国有股份公司	1344	714(53.13%)	452(33.63%)	178(13.24%)
国有参股公司	744	392(52.69%)	211(28.36%)	141(18.95%)
国有弱相对控股公司	349	178(51.00%)	51(14.62%)	120(34.38%)
国有强相对控股公司	448	204(45.54%)	52(11.60%)	192(42.86%)
国有绝对控股公司	255	82(32.16%)	19(7.45%)	154(60.39%)
高管薪酬绝对值均值(单位:万元)				
国有弱相对控股公司	349	103.5301	102.5709	98.1195
国有参股公司	744	95.9934	110.1632	113.1144
国有绝对控股公司	255	94.1434	79.4182	79.6476
国有强相对控股公司	448	83.6006	84.5576	91.5021
无国有股份公司	1344	74.9512	84.6123	76.5992

注：括号中的数字为某类所有制上市公司中不同激励类型公司数与该类所有制公司总数的比例。

根据表 23－4，从高管薪酬指数来看，无国有股份公司高管薪酬激励适中的比例最高，国有参股公司和国有弱相对控股公司与无国有股份公司高管薪酬激励适中比例比较接近，都超过 50% 的标准比例（按四分之一分位法）；国有绝对控股公司高管薪酬激励适中的比例最低，为 32.16%，远低于 50% 的标准比例。无国有股份公司高管薪酬激励过度的比例最高，为 33.63%，远高于 25% 的标准比例；国有弱相对控股公司、国有强相对控股公司和国有绝对控股公司这三类公司高管薪酬激励过度的比例都远低于 25% 的标准比例。国有绝对控股公司高管薪酬激励不足的比例最高，为 60.39%，远高于 25% 的标准比例；其后依次是国有强相对控股公司和国有弱相对控股公司，也都超过 25% 的标准比例；国有参股公司和无国有股份公司高管薪酬激励不足的比例则都远低于 25% 的标准比例。

图 23－2 更直观地展示了 2017 年不同所有制上市公司高管薪酬激励情况的差异。图中纵坐标列示的所有制顺序由下到上，依次对应的是薪酬激励适中比例由高到低，无国有股份公司高管薪酬激励适中比例最高，国有绝对控股公司高管薪酬激励适中比例最低。

从高管薪酬绝对值来看，在激励适中区间，国有弱相对控股公司高管薪酬均值最高，为 103.5301 万元，最低是无国有控股公司，高管薪酬均值为 74.9512 万元；在激励过度区间，国有参股公司高管薪酬均值最高，为 110.1632 万元，最低是国有

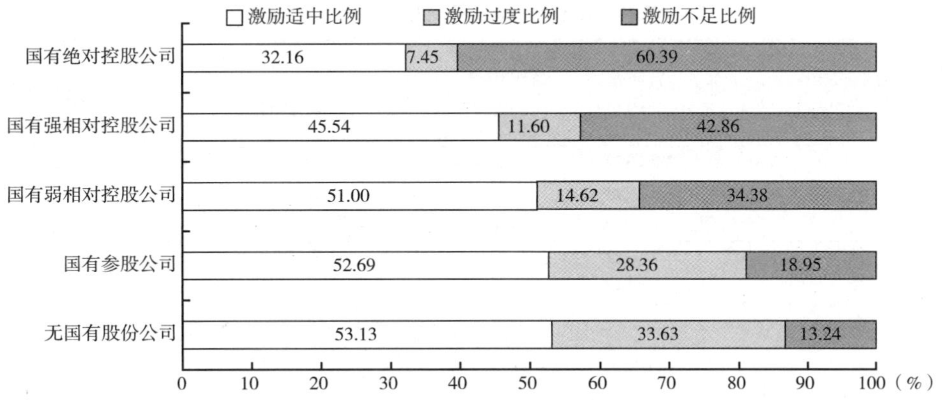

图 23 -2　2017 年不同所有制上市公司高管薪酬激励区间比较

绝对控股公司，为 79.4182 万元；在激励不足区间，国有参股公司高管薪酬均值最高，为 113.1144 万元，最低是无国有股份公司，为 76.5992 万元。从数据可以看出，激励过度区间的高管薪酬并不一定比激励不足区间和激励适中区间的高管薪酬高，激励不足区间的高管薪酬也不一定比另两个区间的高管薪酬低，因为高管薪酬指数反映的是高管薪酬与其绩效的吻合度，只看高管薪酬绝对值是反映不出激励的本质内涵的。

图 23 -3 更直观地展示了 2017 年不同所有制上市公司不同激励区间的高管薪酬均值的差异。可以看到，五类所有制上市公司存在于每个激励区间。

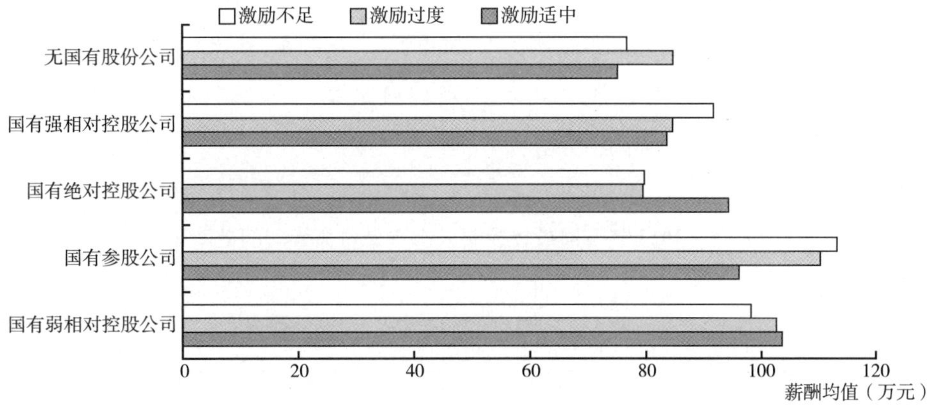

图 23 -3　2017 年不同所有制上市公司不同激励区间高管薪酬均值比较

我们进一步把五种所有制类型归类为国有控股公司和非国有控股公司两种类型，表 23 -5 列示了两种类型上市公司的高管薪酬指数和绝对值情况。

表 23－5　2017 年国有和非国有控股公司高管薪酬激励比较

所有制类型	公司数目	其中		
		激励适中	激励过度	激励不足
高管薪酬指数				
国有控股公司	1052	464(44.10%)	122(11.60%)	466(44.30%)
非国有控股公司	2088	1106(52.97%)	663(31.75%)	319(15.28%)
高管薪酬绝对值均值(单位:万元)				
国有控股公司	1052	93.1092	91.2873	89.2886
非国有控股公司	2088	82.4092	92.7439	92.7392

注：括号中的数字为某类所有制上市公司中不同激励类型公司数与该类所有制公司总数的比例。

由表 23－5 可以看出，从高管薪酬指数角度比较，非国有控股公司高管薪酬激励适中比例较高，为 52.97%，大于国有控股公司高管薪酬激励适中比例 44.10%，但只是略高于 50% 的标准比例；非国有控股公司薪酬激励过度的比例也较高，为 31.75%，远高于国有控股公司高管薪酬激励过度的比例 11.60% 和 25% 的标准比例；国有控股公司薪酬激励不足比例较高，为 44.30%，远高于非国有控股公司薪酬激励适中的比例 15.28% 和 25% 的标准比例。

从高管薪酬绝对值角度比较，在激励适中区间，国有控股公司高管薪酬均值比非国有控股公司高出 10.70 万元；在激励过度区间，非国有控股公司高管薪酬均值比国有控股公司高出 1.46 万元；在激励不足区间，非国有控股公司高管薪酬均值比国有控股公司高出 3.45 万元。可以看出，不同的激励区间，国有控股公司与非国有控股公司高管薪酬均值相差不大，非国有控股公司高管薪酬离散程度略高于国有控股公司。

再把国有控股上市公司按最终控制人分为中央企业控股公司和地方国企控股公司，表 23－6 列示了两种类型国有控股公司和民资控股公司（非国有控股公司）的高管薪酬激励比较情况。

表 23－6　2017 年不同最终控制人上市公司高管薪酬激励比较

所有制类型	公司数目	其中		
		激励适中	激励过度	激励不足
高管薪酬指数				
中央国有企业	375	167(44.53%)	49(13.07%)	159(42.40%)
地方国有企业	677	297(43.87%)	73(10.78%)	307(45.35%)
民资股东	2088	1106(52.97%)	663(31.75%)	319(15.28%)
高管薪酬绝对值均值(单位:万元)				
中央国有企业	375	105.3161	70.0533	110.5869
地方国有企业	677	86.2453	89.7869	78.2578
民资股东	2088	82.4092	92.7439	92.7392

注：括号中的数字为某类所有制上市公司中不同激励类型公司数与该类所有制公司总数的比例。

由表 23－6，从高管薪酬指数角度看，中央企业控股公司高管薪酬激励适中的比例与地方国企控股公司相差不多，两者都低于 50% 的标准比例；两类企业高管激励过度和激励不足的比例也相差不大，但激励过度的比例远低于 25% 的标准比例，而激励不足的比例则远高于 25% 的标准比例。另外，两类国有控股公司高管激励适中和激励过度的比例都远低于非国有控股公司，而激励不足的比例却远高于非国有控股公司。这意味着，两类国有控股公司在有近一半的公司激励适中的同时，也有相当多的公司存在激励不足问题。

从高管薪酬绝对值角度看，在激励适中和激励不足区间，中央企业控股公司高管薪酬均值都高于地方国企控股公司，而且存在较大差距；在激励过度区间，地方国企控股公司高管薪酬高于中央企业控股公司；在激励适中区间，中央企业控股公司和地方国企控股公司高管薪酬均值都高于非国有控股公司；在激励不足区间，中央企业控股公司高管薪酬均值高于非国有控股公司，但地方国企控股公司高管薪酬均值则低于非国有控股公司；在激励过度区间，中央企业控股公司和地方国企控股公司高管薪酬均值都低于非国有控股公司。显然，中央企业控股公司高管薪酬并非最低，而是地方国企控股公司高管薪酬相对比较低。

23.2 分地区高管薪酬指数的所有制比较

按照东部、中部、西部和东北的地区划分，我们对不同地区不同所有制上市公司的高管薪酬指数和绝对值进行比较。

23.2.1 分地区高管薪酬指数和绝对值的比较

四个不同地区不同所有制上市公司的高管薪酬指数和绝对值的描述性统计参见表 23－7。

根据表 23－7，从高管薪酬指数来看，四个地区国有控股公司的高管薪酬指数均值和中位值都远低于非国有控股公司，说明各地区国有控股公司高管薪酬存在较多的激励不足问题，而非国有控股公司高管薪酬则存在较多的激励过度问题。图 23－4 直观地反映了四个地区不同所有制上市公司高管薪酬指数均值的差异。

从高管薪酬绝对值来看，东部地区的国有控股公司高管薪酬均值高于非国有控股公司，其他三个地区的国有控股公司高管薪酬均值低于非国有控股公司，东部和中部国有控股公司高管薪酬的中位值高于非国有控股公司，而西部和东北国有控股公司高管薪酬的中位值则低于非国有控股公司。

表 23－7　2017 年不同地区国有与非国有控股公司高管薪酬指数和绝对值比较

地区	所有制类型	公司数目	平均值	中位值	最大值	最小值	标准差
高管薪酬指数							
东部	国有控股公司	594	118.0826	47.0525	10882.1881	0.1068	483.5890
	非国有控股公司	1538	264.1631	119.5057	34582.8673	0.3906	1108.2554
	总体	2132	223.4634	95.4471	34582.8673	0.1068	977.4842
中部	国有控股公司	193	105.3634	35.4785	3588.7793	1.0121	292.2267
	非国有控股公司	238	245.8481	96.7882	12249.1044	1.8158	871.7927
	总体	431	182.9396	63.6872	12249.1044	1.0121	680.2999
西部	国有控股公司	201	104.5672	57.3549	808.9791	1.4087	137.7664
	非国有控股公司	229	278.6137	127.0021	11118.4322	2.8360	811.8086
	总体	430	197.2571	84.1451	11118.4322	1.4087	606.1240
东北	国有控股公司	64	108.9382	31.1423	2161.3746	2.0022	281.1499
	非国有控股公司	83	191.8013	84.5984	1227.8380	3.3581	250.4289
	总体	147	155.7248	66.5917	2161.3746	2.0022	267.4181
高管薪酬绝对值（单位：万元）							
东部	国有控股公司	594	109.7724	77.2333	999.2667	9.5200	103.5711
	非国有控股公司	1538	89.9510	63.5167	2061.9961	5.6000	104.3447
	总体	2132	95.4735	66.9167	2061.9961	5.6000	104.5083
中部	国有控股公司	193	71.0567	51.7467	419.5433	17.5467	62.9500
	非国有控股公司	238	76.2918	51.5317	800.8367	7.6500	84.8708
	总体	431	73.9476	51.6000	800.8367	7.6500	75.8869
西部	国有控股公司	201	65.2453	49.1800	903.7690	10.0000	80.3623
	非国有控股公司	229	85.0349	53.9300	605.3967	7.7400	96.3447
	总体	430	75.7844	50.7300	903.7690	7.7400	89.7755
东北	国有控股公司	64	61.1734	50.1117	185.1900	11.3500	35.7483
	非国有控股公司	83	75.2100	51.0667	496.7762	9.9767	82.3842
	总体	147	69.0988	50.1500	496.7762	9.9767	66.6110

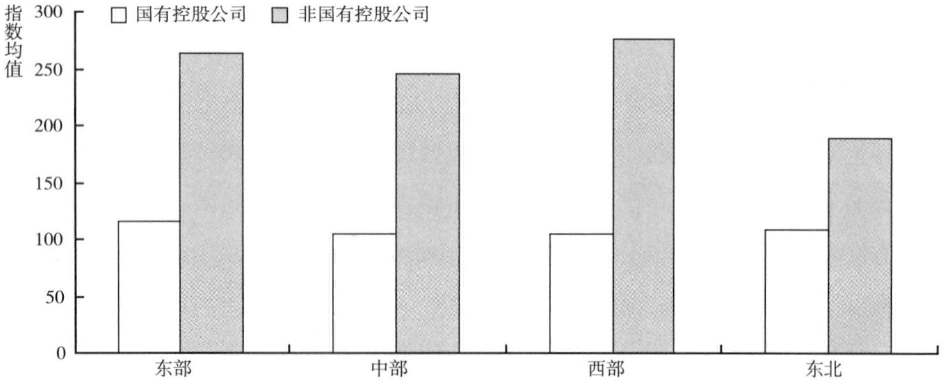

图 23－4　2017 年不同地区国有与非国有控股公司高管薪酬指数均值比较

为了更准确地判断四个地区国有与非国有控股上市公司高管薪酬指数的差异，我们将两种类型上市公司高管薪酬指数均值的倍数计算出来，如表 23－8 所示。

表 23－8　2017 年不同地区国有与非国有控股公司高管薪酬指数均值的倍数

	东部	中部	西部	东北
国有控股公司高管薪酬指数均值(1)	118.0826	105.3634	104.5672	108.9382
非国有控股公司高管薪酬指数均值(2)	264.1631	245.8481	278.6137	191.8013
(2)/(1)	2.2371	2.3333	2.6644	1.7606

由表 23－8 可知，东部、中部和西部三个地区非国有控股公司高管薪酬指数均值都是国有控股公司高管薪酬指数均值的 2 倍多，比值最高的是西部地区，达到 2.66 倍；最小的是东北地区，为 1.76 倍。

23.2.2　分地区高管薪酬激励区间的比较

表 23－9 列示了四个地区国有控股公司与非国有控股公司的高管薪酬激励情况。

表 23－9　2017 年不同地区国有与非国有控股公司高管薪酬激励比较

区域	所有制类型	公司数目	其中		
			激励适中	激励过度	激励不足
高管薪酬指数					
东部	国有控股公司	594	268(45.12%)	67(11.28%)	259(43.60%)
	非国有控股公司	1538	849(55.20%)	486(31.60%)	203(13.20%)
中部	国有控股公司	193	76(39.38%)	19(9.84%)	98(50.78%)
	非国有控股公司	238	117(49.16%)	66(27.73%)	55(23.11%)
西部	国有控股公司	201	98(48.76%)	29(14.42%)	74(36.82%)
	非国有控股公司	229	99(43.23%)	88(38.43%)	42(18.34%)
东北	国有控股公司	64	22(34.38%)	7(10.93%)	35(54.69%)
	非国有控股公司	83	41(49.40%)	23(27.71%)	19(22.89%)
高管薪酬绝对值均值(单位:万元)					
东部	国有控股公司	594	108.1894	97.2351	114.6537
	非国有控股公司	1538	82.2771	95.6593	108.3795
中部	国有控股公司	193	83.9210	93.2867	56.7705
	非国有控股公司	238	85.1883	73.7241	60.4481
西部	国有控股公司	201	65.9982	81.3798	57.9253
	非国有控股公司	229	85.5836	92.5171	68.0645
东北	国有控股公司	64	61.9120	69.9781	58.9481
	非国有控股公司	83	69.5499	86.5865	73.6524

注：括号中的数字为某地区某类所有制上市公司中不同激励类型公司数与该地区该类型所有制全部公司数的比例。

由表 23－9 可以看出，从高管薪酬指数角度比较，东部、中部、东北地区国有控股公司高管薪酬激励适中比例均低于非国有控股公司，只有西部地区国有控股公司高管薪酬激励适中比例略高于非国有控股公司，但四个地区国有控股公司薪酬激励适中比例都低于 50% 的标准比例，尤其是东北和中部更低；四个地区国有控股公司高管薪酬激励过度比例均低于非国有控股公司，前者都远低于 25% 的标准比例，后者都远高于 25% 的标准比例；四个地区国有控股公司高管薪酬激励不足比例均高于非国有控股公司，前者也都远高于 25% 的标准比例。各地区国有控股公司和非国有控股公司高管薪酬激励适中的比例差距较小，而激励过度与激励不足比例相差则较大。

从高管薪酬绝对值角度比较，在激励适中区间，东部地区国有控股公司高管薪酬均值高于非国有控股公司，而中部、西部和东北三个地区国有控股公司高管薪酬均值则低于非国有控股公司；在激励过度区间，东部和中部两个地区国有控股公司高管薪酬均值高于非国有控股公司，西部和东北两个地区国有控股公司高管薪酬均值低于非国有控股公司；在激励不足区间，东部地区国有控股公司高管薪酬均值高于非国有控股公司，中部、西部和东北三个地区则是国有控股公司高管薪酬均值低于非国有控股公司。

23.3 分行业高管薪酬指数的所有制比较

同前面各章一样，我们选择上市公司数目较多且具有代表性的六个行业，即制造业（C），电力、热力、燃气及水生产和供应业（D），交通运输、仓储和邮政业（G），信息传输、软件和信息技术服务业（I），金融业（J），房地产业（K），对这六个行业的上市公司高管薪酬激励进行比较分析。

23.3.1 分行业高管薪酬指数和绝对值的比较

表 23－10 列示了各行业上市公司高管薪酬指数和绝对值的描述性统计结果。

由表 23－10 可以看出，从高管薪酬指数角度分析，六个代表性行业国有控股公司高管薪酬指数均值都远低于非国有控股公司，尤其是金融业（J）差距非常大。这说明各行业国有控股公司高管薪酬存在较多的激励不足问题，而非国有控股公司高管薪酬则存在较多的激励过度问题。图 23－5 直观地反映了六个代表性行业中不同所有制上市公司高管薪酬指数均值的差异。

表 23－10　2017 年不同行业国有与非国有控股公司高管薪酬指数和绝对值比较

行业	所有制类型	公司数目	平均值	中位值	最大值	最小值	标准差
高管薪酬指数							
制造业(C)	国有控股公司	498	90.6883	45.8852	1662.6527	0.5820	140.9722
	非国有控股公司	1447	212.2819	114.8850	12249.1044	1.8604	543.1025
	总体	1945	181.1489	93.0643	12249.1044	0.5820	476.8050
电力、热力、燃气及水生产和供应业(D)	国有控股公司	82	68.8221	50.5043	598.2259	1.4703	95.9930
	非国有控股公司	21	188.3274	91.7929	1607.7370	17.6804	331.4392
	总体	103	93.1872	55.1793	1607.7370	1.4703	179.0281
交通运输、仓储和邮政业(G)	国有控股公司	70	70.1053	39.6371	547.4419	1.9710	94.9915
	非国有控股公司	19	144.7119	80.4972	580.9738	19.6181	164.1388
	总体	89	86.0325	46.7293	580.9738	1.9710	117.4019
信息传输、软件和信息技术服务业(I)	国有控股公司	37	175.5790	99.1398	967.5438	0.5806	204.2380
	非国有控股公司	196	257.8156	175.5308	1874.9591	2.1924	254.0055
	总体	233	244.7566	166.7155	1874.9591	0.5806	248.5974
金融业(J)	国有控股公司	52	97.1467	53.8861	477.2017	0.3889	119.0178
	非国有控股公司	25	2038.8053	269.8351	34582.8673	1.8158	6738.9517
	总体	77	727.5553	84.5634	34582.8673	0.3889	3947.2550
房地产业(K)	国有控股公司	59	136.0598	68.3086	1335.6364	6.4931	204.3087
	非国有控股公司	66	725.7814	97.9857	12034.8313	6.7376	2071.8416
	总体	125	447.4328	90.2144	12034.8313	6.4931	1540.3984
高管薪酬绝对值(单位:万元)							
制造业(C)	国有控股公司	498	82.6865	60.5967	903.7690	9.5200	83.7761
	非国有控股公司	1447	79.2893	57.2633	2061.9961	7.6500	90.8608
	总体	1945	80.1591	58.3333	2061.9961	7.6500	89.1128
电力、热力、燃气及水生产和供应业(D)	国有控股公司	82	57.0715	52.3083	167.3200	19.8667	22.5305
	非国有控股公司	21	71.6598	72.0000	186.0000	14.8900	40.1539
	总体	103	60.0458	53.7033	186.0000	14.8900	27.7020
交通运输、仓储和邮政业(G)	国有控股公司	70	81.5024	57.8583	483.9439	24.9200	71.0319
	非国有控股公司	19	124.9013	88.0000	603.6467	21.1533	130.5918
	总体	89	90.7673	59.4400	603.6467	21.1533	89.0249
信息传输、软件和信息技术服务业(I)	国有控股公司	37	90.1465	75.7900	316.0000	12.0000	52.4398
	非国有控股公司	196	82.6916	60.8017	577.3293	5.6000	73.8305
	总体	233	83.8754	65.1667	577.3293	5.6000	70.9186
金融业(J)	国有控股公司	52	224.5325	175.8517	510.4367	27.8533	145.3063
	非国有控股公司	25	288.2305	198.9033	1302.5100	32.8000	277.6351
	总体	77	245.2137	185.1333	1302.5100	27.8533	200.4365
房地产业(K)	国有控股公司	59	147.2860	84.3533	999.2667	10.0000	160.1215
	非国有控股公司	66	196.2140	131.2750	692.8700	7.7400	177.5941
	总体	125	173.1200	106.6667	999.2667	7.7400	171.3217

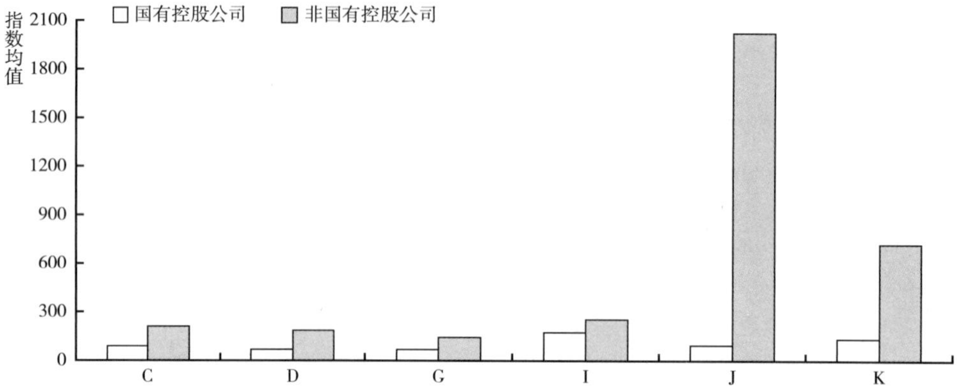

图 23－5　2017 年不同行业国有与非国有控股公司高管薪酬指数均值比较

从高管薪酬绝对值角度分析，制造业（C），信息传输、软件和信息技术服务业（I）国有控股公司高管薪酬均值高于非国有控股公司，其他四个行业国有控股公司高管薪酬均值低于非国有控股公司。差距最大的行业是金融业（J），非国有控股公司高管薪酬均值是国有控股公司的 1.28 倍，绝对差距达到 63.70 万元。尽管金融业两类公司有比较大的差距，但该行业国有控股公司高管薪酬的绝对值却不低，两类公司高管薪酬均值居六个行业之首。差距最小的是制造业（C），国有控股公司高管薪酬均值只是非国有控股公司的 1.04 倍，绝对差距仅为 3.40 万元，而且两类公司高管薪酬均值都在 80 万元左右。

进一步比较六个行业国有与非国有控股上市公司高管薪酬指数均值的倍数，参见表 23－11。

表 23－11　2017 年不同行业国有与非国有控股公司高管薪酬指数均值的倍数

	C	D	G	I	J	K
国有控股公司高管薪酬指数均值(1)	90.6883	68.8221	70.1053	175.5790	97.1467	136.0598
非国有控股公司高管薪酬指数均值(2)	212.2819	188.3274	144.7119	257.8156	2038.8053	725.7814
(2)/(1)	2.3408	2.7364	2.0642	1.4684	20.9869	5.3343

由表 23－11 可知，金融业（J）非国有控股公司高管薪酬指数均值是国有控股公司的 20.99 倍，在六个行业中差距最大，但从其高达 6738.9517 的标准差，可知金融业非国有控股公司高管薪酬指数两极差异很大，高管薪酬指数最大值为 34582.8673，使得非国有控股公司高管薪酬指数均值显著增大；信息传输、软件和信息技术服务业（I）非国有控股公司高管薪酬指数均值是国有控股公司的 1.47 倍，在六个行业中差距最小，

但该行业国有控股公司高管薪酬均值却略高于非国有控股公司。这说明，高管薪酬绝对值低，未必激励力度小。

23.3.2　分行业高管薪酬激励区间的比较

表 23 - 12 列示了六个行业国有控股和非国有控股上市公司的高管薪酬激励情况。

表 23 - 12　2017 年不同行业国有与非国有控股公司高管薪酬激励比较

行业	所有制类型	公司数目	其中		
			激励适中	激励过度	激励不足
高管薪酬指数					
制造业(C)	国有控股公司	498	225(45.18%)	53(10.64%)	220(44.18%)
	非国有控股公司	1447	805(55.63%)	436(30.13%)	206(14.24%)
电力、热力、燃气及水生产和供应业(D)	国有控股公司	82	41(50.00%)	3(3.66%)	38(46.34%)
	非国有控股公司	21	13(61.90%)	5(23.81%)	3(14.29%)
交通运输、仓储和邮政业(G)	国有控股公司	70	35(50.00%)	3(4.29%)	32(45.71%)
	非国有控股公司	19	8(42.11%)	5(26.31%)	6(31.58%)
信息传输、软件和信息技术服务业(I)	国有控股公司	37	21(56.76%)	10(27.02%)	6(16.22%)
	非国有控股公司	196	97(49.49%)	91(46.43%)	8(4.08%)
金融业(J)	国有控股公司	52	19(36.54%)	9(17.31%)	24(46.15%)
	非国有控股公司	25	5(20.00%)	15(60.00%)	5(20.00%)
房地产业(K)	国有控股公司	59	30(50.85%)	11(18.64%)	18(30.51%)
	非国有控股公司	66	31(46.97%)	23(34.85%)	12(18.18%)
高管薪酬绝对值均值(单位:万元)					
制造业(C)	国有控股公司	498	86.3200	72.5935	81.4020
	非国有控股公司	1447	76.1464	84.5878	80.3565
电力、热力、燃气及水生产和供应业(D)	国有控股公司	82	55.1132	56.3311	59.2428
	非国有控股公司	21	77.7828	65.6627	55.1222
交通运输、仓储和邮政业(G)	国有控股公司	70	76.7095	161.5544	79.2397
	非国有控股公司	19	127.6456	50.7480	183.0367
信息传输、软件和信息技术服务业(I)	国有控股公司	37	104.0514	70.2819	74.5867
	非国有控股公司	196	74.4030	93.9746	54.8454
金融业(J)	国有控股公司	52	284.4230	238.1819	172.0008
	非国有控股公司	25	193.0893	275.7151	420.9180
房地产业(K)	国有控股公司	59	129.6882	135.9648	183.5341
	非国有控股公司	66	197.9153	186.9388	209.5964

注：括号中的数字为某行业某类所有制上市公司中不同激励类型公司数与该行业该类型所有制全部公司数的比例。

从表 23 - 12 可以看出，从高管薪酬指数角度比较，制造业（C），电力、热力、燃气及水生产和供应业（D）国有控股公司高管薪酬激励适中比例低于非国有控股公司，略低于或等于 50% 的标准比例；交通运输、仓储和邮政业（G），信息传输、软件和信息技术服务业（I），金融业（J），房地产业（K）国有控股公司高管薪酬激励适中比例高于非国有控股公司，除了金融业，都高于或等于 50% 的标准比例，金融业国有控股公司高管薪酬激励适中的比例远低于 50% 的标准比例，只有 36.54%。六个行业国有控股公司高管薪酬激励过度比例都远低于非国有控股公司，除了信息传输、软件和信息技术服务业（I）外，其余行业都低于或远低于 25% 的标准比例；六个行业国有控股公司高管薪酬激励不足比例都高于非国有控股公司，除了信息传输、软件和信息技术服务业（I）外，都高于或远高于 25% 的标准比例。

从高管薪酬绝对值角度比较，在激励适中区间，制造业（C），信息传输、软件和信息技术服务业（I），金融业（J）国有控股公司高管薪酬均值都高于非国有控股公司，其中，金融业（J）国有控股公司高管薪酬高出非国有控股公司 91.33 万元，超过金额远超其他两个行业，另外三个行业则是非国有控股公司高管薪酬高于国有控股公司；在激励过度区间，除交通运输、仓储和邮政业（G）外，其余五个行业的国有控股公司高管薪酬均值都低于或远低于非国有控股公司，其中房地产业（K）非国有控股公司高管薪酬高出国有控股公司 50.97 万元，超过金额远超其他四个行业；在激励不足区间，制造业（C），电力、热力、燃气及水生产和供应业（D），信息传输、软件和信息技术服务业（I）国有控股公司高管薪酬均值高于非国有控股公司，其他三个行业则相反。需要注意的是，在激励过度区间，制造业（C），信息传输、软件和信息技术服务业（I），金融业（J）国有控股公司高管薪酬均值低于同类公司激励适中区间的高管薪酬均值；电力、热力、燃气及水生产和供应业（D），交通运输、仓储和邮政业（G），房地产业（K）激励过度区间非国有控股上市公司高管薪酬均值低于同类公司激励适中区间的高管薪酬均值，这与人们印象中激励过度区间的高管薪酬一般最高似乎不相符。其实，这不难理解，因为本报告的高管薪酬指数是基于企业业绩计算出来的。高管薪酬不高，却激励过度，实际反映了这些企业的业绩比较低下。

23.4 本章小结

本章从所有制层面对 3140 家上市公司的高管薪酬指数和绝对值进行了统计和比较分析，主要结论如下。

（1）从总体看，非国有控股公司高管薪酬指数高于国有控股公司。随着国有股比例的提高，上市公司高管薪酬指数均值逐渐降低，就是说，国有股份比例越高，其高管薪酬相对于企业绩效来说就越低。但需要注意的是，高管薪酬指数低，判断是否属于薪酬激励不足，还需要考虑垄断特别是政府赋予垄断资源的影响。

从高管薪酬指数看，无国有股份公司的高管薪酬指数均值最高，但就标准差来看，无国有股份公司高管薪酬指数的离散程度也最高。

从高管薪酬激励区间看，无国有股份公司高管薪酬激励适中的比例最高，但与国有参股公司和国有弱相对控股公司高管薪酬激励适中比例很接近，国有绝对控股公司高管薪酬激励适中的比例最低；无国有股份公司高管薪酬激励过度的比例最高，两类非国有控股公司高管薪酬激励过度的比例都超过 25% 的标准比例；国有绝对控股公司高管薪酬激励不足的比例最高，三类国有控股公司高管薪酬激励不足的比例都超过或远超 25% 的标准比例。

从高管薪酬绝对值看，国有参股公司高管薪酬最高。在激励适中区间，国有弱相对控股公司高管薪酬均值最高，最低是无国有股份公司；在激励过度区间，国有参股公司高管薪酬均值最高，最低是国有绝对控股公司；在激励不足区间，国有参股公司高管薪酬均值最高，最低是无国有股份公司。

（2）从地区看，从高管薪酬指数比较，四个地区国有控股公司的高管薪酬指数均值和中位值都远低于非国有控股公司；西部非国有控股公司高管薪酬指数均值最大，东北非国有控股公司高管薪酬指数均值最小；东部国有控股公司高管薪酬指数均值最大，西部地区国有控股公司高管薪酬指数均值最小。

从激励区间比较，东部、中部、东北三个地区国有控股公司高管薪酬激励适中比例都低于非国有控股公司，四个地区国有控股公司薪酬激励适中比例都低于 50% 的标准比例；四个地区国有控股公司高管薪酬激励过度比例均低于非国有控股公司，前者都远低于 25% 的标准比例，后者都远高于 25% 的标准比例；四个地区国有控股公司高管薪酬激励不足比例均高于非国有控股公司，前者也都远高于 25% 的标准比例。各地区国有控股公司和非国有控股公司高管薪酬激励适中的比例差距较小，而激励过度与激励不足比例相差则较大。

从高管薪酬绝对值角度比较，在激励适中区间，东部地区国有控股公司高管薪酬均值高于非国有控股公司，而中部、西部和东北三个地区则相反；在激励过度区间，东部和中部两个地区国有控股公司高管薪酬均值高于非国有控股公司，西部和东北两个地区则相反；在激励不足区间，东部地区国有控股公司高管薪酬均值大于非国有控股公司，而中部、西部和东北三个地区则相反。

（3）从行业看，六个代表性行业国有控股公司高管薪酬指数均值都低于非国有控股公司，制造业（C），信息传输、软件和信息技术服务业（I）国有控股公司高管薪酬均值高于非国有控股公司，金融业（J）两类公司高管薪酬指数均值和高管薪酬绝对值均值差距都是最大。在不同的激励区间，六个行业国有控股公司和非国有控股公司的高管薪酬有不尽相同的表现。其中在激励过度区间，除交通运输、仓储和邮政业（G）外，其余五个行业的国有控股公司高管薪酬均值都低于非国有控股公司。需要注意的是，六个行业都出现了激励过度区间高管薪酬不高的现象，这实际反映了这些企业的业绩比较低下。

第24章 高管薪酬及指数的年度比较（2012～2017）

2010～2017年，我们对中国上市公司高管薪酬合理化水平进行了五次测度，本次是第六次测度。本章将从总体、地区、行业、所有制四个角度，并结合四分之一分位法所划分的激励适中、激励过度和激励不足三个激励区间，来比较分析2012年、2015年、2016年和2017年四个年度中国上市公司高管薪酬合理化程度和绝对水平，以便了解高管薪酬合理化水平的变化情况，以期对高管薪酬有更加完善的认识。需要注意的是，在比较四个年度高管薪酬绝对额时，不考虑通货膨胀因素。

24.1 高管薪酬的年度比较

2012年，样本上市公司共2310家；2015年，样本上市公司增加至2632家；2016年，样本上市公司增加至2829家；2017年，样本上市公司增加至3140家。本节将从总体、地区、行业和所有制四个角度来比较2012年、2015年、2016年和2017年样本上市公司高管薪酬的变化情况。需要说明的是，本年度在计算高管薪酬及指数时，对其中的当年行权的股票期权，摒弃了以前简单计算期权总额的方法，改为按照行权人数，对行权的期权进行调整，以使计算出来的薪酬最高的前三位高管的薪酬以及指数更加客观。为便于比较，对之前年度的高管薪酬和指数也进行了同样的调整。

24.1.1 高管薪酬总体的年度比较

表24－1列示了2012年、2015年、2016年和2017年高管薪酬的变化情况。

表 24－1　2012～2017 年上市公司高管薪酬比较

单位：万元

年份	样本量	平均值	中位值	最大值	最小值	标准差
2012	2310	63.61	46.73	1458.33	3.40	68.56
2015	2632	81.60	54.33	3462.22	0.28	119.09
2016	2829	83.60	56.60	2591.61	4.00	108.95
2017	3140	88.59	62.19	2062.00	5.60	98.08
五年增幅		24.98	15.46	603.67	2.20	—
年均增长率(%)		6.85	5.88	7.17	10.49	—
比上年增幅		4.99	5.59	－529.62	1.60	—
比上年增长率(%)		5.97	9.88	－20.44	40.00	—

注：(1) 薪酬增幅误差源于原始数据库的四舍五入；(2)"比上年增幅"和"比上年增长率"均指 2017 年与 2016 年的比较。

从表 24－1 可以看出，2012 年上市公司高管薪酬均值为 63.61 万元，2017 年增长为 88.59 万元，高管薪酬年均增长率为 6.85%。与 2016 年相比，2017 年上市公司高管薪酬均值增加 4.99 万元，增长 5.97%；但最大值降幅明显，减少 529.62 万元，下降 20.44%，最小值增幅明显，增长 40%，结合 2017 年标准差低于 2016 年的结果，说明 2017 年不同公司高管薪酬差距减小。从高管薪酬指数均值看（详见后文），2012～2016 年呈不断上升趋势，2017 年出现小幅下降，而 2017 年的高管薪酬均值却小幅增长，这说明，高管薪酬的小幅上升并没有带来对应的绩效增长。当然，影响公司绩效增长的因素有很多，高管薪酬激励并非唯一因素。

24.1.2　分地区高管薪酬的年度比较

依然按照东部、中部、西部和东北四个地区的划分，我们对 2012 年、2015 年、2016 年和 2017 年上市公司高管薪酬的变化情况进行比较，如表 24－2 所示。

从表 24－2 可以看出，2012～2017 年，四个地区上市公司高管薪酬均值都呈现上涨态势，西部地区高管薪酬均值年均增长率最高，达到 8.66%，增幅排名第二，达到 25.75 万元；东部地区年均增长率排名第三，年均增长率为 6.50%，但其薪酬增幅排名第一，达到 25.77 万元。

图 24－1 更为直观地显示了四个地区在 2012～2017 年度上市公司高管薪酬均值增幅和增长率的比较结果。很明显，四个地区上市公司高管薪酬都有所增长，增长幅度从高到低依次是东部、西部、中部和东北，其中东部和西部非常接近，只有东北增长幅度低于 20 万元；年均增长率从高到低依次是西部、中部、东部和东北。

表 24－2　2012～2017 年不同地区上市公司高管薪酬比较

单位：万元

地区	年份	平均值	中位值	最大值	最小值	标准差
东部	2012	69.70	52.00	1458.33	3.40	73.77
	2015	90.00	60.02	3462.22	0.28	131.84
	2016	92.40	63.33	2591.61	4.10	119.90
	2017	95.47	66.92	2062.00	5.60	104.51
	五年增幅	25.77	14.92	603.67	2.20	—
	年均增长率(%)	6.50	5.17	7.17	10.49	—
	比上年增幅	3.08	3.58	－529.62	1.50	—
	比上年增长率(%)	3.33	5.66	－20.44	36.70	—
中部	2012	53.41	39.71	776.49	4.40	65.64
	2015	65.67	44.86	1233.70	5.90	87.50
	2016	67.08	45.70	923.76	6.25	81.70
	2017	73.95	51.60	800.84	7.65	75.89
	五年增幅	20.54	11.89	24.35	3.25	—
	年均增长率(%)	6.72	5.38	0.62	11.70	—
	比上年增幅	6.86	5.90	－122.92	1.40	—
	比上年增长率(%)	10.23	12.91	－13.31	22.40	—
西部	2012	50.03	37.65	475.92	3.75	45.51
	2015	63.96	41.91	795.43	2.85	81.53
	2016	66.23	46.19	813.65	4.00	84.02
	2017	75.78	50.73	903.77	7.74	89.78
	五年增幅	25.75	13.08	427.85	3.99	—
	年均增长率(%)	8.66	6.15	13.69	15.60	—
	比上年增幅	9.55	4.54	90.12	3.74	—
	比上年增长率(%)	14.42	9.83	11.08	93.50	—
东北	2012	57.54	41.20	318.63	5.57	55.77
	2015	68.02	43.33	922.81	4.55	99.19
	2016	63.73	46.76	477.08	9.77	64.78
	2017	69.10	50.15	496.78	9.98	66.61
	五年增幅	11.56	8.95	178.15	4.41	—
	年均增长率(%)	3.73	4.01	9.29	12.36	—
	比上年增幅	5.37	3.40	19.70	0.21	—
	比上年增长率(%)	8.43	7.26	4.13	2.15	—

注：(1) 薪酬增幅误差源于原始数据库的四舍五入；(2) “比上年增幅” 和 “比上年增长率” 均指 2017 年与 2016 年的比较。

与 2016 年相比，2017 年四个地区上市公司高管薪酬均值都上升，增长幅度和增长率从高到低依次都是西部、中部、东北和东部。西部地区增幅最大，增加 9.55 万元，上升 14.42%；东部增幅最小，上升 3.33%（参见图 24－2）。

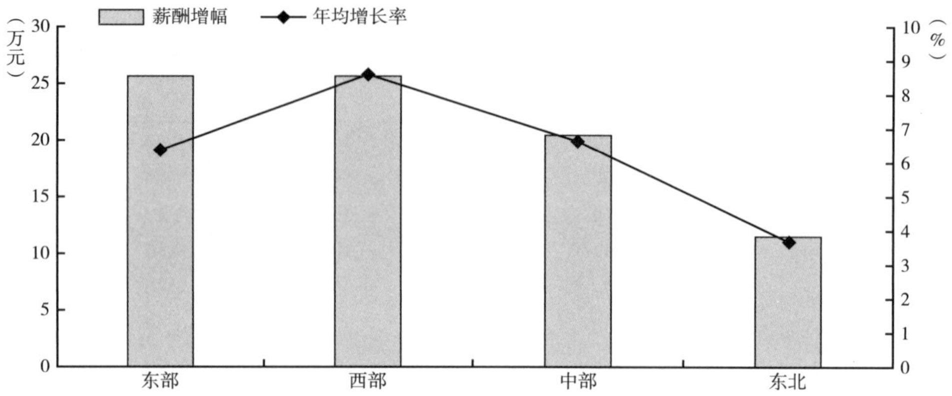

图 24-1　2012~2017 年不同地区上市公司高管薪酬均值增幅和年均增长率比较

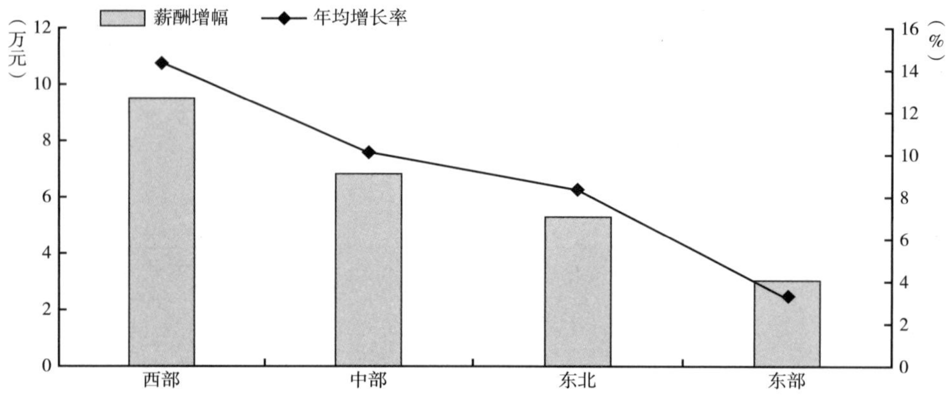

图 24-2　2016 年和 2017 年不同地区上市公司高管薪酬均值增幅和同比增长率比较

24.1.3　分行业高管薪酬的年度比较

各行业在不同年度的经营状况不一，高管薪酬也会受到影响，我们比较了 2012 年、2015 年、2016 年和 2017 年上市公司高管薪酬在不同行业的变化情况，如表 24-3 所示。

表 24-3　2012~2017 年不同行业上市公司高管薪酬比较

单位：万元

行业	年份	平均值	中位值	最大值	最小值	标准差
农、林、牧、渔业(A)	2012	40.39	36.58	115.82	10.40	26.77
	2015	43.88	36.23	224.76	10.89	40.56
	2016	55.38	38.81	300.00	12.00	54.95
	2017	61.29	40.90	383.22	12.64	66.52
	五年增幅	20.90	4.32	267.40	2.24	—
	年均增长率(%)	8.70	2.26	27.04	3.98	—
	比上年增幅	5.90	2.09	83.22	0.64	—
	比上年增长率(%)	10.66	5.39	27.74	5.33	—

续表

行业	年份	平均值	中位值	最大值	最小值	标准差
采矿业(B)	2012	77.63	61.05	606.52	6.67	85.07
	2015	59.80	50.14	322.98	7.33	46.39
	2016	58.88	47.24	298.78	5.67	44.08
	2017	70.31	59.08	460.73	5.67	58.10
	五年增幅	-7.32	-1.97	-145.79	-1.00	—
	年均增长率(%)	-1.96	-0.65	-5.35	-3.21	—
	比上年增幅	11.43	11.84	161.96	0.00	—
	比上年增长率(%)	19.41	25.07	54.21	0.00	—
制造业(C)	2012	55.25	42.55	776.49	4.06	52.23
	2015	73.53	50.27	3462.22	4.00	118.50
	2016	73.05	53.43	908.34	4.00	76.06
	2017	80.16	58.33	2062.00	7.65	89.11
	五年增幅	24.91	15.78	1285.51	3.59	—
	年均增长率(%)	7.73	6.51	21.57	13.51	—
	比上年增幅	7.11	4.91	1153.66	3.65	—
	比上年增长率(%)	9.74	9.18	127.01	91.25	—
电力、热力、燃气及水生产和供应业(D)	2012	52.34	46.60	184.38	13.53	24.93
	2015	55.56	50.69	173.24	14.84	25.12
	2016	59.83	52.41	281.00	14.84	33.57
	2017	60.05	53.70	186.00	14.89	27.70
	五年增幅	7.71	7.10	1.62	1.36	—
	年均增长率(%)	2.79	2.88	0.18	1.93	—
	比上年增幅	0.21	1.30	-95.00	0.05	—
	比上年增长率(%)	0.35	2.47	-33.81	0.34	—
建筑业(E)	2012	64.99	57.59	250.00	10.33	43.99
	2015	72.31	59.46	203.63	5.90	44.73
	2016	69.38	61.60	240.00	10.03	42.75
	2017	74.58	64.60	196.10	20.82	41.38
	五年增幅	9.59	7.01	-53.90	10.49	—
	年均增长率(%)	2.79	2.32	-4.74	15.05	—
	比上年增幅	5.20	3.00	-43.90	10.79	—
	比上年增长率(%)	7.49	4.87	-18.29	107.61	—
批发和零售业(F)	2012	71.47	55.29	318.63	3.40	59.00
	2015	76.66	63.42	275.59	9.00	53.89
	2016	91.34	68.72	923.76	14.71	88.63
	2017	98.89	78.62	637.86	9.98	79.75
	五年增幅	27.42	23.33	319.23	6.58	—
	年均增长率(%)	6.71	7.29	14.89	24.02	—
	比上年增幅	7.55	9.91	-285.90	-4.74	—
	比上年增长率(%)	8.27	14.41	-30.95	-32.19	—

续表

行业	年份	平均值	中位值	最大值	最小值	标准差
交通运输、仓储和邮政业(G)	2012	66.22	59.97	242.03	21.35	37.78
	2015	78.41	53.90	774.17	20.47	91.22
	2016	70.29	54.98	300.18	6.25	50.17
	2017	90.77	59.44	603.65	21.15	89.02
	五年增幅	24.55	-0.53	361.62	-0.20	—
	年均增长率(%)	6.51	-0.18	20.06	-0.18	—
	比上年增幅	20.48	4.46	303.46	14.90	—
	比上年增长率(%)	29.14	8.11	101.09	238.45	—
住宿和餐饮业(H)	2012	57.95	46.76	145.59	17.34	36.45
	2015	55.54	65.88	97.80	24.22	22.50
	2016	89.48	53.20	420.94	22.70	107.15
	2017	106.71	59.74	501.57	45.67	139.84
	五年增幅	48.76	12.98	355.98	28.33	—
	年均增长率(%)	12.99	5.02	28.07	21.37	—
	比上年增幅	17.23	6.54	80.62	22.96	—
	比上年增长率(%)	19.25	12.29	19.15	101.19	—
信息传输、软件和信息技术服务业(I)	2012	60.10	52.24	442.27	12.00	52.11
	2015	98.78	71.46	634.29	19.31	96.57
	2016	102.88	63.67	2591.61	4.13	203.65
	2017	83.88	65.17	577.33	5.60	70.92
	五年增幅	23.78	12.93	135.06	-6.40	—
	年均增长率(%)	6.89	4.52	5.47	-14.14	—
	比上年增幅	-19.00	1.50	-2014.29	1.47	—
	比上年增长率(%)	-18.47	2.36	-77.72	35.59	—
金融业(J)	2012	232.95	212.83	701.33	37.80	135.01
	2015	297.09	244.06	1060.12	57.28	212.27
	2016	286.20	183.56	1097.75	13.67	241.94
	2017	245.21	185.13	1302.51	27.85	200.44
	五年增幅	12.26	-27.70	601.18	-9.95	—
	年均增长率(%)	1.03	-2.75	13.18	-5.92	—
	比上年增幅	-40.99	1.58	204.76	14.19	—
	比上年增长率(%)	-14.32	0.86	18.65	103.73	—
房地产业(K)	2012	101.75	66.30	1458.33	6.33	144.63
	2015	137.69	73.23	1350.20	0.28	195.66
	2016	163.39	97.75	1506.81	5.13	218.42
	2017	173.12	106.67	999.27	7.74	171.32
	五年增幅	71.37	40.37	-459.06	1.41	—
	年均增长率(%)	11.21	9.98	-7.28	4.10	—
	比上年增幅	9.73	8.92	-507.54	2.61	—
	比上年增长率(%)	5.95	9.13	-33.68	50.88	—

续表

行业	年份	平均值	中位值	最大值	最小值	标准差
租赁和商务服务业(L)	2012	71.85	60.76	287.33	33.98	55.34
	2015	89.61	70.12	340.63	28.03	65.68
	2016	93.74	69.84	336.33	20.48	75.54
	2017	95.37	72.70	433.99	20.54	76.77
	五年增幅	23.52	11.94	146.66	-13.44	—
	年均增长率(%)	5.83	3.65	8.60	-9.58	—
	比上年增幅	1.64	2.86	97.66	0.05	—
	比上年增长率(%)	1.75	4.09	29.04	0.29	—
科学研究和技术服务业(M)	2012	67.43	75.80	95.77	31.08	24.16
	2015	94.55	85.85	227.31	23.29	51.87
	2016	97.07	76.75	525.00	9.36	102.24
	2017	74.48	68.06	244.29	23.34	45.79
	五年增幅	7.05	-7.74	148.52	-7.74	—
	年均增长率(%)	2.01	-2.13	20.60	-5.56	—
	比上年增幅	-22.59	-8.69	-280.71	13.98	—
	比上年增长率(%)	-23.27	-11.32	-53.47	149.36	—
水利、环境和公共设施管理业(N)	2012	42.44	36.55	116.71	17.82	22.39
	2015	78.41	49.46	677.96	16.64	116.52
	2016	62.79	47.73	266.78	16.45	51.45
	2017	70.06	60.18	278.41	15.56	46.22
	五年增幅	27.62	23.63	161.70	-2.26	—
	年均增长率(%)	10.54	10.49	18.99	-2.67	—
	比上年增幅	7.27	12.45	11.64	-0.88	—
	比上年增长率(%)	11.58	26.08	4.36	-5.41	—
教育(P)	2012	30.29	30.29	30.29	30.29	0.00
	2015	58.33	58.33	58.33	58.33	0.00
	2016	54.57	44.17	86.67	32.87	23.16
	2017	66.71	67.77	98.92	32.39	26.35
	五年增幅	36.42	37.48	68.63	2.10	—
	年均增长率(%)	17.11	17.48	26.71	1.35	—
	比上年增幅	12.14	23.60	12.25	-0.48	—
	比上年增长率(%)	22.25	53.42	14.13	-1.45	—
卫生和社会工作(Q)	2012	60.33	48.67	92.33	40.00	28.05
	2015	71.50	72.31	112.81	28.55	31.23
	2016	100.77	126.31	203.76	18.91	62.32
	2017	113.09	89.03	263.89	24.80	80.39
	五年增幅	52.76	40.36	171.56	-15.20	—
	年均增长率(%)	13.39	12.84	23.37	-9.12	—
	比上年增幅	12.32	-37.28	60.13	5.89	—
	比上年增长率(%)	12.23	-29.51	29.51	31.15	—

续表

行业	年份	平均值	中位值	最大值	最小值	标准差
文化、体育和娱乐业(R)	2012	73.75	63.13	201.55	28.42	43.72
	2015	94.79	64.41	442.59	22.82	89.31
	2016	89.74	59.38	681.90	15.33	107.87
	2017	94.21	69.26	727.60	24.69	102.51
	五年增幅	20.46	6.13	526.05	-3.73	—
	年均增长率(%)	5.02	1.87	29.27	-2.77	—
	比上年增幅	4.47	9.88	45.70	9.36	—
	比上年增长率(%)	4.98	16.64	6.70	61.06	—
综合(S)	2012	57.60	59.34	125.35	16.57	32.34
	2015	65.40	61.23	229.76	2.85	46.19
	2016	80.62	59.25	381.49	17.75	74.50
	2017	91.76	63.00	443.43	23.10	89.79
	五年增幅	34.16	3.66	318.08	6.53	—
	年均增长率(%)	9.76	1.20	28.75	6.87	—
	比上年增幅	11.15	3.75	61.94	5.36	—
	比上年增长率(%)	13.83	6.34	16.24	30.14	—

注：(1) 薪酬增幅误差源于原始数据库的四舍五入；(2)“比上年增幅”和“比上年增长率”均指2017年与2016年的比较。

从表24-3可以看出，2012~2017年，除了采矿业（B）高管薪酬下降以外，其他17个行业的上市公司高管薪酬均值都有较大幅度增长。其中房地产业（K）薪酬增幅最大，为71.37万元，年均增长率也位居前列。教育（P）年均增长率最高，达到17.11%，但考虑到该行业上市公司只有4家，前几年则只有1家或3家上市公司，代表性有限。

图24-3更直观地描绘了不同行业2012~2017年上市公司高管薪酬均值增幅和年均增长率的变化情况，可以看出，增幅最大的三个行业分别是房地产业（K），卫生和社会工作（Q），住宿和餐饮业（H）；增幅最小的三个行业分别是采矿业（B），科学研究和技术服务业（M），电力、热力、燃气及水生产和供应业（D）。

与2016年相比，2017年有15个行业的上市公司高管薪酬均值上升，有3个行业的上市公司高管薪酬均值出现下降。增幅和增长率最大的都是交通运输、仓储和邮政业（G），增幅达到20.48万元，增长率为29.14%；降幅最大的是金融业（J），降幅为40.99万元，下降14.32%；下降速度最大的是科学研究和技术服务业（M），下降23.27%，降幅为22.59万元。

图24-4描绘了不同行业2016年和2017年上市公司高管薪酬增幅和年均增长率的变化情况，可以看出，18个行业的高管薪酬增幅和年均增长率不都是一致的。

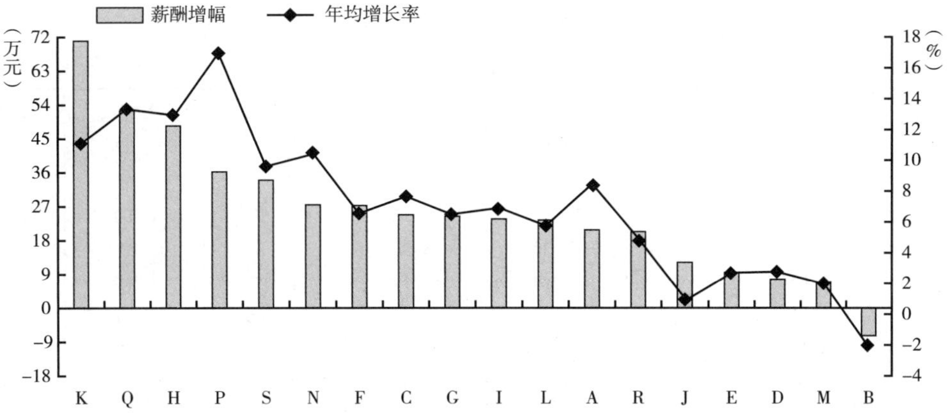

图 24－3　2012～2017 年不同行业上市公司高管薪酬均值增幅和年均增长率比较

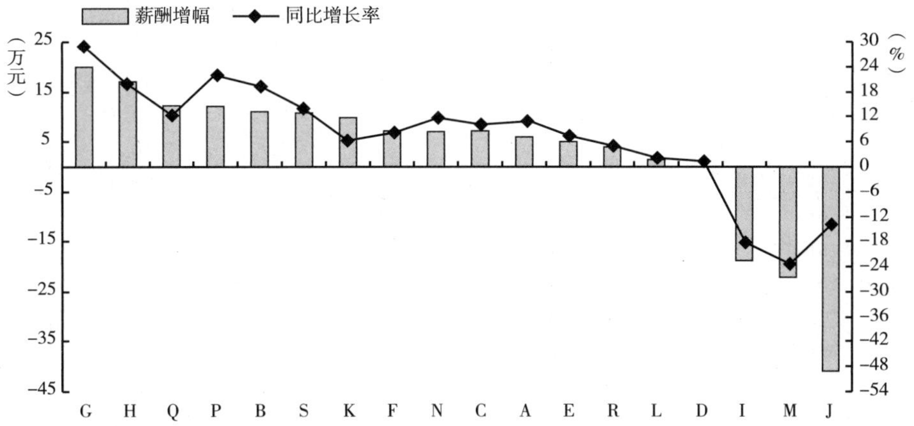

图 24－4　2016 年和 2017 年不同行业上市公司高管薪酬均值增幅和同比增长率比较

24.1.4　分所有制高管薪酬的年度比较

不同的所有制会对上市公司高管薪酬产生影响。表 24－4 比较了 2012 年、2015 年、2016 年和 2017 年不同所有制上市公司高管薪酬的变化情况。

由表 24－4 可知，2012～2017 年，五类所有制上市公司高管薪酬都处于增长态势。其中，国有参股公司高管薪酬均值增幅和年均增长率都是最高的，分别为 38.68 万元和 9.84%；高管薪酬均值增幅和年均增长率最低的是国有绝对控股公司，分别为 19.74 万元和 5.48%。

图 24－5 更加直观地描绘了 2012～2017 年不同所有制上市公司高管薪酬均值和年均增长率的变化情况。可以看出，国有参股公司增幅和年均增长率最突出，其他四类公司年均增长率相差不大，且国有强相对控股公司、无国有股份公司和国有绝对控股公司高管薪酬均值增幅很接近。

表 24-4　2012～2017 年不同所有制上市公司高管薪酬比较

单位：万元

所有制	年份	平均值	中位值	最大值	最小值	标准差
国有绝对控股公司	2012	64.55	55.79	275.74	7.42	42.10
	2015	75.22	58.51	774.17	4.55	71.71
	2016	74.13	61.28	466.51	6.10	60.84
	2017	84.29	65.94	542.33	13.58	70.17
	五年增幅	19.74	10.15	266.59	6.16	—
	年均增长率(%)	5.48	3.40	14.49	12.84	—
	比上年增幅	10.16	4.66	75.83	7.48	—
	比上年增长率(%)	13.70	7.60	16.25	122.62	—
国有强相对控股公司	2012	66.31	48.35	569.40	5.57	60.60
	2015	72.64	52.90	863.70	6.30	74.47
	2016	79.91	57.80	856.28	6.31	81.91
	2017	87.10	63.96	602.33	9.52	78.22
	五年增幅	20.79	15.61	32.93	3.95	—
	年均增长率(%)	5.61	5.76	1.13	11.32	—
	比上年增幅	7.19	6.17	-253.95	3.21	—
	比上年增长率(%)	9.00	10.67	-29.66	50.87	—
国有弱相对控股公司	2012	75.16	47.72	1458.33	6.00	109.49
	2015	85.39	55.01	856.53	7.63	106.89
	2016	92.97	54.06	1068.82	4.10	125.17
	2017	101.53	63.09	999.27	11.52	118.96
	五年增幅	26.37	15.37	-459.06	5.52	—
	年均增长率(%)	6.20	5.74	-7.28	13.94	—
	比上年增幅	8.56	9.03	-69.56	7.43	—
	比上年增长率(%)	9.21	16.70	-6.51	180.98	—
国有参股公司	2012	64.58	46.52	530.00	3.40	65.45
	2015	99.87	58.53	3462.22	4.67	186.11
	2016	99.21	60.94	2591.61	5.20	157.33
	2017	103.26	65.75	2062.00	5.60	136.47
	五年增幅	38.68	19.23	1532.00	2.20	—
	年均增长率(%)	9.84	7.16	31.22	10.49	—
	比上年增幅	4.05	4.81	-529.62	0.40	—
	比上年增长率(%)	4.08	7.89	-20.44	7.69	—
无国有股份公司	2012	58.17	43.68	776.49	3.75	61.17
	2015	75.50	50.63	1271.91	0.28	94.61
	2016	74.30	54.49	923.76	4.00	77.63
	2017	78.42	58.07	800.84	5.67	72.42
	五年增幅	20.25	14.39	24.35	1.92	—
	年均增长率(%)	6.16	5.86	0.62	8.61	—
	比上年增幅	4.12	3.58	-122.92	1.67	—
	比上年增长率(%)	5.55	6.56	-13.31	41.75	—

注：(1) 薪酬增幅误差源于原始数据库的四舍五入；(2)“比上年增幅”和“比上年增长率”均指 2017 年与 2016 年的比较。

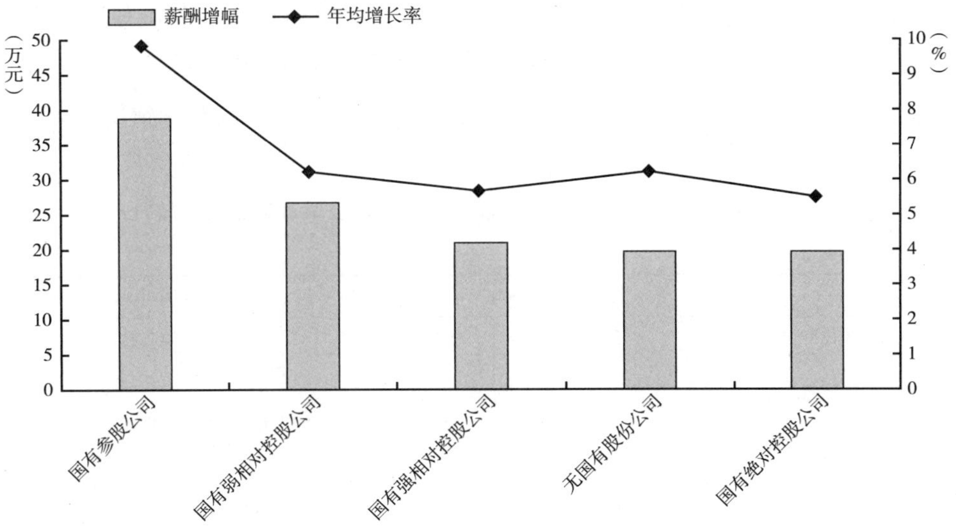

图 24－5　2012～2017 年不同所有制上市公司高管薪酬均值增幅和年均增长率比较

与 2016 年相比，2017 年五类所有制上市公司高管薪酬均值都是增长的，增幅和增长率最大的都是国有绝对控股公司，分别为 10.16 万元和 13.70%；增幅和增长率最小的都是国有参股公司，分别为 4.05 万元和 4.08%。

图 24－6 描绘了 2016 年和 2017 年不同所有制上市公司高管薪酬均值和年均增长率的变化情况。可以看出，三类国有控股公司高管薪酬均值升幅和增长率都超过了两类非国有控股公司，国有弱相对控股公司和国有强相对控股公司增长率非常接近，无国有股份公司和国有参股公司增幅非常接近。

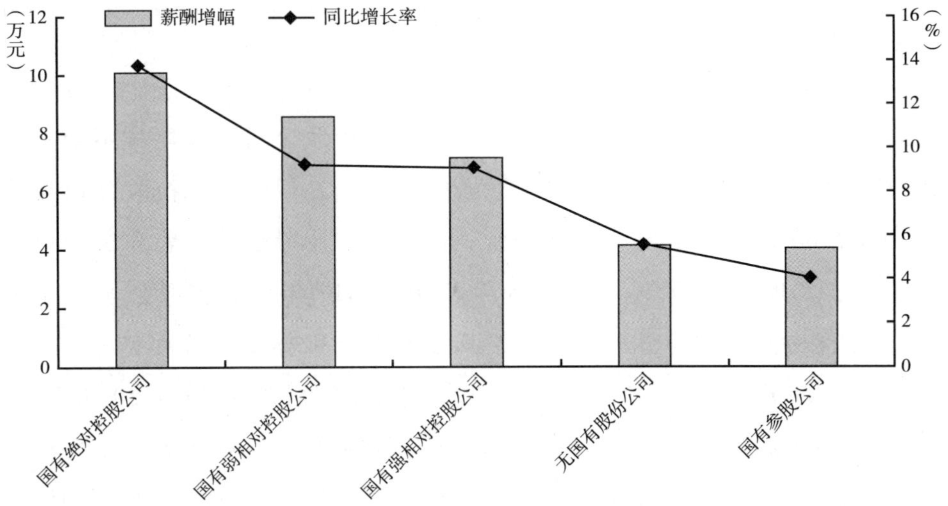

图 24－6　2016 年和 2017 年不同所有制上市公司高管薪酬均值增幅和同比增长率比较

我们进一步将国有绝对控股公司、国有强相对控股公司和国有弱相对控股公司归类为国有控股公司，将国有参股公司和无国有股份公司归类为非国有控股公司，表 24－5 比较了 2012～2017 年国有控股公司和非国有控股公司高管薪酬的变化情况。

表 24－5　2012～2017 年国有和非国有控股公司高管薪酬比较

单位：万元

所有制	年份	平均值	中位值	最大值	最小值	标准差
国有控股公司	2012	68.61	51.67	1458.33	45.57	75.97
	2015	76.93	55.33	863.70	4.55	84.25
	2016	82.78	56.65	1068.82	4.10	94.68
	2017	91.21	64.25	999.27	9.52	92.46
	五年增幅	22.60	12.58	－459.06	－36.05	—
	年均增长率（%）	5.86	4.45	－7.28	－26.89	—
	比上年增幅	8.43	7.60	－69.56	5.42	—
	比上年增长率（%）	10.18	13.42	－6.51	132.20	—
非国有控股公司	2012	60.01	44.57	776.49	3.40	62.47
	2015	84.53	54.07	3462.22	0.28	136.40
	2016	84.07	56.38	2591.61	4.00	116.27
	2017	87.27	60.80	2062.00	5.60	100.77
	五年增幅	27.26	16.23	1285.51	2.20	—
	年均增长率（%）	7.78	6.41	21.57	10.49	—
	比上年增幅	3.20	4.42	－529.62	1.60	—
	比上年增长率（%）	3.81	7.84	－20.44	40.00	—

注：（1）薪酬增幅误差源于原始数据库的四舍五入；（2）“比上年增幅”和“比上年增长率”均指 2017 年与 2016 年的比较。

从表 24－5 可以看出，2012～2017 年，非国有控股公司高管薪酬不论是增幅还是年均增长率都高于国有控股公司。从平均值来看，五年中国有控股公司高管薪酬均值增长了 22.60 万元，年均增长 5.86%；而非国有控股公司高管薪酬均值则增长 27.26 万元，年均增长 7.78%。与 2016 年相比，2017 年国有控股公司和非国有控股公司高管薪酬均值都出现增长，国有控股公司增幅和增长率都大于非国有控股公司，达到 8.43 万元，增长 10.18%；非国有控股公司增幅为 3.20 万元，增长 3.81%，增幅不大。继 2012 年国有控股公司高管薪酬均值高于非国有控股公司之后，2017 年国有控股公司高管薪酬均值再次高于非国有控股公司，绝对差距为 3.94 万元。

24.2　高管薪酬指数的年度比较

本节将从总体、地区、行业和所有制四个角度，来比较2012年、2015年、2016年和2017年样本上市公司高管薪酬指数的变化情况。

24.2.1　高管薪酬指数总体的年度比较

表24－6列示了2012年、2015年、2016年和2017年高管薪酬指数的变化情况。

表24－6　2012～2017年上市公司高管薪酬指数比较

年份	样本量	平均值	中位值	最大值	最小值	标准差
2012	2310	130.49	55.90	9915.94	0.08	388.89
2015	2632	210.07	82.53	13509.18	0.08	626.15
2016	2829	217.95	84.44	29407.56	0.06	903.69
2017	3140	211.14	88.35	34582.87	0.11	875.39
五年增幅		80.65	32.45	24666.93	0.03	—
年均增长率(%)		10.10	9.59	28.38	6.58	—
比上年增幅		－6.81	3.92	5175.31	0.05	—
比上年增长率(%)		－3.12	4.64	17.60	83.33	—

注：（1）薪酬指数增幅误差源于原始数据库的四舍五入；（2）“比上年增幅”和“比上年增长率”均指2017年与2016年的比较。

从表24－6可以看出，2012年上市公司高管薪酬指数均值为130.49分，2017年增长为211.14分，总体呈增长趋势，年均增长率为10.10%。与2016年相比，2017年上市公司高管薪酬指数均值降低6.81分，降幅为3.12%。

24.2.2　分地区高管薪酬指数的年度比较

按照东部、中部、西部和东北四个地区的划分，我们对2012年、2015年、2016年和2017年上市公司高管薪酬指数的变化情况进行比较，如表24－7所示。

从表24－7可以看出，2012～2017年，四个地区上市公司高管薪酬指数均值都呈现上涨态势，其中中部、东部和西部年均增长率都超过了9%。中部地区高管薪酬指数均值增幅和年均增长率都是最高，分别为90.18分和14.55%；东北地区增幅和年均增长率都是最低，分别为43.29分和6.73%。

图24－7更为直观地显示了四个地区在2012～2017年度上市公司高管薪酬指数均值增幅和增长率的比较结果。很明显，四个地区上市公司高管薪酬指数都有所增长，增长幅度和年均增长率从高到低依次都是中部、东部、西部和东北。

表 24－7　2012～2017 年不同地区上市公司高管薪酬指数比较

地区	年份	平均值	中位值	最大值	最小值	标准差
东部	2012	141.95	62.52	9915.94	0.08	447.87
	2015	202.40	92.52	13509.18	0.08	577.11
	2016	223.37	91.21	29407.56	0.06	980.57
	2017	223.46	95.45	34582.87	0.11	977.48
	五年增幅	81.51	32.93	24666.93	0.03	—
	年均增长率(%)	9.50	8.83	28.38	6.58	—
	比上年增幅	0.09	4.24	5175.31	0.05	—
	比上年增长率(%)	0.04	4.65	17.60	83.33	—
中部	2012	92.76	38.16	2874.93	0.54	208.83
	2015	198.64	59.41	6371.48	0.75	623.69
	2016	173.01	61.02	5789.91	0.29	518.91
	2017	182.94	63.69	12249.10	1.01	680.30
	五年增幅	90.18	25.53	9374.17	0.47	—
	年均增长率(%)	14.55	10.79	33.63	13.34	—
	比上年增幅	9.93	2.67	6459.19	0.72	—
	比上年增长率(%)	5.74	4.38	111.56	248.28	—
西部	2012	126.19	52.33	3120.32	0.50	299.88
	2015	245.42	75.18	9876.76	0.81	774.63
	2016	243.23	80.41	12777.26	1.24	915.18
	2017	197.26	84.15	11118.43	1.41	606.12
	五年增幅	71.07	31.82	7998.11	0.91	—
	年均增长率(%)	9.35	9.97	28.93	23.04	—
	比上年增幅	－45.97	3.74	－1658.83	0.17	—
	比上年增长率(%)	－18.90	4.65	－12.98	13.71	—
东北	2012	112.43	56.13	1424.01	0.72	188.43
	2015	239.61	66.41	5677.06	0.94	748.81
	2016	200.84	57.40	6800.76	2.12	618.48
	2017	155.72	66.59	2161.37	2.00	267.42
	五年增幅	43.29	10.46	737.36	1.28	—
	年均增长率(%)	6.73	3.48	8.70	22.67	—
	比上年增幅	－45.12	9.19	－4639.38	－0.11	—
	比上年增长率(%)	－22.46	16.01	－68.22	－5.66	—

注：（1）薪酬指数增幅误差源于原始数据库的四舍五入；（2）“比上年增幅”和“比上年增长率”均指 2017 年与 2016 年的比较。

与 2016 年相比，2017 年中部和东部地区的上市公司高管薪酬指数均值都上升，其中中部地区增幅和年均增长率提高幅度最多，分别为 9.93 分和 5.74%；东北和西部地区的上市公司高管薪酬指数均值都下降，其中东北下降速度最快，西部地区则是降幅最大。

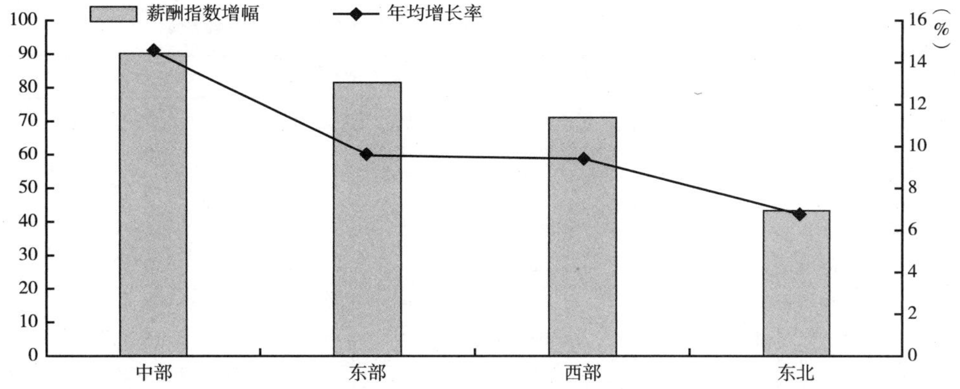

图 24－7　2012～2017 年不同地区上市公司高管薪酬指数均值和年均增长率比较

图 24－8 显示了四个地区 2016 年和 2017 年上市公司高管薪酬指数均值的比较结果。增加幅度从高到低依次是中部、东部、东北和西部；增长率从高到低依次是中部、东部、西部和东北，中部地区高管薪酬指数均值增幅和增长率显著高于其他地区，东部地区略微上升。

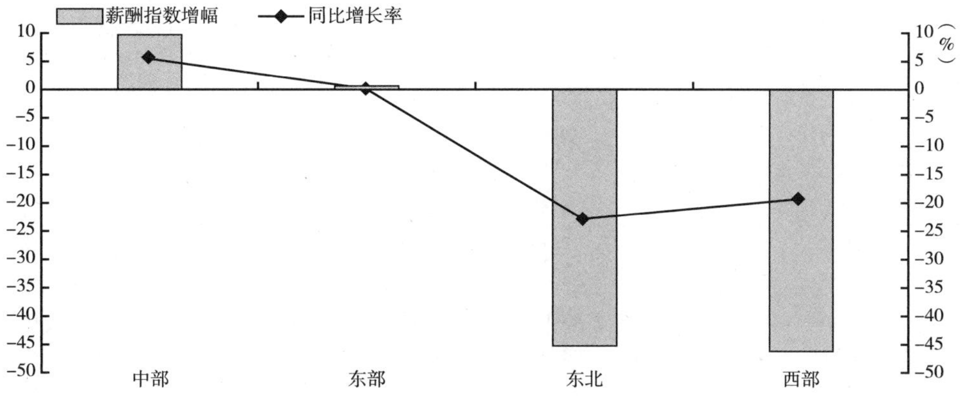

图 24－8　2016 年和 2017 年不同地区上市公司高管薪酬指数均值和同比增长率比较

24.2.3　分行业高管薪酬指数的年度比较

各行业在不同年度的经营状况不一，高管薪酬指数也会受到影响，我们比较了 2012 年、2015 年、2016 年和 2017 年上市公司高管薪酬指数在不同行业的变化情况，如表 24－8 所示。

表 24－8　2012～2017 年不同行业上市公司高管薪酬指数比较

行业	年份	平均值	中位值	最大值	最小值	标准差
农、林、牧、渔业（A）	2012	94.69	71.93	367.25	5.54	87.54
	2015	153.20	77.88	1004.99	12.82	214.47
	2016	161.18	69.64	843.66	8.04	194.36
	2017	166.24	83.55	1008.06	16.52	225.88
	五年增幅	71.55	11.62	640.81	10.98	—
	年均增长率（%）	11.91	3.04	22.38	24.42	—
	比上年增幅	5.06	13.91	164.40	8.48	—
	比上年增长率（%）	3.14	19.98	19.49	105.47	—
采矿业（B）	2012	86.06	18.65	1093.37	0.08	191.12
	2015	222.81	34.77	3479.14	0.08	577.67
	2016	322.89	30.52	12777.26	0.10	1497.09
	2017	140.43	31.34	1610.04	0.11	285.60
	五年增幅	54.37	12.69	516.67	0.03	—
	年均增长率（%）	10.29	10.94	8.05	6.58	—
	比上年增幅	－182.46	0.82	－11167.22	0.01	—
	比上年增长率（%）	－56.51	2.68	－87.40	10.00	—
制造业（C）	2012	108.59	56.89	5002.34	0.46	250.43
	2015	181.59	88.66	9876.76	0.75	480.74
	2016	171.07	88.50	7907.86	0.46	357.00
	2017	181.15	93.06	12249.10	0.58	476.81
	五年增幅	72.56	36.17	7246.76	0.12	—
	年均增长率（%）	10.78	10.34	19.62	4.75	—
	比上年增幅	10.08	4.57	4341.25	0.12	—
	比上年增长率（%）	5.89	5.16	54.90	26.09	—
电力、热力、燃气及水生产和供应业（D）	2012	77.13	32.63	1592.90	1.15	186.79
	2015	74.57	47.48	545.71	1.85	89.38
	2016	81.06	50.90	653.60	1.87	102.00
	2017	93.19	55.18	1607.74	1.47	179.03
	五年增幅	16.06	22.55	14.84	0.32	—
	年均增长率（%）	3.85	11.08	0.19	5.04	—
	比上年增幅	12.12	4.28	954.13	－0.40	—
	比上年增长率（%）	14.95	8.41	145.98	－21.38	—
建筑业（E）	2012	38.78	28.37	207.01	0.27	39.91
	2015	100.14	34.52	2314.21	0.36	291.09
	2016	98.45	40.17	1545.98	0.28	205.99
	2017	82.90	40.96	1214.63	0.27	143.04
	五年增幅	44.12	12.59	1007.62	0.00	—
	年均增长率（%）	16.41	7.62	42.46	0.00	—
	比上年增幅	－15.55	0.79	－331.35	－0.01	—
	比上年增长率（%）	－15.80	1.97	－21.43	－3.57	—

续表

行业	年份	平均值	中位值	最大值	最小值	标准差
批发和零售业（F）	2012	74.44	23.77	1426.80	0.16	176.37
	2015	144.69	28.78	4727.00	0.52	506.15
	2016	128.87	30.09	5283.60	1.14	485.13
	2017	178.32	30.67	10882.19	0.39	899.26
	五年增幅	103.88	6.90	9455.39	0.23	—
	年均增长率（%）	19.09	5.23	50.13	19.51	—
	比上年增幅	49.45	0.58	5598.58	-0.75	—
	比上年增长率（%）	38.37	1.92	105.96	-65.79	—
交通运输、仓储和邮政业（G）	2012	83.04	42.66	356.15	1.67	94.90
	2015	103.44	63.97	686.67	1.88	128.68
	2016	92.50	44.70	551.21	0.29	117.83
	2017	86.03	46.73	580.97	1.97	117.40
	五年增幅	2.99	4.07	224.82	0.30	—
	年均增长率（%）	0.71	1.84	10.28	3.36	—
	比上年增幅	-6.47	2.03	29.77	1.68	—
	比上年增长率（%）	-6.99	4.54	5.40	579.31	—
住宿和餐饮业（H）	2012	440.45	129.89	1898.26	28.23	626.64
	2015	887.74	249.10	5020.07	35.28	1443.43
	2016	1274.37	221.68	4813.91	12.37	1619.01
	2017	840.96	168.15	4901.28	13.48	1523.09
	五年增幅	400.51	38.26	3003.02	-14.75	—
	年均增长率（%）	13.81	5.30	20.89	-13.74	—
	比上年增幅	-433.41	-53.52	87.37	1.10	—
	比上年增长率（%）	-34.01	-24.14	1.81	8.97	—
信息传输、软件和信息技术服务业（I）	2012	232.35	169.83	3120.32	0.17	346.30
	2015	335.87	223.58	5238.96	0.37	529.43
	2016	249.98	154.91	2011.19	0.06	292.07
	2017	244.76	166.72	1874.96	0.58	248.60
	五年增幅	12.41	-3.11	-1245.36	0.41	—
	年均增长率（%）	1.05	-0.37	-9.69	27.82	—
	比上年增幅	-5.23	11.81	-136.23	0.52	—
	比上年增长率（%）	-2.09	7.62	-6.77	866.67	—
金融业（J）	2012	135.37	66.92	531.35	0.35	156.37
	2015	140.79	40.32	1772.09	0.28	280.53
	2016	571.94	64.47	16053.99	0.22	2295.06
	2017	727.56	84.56	34582.87	0.39	3947.26
	五年增幅	592.19	17.64	34051.52	0.04	—
	年均增长率（%）	39.98	4.79	130.51	2.19	—
	比上年增幅	155.61	20.09	18528.88	0.17	—
	比上年增长率（%）	27.21	31.16	115.42	78.27	—

续表

行业	年份	平均值	中位值	最大值	最小值	标准差
房地产业(K)	2012	323.97	88.12	7838.23	6.32	896.59
	2015	467.43	92.34	8518.44	5.86	1279.83
	2016	735.30	81.46	29407.56	3.05	3193.72
	2017	447.43	90.21	12034.83	6.49	1540.40
	五年增幅	123.46	2.09	4196.60	0.17	—
	年均增长率(%)	6.67	0.47	8.95	0.54	—
	比上年增幅	-287.87	8.76	-17372.73	3.44	—
	比上年增长率(%)	-39.15	10.75	-59.08	112.79	—
租赁和商务服务业(L)	2012	92.42	39.26	480.99	4.00	131.29
	2015	149.36	54.02	1671.17	3.55	319.90
	2016	141.22	86.60	1329.92	2.18	224.50
	2017	121.35	83.44	604.73	2.63	134.12
	五年增幅	28.93	44.18	123.74	-1.37	—
	年均增长率(%)	5.60	16.28	4.69	-8.04	—
	比上年增幅	-19.86	-3.16	-725.19	0.45	—
	比上年增长率(%)	-14.07	-3.65	-54.53	20.64	—
科学研究和技术服务业(M)	2012	231.02	126.89	483.28	29.71	170.83
	2015	252.88	158.04	591.91	45.66	184.01
	2016	349.85	262.88	1490.66	33.92	365.16
	2017	401.29	211.95	3588.78	27.22	636.79
	五年增幅	170.27	85.06	3105.50	-2.49	—
	年均增长率(%)	11.68	10.81	49.33	-1.74	—
	比上年增幅	51.43	-50.93	2098.11	-6.70	—
	比上年增长率(%)	14.70	-19.37	140.75	-19.75	—
水利、环境和公共设施管理业(N)	2012	150.40	116.86	447.86	9.03	124.70
	2015	380.96	154.31	5442.17	11.99	956.65
	2016	380.22	133.84	6800.76	12.84	1144.70
	2017	218.58	120.58	2161.37	17.35	339.62
	五年增幅	68.18	3.72	1713.51	8.32	—
	年均增长率(%)	7.76	0.63	37.00	13.95	—
	比上年增幅	-161.65	-13.26	-4639.38	4.51	—
	比上年增长率(%)	-42.51	-9.90	-68.22	35.13	—
教育(P)	2012	104.73	104.73	104.73	104.73	—
	2015	129.67	129.67	129.67	129.67	0.00
	2016	112.08	91.21	168.28	76.75	40.18
	2017	168.88	119.93	384.43	51.23	130.98
	五年增幅	64.15	15.20	279.70	-53.50	—
	年均增长率(%)	10.03	2.75	29.70	-13.33	—
	比上年增幅	56.80	28.73	216.14	-25.53	—
	比上年增长率(%)	50.68	31.49	128.44	-33.26	—

续表

行业	年份	平均值	中位值	最大值	最小值	标准差
卫生和社会工作(Q)	2012	193.76	118.85	420.36	42.07	199.96
	2015	136.28	84.92	305.33	69.98	98.16
	2016	161.03	85.20	406.74	39.36	132.94
	2017	1805.17	98.48	13753.16	33.07	4516.23
	五年增幅	1611.41	-20.37	13332.80	-9.00	—
	年均增长率(%)	56.26	-3.69	100.89	-4.70	—
	比上年增幅	1644.14	13.28	13346.42	-6.30	—
	比上年增长率(%)	1020.99	15.59	3281.30	-15.99	—
文化、体育和娱乐业(R)	2012	112.00	84.90	638.19	13.25	143.42
	2015	366.03	116.03	6371.48	15.22	1045.76
	2016	161.98	102.76	1488.54	8.94	236.97
	2017	144.06	117.67	533.46	11.02	110.91
	五年增幅	32.06	32.77	-104.73	-2.23	—
	年均增长率(%)	5.16	6.75	-3.52	-3.63	—
	比上年增幅	-17.92	14.92	-955.08	2.07	—
	比上年增长率(%)	-11.06	14.52	-64.16	23.27	—
综合(S)	2012	850.70	118.05	9915.94	30.66	2171.55
	2015	1051.62	121.58	13509.18	24.06	2704.85
	2016	1076.38	160.54	9117.24	26.64	2405.87
	2017	669.70	156.83	6425.03	20.58	1370.73
	五年增幅	-181.00	38.78	-3490.91	-10.08	—
	年均增长率(%)	-4.67	5.85	-8.31	-7.66	—
	比上年增幅	-406.68	-3.71	-2692.22	-6.06	—
	比上年增长率(%)	-37.78	-2.31	-29.53	-22.74	—

注：(1) 薪酬指数增幅误差源于原始数据库的四舍五入；(2) “比上年增幅”和“比上年增长率”均指2017年与2016年的比较。

从表24-8可以看出，2012～2017年，18个行业中，有17个行业的上市公司高管薪酬指数均值都是增长的，其中卫生和社会工作（Q）的高管薪酬指数均值增幅和年均增长率显著高于其他行业，如前所述，这与该行业有一家公司畸高的高管薪酬指数有关。金融业（J）的薪酬增幅和年均增长率都排名第二。只有综合（S）的上市公司高管薪酬指数均值是下降的，降幅为181分，下降4.67%。

图24-9更直观地描绘了不同行业2012～2017年上市公司高管薪酬指数均值增幅和年均增长率的变化情况，可以看出，增幅最大的三个行业分别是卫生和社会工作（Q），金融业（J），住宿和餐饮业（H）；增幅最小的三个行业分别是综合（S），交通运输、仓储和邮政业（G），信息传输、软件和信息技术服务业（I）。

与2016年相比，2017年有8个行业的上市公司高管薪酬指数均值上升，增幅最大的是卫生和社会工作（Q），达到1644.14分，增长率为1020.99%，原因已如上所述。

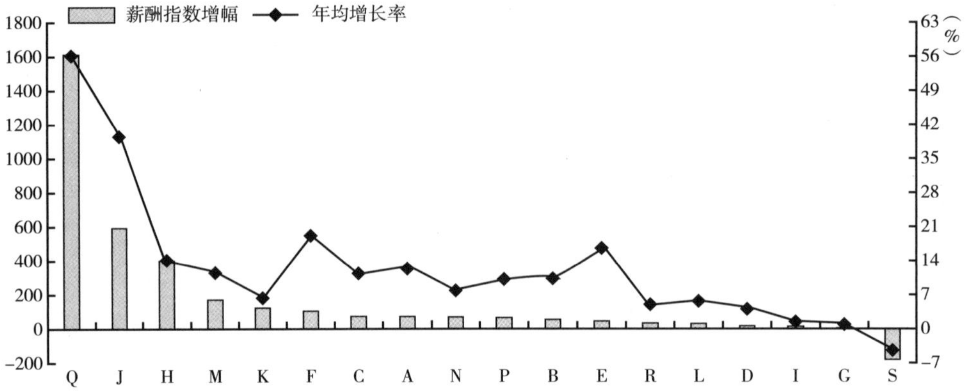

图 24－9　2012～2017 年不同行业上市公司高管薪酬指数均值和年均增长率比较

其他 10 个行业的上市公司高管薪酬均值出现下降，降幅最大的是住宿和餐饮业（H），降低 433.41 分；下降速度最大的是采矿业（B），下降 56.51%。

图 24－10 描绘了不同行业 2016 年和 2017 年上市公司高管薪酬指数均值增幅和年均增长率的变化情况，可以看出，18 个行业的高管薪酬指数增幅和年均增长率不都是一致的。增幅最大的三个行业分别是卫生和社会工作（Q），金融业（J），教育（P）；降幅最大的三个行业分别是住宿和餐饮业（H），综合（S），房地产业（K）。

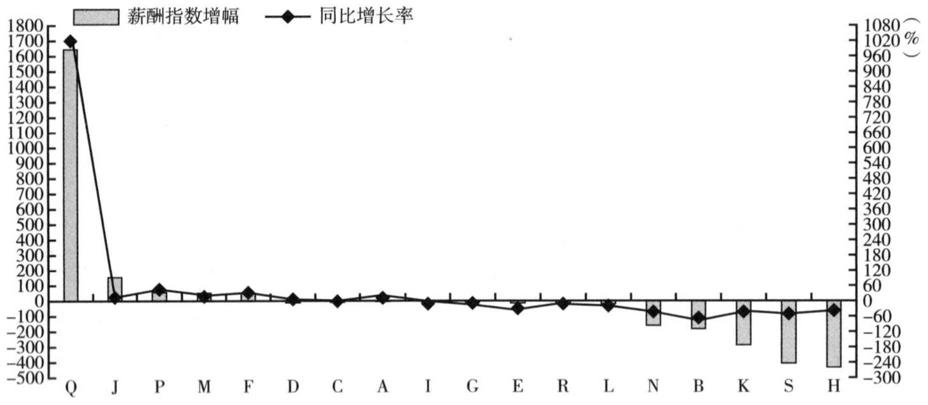

图 24－10　2016 年和 2017 年不同行业上市公司高管薪酬指数均值和同比增长率比较

24.2.4　分所有制高管薪酬指数的年度比较

不同的所有制会对上市公司高管薪酬指数产生影响。表 24－9 比较了 2012 年、2015 年、2016 年和 2017 年不同所有制上市公司高管薪酬指数的变化情况。

表 24－9　2012～2017 年不同所有制上市公司高管薪酬指数比较

所有制	年份	平均值	中位值	最大值	最小值	标准差
国有绝对控股公司	2012	40.71	19.11	459.90	0.08	58.83
	2015	57.65	27.15	871.24	0.08	87.22
	2016	60.01	25.54	1219.46	0.06	111.39
	2017	65.13	25.60	1119.47	0.11	113.32
	五年增幅	24.42	6.49	659.57	0.03	—
	年均增长率(%)	9.85	6.02	19.47	6.58	—
	比上年增幅	5.12	0.06	－99.99	0.05	—
	比上年增长率(%)	8.53	0.23	－8.20	83.33	—
国有强相对控股公司	2012	56.65	29.92	1050.79	0.35	86.49
	2015	116.18	45.51	5442.17	0.28	415.09
	2016	123.10	44.61	7641.01	0.22	505.06
	2017	113.97	48.59	10882.19	0.39	532.15
	五年增幅	57.32	18.67	9831.40	0.04	—
	年均增长率(%)	15.01	10.18	59.60	2.19	—
	比上年增幅	－9.12	3.98	3241.18	0.17	—
	比上年增长率(%)	－7.41	8.91	42.42	77.27	—
国有弱相对控股公司	2012	117.52	47.09	7838.23	1.18	476.85
	2015	225.22	61.45	13509.18	1.32	1041.49
	2016	228.05	56.68	29407.56	0.91	1669.42
	2017	145.55	64.91	3588.78	1.24	308.49
	五年增幅	28.03	17.82	－4249.45	0.06	—
	年均增长率(%)	4.37	6.63	－14.46	1.01	—
	比上年增幅	－82.50	8.23	－25818.78	0.33	—
	比上年增长率(%)	－36.18	14.51	－87.80	36.26	—
国有参股公司	2012	177.91	70.16	4069.49	0.16	410.85
	2015	237.06	105.66	7708.84	0.52	544.16
	2016	281.72	94.07	16053.99	0.29	1145.30
	2017	218.79	98.22	13753.16	1.75	634.63
	五年增幅	40.88	28.06	9683.67	1.59	—
	年均增长率(%)	4.22	6.96	27.58	61.36	—
	比上年增幅	－62.92	4.15	－2300.82	1.45	—
	比上年增长率(%)	－22.34	4.41	－14.33	503.45	—
无国有股份公司	2012	170.98	85.07	9915.94	1.39	461.96
	2015	274.23	122.04	9876.76	2.23	667.83
	2016	247.60	120.86	7127.59	1.78	538.95
	2017	284.03	125.86	34582.87	0.39	1196.75
	五年增幅	113.05	40.79	24666.93	－1.00	—
	年均增长率(%)	10.68	8.15	28.38	－22.44	—
	比上年增幅	36.43	5.00	27455.27	－1.39	—
	比上年增长率(%)	14.71	4.14	385.20	－78.09	—

注：（1）薪酬指数增幅误差源于原始数据库的四舍五入；（2）“比上年增幅”和“比上年增长率”均指 2017 年与 2016 年的比较。

由表 24－9 可知，2012～2017 年，五类所有制上市公司高管薪酬指数均值都处于增长态势。其中无国有股份公司高管薪酬指数均值增幅最高，为 113.05 分，年均增长率排名第二，为 10.68%；国有强相对控股公司年均增长率最高，为 15.01%，增幅排名第二，为 57.32 分；这两类公司高管薪酬指数均值增幅和年均增长率都超过其他三类公司。高管薪酬指数均值增幅最低的是国有绝对控股公司，为 24.42 分，年均增长率为 9.85%；年均增长率最低的是国有参股公司，为 4.22%，增幅为 40.88 分。

图 24－11 更加直观地描绘了 2012～2017 年不同所有制上市公司高管薪酬指数均值和年均增长率的变化情况。可以看出，无国有股份公司增幅显著高于其他四类公司，国有强相对控股公司年均增长率显著高于其他四类公司，国有弱相对控股公司和国有绝对控股公司增幅相差不大，国有参股公司和国有弱相对控股公司年均增长率接近。

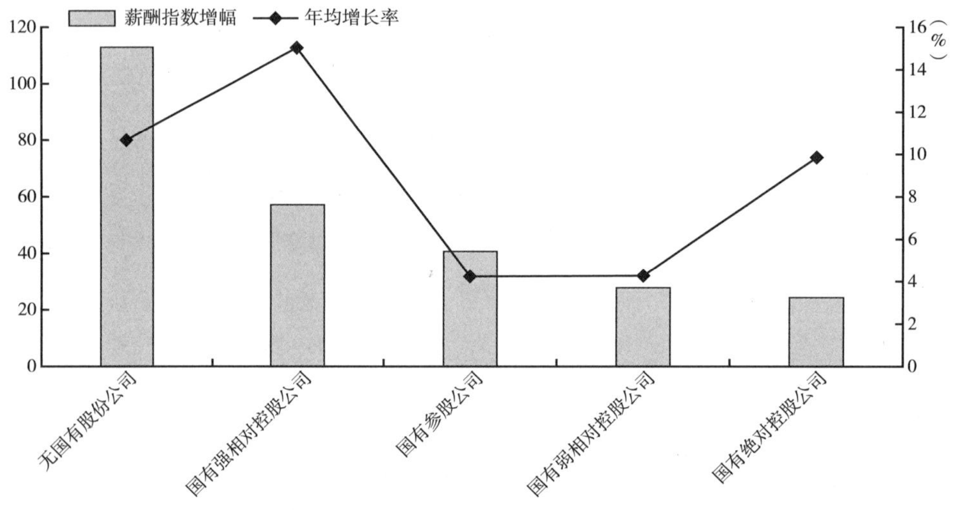

图 24－11　2012～2017 年不同所有制上市公司高管薪酬指数均值和年均增长率比较

与 2016 年相比，2017 年无国有股份公司高管薪酬指数增幅和增长率都是最高，分别为 36.43 分和 14.71%；国有绝对控股公司增幅和增长率都是排名第二，分别为 5.12 分和 8.53%；其余三类所有制上市公司高管薪酬指数均值都出现下降，降幅最大的是国有弱相对控股公司，减少 82.5 分，下降 36.18%，下降速度也是最大的。

图 24－12 描绘了 2016 年和 2017 年不同所有制上市公司高管薪酬指数均值和年均增长率的变化情况。可以看出，无国有股份公司和国有绝对控股公司高管薪酬指数均值增加，其余三类所有制上市公司高管薪酬指数均值都下降。

我们进一步将国有绝对控股公司、国有强相对控股公司和国有弱相对控股公司归类

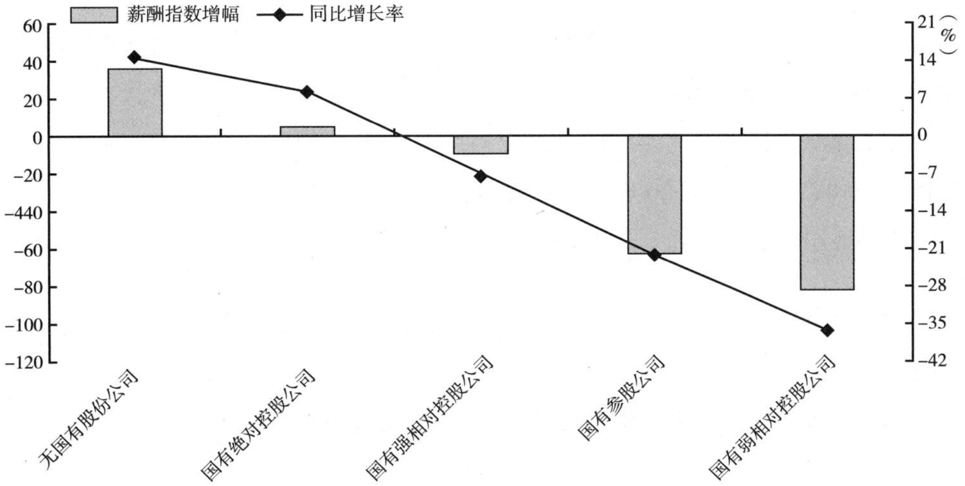

图 24－12　2016 年和 2017 年不同所有制上市公司高管薪酬指数均值和同比增长率比较

为国有控股公司，将国有参股公司和无国有股份公司归类为非国有控股公司，表 24－10 比较了 2012～2017 年国有控股公司和非国有控股公司高管薪酬的变化情况。

表 24－10　2012～2017 年国有控股和非国有控股公司高管薪酬指数比较

所有制	年份	平均值	中位值	最大值	最小值	标准差
国有控股公司	2012	71. 38	30. 50	7838. 23	0. 08	277. 23
	2015	129. 80	43. 69	13509. 18	0. 08	619. 35
	2016	142. 09	42. 76	29407. 56	0. 06	1014. 19
	2017	112. 61	46. 77	10882. 19	0. 11	395. 21
	五年增幅	41. 23	16. 27	3043. 96	0. 03	—
	年均增长率(%)	9. 55	8. 92	6. 78	658	—
	比上年增幅	－29. 48	4. 01	－18525. 37	0. 05	—
	比上年增长率(%)	－20. 75	9. 38	－63. 00	83. 33	—
非国有控股公司	2012	172. 97	80. 35	9915. 94	0. 16	447. 74
	2015	260. 46	115. 21	9876. 76	0. 52	625. 14
	2016	260. 98	110. 61	16053. 99	0. 29	831. 46
	2017	260. 78	117. 26	34582. 87	0. 39	1032. 65
	五年增幅	87. 81	36. 91	24666. 93	0. 23	—
	年均增长率(%)	8. 56	7. 85	28. 38	19. 51	—
	比上年增幅	－0. 20	6. 66	18528. 88	0. 10	—
	比上年增长率(%)	－0. 08	6. 02	115. 42	34. 48	—

注：(1) 薪酬指数增幅误差源于原始数据库的四舍五入；(2) “比上年增幅” 和 “比上年增长率” 均指 2017 年与 2016 年的比较。

从表 24－10 可以看出，2012～2017 年，非国有控股公司高管薪酬指数增幅高于国有控股公司，但年均增长率略低于国有控股公司。从平均值来看，五年中国有控股公司高管薪酬指数均值增长了 41.23 分，年均增长 9.55%；而非国有控股公司高管薪酬指数均值则增长了 87.81 分，年均增长 8.56%。与 2016 年相比，2017 年国有控股公司和非国有控股公司高管薪酬指数均值都出现下降，国有控股公司降幅大于非国有控股公司，减少 29.48 分，降低 20.75%；非国有控股公司降幅仅为 0.20 分，降低 0.08%，只是轻微减少。

24.3 不同激励区间高管薪酬的年度比较

24.3.1 激励适中区间高管薪酬的年度比较

表 24－11 列示了 2012～2017 年激励适中区间上市公司高管薪酬的变化情况。

表 24－11 2012～2017 年激励适中区间上市公司高管薪酬比较

单位：万元

年份	样本量	激励适中比例(%)	平均值	中位值	最大值	最小值	标准差
2012	1156	50.04	61.73	45.83	1458.33	3.75	7.20
2015	1316	50.00	75.00	51.88	1350.20	0.28	90.68
2016	1415	50.02	76.02	54.33	1208.89	7.47	84.90
2017	1570	50	85.57	61.48	903.77	8.51	85.79
五年增幅		—	23.84	15.65	－554.56	4.76	—
年均增长率(%)		—	6.75	6.05	－9.13	17.80	—
比上年增幅		—	9.55	7.15	－305.12	1.04	—
比上年增长率(%)		—	12.56	13.16	－25.24	13.93	—

注：(1) 薪酬增幅误差源于原始数据库的四舍五入；(2) 本表中激励适中比例是指激励适中公司数与全部样本公司数的比例；(3)“比上年增幅”和“比上年增长率”均指 2017 年与 2016 年的比较。

从表 24－11 可以看出，2012～2017 年，在激励适中区间，上市公司高管薪酬均值增加 23.84 万元，年均增长率为 6.75%。与 2016 年相比，2017 年处于激励适中区间的高管薪酬均值增加 9.55 万元，上升 12.56%。

24.3.2 激励过度区间高管薪酬的年度比较

表 24－12 列示了 2012～2017 年度处于激励过度区间上市公司高管薪酬的总体变化情况。

表 24－12　2012～2017 年激励过度区间上市公司高管薪酬比较

单位：万元

年份	数目	激励过度比例(%)	平均值	中位值	最大值	最小值	标准差
2012	577	24.98	62.98	47.26	569.40	4.06	57.16
2015	658	25.00	99.65	58.83	3462.22	2.85	174.18
2016	707	24.99	100.78	62.69	2591.61	4.00	151.70
2017	785	25	92.52	63.12	2062.00	5.60	111.96
五年增幅		—	29.54	15.86	1492.60	1.54	—
年均增长率(%)		—	8.00	5.96	29.35	6.64	—
比上年增幅		—	－8.26	0.43	－529.62	1.60	—
比上年增长率(%)		—	－8.20	0.69	－20.44	40.00	—

注：(1) 薪酬增幅误差源于原始数据库的四舍五入；(2) 本表中激励过度比例是指激励过度公司数与全部样本公司数的比例；(3)“比上年增幅”和“比上年增长率”均指 2017 年与 2016 年的比较。

从表 24－12 可以看出，2012～2017 年，在激励过度区间，上市公司高管薪酬均值增加 29.54 万元，年均增长率为 8.00%。与 2016 年相比，2017 年处于激励过度区间的上市公司高管薪酬均值减少 8.26 万元，下降 8.20%。

24.3.3　激励不足区间高管薪酬的年度比较

表 24－13 列示了 2012～2017 年激励不足区间上市公司高管薪酬的变化情况。

表 24－13　2012～2017 年激励不足区间上市公司高管薪酬比较

单位：万元

年份	样本量	激励不足比例(%)	平均值	中位值	最大值	最小值	标准差
2012	577	24.98	67.99	48.70	606.52	3.40	71.37
2015	658	25.00	76.74	55.71	1060.12	4.55	97.50
2016	707	24.99	81.59	56.60	1097.75	4.10	98.21
2017	785	25.00	90.69	61.99	1302.51	9.52	105.76
五年增幅		—	22.70	13.29	695.99	6.12	—
年均增长率(%)		—	5.93	4.94	16.52	22.87	—
比上年增幅		—	9.11	5.39	204.76	5.42	—
比上年增长率(%)		—	11.16	9.52	18.65	132.20	—

注：(1) 薪酬增幅误差源于原始数据库的四舍五入；(2) 本表中激励不足比例是指激励不足公司数与全部样本公司数的比例；(3)“比上年增幅”和“比上年增长率”均指 2017 年与 2016 年的比较。

从表 24－13 可以看出，2012～2017 年，激励不足区间的上市公司高管薪酬均值增加了 22.70 万元，年均增长 5.93%。与 2016 年相比，2017 年激励不足区间上市公司高管薪酬均值增加 9.11 万元，上升 11.16%。

24.4 本章小结

本章从总体、地区、行业、所有制四个角度，比较了 2012～2017 年中国上市公司高管薪酬及指数的变化情况，主要结论如下。

（1）从高管薪酬总体来看，2012～2017 年，中国上市公司薪酬最高的前三位高管的平均薪酬年均增长率为 6.85%；相比 2016 年，2017 年上市公司高管薪酬小幅增加，上升 5.97%，结合高管薪酬指数均值小幅下降，说明高管薪酬的小幅上升并没有带来对应的绩效增长。从地区看，2012～2017 年，四个地区上市公司高管薪酬均值都呈现上涨趋势，而且三个地区增长幅度超过了 20 万元；相比 2016 年，2017 年四个地区上市公司高管薪酬均值都上升。从行业看，2012～2017 年，有 17 个行业上市公司高管薪酬均值都有增长，只有 1 个行业下降；相比 2016 年，2017 年各行业上市公司高管薪酬均值有增有降，15 个行业上升，3 个行业下降。从所有制看，2012～2017 年，非国有控股公司高管薪酬均值不论是增幅还是年均增长率都显著高于国有控股公司；相比 2016 年，2017 年国有控股公司和非国有控股公司高管薪酬均值都出现增长，国有控股公司增幅和增长率都大于非国有控股公司。

（2）从高管薪酬指数总体来看，2012～2017 年，中国上市公司薪酬最高的前三位高管的薪酬指数均值年均增长率为 10.10%；相比 2016 年，2017 年上市公司高管薪酬指数均值降低 3.12%。从地区看，2012～2017 年，四个地区上市公司高管薪酬指数均值都呈现上涨趋势，而且三个地区年均增长率都超过了 9%；相比 2016 年，2017 年中部和东部地区上市公司高管薪酬指数均值上升，而西部和东北地区上市公司高管薪酬指数均值下降。从行业看，2012～2017 年，有 17 个行业的上市公司高管薪酬指数均值都有增长，只有 1 个行业下降；相比 2016 年，2017 年有 8 个行业的上市公司高管薪酬指数均值上升，10 个行业下降。从所有制看，2012～2017 年，非国有控股公司高管薪酬指数均值增幅高于国有控股公司，但年均增长率略低于国有控股公司；相比 2016 年，2017 年国有控股公司和非国有控股公司高管薪酬指数均值都出现下降，国有控股公司降幅和降低速度都大于非国有控股公司。

（3）2012～2017 年，在激励适中区间，上市公司高管薪酬均值年均增长 6.75%；相比 2016 年，2017 年上市公司高管薪酬均值增加 12.56%。在激励过度区间，上市公司高管薪酬均值年均增长 8.00%；相比 2016 年，2017 年上市公司高管薪酬均值下降 8.20%。在激励不足区间，上市公司高管薪酬均值年均增长 5.93%；相比 2016 年，2017 年上市公司高管薪酬均值增长 11.16%。

第八篇　政策建议

第 25 章　完善公司治理的政策建议：去形式化

“去形式化”并不是不要形式，而是防止形式“化”，要做到“形”“实”兼备，“实”重于“形”。本报告六类公司治理评价表明，中国上市公司治理改革和发展仍在路上，其中“形式化”非常严重。近年来，一些公司治理的严重事件不断向我们发出警示：中兴通讯被美国制裁，合规委员会设置了，但做了什么？长生生物疫苗造假，各种治理机构都有，但谁来代表利益相关者？怎么会出现严重侵害公众利益的社会责任缺失问题？赵薇“空手套白狼”，“顶格”的惩罚为什么不能防止类似事件频发？另外，政府积极推动的国企混改难见突破性成效，中小投资者为什么缺少积极性参与国企混改？凡此种种，我们不能不反思，中国的公司治理应向何处走？如何走？

25.1　中国公司治理的成效

表 25－1 汇总了前面各章统计分析的六类公司治理指数，由此充分反映了中国上市公司治理现状。

表 25－1　中国上市公司治理分类指数

	年度	总体指数	国有控股公司	非国有控股公司
中小投资者权益保护指数	2014	43.07	43.79	42.59
	2015	45.66	44.91	46.12
	2016	47.65	47.59	47.68
	2017	52.40	52.20	52.50
董事会治理指数	2012	51.82	52.32	51.46
	2014	50.18	50.62	49.87
	2015	50.13	49.93	50.26
	2016	50.73	50.12	51.07
	2017	51.41	50.99	51.62

续表

	年度	总体指数	国有控股公司	非国有控股公司
企业家能力指数	2011	35.71	34.85	36.45
	2013	34.81	34.43	35.05
	2015	34.06	33.23	34.58
	2016	30.69	30.29	30.92
	2017	29.78	29.80	29.77
财务治理指数	2010	53.55	54.70	52.50
	2012	57.61	59.33	56.38
	2014	52.79	54.10	51.91
	2015	53.12	54.18	52.45
	2016	53.52	53.19	53.71
	2017	53.67	53.43	53.79
自愿性信息披露指数	2013	41.70	41.21	42.01
	2015	41.03	38.62	42.53
	2016	50.25	48.65	51.16
	2017	49.55	50.21	49.22
高管薪酬指数	2012	130.49	71.38	172.97
	2015	210.07	129.80	260.46
	2016	217.95	142.09	260.98
	2017	211.14	112.61	260.78

注：表中六类指数中，中小投资者权益保护指数、董事会治理指数、企业家能力指数、财务治理指数和自愿性信息披露指数这五类指数采取百分制，分值越高，说明水平越高。而高管薪酬指数不是百分制，它反映高管的薪酬与其贡献的吻合度，越接近100分，吻合度越高。高管薪酬指数越高，反映薪酬激励越是过度；高管薪酬指数越低，反映高管薪酬激励越不足。

资料来源：北京师范大学公司治理与企业发展研究中心“中国公司治理分类指数数据库”。

由表25－1可见，在中国上市公司中，中小投资者权益保护指数在2017年达到2014年以来最高值，但仍然只有52.40分；董事会治理指数在2017年为51.41分，尽管比2016年上升，但仍低于2012年的最高值；企业家能力指数自2011年连续下降，2017年只有29.78分；财务治理指数自2014年以来连续上升，但2017年也只有53.67分，而且低于2012年的最高值；自愿性信息披露指数2017年只有49.55分，尽管高于2013年和2015年，但比2016年则是下降的；高管薪酬指数2017年尽管高于2012年和2015年，但比2016年出现下降，意味着激励力度下降，尤其是国有控股公司激励力度远低于非国有控股公司。总体来看，中国上市公司治理在进步，但进步不大。

25.2 要强化中小投资者决策与监督权

在中小投资者权益保护中，决策与监督权是核心，也是最重要的法定权利。知情权虽然是前提，但没有决策与监督权，知情权就成为无本之木；收益权虽然更直接，但没有决策与监督权，收益权就难以实现。作为法定权利，在纸面上落实是很容易的，但在实践中，有没有落到实处的机制安排，则直接关系到决策与监督权对中小投资者的实质性意义。

2017 年，中国上市公司中小投资者决策与监督权分项指数为 44.28 分，其中国有控股公司为 44.89 分，非国有控股公司为 43.98 分，处于非常低下的水平。以中小投资者倡议召集临时股东大会，提案，累积投票，诉讼及赔偿[①]，以及单独计票等五项决策与监督权为例，表 25－2 反映了这五项基本权利的实际状况。可以看到，2017 年，有中小股东提请召集临时股东大会的公司比例仅为 0.16%，近 4 年从未超过 1%；有中小股东提案的公司比例仅为 1.68%，尽管比前 3 年有较大幅度提升，但仍然极低；有中小股东累积投票的公司比例仅为 26.68%，尽管为近 4 年最高，但仍极不理想；有中小股东诉讼的公司比例仅为 2.03%，为近 4 年最低。需要注意的是，股东诉讼比例很低，并不意味着股东权利就得到了保护，而是因为保护中小股东的法律缺失，以及维权成本极高所致。这组数据，反映出中国中小股东保护的制度机制还很不健全，其决策与监督权在很大程度上仍是美但不真实的“水中月”，大股东或创始人的强势地位使得股东之间的相互制衡几近于无。

表 25－2　中国上市公司中小股东主要决策与监督权

单位：%

	年度	总体比例	国有控股公司	非国有控股公司
有中小股东提请召集临时股东大会的公司比例	2014	0.40	0.50	0.33
	2015	0.26	0.29	0.25
	2016	0.14	0.19	0.11
	2017	0.16	0.38	0.05
有中小股东提案的公司比例	2014	0.36	0.40	0.33
	2015	0.08	0.00	0.12
	2016	0.42	0.19	0.55
	2017	1.68	1.04	2.01
有中小股东累积投票的公司比例	2014	20.13	20.44	19.92
	2015	7.53	8.70	6.80
	2016	26.27	28.18	25.18
	2017	26.68	31.59	24.51

① 中小投资者诉讼及赔偿在本报告的中小投资者权益保护指数指标体系中，放在了“维权环境”维度。放在“维权环境”维度是没有问题的，因为它属于权益受到侵害后的救济措施。但如果不考虑维度的话，它也是中小投资者的一项基本决策与监督权利。

续表

	年度	总体比例	国有控股公司	非国有控股公司
有中小股东诉讼的公司比例	2014	4. 02	5. 06	3. 32
	2015	5. 35	6. 35	4. 72
	2016	2. 04	1. 94	2. 10
	2017	2. 03	2. 09	2. 01
中小股东单独计票的公司比例	2014	32. 10	28. 37	34. 66
	2015	60. 19	60. 51	59. 99
	2016	33. 24	35. 28	32. 08
	2017	88. 69	85. 29	90. 40

资料来源：北京师范大学公司治理与企业发展研究中心“中国公司治理分类指数数据库”之“中小投资者权益保护指数数据库（2013/2015/2016/2017/2018）”。

以累积投票为例。累积投票是保证中小投资者代表进入董事会，保证他们参与公司决策与监督，实现股权制衡的重要机制。中国上市公司中普遍存在着“一股独大”问题，由于股东权益平等的法规很不到位，使得大股东侵害民资中小股东的现象屡见不鲜，这导致中小股东不仅难以参与决策，也缺少对董事会监督的动力，更难以通过董事会对经营者进行约束，因为他们基本没有可能进入作为决策和监督机构的董事会。

再比如单独计票，从上市公司年报公布的数据看，近 4 年中，进行中小股东单独计票的公司比例忽高忽低，波动很大，2017 年是近 4 年最高，达到 88. 69%，看起来很不错。但是，查阅公司年报，却发现一个问题，这种单独计票在很大程度上仅仅是一个统计数字，几乎没有公司提到这种单独计票是一项决策出台的必备条件，也就是说，它基本上是一种形式，在决策时基本上不予考虑，更不会纳入决策程序。

2018 年 8 月，国务院国资委部署“双百行动”，即在 2018 ~ 2020 年期间选取百家中央企业子企业和百家地方国有骨干企业，深入推进改革。而推进股权多元化和混改被认为是国企完善现代企业制度的主要途径。国企混改的本质就是吸收更多的非国有资本进入，由于大部分国企混改不愿意放弃原大股东的控股地位，这意味着非国有资本即使参与国企混改，也只能是中小股东。累积投票的比例过低，单独计票停留在形式上，还有其他决策与监督权的不到位，这些对于试图进入国企参与混合所有制改革的非国有资本来说，无疑是非常负面的信号，因为这意味着实现混改企业中各类股东的平等还只是停留在口头上或纸质文件中，而没有真正落到实处。如果没有有效的中小投资者权益保护制度，尤其是没有有效的中小投资者决策与监督权，则“双百行动”的效果可能会大打折扣。

25.3　要健全董事会结构并使其发挥实质性作用

董事会是公司治理的核心，董事会治理的完善将直接推动整个公司治理水平的提升，但中国上市公司董事会治理既不健全，形式化现象也非常严重。

本报告把董事会治理指数分为四个维度（分项），其中董事会结构和独立董事独立性两个分项指数主要反映董事会形式上的治理，即主要反映董事会结构的健全程度；而董事会行为和董事激励与约束两个分项指数主要反映董事会实质上的治理，即主要反映董事会治理机制的健全程度。我们比较分析了公司绩效存在显著差异的ST公司和非ST公司的董事会治理四个分项指数（参见表25－3），结果发现，ST公司在董事会结构和独立董事独立性两个分项指数上的表现不差于或接近于非ST公司，甚至好于非ST公司，而在董事会行为和董事激励与约束两个分项指数上，ST公司则明显低于非ST公司，这充分反映出当前中国上市公司董事会形式治理与实质治理的反差，即结构健全不等于机制健全，但结构健全了，并不等于公司治理就自动有效了。

表25－3　中国上市公司中ST公司与非ST公司董事会治理分项指数比较

	年度	总体指数	ST公司	非ST公司
董事会结构	2012	49.70	49.95	49.68
	2014	49.06	48.42	49.07
	2015	40.28	41.31	40.26
	2016	40.50	40.33	40.51
	2017	37.86	38.22	37.85
独立董事独立性	2012	58.81	60.65	58.72
	2014	57.10	62.08	57.01
	2015	60.57	61.34	60.56
	2016	59.38	60.52	59.35
	2017	60.72	62.19	60.69
董事会行为	2012	47.43	39.04	47.83
	2014	42.66	39.79	42.71
	2015	48.61	43.97	48.68
	2016	51.09	44.34	51.27
	2017	54.87	46.43	55.09
董事激励与约束	2012	51.35	44.70	51.68
	2014	51.87	46.84	51.96
	2015	51.08	44.18	51.19
	2016	51.93	40.45	52.19
	2017	52.19	43.75	52.41

资料来源：北京师范大学公司治理与企业发展研究中心“中国公司治理分类指数数据库”之“董事会治理指数数据库（2013/2015/2016/2017/2018）”。

其实，中国上市公司董事会结构本身也是极不健全的。尽管董事会治理需要高度重视其实质性治理，而不能满足于形式上是否建立健全了董事会结构，但如果没有健全的董事会结构，也就谈不上董事会实质性治理。我们经常在各种官方报道上看到诸如“健全了公司治理结构”这样的陈述，但只不过从“外表”上看到公司建立了股东大会、董事会、监事会、经理层等治理机关，但如果深入其“内部”，则治理结构远不像官方报道的那样健全。以董事会结构为例，从表 25－4 可以看到，董事会结构分项指数自 2012 年以来基本呈下降态势，只是 2016 年出现极小幅回升，2017 年仅为 37. 86 分，为 4 年中最低。

以合规委员会为例。随着全球化的发展，各国尤其是市场经济发达国家都在董事会下设立了合规委员会，以保证公司运行符合法律法规。但中国上市公司在董事会下设合规委员会的公司仅为 0. 25%。有的公司把合规委员会设在了经理层，尽管设在经理层也比没有设立要好，但却无法保证合规建议能够上达到作为战略决策机构的董事会。例如中兴通讯，该公司就把合规委员会设在了经理层。更不可思议的是，据有关报道，该委员会竟有过“如何规避规则”的建议。如此看来，中兴通讯遭受美国制裁就有点“咎由自取”的味道了，因为其合规委员会的行为本身就出现了“不合规”。

再以三个最为重要的专门委员会即审计委员会、薪酬委员会和提名委员会为例，参见表 25－4。在董事会下设审计委员会已成各国上市公司惯例，而且要求全部由独立董事组成（包括委员会主席），目的是保证公司审计的中立性和真实性，避免造假和欺诈。但在中国上市公司中，2017 年设立审计委员会的公司为 91. 20%，还没有实现全部设立。在设立审计委员会的公司中，全部由独立董事组成和由独立董事担任主席的公司仅占 1. 73%。在董事会下设薪酬委员会也是国际惯例，要求其成员中的独立董事不低于一半，目的是保证该委员会对高管业绩评估的客观性，并根据其客观评估来决定高管薪酬。但在中国上市公司中，2017 年在董事会中设立薪酬委员会的公司尽管达到了 93. 17%，但其中独立董事人数达到一半的公司仅占 15. 55%。在董事会下设提名委员会同样也是国际惯例，与薪酬委员会一样，也要求独立董事不低于一半，目的是保证其提名高管和董事的客观性和严肃性。但在中国上市公司中，2017 年在董事会中设立提名委员会的公司占比为 81. 38%，其中独立董事达到一半的公司占比仅为 15. 85%。很显然，在中国上市公司中，在董事会中设立这三个委员会的比例已经比较高（尽管还没有实现全覆盖），但独立董事的占比却远未达到国际通行的标准。如此低的比例，很难保证这三个委员会的中立性、客观性和严肃性。

表 25-4 三个关键委员会的设立情况

单位：%

	年度	设立委员会的公司比例			委员会全部由独董构成的公司比例		
		总体	国有控股公司	非国有控股公司	总体	国有控股公司	非国有控股公司
审计委员会	2015	94.92	92.18	96.63	1.39	2.44	0.76
	2016	90.99	86.98	93.26	1.70	3.69	0.65
	2017	91.20	88.24	92.69	1.73	3.61	0.48
		设立委员会的公司比例			委员会中独董超过50%的公司比例		
薪酬委员会	2015	94.31	91.40	96.14	14.62	15.94	13.83
	2016	91.30	88.14	93.10	14.81	17.64	13.29
	2017	93.17	91.65	93.93	15.55	19.57	13.58
提名委员会	2015	84.11	77.22	88.42	14.46	16.58	13.31
	2016	78.13	69.78	82.88	15.14	18.94	13.32
	2017	81.38	74.67	84.76	15.85	20.97	13.59

资料来源：北京师范大学公司治理与企业发展研究中心“中国公司治理分类指数数据库”之“董事会治理指数数据库（2016/2017/2018）”。

此外，应该引起注意的是，上述三个委员会的构成和作用的缺陷与目前独立董事制度有很大关系。一是独立董事占比1/3的规定难以支撑三个关键委员会独立性对独立董事人数的要求。二是透明的、以诚信为本的经理人市场尚未建立，这不仅使独立董事来源受到很大限制，只能主要来源于非经理人市场的高校、科研机构和退休的公务员，经理人市场的信号传导和声誉机制对他们无从发挥作用；而且，由于这些独立董事缺乏实际管理经验，也导致他们对企业战略决策和对经理层的监督难以具有针对性和提出切实可行的建议，大部分独立董事的行事风格是“听话”。

进一步再从董事会行为以及董事激励与约束两个维度看看董事会是如何具体行事的。我们仅以其中的8个指标为例进行分析（参见表25-5）。

表 25-5 董事会行为以及激励与约束部分指标

单位：%

指标	2014 年	2015 年	2016 年	2017 年
内部董事与外部董事之间有明确的沟通制度	0.72	0.87	0.88	4.19
董事会详细说明投资者关系建设情况	39.14	40.38	42.32	57.29
董事会提交的决议事项或草案被股东大会撤销或者否决的情况	1.35	0.34	0.42	0.64
董事会有明确的高管考评和激励制度	34.33	40.83	43.73	51.16
建立了董事会备忘录	4.46	3.09	3.24	4.32
董事会有明确的董事考核或薪酬制度	29.04	27.5	28.45	29.23
董事会公布董事考评/考核结果	1.51	0.98	0.7	0.25
董事会有与董事行为准则相关的规章制度	0.6	0.6	0.63	0.41

资料来源：北京师范大学公司治理与企业发展研究中心“中国公司治理分类指数数据库”之“董事会治理指数数据库（2015/2016/2017/2018）”。

由表 25 - 5 可知，列举的 8 个指标都极不理想。2017 年，董事会对投资者关系建设有详细说明的公司，以及有明确的高管考评和激励制度的公司都刚刚超过一半；董事会有明确的董事考评和薪酬制度的公司还没有超过 30%；在内部董事与外部董事之间建立了明确的沟通制度，以及建立了董事会备忘录的公司都刚刚超过 4%；而其他三个指标都未超过 1%。特别需要指出的是，“董事会提交的决议事项或草案被股东大会撤销或者否决”的公司比例很低，根据我们的调研，这并不意味着董事会提交的决议事项或草案都是非常科学的或得到充分论证的，而是在很大程度上股东大会不过是董事会的“橡皮图章”而已。

总之，董事会结构很重要，它是基础，必须要健全和完善，但更重要的是要使这些结构发挥有效作用，要在董事会“行事”上下功夫，才能避免形式主义。

25.4 要监督和激励企业践行社会责任

在本报告的企业家能力指数中，有企业家人力资本、关系网络能力、社会责任能力和战略领导能力四个维度，其中社会责任能力分项指数均值（60.34 分）最高，为什么这里还特别强调企业的社会责任呢？主要原因在于：社会责任关系到企业的可持续发展，是提升企业家战略领导能力的前提。对于企业社会责任，不能仅仅关注企业贡献了多少税收，有多少营业收入和利润，而更应该关注企业的行为是否对利益相关者造成损害。

另外，本报告的财务治理指数的第一个维度“财权配置”和自愿性信息披露指数的第三个维度“利益相关者”反映的也是社会责任问题，但与企业家能力指数中的“社会责任”不同。企业家能力指数中的“社会责任”维度评价的是企业家对利益相关者的贡献或回报；财务治理指数中的“财权配置”维度评价的是主要利益相关者是否有适当的财务决策权，是否能够行使好自己的财务决策权；自愿性信息披露指数中“利益相关者”维度评价的是对利益相关者的信息披露。如果综合三类指数的情况，可以发现，企业的社会责任履行并不理想，尤其是财务治理指数中的财权配置分项指数非常低，2017 年均值仅为 42.42 分，而且 2014 ~ 2016 年也都是 41 分略高一点的水平。因此，强调企业社会责任仍是非常必要。

党的十八届四中全会在通过的《中共中央关于全面推进依法治国若干重大问题的决定》中，特别指出要加强企业社会责任立法；《中共中央、国务院关于深化国有企业改革的指导意见》也指出，国有企业要成为自觉履行社会责任的表率，首次将国有企业社会责任提升到改革的高度。由此可以看出企业履行社会责任的重要性和现实紧迫性。

根据现代公司治理理论，企业有着众多的利益相关者，包括投资者、高管、员工、债权人、供应商、客户、社区居民等，他们均为企业发展做出了重要贡献，因此，企业有责任有义务维护利益相关者的利益，保证他们的利益不被损害。从投资者角度，企业赚了钱就应该分红，这是鼓励投资者理性投资、减少资本市场非正常波动的重要方面；从高管角度，高管薪酬应与其业绩相吻合，这是激发高管创新的动力基础；从员工角度，企业应保证员工收入随着企业利润的增长而增长，而且要关心员工的身心健康，这是员工持续贡献其专用性资产的保证；从债权人角度，企业应按期还本付息，从供应商角度，企业应保证应付款的及时和足额到位，这两者是企业诚信的重要体现；从客户角度，企业应保证产品的质量和安全，这是企业持续稳定发展的基本条件；从社会公众角度，企业要尽其所能为社会做出贡献，如依法交税、捐赠慈善事业、保护环境等。

从广义角度，上面谈到的企业对利益相关者的回报，都可以视为企业社会责任，但可以分为两种情况：一是义务性质的社会责任，如严禁破坏生态环境，提供高质量的、安全的产品和服务等；二是非义务性质的社会责任，如赈灾捐款捐物、资助教育事业等。前者是强制性的，是必须要监督落实的；后者是自愿性的（也可以称之为狭义的社会责任），是要激励企业去践行的。

对于义务性的社会责任，国有企业和民营企业不存在区别，因为这是法律义务，不因企业性质而异；对于非义务性的社会责任，对商业类国有企业和民营企业，政府不能强行附加给企业，应由企业自主决定，如有必要强制安排，政府必须给予足额补偿，当然这种补偿不一定是现金，也可以是其他方式，如特许经营权等。

企业承担社会责任是一种成本支出，那么这是否意味着社会责任与企业发展存在冲突？并不尽然。从长期看，企业发展与社会责任是一致的，但短期看，则可能出现不一致。如果企业发展是建立在损害社会公众和员工利益基础上，如环境污染、员工工作环境无安全保障设施等，尽管企业利润提升了，但这种提升难以维持长久，并不利于企业的持续健康发展。因此，企业应立足于企业的长期可持续发展，实现企业发展与社会责任的统一。

对于义务性的社会责任，要加强立法，还要曝光，建立黑名单，违反者要处罚，而且处罚力度要足够大，即法律要具有威慑力，包括民事处罚、刑事处罚和行政处罚，三种处罚要并行。同时，要赋予公众更多的监督权，要通过完整和及时的信息披露，加强和鼓励公众监督，比如企业生产的产品是否是高质量的和安全的，应有顾客满意度的数据，如有顾客投诉，要及时反馈和核实。而且，政府要把公众监督的结果及时反映到惩罚成本上。通过法律和公众监督，使企业背离强制性社会责任义务的收益远小于成本，从而促使其依法履行社会责任。

对于非义务性的社会责任，要鼓励，要宣传，但不适宜立法给予强制，因为它属于道德范畴。其实，对于非义务性的社会责任，企业通常都会自我宣传。比如，企业进行了慈善捐款，通过宣传会产生广告效应，能够向大众传递企业拥有较强竞争力的信息，从而会得到更多的供应商和客户的信赖。无疑，承担非义务性的社会责任，尽管付出了成本，但通过广告效应，是能够带来更多利润的。对这种非义务性社会责任，政府也可以在宣传上发挥助推作用，要树立典型，使企业不仅自愿承担非义务性社会责任，而且愿意承担更多的非义务性社会责任。

需要注意的是，对于非义务性的社会责任，企业在做出决策时，也必须依法依规，不能想当然地由某个人或某个出资人单方面决定。通常，对于公司制企业，非义务性社会责任达到一定额度，必须经由董事会讨论决定；再达到更高额度则必须由股东大会决定（适合于设立股东大会的股份公司和有限责任公司）。具体额度限制的设定由公司章程来规定，而公司章程也必须由股东大会来决定。

针对国有企业，对于公益类国有企业，社会责任都是义务性的，既然是义务，就必须依法履行；对于商业类国有企业，不能以“国有企业要成为自觉履行社会责任的表率”为名，让国有企业承担超过其自愿承担的更多的非义务性社会责任，承担与否，承担多少，都必须经由董事会或股东大会来决策，不能为了“作表率”而不顾程序和法律规则。

25.5 长生生物案例分析

2018 年 7 月，长生生物疫苗造假被揭露，舆论哗然，公众愤怒不已，公司面临退市的极大风险，企业可持续发展可能就此止步。即使不退市，也很可能面临重组。

长生生物疫苗造假事件反映了企业社会责任的严重缺失。在本报告中，社会责任主要体现在企业家能力和财务治理两类指数中，最终则体现为中小投资者的严重损失，具体参见表 25 -6。

由表 25 -6 可见，长生生物企业家能力指数仅为 10.89 分，在 3147 家上市公司中排在倒数第 8 位，其社会责任能力分项指数则为 0 分；财务治理指数为 44.30 分，在 3147 家上市公司中排在倒数第 309 位；中小投资者权益保护指数为 30.87 分，在 3147 家上市公司排在倒数第 23 位。显然，不论是指数值还是位次，长生生物都是极其落后的。

长生生物的疫苗产品对数以万计的消费者造成严重伤害，甚至是致命伤害，很可能引起以下四种结果。

表 25－6　2017 年 ST 长生四类公司治理指数及分项指数

中小投资者权益保护指数	总体指数排序	总体指数	知情权	决策与监督权	收益权	维权环境
	3125	30.87	58.41	39.55	14.43	11.11
董事会治理指数	总体指数排序	总体指数	董事会结构	独立董事独立性	董事会行为	董事激励与约束
	2575	45.74	19.07	65.00	65.55	33.33
企业家能力指数	总体指数排序	总体指数	人力资本	关系网络能力	社会责任能力	战略领导能力
	3140	10.89	35.71	0.00	0.00	9.15
财务治理指数	总体指数排序	总体指数	财权配置	财务控制	财务监督	财务激励
	2839	44.30	42.78	46.33	62.50	25.59

资料来源：北京师范大学公司治理与企业发展研究中心“中国公司治理分类指数数据库”。

一是消费者的索赔。不过由于消费者的分散性和取证的困难，以及法律的惩治力度不大，最终的索赔额可能不大。

二是股价崩盘。疫苗事件发生后，该公司股价急剧下跌，如果不是停牌，可能会连续出现跌停。可以说，投资者对该公司的预期已经极不稳定，甚至是悲观。如果缺乏有效的手段重树投资者信心，则最终会走向崩盘。

三是投资者的索赔。投资者的巨额索赔是可预期的，因为该事件已经造成投资者重大损失，而且这种损失还可能进一步扩大。一旦股价崩盘，则损失极大。因此，投资者向公司提出巨额索赔几乎是肯定的。

四是监管机构的重罚。监管机构的处罚也是可预期的，因为该公司对消费者的伤害已经坐实。不仅如此，公司还涉及信息披露违规，即隐匿信息、发布不真实信息、信息披露不及时等，这些从中小投资者知情权分项指数便可看出，该分项指数仅为 58.41 分，在 3147 家上市公司排在倒数第 722 位。由此导致监管机构的处罚不仅是罚款，还很可能有严厉的行政和刑事处罚。

另外，长生生物的董事会治理问题也非常突出。从表 25－6 可以看到，该公司董事会治理指数为 45.74 分，在 3147 家上市公司中排在倒数第 573 位，其中董事会结构分项指数仅为 19.07 分，在 3147 家上市公司中排在倒数第 69 位，导致的一个严重结果就是董事缺乏约束，其董事激励与约束分项指数仅为 33.33 分，在 3147 家上市公司中排在倒数第 157 位。

自 2016 年 2 月以来，长生生物董事长高俊芳不但是董事长，也是总经理，还是财务总监，这是极不合乎公司治理规范的，是董事会结构缺失和董事长缺乏约束的重要原因。一人兼三职使得董事会、经理层和财务总监丧失了独立性。从规范的公司治理角度，董事会是代表全体股东的。从现代公司治理角度，董事会还代表其他利益相关者，包括消费者、供应商、客户、员工等。董事长只是董事会和股东大会的召集人，董事会要代表股东和其他利益相关者做出战略决策，并对经理层进行监督。为保证战略决策的科学性和监督的有效性，董事会必须具有独立性。经理层在遵纪守法合规和服从董事会战略决策的前提下，也必须保持独立性，独立既是为了明晰责任，也是为了发挥经理层的最大潜能。财务总监也要保持独立性，其目的是为了防止财务造假，向投资者和公众提供真实、及时、全面的财务信息，正因如此，在发达国家，财务总监一般是向董事会的审计委员会负责，而不是向总经理负责的。

长生生物的内部控制体系也极不严谨。内部控制体系包括不同利益相关者之间合理的财权配置、严格的财务控制和监督等内容，而内控体系的实现取决于公司治理机关的合理搭配、相互制约，以及彼此制衡。在长生生物公司，不同公司治理机关交叉严重，高度重合，内控根本无从谈起，因为权力都掌握在一人或一个家族手中，都听命于一人或一家，怎么能够实现彼此制衡呢！在缺乏制衡的情况下，大股东通过侵害中小股东和其他利益相关者的利益而中饱私囊属于大概率事件。由表 25－6 可知，在长生生物的财务治理指数中，财权配置分项指数为 42. 78 分，财务控制分项指数为 46. 33 分，财务监督分项指数为 62. 50 分，三个分项指数在 3147 家上市公司中分别排在第 1645 位、倒数第 90 位和倒数第 373 位，后两者排名非常靠后。

另外，独立董事作为董事会的重要成员，对董事会独立、科学决策和有效监督、真正代表投资者和其他利益相关者的利益，具有重要作用。然而，遗憾的是，中国企业的独立董事大都听命于大股东或董事长，很少有独立的意志。从现有信息看，独立董事并没有事先对长生生物公司的违规违法行为提出独立意见和预警。因此，从法律上说，独立董事对长生生物疫苗事件具有不可推卸的责任。他们的不独立并不构成可以推卸法律责任的理由。

从目前信息看，还没有曝出长生生物财务信息披露问题，而是非财务信息出现了问题，非财务信息出现问题更多的是董事会和高管的责任。

25.6 本章小结

“去形式化”并不是不要形式，而是防止形式“化”，要做到“形”“实”兼备，“实”重于“形”。本报告六类公司治理评价表明，中国上市公司治理改革和发展仍在路上，其中“形式化”非常严重。

中小投资者决策与监督权是其法定权利，但它在纸面上落实容易，在实践中却缺少落到实处的机制安排。以中小投资者倡议召集临时股东大会，提案，累积投票，以及诉讼及赔偿等四项决策与监督权为例，2017 年除了累积投票比例达到 26. 68% 以外，其他都没有超过 2%，大股东或创始人的强势地位使得股东之间的相互制衡几近于无。

在董事会治理中，通过比较公司绩效存在显著差异的 ST 公司和非 ST 公司的董事会治理四个分项指数以及其他具体指标，发现当前中国上市公司董事会形式治理和实质治理的反差，即结构健全不等于机制健全，结构健全了，并不等于公司治理就自动有效了。其实，中国上市公司董事会结构本身也是极不健全的，尽管从“外表”上我们能看到公司建立了股东大会、董事会、监事会、经理层等治理机关，但如果深入其“内部”，则治理结构远不像官方报道的那样健全。如董事会结构分项指数，2017 年仅为 37.86 分，为近 4 年中最低。即使设立了董事会相关机构，但从董事会行为以及激励与约束两个维度相关指标看，这些机构发挥的作用也非常有限。

综合考察企业家能力指数中的“社会责任”、财务治理指数中“财权配置”和自愿性信息披露指数中的“利益相关者”三个反映企业社会责任问题的分项指数，发现企业的社会责任履行情况并不理想，因此，强调企业社会责任仍是非常必要的。企业的社会责任可以分为两种情况：一是义务性质的社会责任；二是非义务性质的社会责任。前者是强制性的，必须要监督落实；后者是自愿性的，需要激励企业去践行。对于非义务性社会责任，企业承担与否，承担多少，都必须经由董事会或股东大会来决策，不能为了“作表率”（尤其是国有企业）而不顾程序和法律规则。

本章还以长生生物疫苗造假事件为例，分析了其社会责任和治理结构中存在的问题，以及正在或可能发生的严重后果。

附：中国公司治理分类指数报告系列

[1]《中国上市公司高管薪酬指数报告 2009》，经济科学出版社，2010 年 2 月。

[2]《中国上市公司信息披露指数报告 2010》，经济科学出版社，2010 年 12 月。

[3]《中国上市公司高管薪酬指数报告 2011》，“十二五”国家重点图书，经济科学出版社，2011 年 11 月。

[4]《中国上市公司财务治理指数报告 2011》，“十二五”国家重点图书，经济科学出版社，2011 年 11 月。

[5]《中国上市公司信息披露指数报告 2012》，“十二五”国家重点图书，经济科学出版社，2012 年 12 月。

[6]《中国上市公司企业家能力指数报告 2012》，“十二五”国家重点图书，经济科学出版社，2012 年 12 月。

[7]《中国上市公司高管薪酬指数报告 2013》，“十二五”国家重点图书，经济科学出版社，2013 年 12 月。

[8]《中国上市公司财务治理指数报告 2013》，“十二五”国家重点图书，经济科学出版社，2013 年 12 月。

[9]《中国上市公司董事会治理指数报告 2013》，“十二五”国家重点图书，经济科学出版社，2013 年 12 月。

[10]《中国上市公司自愿性信息披露指数报告 2014》，“十二五”国家重点图书，经济科学出版社，2014 年 11 月。

[11]《中国上市公司企业家能力指数报告 2014》，“十二五”国家重点图书，经济科学出版社，2014 年 11 月。

[12]《中国上市公司财务治理指数报告 2015》，“十二五”国家重点图书，经济科学出

版社，2015 年 11 月。
[13]《中国上市公司董事会治理指数报告 2015》，“十二五”国家重点图书，经济科学出版社，2015 年 11 月。
[14]《中国上市公司中小投资者权益保护指数报告 2015》，“十二五”国家重点图书，经济科学出版社，2015 年 11 月。
[15]《中国公司治理分类指数报告 No. 15（2016）》，中国出版集团东方出版中心，2016 年 12 月。
[16]《中国公司治理分类指数报告 No. 16（2017）》，中国出版集团东方出版中心，2018 年 1 月。

后　记

自2007年开始，我们开发“中国公司治理分类指数”已历经12个年头。中间经历了2007年和2008年因初次开发经验不足而导致数据库丢失的失败，有首部《中国上市公司高管薪酬指数报告 No. 1（2008）》因不成熟和时间错失而未能出版的遗憾，有每年研究人员和数据采集人员更替（研究力量以在校博士生和硕士生为主，数据采集人员以硕士生和高年级本科生为主）以及上市公司规模大幅扩张导致工作量加大而产生的焦虑，有缺少稳定的数据库系统专业开发人员导致数据库系统不稳定而产生的彷徨，有每年公司治理论坛的各种程序问题而产生的不安，有经费筹集及报账占用大量时间而产生的苦恼，……各种痛苦，难以言表。但我们还是快乐着，坚持着，因为我们每年都有收获：当我们每年看到指数报告正式出版的时候，当我们看到研究成果得到社会认可的时候，当我们看到研究团队使用自己开发的数据库在国内外重要期刊发表论文的时候，当我们看到指数数据被政府和企业采用的时候，当看到那么多人在支持和期待我们的时候，……有各种各样的喜悦，我们不能不坚持。

本报告得到了国家社会科学基金重大项目“发展混合所有制经济研究”（批准号：14ZDA025），以及北京师范大学“双一流”建设项目的支持，是两个项目的阶段性成果。本报告是第三次集六类指数（中小投资者权益保护指数、董事会治理指数、企业家能力指数、财务治理指数、自愿性信息披露指数和高管薪酬指数）之大成的一部公司治理指数报告，从中可以多维度、全景式地了解中国上市公司的治理水平。由于评价对象是上市公司，所以从本年度开始，书名直接改为《中国上市公司治理分类指数报告》，但为了使读者了解本系列指数报告的历史演变，并便于进行纵向比较，出版序号仍接续以往，即本年度报告是“中国公司治理分类指数报告系列”的第17部报告。

本报告是集体智慧的结晶。由笔者设计研究框架、基本思路、指标体系和数据库构架，通过研究团队深入讨论确定。然后开发数据库、采集和录入数据、撰写初稿。由于把原先每类指数报告单独出版的6类公司治理指数整合在一部报告中，受篇幅所限，已进行多年的对指数的有效性检验部分（经多年检验，我们的6类指数是可靠的和客观的，无须再重复）以及文献综述部分予以删除，各类指数总排名部分由电子版代替，主要保留指标体系说明、数据统计分析和政策建议部分。基于多年的已相对成熟的研究范式，参与开发和研究的人员有所减少，基本上是笔者已毕业和仍在读的博士生和硕士生。但由于上市公司数量的大幅增加，数据采集和录入人员随之增多，他们主要是北京师范大学经济与工商管理学院的研究生，此外吸收了数位优秀的高年级本科生。

初稿撰写具体分工如下：导论、第25章：高明华；第1章：高明华、程恒森；第2、3、17章：高婷；第4、5、16章：刘波波；第6、14、15章：程恒森；第7章：高方喆；第8、9章：郭传孜；第10、11章：王得文；第12、13、22章：万真真；第18、19章：王健忠；第20、21章：王远东；第23、24章：曹向东；数据库开发和维护：于学德。为保证统计质量，每完成一章，便由两人一组彼此核实，以把统计错误降至最低。

《中国上市公司治理分类指数报告》的评价对象是全部A股上市公司。上市公司数目每年递增，本年度评价的上市公司数目已经达到3147家，占全部A股上市公司的92.97%，只剔除了上市时间短而年报信息不全或退市的公司。由于同时开发6类指数，数据又全部是第一手资料，且均是手工采集和整理，并录入数据库系统，可以想象，数据量和工作量都非常庞大，每年数据采集和录入的持续时间都在半年以上。以下同学为此做出了很大贡献。

数据试录入（按姓氏首字母音序排列）：程恒森、高婷、彭圣、万真真、王得文、王远东。试录入人员必须是之前参与过数据采集和录入的有经验人员。在试录入过程中，试录入人员彼此核查，以保证把问题发现在正式录入之前。

数据录入（按工作量多少排序）：万真真、马睿、潘凡雨、张超、江雅仁、丁大程、周冠辰、郭传孜、谭星辰、刘波波、王远东、郑凯文、王得文、黄鑫然、张静、周安桐、高婷、韩京利、于兵、唐海波、任辉、刘慧琳、程恒森、朱雨馨、张锦华、姚韵、彭圣、王丽莹、陈华、罗燕飞、张璐、熊琳、牛竞泽、陆萍、张云。

数据核实（按工作量多少排序）：程恒森、万真真、王健忠、高婷、王得文、王远东、任辉、彭圣、王丽莹。

特别要指出的是，博士生程恒森和硕士生高婷作为数据采集及培训的“正、副总指挥”，在数据录入培训、核实和协调等工作中付出了大量心血。尤其是程恒森，作为一位残疾人博士生，在最终数据库的完善、指数计算核实等工作中，不辞辛苦，任劳任怨，着实让人动容。

初稿完成后，笔者开始“闭关”，对初稿进行修改、补充、完善。由于数据量庞大，且同时开发6类指数，还有不同维度、不同行业、不同所有制、不同上市板块、不同年度的比较，稍有不慎就会出错，因此，统计分析需要高度的细心和耐心，笔者几乎对每个数字都做了核实，每天工作几乎都超过16小时，有时甚至是通宵，其中对每类指数的年度比较的五章内容，大部分都进行了重新改写。每年"闭关"期间的高强度工作已经延续了10年。对此，要感谢家人对笔者这段时间不管家事、不陪他们外出度假（正赶上暑假）的理解！

在研究过程中，研究团队就数据采集、录入、数据库开发、写作思路，甚至后续的数据运用，都多次进行深入讨论，每周二晚是雷打不动的讨论时间，同时通过邮件、微信反复进行沟通和校正，数易其稿才最终定稿。实际上，每一章都不是独自某个人的贡献，而是包含着整个团队的辛劳、智慧和思想，研究团队的团结和协作精神使笔者非常欣慰和感动！

感谢社会科学文献出版社的恽薇女士、王婧怡女士，她们一直关心本报告的出版。经过磋商和论证，本年度报告的电子版将同步出版。电子版将包含更多的六类公司治理指数数据，尤其是六类指数的总体排名，以及按行业、按地区、按所有制的排名，还有高管薪酬排名（含评价年度行权的股票期权）。

北京师范大学经济与工商管理学院、北京师范大学公司治理与企业发展研究中心各位同仁对本研究给予了大力支持，在此也谨表谢意！

感谢北京师范大学经济与工商管理学院院长赖德胜教授、党委书记孙志军教授、副书记葛玉良老师、副院长张平淡教授和崔学刚教授对本报告系列的支持！

衷心感谢金宝融国际控股有限公司及其董事局主席张凤兰女士、中国投资协会民营投资委员会和中国产权协会董事分会对本报告的大力支持！

"中国公司治理分类指数报告系列"已历经近12年，出版了6类17部报告（包括本书）。长期以来，该系列报告已经形成了自己的特色和研究范式，这些特色和研究范式的形成，与之前参与过该项研究的同仁的贡献是分不开的，值本报告出版之际，特向他们表示衷心的感谢！他们是（排名不分先后）：张平淡、蔡卫星、杜雯翠、朱松、吕兆德、孙运传、赵峰、李欲晓、曾诚、曾广录、张海燕、肖松、焦豪、张会丽、杨丹、方芳、葛伟、任缙、苏然、谭玥宁、万峰、柯希嘉、于换军、黄晓丰、原玉杰、赵璐、崔磊、郑飞、柴俊超、王慧、孙银英、张文艳、刘常魁、包璐璐、张艳楠、贾鑫、唐小凤、谭世杰、张瑶、宋盼盼、张祚禄、付亚伟、李国文、杨一新、赵旋、刘敏佳、张惠琳、国伊宁、曹沥方等。还要感谢近12年来不同时段参与过数据采集、录入和数据库开发的老师和同学。参与过该项研究的多位同事和博士，都已经成长为教授、副教授和业务骨干，对他们的成长，笔者由衷地表示祝贺！

此外，还要感谢每年为了主办“中国公司治理论坛”而奔波的诸君，包括李国文、范智展、刘志民、徐丽、靳伟、杨裴、陈显龙等（人员太多，恕不能一一列举）。当然，更要感谢为“中国公司治理论坛”慷慨解囊的企业家们。

本报告作为对中国上市公司治理水平的全景式、多维度和客观性的评估，做了诸多尝试性工作。如果通过本报告的评估，能够对中国公司治理水平的提高有所裨益，将是对我们的极大鼓励。当然，本报告存在纰漏甚至错误难以避免，希望广大读者批评指正，并电邮至 mhgao@ bnu. edu. cn。

北京师范大学公司治理与企业发展研究中心

北京师范大学经济与工商管理学院

高明华

2018 年 9 月 10 日

图书在版编目(CIP)数据

中国上市公司治理分类指数报告. No. 17，2018 / 高明华等著. -- 北京：社会科学文献出版社，2018. 11
ISBN 978 - 7 - 5201 - 3724 - 9

Ⅰ. ①中… Ⅱ. ①高… Ⅲ. ①上市公司 - 企业管理 - 研究报告 - 中国 - 2018 Ⅳ. ①F279. 246

中国版本图书馆 CIP 数据核字（2018）240390 号

中国上市公司治理分类指数报告 No. 17（2018）

著　　者 / 高明华　程恒森 等

出 版 人 / 谢寿光
项目统筹 / 恽　薇　王婧怡
责任编辑 / 王婧怡

出　　版 / 社会科学文献出版社 · 经济与管理分社（010）59367226
地址：北京市北三环中路甲 29 号院华龙大厦　邮编：100029
网址：www. ssap. com. cn
发　　行 / 市场营销中心（010）59367081　59367083
印　　装 / 三河市东方印刷有限公司

规　　格 / 开 本：787mm × 1092mm　1/16
印 张：29　字 数：571 千字
版　　次 / 2018 年 11 月第 1 版　2018 年 11 月第 1 次印刷
书　　号 / ISBN 978 - 7 - 5201 - 3724 - 9
定　　价 / 188. 00 元